LI ROMANZ DE DIEU ET DE SA MERE

PUBLICATIONS ROMANES
DE L'UNIVERSITÉ DE LEYDE

sous la rédaction de S. Dresden et Q.I.M. Mok

VOL. XXI

LI ROMANZ DE DIEU
ET DE SA MERE

d'Herman de Valenciennes
chanoine et prêtre (XIIe siècle)

INA SPIELE

PRESSE UNIVERSITAIRE DE LEYDE
LEYDE 1975

ISBN : 90.6021.258.4

TABLE DES MATIÈRES

TABLE DES PLANCHES

TABLE DES ABRÉVIATIONS UTILISÉES DANS LE GLOSSAIRE

adj.	adjectif	loc.	locution
adv.	adverbe (adverbial [e])	Lyons	
B.d.J.	Bible de Jérusalem	m.	masculin
		Mehne	
c.r.	cas régime		
c.s.	cas sujet	De Nativitate Mariae	
cond.	conditionnel		
conj.	conjonction	par.	paragraphe(s)
corr.	correction(s)	parf.	parfait
		p.p.	participe passé
dat.	datif	p.pr.	participe présent
		pers.	personnel
Enlart		plur.	pluriel
Ev. Apocr.	Los Evangelios Apocrifos	prép.	préposition
		pron.	pronom
f.	féminin		
Foulet		réfl.	réfléchi
fut.	futur	rel.	relatif
		rem.	remarque(s)
Gamillscheg		R	Romania
God.	Godefroy		
Gossen		sing.	singulier
Greimas		subj.	subjonctif
		s(ubst).	sujbstantif
imp.	imparfait	suj.	sujet
impér.	impératif		
impers.	impersonnel	T.-L.	Tobler-Lommatzsch
ind.	indicatif	ton.	tonique
inf.	infinitif	Trénel	
interj.	interjection		
interr.	interrogatif	vb.	verbe
lat.	latin	Young, Drama	

Pour les titres des ouvrages (articles) que nous citons en abrégé, nous renvoyons à la Bibliographie.
Les titres des livres bibliques sont abrégés d'après la *Sainte Bible de Jérusalem.*
Les renvois à la Vulgate se feront à l'aide de la *Biblia Sacra iuxta Vulgatam Clementinam,* Matriti, Biblioteca de Autores Cristianos, ³1959.

INTRODUCTION

Le poème français du douzième siècle[1] qui constitue l'objet de la présente étude, est l'oeuvre d'un auteur qui nous raconte la vie et la mort de la Mère de Dieu et de son Fils[2]. Le poète se dit chanoine et prêtre[3] ; en tant que 'jones clers'[4], il écrit son ouvrage, le traduisant du latin[5]. Trois genres littéraires qui, à cette époque-là, sont en pleine vogue, se réunissent dans le poème : la chanson de geste[6], le roman et la Vie de saint[7]. Jusque-là, pourtant, on n'avait jamais osé les appliquer aux saints des saints. Aussi l'auteur se croit-il incapable d'exécuter dûment l'ordre de la Vierge Marie, qui lui apparaît 'la nuit de la Tiephainne'[8], lorsqu'il est couché sur son lit de malade, et qui lui demande d'écrire 'un livre' sur sa vie et sur la vie de son fils : il n'a jamais créé d'oeuvre littéraire, il ne sait comment s'y prendre[9]. La Mère de Dieu l'assure d'une guérison complète. Quant à sa matière, il la trouvera dans la Bible[10].

En homme d'église, le poète connaît bien l'Écriture sainte, tout d'abord comme livre scolaire[11], sans doute aussi comme objet d'études exégétiques :

La lettre[12] enten et sai (v. -4726).

Elle lui est surtout familière par les textes liturgiques qui, pendant toute l'année, de jour en jour, d'heure en heure, constituent comme la base de son existence[13]. A notre avis il est naturel qu'un prêtre du douzième siècle, qui veut composer un roman, c'est-à-dire un récit en langue vulgaire, sur la Vierge et sur Jésus, ait recours à des ouvrages latins où il puisse trouver à la fois la lettre et son sens, tel que celui-ci a été constitué par la tradition séculaire de l'exégèse biblique.

Lorsque, en 1884, J. Bonnard pense à une 'compilation latine qui a dû servir de guide'[14] à notre chanoine, il est probablement plus près de la vérité que F. Mehne[15] qui, une quinzaine d'années plus tard, rejette cette théorie. A son avis, le poète, selon l'habitude du moyen âge, aurait modifié à volonté les sources auxquelles il avait puisé[16]. Nous savons que, dans cet ordre d'idées, par 'compilation' on entend des ouvrages tels que l'*Historia Scholastica* de Petrus Comestor, et l'*Aurora* de Petrus Riga, qui, dès leur parution, jouissent d'un grand prestige[17]. Mais le missel et le bréviaire ne constituent-ils pas, eux aussi, des 'compilations' imposantes qui, en plus, sont à la portée de tout chanoine? C'est que, dans ces ouvrages liturgiques, il trouve le patrimoine de l'Église qui lui a été transmis à travers les siècles :

— Ancien et Nouveau Testament
— Sermons et homélies des Pères
— Prières
— Hymnes
— Antiennes et répons[18].

Le *Romanz de Dieu et de sa Mere*[19] fait partie des 'traductions, adaptations et paraphrases de la Bible en vers'[20] du moyen âge. C'est une 'traduction-adaptation de la Bible'[21] en vers français. De quelle façon l'homme du moyen âge lisait-il la Bible?[22] Cette question a été posée à propos de saint Bernard[23] et aussi à propos des hagiographes, qui tous citent le texte sacré. Dans les écrits de de ces auteurs 'il apparaît que certaines parties de la Bible étaient beaucoup lues, d'autres peu'[24]. Saint Bernard cite la Bible, 'non comme il la lit, mais comme il la voit commentée, comme il l'entend au choeur, au réfectoire, au cloître ou au chapitre'[25]. Quand il cite quelqu'un, il le dit ... mais les sources peuvent être aussi les influences, plus ou moins conscientes, que subit l'écrivain ; il se souvient de lectures faites ou entendues, de propos échangés au cours de conversations ; il s'agit de réminiscences plutôt que de références voulues'[26]. *Mutatis mutandis* il en est de même du poète français. Nous espérons le démontrer en examinant les sources auxquelles il a puisé. De cette façon il sera possible de comprendre le principe qui a été à la base d'une oeuvre littéraire du douzième siècle, car c'est une véritable création poétique que le *Romanz de Dieu et de sa Mere*.

Il nous semble justifié de reprendre les études antérieures dans ce domaine. Les chapitres II-V de cette étude en constituent comme un commentaire continu. Voici quelques sujets sur lesquels porteront principalement nos considérations :

— la Vulgate[27], source principale de l'auteur[28], qu'il cite parfois de mémoire[29]
— le système sur lequel est basé le choix des passages bibliques[30]
— la traduction assez fidèle de deux ouvrages apocryphes, l'un sur la naissance de la Vierge, l'autre sur sa mort et son assomption[31]
— l'utilisation des commentaires des Pères[32]
— les emprunts à la littérature en langue vulgaire[33]
— les emprunts à la liturgie[34]
— les passages dont les sources sont inconnues[35] :
  - la pénitence publique de Salomon[36]
  - la Sibylle et Virgile, prophètes païens
  - le triple mariage de sainte Anne, mère de la Vierge
  - les maladies et la mort du roi Hérode
  - le sort des ossements de saint Jean-Baptiste.

Le cadre du poème c'est l'année ecclésiastique : tout y gravite autour du Christ, dont l'Avènement est annoncé par les patriarches, par les prophètes, par saint Jean-Baptiste. C'est la période de l'Avent. Sa Nativité apporte 'la lumière de la vie au monde qui marchait dans les ténèbres'[37]. Au temps de Noël les Mages viennent adorer le Roi des Rois ; les saints Innocents sont les premiers martyrs, morts pour le Seigneur. La tentation au désert — introduisant les quarante jours du carême — symbolise l'humilité du Christ et son obéissance aux volontés de Dieu[38] : les fidèles méditent sur leurs péchés, autant d'effets des tentations de ce monde. Par les miracles[39] 'Jésus manifeste son pouvoir sur la nature et sur la mort'[40]. Accomplis pendant la période de sa prédication, ils constituent comme l'introduction à sa Passion, à sa Mort, à sa Résurrection. 'La résurrection de Lazare marque le commencement de la Passion, puisque c'est après ce miracle que les Juifs prirent la résolution de faire mourir Jésus'[41]. Depuis l'entrée messianique à Jérusalem la destinée du Fils de Dieu va s'accomplissant de plus en plus vite, elle aura sa fin tragique au Calvaire. Là nous retrouvons la. Mère qui, pendant sa vie accompagne humblement son Fils et qui, après sa mort, sera accueillie glorieusement par Lui au ciel. Le Christ en croix l'avait remise à la garde de Jean, 'le disciple qu'il aimait'[42].

Vues sous cet angle, les sources principales du poète se laisseraient retracer jusqu'aux textes liturgiques qui nous transmettent l'histoire de la vie du Christ.

Au chapitre I il sera question de la liturgie. Nous nous rendons parfaitement compte que les spécialistes de la matière le liront avec peu de profit. Mais nous avons pensé en premier lieu aux romanistes, historiens de la littérature qui, comme nous, auront intérêt à trouver une somme des termes et des usages qui jouent un si grand rôle dans la composition de l'ouvrage que nous éditons.

Le chapitre VII sera consacré à l'édition du poème d'après le Ms. Paris, B.N.f.fr. 20039. Il ne s'agira pas d'une édition critique. Un tel travail sortirait trop du cadre de cette étude. En plus, les trente-cinq Mss qui nous ont conservé le *Romanz de Dieu et de sa Mere* font preuve d'une tradition fort embrouillée[43]. Notamment il nous semble impossible, jusqu'à nouvel ordre, de distinguer partout l'ouvrage de notre auteur d'avec les interpolations de remanieurs et copistes.

Jusqu'ici nous avons évité le nom du poète. Au fond, qui était-il? Il s'appelait Herman[44]. Au cours de son ouvrage il nous fournit des renseignements sur sa propre personne, sur ses parents[45]. Il fait mention d'un évêque[46], d'un roi Henri[47], d'un comte Baudouin et d'une comtesse Yolande[48]. Il s'est nommé 'non pas par vanité, mais pour obtenir le bénéfice des prières de ses lecteurs, pieux motif auquel nous devons en plus d'un cas de connaître les noms de ceux qui, au moyen âge, composèrent des poésies morales et religieuses'[49]. L'auteur écrit à la première personne; parfois c'est la troisème personne qui le désigne[50]. Ce dernier emploi, qui est d'usage pour toute la littérature narrative du moyen âge, indique que le texte, écrit par un poète, doit être dit par une autre personne que celui-ci[51]. Malgré toutes ces données, jusqu'ici, Herman de Valenciennes s'est dérobé à tous ceux qui, depuis plus d'un siècle, se sont efforcés d'établir son identité[52].

Quel était son public? A la fin de son poème, l'auteur dédie son 'livre'[53]à la Vierge Marie. Que celui qui n'entend pas le latin[54] lise ou fasse lire (s'il ne sait pas lire du tout)[55] sa traduction en français, son 'roman'[56], son 'sermon'[57], sa 'chanson'[58]. L'oeuvre était donc aussi lue dans le particulier[59].

Quant à sa date de composition, les avis sont toujours partagés. L'activité littéraire du poète se serait exercée soit vers 1140, soit après 1189[60]. Dans ce domaine les recherches sont extrêmement pénibles pour les raisons suivantes :

— à Valenciennes, les plus anciens actes notariés sont datés de 1280
— à la même ville, le fonds du chapitre Notre-Dame de la Salle — si Herman a été chanoine de ce chapitre — ne contient pas de documents sur les chanoines antérieurs au XIIIe siècle
— à Cambrai, les registres capitulaires de la cathédrale — si Herman a été chanoine du chapitre Notre-Dame — ne commencent qu'en 1364[61].

Bien que nous n'ayons pas non plus réussi à trouver la solution de ce problème, nous aimerions avancer nos certitudes et nos doutes :

— les plus anciens Mss datent de la fin du XIIe siècle. De ces Mss, l'un[62] ne contient que l'*Assumption Nostre Dame*, l'autre[63] a le même contenu que le Ms. que nous publions, à l'exception justement de l'*Assumption,* qui y fait défaut. De cette façon les deux dates de composition restent valables
— la construction du poème en laisses assonancées, ou plutôt en strophes, en unités indépendantes, du moins pour le début, indiquerait une date de composition tombant vers le milieu du XIIe siècle[64]
— 'Dudars, li evesques'[65], confirmé le jour du baptême du poète, n'est pas nécessairement l' évêque de Cambrai. Herman, 'nez de Hainnaut'[66], et 'baptisiez a Valencienes'[67], a très bien pu quitter son pays natal. Dans ce cas, Dudars ne serait pas *Oudars,* évêque de Cambrai, qui fut confirmé en 1112[68]. Par conséquent Herman ne serait pas né en 1112, il n'aurait pas écrit vers 1140
— si Herman a mis à contribution l'*Historia Scholastica* de Petrus Comestor[69], la date de composition de son poème serait postérieure à 1169[70]
— tous les Mss qui contiennent le passage sur le roi Henri[71] font aussi mention de 'Gale et Escoce'. Ce vers (-5642) n'est donc pas nécessairement une interpolation. Par conséquent le roi serait bien Henri II, mort en 1189, et notre poème aurait été composé après cette date[72].

Pourquoi Herman a-t-il écrit son ouvrage? Nous lui passerons la parole :

De cest livre q'est faiz des le commencement
Sachiez que je nel faz por or ne por argent,
Por amor Deu le faz, por amander la gent[73].

En bon traducteur de la Bible, l'auteur met l'accent sur la véracité de son récit[74]. La rime, ou plutôt l'assonance, ne l'empêche aucunement d'atteindre cette vérité[75]. En plus, le roman, au sens moderne du terme[76], peut très bien avoir comme sujet la vie de Jésus et de la Vierge. Bien que l'on puisse partout 'amander la gent', donc aussi 'dans le particulier'[77], nous sommes d'avis que notre poème pourrait fort bien figurer sur la liste impressionnante que M. Pierre Gallais a dressée des ouvrages qui 'depuis les années 1120/30 ... aux années 1250/60'[78], étaient destinés à la récitation publique, à une lecture à haute voix[79]. Étant donné le caractère instructif de notre ouvrage[80], on le voit fort bien récité dans l'hôtellerie d'une abbaye, dans le réfectoire des chanoines, dans 'la chambre des dames'[81].

Le public a dû se plaire à écouter une véritable oeuvre d'art car, à notre avis, le 'livre' d'Herman de Valenciennes est digne d'être au nombre des grands monuments de la littérature française qui, depuis le commencement de son existence, ont jalonné sa route. Nous y trouvons à la fois des traductions fidèles de textes latins[82], des scènes dramatiques d'une vivacité captivante[83], des effusions lyriques émouvant par leur côté éternellement humain[84], et tout cela appliqué non pas à de simples mortels, mais bien au contraire à des saints, et surtout à Jésus et à la Vierge Marie, sa Mère[85].

I. LA LITURGIE

I. 1. L'ANNÉE ECCLÉSIASTIQUE

Le culte de Dieu comprend trois grands cycles, celui de Pâques, de la Pentecôte et de Noël. L'année ecclésiastique débute par les quatre dimanches de l'Avent. Après Noël viennent les fêtes de la Circoncision et de l'Épiphanie, puis les dimanches après l'Épiphanie. La Septuagésime, la Sexagésime, la Quinquagésime, suivies des dimanches du Carême, de la Passion, des Rameaux, et aussi la semaine sainte, précèdent et préparent la fête de Pâques. Le troisième cycle s'ouvre par la Pentecôte, suivie de quelque vingt-cinq dimanches qui se succèdent jusqu'à l'Avent[1].

propre du temps   C'est le temporal ou propre du temps qui, dans les bréviaires, dont il constitue l'élément le plus ancien, nous renseigne sur cette révolution annuelle du culte de Dieu[2].

Le culte des saints est moins ancien que celui de Dieu. Il a son origine dans le culte des martyrs, et remonte au IIe siècle. La date choisie pour l'anniversaire est non pas celle de la naissance du défunt, mais celle de sa mort et de son martyre. Le *dies natalis* c'est la naissance à la vie éternelle.

propre des saints   A la base du calendrier liturgique il faut placer la liste des saints — le sanctoral ou propre des saints — qui se lit dans le sacramentaire envoyé par le pape Hadrien Ier à Charlemagne, un peu avant 791, et qui comprenait les martyrs et les confesseurs honorés à Rome vers la fin du VIIIe

sanctoral grégorien   siècle. C'est le sanctoral dit grégorien. A cette liste vient s'adjoindre, entre le IXe et le XIe siècle, la série des saints vénérés en Gaule avant Charle-

sanctoral gélasien   magne, de la fin du VIIIe siècle, le sanctoral gélasien.
sanctoral carolingien   L'ensemble forme le sanctoral carolingien et constitue le fond commun des sacramentaires, missels et bréviaires à partir du IXe siècle[3].

Il n'y a que deux saints dont on célèbre la naissance. Ce sont la Vierge Marie et saint Jean-Baptiste.

Voici maintenant quelques fêtes de l'Église qui, au XIIe siècle, étaient célébrées universellement[4] :

calendrier de Cîteaux	Januarius	(habet dies XXXI)	
	1	(*Kal.*)	Circuncisio domini
	3	(III *N*)	Octave sancti Johannis
	4	(II *N*)	Octave sanctorum Innocentum
	6	(VIII *Id.*)	Epiphania domini
	13	*Idus*	Octave Epiphanie
	Februarius	(habet dies XXVIII)	
	2	(IIII *N*)	Ypapanti domini[5]
	Martius	(habet dies XXXI)	
	25	(VIII *K*)	Annuntiatio dominica[6]
	Junius	(habet dies XXX)	
	23	(VIIII *K*)	Vigilia sancti Johannis baptiste

5

24	(VIII *K*)	Nativitas sancti Johannis baptiste[7]
Julius	(habet dies XXXI)	
1	(*Kal*)	Octave sancti Johannis baptiste*
22	(XI *K*)	Marie Magdalene*
Augustus	(habet dies XXXI)	
14	(XVIIII *K*)	Vigilia sancte Marie
15	(XVIII *K*)	Assumptio sancte Marie
22	(XI *K*)	Octave sancte Marie*
29	(IIII *K*)	Decollatio sancti Johannis baptiste[8]
September	(habet dies XXX)	
8	(VI *Id.*)	Nativitas sancte Marie[9]
December	(habet dies XXXI)	
24	(VIIII *K*)	Vigilia natalis domini
25	(VIII *K*)	Nativitas domini
27	(VI *K*)	Johannis apostoli et evangeliste
28	(V *K*)	Sanctorum Innocentum[10]

Ce calendrier ne fait pas mention de la fête de la Conception de la Vierge, au 8 décembre. C'est qu'au XIIe siècle cette fête a encore un caractère régional. Depuis l'extrême fin du XIe siècle on la célèbre en Angleterre ; un peu plus tard en Normandie et à Lyon. Dès 1120 elle est célébrée par l'Ordre de Prémontré[11] ; à partir de 1196 c'est une fête annuelle à Paris[12].

kalendae
nonae

idus

Le mois liturgique est basé sur le mois romain. A Rome, chaque mois était divisé en trois parties inégales jalonnées par les calendes, qui tombaient toujours le premier de chaque mois ; par les nones, qui tombaient le 5 (janvier, avril, juin, septembre, novembre, décembre) ou le 7 (mars, mai, juillet, octobre) ; par les ides, qui tombaient le 13 ou le 15. Ainsi

— le neuvième jour avant les calendes de janvier = le 24 décembre
— le troisième jour avant les nones de janvier = le 3 janvier
— le sixième jour avant les ides de septembre = le 8 septembre.

feria

La division de la semaine liturgique est comme suit : Dominica dies, feria II, feria III, feria IV, feria V, feria VI, Sabbatum.

La journée liturgique est basée sur la journée romaine, qui allait d'un lever du soleil à l'autre.
En voici les différentes heures :

horae
— prima hora	6 h. du matin
— tertia hora	9 h. du matin
— sexta hora	midi
— nona hora	15 h.
— prima vigilia	18-21 h.
— secunda vigilia	21 h. à minuit
— tertia vigilia	minuit à 3 h. du matin
— quarta vigilia	3 h. à 6 h. du matin[13].

octava

Une octave est une huitaine suivant une des principales fêtes de l'année. L'octave est le huitième jour de cette huitaine[14]. Ainsi le 13 janvier est l'octave de l'Épiphanie.

6

C'est pendant la journée liturgique que les clercs participent à l'office divin et que tous les fidèles 'cler et lai' assistent à la messe.

office
L'office se compose de neuf parties. En voici le schéma :

— Matines	(Matutinae)	2 h. 30	(premier chant du coq)
— Laudes	(Laudes)	5 h. 30	(lever du soleil)
— Prime	(Prima hora)	6 h.	
— Tierce	(Tertia hora)	9 h.	
— Sexte	(Sexta hora)	midi	
— None	(Nona hora)	15 h.	
— Vêpres	(Vesperae)	17 h.	(coucher du soleil)
— Complies	(Completorium)	18 h.[15]	

L'office de nuit correspond à peu près à la quatrième vigile. Il varie d'un bout de l'année à l'autre en raison de la longueur inégale des jours et des nuits. Au début cet office était désigné sous le nom de vigiles, tandis que l'office de laudes portait le nom de matines à cause du fait qu'il était célébré à l'aurore[16]. La Règle de saint Benoît avait établi que l'office de vêpres serait un office de jour, 'célébré avec une certaine pompe en présence des fidèles, longtemps avant la tombée de la nuit et au moins une heure avant le coucher du soleil'[17]. Les grandes fêtes sont précédées d'une vigile[18]. Alors les fêtes elles-mêmes commencent par ce qu'on appelle l'office des premières vêpres, qui remplace donc l'office des secondes vêpres de la veille (= vigile).
Les secondes vêpres constituent par conséquent l'office de vêpres de ces fêtes[19].

matines (anc.: vigiles)
laudes (anc. : matines)
vêpres

vigile

L'office divin, qui est la prière de l'Église[20], ayant pour cadre le choeur d'une cathédrale ou d'une église abbatiale, est non seulement récité, mais chanté par l'ensemble des chanoines ou des religieux[21]. Il comprend, entre autres, les éléments suivants :

matines[22]
— l'invitatoire (Invitatorium)
— le Psaume 94 (Psalmus)
— l'hymne (Hymnus)
— le premier nocturne (Primus Nocturnus)
  antiennes, psaumes, leçons, répons, versets (Antiphonae, Psalmi, Lectiones, Responsoria, Versus)
— le second nocturne (Secundus Nocturnus)
  mêmes éléments
— le troisième nocturne (Tertius Nocturnus)
  mêmes éléments
— le Te Deum laudamus[23].

laudes[24]
antiennes, psaumes, capitule (Capitulum), hymne, antienne, Benedictus, oraison (Oratio)[25].

vêpres[26]
antiennes, psaumes, capitule, hymne, antienne, Magnificat, oraison[27].

hymnes
Le Te Deum laudamus est une hymne liturgique en prose. C'est 'un spécimen des cantiques de l'Église primitive, ... un des chants les plus solennels de l'église'[28]. Le Gloria, laus et honor, composé par Théodulphe, évêque d'Orléans, pour le dimanche des Rameaux, est aussi une hymne liturgique, c'est une hymne de procession[29].

cantiques

Parmi les autres chants de l'Église il faut encore citer les cantiques de l'Ancien et du Nouveau Testament :

— le cantique des trois jeunes Hébreux dans la fournaise, Dn. 3:57-90 :
Benedicite omnia opera Domini, Domino
— le cantique de la Vierge Marie, Lc. 1:46-55 :
Magnificat anima mea Dominum
— le cantique de Zacharie, Lc. 1:68-79 :
Benedictus Dominus Deus Israël.

Le cantique des trois jeunes hommes était chanté à l'office de laudes[30]. Le *Benedictus* est chanté à laudes, le *Magnificat* à vêpres, comme nous venons de l'indiquer ci-dessus.

A l'origine, le chant de l'office consistait uniquement dans le chant des psaumes. Un chantre exécutait un verset et le choeur ou l'assemblée reprenait soit le verset soit une partie du verset. On appelait cela *respondere, responsoria*. Le mode responsorial est pour les psaumes le plus ancien. Vers le IVe siècle, l'usage change : deux choeurs vont chanter alternativement les psaumes, c'est l'antiphonie. Un peu plus tard, l'antienne prend une autre acception : c'est un texte emprunté aux psaumes ou à un autre livre biblique, ou même à une tout autre source, auquel on ajoute une mélodie, et le tout sert d'introduction au chant psalmodique. Sa fonction est de donner le ton et la mélodie au psaume à chanter. Ainsi, à partir de cette époque-là, *antiphona* n'est donc plus ce qui est chanté alternativement, mais ce qui est chanté auparavant.

antienne

Plus tard encore, entre les leçons de matines, on intercale des morceaux de chant, appelés répons, dont les textes peuvent être des extraits de la Bible ou d'autres sources dont provenaient les lectures. D'une façon générale on peut dire que les antiennes et les répons résument et soulignent le caractère particulier d'une fête[31].

répons

C'est pendant les trois nocturnes de l'office de matines qu'on récite l'Écriture sainte. Les homélies des Pères et les vies de saints fournissent également des lectures.

Au nombre de neuf, ces leçons (Lectiones) désignent l'office d'une église séculière, ou d'un ordre religieux autre que l'ordre bénédictin, comme, par exemple, celui de Prémontré, le plus important de l'ordre des chanoines réguliers. Au nombre de douze, ces leçons désignent l'office des Bénédictins, des Chartreux ou des Cisterciens. Cette différence pour ce qui est des lectures est basée sur la distribution également différente des psaumes : au cours de l'office séculier on en chante neuf, l'usage monastique en prescrit douze[32].

leçons

Le fragment biblique tiré des Évangiles, qui, à la messe, constitue l'Évangile du jour[33], est récité à la leçon VII (IX), c'est-à-dire au début du troisième nocturne. Il est toujours suivi d'une homélie patristique qui est répartie entre le reste de la leçon VII (IX) et entre les leçons VIII (X) et IX (XI et XII)[34].

homélie

Le capitule (Capitulum) désigne le petit chapitre récité à toutes les heures (sauf les vigiles nocturnes) après les psaumes. Il comprend un ou deux versets de l'Écriture, ordinairement emprunté aux épîtres, quelquefois aux prophètes. On trouve aussi le terme *lectio brevis*[35].

capitule

office des morts	Les jours de férie[36], on récitait parfois l'office des morts (Officium Defunctorum)[37]. Cet office compte parmi les plus anciens de la liturgie romaine[38]. Il se compose de cinq parties : — vêpres, matines, laudes, messe et absoute[39]. Pendant l'absoute on chante le répons *Libera,* dont voici le début :

> Libera me, Domine, de morte aeterna in die illa tremenda, Quando coeli movendi sunt et terrae, Dum veneris judicare saeculum per ignem[40].

litanies des saints	C'est en carême qu'on ajoutait à l'office des morts les sept psaumes de la pénitence et les litanies des saints[41]. Ces dernières 'comprennent une série d'invocations à la Trinité, à la sainte Vierge, aux archanges, aux anges, à Jean-Baptiste, aux apôtres, aux évangélistes, aux martyrs, aux confesseurs pontifes ou non pontifes, aux vierges ou aux saintes femmes'[42]. Michel ouvre la série des archanges, Pierre (et Paul) celle des apôtres, Nicolas figure parmi les confesseurs les plus illustres[43].
ordo commenda- tionis animae	Parmi les prières pour les agonisants[44] (ordo commendationis animae), il faut citer celle qui est récitée sous forme de litanie. En voici une partie :

> Libera, Domine, animam servi tui ... sicut
> liberasti Danielem de lacu leonum
> Libera, Domine, animam servi tui ... sicut
> liberasti tres pueros de camino ignis ardentis,
> et de manu regis iniqui[45].

messe	La messe, qui est le sacrifice de l'Église[46], peut se dérouler à des moments différents de la journée liturgique.

A Noël, par exemple, on célèbre trois messes :
— la première 'in nocte', après matines[47],
— la seconde 'in mane', après prime[48],
— la troisième 'in die', c'est la *missa maior,* la grand'messe, la messe chantée, après tierce[49].

A la Saint-Jean ('Noël d'Été', le 24 juin), il y a deux messes :
— la première est la 'missa matutina'[50],
— la seconde est la 'missa maior'[51].

La messe consiste en cinq parties[52] :
1. l'avant-messe qui comprend essentiellement
— l'introït
— le *Confiteor* et l'*Indulgentiam*
— le *Gloria in excelsis Deo*
— l'oraison ou collecte
— l'épître
— le graduel et l'*alleluia* (+ verset(s) alléluiatique(s)
— l'évangile
— le *Credo*
2. l'offertoire avec
— l'offertoire
— le *Suscipe sancta Trinitas*

— la prière sur les offrandes ou secrète
3. la consécration qui contient
— la préface *Vere dignum et justum est*
— le *Sanctus*
— le *Communicantes*
— le *Hanc igitur oblationem*
— le *Nobis quoque peccatoribus*
4. la communion avec
— le *Pater noster*
— le *Confiteor* et l'*Indulgentiam*
— la communion
— la postcommunion
5. le renvoi qui comprend
— le *Ite, Missa est*
— le *Deo gratias*
— le *Placeat*
— le *Benedicite*
— la bénédiction *Benedicat vobis*[53].

ordo missae
canon

Le *Gloria in excelsis Deo* est un cantique de l'Église primitive, une hymne en prose, empruntée à l'Église d'Orient[54]. Ce chant fait partie de l'*ordo missae* ou ordinaire de la messe, qui précède et suit les prières du canon[55]. Le canon de la messe est la partie qui est comprise entre le *Sanctus* et le *Pater noster*. Il contient dix prières[56]. Nous en avons indiqué trois[57].

alleluia

C'est de l'ambon, appelé aussi *gradus,* qui comporte au moins trois degrés, qu'on fait les lectures et qu'on chante les *soli,* tels que le graduel et l'*alleluia*[58]. 'Dans la messe pré-grégorienne, l'*alleluia* comportait un chant mélismatique fort étendu. L'usage d'adjoindre un ou plusieurs versets à ce chant remonte peut-être à saint Grégoire le Grand'[59].

épître

'L'Épître se lit avant l'Évangile. Elle est prise dans l'Ancien ou dans le Nouveau Testament (à l'exception des Évangiles) et de préférence dans les épîtres de saint Paul et les épîtres catholiques, ce qui lui a valu son nom'[60].

évangile

Le texte de l'Évangile du jour est identique à celui qui constitue la leçon VII ou IX du troisième nocturne[61] de l'office de matines.

Credo

Le *Credo* ou *Symbole de Nicée* 'est chanté à la messe, après l'Évangile. La formule est plus longue que celle du *Symbole des Apôtres* qui, lui, ne figure ni à l'office ni à la messe'[62]. C'est la profession de foi du chrétien et pour cette raison ce texte est récité pendant l'administration du sacrement du baptême[63].

Confiteor

Le *Confiteor* est l'acte de la confession des péchés. Il constitue un élément essentiel du sacrement de la pénitence, comme de celui de l'extrême-onction. Pour donner l'absolution le prêtre récite, entre autres, la formule suivante :

Indulgentiam

Indulgentiam, absolutionem, et remissionem peccatorum tuorum tribuat tibi omnipotens et misericors Dominus[64].

Comme nous venons de le voir, le *Confiteor* et l'*Indulgentiam* sont récités aussi pendant la messe[65].

I. 2. LES LIVRES LITURGIQUES

bréviaire

En France, nous ne connaissons pas de bréviaires manuscrits antérieurs au XIe siècle[66]. Sur quelque mille bréviaires il y en a douze du XIe siècle, dont neuf d'origine monastique. Sur trente-neuf bréviaires du XIIe siècle, trente-trois sont des bréviaires monastiques[67].

Voici la liste des bréviaires que nous avons consultés[68] et qui tous datent du XIIe siècle :

1. Amiens, Bibl. mun. Ms. 115, Bréviaire du monastère bénédictin de Saint-Pierre de Corbie, au diocèse d'Amiens. Offices à douze leçons[69]
2. Carpentras, Bibl. mun. Ms. 72, Bréviaire de Senez (séculier). Offices à neuf leçons[70]
3. Charleville, Bibl. mun. Ms. 14, Bréviaire du monastère de Notre-Dame-de-Morienval, abbaye de bénédictines, dans l'ancien diocèse de Soissons. Offices à douze leçons[71]
4. Dijon, Bibl. mun. Ms. 114(82), Bréviaire, Missel, Martyrologe, ... de Cîteaux. Offices à douze leçons[72]
5. Douai, Bibl. mun. Ms. 134, Bréviaire de l'abbaye de Marchiennes (Marchianensis), fondée par sainte Rictrude, dans l'ancien diocèse d'Arras. Offices à douze leçons[73]
6. Laon, Bibl. mun. Ms. 262, Bréviaire de Laon (séculier). Offices à neuf leçons[74]
7. Rouen, Bibl. mun. Ms. 211(A145), Bréviaire de Jumièges (Gemmeticensis). Offices à douze leçons[75]
8. Troyes, Bibl. mun. Ms. 807, Bréviaire de l'abbaye bénédictine de Notre-Dame de Molesme, dans l'ancien diocèse de Langres. Offices à douze leçons[76]
9. Valenciennes, Bibl. mun. Ms. 102(95), Bréviaire de Saint-Amand, au diocèse de Tournai. Offices à douze leçons[77]
10. Valenciennes, Bibl. mun. Ms. 116(109), Bréviaire du monastère de Saint-Pierre de Winchcombe, au diocèse d'York, dont l'église abbatiale était dédiée à saint Pierre. Offices à douze leçons[78].

Le bréviaire est un recueil d'offices pour les dimanches, les féries et les fêtes de l'année liturgique[79]. Il renferme, en un ou deux volumes, la matière qui, avant la fin du XIe siècle, était contenue dans plusieurs ouvrages, tels que
- le lectionnaire biblique pour les textes tirés de l'Ancien et du Nouveau Testament
- le lectionnaire hagiographique (passionnaire et légendaire ou légendier) pour les passions des martyrs et les vies des saints
- le lectionnaire homilétique ou homiliaire pour les homélies des Pères
- le psautier férial pour les cent cinquante psaumes qui, en vue de l'usage liturgique, étaient disposés dans un ordre particulier[80]
- l'antiphonaire, qui est le recueil d'antiennes chantées à l'office
- le responsorial, qui fournit l'ensemble des répons, de ces morceaux de chant, de ces choeurs, qui sont intercalés entre les leçons de l'office nocturne, au nombre de neuf ou de douze
- l'hymnaire pour les hymnes
- le collectaire pour les oraisons

— le capitulaire pour les capitules[81].

Il y a des manuscrits dans lesquels tous ces livres étaient copiés l'un après l'autre. Tel est, par exemple, le cas pour le Ms. Dijon 114 :

— fo 2 à 102 vo il contient un bréviaire, ou plus exactement un lectionnaire de l'office comprenant les leçons et les oraisons de matines
— fo 129 vo -140 vo constitue le missel, c'est-à-dire le sacramentaire, qui
— fo 102 vo -114 vo est précédé de l'épistolier et
— fo 114 vo -129 vo de l'évangéliaire des dimanches et des fêtes
— fo 141 à 151 renferme le *collectaneum* (capitules et collectes) de
  l'office
— fo 151 à 162 vo le martyrologe qui sert de calendrier
— fo 162 vo à 167 vo la Règle de saint Benoît
— fo 162 à 185 les coutumes de Cîteaux.

A l'origine ce Ms. comprenait aussi le psautier, les cantiques, l'hymnaire, l'antiphonaire et le graduel[82].

La plupart des bréviaires que nous avons consultés offrent la disposition nouvelle, c'est-à-dire que les divers éléments sont répartis entre les offices[83].

En général l'antiphonaire de l'office contient non seulement les an-
tiennes, mais encore les autres parties chantées, telles que les invitatoires, les hymnes et les répons, et tout ceci en caractères de plain-chant[84]. On désignait ce livre sous le nom tantôt d'*antiphonarius* tantôt de *responso-riale*[85]. Ainsi le plus ancien antiphonaire de l'office qui ait été conservé est connu sous le nom de *Liber Responsalis sive Antiphonarius*. On l'a attribué longtemps à saint Grégoire le Grand († 604). Actuellement on ne le compte plus parmi les oeuvres du pape célèbre. On l'appelle souvent 'l'antiphonaire de Charles le Chauve'. Il nous a été transmis dans un Ms. de la Bibliothèque nationale qui, avant la Révolution, appartenait à l'abbaye de Saint-Corneille de Compiègne, fondée par ce monarque. Ce Ms. date des années 860-880[86].

Liber Responsalis (saint Grégoire le Grand)

Homiliaire de Paul Diacre

L'homiliaire de Paul Diacre est un recueil d'homélies pour les différentes fêtes de l'année, suivant le cycle du sacramentaire romain, dit gré-
gorien, envoyé par le pape Hadrien Ier à Charlemagne, entre 784 et 790. Agrandi depuis, il fut adopté dans beaucoup de diocèses français et anglais[87].

(h)omilia

Dans les bréviaires du XIIe siècle, le terme *homilia (omilia)* se rap-
porte toujours à l'homélie attribuée – à tort ou à raison – à quelque Père de l'Église, qui accompagne la péricope évangélique des leçons VII ou IX de l'office de matines. Il arrive aussi qu'un texte patristique ait été réparti entre les leçons I à VI (VIII) du même office. Pour l'indiquer on se sert du terme *sermo*.

sermo

Ainsi, dans le Bréviaire de Cîteaux, contenu dans le Ms. Dijon 114, nous trouvons, entre autres :

— fo 7b (pour le jeudi après le quatrième dimanche de l'Avent)
  lectio II : Sermo sancti Augustini episcopi contra Judeos : Vos, inquam, convenio, o Judei ...
— fo 81c (pour la fête de l'Assomption)
  lectio I : Sermo beati Jeronimi presbiteri : Cogitis me, o Paula et Eustochium ...

- fo 85b (pour la fête de la Nativité de la Vierge)
  lectio I : Sermo beati Augustini episcopi : Adest nobis, dilectissimi, optatus dies ...
- fo 85d (pour la fête de la Nativité de la Vierge)
  lectio IX : sancti evangelii secundum Matheum : Liber generationis Jhesu Christi ... Omilia lectionis ejusdem beati Jeronimi presbiteri : In Ysaia legimus ...
  Dans le Bréviaire de Laon, Ms. 262, nous lisons ceci :
- fo 15b (In Nativitate sancte Marie)
  lectio VII : evangelium secundum Lucam : In illo tempore Exsurgens Maria abiit in montana ... Omilia venerabilis Bede presbiteri de eadem lectione : Lectio quam audivimus ...[88]

martyrologe
'Le martyrologe est le livre des anniversaires des martyrs et, par extension, des saints en général, des mystères et des événements qui sont susceptibles d'une commémoration annuelle dans l'Église. Composé de simples listes de noms il appartient d'ordinaire à la famille pseudo-hiéronymienne dont les ramifications sont nombreuses ; on lui donne le qualificatif d'historique, lorsqu'au nom des saints il ajoute un résumé ou des extraits de leur Passion, de leur vie ou des documents et traditions qui les concernent. Le Martyrologe romain actuel représente un type complet de martyrologe historique'. Il est 'le produit d'additions et de remaniements imposés au texte d'Usuard qui, lui, résume l'ouvrage d'Adon de Vienne'[89].

Le Concile d'Aix-la-Chapelle de 817 avait ordonné la lecture du martyrologe, dans les monastères, à l'office de prime ; les statuts épiscopaux avaient prescrit aux prêtres d'avoir un martyrologe[90]. 'Dès le début du IXe siècle, l'évêque de Liège, Ghaerbald, avait mis le martyrologe au nombre des livres que tout prêtre devrait particulièrement chercher à se procurer'[91].

C'est entre les années 850-860, pendant son séjour à Lyon, qu'Adon composa un martyrologe[92]. Celui d'Usuard, moine de Saint-Germain-des-Prés, fut composé après 860. Il devait jouir d'une vogue quasi universelle au moyen âge[93].

Le martyrologe est le seul livre de l'office qui n'est pas entré dans le bréviaire[94].

réforme liturgique (1570)
Avant la réforme de la messe et de l'office, effectuée par le pape Pie V, à la suite du Concile de Trente, en 1570[95], il règne une grande variété dans les usages liturgiques, ce qui résulte dans une diversité considérable en ce qui concerne les bréviaires et les missels. 'Comme il n'y a pas deux cathédrales semblables, il n'existe pas non plus deux manuscrits identiques'[96].

messes romaine, gallicane, mozarabe, ambrosienne
Quant à la messe, cette variété, cette diversité, se reflètent dans les différents systèmes. A l'origine, il y avait la liturgie romaine et la liturgie gallicane. Cette dernière régnait essentiellement en Gaule, en Espagne (messe mozarabe), dans l'Italie du Nord (messe ambrosienne de Milan)[97].

Lectionnaire de Luxeuil
Missel de Bobbio
Ce sont le Lectionnaire de Luxeuil et le Missel de Bobbio qui comptent parmi les plus anciens témoignages du système gallican de la messe. Ils datent des VIIe et VIIIe siècles[98].

Lectionnaire de Wurzbourg
Il y a encore à mentionner le Lectionnaire de Wurzbourg, qui représente le groupe anglo-saxon du système romain, vers le milieu du VIIe

13

siècle[99].

Dans le cadre général d'unification politique et spirituelle, Charlemagne cherchait à faire corriger les textes liturgiques et à introduire dans son empire l'usage romain. A cet effet il demanda au pape Hadrien Ier de lui envoyer un exemplaire du sacramentaire romain. Le Sacramentaire de Cambrai, du début du IXe siècle, est la plus ancienne copie actuellement connue de ce livre liturgique. Ce Ms. fut exécuté sous l'épiscopat d'Hildoard[100].

sacramentaire romain, dit grégorien

sacramentaire

Le sacramentaire est le devancier du missel. C'est le livre liturgique du célébrant à l'autel. Il se compose essentiellement des oraisons — collecte, secrète et postcommunion — des préfaces et du canon de la messe. Il ne contient ni les lectures — épîtres et évangiles — ni les pièces de chant[101].

évangéliaire

Les péricopes évangéliques, récitées par le diacre, sont contenues dans l'évangéliaire.

épistolier

Les épîtres, lues par le sous-diacre, se trouvent dans l'épistolier[102].

lectionnaire de la messe

L'évangéliaire et l'épistolier forment le lectionnaire de la messe.

antiphonaire de la messe

L'antiphonaire de la messe (actuellement le graduel) contient les parties chantées par la *schola cantorum*, c'est-à-dire le choeur.

ordinaire

L'ordinaire contient des rubriques pour le déroulement des cérémonies[103].

'A partir du XIIe siècle, le sacramentaire s'efface peu à peu pour laisser la place au missel'[104], qui, désormais, renferme les éléments contenus dans les recueils nommés ci-dessus, répartis entre les différentes sections de la messe. C'est là ce qu'on appelle le missel plénier, *missale plenarium*[105].

missel plénier

Pour l'identification d'un missel il est souvent utile de consulter les rubriques pour la semaine sainte, contenues dans l'ordinaire. Ainsi 'les missels de Paris donnent l'itinéraire de la procession du dimanche des Rameaux : une procession qui part de Notre-Dame avec la châsse de saint Marcel, qui se rend à Sainte-Geneviève-du-Mont pour revenir ensuite à la cathédrale après une station à la porte de la cité, ne peut pas se dérouler ailleurs qu'à Paris'[106].

Dans ce chapitre nous avons indiqué quelles matières liturgiques — spirituelles et matérielles — pouvaient entrer dans la composition d'un 'roman' biblique, rédigé par un clerc du XIIe siècle.

Il nous reste à préciser sur l'état de cet homme ecclésiastique. Supposons qu'il est chanoine et prêtre. Or, au XIIe siècle, un prêtre qui, dans la hiérarchie du sacerdoce, occupait le second rang, après l'évêque, devait célébrer le saint sacrifice, il devait bénir les fidèles et les offrandes par eux présentées, il devait préparer au baptême les catéchumènes et les pénitents et même leur administrer ces sacrements, il devait prêcher et présider les assemblées liturgiques[107].

prêtres

Le prêtre pouvait être soit chanoine séculier, soit chanoine régulier. Les chanoines séculiers, qui tous étaient des prêtres ordonnés, formaient le chapitre d'une cathédrale ou d'une collégiale et constituaient le conseil de l'évêque dans l'administration d'un diocèse. Ils vivaient d'après des *canones,* contrairement aux moines (Bénédictins, Chartreux et Cisterciens), qui vivaient selon des *regulae*[108]. Les chanoines réguliers, vivant, tout comme leurs confrères séculiers d'ailleurs, d'après les prescriptions tirées surtout des écrits de saint Augustin, étaient plutôt des moines : ils étaient soumis

chanoines séculiers

chanoines réguliers

à un abbé, ils observaient les coutumes monastiques pour ce qui touche l'office divin. Ils n'étaient pas tous des prêtres ordonnés[109].

II. L'ÉCRITURE SAINTE

II. 1. ANALYSE DE L'ANCIEN TESTAMENT : vv. -1-2691

Nous donnons ici un résumé du poème français pour la partie qui concerne l'Ancien Testament. Nos renvois se feront d'après la thèse de Mehne[1].

A gauche figurent les vers français, à droite les passages bibliques correspondants[2].

-2	Création du ciel et de la terre.	*Gn.1:1*
-3	Création des anges et des archanges.	
-4-16	Chute des anges révoltés. Les noms des trois archanges : Michel, Raphaël, Gabriel. C'est Michel qui est 'prevost' de l'armée angélique.	
-17-39	Création du paradis terrestre. Création d'Adam et d'Ève à qui Dieu confie la garde du paradis. Il leur défend de manger du 'pomier'.	*Gn.2:8,9* *Gn.1:27* Gn.2:21-22,15-17
-40-96	Satan, métamorphosé en serpent, entre en conversation avec Ève et lui offre le fruit défendu, qu'elle accepte après quelque hésitation. Elle en donne à manger à Adam.	*Gn.3:1-4*,5,6
-97-113	Les reproches de Dieu et l'expulsion du paradis.	Gn.3:9,*17a*
-114-144	Caïn et Abel.	Gn.4:*1a,2a*,8b,9, *11a,12a*
-145-147	Dieu remonte au ciel, en emportant l'âme d'Abel.	
-148-151	Le corps d'Abel est enterré par Adam et Ève.	
-152-157	La postérité du premier couple. Dieu admet le mariage entre frère et soeur.	*Gn.5*
-156-157	Les hommes, qui occupent toute la terre, ont partagé 'les terres, les forez et les chans'.	
-158-168	Dieu regrette d'avoir créé les hommes, descendants d'Adam et d'Ève.	(Gn.6:7)
-169-174	Il décide d'exterminer la race humaine, à l'exception de Noé et de sa famille.	Gn.6:14,*18-19*,22
-175-207	La construction de l'Arche. L'annonce du Déluge. La fin de la pluie et du vent sera annoncée par l'apparition de	(Gn.9:13)

16

l'arc-en-ciel. Noé accomplit les ordres de Dieu.

-516-534[4]	Dieu promet un fils à Abraham qui sera nommé Isaac.	*Gn.17:19*
-535-542[5]	Naissance d'Isaac.	*Gn.21:2*
-543-594	Tentation d'Abraham.	Gn.22:1-19
-595-597	Abraham ordonne à Isaac de se taire sur le miracle qui s'est accompli.	
-598-606	Mort de Sara, que, pour sa beauté, 'uns sires dou païs' avait voulu enlever ; mort d'Abraham.	*Gn.23:1,2* *Gn.25:8* Gn.12:11, ou bien Gn.20:2
-607-620[6]	Mariage d'Isaac et Rébecca.	Gn.25:20-26
-621-719	Naissance d'Esaü et de Jacob. Rébecca ordonne d'attacher un fil écarlate (blanc) au cou de celui qui doit naître le premier.	(Gn.38:28)
-740-756	Les enfants grandissent. Isaac préfère Esaü, qui est bon chasseur. Rébecca préfère Jacob.	Gn.25:27,28
-757-925	Jacob surprend la bénédiction d'Isaac. Le nom de Jacob est changé en Israël.	Gn.27:1-41 Gn.32:28
-926	Mort d'Isaac.	*Gn.35:28,29*
-927-957	Fuite de Jacob chassé par son frère. Songe de Jacob : l'échelle céleste. Lutte de Jacob avec l'ange, qui lui donne sa bénédiction.	Gn.28:11,*12*,18 Gn.32:24,25,*26b*,29b
-958-1022	Jacob, au service de son oncle Laban, épouse ses deux filles Léa et Rachel.	(Gn.29)
-1023-1031	Jacob partage les troupeaux avec Laban.	(Gn.31)
-1032-1071	Jacob s'enfuit avec ses femmes et ses enfants, en emportant les idoles de son beau-père. Laban les poursuit et cherche en vain les dieux domestiques dans la tente de Rachel.	(Gn.31:*33b*,34-5)
-1072	Laban retourne chez lui.	*Gn.31:55b*
-1073	Jacob poursuit son chemin.	*Gn.32:1a*
-1074-1107	Il craint son frère et s'adresse à Dieu dans une prière ardente[7].	Gn.32:*11a,10b*,9
-1108-1117	Rencontre de Jacob et Esaü. Leur réconciliation. Esaü	Gn.33:*1a*,4,11b,8,9

offre une partie de ses terres à Jacob.

-1118-1122	Joseph est le fils de Jacob et de Rachel. C'est lui qui fut vendu en Égypte. On y trouve toujours les 'granges et les celier antiz' qu'il a fait construire.	*Gn.30:22-24*
-1123-1144	Jacob aime beaucoup son fils Joseph. Les deux songes de Joseph.	Gn.37:*5,6-9*
-1145-1149	Le père envoie les frères paître le bétail.	
-1150-1158	Joseph accuse ses frères d'un crime qui a honni le père ; ils auraient couché avec une de ses concubines.	Gn.37:12-21,25,28,31-4
-1159-1187	Jacob envoie Joseph demander des nouvelles de ses autres fils. Le voyant arriver ils décident de le tuer, mais Ruben le sauve ; ils le jettent dans une citerne, puis ils le vendent pour trente 'besanz' à des marchands de passage.	
-1188-1192	Ils apportent la tunique ensanglantée à leur père pour lui faire croire que Joseph a été dévoré par un loup.	
-1193-1226	Plainte de Jacob.	
-1227-1251	Plainte de Rachel[8].	
-1252-1273	Joseph a été vendu au roi Pharaon. On admire sa beauté physique et son caractère noble. Il fait carrière au service de son maître : il finit par obtenir la garde de toute l'Égypte.	Gn.39:*1,4*,6b
-1274-1331	La reine s'éprend de Joseph. Pendant une fête, à laquelle la reine n'assiste pas, elle tente en vain de le séduire. Elle l'accuse faussement et Joseph est jeté en prison, où il trouve deux officiers de Pharaon : l'échanson et le panetier, qui s'étaient rendus coupables envers leur maître.	Gn.39:7-20 Gn.40:*1-3*
-1332-1342	Le songe du panetier.	Gn.40:5(16-19)
-1343-1351	Le songe de l'échanson.	Gn.40:(9-14)
-1352-1364	Les choses se passent comme l'a prédit Joseph, qui reste emprisonné et qu'on oublie.	Gn.40:21-23
-1365-1385	Les deux songes de Pharaon que personne ne sait interpréter.	Gn.41:(1-7),8
-1386-1409	L'échanson se souvient de Joseph, qu'on amène devant la cour de Pharaon.	Gn.41:*9a,12a*(14)

-1410-1434	Le roi raconte ses deux songes, que Joseph lui explique.	Gn.41:(17-24),25-27
-1435-1445	Pharaon veut rétablir Joseph dans son emploi, mais celui-ci refuse : il exige une réhabilitation : il a été faussement accusé par la reine.	
-1446-1480	Pharaon convoque de nouveau ses 'chevaliers'. Joseph sera le 'seneschal' du pays.	Gn.41:(37-41)
-1481-1501	Avec ses gens Joseph parcourt le pays, il fait emmagasiner le blé, le vin et 'la bone char salee', pendant les sept années d'abondance.	Gn.41:(46b,47,48)
-1502-1540	Après ces sept années, tout le pays d'Égypte souffre de la faim. Le peuple demande du pain à Pharaon, qui renvoie à Joseph : lui en distribuera.	Gn.41:(53-57)
-1541-1578	La paille du blé est jetée dans le fleuve, et descend jusqu'à la ville de Jérusalem, où demeurent Jacob et ses onze fils. La famine y est grande et il n'est plus possible d'acheter de quoi vivre. Un jour, Jacob voit la paille qui flotte sur l'eau. Il envoie ses fils, qui débarquent en Égypte. Quatre frères achètent du pain.	Gn.42:(1-3) Gn.42:5a
-1579-1597	Les autres frères ont un entretien avec Joseph, qui feint de ne pas les reconnaître. Ils se disent onze frères : ils sont les fils de Jacob, qui a gardé auprès de lui le plus jeune, Benjamin.	Gn.42:7,8,(13)
-1598-1646	Joseph leur demande de vouloir revenir tous les dix, alors il leur vendra du blé. Après leur retour, Joseph leur donne à manger, puis il les renvoie, en cachant de l'argent dans leurs sacs. Il dit que Pharaon n'aime pas les voleurs. Les frères prennent congé. Joseph envoie des serviteurs après eux pour chercher dans leurs bagages, où ils trouvent l'argent caché à l'insu des frères. Ceux-ci sont ramenés devant Joseph et jetés en prison.	Gn.42:(25b) (Gn.44:2)
-1647-1677	Joseph réunit son conseil et raconte ce qui s'est passé. Ruben rappelle le crime qu'ont commis les frères, qui ont vendu Joseph. Il croit que celui-ci ne peut pas l'entendre. Ensuite Joseph revient leur annoncer ce qu'on a décidé.	22-24
-1678-1708	Joseph propose à ses conseillers d'éprouver la véracité du récit des frères : qu'ils reviennent avec leur frère cadet. Pendant ce temps il prendra un ôtage : ce sera	(25a,20)

Ruben[9].

-1709-1724	Les enfants de Jacob retournent dans leur pays. Le père les renvoie en Égypte avec Benjamin.	*29*, 36
-1725-1734	Prière de Jacob[10].	(Gn.43:14)
-1735-1742	Les frères ramènent Benjamin avant que quarante jours ne soient passés.	(Gn.45)
-1743-1796	Ému en voyant Benjamin, Joseph l'embrasse et il s'engage une conversation entre les deux frères, pendant laquelle Joseph demande si 'nostre' père est encore en vie. Il se fait reconnaître et renvoie ses frères en Chanaan pour ramener Jacob.	
-1797-1852	Les fils de Jacob (Joseph retient auprès de lui Benjamin) retournent dans leur pays. Jacob ne croit pas l'histoire d'un messager qui lui annonce l'arrivée de ses fils, richement équipés. Lorsque ses fils eux-mêmes arrivent, il ne les croit pas non plus. Ce n'est qu'à la mention du nom de Joseph que le père reprend ses esprits : il a hâte de partir en Égypte.	(22,23,*26,27,28*)
-1853-1922	Retour en Égypte, rencontre de Jacob et Joseph.	(Gn.46:29)
-1923-1945	Audience de Pharaon.	Gn.47:7-10
-1946-1972	Jacob raconte l'histoire du peuple juif[11]	
-1973-1975	Jacob termine son discours en annonçant qu'il donnera la bénédiction à ses fils.	
-1976-1981	Pharaon lui promet des richesses et une partie de son pays.	Gn.47:*11*
-1982-1994	Il y a une fête qui dure quinze jours. Joseph établit son père et ses frères, comme Pharaon l'a ordonné.	
-1995-1997	Mort de Jacob. Ses funérailles à Hébron.	Gn.49:33 Gn.50:13
-1998-2000	Joseph et ses frères retournent en Égypte.	Gn.50:14
-2007	Mort de Joseph. Sépulture à Hébron[12].	
-2001-2006 -2008-2009 -2027-2051	Les Juifs deviennent nombreux et puissants au point de remplir le pays. Un nouveau roi d'Égypte y voit un danger et ordonne de tuer les hommes et d'épargner les	Ex.1:(*7,8,9*),22

21

femmes.

-2010-2026	L'auteur de notre poème se fait connaître : il s'appelle Herman, il est né à Valenciennes, il est jeune. Il est chanoine et prêtre.	
-2052-2057	Deux chevaliers trouvent un enfant nouveau-né. Ils ne le tuent pas, mais ils le mettent dans une petite corbeille qui part à la dérive, flottant 'par la mer'.	(Ex.2:*2,3*)
-2058-2063	Un homme puissant trouve l'enfant et le fait élever comme s'il était son fils. Toute l'Égypte admire la beauté de Moïse, car c'est de lui qu'il s'agit maintenant.	Ex.2:*5,10*
-2064-2089	Les enfants d'Israël se rappellent leur servitude et demandent un chef qui les guide et qui les fasse sortir d'Égypte.	(Ex.2:*23b*,24,25) Ex.3:*7,8a*
-2090-2099 -2105-2121	Moïse répond qu'il s'adressera à Dieu sur une montagne. Dieu l'instruit sur sa mission. Il lui donne un bâton et lui promet Aaron comme interprète auprès de Pharaon. Il doit mener le peuple jusqu'à la mer Rouge.	Ex.3:*1b*,19 Ex.4:*13*-17
-2122-2133	Il devra y présenter des offrandes selon les instructions de Dieu. Ensuite ils devront traverser la mer Rouge, sans craindre Pharaon.	Ex.12:3,8,11,10
-2100-2104	Moïse est cornu. En souvenir de ce fait, les évêques portent toujours des coiffes cornues.	(Ex.34:35)
-2134-2143	A l'aide du bâton Moïse devra se frayer un passage par la mer Rouge. Pharaon avec son armée poursuivra le peuple juif, mais il se noiera.	Ex.14:16
-2144-2147	Moïse descend de la montagne. Lui et Aaron se rendent auprès de Pharaon, qui refuse de laisser partir le peuple juif.	*Ex.5:1,2*
-2148-2160	Sacrifice de l'agneau pascal; passage de la mer Rouge, mort de Pharaon, perte de son armée.	(Ex.14:22-31)
-2161-2167	Pendant quarante ans les enfants d'Israël se trouvent dans le désert. Ils ne sèment pas le blé. Dieu leur donne le pain du ciel, la manne. Le désert ne fournit pas d'eau, Dieu la fait jaillir de la roche.	(Ex.16,17)
-2168-2178	Le peuple juif demande une loi. Moïse promet de monter sur le mont de Sinaï pour la demander à Dieu et pour la mettre par écrit. On devra jeûner pendant	*Ex.24:12,18*

quarante jours. Lui le fera aussi.

-2179-2205	Une partie du peuple observe les prescriptions en ce qui concerne le jeûne, l'autre partie manque à sa parole ; ces gens-là adorent un veau d'or qu'ils ont fait pendant l'absence de Moïse. Ils cachent aussi la manne de Dieu pour avoir des réserves.	(Ex.32)
-2206-2272	Moïse descend de la montagne et, voyant le veau d'or, il a l'intention de briser les tables de la Loi qu'il porte. Satan, qui s'était caché dans la statue, fait des sauts et pousse des cris. Punition des gens idolâtres : Moïse leur fait boire la poudre fine qui est restée après qu'il a moulu l'or du veau ; voilà un miracle : ceux qui n'ont pas péché restent indemnes, les autres ont les bouches dorées.	
-2261-2262	La manne qu'on a cachée change en serpents.	(Ex.16:20)
-2273-2279	Moïse est mort en vue de la Terre Promise. C'est Josué, le fils de Nûn, qui y a mené le peuple juif.	*(Jos.)*
-2280-2303	Naissance du prophète Samuel. Lorsque le peuple juif lui demande un roi, il s'adresse à Dieu, qui lui promet Saül. Le peuple a rejeté Dieu. C'est pourquoi il aura besoin d'un autre roi que le roi du ciel.	1 S.8:5-7
-2304-2306	Saül est couronné. C'est un homme très beau, par sa taille il dépasse tout le monde.	(1 S.9:2)
-2307-2311	Saül fait la guerre contre tous ses ennemis.	(1 S.14:47-52)
-2312-2355	Dieu appelle Samuel et lui ordonne d'aller chercher le fils cadet des sept fils de Jessé, qui s'appelle David. Celui-ci est oint par lui.	1 S.16:1-*13*
-2356-2374	David retourne aux champs pour garder ses brebis. Il sait très bien 'harper', si bien que ses brebis 's'oublient' parfois. On l'appelle auprès de Saül, qui est tourmenté par un mauvais esprit depuis que Dieu l'a rejeté.	1 S.16:*14,15,*(18),*21*
-2375-2421	Les Philistins se préparent à la guerre. Goliath, un géant, qui mange facilement six moutons, comme le dit 'l'escriture', défie Saül. Combat singulier entre David et Goliath, qui est tué par le caillou que celui-là a lancé avec sa fronde. Fuite des Philistins.	1 S.17:*1a,4,*(11,25), 38-40
-2422-2440	Jalousie de Saül, qui cherche à tuer David.	*(1 S.18:6-9)*

	Fuite de celui-ci.	(1 S.19:10b)
-2441-2444	La guerre contre les Philistins reprend. Saül mande ses amis et David, qui est redouté partout.	(1 S.19:8)
-2445-2462	David apprend la mort de Saül. Il fait exécuter immédiatement le messager qui avoue avoir tué le roi : voilà la punition de tout régicide!	(2 S.1:1-10,14,15,*16*)
-2463-2474	Sacre de David. Samuel apporte les 'roiaus dras'. David est un roi juste et pacifique.	*2 S.5:1-3*
-2475-2476	A Jérusalem il se fait construire un palais magnifique.	*(2 S.5:11)*
-2477-2480	Enlèvement de la femme d'un mercenaire étranger, Urie, qui est dans son service. Le roi a un fils de Bethsabée. Urie, le 'seneschal' est envoyé au plus fort de la mêlée et, pendant une sortie, il est tué.	
-2481-2482	Après la mort de son serviteur, David compose la 'Miserele', c'est-à-dire le psaume 51, le 'Miserere', pour demander à Dieu l'absolution de son péché.	
-2483-2492	David a l'intention de construire un temple en l'honneur de Dieu, qui, pourtant, le lui défend, à cause de crime. C'est son fils qui exécutera ce grand projet.	2 S.7:12-13
-2493-2496	David a été un très bon roi ; il a régné fort longtemps. Il a vaincu tous ses ennemis. Il a eu cinquante concubines. Sa femme Bethsabée est la mère de Salomon.	(2 S.8) *(2 S.5:13-16)* 2 S.12:24
-2497-2499	En tant que prophète, David a annoncé la naissance de la Vierge et l'avènement de son Fils.	
-2500	Après la mort de David, son fils lui succède.	(1 R.2)
-2501-2523	Salomon, fils de David et de Bethsabée, règne après son père. Sa sagesse est un don de Dieu : dans un songe, un ange lui avait fait choisir entre trois choses : la force, la richesse, la sagesse.	1 R.3:5-14
-2524-2536	Il construit le Temple à Jérusalem.	(1 R.6)
-2537-2620	Le jugement de Salomon	1 R.3:16-28
-2621-2622	Salomon, le bon orfèvre.	(1 R.6:21)
-2623-2627	Salomon, l'homme le plus sage du monde, à l'excep-	

	tion d'Adam, est aussi le plus riche. Il a été très puissant et fort redouté.	
-2628-2629	Mais, si parfait qu'il puisse être, l'homme est un pécheur :	
-2630-2638	Pour une femme païenne Salomon s'est détourné de Dieu.	(1 R.11:1-8)
-2639-2684	Pour obtenir la rémission de ce péché il a fait une pénitence publique.	
-2685-2689	Malgré son crime, Salomon a été accueilli au ciel. Ses oeuvres seront éternelles.	
-2690-2691	Son fils Roboam lui succède.	(1 R.11:*43*)

II. 2. CONSTRUCTION : LA THÉORIE DES SIX AGES DU MONDE ; L'EXPLICATION TYPOLOGIQUE DES ÉCRITURES ; PETRUS COMESTOR

En lisant notre analyse, on constate qu'Herman n'a pas traduit le texte intégral de l'Ancien Testament. D'après Mehne[13], il aurait fait un résumé de l'Histoire sainte, depuis Adam jusqu'à Salomon, en s'arrêtant un peu plus aux passages intéressants.

Dans les lignes suivantes nous allons voir ce qu'il y a de vrai dans cette affirmation.

En ce qui concerne la chronologie de sa matière, le poète s'est basé sur la théorie des six âges du monde. Elle remonte à saint Augustin[14]. Nous la retrouvons chez Isidore de Séville :

> prima aetas est ab Adam usque ad Noe ; secunda a Noe usque ad Abraham ; tertia ab Abraham usque ad David ; quarta a David usque ad transmigrationem Iuda in Babyloniam ; quinta deinde (a transmigrationem Babylonis) usque ad adventum Salvatoris in carne ; sexta, quae nunc agitur, usque quo mundus iste finiatur[15].

Une allusion au second âge se lit aux vv. -324-326 :

> Dou linage Noé, des fiz a ses anfanz,
> Mouteplia li siecles de gent plus de mil anz ;
> Donc fu nez en cest siecle .i. sainz hom Abrehanz.[16]

Voilà donc la base de sa construction : Adam, Noé, Abraham et David en sont comme les clés de voûte.

Quels ont été les moellons de la Synagogue? A notre avis le poète l'a construite à l'aide de la typologie, qui est un aspect de l'exégèse biblique : le *sensus typicus (allegoricus)* est un des quatre sens de l'Écriture[17].

C'est dire que les personnages dont il nous raconte la vie sont autant de types, autant de préfigures du Christ. Ainsi il a adapté à son but la matière qui était à sa disposition.

Nous sommes renseignés sur ses intentions par ce qu'il dit lui-même aux laisses 60,62,67 (-LL 60,62,67) :
— la Vierge lui ordonne d'écrire un livre, un roman sur sa vie et sur la vie de son fils.

Nous partageons l'opinion de Mehne[18], selon laquelle l'*Assumption Nostre Dame* doit être comprise dans l'ensemble de l'ouvrage[19].

Plus loin nous verrons comment Herman s'est servi des données que lui fournissait le Nouveau Testament. Ici nous examinerons les principes qui ont été à la base de sa traduction de l'Ancien Testament. En ce qui concerne la théorie des six âges du monde, pour Herman la chronologie de l'Ancien Testament s'arrête au quatrième âge. Isidore mentionne au

— premier âge   : Noé, l'Arche, le Déluge
— second âge   : Abraham, Isaac, Jacob et Joseph,
— troisième âge   : Moïse, Samuel, Saül,
— quatrième âge   : David, Salomon, Roboam[20].

Nous retrouvons ces personnages chez notre poète[21].

Pour ce qui est du *sensum typicum* ou *allegoricum* que l'exégèse biblique appliquait à la parole de Dieu, dès saint Paul on avait cherché à établir des rapports entre l'Ancien Testament et le Nouveau : l'Ancien Testament est 'l'ombre des choses à venir'[22]. 'Ces faits (= les événements importants de l'Ancien Testament) se sont produits pour nous servir d'exemples'[23]. Il y a dans l'Ancien Testament des personnages et des événements qui ont une signification secrète, cachée aux gens contemporains. Cette signification, se rapportant au Christ, est révélée dans le Nouveau Testament. Chez saint Augustin on lit :

Novum Testamentum in Vetere latet, Vetus in Novo patet[24].

Nous ferons suivre un catalogue des personnages (événements) que nous avons rencontrés dans le récit d'Herman, avec leur sens typologique correspondant. Parfois il existe plusieurs explications. Nous avons choisi celle qui correspond à un personnage (événement) du Nouveau Testament, mentionné par le poète[25] :

— Adam est considéré comme le type du Christ, la 'figure de celui qui devait venir'[26]. 'Par la désobéissance d'un seul homme la multitude a été constituée pécheresse, ainsi par l'obéissance d'un seul la multitude sera-t-elle constituée juste'[27]. Les Pères de l'Église et les théologiens du moyen âge ont élaboré cette théorie. Adam a été formé le sixième jour, le Christ s'est incarné au sixième âge du monde. L'un nous a perdus par sa faute, l'autre nous a sauvés par sa mort[28]. Au fond, dans ces définitions, il y a des contradictions : Adam est à la fois le type du Christ, mais aussi son opposé total.

— Ainsi Ève est une préfigure de la Vierge Marie, mais en même temps elle est l'Antivierge : elle a introduit dans le monde le péché que Marie Immaculée a racheté par le sacrifice de son Fils divin : 'Per Evam perditio, per Mariam recuperatio'[29], 'Mors per Evam, vita per Mariam', paroles empruntées à une épître de saint Jérôme[30].
Ève a écouté le serpent, qui est Satan, Marie a écouté l'ange Gabriel, qui lui annonçait la naissance de son Fils[31]. C'est là le sens marial donné au passage de Gn.3:15[32].

— L'arbre interdit est opposé à la Croix du Sauveur : 'La mort vient de l'Arbre, la vie (vient) de la Croix', dit saint Ambroise[33].

— L'expulsion du Paradis est la préfiguration de l'expulsion des marchands du Temple[34].

— Abel symbolise le Sauveur, aussi bien par sa vie que par sa mort, qui annonce celle du Christ sur la croix[35].

— Noé figure Jésus-Christ et l'Arche de Noé figure l'Église[36].

— Dans l'exégèse chrétienne, le corbeau qui ne revient pas et qui dévore les cadavres des noyés, est comparé aux Juifs qui abandonnent l'Arche de l'Église[37].

— Le retour de la colombe à l'Arche est une des préfigurations de la Descente du Saint-Esprit sur les Apôtres[38].

— Le mât de l'Arche est comparé à la croix du Christ plantée sur le Golgotha[39].

— La dérision de Noé est la dérision du Christ[40].

26

- Abraham est le premier et le plus célèbre des Patriarches ; sacrifiant Isaac, il est l'image de Dieu le Père, immolant son Fils pour le salut des hommes[41].
- Les trois hommes qui rendent visite à Abraham, sont le symbole de la Trinité. L'un d'entre eux, qui est Dieu le Père, annonce la naissance d'Isaac. (Herman, contrairement au récit biblique, lui fait annoncer la destruction de Sodome)[42]. Cette annonce de la naissance d'Isaac est considérée comme la préfigure de l'annonce faite à Marie[43]. Ces trois personnes sont le plus souvent représentées comme de beaux adolescents ou des enfants[44].
- Isaac, le fils d'Abraham, symbolise le Christ : sa naissance annonce la Nativité de Jésus.
- Le sacrifice d'Isaac est mis en parallèle avec le Portement de la Croix[45].
- Le bélier immolé à la place d'Isaac représente le Christ crucifié[46]. Dans l'iconographie il est parfois remplacé par un agneau[47].
- La famille de Lot, conduite par un ange hors de Sodome en flammes, est la préfigure des Rois mages qu'un ange invite à repartir par une autre route[48].
- D'après saint Augustin Jacob béni par son père aveugle préfigure le Christ béni par les prophètes, qui ne le connaissent pas[49].
- Ésaü qui, frustré de la bénédiction paternelle, cherche à tuer Jacob, est l'emblème du peuple Juif qui, après avoir condamné Jésus à mort et après l'avoir fait crucifier, persécute ses disciples[50].
- La fuite de Jacob est la préfigure de la Fuite en Égypte : 'Jacobus ad Labanum ab Esau fugit, Christus in Aegyptum ab Herode'[51].
- La pierre sur laquelle Jacob répand l'huile, figure symboliquement le Christ, dont le nom signifie *Oint*[52].
- Les opinions des théologiens sur l'interprétation de la lutte de Jacob avec l'ange varient beaucoup. On a voulu y voir Dieu qui met à l'épreuve les Élus. Pour saint Jérôme c'est, au contraire, le Démon. Saint Augustin y a vue le symbole de la lutte de l'Église contre la Synagogue : la jambe de Jacob, devenu boiteux par suite de la paralysie du nerf de la cuisse, est l'image des Juifs qui n'ont pas cru au Christ ; celle qui reste saine figure ceux qui reconnurent en lui le Messie. Pour la plupart des commentateurs, pourtant, c'est l'image de la vie du chrétien, qui est une lutte perpétuelle où nous sommes parfois dominés, mais où, comme Jacob, nous finissons par vaincre[53].
- Le double mariage de Jacob se rapporte à l'activité du Christ : Léa représente les Juifs : elle a les yeux faibles : les Juifs n'ont pas reconnu le Christ. Rachel représente l'Église, elle cache les idoles de Laban ; ainsi l'Église, qui a son origine dans le monde païen, a renoncé à adorer les idoles[54].
- Joseph préfigure le Christ par sa vie entière[55].
- Moïse préfigure à la fois le Christ et saint Pierre. Il existe beaucoup de parallèles entre la vie de Moïse et celle de Jésus[56].
- Moïse dans sa corbeille est la préfigure de l'enfant Jésus dans la crèche[57].
- Moïse trouvé sur les eaux est la préfigure de l'enfant Jésus échappant au massacre des Innocents[58].
- La pluie de la manne a été interprétée comme une préfigure de l'institution de l'Eucharistie[59].
- Le rocher c'est le Christ lui-même ; la source que Moïse en fait jaillir c'est l'eau salvatrice du Baptême et aussi l'eau et le sang sortant du flanc du Crucifié, percé par la lance de Longin[60].
- Aaron, après Melchisédec le premier grand prêtre de l'Ancienne Loi, est considéré comme une des préfigures du Christ, grand prêtre de la Nouvelle Loi[61].
- Josué, héritier de Moïse, qui installe les Israélites dans la Terre Promise, est une préfigure du Messie, par son nom et par ses actes :
  Josue fuit typus Domini, non solum in gestis, sed etiam in nomine[62].
- Saül, dont la vie n'a pas du tout été exemplaire, n'est pas considéré comme un type du Christ : au contraire, on a plutôt voulu voir en ses actes une préfiguration du massacre des Innocents[63].

- David, qui est une des préfigurations du Christ, est encore plus : il est son ancêtre direct. Plusieurs épisodes de son histoire ont été mis en parallèle avec la vie de Jésus[64].
- La victoire de David sur le géant est la préfigure de la victoire du Christ sur Satan[65].
- David est aussi la préfigure de Pilate se lavant les mains en envoyant Jésus à la mort : il a fait exposer Urie, le mari de Bethsabée, le plus possible, au siège de Rabba, et celui-ci est tué sous les murs de la ville[66].
- Bethsabée, la plus aimée des femmes de David, représente l'Église, épouse du Christ, soustraite au Prince du Monde, Satan, figuré par Urie[67].
- Salomon 'Le Pacifique' annonce le Christ lui-même, qui est le véritable Pacificateur, 'verus Salomo'[68].

Voici maintenant notre conclusion : Herman de Valenciennes, dans sa traduction de l'Ancien Testament, s'arrête aux étapes importantes de l'histoire biblique. En cela, il ne fait pas oeuvre originale. Son ouvrage s'inscrit dans une tradition séculaire qui remonte à l'Écriture sainte[69]. L'explication allégorique de la parole de Dieu, la théorie des six âges du monde, font partie de la doctrine de l'Église, telle que celle-ci l'avait enseignée dans les commentaires des Pères.

Au moyen âge cette doctrine est connue grâce à l'École : au XIIe et au XIIIe siècle, l'enseignement théologique se fait à l'aide d'ouvrages énormes, composés en latin, à l'époque même, et qui sont autant de résumés des commentaires antérieurs. Citons, entre autres, la *Glossa Ordinaria,* due à l'école de Laon[70], l'*Historia Scholastica,* de Petrus Comestor[71], et l'*Aurora,* de Petrus Riga[72].

En ce qui concerne les sources auxquelles a puisé Herman, il est impossible de renvoyer à des documents précis[73].

Sa source principale a été la Vulgate. Quant à la version utilisée par notre poète, selon toute probabilité, c'est celle qui se trouvait dans le lectionnaire de l'office qui était en usage dans la cathédrale de son diocèse[74]. C'est là qu'il a dû puiser pour les différents passages de l'Ancien Testament qui se trouvent dans son ouvrage.

En tant que chanoine il assistait tous les jours à l'office divin. Or la Bible entière y devait être lue au cours de l'année[75]. Pour ce qui est de l'ordre du récit, il existe un rapport indéniable entre le poème français et l'*Historia Scholastica,* rapport qui s'expliquerait par le point de départ commun des deux auteurs : la théorie des six âges du monde, l'explication typologique du texte sacré[76].

Nous terminons ce paragraphe par un tableau qui, pour le livre de la Genèse, présente une comparaison entre les deux ouvrages. Cette comparaison se fait à partir de l'analyse qu'on trouve au début de ce chapitre[77].

Herman de Valenciennes	Petrus Comestor
— Création du ciel et de la terre	I
— Création et chute des anges	III, IV
— Création de l'homme	IX
— Le paradis et les arbres	XIII
— La garde du paradis et la défense de manger de l'arbre de vie	XV
— La formation de la femme	XVI
— Le sommeil d'Adam	XVII
— La séduction d'Ève qui mange du fruit défendu, la pomme	XXI, XXII
— La malédiction (du serpent et) de l'homme	XXIII
— L'expulsion du paradis	XXIV
— Caïn et Abel	XXV

II. 3. L'HISTOIRE DE JOSEPH, FILS DE JACOB

Il nous semble utile de consacrer un paragraphe entier à la vie du quatrième patriarche[78], qui, nous l'avons déjà indiqué plus haut[79], est une préfigure du Seigneur. Il est même 'la figure par excellence, celle qui résume et complète toutes les autres, le véritable type de Jésus-Christ'[80].

Le Missel de Bobbio, qu'on fait remonter au VIIe siècle[81], contient une préface[82] pour le deuxième dimanche de carême[83], qui présente la concordance suivante[84] :

— Joseph est poursuivi par la haine de ses frères, le Christ par celle des Juifs
— Joseph cherche ses frères, le Christ cherche les siens par la prédication
— Les frères de Joseph méditent sa mort, après la résurrection de Lazare, les Juifs méditent la mort du Christ
— Joseph est jeté dans la citerne, le Christ est entre les mains des soldats
— Joseph est vendu, le Christ est vendu
— Joseph est vendu pour trente deniers, le Christ est vendu pour trente deniers
— Joseph est vendu pour aller en Égypte (= le type de l'enfer, de la mort et du dénuement), le Christ est dépouillé de ses vêtements
— Joseph est réduit en servitude, le Christ est attaché à la croix
— Joseph va en Égypte (= vers la mort), le Christ est porté sur la croix
— L'échanson et le panetier sont les prototypes du bon et du mauvais larron
— Joseph explique les songes de ses compagnons, le Christ promet au bon larron la vie éternelle
— Joseph sort de prison, le Christ ressuscité descend aux Limbes
— Joseph arrive aux honneurs, le Christ monte vers son Père
— Joseph distribue le blé, le blé est la figure de l'Eucharistie
— Joseph est adoré par ses frères, le Christ est adoré par les anges.

Au XIIe et au XIIIe siècle, une illustration parfaite de cette concordance se retrouve dans l'art décoratif : les miniaturistes et les verriers s'en sont servis pour les enluminures des manuscrits, pour les vitraux des cathédrales[85]. Aussi n'est-il pas étonnant que notre poète ait inséré dans son ouvrage l'histoire d'*icil Josep que Jacob tant ama*'[86], qui occupe la huitième partie du poème.

Que la popularité du poème biblique d'Herman ait été grande s'ensuit du fait que, aussi bien en France qu'en Angleterre, plusieurs parties, et notamment des fragments de la Genèse, ont été 'compilés' par d'autres poètes.

Pour l'histoire de Joseph nous pouvons mentionner les textes suivants :

— Le récit que renferme le Ms. Paris, B.N.f.fr. 6447 (fin XIIIe s.), qui est une mise en prose des vv. -1183-1234 ; -1992-2007[87].
— Une partie du poème biblique 'composé en Angleterre, qui se trouve dans le Ms. Harley 3775 du Musée britannique', datant du milieu de XIVe siècle[88].
— Un fragment du *Cursor Mundi*, poème en moyen anglais, composé entre 1260 et 1290[89].

Nous aimerions ajouter à cette série l'histoire de Jacob qui se lit dans le *Iacob and Iosep*, poème en moyen anglais, contenu dans un seul Ms., qui fut copié peu après 1250[90].

Retournons maintenant à notre matière. Quant à la trame de son histoire, le chanoine de Valenciennes suit la Vulgate[91], mais il est entré dans son récit des éléments légendaires qui ne se trouvent pas dans la Bible. Faut-il y voir des 'Beispiele für die Uebernahme jüdischer Exegese'?[92] Il nous semble extrêmement difficile de répondre par l'affirmative. Notre auteur a-t-il fréquenté des rabbins contemporains? Ou bien, faut-il penser plutôt à des influences indirectes, à travers les Pères de l'Église, les compilateurs de la *Glossa Ordinaria,* les théologiens de l'abbaye de Saint-Victor à Paris, Petrus Comestor?[93]

Nous citons ici les passages du poème français qu'on chercherait en vain dans le livre de la Genèse :

1.   -1121   Ancor i sont les granges et li celier antiz
        -1122   Qu'il fist fere en Egypte par plusor lius sostiz.

2.   -1139   "Li solaus et la lune, biaus peres, par verté,
        -1140   (Et) dou ciel les [xj] estoiles perdirent lor clarté
        -1141   Et qant g'i regardai, tout fu[i] enluminé.

3.	-1145	Qant entendi li peres qu'il se vont correçant,
	-1146	Il sailli suz em piez, nel dist pas en *riant* :
	-1147	"Que est ce q'entre vos alez si murmurant?
	-1148	Fuiez ensuz de moi, menez l'armaille el champ".
4.	-1151	Pere, il vos ont honi car il sont mal enfant ;
	-1152	Malement ont erré d'une vostre soignant ;
	-1153	O li ont tuit geü s'en sont em pechié grant".
5.	-1176	-Nou ferons, dist Ruban, il n'estra pas ocis.
	-1178	Car il est nostre freres, n'est pas nostre anemis ;
6.	-1186	Joseph lor ont vendu sol por .xxx. besanz
7.	-1192	Et dient que uns leus a sa char devoree.
8.		la plainte de Jacob, la plainte de Rachel[94].
9.	-1254	Li rois l'a acheté s'en a fait son *sergant*[95].
10.	-1275	Tant l'ama la roïne que toute en devint fole.
11.	-1283	Que li rois tint sa cort en som palais hauçor.
12.	-1325	Signor, en cele chartre avoit molt de serpans ;
13.	-1338	Q'aportasse ferine li rois me commenda :
	-1339	Si fis je sor mon chief, mais li venz l'en osta ;
	-1340	Uns corbiaus ma corbeille detrait et depeça.
14.	-1473	Molt set bien les .vij. ars, assez set de grantmaire,
15.	1536	Il fait batre les blez par toute la contree,
	-1537	Ses fait vaner molt bien, la paille en est volee.
	-1541	La paille de cel blet fu en l'yaue getee ;
	-1542	L'yaue fu forz et roide, si fu tost avalee.
16.	-1611	Qu'il prist or et argent, en lor sas le muça,
	-1654	Ne d'aus ne me pris garde, mon tresor m'ont amblé,
17.	-1688	Coment a cist a non? — Ruben. — Sel retendrai
	-1690	.xl. jorz, Ruban, itant te garderai!
18.	-1809	Ne demora c'um pou, vint li .i. messagiers,
19.	-1848	Donc sailli suz Jacob, qui ne pooit aler ;
	-1849	Dou solier ou il fu se prist a avaler.
	-1850	Il estoit si tres viex que il soloit croler
	-1851	.I. pou et si soloit a grant painne parler.
	-1852	Dont crie a haute voiz : "Mi fil, or dou haster!"
20.	-1989	Enaprés .xv. jorz ont grant joie menee.
21.	-2007	Joseph fu iluec morz et ou val d'Ebron mis.

Voici les renseignements fournis par les documents extra-scripturaires que nous avons consultés. Pour faciliter les recherches ultérieures dans ce domaine, notre commentaire contiendra aussi une comparaison entre l'histoire de Joseph, composée par Herman, et celle qu'on trouve chez d'autres auteurs français, notamment chez :

- Evrat
- Geufroi de Paris
- Jehan Malkaraume
- L'auteur anonyme du poème biblique contenu dans le Ms. Paris, B.N.f.fr. 763
- Macé de La Charité[96].

Ad 1

Au moyen âge les pyramides étaient connues sous le nom de 'greniers de Pharaon' ou de 'Joseph'. Cette opinion était généralement répandue parmi les pèlerins. Elle est exprimée dans plusieurs textes de date tardive, par exemple dans le *Voyage d'Outremer* de Jean de Mandeville, composé en 1356[97], et dans le *Saint Voyage de Jérusalem* du seigneur d'Anglure, écrit à la fin du XIVe siècle[98]. 'La légende remonte au moins au VIe siècle, puisqu'elle est énoncée par Grégoire de Tours dans son *Historia Francorum* (I,10) : Joseph fit construire à Babylone des greniers d'un travail étonnant bâtis en pierres carrées et en moellons. Ils sont spacieux dans le bas et resserrés dans le haut, de telle sorte qu'on y jette les grains par un petit trou.'[99] Grégoire ajoute encore ceci :

> quae horrea usque hodie cernuntur.[100]

Cette remarque est en rapport étroit avec le v. -1121, que nous avons cité ci-dessus.

Ad 2

Chez Bède[101] nous lisons ceci :

> Sol etiam et luna cum lumen suum absconderunt juxta crucem Christi, convertentes se in tenebras, illum adoraverunt.

Cette vénérable 'autorité' de l'Église a donc aussi établi une comparaison entre la vie de Joseph et celle de Jésus.

Ad 5

Il est curieux de constater que, pour ce passage, Herman et Macé offrent exactement la même disposition du récit[102]. Probablement les deux auteurs ont puisé dans Flavius Josephus, *Antiquitates, II*,3,1 :

> Rubelus vero, ... tentabat eorum impetum continere : ostendens facinus fore audacissimum simul ac scelestissimum. Ut nefarium quidem et Deo visum iri, et hominibus flagitiosum, etiam non consanguinei caedem perpetrare ...[103]

Ad 6

Dans l'*Historia Francorum* (I,9)[104] de Grégoire de Tours et dans le commentaire de Bède (*PL*,91, 264), Joseph est vendu pour trente pièces d'argent. Chez Evrat (fo 117d) et chez l'auteur anonyme du Ms. Paris B.N.f.fr. 763 (fo 234b), nous trouvons la même somme d'argent.

Ad 7

Pour Herman, la bête féroce (Gn.37:33) qui aurait dévoré Joseph, a été un loup. De cette façon il a mis à contribution le commentaire de Bède sur ce passage biblique. Celui-ci avait comparé la bête féroce aux juifs, qui sont les loups dont parle l'Évangile :

> Fera pessima devoravit eum, id est : Judaica bestia interfecit illum, de qua Dominus in Evangelio ait : 'Ecce ego mitto vos in medio luporum'.[105]

Ad 8

D'après Flavius Josephus, *Antiquitates,* II,3,1, Rachel est encore en vie, lorsque Joseph est vendu[106].

Ad 9,10

Tertullien a été le premier à dire que Joseph avait été vendu à Pharaon, roi des Égyptiens, et que, par conséquent, la reine elle-même avait cherché à le séduire[107]. On retrouve cette particularité chez Geufroi, chez Malkaraume et dans le récit anonyme du Ms. Paris, B.N.f.fr.763[108].

Ad 11

D'après Flavius Josephus, *Antiquitates,* II,4,3, la femme de Potiphar feint d'être malade pour être seule avec Joseph, pendant une grande fête à laquelle assiste toute la population[109].

Ad 14

D'après Flavius Josephus, *Antiquitates,* II,4,1, Potiphar avait fait instruire Joseph dans les sept arts[110].

Ad 15

Évidemment cette légende est née afin d'expliquer le texte biblique qui, à cet endroit de l'histoire, dit :

> Jacob, *voyant* qu'il avait du grain à vendre en Égypte[111].

Une autorité, inconnue jusqu'ici[112], avait établi une concordance entre les frères de Joseph qui arrivent en Égypte pour y acheter du blé et les Rois mages qui cherchent l'Enfant à Jérusalem : ceux-là étaient guidés par la paille qui flottait sur l'eau, ceux-ci par l'étoile. Cette légende qui, probablement, est d'origine juive, se trouve aussi chez Geufroi de Paris[113].

Ad 16

Dans la Bible, c'est pendant le deuxième voyage des frères en Égypte que Joseph cache sa coupe d'argent dans le sac de Benjamin (Gn.44:2). Chez Herman, il s'agit d'un trésor en or et en argent qui appartient tantôt à Pharaon (vv. -1611,-1619,-1629) tantôt à Joseph lui-même (v. -1654), qui le cache pendant le *premier* voyage des frères.
Jusqu'ici la source de cette version est inconnue.

Ad 18

Dans une légende juive, les frères de Joseph, à leur retour, voyaient Serah, la fille d'Asher, un des fils de Jacob, qui savait bien jouer de la harpe. C'est elle qui chante l'Histoire de Joseph devant son grand-père[114].

Ad 19

Herman a transformé en une scène très animée le renseignement fourni par la Vulgate (Gn.45:26, 27) :

> Quo audito Iacob, quasi de gravi somno evigilans, tamen non credebat eis ... Cumque vidisset plaustra et universa quae miserat, revixit spiritus eius, et ...

Jusqu'ici la source de cette transformation est inconnue. Nous aimerions croire qu'elle est due au talent du poète.

Ad 21

D'après des sources juives Joseph lui-même aurait exprimé le désir d'être enterré à Hébron[115].
Petrus Comestor[116], à la suite de Flavius Josephus, dit que ce sont les frères de Joseph qui avaient

été enterrés à Hébron.

Nous n'avons pas réussi à retracer les passages nommés aux numéros 3,4,12,13,15-17,19,20. Nous résumons notre exposé par un tableau où l'on trouvera d'une part, les textes français et anglais qui contiennent l'histoire de Joseph, d'autre part, les passages extra-scripturaires qu'ils ont en commun[117] :

	6	8	9,10	15	16	19
— Herman de Valenciennes	○	○	○	○	○	○
— Evrat	○	○				
— Geufroi de Paris		○	○	○	○	
— L'auteur anonyme (Ms. Paris, B.N.f.fr.763)	○		○			
— Macé de La Charité						
— Genesis and Exodus[118]	○					
— Iacob and Iosep[119]		○	○	○	○	○
— Cursor Mundi[120]				○	○	○

Avant la parution – en 1933 – de l'article de L. Borland[121], qui avait démontré, preuves textuelles à l'appui, que l'auteur du *Cursor Mundi* avait fait des emprunts au poème d'Herman, A.S. Napier – en 1916 – avait signalé certains rapports entre le *Cursor Mundi* et le *Iacob and Iosep*[122]. Comme l'auteur du *Cursor Mundi* s'était donc basé sur le poème d'Herman, et que, du moins pour l'histoire de Joseph, il n'avait pas mis à contribution le *Iacob and Iosep,* il nous semble certain que ce dernier poème remonte, lui aussi, à l'ouvrage d'Herman.

Le Ms. unique contenant ce poème fut copié peu après 1250. Le texte lui-même est donc plus ancien.

La *Bible des sept estats du monde* de Geufroi de Paris date de 1243[123].

La *Bible* de Jehan Malkaraume daterait des environs de 1250[124].

Le texte anonyme du Ms. Paris, B.N.f.fr. 763 aurait été composé vers le début du XIIIe siècle[125].

Le poème sur le livre de la Genèse fut composé par Evrat peu après 1192[126].

Nous voulons exclure de nos considérations les poèmes du XIIIe siècle. D'une part, ils ont été composés en même temps que le *Iacob and Iosep,* d'autre part, tous les passages de ce dernier ne se retrouvent pas dans les textes cités ci-dessus[127]. Restent le texte d'Evrat qui, pourtant, n'a aucun trait en commun avec le poème anglais, et le poème d'Herman[128]. Or, entre celui-ci et le *Iacob and Iosep* il existe un rapport indéniable pour cinq passages[129] :

— Plaintes de Jacob et de Rachel (8)
— Joseph est vendu au roi, la reine s'éprend de lui (9,10)
— Jacob, qui demeure à Jérusalem[130], voit la paille qui flotte sur l'eau. Il envoie ses fils en Égypte pour acheter du blé (15)
— C'est pendant le premier voyage des frères en Égypte que Joseph cache un trésor dans leurs bagages. Il les fait poursuivre par ses soldats (16)
— La joie de Jacob apprenant que son fils Joseph est en vie (19)

Nous ferons suivre quelques exemples des rapports textuels qui existent entre les deux poèmes. Il est d'ailleurs clair que le poète anglais a adapté sa source française[131].

Iacob and Iosep[132]		Herman de Valenciennes	
175	Adoun he fel iswowe / 7 tar his hore loc,	-1199	Detrait sa barbe blanche, durement se pasma ;
176	ſe moder feng to renden / hire neb 7 hire smoc.	-1227	Or oiez de Rachel, pas ne s'est oublïee,
177	Euer, seide ſe moder, / 'Wo is me a liue,	-1228	En la maison entra, dolante, eschevelee,
178	For me sone Iosep / be ich neuere bliſe !	-1237	"Biaus doz fiz, dist Rachel, ta mere que fera ?
		-1251	N'ai cure de leece, ja mais ne serai lïe."
190	ſe pore 7 ſe riche / louieſ him alle.	-1269	Certes et tuit l'amoient li grant et li menor ;
195	ſe quene louede Iosep / ase hir owe lif.	-1275	Tant l'ama la roïne que toute en devint fole.
378	'From Ierusalem', quod Ruben / 'we heſ hider icome.	-1584	De Jerusalem somes. Biau sire, a nos entent !
400	Nou dude Iosep / a swiſe wonderſing,		
401	He nam a guldene nap, / was Pharaones ſe king,	-1611	Qu'il prist or et argent, en lor sas le muça.
402	7 putte in ſones sakke / wiſinne ſe prene.		
516	Feire he platte his her wiſ a selkene streng.	-1831	Il avoit les chevex menuz recercelez
517	He toc his benetene hat / wiſ pal ſat was biweued.	-1832	Si estoit ses chapiaus d'une part avalez.

Nous avons écarté de cette comparaison l'*Estoire Joseph,* poème en vers de six syllabes, composé au XIIe siècle, et conservé dans deux manuscrits[133]. Il ne saurait être la source du *Iacob and Josep*. C'est que l'*Estoire Joseph* remonte directement à la Vulgate[134]. Il ne contient aucun élément légendaire[135]. Il se trouve que l'auteur d'un remaniement de la version originale qui se lit dans le Ms. N11[136], avait mis à contribution l'histoire de Joseph d'Herman[137].

En conclusion nous dirons ceci :

— pour l'histoire de Joseph Herman de Valenciennes traduit en premier lieu le livre de la Genèse
— en plus il puise à des sources extra-scripturaires : Pères de l'Église, légendes juives.

Or, au XIIe siècle, c'est dans l'abbaye de Saint-Victor, à Paris, que se joignent ces trois fils. Hugues et André y enseignent la théologie. Pierre le Mangeur, qui entretient des relations personnelles avec Saint-Victor, pour son *Historia Scholastica,* se servira des commentaires d'André sur l'Octateuque[138]. L'influence de l'école de Saint-Victor a été énorme, aussi bien en France qu'en Angleterre[139].

En fin de compte, faudrait-il tourner le regard vers André, ce maître de la *sacra pagina,* pour trouver la source première non seulement de l'histoire de Joseph, mais encore de toute la traduction de l'Ancien Testament d'Herman?

Jusqu'ici le *In Heptateuchum* d'André de Saint-Victor est resté inédit. Le manuscrit le plus ancien date du XIIe siècle et provient de l'abbaye de Beaupré. Dans l'*explicit* on lit qu'il s'agit d'un livre contenant des extraits tirés des Pères, de Flavius Josephus et de traditions juives[140].

Tout cela serait parfaitement en accord avec ce que nous avons dit plus haut. Nous avons l'impression que, pour beaucoup de traductions de l'Ancien Testament en langue vulgaire, les 'sources juives' pourraient bien être retracées et retrouvées précisément dans les ouvrages de certains victorins.

En guise de *test-case* nous proposons l'histoire de Lamek qui se lit dans la *Bible* de Macé de La Charité[141]. Lamek, aveugle, est accompagné d'un 'juene vaslet'. C'est sur les indications de celui-ci qu'un jour, pendant la chasse à l'arc, Lamek tue d'abord Caïn d'une flèche et ensuite il met à mort le 'ductor'. Cette légende, créée sans doute pour expliquer le passage biblique de Gn.4:23, se trouve dans l'*Aurora* de Petrus Riga, source principale du curé de Sancoins. Seulement l'ordre du récit de Macé est différent de celui de l'*Aurora*. En plus, Macé donne une extension à l'histoire du 'ductor' qui pourrait remonter à Petrus Comestor, mais, dans l'*Historia Scholastica*, Lamek frappe à mort le jeune homme, tandis que chez Macé il le tue d'une flèche[142].

D'après É. Mâle, la légende aurait une origine 'rabbinique' : on en trouverait des traces dans une lettre de saint Jérôme au pape Damase, où il est question de 'quodam Hebraeo volumine'. Saint Jérôme ne paraît pas préciser davantage. Dans la *Glossa Ordinaria,* attribuée à Walafrid Strabo on trouverait pour la première fois la légende avec tout son développement. Le passage en question est attribué à Raban :

'Aiunt Hebraei Lamech diu vivendo caliginem oculorum incurrisse, et adolescentem ducem et rectoris itineris habuisse. Exercens ergo venationem, sagittam direxit quo adolescens indicavit, casuque Caïn inter fruteta latentem interfecit ... unde et furore accessus occidit adolescentem'[143].

É. Mâle suppose que les rabbins ont fait connaître pour la seconde fois cette légende aux chrétiens. C'est ce qui expliquerait pourquoi elle apparaît tout d'un coup au IXe siècle et cela avec un luxe de détails[144].

Il se trouve que la plus ancienne représentation de la mort de Caïn date du IXe siècle : elle est figurée dans la Bible catalane de Roda ou de Noailles. Au XIIe siècle le thème est représenté dans une mosaïque dans la cathédrale de Monreale en Sicile, sur un chapiteau d'Autun et dans deux chapiteaux de la Madeleine à Vézelay[145].

Aujourd'hui, grâce aux recherches de Madame Beryl Smalley et d'autres savants, l'histoire de la *Glossa Ordinaria* est mieux connue. Il se trouve que l'auteur n'est pas Walafrid Strabo et que cet ouvrage ne remonte pas au IXe siècle[146]. En outre, le passage sur Lamek est faussement attribué à Raban.[147]

Dans ses *Notulae*[148] Hugues de Saint-Victor, qui professait à Paris de 1125 jusqu'à sa mort, survenue en 1141, donne un récit de la mort de Caïn dont la rédaction diffère considérablement de celui qu'on trouve dans la Glose. L'auteur fournit des détails qui supposent une source juive indépendante[149].

Nous citons le passage en question qui offre beaucoup de rapports avec le récit de Macé[150] :

Macé de La Charité	Hugues de Saint-Victor
719-720 715-718	Opinio antiqua tradit Hebraeorum, Lamech fuisse caecum, et tamen vacasse venationi per quoddam instrumentum, id est arcum qui non fallit ; cujus chordam extensam quodcunque animal tangit tetendit arcum et vulneratur. Si quaeratur ad quid venaretur cum non liceret carne vesci ante diluvium, dicimus propter pelles animalium, quibus faciebant calceamenta et pelliceas.

36

| 721-734 | Cum igitur quodam tempore Lamech et puer qui eum ducebat vacarent venationi et Cain sicuti furibundus curreret per illum locum, cum directione sui ductoris Lamech eum interfecit, unde |
| 735-738 | ille iratus puerum suum qui eum ducebat, occidit ; ...[151] |

Madame Smalley a démontré que l'*opinio antiqua* provient de Rashi. Ainsi l'influence de la 'jüdische Exegese' aurait donc été indirecte[152].

II. 4. ANALYSE DU NOUVEAU TESTAMENT : vv. -3457-6037

Nous commençons ce paragraphe par une remarque préliminaire. Notre étude du Nouveau Testament portera sur la vie du Christ, depuis sa naissance[153] jusqu'à son arrestation[154].

Dans le manuscrit que nous publions, N6[155], le texte du poème présente les particularités suivantes :

— à partir de la laisse 635 (-L635) il y a un changement métrique. Désormais l'alexandrin alterne avec le vers décasyllabique[156]. L'auteur, pour souligner l'importance de la suite de son récit — puisqu'il s'agira des derniers moments du Seigneur — a-t-il changé intentionnellement le rythme des vers ?

Au XIIIe siècle, Malkaraume, pour décrire la généalogie de la Vierge, annonce qu'il changera de mètre : Com apartient chanter de roi. Dans son poème biblique, écrit pour la plus grande partie en vers octosyllabiques à rimes plates, le passage en question est en alexandrins[157].

Malheureusement Herman ne fournit aucune indication en ce qui concerne ses intentions à cet égard[158] ;

— après la laisse 688 (-L688) suit un fragment en prose que le copiste a emprunté au *Roman du Saint Graal* en prose, de Robert de Boron[159]. Dans notre manuscrit ce fragment remplace la continuation du récit sur la Passion qui, dans d'autres manuscrits, revêt la forme de laisses assonancées en *-é(r)*[160]. Comme la tradition manuscrite est donc embrouillée ici, nous avons décidé de ne pas nous étendre sur la partie du poème qui suit la laisse 635, c'est-à-dire l'Histoire sainte depuis l'arrestation de Jésus jusqu'à la Pentecôte[161].

Pour le résumé qui va suivre nous nous servons de l'étude de Mehne[162].

A gauche on trouvera les renvois au texte français, à droite les fragments évangéliques correspondants[163].

-3457-3499 -3515-3521	Naissance de Jésus, et visite des bergers.	Lc.2:1-7,8-12,15,16
-3500-3514	En orient un astre se lève. Sa clarté est visible dans le monde entier. Seuls trois rois savent interpréter cette apparition : le Roi des Rois est né.	
-3521-3524	Circoncision de Jésus.	Lc.2:21
-3525-3675	L'Adoration de l'Enfant par les Rois mages.	(Mt.2:1-12)
-3676-3689	Le roi Hérode cherche à tuer Jésus.	Mt.2:16,13
-3713-3716 -3713-3716	La fuite en Égypte.	Mt.2:14,*15a*
-3702-3712 -3717-3725	Le massacre des Innocents.	Mt.2:16,*18*

-3732-3788	Maladies et mort d'Hérode.	
-3789-3801	Après la mort d'Hérode, sous le règne d'Archélaüs, Jésus rentre à Nazareth, avec ses parents.	Mt.2:19-23
-3802-3854	Baptême de Jésus.	Mt.3:13-17
-3855-3856	Après le baptême Jésus veut 'se demostrer a la gent'.	Lc.3:23
-3857-3912	Le témoignage de saint Jean-Baptiste.	Jn.1:19-27
-3913-3925	Pour fuire les tentations de ce monde, le Baptiste s'est retiré dans le désert.	
-3930-3946	L'histoire des Hérode.	
-3947-3984 -4019-4101	Emprisonnement et exécution de saint Jean-Baptiste.	Mc.6:17-29
-3985-4018	Question de saint Jean-Baptiste et témoignage que lui rend Jésus.	Mt.11:2-10
-4107-4160	Tentation au désert.	Mt.4:1-11
-4161-4229	Jésus parmi les docteurs.	Lc.2:41-52
-4230-4279	Les noces de Cana.	Jn.2:1-12
-4280-4315	Après la mort de saint Jean-Baptiste, vers Pâques, Jésus commence sa prédication et ses guérisons, au 'secont jor d'Avril'.	Mt.4:12,13,*17a* Lc.4:14,15
(-4296-4311	Répétition des vv. -4010-4018	Mt.11:7-10)
-4316-4379	La vocation des apôtres ; les quatre Évangélistes ; les soixante-douze disciples.	Mt.4:18-22,*23-5* *Mt.9:9-13 (*Mt.16:19) *Lc.5:27-29 (Lc.6:12-19)* Lc.10:1
-4380-4427	La multiplication des pains.	Jn.6:1-14
-4428-3532	Guérison d'un aveugle-né.	Jn.9:1-38
-4535-4539	Quelques particularités concernant Jean, l'Évangéliste.	
-4540-4580	La femme adultère.	Jn.8:1-11
-4581-4653	Guérison d'un infirme à la piscine de Bézatha.	Jn.5:1-14
-4654-4719	Jésus monte au Temple et enseigne ; il a des discussions avec les Juifs sur sa doctrine.	Jn.7:14-22,25-31
-4720-4737	L'auteur, qui se dit prêtre, annonce qu'il va raconter la Passion du Seigneur. Il trouve dans l'Évangile la matière qu'il 'transposera' :	
-4738-4808 -4809-4819 -4820-5017	L'histoire de Marie et de Marthe, et la Résurrection de Lazare en constituent comme le prologue.	Lc.7:36-50 Lc.10:38-42 Jn.11:1-44

-5018-5085	Malgré les oeuvres de Jésus, malgré les paroles des prophètes, les Juifs ne croient pas qu'il est le Christ.	
-5086-5119	Les chefs juifs décident la mort de Jésus.	Jn.11:47-50,52-54
-5120-5126	Jésus annonce qu'il sera trahi.	Jn.6:70
-5127-5163	Jésus monte à Jérusalem pour la fête et enseigne.	Jn.7:1-11
-5164-5223	Jésus se déclare le Fils de Dieu.	Jn.10:23-34 (35-38)
-5228-5274	La purification du Temple.	Jn.2:14-16,18-20
-5275-5325	Nouvelles discussions sur l'origine du Christ.	Jn.7:40-53
-5326-5448	Récapitulation de l'Histoire sainte.	
-5449-5506	Entrée messianique de Jésus à Jérusalem. Avant de monter, le Christ annonce sa Passion	Mt.21:1-3,6 Mt.20:17,18
-5507-5553	Chant des habitants de Jérusalem.	
-5554-5592	Les paroles de Caïphe.	
-5593-5694	Autobiographie du poète. Récapitulation de l'histoire biblique.	
-5695-5730	Préparatifs du repas pascal.	Mc.14:12-16
-5731-5743	L'auteur annonce la trahison de Judas et l'arrestation de Jésus.	
-5744-5768	La sainte Cène.	(Mt.26:26-29)
-5769-5767	Annonce de la trahison de Judas.	(Jn.13:23) (Lc.22:21-23)
-5777-5785	Contestation entre les disciples.	*(Lc.22:24)*
-5786-5824	Le lavement des pieds.	Jn.13:4-10,12-15
-5825-5850	L'annonce de la trahison de Judas, qui sort du 'saingnacle'.	Jn.13:21,22,24,26,27a, *30*
-5841	'Mieux eût valu pour cet homme-là de ne pas naître'.	Mt.26:24
-5851-5888	La trahison de Judas.	*Mt.26:14,15,48*
-5889-5900	Plainte du poète sur le crime du traître.	
-5901-5961	Annonce du 'retour' et du reniement de Pierre.	Lc.22:38,15,31-33 Mt.26:31-35
-5962-6037	A Gethsémani.	Mt.26:36-46 Lc.22:41,44

Il est facile de constater qu'il règne un assez grand désordre dans le choix des passages bibliques que nous avons nommés ci-dessus. Pour ce qui est de leur contenu, l'auteur traduit pourtant fidèlement le texte de la Vulgate.

Comment expliquer ce 'manque de plan' qu'on lui a reproché[164], surtout par rapport aux fragments qu'il a empruntés au quatrième Évangile ? A notre avis, ce n'est pas Herman qui a choisi tel ou tel passage évangélique à l'exclusion d'un autre ; c'est l'Église qui l'avait fait longtemps avant lui, et à jamais, dans le cadre de l'année liturgique, pour les périodes de Noël et de Pâques, en commémoration des grands événements de la vie du Christ, depuis sa Naissance jusqu'à sa Résurrection.

L'auteur ne sort pas de ce cadre ; il s'en tient strictement aux textes que l'Église lui propose pour la période qui s'étend depuis le troisième dimanche de l'Avent jusqu'au vendredi saint.

Pour prouver notre théorie nous ferons suivre un tableau où figurent, à gauche, les péricopes évangéliques traduites par le poète, à droite, les mêmes péricopes, qui constituent autant de leçons dans les livres liturgiques que nous avons consultés[165].

II. 5. CONSTRUCTION : LE CHOIX DES FRAGMENTS ÉVANGÉLIQUES EST BASÉ SUR LE SYSTÈME DES LECTURES TIRÉES DES ÉVANGILES ET FAITES AU COURS DE L'ANNÉE ECCLÉSIASTIQUE

	Ms. Dijon 114 (Bréviaire de Cîteaux)	
Lc.2:1-7,8-14,15,16	fo 115a	leçons pour deux messes de Noël
Lc.2:21	fo 16c	leçon pour la fête de la Circoncision
(Mt.2:1-12)	fo 115b	leçon pour la fête de l'Épiphanie
Mt.2:13-18	fo 126b	leçon pour la fête des saints Innocents
Mt.2:19-23	fo 115b	leçon pour la vigile de l'Épiphanie
Mt.3:13-17 Lc.3:23	Lectionnaire de Luxeuil[166]	leçons pour la messe de l'Épiphanie
Jn.1:19-27	Ms. Dijon 114 fo 11d	leçon pour le quatrième dimanche de l'Avent
Mc.6:17-29	fo 84d,85a	leçon pour la fête de la Décollation de saint Jean-Baptiste
Mt.11:2-10	fo 5b	leçon pour le troisième dimanche de l'Avent
Mt.4:1-11	fo 116b	leçon pour le premier dimanche de carême
Lc.2:41-52	fo 115b	leçon pour le dimanche dans l'octave de l'Épiphanie
Jn.2:1-12	fo 115c	leçon pour le premier dimanche après l'octave de l'Épiphanie
Mt.4:12,13,*17a* Lc.4:14,15(-22)	Lectionnaire de Wurzbourg[167]	leçon pour le dimanche dans la deuxième semaine après l'Épiphanie
Jn.6:1-14	Ms. Dijon 114 fo 118a	leçon pour le quatrième dimanche de carême
Jn.9:1-38	fo 118b	leçon pour le mercredi après le quatrième dimanche de carême
Jn.8:1-11	fo 118a	leçon pour le samedi après le troisième dimanche de carême

Jn.5:1-14	fo 116c/d	leçon pour le vendredi après le premier dimanche de carême
Jn.7:14-22,25-31	fo 118a/b	leçon pour le mardi après le quatrième dimanche de carême
Lc.7:36-50	fo 127b	leçon pour la fête de sainte Marie-Madeleine
Lc.10:38-42	fo 127c	leçon pour la fête de l'Assomption de la Vierge
Jn.11:1-44	fo 118c/d	leçon pour le vendredi après le quatrième dimanche de carême
Jn.11:47-50,52-54	fo 119a/b	leçon pour le vendredi après le cinquième dimanche de carême
Jn.6:70(54-72)	fo 119a/b	leçon pour le jeudi après le cinquième dimanche de carême
Jn.7:1-11	fo 118d,119a	leçon pour le mardi après le cinquième dimanche de carême
Jn.10:23-34(35-38)	fo 119a	leçon pour le mercredi après le cinquième dimanche de carême
Jn.2:14-16,18-20	fo 118a	leçon pour le lundi après le quatrième dimanche de carême
Jn.7:40-53	fo 118c	leçon pour le jeudi après le quatrième dimanche de carême
Mt.21:1-3,6(7-9)	fo 119b	leçon pour la première messe du dimanche des Rameaux
Mt.20:17-18 Mc.14:12-16 (14:1-15:46)	fo 120b-121a	l'Évangile de la Passion pour le mardi après le dimanche des Rameaux
(Mt.26:26-29) (Mt.26:1-27:66) (Jn.13:23) (Lc.22:21-23)	fo 119b-120a	l'Évangile de la Passion pour la grand'messe du dimanche des Rameaux
(Lc.22:24) (Lc.22:1-23:53)	fo 121a-121d	l'Évangile de la Passion pour le mercredi après le dimanche des Rameaux
Jn.13:4-10,12-15	fo 121d	leçon pour le vendredi saint

Jn.13:21,22,24,26,
27a,*30*
Mt.26:24
Mt.26:14,15,48
Lc.22:38,15,31-33
Mt.26:31-35
Mt.26:36-46
Lc.22:41,44

De ce tableau il ressort clairement que, pour le poète, le cadre de son histoire est celui du calendrier. Pour nous raconter la vie du Christ il traduit l'Évangile du jour, depuis Noël jusqu'au vendredi saint. Seulement il a interverti parfois les jours de l'année liturgique, sans pour cela se tromper dans le choix des fragments bibliques.

Regardons de plus près les péricopes qu'il a empruntées au quatrième Évangile[168]. Dans le Bréviaire de Cîteaux[169] les passages en question constituent les lectures évangéliques pour la période de carême. Il est évident que le poète a choisi les fragments bibliques que lui proposait la liturgie, bien que parfois dans un autre ordre. Ce choix n'était d'ailleurs pas arbitraire : là où il existe des textes parallèles Herman traduit celui que la liturgie impose.

Nous citerons trois cas :
— en premier lieu nous examinerons l'histoire du baptême de Jésus. Il en est question dans les quatre Évangiles (Mt.3:13-17 ; Mc.1:9-11 ; Lc.3:21-22 ; Jn.1:32-34). D'après Mehne[170] la source du poète a été Mt.3:13-17, pour l'histoire elle-même ; la remarque sur l'âge du Christ a été empruntée à Lc.3:23[171]. Or dans le Lectionnaire de Luxeuil on retrouve ces deux passages bibliques pour le jour de l'Épiphanie[172]. Le Bréviaire de Cîteaux[173], pour le jour de l'octave de l'Épiphanie, mentionne comme lectures Lc.3:21-38 et Jn.1:29-34. Il faut supposer que, dans le lectionnaire de l'auteur, l'histoire du Baptême se lisait d'après les Évangiles de saint Matthieu et de saint Luc. Ni la liturgie, ni Herman, ne se servent de l'Évangile de saint Marc
— il y a dans la Vulgate deux récits sur un même genre de miracle, nous voulons dire la multiplication des pains et des poissons[174]. Au fond, il s'agit de 'deux rédactions différentes du même sujet, insérées toutes les deux par mégarde dans le même Évangile'[175]. La seconde multiplication ne se trouve que dans l'Évangile de saint Matthieu (Mt.15:32-39) et dans celui de saint Marc (Mc.9:1-9). C'est la première multiplication qui nous intéresse ici — il est question de cinq pains et de deux poissons — et elle se lit dans Mt.14:13-21 ; Mc.6:34-44 ; Lc.9:10-17; Jn.6:1-15.
Pourquoi Herman nous raconte-t-il cette histoire d'après 'cel evangeliste qui samble a l'aigle'? De nouveau l'usage liturgique fournit la réponse à cette question. C'est que le quatrième dimanche de carême la lecture évangélique se fait d'après l'Évangile de saint Jean (Jn.6:1-14)
— l'histoire de la purification du Temple se lit dans tous les Évangiles (Mt.21:12-17 ; Mc.11:15-17; Lc.19:45-46 ; Jn.2:14-16, 18-20). Herman a traduit le passage de saint Jean, qui constitue la lecture pour le lundi après le quatrième dimanche de carême[176].
En dernier lieu nous dirons encore ceci :
— dans la partie du poème qui traite du Nouveau Testament nous avons trouvé au moins deux passages qui, à notre avis, renvoient directement au texte de l'Évangile tel qu'il figurait dans le lectionnaire de l'office :

A icel tens, signor, si com lisant trovon (-3457)[177]
Signor, a icel tans, en icele contree (-4230)[178]

Il se trouve que, pour être mieux adaptées au propre du temps (propre des saints) les péricopes évangéliques des lectionnaires ou des bréviaires débutent toujours par : 'In illo tempore ...'.
Le texte de la Vulgate contient souvent une tournure légèrement différente. Voici les phrases qui nous intéressent et qui prouvent que notre poète s'est servi du texte liturgique plutôt que du texte biblique lui-même :
-v. -3457 : Lc.2:1:   Factum est autem in diebus illis,
                      exiit edictum a Caesare Augusto ...,
-v. -4230: Jn.2:1:   Et die tertia nuptiae factae sunt
                      in Cana Galilaeae ... .

II. 6. EMPRUNTS FAITS A LA LITURGIE

Nous avons groupé ensemble quelques fragments du Nouveau Testament qui remontent à des passages liturgiques assez précis, tels que versets ou répons, versets d'hymne, homélies (sermons) des

Pères de l'Église. A gauche on trouvera les vers français, à droite les textes liturgiques.

-3501	L'estoile est aparue qui donne clarté grant,	Stellam magnam fulgentem, cujus splendor illuminat
-3502	Par trestoutes les terres la virent bien la gent :	mundum, et
-3503	Et cil devers Midi et tuit cil d'Occidant,	
-3504	Devers Septemtrion la virent ausiment,	
-3505	Mais ne sevent de li nul senefïement,	
-3506	Mais troi roi la connure[n]t de molt grant escïent.	nos cognovimus ...[179]
-3508a	Toz li mondes iert siens,	Et erit terra possessio ejus[180].
-3508b	sirc iert de tote gent.	Ecce advenit Dominator Dominus : et regnum in manu ejus et imperium et potestas[181].
-3536a[182]	Il iert rois sor toz rois,	(Stella ista sicut flamma coruscat, et) Regem regum Deum demonstrat[183].
-3653	Cil baron *or* offrirent et mirre et encens,	Tria sunt munera pretiosa, quae obtulerunt Magi Domino in die
-3654	En ces .iij. dons si ot .iij. senefïemenz :	ista, et habent in se divina mysteria :
-3655	Li ors si senefïe qu'il *sera rois* puissanz,	In auro, ut ostendatur Regis potentia,
-3656	Et que prestres sera senefïe l'encens,	in thure, Sacerdotem magnum considera : et
-3657	Li mirres sepouture, qu'il morra por les genz[184].	in myrrha, Dominicam sepulturam[185].
-3696	Les anfanz fait ocirre, ce saches, cruelment,	(Hodie, fratres carissimi, natalem illorum infantium colimus) quos ab Herode crudelissimo rege interfectos esse...[186].
-3709	La genz de Belleem grant duel en demena	
-3710	De la char de lor fiz, qant on la detrancha ;	Quos Herodis impietas
-3711	Sor le cors a la mere, ou l'anfes aleta,	lactantes matrum uberibus
-3712	Li cuvers le saisi, iluec le decola.	abstraxit ...[187]
-3721	[C].xl.iiij.mile en i ot decolez[188].	Centum quadraginta quatuor millia, qui empti sunt de terra[189].
-3817	-Biaus sire, je n'en os. -Tu ne sez que tu diz.	Nam ego quomodo ausus? Non possum, o Domine ; ...
-3824	-Nou ferai, biau doz sire, je ne t'os *adeser*[190].	Baptista contremuit et non audet tangere Sanctum tuum, ...[191].
-3833C	*Com ce fust uns tonoires* *que on oïst toner*[192].	(Hodie in Jordane baptizato Domino aperti sunt caeli, ... et) vox Patris intonuit ...[193]
-3838	La batisa li sers	Baptizat miles Regem, servus

	bonement son signor,	Dominum suum,
-3839	Li chevaliers le roi,	
	Jehans son criator.	Johannes Salvatorem[194].
-4373	De Jehan dirai primes,	Iste est Joannes, qui supra
	qui molt fu ses amis,	pectus Domini in coena recubuit,
-4374	Cil fu evengelistes,	quem diligebat Jesus.
	en virgenece esliz,	Virgo est electus a Domino,
-4375	Cil but a la fontainne	(virgo in aevum permansit)[197].
	qant dormi sor som piz	Fluenta Evangelii de ipso sacro
-4376[195]	*En la saintisme cene*	Dominici pectoris fonte
	la nuit qant fu traïz,[196]	potavit ...[198].
-4535	De l'aigle vos dirai	Unde et merito in figura quatuor animalium
	qui si haut puet voler,	aquile uolanti comparatur. Cunctis quippe
-4536	Plus haut que autre oisel	auibus aquila celsius uolare, cunctis animan-
	et regarde plus cler :	tibus clarius solis radiis infigere consueuit
-4537	Issi fu sainz Jehans	obtutus. (Et ceteri euangeliste quasi in terra
	dont vos m'oez parler.	ambulabant cum Domino ...) hic autem
-4538[199]	Il parloit plus cler d'autre,	(quasi ad celum uolat cum Domino, qui per-
	de ce n'estuet douter,	pauca de temporalibus eius actis edisserens,
		eternam diuinitatis eius potentiam per quam
		omnia facta sunt, sublimius mente uolando,)
		et limpidius speculando cognouit, (ac nobis
		cognoscendam scribendo contradidit)[200].
-4744	De li furent por voir	(hanc uero quam Lucas peccatricem
	.vij. deable getez.	mulierem, Iohannes Mariam nominat,) illam
		esse Mariam credimus de qua Marcus septem
		demonia eiecta fuisse testatur[201].
-5495	Mais la menue gent	Pueri Hebraeorum,
	et trestuit li anfant	
-5496	Lor mantiax deffublerent	vestimenta prosternebant
	si li metent devant,	in via ...
-5497	Tex vestemenz com ont	
	li vont devant getant,	
-5498	De rains et de foillïes	Pueri Hebraeorum, tollentes ramos
	vont la terre covrant.	olivarum obviaverunt Domino ...[202].

"Granz gloire soit a toi, biau sire, et grant honor ! " Les laisses 595-6 sont une traduction partielle de l'hymne pour le dimanche des Rameaux, composée au VIIIe siècle, par Théodulphe, évêque d'Orléans[203]. Elle est toujours chantée pendant la procession qui précède la messe.

Dans notre poème nous retrouvons quelques allusions à cette procession, qui représente l'Entrée de Jésus à Jérusalem :

-5499	Or vos dirai, signor, que firent li anfant,
-5500	Icil qui parler sorent, neïs li nonsachant :
-5501	Montent dessuz la porte de la cité vaillant,
-5502	Qant il voient la presse de toutes pars si grant,
-5503	As fenestres des murs sont trestuit en estant,
-5504	Esgardent lor signor dont erent desirrant
-5505	Et qant le virent si de la porte aprochant,
-5506	Trestuit a une [voiz] commencerent cest chant :[204]
	...

Dans son *Liber de officiis ecclesiasticis,* Jean, évêque d'Avranches, puis de Rouen, donne la description suivante de cette cérémonie :

> Dominica in ramis Palmarum ... transit processio beatae Mariae per terminos parochiae nostrae ferendo corpus Domini ad locum deputatum ... Post Tertiam statim ordinetur processio ... Omnes debent tam presbyteri parochiales quam alii fratres huic processioni interesse ... Inde ingressi chorum ecclesiae beatae Mariae ... Debet cavere clericus sacristiae quod singulis canonicis nostris ramos distribuat benedictos. Dum rami distribuuntur, canitur antiphona *Pueri Hebraeorum,* etc. ... Cum ad portam civitatis processio venerit fit statio, pueris super portam canentibus *Gloria, laus.* In introitu civitatis responsorium *Ingrediente Domino* ... In introitu ecclesiae Sancti Laudi ... facta in basilica statione ...[205].

C'est dommage que le poète français n'ait pas nommé les deux églises qui, pour lui-même, constituaient le centre d'intérêt pendant l'office du dimanche des Rameaux ! S'il l'avait fait, il nous aurait fourni de précieuses données sur sa propre personne qui, jusqu'ici, est restée inconnue.

II. 7. L'ADORATION DES ROIS MAGES

Nous aimerions nous arrêter un peu plus à un sujet qui se rapporte à l'histoire de la Nativité, savoir l'Adoration de l'Enfant par les Mages[206].

Mehne[207] avait attiré l'attention sur le fait que notre auteur n'a pas traduit très correctement sa source évangélique[208], et qu'il l'a même changée, sans indiquer toutefois en quoi consistait la différence entre la 'traduction' d'Herman et le récit biblique. Or celle-ci se manifeste en deux cas :
— l'histoire de la visite des Mages est présentée comme une pièce de théâtre : il s'agit non seulement de dialogues vivants entre les personnages principaux qui, souvent, se retrouvent dans le texte biblique lui-même, mais il y a un mouvement scénique très prononcé ;
— Herman a changé l'ordre des événements.
Voici une analyse détaillée du récit :

1. Le lendemain de la naissance de Jésus, en orient un astre apparaît. Dans le monde entier on l'a vu briller d'une grande clarté. Personne n'en comprend l'importance, exception faite pour trois rois   -3500-3510

2. Venant de pays différents ils se rencontrent par la volonté de Dieu. Ils décident de continuer ensemble leur chemin et d'aller adorer le roi nouveau-né qui sera le Seigneur du monde. L'astre les guidera   -3511-3514

3. L'astre interrompt son cours au-dessus de la ville de Jérusalem. Les rois y trouvent facilement un logis, car la cité est grande ! Les 'bourgeois' vont à leur rencontre et demandent ce qu'ils cherchent   -3525-3539

4. Toute la population, y compris 'la maisnie Herode le puant' sort de ses maisons pour voir ce qui se passe. Deux 'sergent' se rendent auprès d'Hérode pour lui annoncer l'arrivée de trois rois, 'belement aparillié', qui cherchent un enfant nouveau-né qui sera le Seigneur de tous les rois   -3540-3548

5. Hérode leur ordonne de faire venir ces personnages   -3549-3560

6. Les serviteurs sortent du palais, descendent dans la ville et demandent aux rois des nouvelles

sur l'enfant nouveau-né. Les Mages promettent de venir au palais pour expliquer leur présence dans la ville   -3561-3574

7.   Les rois saluent Hérode, qui se lève et les salue à son tour ; il les embrasse et les fait asseoir à côté de lui. Il leur demande d'où ils viennent et pourquoi ils sont venus   -3575-3579

8.   Les rois le renseignent sur leur origine et sur le but de leur voyage   -3580-3590

9.   Hérode appelle les 'clers de la cité' : qu'ils cherchent dans leurs livres l'explication de cette histoire étrange. Ils l'y trouvent en effet   -3591-3607

10. Hérode se met en colère et il chasse les scribes : que leurs livres soient maudits!
                                                                                       -3604-3607

11. Il retourne auprès des Mages et s'assied à côté d'eux. Un sourire perfide aux lèvres, il leur déclare son amitié, et leur promet de les soigner bien jusqu'au lendemain matin : alors ils devront partir à la recherche de cet enfant nouveau-né. Quand ils l'auront trouvé, il voudra lui rendre hommage comme eux, il sera son vassal   -3608-3627

12. Jaspar, Melchion et Baltasar prennent congé du roi et quittent le palais. Le lendemain matin ils s'en vont à Bethléem, où ils trouvent l'Enfant dans la maison où il était né 'el geron a la mere'. Ils s'agenouillent tous les trois et offrent leurs dons. Le symbolisme de ces présents. Joseph les sert   -3628-3663

13. Avertis par l'ange pendant leur sommeil, les Rois retournent en leur pays 'par alienes voies'
                                                                                       -3664-3675

14. Hérode, voyant qu'il a été trompé, est pris d'une violente fureur et envoie tuer dans Bethléem tous les enfants de moins de deux ans, pour que le Seigneur soit tué avec eux
                                                                                       -3676-3688

15. Pendant le massacre des Innocents, Rachel et les habitants de Bethléem pleurent sur leurs enfants morts   -3706-3723

16. Maladies et mort honteuse du roi Hérode. Les diables emportent son âme en enfer
                                                                                       -3732-3788

Dans le récit évangelique qui est à la base de cette histoire, Mt.2, il y a seulement un discours direct aux versets 2,5, et 8. Dans la Vulgate c'est avant la rencontre d'Hérode avec les Mages que celui--là assemble les grands prêtres et les scribes du peuple, c'est-à-dire les Docteurs de la Loi[209] Herman a interverti ces deux événements[210].

Comment faut-il expliquer cette liberté à l'égard du texte sacré? Est-il possible que l'auteur ait assisté à une de ces cérémonies dramatiques qui faisaient partie de l'office du 6 janvier? Qu'il y ait joué un rôle lui-même?

Selon Karl Young[211] et Grace Frank[212] le drame liturgique de l'*Officium Stellae* – titre que portait le plus souvent cette pièce, écrite en langue latine – a pris son origine en France au XIe siècle. La représentation avait lieu, soit pendant la messe, soit juste avant le *Te Deum* à la fin de matines[213]. Le texte, muni d'indications scéniques, nous est conservé dans plusieurs manuscrits[214].

Nous avons l'impression que l'histoire des Rois mages qui se lit dans notre poème doit beaucoup à un *Officium Stellae,* probablement même à un drame qui était joué et chanté le jour de

46

l'Épiphanie dans la cathédrale du diocèse auquel appartenait Herman.

Avant de composer une espèce de texte latin théorique, nous allons donner une description scénique du récit français[215] :

— les personnages	les rois, habillés richement, qui s'appellent	
	Jaspar, Melchion, Baltasar	(1,4,12,*passim*)
	le roi Hérode	(4,*passim*)
	les habitants de Jérusalem	(3,4,12)
	deux 'sergent' d'Hérode	(4,5,6)
	les scribes	(9,10)
	Marie, Jésus, Joseph	(12)
	l'ange	(13)
— les lieux de l'action	l'endroit où se rencontrent les Mages	(2)
	la ville de Jérusalem	(3,*passim*)
	le palais d'Hérode	(6-12)
	Bethléem et la maison où se trouve l'Enfant nouveau-né avec ses parents	(12,13)
— quelques objets	l'or, l'encens et la myrrhe	(8,12)
	l'étoile	*(passim)*
	le trône d'Hérode	(7,11)
	le(s) siège(s) des Mages	(7,11)
	les livres des scribes	(9,10)

Bien que le texte évangélique (Mt.2:1-12) contienne en principe les éléments que nous avons groupés ensemble ci-dessus, le poète n'a pas fourni une traduction mot à mot, loin de là !

Nous avions déjà relevé quelques emprunts faits à des formules liturgiques[216].

Voici maintenant, pour quelques passages particuliers, des renvois au texte de l'*Officium Stellae,* tel qu'il se présente dans les documents que nous avons consultés[217] :

1 In die Epiphanie, Tercia cantata, tres clerici de maiore sede, cappis et coronis ornati, ex tribus
2 partibus, ... ante altare conueniant. Primus stans retro altare, quasi ab oriente ueniens, Stellam baculo ostendat ; dicat simplici uoce : *Stella fulgore nimio rutilat.* Secundus a parte dextera ueniens : *Que regem regum natum demonstrat.* Tercius a sinistra parte ueniens dicat versum : ... Tunc regressi ante altare congregati osculentur simul dicentes uersum : *Eamus ergo et inquiramus eum, ...*[218]. Hoc finito, cantor incipiat responsorium : *Magi ueniunt ab oriente, Ierosolymam quaerentes, et dicentes : Ubi est qui natus est, cujus stellam vidimus, et venimus adorare Dominum.* Et moueat processio. Versus : *Cum natus esset Jesus in Bethlehem Judae in diebus Herodis regis, ecce Magi ab oriente venerunt Ierosolymam dicentes. Ubi est ...* Processio in naui ecclesie constitua stationem faciat. Dum autem processio nauem ecclesie intrare ceperit, corona ante crucem pendens in modum Stelle accendatur, et Magi, Stellam ostendentes, ad Ymaginem Sancte Marie super Altare Crucis prius positam cantantes pergant : *Ecce stella in oriente praevisa iterum praecedit nos lucida ...* Versus : Oritur *stella ex Jacob, et exsurget homo de Israel, ... et erit omnis terra possessio ejus*[219].

3 Herodi in throno svo residenti dicat Internvntius : *Salue, Rex Iudeorum.* Huic Rex econtra :
4 *Saluet te gratia mea.* Item Internuntius : *Assunt nobis, Domine Rex, uiri ignoti ab oriente*
5 *uenientes, nouiter natum quendam regem queritantes.* Rex econtra : *Ante uenire iube, quo*

6 *possim singula scire Qui sint, cur ueniant, quo nos rumore requirant.* Item Internuntius : *Quod*
7 *mandas, citius, Rex inclite, perficietur.* Quo peracto, Internuntius rediens ad Magos dicat : *Que*
8 *sit causa uie, qui uos, uel unde uenitis ? Dicite.* Cui Magi : *Rex est causa uie, reges sumus ex*
Arabitis Huc uenientes. Querimus hic regem regnantibus imperitantem, Quem natum mundo
lactat Iudaica uirgo. Internuntius Herodi : *Reges sunt, ut dicunt, ex Arabitis ...* Rex Internuntio :
Ad nos uocentur, ut eorum a nobis sermones audiantur. Internuntius Magis : *Regia uos manda-*
ta uocant, non segniter ite. Internuntius Precedens Reges Herodi nuntiat, baculo innuendo :
En Magi ueniunt, Et regem regum natum stella duce requirunt ... Quo finito, medius Rex Herodi dicat : *Salue, rex populi fortis, dominator et orbis. Quid uis edissere nobis ?* [220] Quem osculetur Hérodes, faciendo eum sedere in dextera parte sui ... Hunc osculando iubeat Herodes
sedere iuxta priorem ... De quo Herodes faciat ut de prioribus, quibus Herodes dicat : *Regem*
quem queritis, natum esse quo signo didicistis? Magi econtra : *Illum natum esse didicimus in*
oriente stella monstrante. Hic ostendant Magi Stellam baculis, quibus Rex : *Si illum regnare*
creditis, dicite nobis. Item Magi : *Illum regnare fatentes, cum misticis muneribus de terra*
longinqua adorare uenimus, trinum Deum uenerantes tribus cum muneribus [221]. Uenientes ad
hostium chori interrogent astantes : *Dicite nobis, O Ierosolimitani ciues, ubi est expectacio*
gencium ; ubi est qui natus est rex Iudeorum, quem signis celestibus agnitum uenimus adorare ?
Quibus uisis, Herodes mittat ad eos Armigerum dicentem : *Que rerum nouitas, aut que causa*
subegit uos Ignotas temptare uias ? Quo tenditis ergo ? Quod genus ? Vnde domo ? Pacemne
huc fertis an arma ? [222]

9 Tunc Herodes imperet Symmistis qui cum eo sedent in habitu iuuenili, ut adducant Scribas qui
10 in diuersorio parati sunt barbati : *Vos, mei simiste, legis peritos ascite ut discant in prophetis*
11 *quid senciant ex his.* Simiste ad Scribas, et adducant eos cum libris prophetarum : *Vos, legis*
12 *periti, ad regem uocati, cum prophetarum libris properando uenite.* Postea Herodes interroget
Scribas dicens : *O, uos scribe, interrogati dicite si quid de hoc puero scriptum uideritis in libro.*
Tunc Scribe diu reuoluant librum, et tandem, inuenta quasi prophetia, dicant *Vidimus, Domine,*
et ostendentes cum digito, Regi incredulo tradant librum : *Vidimus, Domine, in prophetarum*
lineis nasci Christum in Bethleem Iude, ciuitate Dauid, propheta sic uaticinante. Chorus :
Bethleem, non es minima in principibus Iuda, ex te enim exiet dux qui regat populum meum
Israel ; ipse enim saluum faciet populum suum a peccatis eorum. Tunc Herodes, uisa prophetia,
furore accessus, proiciat librum ... Tunc demum dimittat Herodes Magos, ut inquirant de Puero,
et coram eis spondeat Regi nato, dicens : *Ite, et de puero diligenter inuestigate, Et inuento, re-*
deuntes michi renunciate, Ut et ego ueniens adorem eum [223]. Magi : Melchus, Caspar, Fadizar-
da : *Eamus ergo inquiramus eum, offerentes ei munera ...* [224].

12 Tunc procidentes Reges ad terram simul salutent Puerum, ita dicentes : ... Tunc vnus a suo fa-
mulo aurum accipiat et dicat : *Suscipe, Rex, aurum,* et offerat. Secundus ita dicat et offerat :
Tolle thus, tu uere Deus. Tercius ita dicat et offerat : *Mirram, signum sepulture.* Interim fiant
oblaciones a clero et populo, et diuidatur oblacio predictis duobus canonicis. Tunc Magis oranti-
bus et quasi sompno sopitis, quidam puer, alba indutus quasi Angelus, illis ante altare dicat :
Impleta sunt omnia que prophetice, dicta sunt. Ite, uiam remeantes aliam, ne delatores tanti
regis puniendi eritis, et cetera. Hoc finito, cantor incipiat ad introitum chori responsorium :
Tria sunt munera pretiosa quae obtulerunt Magi Domino in die ista, et habent in se diuina
mysteria : in auro ut ostendatur regis potentia ; in thure sacerdotem magnum considera ; et in
myrrha dominicam sepulturam. Versus : *Salutis nostre auctorem Magi uenerati sunt in cunabi-*
lis, et de thesauris suis mysticas ei munerum species obtulerunt ... Hoc finito, duo de maiore
sede cum dalmaticis, ex ultraque altaris parte stantes, suauiter respondeant : *Qui sunt hij qui,*
stella duce, nos adeuntes inaudita ferunt ? Magi respondeant : *Nos sumus, quos cernitis, reges*
Tharsis et Arabum et Saba dona ferentes Christo, Regi, nato Domino, quem, stella deducente,

adorare venimus. Tunc duo dalmaticati aperientes cortinam dicant : *Ecce puer adest quem quaeritis ; iam properate adorare, qui ipse est redemptio mundi*[225].

14 Nuncius ad Regem : *Delusus es, Domine ; magi uiam redierunt aliam.* Armiger : *Decerne, domi-*
15 *ne, uindicari iram tuam, et stricto mucrone querere iube puerum ; forte inter occisos occidetur*
16 *et puer.* Rex : *Indolis eximie, pueros fac ense perire*[226]. Vadant Milites et interficiant Pueros, quorum Matres sic lugeant et lamententur : ... Postea Herodes corrodatur a uermibus, et excedens de sede sua mortuus accipiatur a Diabolis multum congaudentibus[227].

En lisant cette 'reconstruction' du texte latin qui pourrait être comme la source du poète, on aura remarqué que, pour ce qui est de la mise en scène, il existe un rapport indéniable entre les textes de l'*Officium Stellae* que nous avons cités et le récit français.

II. 8. LES ANCÊTRES : vv. -2692-4 ; -2994-3039

-2692   Li linage Davi si fu molt essauciez,
-2693   Molt vindre[n]t de lui roi qui fure[n]t fort et fier
-2694   Si en vindrent profete dont Diex fu anunciez.[228]

Les vers cités ci-dessus constituent un prologue au Nouveau Testament. L'auteur y fait allusion au lignage de Jésus.

    Dans le domaine de l'iconographie, il s'agirait de l'Arbre de Jessé, qui est l'arbre généalogique du Christ, à partir de Jessé, père du roi David. C'est le tronc de Jessé, mentionné dans la prophétie d'Isaïe, qui annonce la venue du Messie :

Egredietur virga de radice Jesse, et flos de radice eius ascendit[229].

Pour trouver une place aux nombreuses générations qui s'intercalent entre Jessé et Jésus, il fallait ramifier cet arbre. C'est ce que les théologiens et après eux, les artistes ont fait à l'aide de la liste des ancêtres du Messie, telle que l'avait dressée l'Évangéliste Matthieu, en suivant l'ordre chronologique d'Abraham à Jésus. Il fait pourtant descendre Jésus de David, par Joseph, qui n'était pas son père[230].

    Les Pères de l'Église avaient écarté cette difficulté en disant que la Vierge appartenait, elle aussi, à la race de David. Voici, par exemple, le commentaire de Tertullien :

La tige qui sort de la racine c'est Marie qui descend de David ; la fleur qui naît de la tige c'est le fils de Marie, Jésus-Christ, qui sera tout à la fois la fleur et le fruit[231].

Au sommet de l'arbre trônent la Vierge et Jésus, environnés d'un vol de colombes qui symbolisent les sept dons du Saint-Esprit. Ce sont, d'après la prophétie d'Isaïe, l'esprit de sagesse et d'intelligence, de conseil et de force, de piété, de connaissance et de crainte de Dieu[232]. Sur les branches s'étagent les rois de Juda, ancêtres charnels, et les prophètes, qui sont autant de générations de l'esprit[233].

    Il y a quelque soixante ans, Émile Mâle avait avancé la thèse suivante : le thème iconographique de l'Arbre de Jessé aurait apparu pour la première fois, du moins sous sa forme parfaite, dans un vitrail de Saint-Denis, commandé par l'abbé Suger en 1144[234]. Le motif pourtant semble être plus ancien. Dès la fin du XIe siècle il se rencontre dans des miniatures qui ornent des manuscrits liturgiques, conservés à Prague et en Allemagne. Pour ce qui est de la France, il est représenté dans des miniatures bourguignonnes qu'il faut dater du premier quart du XIIe siècle, donc antérieurement au vitrail de Suger[235].

Herman de Valenciennes a-t-il connu de telles miniatures? Est-il allé à Saint-Denis pour admirer le vitrail, ou à Chartres, où se trouvait une copie, datant des environs de 1150[236]?

A la fin de ce chapitre nous chercherons à répondre à ces questions.

Retournons maintenant à notre texte français. Pourquoi le *linage* de David fut-il 'essauciez'? La réponse doit bien être celle-ci : puisque le Christ et la Vierge en sont issus. Dans la généalogie établie par saint Matthieu, il y a toute une série de noms entre le roi David et Jésus, né de Marie. Le v. -2693 les réunit simplement par le mot 'molt'. De toutes les personnes qui précèdent David, notre histoire ne retient que les trois patriarches[237]. Dans les Arbres de Jessé le nombre des ancêtres charnels varie aussi[238]. On se rappellera que les ancêtres spirituels, les prophètes, étaient associés aux patriarches et aux rois[239]. Nous retrouvons cette idée chez Herman, au v. -2694.

Pour l'iconographie, Émile Mâle avait attribué cette addition à l'influence de l'*Ordo Prophetarum*. Ce drame liturgique, qu'on représentait pendant la période de Noël[240], était basé sur une leçon de l'office. La leçon elle-même était empruntée au chap. XI (*Vos, inquam, convenio, o Judaei*) d'un sermon attribué à saint Augustin et intitulé *Contra Judaeos, Paganos et Arianos de Symbolo*[241]. L'auteur appelle les prophètes, l'un après l'autre, qui apportent leur témoignage sur la venue du Messie, en récitant quelques versets qui ont été empruntés à leurs livres prophétiques.

Voici les prophètes qui figurent dans le Pseudo-Augustin : Isaïe, Jérémie, Daniel, Moïse, David, Habaquq, Syméon, Zacharie, Élisabeth, saint Jean-Baptiste, Virgile[242], Nabuchodonosor, la Sibylle. Même les Gentils fournissent donc les preuves sur l'avènement du Christ.

L'ouvrage d'Herman, pour la partie que nous avons intitulée Prologue au Nouveau Testament[243], contient les noms de douze prophètes : David, Moïse, Isaïe, Aaron, Jérémie, Joël, Jonas, Habaquq, Daniel, Nabuchodonosor, la Sibylle et Virgile[244]. Nous y trouvons également la prophétie d'Élisabeth[245].

C'est dans le Nouveau Testament proprement dit[246] que figurent Syméon et saint Jean-Baptiste[247].

A notre avis il existe un rapport indéniable entre le sermon latin et le poème français. Il sera pourtant difficile de dire à quel texte précis remontent les fragments qui nous intéressent ici. D'une part, Herman n'a pas toujours rendu les discours des prophètes. D'autre part, dans les textes latins, leçons d'office ou drames liturgiques, ni le nombre des prophètes, ni leur ordre dans le défilé n'étaient fixés[248]. C'est le Pseudo-Augustin lui-même qui en avait suggéré la possibilité :

Quod si vellim ex Lege et ex Prophetis omnia quae de Christo dicta sunt colligere, facilius me tempus quam copia deserit[249].

Regardons de plus près quelques-unes de ces prophéties. Nous commençons par l'histoire des trois Hébreux dans la fournaise :

-3004	Nabugodonosor pas n'i oublïerom,
-3005	Qui l'ymage fist faire, *apelee* en son non.
-3006	Il la fist aorer — rois ere et riches hom —
-3007	Trois anfanz pas ne*l firent, si com lisant trovom* :
-3008	Ananie, Azarie, Missael si ont non.
-3009	La fornaise fu chaude, la dedans les mist on,
-3010	Diex descendi entr'ax o sa benëïçon,
-3010A	*Dont les vait regarder chil cuivert, chil felon,*
-3010B	*Esgarda, s'en vit .iiij., donc si dist sa raison :*
-3010C	*"Chil qui siet o les .iij. Dix est, mais il ert hom*
-3011	*Et* naistra d'*une* virge par grant electïon".[250]

Ce fragment remonte au livre de Daniel :

Nabuchodonosor rex fecit statuam auream "'   (Dn.3:1)

et praeco clamabat valenter : Vobis dicitur populis, tribubus, et linguis :
... cadentes adorate statuam auream quam constituit N ... rex (Dn.3:4-5)

Sunt ergo viri Iudaei ... Sidrach, Misach et Abdenago ; viri isti ... statuam
... non adorant (Dn.3:12)

... et ... mitterunt eos in fornacem ignis ardentis (Dn.3:20)

Angelus autem Domini descendit cum Azaria, et sociis eius, in fornacem... (Dn.3:49)

Benedicite, Anania, Azaria, Misael, Domino ... (Dn.3:88)

Tunc N ... rex ... ait : Ecce ego video quatuor viros ... et species quarti
similis filio Dei (Dn.3:91-2)

Quand on compare ces deux textes, les rapports et les différences sautent aux yeux : les versets latins ont été traduits assez fidèlement, exception faite pour le terme *viros* qui est rendu par *anfanz* ; *Sidrach*, *Abdenego* et *Misach* sont remplacés par *Ananie, Azarie* et *Missael*. Ces noms figurent dans le *Canticum trium Puerorum*[251], chant important pour la messe et pour l'office[252]. En plus, nous retrouvons les *enfants* dans l'*ordo commendationis animae* :

Libera, Domine, animam servi tui ... sicut liberasti tres pueros de camino ignis ardentis, et de manu regis iniqui[253].

Rien d'étonnant donc à ce qu'Herman, qui se dit prêtre[254], se souvienne de ces détails, qui lui sont certainement familiers.

Seulement, dans le poème, Nabuchodonosor compte parmi les prophètes qui ont annoncé l'avènement du Christ, tout comme la Sibylle et Virgile[255].

Or ces trois personnages, en tant que prophètes païens, constituent comme l'arrière-garde du défilé qui se présente dans le Pseudo-Augustin[256] et dans les textes qui en dérivent[257]. Il est donc plus que probable que l'auteur a connu ce sermon. Reste à savoir sous quelle forme. D'une part, il est facile de voir un rapport étroit entre le début du fragment et le début du sermon :

Nabugodonosor   Illum regem ... N ...
pas n'i oublïerom[258]   non praetermittam[259].

D'autre part, pour ce qui est des termes *ymage, anfanz* et *donc*, nous en retrouvons les mots correspondants (latins) dans l'*Ordo* de Rouen :

Interim Nabugodonosor, quasi rex paratus, ostendens Ymaginem duobus Armatis dicat : *Huc uenite, uos Armati.* Tunc Armati ostendant Ymaginem prius dicentes : *Regi gratum Famulatum.* Interim ostendant ymaginem tribus pueris dicentes : *Huic sacro simulacro.* Tunc pueri ymaginem respuentes dicant : *Deo soli Digno coli.* Hoc audito Armati Pueros Regi ducant, dicentes : *Quia ritum Stabilitum Non timetis ?* Tunc ostendant Regi pueros, dicentes : *Rex, tua saluentur.* Tunc rex iratus dicat : *Ergo tales assumantur.* Tunc Armati ducentes Pueros ad fornacem dicentes : *Reos digne Iam in igne.* Tunc mittantur pueri in fornacem et accendatur. Illi, facti liberi, dicant : *Benedictus es, Domine Deus,* et cetera. Rex, hoc audiens, admirans dicat : *En quid cantant illi tres ?* Armati dicant : *Deum laudant.* Tunc Vocatores dicant Regi : *Puerum cum pueris, Nabugodonosor, Cum in igne uideris, Quid dixisti ?* Rex fornacem ostendens dicat : *Tres in igne positi pueri Quarto gaudent comite liberi*[260].

Trois fois, dans notre poème, il est question de Daniel :
[2736]   1. Quant li sains hom venra, adonc si cesseras,
[2737]   Il a tolut l'ointure, ja puis homme n'oindras.
[2738]   Ne sés tu que ai dit ? Escoute ! Sil savras :

[2739]	Rois soliés avoir, mais puis nul n'en avras,
[2740]	Puis qu'il ert oinz a roi, ja puis nul n'en oindras".[261]
-3002	2. Daniël li profetes, a cui *Diex* fist aïe[262].
-5406	3. Il troevent en lor livres, – ice n'est mie fable –
-5407	Par la bouche au profete, qui dist parole estable,
-5408	Que, qant icil naistroit qui feroit le miracle,
-5409	Ja puis ne seroit jorz lor ointure durable[263].

Dans le premier fragment c'est Isaïe qui prononce les paroles de sa prophétie sur l'avènement du Christ. Au cas suivant on ne fait que citer son nom. Au dernier cas on fait allusion à la place qu'il occupe dans le défilé des prophètes[264].

C'est de nouveau le sermon augustinien qui est la source de ces passages :

> Veniat et ille Daniel sanctus, juvenis quidem aetate, senior vero scientia ac mansuetudine, convincat omnes falsos testes ... Dic, sancte Daniel, dic de Christo quod nosti. *Cum venerit,* inquit, *Sanctus sanctorum, cessabit unctio* ... Quare ... cessavit unctio vestra, nisi quia ipse est qui venerat Sanctus sanctorum? Si, ut vos dicitis, nondum venit, sed expectatur ut veniat Sanctus sanctorum, demonstrate unctionem : si autem, quod verum est, cessavit unctio vestra, agnoscite venisse Sanctum sanctorum[265].

Notre poème contient aussi quelques allusions à la prophétie d'Élisabeth :

-3389	*Hé, dame,* dont me vient, qui m'a donné cest don :
-3390	La mere mon signor qui vient en ma maison? –
-3391	Or oez quel merveille et quel profec(t)ïon :
-3392	Nus ne li avoit dit s'ele estoit grosse ou non
-3393	Ne n'ot oï parler de *s'anonsatïon!* –
-3394	Or escoute, ma dame, que nos a toi dirom :
-3395	Si tost com cist oï que dedans nos avom
-3396	De toi, ma bele dame, la saluatïon,
-3397	Grant leece mena, ice bien te disom".[266]

A notre avis, les vv. -3391-3393 renvoient au Pseudo-Augustin :

> Illi etiam parentes Joannis, Zacharias et Elisabeth, ... dicant ... testimonium Christo[267].

Pour ce qui est des paroles de la mère de saint Jean-Baptiste, la source ultime du texte latin et de sa traduction fraçaise est Lc.1:43,44, bien entendu[268].

En dernier lieu nous reproduirons les prophéties de Syméon et de saint Jean-Baptiste, avec leur source latine, le Pseudo-Augustin :

-5064	Or escoutez, signor, com par furent felon !
-5065	Nés croire ne voloient le juste Simeon,
-5066	Qui en ses mains le tint a grant devocïon.
-5428	Et comment Symeon, qui l'atendi tanz anz,
-5429	Cil qui de lui veoir estoit tant desirranz ;
-5430	Il le tint en ses braz trestout lor iex veanz,
-5431	El temple Salemon cria tout en oiant :
-5432	"Or lai ton serf em pais, qui tant par *es* pesanz ! "

> Verumtamen senem illum ex gente vestra natum, sed in errore vestro non relictum, Simeonem sanctum in medium introducam : ... expectabat suscipere, quem sciebat venire. Cum iste senex ... perrexit ad templum ... tulit infantem in manibus suis ... Benedicens Deum

exclamavit senex ille, et dixit : *Nunc dimittis, Domine, servum tuum, secundum verbum tuum in pace ; ...*[269]

-5077	Or oez des Gïus, com furent deputaire,
-5078	Ancontre lor escrit *com il furent contraire !*
-5079	*Ce distrent* lor *escrit* – si com il m'est viaire –
-5080	Que d'aus naistra Cristus et rois et emperaire
-5081	Et naistra de la virge, que bien voet que il paire.
-5082	Neïs Jehans lor dist, cil qui fu fiz Zaqaire,
-5083	Et *al doi* lor mostra que ce ert lor sauvaire.
-5084	Onques a droite voie nes pot Jehans atraire[270].

-5433	Et ce que ne creïrent que lor disoit Jehans,
-5434	Qui estoit el desert ou batisoit les genz :
-5435	"A moi estes venu (l)es desers demandanz
-5436	Se je sui Messïas, q'en soie jehissans.
-5437	Je lor dis que nenil, ainz est o vos menanz".

Christum enim eum esse Judaei credebant : sed ille non se esse clamabat, dicens : *Quem me suspicamini esse, non sum ego ; sed ecce venit post me, ...* Et haec a te dicta sunt antequam Christum videres : qui cum ad te ipse venit ... ut a te baptizaretur ... quid responderis, quem cognoveris, quale testimonium protuleris, audiant inimici qui audire nolunt : *Ecce, inquit, Agnus Dei, ecce qui tollit peccatum mundi ...*[271].

Il est clair que le sermon a été écrit dans un but apologétique. Le prédicateur veut prouver que Jésus est le Messie. Au chap. XI[272] ce sont les Juifs qu'il cherche à convaincre. Toutes les prophéties tirées 'ex Lege, ex Prophetis, ex libris Ethnicorum'[273] nous parlent de 'Christus natus de uirgine sine manibus complectentibus'[274].

Herman de Valenciennes a fait comme l'auteur du sermon. Il a mis à contribution le texte augustinien

— pour annoncer l'avènement du Christ, né d'une vierge[275]

— pour plaindre les Juifs, qui n'ont pas reconnu en Jésus le Sauveur du monde[276].

II. 9. LA 'SAINTE PARENTÉ' : vv. -3094-3134

Nous traitons un thème généalogique qui, en iconographie, est désigné par le terme de *Sainte Parenté*, c'est-à-dire 'la Lignée de sainte Anne, mère de la Vierge Marie, avec la postérité issue de ses trois mariages'[277].

Comme la Bible est muette sur les parents de la Mère du Christ, il fallait combler les lacunes des livres canoniques. Or, depuis les premiers siècles de l'ère chrétienne, les légendes apocryphes nous renseignent sur leurs noms et sur leur vie exemplaire[278]. La légende s'est aussi emparée de Marie Salomé et de Marie Cléophas, qui se tenaient près de la croix lors du crucifiement de Jésus, avec Marie, sa Mère et avec Marie Madeleine[279]. L'archange Gabriel, qui annonce à Marie la naissance de son Fils, lui dit qu'Élisabeth, sa 'parente', vient de concevoir un fils en sa vieillesse[280]. Le degré de cette parenté est passé sous silence. Il fallait aussi expliquer pourquoi Jacques, fils d'Alphée, était appelé le frère du Seigneur[281].

Les tableaux suivants permettront de se faire une idée sur les liens de parenté qui existaient entre les personnages que nous venons de citer et que, dans notre poème, nous allons rencontrer à leur heure.

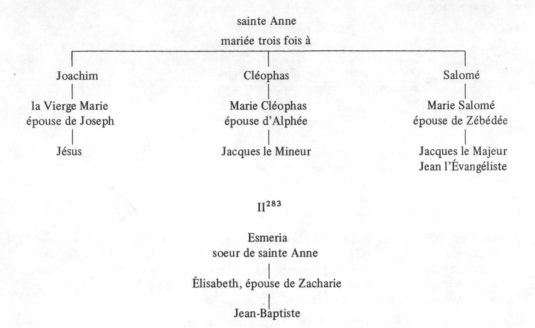

I[282]

sainte Anne
mariée trois fois à

Joachim	Cléophas	Salomé
la Vierge Marie épouse de Joseph	Marie Cléophas épouse d'Alphée	Marie Salomé épouse de Zébédée
Jésus	Jacques le Mineur	Jacques le Majeur Jean l'Évangéliste

II[283]

Esmeria
soeur de sainte Anne

Élisabeth, épouse de Zacharie

Jean-Baptiste

La légende du triple mariage de sainte Anne *(Trinubium sanctae Annae)* semble originaire de l'empire anglo-normand. Les plus anciens témoins remontent à la fin du XIe siècle[284]. L'attribution à Haimo de Halberstadt (IXe s.) d'un récit latin en prose sur le même sujet est très douteuse[285]. Au XIIe et XIIIe siècles nous retrouvons la légende dans les commentaires de Pierre Lombard[286], dans l'*Historia Scholastica* de Pierre le Mangeur[287] et dans la *Légende dorée*[288].

Comme thème iconographique la légende aurait été popularisée en 1406 par la vision d'une nonne mystique de Corbie[289].

On hésite à admettre que la légende soit entrée dans la liturgie avant le XIIIe siècle[290]. Pourtant Max Förster[291] l'avait trouvée, sous forme versifiée, dans plusieurs manuscrits datant des XIe et XIIe siècles[292]. Ces manuscrits sont des recueils où l'on trouve des Vies de Saints et des Sermons destinés à être lus pendant les fêtes de l'année[293].

Dans l'ouvrage d'Herman l'histoire du *Trinubium* de sainte Anne a été insérée entre le récit de la Présentation de la Vierge au Temple et celui de ses Fiançailles[294]. Elle se lit dans tous les manuscrits qui contiennent cette partie de notre poème[295]. Tous la représentent à cet endroit. C'est donc à l'auteur lui-même (ou à sa source) que nous devons cette répartition de la matière. Nous la reproduirons ci-dessous :

399

-3094   Joachins fu prodom, signor, c'est veritez,
Molt ama ses amis et molt an fu amez.
Li prodom fu molt viex, a sa fin est alez.
Sachiez que de sa mort fu granz diex demenez!
Molt fu plains Joachins et molt par fu *plorez*.
Li cors dou prodome est el val d'Ebron posez,

-3100
La gist toz ses linages, la est il enterrez.
Qant l'orent mis en terre si s'en sont retornez.
Ne demora qu'un an et ne fu pas passez
Des paranz a Anna Salomas fu mandez,.
Cil estoit riches hom et bien amparantez.

400

-3105
Doné li ont Anna, li prodom l'otroia,
A la loi de la terre bonement l'espousa.
Il ne demora gaires une fille engendra.
Et qant ele fu nee Marie l'apela.
Si ne demora gaires Salomas defina.
-3110
Puis la mort Salomé Cleofas l'espousa.
Mais qant cil se moru puis ne se marïa.
A toutes ses .iij. filles Marie a non dona.

DES TROIS MARIES / ET DE LOR FIZ

401

Salomas fu prodom et de grant renomee,
Amez fu de la gent de toute la contree.
-3115
La soie bele fille a il bien marïee,
Ainz qu'il partist dou siecle l'a a signor donnee :
Zebedeüs, uns sires, *l'a molt bien esposee.*
Suers fu a la roïne, *et aprés li fu nee.*
Molt par fu bele fame, molt fist bele portee,
-3120
.Ij. anfanz ot la dame par bone destinee :
Saint Jehan et saint Jaque dont fu granz renomee.

402

Cleofas en ot une que molt ama forment,
Ainz qu'il tornast dou monde la dona sagement :
Algeüs, .i. prodom, l'esposa bonement.
-3125
A iceste assamblee furent tuit li parant.
Marie si fu molt de grant afaitement.
Suer est a nostre dame, ce sachiez vraiem[en]t !
.I. anfant ot la dame qui fu biaus et plaisant,
Plus biaus hom ne fu nez fors Deu omnipotent.
-3130
Saint *Jaque* l'apelerent et ami et parant,
Et puis avint .i. jor que quiderent la gent
Qu'il fust freres Jhesu, a cui li mons apant.

403

La mere nostre dame fu de grant *parentage,*
-3133A
Ele ot une seror qui fu de saint usage,
-3133B
Emeria out nun, qui mult out franc curage,
Icele ot une *fille,* Elisabeth la sage.[296]

55

Nous résumons :

a   Joachim, le premier mari de sainte Anne est enterré à Hébron

b   Après la mort de celui-ci, elle a épousé Salomas ; après la mort de Salomas, elle a été l'épouse de Cléophas

c   Le fils de Marie, l'épouse d'Alphée, est appelé le frère du Seigneur

d   Sa beauté égale celle de Jésus

e   Élisabeth, la mère de saint Jean-Baptiste, est la fille d'Emeria, soeur de sainte Anne.

Chez Wace[297] la légende de la Sainte Parenté sert de transition entre son récit de la Conception et celui de l'Assomption de la Vierge. Elle est identique à celle que nous lisons dans le poème d'Herman, bien que l'ordre des événements diffère quelque peu.

Au chapitre suivant il sera question de récits apocryphes sur la naissance de Marie qu'ont traduits du latin le chanoine de Bayeux et celui de Valenciennes. Or il se trouve que les manuscrits qui nous ont transmis ces récits renferment parfois la légende qui nous occupe ici, bien que, dans les documents que nous avons consultés, nous ayons cherché en vain les détails nommés ci-dessus sous *a*, *c* et *d*[298], mais peut-être se trouvaient-ils bien dans les textes dont disposaient nos auteurs. Voici l'histoire en question, qui se trouve en tête d'un manuscrit provenant de la Bibliothèque du Vatican et renfermant le récit apocryphe dit du Pseudo-Matthieu[299] :

> Anna et Emeria fuerunt sorores. De Emeria nata est Elisabeth, mater Iohannis baptistae. Anna vero tres habuit maritos, Ioachim, Cleopham et Salome. De Ioachim habuit Anna Mariam matrem Christi. Mortuo Ioachim nupsit ... Cleophae, de quo habuit filiam nomine Mariam, quae cognominabatur Cleophae. Cleophas autem cedit fratri suo Ioseph in uxorem Mariam matrem Christi quae filiastra sua fuit ; et filiam suam Mariam quam ex Anna habuit dedit Alphaeo in uxorem, de quo ortus est Iacobus minor et Ioseph alter, unde dicitur Iacobus Alphaei. Mortuo deinde Cleopha Anna tertio nupsit marito nomine Salome ; qui genuit filiam similiter vocatam Mariam. Haec nupsit Zebedaeo. Ex hac nati sunt Iacobus maior et Iohannes evangelista[300].

De quelle façon faut-il maintenant conclure ? L'auteur a-t-il disposé de manuscrits précieux, richement illuminés par des miniaturistes qui avaient eu soin de peindre les événements importants qui annoncent la naissance du Seigneur ? Nous ne devons certainement pas exclure cette possibilité : le poète se dit de 'haute parenté'[301] et nous savons que seuls les nobles étaient assez riches pour se permettre le luxe d'une 'armaire'[302] bien garnie. Il se peut aussi, bien entendu, que le chanoine ait eu recours à la bibliothèque de sa cathédrale[303].

Le prêtre Herman a-t-il été parmi les premiers à admirer les vitraux de Saint-Denis et de Chartres, les sculptures de Laon et de Paris ? Est-ce donc, au fond, dans les manifestations de l'art décoratif que nous devrions chercher les sources de son inspiration ? Nous ne le pensons pas. Nous croyons plutôt que, dans ce XIIe siècle, qui a vu une éclosion miraculeuse dans tous les domaines où a pu pénétrer l'esprit humain, le poète a été comme le confrère des imagiers et des sculpteurs. Comme eux il a voulu donner un enseignement religieux au public. Il a ordonné son ouvrage comme deux portails de cathédrale, comme deux vitraux, l'un consacré à la Vierge, l'autre consacré au Christ. Les personnages qu'il met sur scène, les événements qu'il raconte, sont ceux-là mêmes qui ont été représentés pendant la même époque, où plus tard, à Saint-Denis, à Chartres, à Paris et à Laon, à Reims et à Amiens, et qui résument, par leurs images symboliques, la vie et la mort de Jésus et de sa Mère.

C'est dire en même temps que les sources où il a puisé ont été les mêmes que celles auxquelles avaient recours les artistes de l'art décoratif, nous voulons dire les documents latins que l'on consultait pendant les principales fêtes de l'année.

III. LA MÈRE DE DIEU : SA VIE, SA MORT, SON ASSOMPTION

III. 1. LA NAISSANCE DE MARIE : ANALYSE DES vv. -2713-3524

Nous donnons un résumé des principaux événements qui concernent la vie de Marie, depuis sa conception jusqu'à l'enfance de son Fils[1]. Dans le traitement de la matière et pour sa répartition nous nous servons de la thèse de H. Burkowitz[2]. Nous reproduisons en même temps les éléments latins qui sont à la base du texte français. Ces éléments proviennent de récits apocryphes sur la naissance de la Vierge. Nous y reviendrons au paragraphe suivant, où l'on trouvera l'explication des abréviations que nous employons[3].

7]
. Dieu, en présence de saint Michel, exprime sa volonté de descendre sur terre et de se faire
. homme. Il avertit Satan que la fin de son règne est imminente : c'est par une femme que
. celui-ci a conquis le monde, c'est par une femme qu'il perdra son pouvoir sur lui
(-2713-2730)

. Des prophéties et des 'merveilles' vont préciser de quelle femme il s'agira par la suite
(-2731-2734)

. Moïse rassemble les rameaux d'Israël, il les dépose (dans la Tente du Témoignage) et le
. lendemain matin celui d'Aaron porte des fleurs et des amandes   [2667-2681]

. C'est Isaïe qui, en trois prophéties, révèle le sens caché de cet événement : la verge
. fleurie d'Aaron c'est la Vierge qui sera la mère du Sauveur   [2682-2733]

. Isaïe en appelle encore à l'autorité de Jérémie, de Joël, d'Élie et de Daniel, pour con-
. vaincre les Juifs qui s'obstinent à nier ces témoignages sur la venue du Messie
[2734-2742a][4]

. Dès maintenant, nous dit-on, il sera question du lignage d'une dame. Elle est née au
. milieu des Juifs, comme la rose est née parmi les épines   [2743-2762]

. Il s'agit de la 'verge' qui est la 'virge pucele', et du fruit qu'elle porta, qui est son Fils.
. Quel miracle que la Naissance du Sauveur, du Tout-Puissant, qui a voulu s'incarner dans
. 's'ancele'   (-2735-2741)

8]   Le père de cette 'dame'[5], Joachim, issu de la race royale de David, est originaire de Nazareth, en Galilée. Sa mère, Anna, est née à Bethléem   (-2742-6 ; 2765-7)

La vie du couple est exemplaire et tout son bien, Joachim le divise en trois parties : la première, il la distribue aux pèlerins et aux pauvres, la seconde, il la destine au Temple et la troisième, il la réserve à l'usage de lui-même et de sa famille   (-2747-2771)

Pendant vingt ans les époux ont vécu dans un chaste mariage   (-2772-2775)

10]   Pour une fête annuelle Joachim et Anne montent à Jérusalem avec leurs offrandes. A cette époque-là, Ysaac (= Isachar) est grand-prêtre du Temple   (-2776-2808)

Il refuse d'accepter les présents de Joachim, parce que celui-ci n'a pas d'enfant. Il le chasse même du Temple   (-2809-2829)

12]   Tout triste, Joachim, couvert d'une honte extrême, se retire parmi ses pasteurs dans les montagnes. Anne, son épouse, se lamente en l'attendant ; elle le cherche en vain

     (-2830-2848)

L'ange du Seigneur apparaît à Joachim 'el desert' et lui promet une fille. Elle portera le nom de Marie ; le Saint-Esprit reposera sur elle   (-2849-2876)

Joachim attire l'attention de l'ange sur son âge déjà très avancé : voilà plus de vingt ans qu'il épousa sa femme. Il se souvient encore bien de la honte qu'il a subie de la part du grand-prêtre   (-2877-2894)

L'ange lui rappelle les cas de Sara et de Rachel qui, toutes les deux, aux dernières années de leur vieillesse, ont enfanté des fils. Il lui rappelle aussi le voeu que les deux époux avaient fait, de consacrer au Seigneur l'enfant que Dieu leur donnerait

     (-2895-2908)

L'ange lui ordonne de se rendre à Jérusalem : à la Porte Dorée Joachim rencontrera son épouse qui, à son heure, enfantera une fille qui sera présentée au Temple. Cette fille restera vierge. Sans connaître d'homme elle aura un fils qui sera le Seigneur du monde

     (-2909-2920)

8]	*N* I,1	Igitur beata et gloriosa semper virgo Maria de stirpe et familia David oriunda ... Pater eius Joachim mater vero Anna dicebatur. Domus paterna ex Galilaea et civitate Nazareth maternum autem genus ex Bethleem erat.[12]
	N I,2	Vita eorum simplex et recta apud Dominum, apud homines irreprehensibilis erat et pia.[13]
	Ps.-M I,2	Cum esset annorum viginti, accepti Annam ... uxorem ...[14]
	Ps.-M I,1	... erat vir ... nomine Joachim ... timens Deum in simplicitate et in bonitate sua ... Ergo ... sive in omnibus rebus suis quascumque possidere videbatur, tres partes faciebat : unam partem dabat viduis, orphanis, peregrinis atque pauperibus ; alteram vero partem colentibus Deum ; tertiam partem sibi et omni domui suae reservabat.[15]
	N I,3	Ita isti Deo cari, hominibus pii, per annos circiter viginti castum domi coniugium ... exercebant.[16]

10]	*Ps.-M* II,1	Factum est autem ut in diebus festis ...[17]
	P I,2	Venit autem dies domini magna ...[18]
	N II,1	Factum est autem ut Encaeniorum festivitas appropinquaret, unde cum nonnullis contribulibus suis Hierosolymam et Joachim ascendit. Ea vero tempestate Isachar ibi pontifex erat. Cumque inter ceteros concives suos etiam Ioachim cum oblatione sua videret, despexit eum et munera eius sprevit, interrogans cur inter foecundos infoecundus ipse stare praesumeret, dicens munera nequaquam Deo digna posse videri, quoniam ipsum prole indignum iudicasset, Scriptura dicente maledictum omnem esse qui non genuisset masculum in Israel.[19]

12]	*N* II,2	Cuius opprobrii obiectu pudore magne suffusus Ioachim ad pastores qui cum pecudibus erant in pascuis suis recessit ; neque enim domum repedare voluit, ne forte a contribulibus suis, qui simul aderant et hoc a sacerdote audierant, eodem opprobrii elogio notaretur.[20]
	Ps.M II,1	Et contristatus valde Ioachim, passus itaque verecundiam in conspectu populi abcessit de templo Domini plorans, et non est reversus in domum suam, sed abiit ad pecora sua, et duxit secum pastores inter montes in longinquam terram, ita ut per quinque menses nullum nuntium potuisset audire de eo Anna uxor eius.[21]
	P I,4	Contristatusque Ioachim non manifestavit se uxori suae sed ipse dedit seipse in eremum adfixit in eodem loco tentorium suum ...[22]
	Hereford 4	Et non est reversus in domum suam nec amplius apparuit uxori sue sed sesessit in desertum et contulit se ad pastores qui cum pecoribus suis in pascuis erant.[23]
	N III,1	Verum cum ibi aliquando esset, quadam die cum esset solus, angelus Domini ei cum immenso lumine astitit. Cui cum ad eius visionem turbaretur, angelus ei apparuerat timorem eius compescuit dicens : 'Noli timere, Ioachim, neque in visione mea turberis ; ego enim sum angelus Domini missus ab ipso ad te ut annuntiem tibi preces tuas esse exauditas ... Videns quippe vidit pudorem tuum et audivit sterilitatis opprobrium non recte tibi obiectum ...'[24]

15]   L'ange quitte Joachim pour aller rassurer Anne, en lui annonçant la naissance de sa fille
. Marie, qui sera l'épouse de Dieu. Par elle le monde sera sauvé. Son corps sera au ciel,
. sans 'porreture'   (-2921-2954)[6]

16]   Les deux époux se rencontrent à la Porte d'Or. Ils passent la nuit à Jérusalem : le lendemain, après qu'ils ont prié au Temple, Joachim ramène sa femme à Nazareth
                                                           (-2955-2974)

17]   Quand son heure est arrivée, Anne, assistée par ses 'norrices', accouche d'une fille qui est
appelée Marie   (-2975-2983)

. On entend s'élever une voix qui dit que le Saint-Esprit reposera sur elle ; sa naissance
. apporte une joie universelle ; c'est par elle que le monde sera sauvé ; les anges la serviront.
. Joachim en rend grâce à Dieu   (-2984-2992)

Ps.-M III,1	... et dixit ei : 'Quare non reverteris ad uxorem tuam?' Et dixit Ioachim : 'Per viginti annos habui eam ; nunc vero quia noluit Deus mihi ex ea dare filios, cum verecundia de templo Dei exprobatus exivi : ...'[25]
N III,2,3,4	'Prima enim gentis vestra Sara mater, nonne usque ad octogesimum annum infoecunda fuit? Et tamen erat benedictio senectutis aetate genuit Isaac cui repromissa erat tantumque a sancto Iacobo amata diu sterilis fuit, et tamen Joseph genuit ... Proinde Anna, uxor tua, pariet tibi filiam et vocabis nomen eius Mariam ; haec erit, ut vovistis, ab infantia sua Domino consecrata et Spiritu Sancto replebitur adhuc ex utero matris ... Itaque, aetate procedente sicut ipsa mirabiliter ex sterili nascetur, ita incomparabiliter virgo generabit Altissimi filium, ... Et hoc tibi eorum quae annuntio signum erit, cum perveneris ad auream in Hierosolymis portam, habebis ibi obviam Annam uxorem tuam ...' His dictis, angelus discessit ab eo.[26]

15] *N* IV,1,2 — Deinde apparuit Annae, uxori eius, dicens :'Ne timeas, Anna, neque phantasma putes esse quod vides. Ego enim sum angelus ... et nunc missus sum ad vos ut annuntiem vobis nascituram filiam quae Maria vocata ... Haec a nativitate sua statim Domini gratia plena, tribus ablactationis suae annis in domo paterna permanebit, postea vero servitio Domini mancipata a templo usque ad intelligibiles annos non discedit ... virum numquam cognoscet ... Itaque surge, ascende Hierusalem et cum perveneris ad portam quae aurea ... vocatur, ibi ... virum tuum ... obvium habebis.'[27]

16] *N* V,1 — Itaque ... et cum ad locum pervenissent angelico vaticinio designatum, ibi sibi invicem obviaverunt. Tunc de mutua sua visione laeti ...[28]

Ps.-M III,5 — At illa festinanter perrexit cum puellis suis, ... vidit Ioachim venientem ... occurrensque Anna suspendit se in collo eius ... Et factum est gaudium magnum vicinis omnibus et notis eius ...[29]

P IV,4 ; V,1 — Et Joachim ce premier jour alla se reposer dans sa maison ; le lendemain il apportait ses offrandes ...[30]

Arundel 15 — Intravit ergo Joachim in domum suam et requievit primo die. Postera autem die sumens munera sua processit ad templum domini dicens ... [31]

N V,2 — Itaque adorato Domino domum regressi ...

17] Concepit ergo Anna et peperit filiam, et iuxta mandatum angelicum parentes vocabant nomen eius Mariam.[32]

P V,2 — Et elle dit à la sage-femme : 'Qu'ai-je mis au monde?'[33]

Arundel 16 — Anna ... et invitavit omnem plebem sacerdotum et omnes servientes altario domini omnesque majores natu Israel ad nominalia puelle in domo sua. Ioachim autem deprecatus est altissimum dicens Domine tu da nomen puella in ista die. Et accesserunt omnes ad epulas.
Et subito epulantibus illis audita est vox de celo dicens : Joachim, Joachim Maria significatum est nomen puella huius a domino deo altissimo. Et obstipuit omnis turba que aderat et una voce responderunt omnes Amen et expleta sollempnitate discesserunt cum gaudio gracias agentes deo.[34]

18]   . A la naissance de Marie se sont accomplies les paroles prophétiques de David, de Moïse,
       . d'Isaïe, d'Aaron, de Jérémie, de Joël, de Jonas, d'Habaquq, de Daniel, de Nabuchodono-
       . sor, de la Sibylle et de Virgile   (-2993-3039)[7]

19]   La Présentation au Temple de Marie   (-3040-3080)

20]   La vie de la Vierge au Temple. Elle y est visitée par les anges. Dieu lui-même s'entretient
       avec elle : un jour elle dit tout bas la première partie du verset 10 du Psaume 26 : Mon
       père et ma mère m'abandonnent. Dieu répond en citant l'autre partie : Je suis Jahvé, qui
       te recevra   (-3081-93 ; -3216-24)

21]   Joachim meurt, son corps est enterré à Hébron, dans le tombeau où reposent tous ses
       ancêtres   (-3094-3101)

       . Après la mort de Joachim, Anne épouse d'abord Salomas, et ensuite Cleophas
                                                                               (-3102-3112)

       . Anne est la mère de trois Maries : la première est la mère de Jésus ; elle est la fille d'Anne
       . et de Joachim. La seconde Marie est la mère de Jean et de Jacques, les Évangélistes.
       . Elle est la femme de Zébédée. La troisième Marie est la mère de Jacques qui, plus tard,
       . sera appelé le frère de Jésus. Elle est la femme d'Alphée   (-3113-3132)

22]   . Emeria[8], soeur d'Anne, est la mère d'Élisabeth, qui, elle, est la mère de saint Jean-Bap-
       tiste. Élisabeth est l'épouse de Zacharie, 'patriarche' (-3136) et 'prestres' (-3142)
                                                                               (-3133-3135)

       Naissance de saint Jean-Baptiste[9]. C'est par Élisabeth et Zacharie que se termine la liste
       des ancêtres de la Vierge   (-3136-3215)

62

Hrotswitha de Gandersheim	Et subito sonuit vox fortis ab alto. Mandans egregiam Mariam vocitare puellam Stella maris lingua quod consonat ergo latina Hoc nomen merito sortitur sancta puella Est quia praeclarum sidus quod fulget in aevum Regis aeterni claro diademate Christi.[35]

19] *N* VI, 1-3   Cumque trium annorum circulus volveretur et ablactationis tempus completum esset, ad templum Domini cum oblationibus adduxerunt. Erant autem circa templum iuxta quindecim graduum psalmos quindecim ascensionis gradus ... In horum itaque uno beatam Virginem Mariam parvulam parentes constituerunt.
Cumque ipsi vestimenta quae in itinere habuerant exuerent, et cultioribus ex more vestibus et munditioribus induerent, Virgo Domini cunctos singillatim gradus sine ducentis et levantis manu ita ascendit, ut perfectae aetati in hac dumtaxat causa nihil deesse putares. Iam quippe dominus in

Virginis suae infantia magnum quid operabatur et quanta futura esset huiusmodi miraculi indicio praemonstrabat. Igitur sacrificio secundum consuetudinem legis celebrato et voto suo perfecto. Virginem inter septa *(sic)* templi cum aliis virginibus ibidem educandam dimiserunt, ipsi vero domum regressi sunt.[36]

Arundel, 20   Quam suscipiens sacerdos de manibus matris osculatus est eam. Benedixit-
Hereford   que eam dicens : Benedicat te dominus deus et magnificavit nomen tuum in universis nacionibus ... Et posuit eam super tercium gradum altaris domini.[37]

20] *N* VII,1   Virgo autem Domini cum aetate processu et virtutibus proficiebat, et iuxta psalmistam pater et mater dereliquerunt eam. Dominus autem assumpsit eam. Quotidie namque ab angelis frequentabatur, quotidie divina visione fruebatur ...[38]

23]   La Vierge parvient à sa quatorzième année. Le grand prêtre veut la marier. Elle refuse. On décide de tenir conseil. Pendant la réunion une voix s'entend du côté du propitiatoire, qui rappelle à la mémoire de tous la prophétie d'Isaïe : que la Vierge soit confiée à celui dont la baguette produise des fleurs. Joseph, un veuf dont les fils sont déjà adultes, est désigné comme l'époux légitime de Marie. Il la ramène en Galilée, dans la maison de ses parents. Trois jeunes filles y seront ses compagnes. Joseph se rend à Bethléem pour y aménager sa maison   (-3225-3298)

N VII,2-4   Itaque ad quartum decimum annum usque pervenit, ut non solum nihil de
ea mali reprehensione dignum configere possent, sed et boni omnes qui
eam noverant vitam et conversationem eius admiratione dignam iudicarent.

Tunc pontifex publice denuntiabat ut virgines, quae in templo publice
constituebantur et hoc aetatis tempus explessent, domum reverterentur
et nuptiis secundum morem gentis et aetatis maturitatem operam darent.
Cui mandato cum ceterae pronae paruissent, sola Virgo Domini Maria hoc
se facere non posse respondit, dicens se quidem et parentes suos Domini
servitio mancipasse, et insuper se ipsam Domino virginitatem vovisse,
quam numquam viro aliquo commixtionis more cognito violare vellet.
Pontifex vero in angustia constitutus animi ... praecipit ut ad festivitatem
quae imminebat omnes ex Hierosolymis et vicinis locis primores adessent,
quorum consilio scire posset quid de re tam dubia faciendum esset.

Quod cum fieret, omnibus in commune placuit Dominum super hac re
esse consulendum. Et cunctis quidem orationi incumbentibus, pontifex ad
consulendum ex more accessit : nec mora, cunctis audientibus, de oraculo
et de propitiatorii loco vox facta est, secundum Esaïae vaticinium requi-
rendum esse cui Virgo illa commendari et desponsari deberet. Liquet enim
Esaïam dicere : 'Egredietur virga de radice Iesse et flos de radice eius ascendet ...'
Secundum hanc ergo prophetiam cunctos de domo et familia David nup-
tui habiles non coniugatos virgas allaturos ad altare praedixit et cuiuscum-
que post allationem virgula florem germinasset ... ipsum esse cui Virgo
commendari et desponsari deberet.[39]

Ps.M VIII,3   Erat autem haec virga Ioseph, eratque ipse abiectus habitus quoniam senex
erat, et ne forte cogeretur accipere eam, require noluit virgam suam. Cumque staret humilis et ultimus, ... Et accessit Ioseph expavescens ... Mox
autem extendens manum ut suam virgam acciperet, ...[40]

Ps.-M VIII,4   'Senex sum et filios habeo ...'[41]

Arundel 28   ... apparuit angelus domini dicens ei :
'convoca universos viros viduantes ex tribu Iuda et afferent singuli virgas
suas, et de quo signum ostendit dominus, ipsi trades eam.'[42]

N VIII,1   Erat autem inter ceteros Ioseph, homo ... grandaevus cunctis vero virgas
suas iuxta ordinem deferentibus solus ipse suam substraxit. Unde cum
nihil divinae voci consonum apparuisset, pontifex iterato Deum consulendum putavit : qui respondit solum illum ex his qui designati erant virgam
suam non attulisse cui Virginem desponsare deberet. Proditus itaque est
Ioseph. Cum enim virgam suam attulisset ... liquido omnibus patuit ei Virginem desponsandam fore.[43]

N VIII,2   Igitur sponsaliorum iure de more celebrato, ipse quidem in Bethleem rece-
dit civitatem domum suam dispositurus et nuptiis necessaria procuraturus.
Virgo autem Domini Maria cum aliis septem virginibus coaevis et collac-
taneis, quas a sacerdote acceperat, ad domum parentum suorum in Galilaeam reversa est.[44]

Ps.-M VIII,5   Tunc Ioseph accepit Mariam cum aliis quinque virginibus, ...[45]

25]   Pendant les fiançailles, avant le mariage proprement dit, l'archange Gabriel annonce à
        Marie qu'elle aura un fils qui s'appellera Jésus. La Vierge s'étonne de ces paroles : elle
        n'est pas effrayée par la visite de Gabriel, mais elle s'explique difficilement qu'elle aura
        un enfant 'sans l'ome' à qui elle a été donnée. L'ange lui dit comment les choses se pas-
        seront : le Saint-Esprit viendra sur elle et la couvrira de son ombre : son fils sera le Fils
        de Dieu. Elle sera la reine du monde et elle sera couronnée au ciel. L'archange la met au
        courant de la grossesse d'Élisabeth, sa parente   (-3299-3356)[10]

        La Vierge répond en récitant le *Magnificat*   (-3357-3372)

        Elle termine son cantique par la citation de Lc.1:38   (-3373-3374)

29]   Marie se rend chez Élisabeth. A la rencontre des deux femmes, l'enfant que porte Élisa-
        beth tressaille de joie. Quel miracle : sans être au courant de l'annonce faite à la Vierge,
        sa cousine prononce des paroles prophétiques sur la maternité virginale de celle-ci
                                                                          (-3375-3397)[11]

31]   Après les noces, Joseph découvre que son épouse est enceinte. Il ne sait que faire, il a
     . peur pour elle. C'est qu'il connaît la loi de Moïse qui condamne à la lapidation une
     . femme qu'on surprend en adultère. Pendant la nuit un ange lui apparaît en songe, expli-
     . quant les événements miraculeux qui vont s'accomplir. Lui, Joseph, devra garder le grand
        trésor qu'est son épouse. Il devra protéger la mère et l'enfant, qui sera entouré partout
        d'ennemis. Joseph se réveille.
     . Il garde le silence sur les paroles de l'ange. Craignant les Juifs, il quitte Bethléem pour se
        réfugier à Nazareth   (-3398-3452)

        Lorsque le temps où elle doit enfanter se trouve révolu, Joseph ramène son épouse à
        Bethléem   (-3453-3455)

25]	*N* IX,1-4	His vero diebus, primo scilicet adventus sui in Galilaeam tempore, missus est ad eam angelus Gabriel a Deo, qui ei conceptum Dominicum narraret et conceptionis vel modum vel ordinem exponeret ... ipsam vero ... salutans dixit : 'Ave Maria, ... gratia plena, Dominus tecum, benedicta tu prae omnibus mulieribus.'

His vero diebus, primo scilicet adventus sui in Galilaeam tempore, missus est ad eam angelus Gabriel a Deo, qui ei conceptum Dominicum narraret et conceptionis vel modum vel ordinem exponeret ... ipsam vero ... salutans dixit : 'Ave Maria, ... gratia plena, Dominus tecum, benedicta tu prae omnibus mulieribus.'

Virgo autem quae iam angelicos bene noverat vultus et lumen caeleste insuetum non habebat, neque angelica visione territa ... sed in solo eius sermone turbata est, et cogitare coepit qualis ista salutatio tam insolita esse posset ... Huic cogitationi angelus ... : 'Ne timeas', inquit, 'Maria, ... Invenisti enim gratiam apud Dominum quia castitatem elegisti : ideoque virgo sine peccato concipies et paries filium ... et filius Altissimi vocabitur ... et dabit illi Dominus Dei sedem David patris eius et regnabit ... in aeternum et regni eius non erit finis : ipse quippe rex regum et dominus dominantium est ...' His angeli verbis Virgo ... respondit : 'Quomodo, istud fieri potest? Nam cum ipsa virum ... numquam cognosco, quomodo ... parere possum?' Ad hoc angelus : '... virgo paries, virgo nutries : Spiritus enim Sanctus superveniet in te et virtus Altissimi obumbrabit tibi ... ideoque quod nascetur ex te ... vocabitur Filius Dei.'[46]

Arundel 34

Ecce Elyzabeth cognata tua et ipsa concepit filium in senectute sua et hic mensis est sextus illi que vocabitur sterilis quia non est impossibile apud deum omne verbum. Et dixit Maria ad angelum : Ecce sum ancilla domini ante conspectu eius, fiat voluntas eius in me secundum verbum tuum. Et discessit ab ea angelus.[47]

29]   *Arundel* 36

In ipso ergo tempore abiit ad consobrinam suam Elyzabeth et pulsauit hostium eius. Cumque audisset E. vocem eius iecit que tenebat ex manibus et currens apparuit ei et benedixit eam dicens Benedicta tu inter mulieres, et benedictus fructus ventris tui. Unde hoc mihi ut mater domini mei veniat ad me? Ecce enim ut facta est vox salutacionis tue in auribus meis, quod est conceptum in utero meo exultauit. Maria vero hoc audito recordata est sacramentorum que ei locutus est angelus Gabriel et inspiciens in celum dixit Que sum ego domine quod universi magnificant me? et dixit Magnificat anima mea dominum et exultauit spiritus meus in deo salutari meo Quia respexit humilitatem ancille sue. et cetera que sequuntur.[48]

31]   *N* X,1,2
33]

Ioseph igitur a Iudaea in Galilaeam veniens desponsatam sibi virginem uxorem ducere intendebat ... Interea paulatim utero puerperae intumescente puerperam se manifestare coepit, neque hoc latere potuit Ioseph : nam sponsi more liberius ad Virginem introiens et familiarius cum ea loquens, gravidam esse deprehendit ...

Haec autem eo cogitante, ecce angelus Domini ei apparuit in somnis dicens : 'Ioseph, ... noli timere, ... neque timeas eam in uxorem ducere ; quod enim in ea natum est ... non hominis sed Spiritus Sanctus est opus...' Igitur Ioseph secundum angeli praeceptum Virginem uxorem duxit, nec tamen cognovit eam, sed caste procurans custodivit. Iamque nonus a conceptione instabat mensis, dum Ioseph, uxore cum aliis quae necessaria erant assumpta, Bethleem civitatem unde ipse erat tetendit. Factum est autem cum essent ibi impleti sunt dies ut pareret ; et peperit filium suum .... sicut evangelistae docuerunt ...[49]

Ps.-M X,1, XI,1	Reversusque in domum suam invenit Mariam praegnantem .. Et totus contremuit et positus in angustia exclamavit et dixit : 'Domine Deus, accipe spiritum meum, quoniam melius est mihi mori quam vivere.' ... Cumque ordinasset in nocte exsurgere ut fugiens habitaret in occultis, ecce in ipsa nocte apparuit ei in somnis angelus Domini dicens : 'Joseph, noli timere accipere Mariam coniugem tuam, quoniam quod in utero eius est, de Spiritu Sancto est. Pariet autem filium ...'[50]
Hereford 43	Hoc audito Joseph magis timuit et ultenius in maxima hesitacione constitutus apud se cogitare cepit quid de ea facere deberet. Dicebat enim intra semetipsum : Quid ergo faciam? quid agam? anxior ac gemo, doleo, curro, consilium quero super ea nec plenum invenio. Prodam aut taceam? quid agam penitus nescio. Prodam adulterium, aut taceam propter obprobrium? Si enim prodidero, adulterio quidem non consentiam sed vicium ... crudelitatis incurram, quoniam secundum libros Moysi eam lapidandam esse cognosco.[51]
Ps. Aug.	... sis autem tu pater Christi cura castitatis, et honorificentia virginitatis ... gaude itaque, Ioseph, nimiumque congaude virginitati Mariae, quia solus meruisti virginale possidere coniugium : ... ut pater dicaris Salvatoris ...[52]
33] 36] *Ps.-M* XIII,1,2, 5-7	Factum est autem post aliquantum tempus ut fieret professio ex edicto Caesaris Augusti, ut profiteretur unusquisque in patria sua. Haec professio facta est a praeside Syriae Cyrino. Necessc autem fuerat ut Ioseph cum Maria proficisceretur in Bethleem, quia exinde erat, ... Cum ergo Ioseph et Maria irent per viam quae ducit Bethleem, dixit Maria ... Et ... iussit angelus stare iumentum, quia tempus advenerat pariendi ; et praecepit descendere de animali Maria et ingredi in speluncam subterraneam ... Et ibi peperit masculum ... (Salome) tetigit fimbrias pannorum in quibus infans erat involutus ... Nam et pastores ovium asserebant se angelos vidisse in medio noctis hymnum dicentes, Deum caeli laudantes et benedicentes et dicentes quia natus est Salvator omnium, ... Et prophetae qui fuerant in Ierusalem dicebant hanc stellam indicare nativitatem Christi, ...[53]
Ps.-M XIV	Tertia die nativitatis Domini egressa est Maria de spelunca, et ingressa est stabulum et posuit puerum in praesepio ...[54]
Ps.-M XV,1	Octava vero die circumcidentes puerum, ... vocatum est nomen eius Iesus quod vocatum est ab angelo antequam in utero conciperetur.[55]

Ps.-M
N
P

Le *Protévangile de Jacques (P)* ou, mieux encore, ses dérivés latins, le *Pseudo-Matthieu (Ps.-M)* et le *De Nativitate Mariae (N)*[56], d'une part, les *Transitus beatae Mariae*[57], d'autre part, suppléaient au silence des Évangiles sur la vie et la mort de la Vierge[58]. Le *Protévangile* est le plus ancien des évangiles apocryphes de l'Enfance du Seigneur. Il a été rédigé en grec vers la fin du IIe siècle. On en connaît des versions et des paraphrases en plusieurs langues orientales.

On a cru longtemps[59] qu'il n'en existait pas de version latine. Dès 1961, pourtant, le r.p. de Strycker a su retracer quatre rédactions latines de l'apocryphe grec[60]. Il y en a deux qui nous intéressent plus spécialement :
— tout d'abord un nouvel Évangile de l'Enfance[61], qui se compose d'environ la moitié du *Protévangile,* combinée avec des extraits d'autres textes[62] et avec quelques passages de la Vulgate. Au XIIe siècle ce texte circulait en Irlande[63]. Il est contenu dans deux manuscrits :

Hereford

a le Ms. 0.3-IX de la Bibliothèque du Chapitre de Hereford *(Hereford),* qui date du XIIIe siècle. Le récit apocryphe y est réparti entre les neuf leçons de l'office de la Conception de la Vierge[64],

Arundel

b le Ms. Brit. Mus., Arundel 404 *(Arundel),* datant du XIVe siècle[65]. Malgré la date tardive du manuscrit, la rédaction qu'il contient est plus ancienne que celle qui se trouve dans *Hereford.* C'est qu'elle a connu le *Pseudo-Matthieu,* mais non pas le *De Nativitate Mariae*[66] ;
— l'autre version a été découverte en 1962 par le r.p. de Aldama[67].

Elle contient la majeure partie des Chap. I-V du *Protévangile*[68].

Depuis le fameux 'Décret du pape Gélase', document qui est antérieur à la fin du VIe siècle[69], l'Église latine avait refusé d'accorder une place officielle à ces récits légendaires sur la naissance de Marie, qui, pourtant, continuaient à circuler parmi les fidèles[70]

Ainsi, en 862, Hincmar, archevêque de Reims, destine aux moniales de Soissons le *De Nativitate Mariae*. On lui dit que ce petit livre n'a aucune valeur. Il répond qu'il ne l'utilise que pour la lecture : 'ad legendum'[71].

Hrotswitha

Au Xe siècle, Hrotswitha, abbesse bénédictine de Gandersheim, pour la délectation de ses religieuses, met en vers les narrations du *Pseudo-Matthieu*[72].

Fulbert de Chartres (952-1028)[73], qui avait introduit dans sa cathédrale la fête de la Nativité de Marie (8 septembre)[74], adopte une attitude plutôt hésitante. Dans un sermon qui, au XIIe siècle, en entier ou en partie, constituera souvent l'ensemble des leçons pour l'office du 8 septembre, il dit qu'en 'ce jour donc il semblerait qu'on dût particulièrement lire dans l'Église le livre qui existe sur la naissance et la vie de la Vierge, si les Pères n'avaient pas jugé qu'il faut le reléguer parmi les apocryphes...'[75] :

> Hac itaque die peculiariter in ecclesia recitandum esse videretur ille liber qui de ortu eius atque vita scriptus inveniebatur si non judicassent eum patres inter apocrifa numerandum[76].

Dans un autre sermon 'qui n'est pas autre chose qu'une vie abrégée de la sainte Vierge'[77], Fulbert cite une grande partie du *De Nativitate Mariae*[78].

Ces cas nous montrent que, à cette époque-là, les récits apocryphes sur la jeunesse de Marie sont bien connus des fidèles par les lectures qu'on leur en fait à l'occasion de la fête du 8 septembre

(Nativité) ou du 8 décembre (Conception), mais ils ne sont pas encore acceptés 'in ecclesia'.

Ce n'est qu'au XIIIe siècle que, brusquement,[79] on considère ces légendes comme faisant corps avec l'histoire évangélique : d'une part, elles figurent dans la liturgie officielle, sous forme de leçons pour l'office, d'autre part, elles sont insérées dans le *Speculum Historiale,* 'histoire théologique du monde', de Vincent de Beauvais, et dans la *Légende dorée,* 'explication des offices ecclésiastiques', de Jacques de Voragine[80].

III. 3. LE POÈME DE WACE SUR LA CONCEPTION DE NOTRE-DAME

Au XIIe siècle, deux poètes français ont traduit du latin le *De Nativitate Mariae.* Vers 1150 le Normand Wace l'a inséré dans sa *Conception Nostre Dame*[81]. A la fin du siècle Herman de Valenciennes y a fait des emprunts pour son *Roman de Dieu et de sa Mere*[82]. Pourtant, le *De Nativitate* n'était pas leur source unique. Dans le texte latin qui était à la disposition de chaque auteur, étaient combinés plusieurs récits légendaires sur la naissance de la Vierge, tels que nous les avons indiqués plus haut[83].

Herman a-t-il mis à contribution le poème de Wace? Nous ne le croyons pas. C'est ce que nous allons démontrer en comparant les deux textes. A cet effet nous reprenons l'étude de Burkowitz[84].

A son avis, Herman n'a pas eu sous les yeux le texte de Wace, parce qu'il s'en tient fidèlement à sa source latine, le *De Nativitate Mariae,* et qu'il n'emprunte aucun élément à Wace qui, lui, s'est écarté souvent considérablement de sa source, le même *De Nativitate.*

Comme on verra, notre conclusion sera conforme à celle de Burkowitz, seulement notre raisonnement a été différent[85].

Nous commençons par faire remarquer que Wace, dans sa *Conception Nostre Dame,* a utilisé non seulement le *De Nativitate Mariae (N),* mais aussi le *Protévangile de Jacques (P)* (dans une version latine, bien entendu), comme l'avaient déjà signalé Mancel et Trébutien, dans leur édition de 1842[86]. Cependant, ces auteurs n'avaient pas dépouillé de façon définitive les sources de Wace, qu'ils disaient être 'de longs commentaires puisés comme d'habitude dans les écrivains ecclésiastiques de son temps'[87].

9]   Wace, entre vv. -2761 et -2776, a traduit *N* I,3 :

> Voverunt tamen, si forte Deus donaret eis sobolem, eam se Domini servitio mancipaturos ...[88].

Herman saute ce passage qui, probablement, ne se trouvait pas dans le texte qu'il traduisait. Il manque aussi dans *Arundel*[89] et dans le *Ps.-M* I,2[90], source de ce dernier.

10]   Wace, à propos des vv. -2776-77, est plus précis :

> En yver, ce trovons lisant,
> Une feste faisoient grant,
> Ce iert la dedication
> Qui fu dou temple Salemon.

C'est là, contrairement à ce qu'en dit Burkowitz, une traduction fidèle de *N* II,1 :

> Factum est autem ut Encaeniorum festivitas appropinquaret[91].

Herman suit ici plutôt *P* I,2, ou *Ps.-M* II,1[92].

11] Wace, pour les -LL 369/370, serait plus près de la source, *N* II,1 :

Maledictum omnem esse, qui non genuisset masculum in Israel[93].

A notre avis, Herman a puisé au même texte mais, de façon discrète, il l'a paraphrasé, au lieu de le traduire mot à mot :

-2810	Dont lor dist tel raison ...	despexit eum et
-2811	... Tes dons ne recevrai,	munera eius sprevit ...[94]
-2812	L'offrande de ta feme,	
	par foi, ne baillerai !	
-2815	-Ne sez que dist la lois?...	interrogans cur inter foecundos infoecundus
-2817	-Xx. anz a qel seüz! ...	ipsc stare praesumeret : dicens munera ne-
-2819	-Sont ici ti anfant?	quaquam deo digna posse videri, quoniam
	-Nenil, que nul n'en ai.	ipsum prole indignum iudicasset, Scriptura
-2820	-Certes que Diex ne t'ainme,	dicente maledictum omnem esse qui non
	ne toi ne recevrai.	genuisset masculum in Israel[95]
		Ita isti ... per annos circiter viginti castum
		domi coniugium exercebant[96].

14] Wace, entre vv. -2921-2, raconte l'histoire de Joachim, qui, avant de se rendre à Jérusalem, fait une oblation qui consiste en ceci : il sacrifie douze agneaux blancs, pour Dieu, douze taureaux pour les pauvres, cent brebis pour le peuple Suit une explication que voici :
— les agneaux figurent le Christ, qui sera sacrifié pour nos péchés
— les taureaux sont les apôtres qui parcourent le monde, en prêchant, et qui
— seront martyrisés pour leur amour de Dieu
— les brebis figurent toute l'humanité, qui, un jour, mènera au ciel une vie sans douleur ni calomnie.

Ce passage manque en effet dans *N*. Nous le trouvons pourtant dans *P* IV,3[97] et dans *Arundel* 13a, dont le texte est une traduction fidèle d'après le grec :

adducite mihi decem agnos inmaculatos quos offeram deo. adducite michi duodecim vitulos ... hii erunt sacerdotum domini et servorum qui serviunt domino. adducite eciam michi vos centum hedos caprarum. Hii erunt in epulacionem omni populo[98].

On le voit, il n'y a que les 'senefiances' qui manquent dans la source latine. En plus, il y est question de dix agneaux, au lieu de douze.

Bien que Wace, pour sa *Conception Nostre Dame,* ait traduit le *De Nativitate Mariae,* ce petit passage nous montre que cet apocryphe n'a pas été sa seule source[99]

15] Chez Wace, vv. -3837-48, avant l'apparition de l'ange, Anne manifeste sa grande douleur et s'adresse à Dieu dans une prière ardente[100]. Nous retrouvons cette scène dans *Arundel* et *Hereford* 5-7[101] et dans *Ps.-M* II,2[102], source de ces deux textes. Il paraît que Wace a aussi fait des emprunts à *P* II[103], source ultime du *Ps.-M*.

16] vv. -2971-3 : la source est *P* IV,4 ; V,1. On retrouve ce détail dans *Arundel* 15[104]. La scène manque chez Wace.

17] -2984 Qant fu nee la dame en ceste mortel vie,

-2985	*De* dessuz la maison ont une voiz oïe :
-2986	"Bien soies tu venue en cest mont, bele amie,
-2987	Sainz espirs soit en toi s'en soies replenïe !
-2988	A ton naistre as o toi celestel compaingnie,
-2989	Ainc tex joie ne fu, com est de toi, oïe.
-2990	Toi serviront li angle, de ce ne douter mie
-2991	Et saches toz li mons garra par toi, Marie ! "
-2992	Qant l'oï Joachins Damerdeu en mercie[105].

La source de cette scène est inconnue. On en trouve des traces dans les vers de Hrotswitha, qui avait traduit le *Pseudo-Matthieu*[106]. A l'avis d'Amann[107], le manuscrit de ce texte apocryphe dont elle disposait, renfermait ce passage. *Arundel* 16 y fait également allusion[108]. Il manque chez Wace.

Geufroi de Paris le rappelle pourtant comme suit :

> Une voiz fu du ciel oïe
> Sus la meson ou fu nascüe
> Et dist : Bien soies tu venue,
> Belle amie, en icestui mont,
> A ton nestre li angre sont[109].

On remarquera la similitude qui existe entre ces vers et les vv. -2985-6 ; -2988 de notre poème. Évidemment Geufroi, ici, comme ailleurs,[110] a pillé Herman. A un autre endroit[111] nous reviendrons sur cette 'voiz'.

20] Herman n'aurait pas eu recours à Wace, parce que, dans les deux poèmes, l'histoire du séjour au Temple est traitée différemment. En effet, Herman résume *N* VII,1[112], tandis que Wace traduit non seulement *N* VII,1, mais aussi *Ps.-M* VI, du moins en partie[113]. Dans *Arundel* et *Hereford*[114], les deux apocryphes sont également combinés.

21] Chez Wace, l'histoire des fiançailles de Marie (-LL 412-419) suit directement celle de sa présentation au Temple, comme dans *N*[115]. Burkowitz ne mentionne pas ce dernier détail, qu'il suppose probablement connu.

23] Comme nous l'avons démontré, la source d'Herman n'est pas le seul *De Nati-*
24] *vitate Mariae*[116] : pour ce fragment (vv. -3225-3298) il a mis aussi à contribution *Ps.-M* et *P* VIII,3, source d'*Arundel* 28[117]. La même situation se présente chez Wace[118]: dans son récit il a combiné les trois apocryphes : le *De Nativitate*, le *Pseudo-Matthieu* et le *Protévangile*[119].

25] - vv. -3345-3354 = Lc.1:36,37 (Allusion de l'ange à la conception de saint
26] Jean-Baptiste) : (*a*)
29] - vv. -3357-3372 = Lc.1:46-55 (le *Magnificat*) : (*b*)
30] - vv. -3375-3397 = Lc.1:39-44 (la Visitation) : (*c*)

Dans *N* IX ces passages manquent. Ce manque s'expliquerait de la façon suivante : l'auteur du récit latin renvoie à l'Évangile canonique en disant qu'il serait peut-être ennuyeux de lire deux fois tout ce qui se rapporte à la naissance du Seigneur et que, pour cette raison, il s'en tiendra à ce qui manque justement dans l'Écriture sainte[120].

Le *Protévangile* XII,2 contient la scène de la Visitation (*c*)[121]. C'est dans *Arundel* 34, 36 que nous retrouvons (*a*), (*b*), (*c*)[122]. Pour le *Magnifi-*

cat (*b*) ce texte renvoie au récit biblique (après avoir cité Lc.1:46-48a) : *et cetera que sequuntur*[123].

Le texte d'Herman offre ceci de particulier que le *Magnificat* (*b*) est placé à l'intérieur de la scène de l'Annonciation, de sorte que la Vierge termine son cantique en citant Lc.1:38[124].

Dans *Arundel* 36, nous lisons que Marie s'est rappelé les paroles de l'ange[125]. Dans *P* XII,2, source de ce texte, on dit au contraire qu'elle avait oublié les mystères que lui avait révélés Gabriel[126].

Chez Wace nous retrouvons (*a*) et (*c*). Le *Magnificat* (*b*) manque. Pour (*c*) (la Visitation) Mancel et Trébutien renvoient aussi à *P* XII[127].

27] Dans le *Roman de Saint Fanuel,* poème sur la naissance miraculeuse de sainte Anne, mère de la Vierge[128], l'auteur compare la chasteté de Marie à une verrière que traversent les rayons du soleil sans que, par là, elle se brise. Pour ce qui est du territoire français, on retrouve cette histoire chez Geufroi de Paris[129] et chez Rutebeuf[130].

Dans le poème de Wace il en est aussi question :

> Une samblance vos dirai :
> Issi con li soulauz son rai
> Par la verriere met et trait
> Qu'a la verriere mal ne fait
> Issi et mult plus soutilment
> Entra et issi chastement
> En nostre Dame le fil Dé
> Pour garder sa virginité[131].

Il se trouve que la même histoire se lit dans une version irlandaise de l'Évangile de l'Enfance du Seigneur[132] dont nous avons parlé plus haut[133].

D'où vient cette image, qui est un des nombreux symboles de la maternité virginale de Marie?

C'est dans les commentaires de Bède que nous en avons rencontré une partie :

> Umbra quippe a lumine solet et corpore formari. Et cui obumbratur, lumine quidem vel calore solis quantum sufficit reficitur, sed ipse solis ardor, ne ferri nequeat, interpositio vel nubiculo levi, vel quolibet alio corpore, temperatur. Beatae itaque virgini quia quasi pura homo omnem plenitudinem divinitatis corporaliter capere nequibat, virtus Altissimi obumbravit, id est, incorporea lux divinitatis corpus in ea suscepit humanitatis ...[134]

Malheureusement nous n'avons pas réussi à retracer l'autorité qui, le premier, avait pensé à la verrière pour faire passer les rayons du soleil.

31] Burkowitz n'a pas mentionné le fait que, chez Herman aussi, il est question
32] de l'inquiétude de Joseph.
    Nous avons indiqué ailleurs les sources de cette scène[135].

33] Wace établit une comparaison entre Marie et l'étoile qui, pendant la nuit, guide les marins. Comme Herman, Wace a dû connaître le sermon de Fulbert de Chartres, dont nous avons parlé plus haut[136]. En voici la preuve :

| En li doit l'en avoir torné | Nautis quippe mare transeuntibus, |

Et son corage et son pensé.
Con cil qui doit aler par mer
Garde as estoiles de la mer
Une estoile qui ne se muet :
Qui connoistre la set et puet
Et son cors par lui governer
Ne puet pas en mer esgarer.
Cest estoile nos senefie
Nostre dame sainte Marie[137].

notare opus est stellam ... et ex respectu
illius aestimare atque dirigere cursum
suum, ut portum destinatum aprehendere
possint. Simili modo, fratres, oportet
universos Xristicolas inter fluctos huius
saeculi remigantes, adtendere maris stel-
lam hanc, id est Mariam, quae supremo
rerum cardini deo proxima est, et respec-
tu exempli eius cursum vitae dirigere[138].

33]
36] Pour ce qui est de la naissance de Jésus, *N* renvoie simplement à la Vulgate en disant ceci :

Et peperit filium suum ... sicut evangelistae docuerunt[139].

Wace, à cet endroit de son poème, traduit fidèlement ce passage. Dans *P* nous retrouvons le recensement et la naissance dans la grotte. *Ps.-M* mentionne encore la visite des bergers, l'adoration de l'Enfant par les Mages et la circoncision. Seule la mention de la grotte est apocryphe.

Chez Herman, la naissance du Seigneur est racontée d'après les sources canoniques et apocryphes que voici :
— aux vv. -3477-3499 le récit est tout à fait conforme à Lc.2:6-12[140]
— les vv. -3467-3476 contiennent pourtant un détail apocryphe. Nous les reproduisons ici :

-3467 En sa maison s'en vint, trova la molt gastee,
-3468 Herbergier i soloient pastor de la contree,
-3469 Creches i a trovees, n'ert pas bel conree[e],
-3470 Joseph sa bone espouse a la dedans *menee,*
3471 Molt par est simple dame, la dedanz est entree,
-3472 Dou beneoit anfant s'est iluec delivree ;
-3473 La sainte criature de dras anvolepee
-3473A *Dedens l'une des creches l'ont povrement posee.*
-3474 Signor, il n'i ot pas richece demenee,
-3474A *Sachiés mout ot o lui Joseph povre mainee,*
-3475 N'ot aïde de gent de toute la contree,
-3476 La dame n'i ot chambre nesune ancortinee[141].

Dans le poème d'Herman il est donc deux fois question de la naissance de Jésus :
— la première fois dans la maison de Joseph, à Bethléem, qui, apparemment, remplace la grotte du récit apocryphe[142]
— la seconde fois dans la crèche.

Voici la conclusion que nous tirons de ce qui précède : malgré une certaine conformité entre les poèmes — conformité causée par le fait que les auteurs traitent du même sujet, la conception et la naissance de la Vierge, — on ne saurait avancer qu'Herman se soit basé sur Wace. Les rapports s'expliqueraient plutôt par l'utilisation de sources identiques ou peu s'en faut.

III. 4. EMPRUNTS FAITS A LA LITURGIE

Dans le résumé qui se lit au premier paragraphe de ce chapitre[143], nous avions marqué les éléments qui, sous la forme citée du moins, ne remontent pas directement aux sources que nous avons mentionnées jusqu'ici, nous voulons dire la Vulgate et les récits apocryphes.

Nous les retrouvons pourtant dans ce trésor où sont entassés tous les joyaux précieux que, depuis le début de l'ère chrétienne, a collectionnés l'Église et dont elle a paré la forme concrète de sa prière éternelle, l'office divin. C'est là que sont groupés des textes qui, selon une tradition séculaire, ont été mis en rapport avec le personnage ou avec l'événement qui est l'objet de la fête à laquelle l'office est destiné. Ces textes, consituant leçons, sermons et homélies, antiennes, répons, hymnes, prières, bref, tout ce qui est chanté ou récité, ont été empruntés non seulement à l'Écriture sainte, mais aussi aux écrits de ceux qui, depuis toujours, sont considérés comme des autorités, tels que Pères de l'Église, théologiens, liturgistes, voire même poètes profanes[144].

Pour ce qui est de la naissance de la Vierge et de l'avènement de son Fils, dans les offices qu'on a consacrés à ces événements importants, certains textes ne proviennent pas directement de la Bible.

Dans le fragment du poème français qui nous occupe ici[145], plusieurs passages ont été empruntés aux éléments extra-scripturaires dont nous avons parlé ci-dessus. Nous allons les passer en revue, en nous basant toujours sur l'étude de Burkowitz[146]. Nous mettrons aussi à contribution les remarques de Mehne[147].

7]	-2713	Li sires qant le sot, dou siege emperial
	-2714	A lui a apelé son maistre seneschal
	-2715	Et dist qu'il voet descendre et voet estre mortal.
	-2716	Respondi sainz Michiel : "Tu en as poesté."
	-2717	Donc descendi li sires de sa grant majesté
	-2718	Si vint droit au deable, a soi l'a apelé :
	-2719	"Di, dont viens et ou vas et ou as conversé?
	-2710	- Sire, j'ai tout cest monde antor anvironné
	-2721	Et qanqu'il a el mont ai tot a moi torné.
	-2722	- Entre toi et la feme avez grant *amisté*,
	-2722A	*Sachiez que g'i metrai molt grant ar.emisté.*
	-2723	Par fame as *tot* conquis, des or perdras par lé :
	-2724	Une tele en naistra dont seras enjané,
	-2725	Par la soie *semence* seras desbareté".
	-2726	Or escoutez, signor, que Diex vos beneïe,
	-2727	Qui est sires dou monde et nasqui de Marie !
	-2728	Ce dist Diex au deable que feme estoit s'amie.
	-2729	Bien sout Diex que par feme ert mainte arme perïe,
	-2730	Or voet Diex qu'ele soit des ore mais *garïe*[148].

Dans ce passage, qui fait partie du Prologue au Nouveau Testament[149], il est question du parallèle Ève-Marie[150]. La faute commise par notre première mère sera réparée par la Vierge Marie, Mère du Christ, notre Sauveur. D'après le texte hébreu de Gn.3:15, il y aura une hostilité entre la race du serpent et celle de la femme, donc une opposition entre le Diable et l'homme. On entrevoit ainsi la victoire finale de l'homme : c'est une première lueur de salut, le 'protévangile'[151]. La traduction grecque, en commençant la dernière phrase (de Gn.3:15) par un pronom masculin, attribue cette victoire à l'un des fils de la femme ; ainsi est expliquée l'interprétation messianique qui est donnée par beaucoup de Pères. Avec le Messie, sa Mère est impliquée, et l'interprétation mariologique de la traduction *latine 'ipsa* conteret' est devenue traditionnelle dans l'Église[152].

76

Il va de soi que le 'protévangile' a trouvé une place dans les offices de la Vierge. Fulbert de Chartres y fait allusion dans le sermon *Approbate consuetudinis est apud christianos*, que nous avons mentionné plus haut[153]. Au XIIe siècle, cette partie du sermon constitue une leçon de l'office du 8 septembre :

Dixit enim Deus ad serpentem. Inimicicias ponam inter te et mulierem et semen tuum et semen illius. Ipsa conteret caput tuum. Quid est fratres in hoc loco serpentis caput contere nisi principalem diaboli suggestionem id est concupiscentiam resistendo superare[154].

Ces paroles sont en rapport avec les vv. -2718, -2722A-2725[155].

C'est au même sermon que peuvent remonter les vv. -2731-2734,[2667-2733][156]. Nous les reproduisons ici, avec la partie correspondante du texte latin :

-2731	Signor, des icel tens commença profecie.
-2732	De Moÿsel dirai, ne l'oublïerai mie.
-2733	Merveilles vos dirai, ne vos mentirai mie.
-2734	Molt en fait bon oïr, nel tenez a folie !

[355]

[2667]	Dans Moïsès, seignour, fist sa gent assanbler,
	A chascune lignie une verg(n)e porter ;
	Le sien commandement ne font a refuser ;
	Le(s) non(s) i fait escripre et bien enseeler
	Des plus haus dou lignaige, et puis bien enserrer.
	Quant vint a l'endemain, si vint pour esgarder,
	Si vit une florie et amandes porter.
	Chele fu Aaron, je nel vous quier cheler,
[2675]	Donc fu pour ramenbranche commandé a garder.

[356]

[2676]	Seignour, che fu la vierge que Aaron porta.
	Quant li bons Moÿsès l'endemain l'esgarda,
	Foille flors et amandes li sains hom i trova,
	A la gent del païs, a trestous le moustra ;
	Adonc ne lor volt dire que che senefia ;
	Ains le mist bien en sauf et bien l'enseela.
	Li beneois prophetes noient ne lor chela ;
	Che fu Ysaïas que dix tant par ama,
[2684]	Covertement lor dist, quant il prophetisa.

[357]

[2685]	Or oiés d'Isaÿe qu'a dit co(n)vertement !
	Devant lui apela ichele adverse gent ;
	De Jesse, chel bon homme de son rachinement
	Naistra une vergele qui toute ert en present.
	De la vierge naistra une flor voirement,
	La prendra sains esp(e)ris le sien reposement

Espirs de sapïence de grant entendement
L'esperit de conseil et de forche ensement
Esperit de pité et de grant escïent ;
La cremour de l'esprit avra aemplement.
"Que c'est pour dieu, qu'a dit ?" che respont chele gent :

[2696] "Nous ne savons qu'a dit, trop dit co(n)vertement."

[358]

[2697] Adont a chele feie ne lor volt plus mostrer,
Dessi qu'a mout lonc tamps dont lor moustra plus cler.
"Par foi", dist il, "seignour, je nel vous quier cheler :
Une vierge naistra del lignage Jessé,
Et conchevra un fil qui bien savra regner.
Sachiés, Emanuël se fera apeler !
Burre et miel mengera, si savra deviser.
Que ert biens et qu'est mals, n'en volra pas douter".
Trestuit dïent entr'els : "N'oï mais si parler,

[2706] Aucuns fors rois naistra, nel volt del tot mostrer".

[359]

[2707] "Par foi", dist Ysaïes," se voil, jel vos dirai ;
Je voil, bien le sachiés, del tot le mosterrai ;
Pour coi le celerai ? Ne vos en mentirai.
Or entendés trestuit qu'en mon livre escriprai,
Sachiés qu'après ma mort chest livre vous lairai !
A vos fix ert contraire, si que trés bien le sai.
Oés el premier chief, com je commencherai !
Encor venra uns jors, quant je pas ne serai,

[2715] De che que ore escrips que vous corocherai".

[360]

[2716] "Je di que de la vierge sera uns enfes nés,
Ichis fix qui naistra, a vos sera donés ;
Dirai vous le sien non, merveilleus iert nommés :
Et si ert conseilliers et s'(i) ert dix apelés
Et del siecle avenir ert peres renommés ;
Prinches ert seur le pais mout par ert redoutés ;
De la pais n'en iert fins ja mar en douterés,
Li empires de lui ne sera ja finés.

[2724] Or le vous ai tout dit, ne sai, sel entendés".

[361]

[2725] "Petit en entendons par foi, dant Ysaïe,
La parole est obscure, ainc mais ne fu oïe".
Che respont li prodon qui vit le gent haïe :
"Ne veïstes la verge pourtant fruit et florie ?

78

Je di que chele verge le vierge senefie
(Que ert dame divine et a a non Marie).
La bele conchevra en cheste mortel vie
Et avra un enfant dont tout aront envie ;
[2733]   Il sauvera la gent, qu'ele ne soit perie.

Beata ergo domini mater et perpetua virgo Maria priusquam nasceretur oraculis enunciata est et designata miraculis ...[158]

Acceptae sunt a sancto Moyse singulae virgae de singulis tribubus Israel, nominibus earum inscriptae, iubente domino, et positae sunt in tabernaculo ejus : inter quas una quae fuerat Aaron inventa est sequenti die germinasse, floruisse, fronduisse, ac peperisse amycgdala[159]. Sciens ergo dominus hoc opus suum magni esse mysterii, iussit servare virgam ad monimentum.

Monebantur enim filii Israel praesencia virgae quaerere sollicite quid significaret tam mirabile factum : quod longe post aperire pergens divinus Ysaias : Egredietur, inquid, virgo de radice Jesse, et flos de radice eius ascendet, et requiescet super eum spiritus domini[160]

Ad haec verba tamquam auditores eius dicerent : O pater Isaia, obscure loqueris ; dic nobis, quaesumus, ipsam rem manifeste : adjecit claritatem et ait : Ecce virgo concipiet et pariet filium et vocabitis nomen eius Emmanuhel[161].

Filium quoque virginis, id est emmanuhel, praeclare describens : Puer, inquit, natus est nobis, filius datus est nobis, et vocabitur nomen eius, admirabilis, consiliarius, deus fortis, pater futuri saeculi, princeps pacis, multiplicabitur eius imperium et regni eius non erit finis[162].

On aura remarqué que la structure du récit latin et les termes dont se sert le prédicateur, et qui s'écartent considérablement du texte de la Vulgate,[163] sont en rapport étroit avec les vers français que nous venons de citer.

Pour les vv. -2729-30[164], nous renvoyons à un autre sermon pour la fête de la Nativité de la Vierge.[165] Dans le Ms. Rouen A 145, fo 349vo, le passage qui nous intéresse ici, constitue la leçon VI :

Mater generis nostri penam intulit mundo ; Genitrix domini nostri salutem attulit mundo. Percussit illa, ista sanauit.

Le v. -2723 est en rapport avec un répons qu'on trouve dans l'office rythmique *Gaude mater ecclesia,* pour la Conception de la Vierge (8 décembre) :

Ut quod ruit per feminam, Relevetur per feminam[166].

[2752]   Or, escoutés, seignour, mont bel commenchement.
    a Escoutés de la rose et del lis ensement ;
       Oiés que dit de lui qui governe la gent :
       "Ensi com de l'espine naist rose purement
       Ensi naist des Juïfs Marie voirement.
    b Plus est douce m'amie que odor de pisment,
       Plus douch qu'odor d'enchens sont tout si vestement,
       Sa bouche est molt tres bele et de mirre si dent,
    c Si oel sont de coulon, douch a regardement.
    a Entre espines com rose a fait assamblement,
[2762]   Si est il de m'amie et de la soie gent".

Mehne[167], citant Bonnard, renvoie au Cantique des Cantiques pour la plus grande partie de ce fragment, sans trancher pourtant définitivement la question des sources.

Or il se trouve que certains versets de ce livre biblique figurent dans les offices de la Vierge, sous forme de répons et d'antiennes. C'est un bréviaire du XIIe siècle qui nous a fourni les données suivantes :

— trois antiennes pour la fête de l'Assomption :
a Sicut lilium inter spinas sic amica mea inter filias[168]
b Fauus distillans labia tua sponsa et odor uestimentorum tuorum sicut odor thuris[169]
c Ecce tu pulchra es amica mea, ecce tu pulchra Oculi tui columbarum[170]
— un répons pour la fête de la Nativité :
a Sicut spina rosam genuit Iudea Mariam[171].

Nous n'avons pas trouvé de solution pour le v.[2759] : le *mirre* étonne un peu. La tradition manuscrite est embrouillée ici. Souvent nous trouvons la variante *ivoire ; mirre* pourrait être une mélecture. Dans le Cantique des Cantiques, les dents de l'Épouse sont comparées à des brebis tondues qui remontent du bain[172].

Les *Carmina Burana* contiennent un poème profane où l'on retrouve l'ivoire : *eboris materiam dentes vendicabant*[173].

17] -2984   Qant fu nee la dame en ceste mortel vie,
     -2985   *De* dessuz la maison ont une voiz oïe :
     -2986   "Bien soies tu venue en cest mont, bele amie,
     -2987   Sainz espirs soit en toi, s'en soies replenie.
     -2988   A ton naistre as o toi celestel compaingnie,
     -2989   Ainc tex joie ne fu, com est de toi, oïe.
     -2990   Toi serviront li angle, de ce ne douter mie,
     -2991   Et saches toz li mons garra par toi, Marie ! "
     -2992   Qant l'oï Joachins Damerdeu en mercie.[174]

Les vv. -2986-7 sont la traduction partielle de Lc.1:28,35[175]. Dans le Bréviaire de Corbie, ces versets bibliques constituent un répons pour l'office de l'Annonciation[176] :

Aue, Maria, gratia plena, dominus tecum, spiritus sanctus superueniet in te et uirtus altissimi obumbrabit tibi.

Pour le v. -2989[177] nous renvoyons à une antienne pour l'office de la Nativité de la Vierge[178] :

Nativitas tua, Dei Genitrix Virgo, gaudium annuntiavit universo mundo.

Dans les vers de Hrotswitha[179], il s'agissait d'une explication du nom de Marie, d'après les bonnes traditions étymologiques établies depuis les premiers Pères de l'Église.

Nous croyons qu'Herman, pour les paroles de cette voix, a eu recours à des formules liturgiques qui font partie des offices de la Vierge : il a dû remplacer cette explication étymologique du nom de Marie, qui se trouvait dans sa source, comme dans celle de Hrotswitha. Malheureusement nous n'avons pas réussi à trouver d'équivalent latin pour le v. -2988.

18] -3012   Au profete *Ysaïe* .i. pou me tornerai.
     -3013   Or dites, bons profetes, et je l'escouterai.
     -3014   "Par foi, dist Ysaïes, as Gïus parlerai.
     -3015   Qant lor dis l'aventure, molt felons les trovai,
     -3016   La verge ele est florïe dont je a aus parlai.
     -3017   Or vaingnent tuit o moi ! Et je lor mosterrai
     -3018   De la flor, de l'amente, q'en la virge trovai.

-3019	La verge ce est Anne dont je profetisai,
-3020	La flors q'en est issue Marie est, bien le sai.
-3021	*L'a(le)mande est o* la flor — certes n'en mentirai —
-3022	C'est Diex qui en naistra, sachiez voir dit vos ai".[180]

Cette laisse (-L391) est comme un résumé de ce qui précède[181]. D'une part, nous y retrouvons le *Défilé des Prophètes,* dont il a été question ailleurs[182] : c'est que l'auteur cite simplement le début du sermon augustinien :

Vos, inquam, convenio, o Judaei, qui usque in hodiernum diem negastis Filium Dei ... Dic Isaia, testimonium Christo.

D'autre part, pour ce qui est du contenu de la prophétie, Herman reprend les paroles d'Isaïe, telles qu'il les avait trouvées dans le sermon de Fulbert de Chartres, que nous avons cité ci-dessus[183]. Seulement, le poète a modifié quelque peu la 'senefiance' traditionnelle de la verge fleurie d'Aaron, que, au XIIe siècle, on trouve souvent dans l'office du 8 septembre, sous forme de répons :

Stirps Iesse uirgam produxit uirgaque florem et super hunc florem requiescit spiritus almus. Virga dei genitrix uirgo est, flos filius eius[184]

25]	-3302	Ce dist Gabriaus, l'angles : "Ave, bele Marie,
	-3303	De la grace de Deu soies tu replenie,
	-3304	Diex soit ensamble o toi, cui tu ies bone amie,
	-3305	Sor trestoutes moilliers soies tu beneïe
	-3306	Et li fruiz de ton ventre dont seras esjoïe".

Ces vers, qui sont la traduction de Lc.1:28 et 42, sont empruntés à la liturgie : ils constituent un répons avec son verset de l'office de l'Annonciation[185] :

Ingressus angelus ad Mariam ait Aue Maria gratia plena dominus tecum. Benedicta tu in mulieribus et benedictus fructus uentris tui.

31]	-3422	*Lapidee sera sel set* ses parantez[186].

Ce détail se lit dans le Ms. de Hereford que nous avons cité ailleurs[187]. Il figure aussi dans un commentaire de saint Jérôme sur Mt.1:1[188].

-3443	Bien cela son conseil, a nul home nel dist.

Cette particularité remonte à l'homélie de saint Jérôme que nous avons mentionnée ci-dessus[189].

III. 5. L'*ASSUMPTION NOSTRE DAME* : ANALYSE DES vv. -A1-562

Nous donnerons une analyse de l'*Assumption Nostre Dame*[190]. Nous fournirons aussi les éléments latins qui sont à la base du texte français[191]. Ces éléments proviennent de récits apocryphes sur la mort et l'assomption de la Mère de Dieu. Nous y reviendrons au paragraphe suivant[192].

2]   Quand Jésus fut crucifié il recommanda sa Mère à Jean, son disciple aimé. Elle reste au Temple, où elle veille la nuit et jeûne toute la journée. Elle y mène une vie exemplaire et Jean la sert jusqu'à la fin de sa vie.

3]   Elle se souvient toujours de la mort de son Fils, qu'elle aimerait revoir.   (-A4-42)

4]   C'est au Temple que l'ange de Dieu apparaît à Marie. Il lui remet une branche de palmier et annonce sa mort dans trois jours. Son Fils désire qu'elle vienne à lui. 'C'est elle qui a vaincu Satan'. La Vierge demande le nom de l'ange, qu'il refuse de lui dire : son nom est redoutable. Il dit : 'Je t'enverrai les apôtres pour te réconforter et pour prendre soin de ton enterrement. N'aie pas peur'.   (-A43-72)

5]   L'ange remonte au ciel. Marie sort du Temple et se rend à sa maison, où elle enferme la palme. A sa demande, une dame lui apporte de l'eau. Elle ôte ses vêtements et se lave la tête et tout le corps, pour se parer ensuite de ses meilleurs habits et enfin elle s'adresse à Dieu dans une prière ardente. Elle bénit son Fils et lui demande que le Diable ne la voie pas et que son Fils sauve tous ceux qu'il a retirés déjà de la prison de Satan, après la Passion et la Descente aux enfers.   (-A73-101)

6]   La Vierge convoque ses parents et leur demande de veiller avec elle jusqu'à sa mort dans trois jours : 'Pardonnez-moi si j'ai péché envers vous.' Elle leur explique que son âme quittera son corps et qu'elle a peur que le Diable, qui ne savait rien de sa naissance, ne voie son âme à l'heure de sa mort. Cependant elle ajoute que les anges descendront et emporteront son âme en chantant. En apprenant cette triste nouvelle ses parents pleurent douloureusement et se demandent où ils trouveront le repos si la Vierge elle-même a peur. Mais Marie les rassure : au lieu d'être tristes mieux vaudrait veiller avec elle. Son corps n'aura aucun tourment. Quant à son âme, les anges l'emporteront et Jean et tous ses parents seront là.   (-A102-139)

2]	*Col*[195] =	Igitur cum dominus et salvator noster Ihesus Christus pro totius seculi vita
3]	*Mel* I(II)	confixus clavis crucis penderet in ligno vidit circa crucem matrem suam stantem et Iohannem evangelistam quem pre ceteris apostolis peculiarius diligebat eo quod virgo esset in corpore.
		Tradidit igitur ei curam sancte Marie dicens ad eum : 'Ecce mater tua' et ad ipsam inquiens : 'Ecce filius tuus.' Et ex illa hora sancta Dei genitrix in Iohannis specialius cura permansit quandiu vite huius incolatum transegit.
	Mel II(III)	Et dum apostoli mundum suis sortibus sumpsissent in predicatione, ipsa in domo parentum illius iuxta montem oliveti consedit. Secundo itaque anno postquam dominus noster Ihesus Christus devicta morte celum conscenderat, die quadam desiderio Maria estuans lacrimare sola infra hospitii sui receptaculum cepit.[196]
4]	*Col=Wil* **1** : 1-3	In illo tempre, cum esset beata Maria diebus ac noctibus uigilans et orans (in templo domini)[197] uenit ad eam angelus domini, dicens : 'Maria, exsurge et accipe palmam quam nunc tibi detuli, quoniam post tres dies adsumenda es. Et ecce ego mittam omnes apostolos ad te sepeliendam'.[198]
	Col=Wil **2**:1,2	Et dixit ad eum Maria : 'Peto domine ut dicas mihi quod est nomen tuum'. Et dixit ad eam angelus : 'Quid quaeris nomen meum, quod est magnum et mirabile?'[199]
	[*R*] 4	'Pourquoi demandes-tu mon nom? Il est merveilleux et tu ne peux l'entendre'.[200]
	Mel II(III)	Ecce enim expectat te Filius tuus, cum thronis et angelis et universis coeli virtutibus.[201]
		... Dominus Deus tuus, cujus ego servus sum et nuntius.[202]
5]	*Col=Wil* **3**:4	Angelus autem qui uenerat ad eam ascendit in caelis cum magno lumine.[203]
	Col=Wil **4**:1,2 (2 *om.*)	Maria uero reuersa est in domum suam, et reposuit palmam illam quam acceperat de manu angeli cum omni diligentia, et deposuit uestimenta sua quae induta erat et lauit corpus suum, et induit se uestem optimam.[204]
	[*R*] 9	Elle prit de l'eau.[205]
	[*A*] 4	accepte aqua, lauit se.[206]
	Wil **4**:3,4	Gaudens et exsultans, deum benedicebat dicens : 'Benedico nomen tuum sanctum et laudabile in saecula saeculorum amen. Peto domine ut mittas super me benedictionem tuam ut nulla potestas occurrat mihi inimici uel inferni.[207]
	[*A*] 4	Exaudi orationem meam ... ut nulla potestas superueniat in conspectu meo ...[208]
6]	*Col=Wil* **5**:1-3 (2 *om.*)	Et cum haec dixisset, misit et uocauit ad se omnes propinquos sibi et dixit ad eos : Audite me nunc uos omnes et credite quae dico, quoniam die crastina egredior de corpore isto et uado ad dominum meum. Et ideo peto uos omnes unanimiter mecum uigiletis usque in illam horam in qua sum recessura de hoc corpore.[209]
	Col=Wil **6**:1-3 (2,3 *om.*)	Et dixerunt ei (*Col* : flentes) omnes qui circa eam erant : 'Quare sic contristaris, cum sis benedicta in omnibus et sis mater domini totius mundi? De nobis quid dicturi sumus, si ipsa contristaris?' Et dixit Maria : 'Nolite

7]   Voilà Jean qui frappe à la porte. Il entre et voit toute l'assistance en pleurs, y compris sa Dame. Il tombe à ses genoux et demande la cause de cette douleur. Marie lui annonce son trépas futur. Elle lui rappelle la scène douloureuse au pied de la croix. Jean lui offre ses bons offices. La Vierge le supplie qu'il veille sur son corps pendant l'enterrement, car elle a entendu dire aux Juifs qu'ils ont l'intention de le brûler s'ils le trouvent. (-A140-158)

8]   Marie rappelle encore une fois la scène du Calvaire et le fait que Jean l'a servie très bien depuis.   (-A159-177)

9]   Elle réconforte Jean. Elle demande un drap pour en faire son linceul. Elle demande à Jean de le garder bien. En ce qui concerne la palme, elle voudrait qu'il la porte devant sa bière. Jean se plaint d'être sans aide. Il déplore sa naissance. Il a déjà perdu son Seigneur et bientôt sa Dame va le quitter. Pourquoi n'est-il pas mort, lui aussi?
Marie lui annonce une bonne aide et les anges, voire les archanges, seront avec lui. Elle termine son discours en disant que son Fils est en même temps son Seigneur (Époux) : 'Elle a nourri son Fils, son Fils l'a nourrie.'   (-A178-195)

10]   Peu de temps après, voilà les apôtres qui arrivent. Jean est bien content de les voir et leur souhaite la bien-venue. Puis il commence à pleurer. Pierre lui demande la cause de sa douleur. Jean répond qu'il la saura aussitôt. Que les apôtres, dont il sait bien qu'ils sont dispersés dans le monde entier, lui expliquent qui les a rassemblés ainsi. Pierre parle le premier : il était en train de prêcher. Maintenant il est venu ici, mais il ne sait pas comment cela s'est fait. Ensuite Thomas prend la parole : il ne comprend pas pourquoi il est là.
Il espère que ce sera 'por victoire'. Jean leur explique qu'ils sont réunis pour assister aux funérailles de Marie. Qu'ils ne pleurent pas devant ses parents, qu'elle a réunis autour de son lit de mort : ils perdraient leur foi. Jean les a entendus dire :
     'Por qoi nos desconforte qui nos doit conforter?'

flere, sed magnificate mecum dominum'.[210]

[M] (var. ad   ubi habemus fugere.[211]
Wil 6:2)

7]   Col=Wil 7:1-5   Et dum haec loquerentur, ecce subito aduenit beatus Iohannes et percussit
8]   ostium domus et ingressus est. Adubi eum uidit Maria, turbata est in spiri-
9]   tu suo et suspirans non potui tenere lacrimas. Et sic exclamauit uoce mag-
                         na, dicens : 'Pater Iohannes, memor esto sermonis domini mei magistri tui,
                         quibus me tibi commendauit in qua die recessit a nobis, passus pro mundi
                         salute.[212]

Col=Wil 8:1-7   Et dixit ad eam Iohannes : 'Quid uis ut faciam tibi? Respondit Maria, di-
(1,3 om.)   cens : 'Nihil aliud quaero nisi ut custodias corpus meum et ponas illud in
                  monumento. Quia die crastina sum recessura de corpore. Siquidem ipsa
                  audiui, dicentibus Iudaeis : Sustineamus quando moriatur, ut possimus
                  corpus eius inuenire, et igne consumamus.' Haec enim cum audisset beatus
                  Iohannes, dicente illa quod esset recessura de corpore, fleuit in conspectu
                  dei, dicens : 'O domine quid sumus nos, quibus demonstrasti tantas tribu-
                  lationes?'[213]

[R] 18   Jean ... tomba à ses genoux et pleura en disant : 'Seigneur, qui sommes-
                  nous que tu fasses venir sur nous de telles misères? Nous n'avons pas en-
                  core oublié les premières (= la passion et la mort du Seigneur) que déjà
                  nous endurons une nouvelle affliction. Pourquoi n'est-ce pas plutôt moi
                  qui sors du corps, et toi, Marie qui veilles sur moi?'[214]

Col=Wil 9:1-4   Tunc Maria rogauit sanctum Iohannem in cubiculo suo, et ostendit ei uesti-
(3,4 om.)   menta sua quae ei poneret ad sepulturam, et ostendit ei illam palmam lu-
                  minis quam acceperat ab angelo qui ei apparuerat et eius adsumptionem ei
                  praedixerat et dixit ad eum ' 'Rogo te, pater Iohannes, ut hanc palmam
                  accipias et facias eam ferre ante lectum meum, cum de hoc corpore fuero
                  adsumpta.'[215]

[R] 20   'Père Jean, prends cette palme, afin que vous la portiez devant moi.'[216]

[A] 9   'Pater iohannes, accipe hanc palmam et portes eam ante lectulum meum.'
                                                      [217]

Col=Wil 10:1,2   Et dixit ad eam sanctus Iohannes : 'Hoc enim non possum facere solus, nisi
                  aduenerint fratres et coapostoli mei, quoniam hodie omnes in unum su-
                  mus congregandi in hunc locum per uirtutem domini, ad reddendum ho-
                  norem corpusculi tui.'[218]

10] Col=Wil 11:3   Et sic subito omnes apostoli cum nubibus rapti sunt, et depositi sunt ante
    (+1,4,5 ; 2,6, ostium domus beatae Mariae.[219]
    7 om.)

Col=Wil 14:1-7, Et [dum haec loquerentur, subito] beatus Iohannes occurrit omnibus, di-
    9-13 (+8)   cens : 'Benedicite, fratres.'
                  Et dixerunt Petrus et Andreas ad Johannem : 'Dilecte domini, enarra nobis
                  quemadmodum hic aduenisti hodie.' Et dixit ad eos Iohannes : 'Benedicite,
                  deo, fratres. Audite quid mihi contigeret :
                  Factum est dum essem in ciuitate Agathen docens. Erat hora circiter nona
                  diei. Subito descendit nubes in eodem loco ubi erant congregati populi au-

Pierre veut qu'on entre ensemble dans la chambre de la Vierge. Paul dit qu'on devrait rendre grâces à Dieu qui a accordé le privilège d'assister au trépas de sa Mère. Les apôtres entrent chez Marie et la saluent. Ils expliquent leur présence et la réconfortent. Marie les fait asseoir autour d'elle. Elle bénit son Fils. Elle les met au courant de sa mort imminente. Qu'ils s'occupent de ses funérailles, qu'ils gardent son corps pendant trois jours. Qu'ils allument leurs lampes afin que Dieu les éclaire de sa gloire. Annoncée par une lumière éblouissante, une voix angélique se fait entendre et s'adresse à Marie : Son Fils désire qu'elle vienne à lui. (-A196-283)

dientes uerbum dei. Subito circumdedit me nubes et rapuit me de medio eorum, uidentes omnibus qui ibidem erant, et adtulit me hic,

... Nunc ergo, fratres audite me:

Si exieret sequente die domina nostra de corpore nolite eam flere, ne turbetur populus, quoniam mihi ante dixerat dominus noster et magister illa nocte dum recumberem super pectus eius, dum cenaremus.

Et ideo admoneo uos ne uideant nos populi flentes et incipiant dubii esse et dicant in cordibus suis: Ut quid isti timent mortem, dum sint apostoli dei et aliis praedicent resurrectionem? Sed magis confortemur nos inuicem de domini promissionibus, ut omnis populus possit firmus esse in fide et non dubius.'[220]

Transitus A VI,VII,VIII,IX	Iohannes evangelista et apostolus de Ephese subito ductus est ... ... ecce omnes discipuli Domini ad ostia thalami beatae Mariae, excepto Thoma, qui dicitur Didymus, nube ducti sunt ... Haec sunt nomina discipulorum Domini qui in nube illuc advecti sunt: Iohannes evangelista et Iacobus frater eius, Petrus et Paulus, Andreas, Philippus, Lucas, Barnabas, Bartholomaeus et Matthaeus, Matthias qui dicitur Iustus, Simon Chananaeus, Iudas et frater eius, Nicodemus et Maximianus, [et] alii multi qui numerari non possunt. Tunc beata Maria dixit fratribus suis: 'Quid est hoc quod omnes Hierosolymam venistis?' Respondens Petrus dixit et: '... Certe, ut puto, nullus de nobis scit cur huc tanta velocitate venimus hodie. Fui Antiochae, modo vero sum hic.'[221]
Col=Wil **15**:1,2 (+3)	... omnes pariter apostoli ingressi sunt in domum Mariae et salutauerunt eam magna voce, dicentes: 'Aue Maria, gratia plena, dominus tecum.'[222]
Transitus A VII	Illa vero sollicita cito surgens et inclinans se osculans eos gratias deo retulit.[223]
Wil **16**:3	Et sic omnes apostoli exposuerunt quemadmodum unusquisque de locis suis ubi praedicabant diuina praeceptione fuerunt rapti et ibidem sunt depositi.[224]
Col=Wil **17**:1,4 (+2,3)	'Benedico te ... Benedico remissionem tuam quam michi pollicitare dignatus es, ut ad meam vocationem omnes apostolos congregares.'[225]
Col=[M] (addition ad *Wil* **18**:2)	Et haec dicens sedit in medio eorum. Erant enim lampadas et lucerne accense.[226]
[A] 19	... sedit in medio omnium ardentibus lucernis, et non sunt extincte per triduum, sicut mandauit illis beata maria.[227]
Col=Wil **19**:1-5 (4,5 *om.*)	Et cum factus fuisset dies tertius in quo recessura erat de corpore, dixit beatus Petrus omnibus apostolis et omni populo: 'Fratres qui conuenistis in hunc locum, ut uigiletis nobiscum, sint omnium nostrum lampadas accensae, et uigilemus animo et spiritu [et corpore], ut, cum uenerit dominus, inueniat nos omnes unianimiter uigilantes, et inluminet nos gratia spiritus sui sancti. Fratres karissimi, nolite suspicari hanc uocationem beatae Mariae esse mortem. Non est enim illi mortem, sed uita aeterna, quoniam mors iustorum laudatur apud deum, quia haec est gloria magna.'[228]

11]   La Vierge s'étend sur son lit, Pierre est au chevet. Une douce odeur de parfum endort toute l'assistance, y compris les apôtres et les trois vierges, qui sont au service de Marie. A midi, un tonnerre fait trembler la terre. La Vierge réveille les apôtres et ses trois servantes.

(-A284-293)

12]   Jésus descend avec Michel, 'le prince de ses angles', il entre dans la chambre de la Vierge. Elle le bénit. A la suite de cette action de grâces, elle donne une récapitulation de l'histoire du salut, depuis la Création du monde jusqu'à la Mission des apôtres[193].
Jésus promet d'emporter au ciel l'âme de sa Mère. Quant à son corps, il le fera garder par ses apôtres. Il ne permettra pas qu'elle voie Satan.   (-A294-384)

13]   Le Christ, conscient de son devoir envers sa Mère, lui accorde plusieurs privilèges : elle sera à la fois la reine du ciel, la reine de la terre, la reine des enfers ; elle sera la médiatrice entre l'homme pécheur et Dieu ; tous ceux qui réclament son secours seront pardonnés. Le Seigneur termine son discours en confirmant une fois de plus la promesse qu'il a faite : les anges emporteront au ciel l'âme de sa Mère, son corps sera gardé par les apôtres jusqu' au moment où il viendra lui-même le prendre.   (-A385-399)

14]   Jésus bénit sa Mère qui expire en inclinant légèrement la tête. Son âme se présente sous une forme humaine possédant tous les membres et elle apparaît beaucoup plus éclatante que le soleil. Le Seigneur, recevant cette âme précieuse, la remet à saint Michel.

(-A400-406)

15]   La compagnie céleste, en chantant joyeusement, l'emporte au ciel.   (-A407-408)

Wil **20**:1-3	Et cum haec diceret, subito lumen magnum refulsit in domo illa. Et facta est uox, dicens : '... Petre, ecce ego uobiscum sum omnibus diebus usque ad consummationem saeculi.'[229]	
[*A*] 20	Haec cum adhuc loquerentur, lumen refulsit in domo ita ut superaretur lumen lucernarum et facta est uox dicens : 'Petre uide ne reuelares hoc, quia uobis solis datum est hec cognoscere et loqui scientiam.'[230]	
[*R*] 45	... car voici que nous demeurons ici trois jours.[231]	
[*A*] 47	Portauerunt autem corpus beatae marie contra tumulum et fecerunt ibi triduum.[232]	

11] *Col=Wil* **22**:2
(1 *om.*)
... et sic [Maria] discubuit super lectum suum.[233]

Col=Wil **23**:1-4
Sedebat autem ad caput eius beatus Petrus, et circa lectum alii discipuli. Circa horam autem diei sextam subito factum est tonitrum magnum et odor suauitatis, ita ut prac nimia suauitate omnes obdormirent qui ibidem erant exceptis apostolis et tribus uirginibus quibus mandauerat ut sine intermissione uigilarent et testificarent de illa gloria adsumptionis eius in qua adsumpta est beata Maria.[234]

Col=Wil **23**:2
(variante de *R*)
Circa horam terciam ...[235]

[*A*] 23
Et circa hora die tertia ... [236]

12]
13]
14]
15]
Col=Wil **24**:1-3
(4 *om.*)
Et dormientibus omnibus istis, subito aduenit Iesus per nubem cum multitudine angelorum, et ingressus est domum in qua Maria iacebat. Et Michael princeps angelorum hymnum dicebat cum angelis omnibus.[237]

[*A*] 24
Et introiuit in domum ubi iacebat beata maria, et michael princeps angelorum ...[238]

Col=Wil **25**:1-3
(3 *om.*)
Et subito apertum est os beatae Mariac, et benedixit dominum, dicens : 'Benedico te quia quaecumque mihi promisisti praestitisti.'[239]

R (variante de *Wil* **25**:2)
creator meus ...[240]

[*M*] (addition ad *Wil* **25**:3)
Et haec dicens compleuit etatem suam subridente facie sua in conspectu domini.[241]

[*A*] 25
'... Benedico te, dominus deus meus, quia que promisisti fecisti mecum, quia non solum apostolos mittebas ad me sed et angelos, sed et archangelos, et non solum archangelos sed et te ipsum uenturum super animam meam. Que sum ego que digna habita sum tanta gloria!'
Et hec dicens, beata maria compleuit statum suum, subridenti facie eius ad dominum.[242]

Pseudo-Jean
Hec illa orante dominus dicit ei :'Letare et exultet cor tuum, omnis gratia et omne donum datum est tibi a patre. Omnis anima inuocans nomen tuum non confundetur sed inueniet misericordiam et adiutorium, et in hoc seculo et in futuro.'[243]

16]   Le Seigneur dit à Pierre, 'maistre' des apôtres, de bien ensevelir le corps de sa Mère, qui
        avait porté le sien. A ces mots il monte au ciel, avec l'âme de sa Mère. Les anges chantent.
                                                                                            (-A409-419)

17]   Les trois compagnes de Marie donnent les soins funèbres au corps, qu'elles placent dans
        le cercueil. Pierre et Jean s'offrent mutuellement l'honneur de porter la palme.
        Le cortège s'ébranle. Quatre apôtres portent le corps. Pierre prend la palme et se met
        devant la bière. En emportant des cierges et des lampes on chante l'office (des morts).
        Tous les habitants de Jérusalem accourent.   (-A420-436)

Mel VII(VIII)	Cui Salvator respondit :
	... Vidi, et tu ergo videbis eum quidem communi legi humani generis, per quam sortiris finem mortis, nocere autem non poterit tibi, quia nihil in te habet, et quia tecum sum ut erueram te.[244]
Col=Wil 26:1,2 (2 *om.*)	Et sic suscepit animam eius dominus et tradidit eam sancto angelo Michahel
	Exceptis omnibus membris, nihil in se habens nisi tantummodo similitudinem hominis et candorem septies tantum quantum niuis est.[245]
[R] 35	Et nous les apôtres, nous vîmes l'âme de Marie remise entre les mains de Michel dans une apparence humaine parfaite, à l'exception de la forme d'homme ou de femme, n'ayant rien d'autre qua la ressemblance de tout le corps et une clarté sept fois plus grande que celle du soleil.[246]

16]	*Col=Wil* 28:1-3	Et [iterum] dixit ad eum dominus : 'Petre, tuta corpus Mariae, et egredere in dexteram partem ciuitatis, et inuenies ibi monumentum nouum, et in ipso monumento facies deponi corpus eius. Et custodite illud sicut mandaui uobis.[247]
	[M] (addition ad *Wil* 28:1)	tabernaculum mei corpus.[248]
	[A] 29	... qui est signatum donec inquiratur.[249]
	Col=Wil 30	Et haec dicens dominus ascendit in caelum.[250]

17]	*Col=Wil* 31:1-3 (+4)	Petrus uero et reliqui apostoli sustinuerunt et illae tres uirgines quae uigilauerant, et lauerunt corpus beatae Mariae, et sic eam posuerunt super lectum.[251]
	[A] 31:3 (addition après Mariae)	et inuoluentes in linteamina munda.[252]
	Col=Wil 32:1-4 (2,3 *om.*)	Petrus autem adtulit palmam illam quam acceperat beata Maria de manu angeli, et dixit ad Iohannem : 'Tu es uirgo, tu debes praecedere lectum et hanc palmam portare et dicere laudem deo.' Et dixit Iohannes : 'Tu es praecedens nos in apostolatum, tu debes praecedere et portare ... et nequis nostrum tristetur, sed magis coronemus lectum.'[253]
	Col=Wil 33	Et sic surgentes apostoli leuauerunt lectum.[254]
	Pseudo-Jean	Et currens Petrus et ego Iohannes et Paulus et Thomas circumplexi sumus pedes eius. Duodecim autem apostoli corpus eius portauerunt super lectum ponentes.[255]
	Col=Wil 34	Petrus uero eleuauit uocem suam et coepit dicere : 'Exiit Israhel de Egypto alleluia.'[256]
	Col=Wil 35:1-3	Dominus uero protexit lectum et apostolos nube. Et ambulantes et portantes lectum laudem dicebant, et a nullo uidebantur nisi tantummodo uoces audiebantur, tamquam populi multi.[257]

18] Les gens, qui voient passer le cortège et qui entendent chanter l'hymne 'In exitu Israel',
19] demandent ce qui s'est passé. On leur répond que Marie vient de mourir. La foule
     s'écrie : 'Aux armes, il faut brûler le corps qui porta le 'traïtor'.'   (-A437-446)

20] La milice angélique descend et frappe les Juifs de cécité.
21] Ils tombent à terre. Ils ne peuvent plus se voir ni s'entendre. L'un d'entre eux, qui est le
     grand prêtre, se précipite vers la civière et veut s'emparer du corps : aussitôt ses mains
     sont paralysées, ainsi le dit 'li escriz'.   (-A447-457)

22] Il supplie Pierre en rappelant le moment où Jésus fut pris par Judas et où la portière re-
     connut l'apôtre. Alors le père du grand prêtre avait eu pitié de Pierre. Celui-ci répond
     qu'il ne peut pas lui pardonner : 'Adresse plutôt tes prières à Celui que les tiens ont
     'pendu'. Si tu crois qu'Il est Dieu et Homme, tu seras guéri.'   (-458-468)

23] Le prêtre croit, il promet de se faire baptiser. Aussitôt il est guéri. Pierre lui remet la
     palme et lui ordonne de retourner aux siens : celui dont il touchera les yeux recouvrera
     la vue.   (-A469-479)

18] 19] 20] 21]	*Col=Wil* **36**:1,2	Et cum audissent principes sacerdotum Iudaeorum uoces magnas laudan- tium deum, turbati sunt uehementer et coeperunt dicere ad alterutrum : 'Quae est haec turba et populi multitudo?'[258]
21]	*Col=Wil* **37**	Et dixit quidam ex adstantibus : 'Maria exiit de corpore. Modo uero apos- toli circa illam laudes dicunt.'[259]
	Col=Wil **38**:1,2, 4,5(+3) (4,5 *om*)	Et statim Satanas introiuit in illos principes sacerdotum et coeperunt ad alterutrum dicere: '[Nunc] exsurgamus et interficiamus apostolos et corpus Mariae igne com- buramus, quae portauit illum seductorem.' Eadem uero hora angeli qui erant in nubibus percusserunt illos Iudaeos caecitate. Et cadentes ad terram capita sua circa parietes percutiebant, pal- pantes palpabant manibus suis terram, nesciebant ubi ambularent.[260]
	Ms. Paris B.N. f.fr.988	'... Alons et ocions les apostres et ardons le corps en un feu, qui porta le traitor'. [261]
	Col=Wil **39**:1-5 (+6)	Unus uero ex ipsis qui erat princeps sacerdotum, cum adpropinquasset ad apostolos et uidisset lectum coronatum, apostolos uero hymnum dicentes, repletus furore et [magna] ira ... Et subito faciens impetum ... uoluit euertere lectum. Mittens uero ma- num ... Statim uero manus eius ambae aruerunt ab ipsis cubitis et adhaese- runt ad lectum.[262]
22]	*Col=Wil* **40**:1,3, 4-7 (5 *om*.)	Tunc uoce magna exclamauit cum lacrimis in conspectu apostolorum ... 'Rogo te praecipue, sancte Petre, ut memor sis quid tibi praestiterit pater meus, quando ostaria illa interrogauit te et dicebat : Uere tu cum illo eras, quomodo te excusauit ne conprehendereris. Et ego modo rogo uos non me despiciatis.' Tunc uero Petrus dixit ad eum : 'Potestas mea non est ut [ego] tibi auxilium praestem ... si non credis quod Ihesus Christus sit filius dei uiui, super quem exsurrexistis.'[263]
	[*M*] (addition ad *Wil* **40**:7)	insurrexistis et tenuistis et occidistis ... [264]
	[*R*] 40	Celui contre qui vous vous êtes levés, que vous avez saisi et mis à mort...[265]
	Col=Wil **43**:4,5 (+1,2) (3,4 *om*)	Et sic dixit ad eum Petrus : 'Conleua manus tuas et dic : In nomine domini nostri Ihesu Christi, cui modo ex toto corde credo, restaurentur manus meae et fiant sicut antea.'[266]
23]	*Col=Wil* **44**	Et statim factum est quia ex toto corde credidit.[267]
	Col=Wil **45**:1-4 (+5)	Et iterum dixit ad eum Petrus : 'Exsurge nunc et accipe palmam quae est ante lectum beatae Mariae et ingredere ciuitatem, et inuenies [ibi] populum multum Iudaeorum qui percussi sunt caecitate, et loquere ad eos, dicens : Quicumque crederit in dominum Iesum Chris- tum, quoniam ipse est filius dei uiui, aperientur oculi eius et hanc palmam quam [nunc] accepisti [in manibus tuis] pone super oculos eorum et sta- tim recipient uisum ... [268]

24]   Le Juif se rend auprès des siens. Il leur promet la guérison s'ils croient en Jésus, qui est né de la Vierge, qui fut crucifié, qui descendit aux enfers et qui est ressuscité. A cette occasion-là, vingt mille personnes sont baptisées.   (-A480-491)

25]   Le cortège arrive dans la vallée de Josaphat, où a lieu l'ensevelissement. Le corps est encensé. On ferme le sépulcre. La cérémonie terminée, parents et amis rentrent. Les apôtres montent la garde devant le tombeau.   (-A492-499)

26]   Le Seigneur descend du ciel avec ses anges. En les embrassant, il dit aux apôtres : 'La paix soit avec vous'. Une nuée les ravit ensuite et les remet aux endroits où ils étaient auparavant. Dieu emporte au ciel le corps de Marie, qu'il remet à ses anges. Il rétablit l'âme dans le corps.   (-A500-511)

28]   Notre-Dame, qui a sauvé le monde, est enterrée 'es Calandes d'Aoust'. Son tombeau se trouve dans la vallée de Josaphat ; son Fils ne l'y a pas oubliée. Elle n'est pas restée ici-bas : le Seigneur l'a emportée au ciel, où elle règne, entourée de la cour des anges, qui glorifient leur Reine.
        C'est elle qui délivre mainte âme des peines éternelles. Gardons bien dans notre mémoire le souvenir de cette Dame. Elle 'transi' au mois d'août, ainsi le dit 'l'estoire'.
        Qu'elle vienne à notre aide pour vaincre Satan.
        Que Dieu ait pitié de nous pendant le Jugement dernier, qui aura lieu dans cette même vallée de Josaphat. Qu'Il nous place à Sa droite pendant cette grande séparation : chacun y sera seul devant Dieu. Même les anges auront peur. Ni relation humaine, ni serment ne sauront faire pencher la balance.   (-A512-544)[196]

29]   Le poète, qui se nomme pour la dernière fois, s'adresse à la Vierge : il a terminé sa tâche, sa chanson est finie. S'il y a des erreurs dans son histoire, que Notre-Dame le lui pardonne. Il cherche à obtenir l'absolution de ses péchés. Il prie pour ses bienfaiteurs, pour ses parents, pour son public. Que tous soient accueillis dans la maison de Dieu.   (-A545-562)

24]   *Col=Wil* **46**:1,2,   Et abiit ille princeps sacerdotum [Iudaeorum] et fecit secundum quod illi
        4,5a (+5b)   mandauerat beatus Petrus.
                        Et inuenit multum populum ... [Haec enim illis dicentibus et flentibus] ille
princeps sacerdotum quem Petrus miserat (aduenit et adlocutus est) expo-
suit [eis] omnia quae [audiuit et] passus est, et quomodo respexit illum
deus.
Quicumque credidit uerbis eius statim recepit uisum, qui confessus est
Christum filium dei [esse].[269]

      Syr   'Lève-toi, prends cette branche et va dans la ville ... et tu trouveras le peu-
ple aveugle, près de cinq mille, qui ne connaissent pas le chemin pour sor-
tir.' Il leur parla et dit : ...[270]

25]   *Mel* XV(XVI)   Mariam autem portantes apostoli pervenerunt ad locum vallis Josaphat,[271]
26]   quem ostenderat illis Dominus.
                        Et posuerunt eam in monumento novo, et clauserunt sepulcrum. Ipsi vero
sederunt ad ostium monumenti sicut mandaverat eis Dominus.
Et ecce subito advenit Dominus Jesus cum innumerabili exercitu angelorum magnae claritatis radio coruscante, et dixit apostolis : Pax vobiscum.[272]

  Col=Mel XVII   Et ait apostolis : Accedite ad me. Et cum accessissent, osculatus est eos et
    (XVIII)   ait : Pax uobis ...
                        Et statim cum haec dixisset Dominus, eleuatus in nube receptus est in cae-
lum et angeli cum eo deferentes beatissimam Dei Genitricem Mariam (*Col* :
animam eius!) in paradisum Dei. Apostoli autem suscepti sunt a nubibus
et reuersi sunt unusquisque in sortem praedicationis suae, ...[273]

   [*A*] 50   Dominus autem accepit animam eius de manu michaelis archangeli et res-
tituit eam in corpus marie.[274]

   R (variante de   Tulerunt igitur angeli animam beate marie et posuit eam dominus in cor-
    Wil **50**:3,4)   pore ipsius. Tunc precepit dominus restituere apostolos unumquemque
unde assumpti fuerant...
Celebratur autem assumptio ipsius sanctissime dei genitricis ac uirginis marie XVIII k(alendas) septembris : prestante domino nostro iesu christo
amen.[275]

Voici notre conclusion :

— Herman de Valenciennes a traduit un texte latin qui est dans la tradition de *Wil*. L'ordre du récit et la terminologie prouvent cette thèse
— au début et à la fin du texte français nous retrouvons *Mel*
— c'est *Col* qui, à maints égards, ressemble à notre poème.

Ce n'est pourtant pas *Col* lui-même qu'Herman a eu sous les yeux, mais un document pareil. Le récit que celui-ci contenait avait été composé par un épitomateur qui, pour l'usage liturgique, avait dû abréger et adapter sa (ses) source(s). L'auteur de *Col* avait fait de même[276]. A son tour, Herman a adapté sa source latine. Nous en donnerons trois (**a, b, c**) exemples :

Ad **a**

2]	-A8	Li bons evangelistes la prist en sa baillie
4]	-A9	Si l'a molt bel gardee et docement servie.
	-A15	Au temple sont alé, iluec la commanda
	-A16	Avoec les bones dames que il el liu trova.
	-A17	Qanque mestiers li fu et il li porchaça.
	-A18	Ele remest el temple, ou son corps travilla,
	-A19	Villoit chascune nuit et le jor jeüna.
	-A20	La roïne do mont estoit molt mervillose,
	-A21	De la mort son chier fil la dame *ert* angoisseuse
	-A21A	*Et de lui reveoir molt par ert desirreuse.*
	-A22	Molt estoit amiable et molt ert glorïeuse
	-A23	Et molt estoit amee et molt estoit joieuse,
	-A24	De plaisir a toz homes estoit molt covoiteuse
	-A25	Et de servir el temple n'iere ele pas oiseuse ;
	-A26	Tant com ele visqui ne fu puis soffraitose.
	-A27	Puis q'ele vint au temple ne s'en vost departir,
	-A28	O les dames remest, bel les savoit servir
	-A29	Et molt pout jeüner, plus villier que dormir.
	-A30	Ainc ne vost mal parler ne faire ne oïr,
	-A31	Molt par haoit mançonge, onques ne sot mentir ;
	-A32	De mentiaus vairs n'ot cure ne gris ne vost vestir.
	-A33	Bien la garda Jehans, ne vost de li partir,
	-A34	Toz jorz furent ansamble jusque vint au morir.
	-A35	La dame vint el temple ou molt estoit amee,
	-A36	Si ert dou patriache sor toutes honoree,
	-A37	Ele de lui servir s'estoit forment penee.
	-A38	Sachiez que de son fil ne fu pas oublïee!
	-A39	Sovant de par ses angles estoit revisetee.
	-A46	Par le commant de Dieu l'angles est descenduz,
	-A47	El temple l'a trovee, la li rendi saluz :[277]

Tous les *Transitus* sont d'accord pour loger Marie 'in domo parentum illius iuxta montem oliveti'[278], dans la maison des parents de Jean. Il s'agit d'une maison dans les environs du Temple de Jérusalem[279].

En général, Herman suit cette tradition[280]. Seulement, au début, la Vierge fait un séjour au Temple et c'est là que l'ange lui annonce son trépas. Nous croyons que l'auteur, qui, dans sa source,

96

avait sans doute trouvé une allusion au Temple[281], a mis à profit les récits apocryphes sur la naissance de Marie :

— dès son jeune âge la Vierge est confiée au Temple, où elle mène une vie exemplaire jusqu'à sa quatorzième année[282] :

... postea vero servitio Domini mancipata a templo usque ad intelligibiles annos non discedet ; ibi denique ieiuniis et orationibus nocte ac die Deo serviens ...[283].

... Virginem inter septa templi cum aliis virginibus ibidem educandam dimiserunt, ipsi (= parentes) vero domum regressi sunt[284].

Erat autem Maria in admiratione omni populo.

... iam nulla ei prior in vigiliis inveniretur, in sapientia legis Dei eruditior, in humilitate humilior, in carminibus Davidicis elegantior, in caritate gratiosior, in castitate purior, in omni virtute perfectior. Hanc nemo irascentem vidit, hanc maledicentem numquam ullus audivit[285].

Quotidie namque ab angelis frequentabatur ...[286].

— Pendant ses fiançailles, lorsqu'elle se trouve dans la maison de ses parents en Galilée (= à Nazareth), Gabriel annonce à Marie qu'elle sera la Mère du Christ[287] ;

— A la fin de sa vic, Michel, l'ange de la Mort, le psychopompe[288], lui annonce que l'Époux céleste lui a réservé une place priviligiée à ses côtés, au milieu des choeurs angéliques.

Ce parallèle établi par les *Transitus* entre les deux 'salutations angéliques' a eu des conséquences pour la liturgie et pour la poésie[289]. Les prédicateurs et les poètes ont rapproché étroitement l'Incarnation et l'Assomption.

Dans ses recherches sur la structure du *Quant li solleiz*[290], M. H. Lausberg a démontré que ce principe-là est à la base de la construction bipartite du poème :

— dans la première partie, qui est une amplification d'un répons cistercien pour la fête de l'Assomption, Marie exprime son désir ardent d'être réunie à son Époux céleste : Filiae Jerusalem, nuntiate dilecto quia amore langueo

— dans la seconde partie, qui est en rapport avec le verset du même répons, la Vierge explique que Dieu lui a fait connaître son amour : (Osculetur me osculo oris sui) pendant plus de cinq mille ans, ce sont les patriarches et les prophètes qui en ont transmis le message. Gabriel est le dernier messager que Dieu 'enveiad a la pucele ... a Nazareh' (Str.31)

Or, dans l'*Assumption Nostre Dame* d'Herman, il y a un passage qui pourrait être en rapport avec la deuxième partie du *Quant li solleiz*. Les vers en question font partie de l'*orison* de Notre-Dame, qui, nous le montrerons ailleurs, revêt la forme d'une prière épique[291]. Nous reproduisons les deux fragments :

-A319	Dant Noél et sa gent, biaus fiz, en ressauvas.
-A320	De lui vint Abrehans et ses fiz Ysaas,
-A321	Jacob et Esaü, Josep et Elyas,
-A322	Samuel et Edras et dans Jeremïas,
-A323	Si fist David li rois que durement amas,
-A324	De lui vint Salemons, a cui grant sens donnas,
-A325	Et de celui linage fu Joachins estras,
-A326	Je sui de cel linage, biaus fiz, que tant amas.

Quant li solleiz
XXII-XXV

Ainz que nuls om soust de nostre amor,
Li miensz (a)mis me fist molt grant ennor
      Al tems Noè.
Danz Abraham en fud premierz messaget ;
Luid m'entveiad por c'o qu'il ert plus saives
      et de grant fei.

Isaac i vint, Jacob *et* danz Joseph
Pois Moisen *et* danz Abinmalec
   Et Samuel.
Del quart edé pois i vint reiz David
   Et Salamon ...[292]

Ad **b**

10] Dans les récits apocryphes, tous les apôtres, y compris Jean, se sont dispersés pour prêcher l'Évangile[293]. Avant la mort de la Vierge, Dieu les réunit devant la demeure de Marie :
— c'est Jean qui arrive le premier (*a*),
— bientôt suivi des apôtres, amenés comme lui, sur des nuages (*b*) ;
— ils sont fort étonnés de se trouver réunis. Pierre, dont Paul proclame la primauté, fait une prière pour obtenir que Dieu leur fasse connaître sa volonté (*c*)[294] ;
— tous les apôtres entrent dans la chambre de Marie et à sa demande ils lui racontent leur arrivée miraculeuse (*d*)[295] ;
— après la mort et l'assomption de la Vierge, tous sont remis aux endroits où ils étaient auparavant, les nuées les y ont encore transportés (*e*)[296].

De ces données, Herman n'a gardé que le dernier élément : (*e*) :

-A505 Ez dou ciel une nue! Trestoz les aombra.
-A506 Tuit s'an sont eslevé, trestoz les dessevra
-A507 Et si com il ainz furent chascun par soi posa.

Pour ce qui est des autres passages cités ci-dessus, le poète en a donné une interprétation personnelle :
— l'arrivée des apôtres est enveloppée d'un voile de mystère : l'auteur ne parle pas des nuées qui les avaient transportés (vv. -A141-2,-A196,-A199, -A210, -A221), tout en sachant qu'ils étaient loin de Jérusalem, et cela à des endroits différents (v. -A208) (*a,b*) ;
— la conversation entre Jean, Paul, Pierre et Thomas est une adaptation de celle qu'on trouve dans la source latine (vv. -A201-A221) (*c,d*)[297].

Ad **c**

10] -A272 Qant ce ot dit la dame sa parole ot finee,
  -A273 Donc descendi li angles dessuz ceste aünee,
  -A274 Qui lor avoit dou ciel grant lumiere aportee :
  -A275 La chambre ou il estoient fu tote anluminee,
  -A276 Et aprés lor a dit parole remenbree-
  -A277 Ice sachiez, signor, que bien fu escoutee-
  -A278 "(Et) beneoite soit toute iceste assamblee.
  -A279 De Dieu omnipotent soies tu honoree,
  -A280 Ma dame, or t'apareille! Ja en seras menee,
  -A281 Lassuz t'atant tes fiz et la seras portee.
  -A282 Passé sont ja mil an *ainçois que fusses nee*
  -A283 Que tu, dame, de nos as esté desirree."[298]

Dans la source latine, à cet endroit du récit[299], il est question de Pierre, qui, durant la dernière nuit avant le trépas de la Vierge, exhorte l'assistance. A un moment donné il s'est aventuré trop loin dans la révélation des mystères : une lumière apparaît dans la salle et une voix se fait entendre. Cette voix s'adresse à lui et lui fait des reproches[300].

En comparant les deux textes latins que nous avons cités[301], on aura remarqué qua dans *Wil* 'la voix se fait entendre simplement pour dire quelque chose, car ce qu'elle dit est tout à fait gratuit et n'a aucun rapport avec la scène'[302].

Dans *Col* cette partie du texte fait tout à fait défaut.

Or, dans notre poème, la voix s'adresse à Marie et lui annonce sa fin imminente. Les termes dont elle se sert se retrouvent ailleurs[303] et ils sont en accord parfait avec les paroles de l'ange au début de l'histoire[304].

En ce qui concerne les deux derniers vers du fragment cité (-A282-3), nous aimerions aussi renvoyer au début des récits apocryphes : il se pourrait que, par le biais de la théorie des six âges du monde, que nous avions déjà signalée à plusieurs reprises[305], ils remontent à la salutation angé-lique de *Mel* II(III) :

Ave, benedicta Domino ; suscipe illius salutem, qui mandavit salutem Jacob, per prophetas suos ...[306]

Comme le poète donne parfois une tournure personnelle à ce que lui fournit sa source latine, 'li escriz', nous donnerons encore un exemple de la manière dont il l'a 'transposee' :

Nous reproduisons quelques laisses avec les passages correspondants de la source latine :

-A437	Qant oïrent cel chant cele genz mal senee,
-A438	Virent le cors porter et la gent aünee,
-A439	Trestuit saillirent fors si comme genz dervee :
-A440	"Qui set dont tex dolors est antre nos *menee*?
-A441	-C'est li cors de Marie, dont l'ame est dessevree.
-A442	-Or as armes trestuit! N'i iert pas anterree,
-A443	La chars do cors soit arse et la poudre ventee!
-A444	Le traïtor porta dont la genz est dampnee.
-A445	Ne sont ci li apostre en *icele* aünee
-A446	Et qant revindre[n]t il en iceste contree?"
-A447	Dont descendi tantost la celestex maisnee.
-A448	La celestex maisnee de lassuz descendit,
-A449	Si les a destorbez que nus gote ne vit.
-A450	Dont chaïrent a terre et menerent grant crit,
-A451	Ce que dist l'uns a l'autre ainc nus ne l'entendi.
-A452	Un en i ot de ceaus qui trop s'en enhardi :
-A453	Princes estoit des prestes, si com dist li escriz ;
-A454	Avant saut com dervez et si se prist au lit
-A455	Ou li cors se gisoit, si l'a as mains saisit.
-A456	Signor, eneslepas palazins le ferit :
-A457	A la biere remest, par les mains i pandit.
-A458	Donc regarda saint Pere, si li cria mercit :[307]

Col=Wil **35**:2 (+1,3)	Et ambulantes et portantes lectum laudem dicebant,
Col=Wil **36**:1,2	Et cum audissent principes sacerdotum Iudaeorum uoces magnas laudantium deum, turbati sunt uehementer et coeperunt dicere ad alterutrum : 'Quae est haec turba et populi multitudo?'
Col=Wil **37**	Et dixit quidam ex adstantibus : 'Maria exiit de corpore. Modo uero apostoli

circa illam laudes dicunt.'

Col=Wil **38**:1,2,4, 5.(+3;4,5 *om.*)   Et statim Satanas introiuit in illos principes sacerdotum et coeperunt ad alterutrum dicere :
'[Nunc] exsurgamus et interficiamus apostolos et corpus Mariae igne conburamus, quae portauit illum seductorem.' Eadem uero hora angeli qui erant in nubibus percusserunt illos Iudaeos caecitate. Et cadentes ad terram capita sua circa parietes percutiebant palpantes palpabant manibus suis terram, nesciebant ubi ambularent.

Col=Wil **39**:1-5 (+6)   Unus uero ex ipsis qui erat princeps sacerdotum, cum appropinquasset ad apostolos et uidisset lectum coronatum, apostolos uero hymnum dicentes, repletus furore et [magna] ira ... Et subito faciens impetum, clamans uoce magna, uoluit euertere lectum.
Mittens uero manum, uoluit conprendere palmam illam et ad terram deducere. Statim uero manus eius ambae aruerunt ab ipsis cubitis et adhaeserunt ad lectum.[308]

Une première différence entre le texte latin et le récit français saute aux yeux : celui-là est en prose, celui-ci est en vers. Pour le reste, Herman a rendu assez fidèlement le texte qu'il avait sous les yeux.

Nous relevons trois particularités, d'ordre lexical, qui sont dues au traducteur :

— La chars do cors soit arse et la poudre ventee ! (-A443)
Wil **38**:2 : ... corpus Mariae igne comburamus.
Nous retrouvons 'la poudre ventee' dans la légende de saint Jean-Baptiste : l'Histoire raconte que, après sa décollation, *ossa ... igni cremasse ac denuo dispersisse per agros*[309].

— Signor, eneslepas palazins le ferit. (-A456)
Wil **39**:5 : Statim uero manus eius ambae aruerunt ab ipsis cubitis et adhaeserunt ad lectum[310].
Les mains du grand prêtre 'séchèrent à partir des coudes, et restèrent attachées au cercueil'.
L'auteur a interprété ces données de façon intéressante : A cause de cette punition le Juif ne pouvait plus disposer librement de ses mains, qui, en plus, lui faisaient mal. Le poète a 'traduit' cette situation à l'aide du mot *palazins* = paralysie[311].

— Ce que dist l'uns a l'autre ainc nus ne l'entendi. (-A451)
Wil **38**:2 : angeli ... percusserunt illos Iudaeos caecitate.
Dieu avait protégé la bière et les apôtres, en les enveloppant dans une nuée (*Wil* **35**:1-3), de sorte qu'ils étaient invisibles. Pour punir les Juifs qui ont l'intention d'attaquer le cortège, les anges les frappent de cécité.
Pour le vers en question il pourrait s'agir d'une confusion des sens. Ou est-ce là chercher trop loin ?

Somme toute, nous adhérons à l'opinion de Mehne[312], qui dit que l'auteur a traduit son texte 'ziemlich wortgetreu und auch vollständig'. Seulement, ainsi que nous l'avons démontré au cours de ce paragraphe, la source du poète français n'était pas *Mel* (comme l'avait prétendu Mehne).

III. 6. LES APOCRYPHES SUR L'ASSOMPTION DE LA VIERGE. L'AUTEUR TRADUIT UN TEXTE LATIN QUI EST DANS LA TRADITION DU TRANSITUS W (*WIL*). PASSAGES EMPRUNTÉS AU PSEUDO-MÉLITON (*MEL*). *COL* ET LE POÈME FRANÇAIS

Sur la mort et l'assomption de la Vierge nous sommes renseignés par les *Transitus beatae Mariae*[313]. Il paraît que, en Occident, le plus ancien témoin de la résurrection de Marie est saint Grégoire de Tours, mort vers 593[314]. Le récit que l'on lit dans son *Libri miraculorum* a dû être emprunté à une traduction latine du premier apocryphe syriaque, conservé incomplètement dans trois manuscrits[315] :

Syr

Grégoire de Tours

> Post haec, dispersi sunt apostoli per regiones diversas ad praedicandum verbum Dei. Denique, impleto a beata Maria huius vitae cursu, cum iam vocaretur a saeculo, congregati sunt omnes apostoli de singulis regionibus ad domum eius. Cumque audiissent quia esset assumenda de mundo, vigilabant cum ea simul, et ecce Dominus eius advenit cum angelis, et accipiens animam eius, tradidit Michaeli archangelo, et recessit. Diluculo autem levaverunt apostoli cum lectulo corpus eius, posueruntque illud in monumento, et custodiebant ipsum, adventum Domini praestolantes. Et ecce iterum adstitit eis Dominus susceptumque corpus sanctum in nube deferri iussit in paradisum : ubi nunc, resumpta anima, cum electis eius exultans, aeternitatis bonis nullo occasuris fine perfruitur.[316]

Pseudo-Jean

Le deuxième prototype, parmi les apocryphes du *Transitus Mariae*, paraît être le récit grec du Pseudo-Jean l'Évangéliste[317]. Il représente une tradition opposée à celle des autres textes, par le fait qu'il n'y est pas question d'assomption au sens où l'entend la foi catholique[318]. Dom Wilmart[319] en a publié une version latine, contenue dans un manuscrit du XIVe siècle[320]

Mel

Le texte suivant – en latin – qui nous intéresse date des environs de 550[321]. Dans le prologue l'auteur se dit Méliton, évêque de Sardes et disciple de Jean, l'Apôtre[322]. Il entend donner une édition expurgée d'un récit sur la mort de la Vierge, composé par un certain Leucius, et proscrit par le *Decretum Gelasianum*[323]. Ce Leucius, ou Leukios Charinus est 'une raison sociale gnostique qui couvre toute une littérature légendaire sur les voyages et les actes des apôtres'[324]. Pour Jugie[325] il est l'auteur du premier récit syriaque, mentionné ci-dessus. Pour M. H. Lausberg[326] il est l'auteur de l'original gnostique auquel remonterait le Pseudo-Méliton (*Mel*). Dans l'édition de Tischendorf[327], *Mel* est appelé *Transitus B,* par erreur[328], car il est plus ancien que le *Transitus A* dont il sera question maintenant.

Transitus A

C'est un récit latin sur la Dormition de la Vierge, postérieur à *Mel*[329]. L'auteur s'appelle Joseph d'Arimathie et il remplace Jean, l'Apôtre, auprès de Marie. Ce récit contient la légende de Thomas, sur laquelle nous reviendrons[330]. M. Lausberg le considère comme un descendant de *Mel*[331].

Au moyen âge, le Pseudo-Méliton et le *Transitus A* jouissaient d'une très grande popularité[332]. Pourtant, malgré leur caractère bien orthodoxe, les théologiens mettaient souvent en garde contre ces histoires[333], surtout par rapport à la partie doctrinale qu'elles contenaient sur l'assomption corporelle de Marie. Tel le Pseudo-Jérôme, dans la *Lettre à Paula et à*

Eustochium qui, sous la forme d'une homélie, figurait dans le bréviaire romain jusqu'au XVIe siècle[334] :

> ne forte, si venerit in manus vestras illud apocryphum de Transitu eiusdem Virginis, dubia pro certis recipiatis[335].

Le Martyrologe d'Adon[336] contient une notice pour la fête du 8 septembre (Nativité de la Vierge), qui fait aussi allusion aux *Transitus* :

> Ubi autem venerabile Spiritus sancti templum illud, id est caro ipsius beatissimae virginis Mariae divino nutu et consilio occultatum sit, magis elegit sobrietas Ecclesiae cum pietate nescire quam aliquid frivolum et apocryphum inde tenendo docere ...[337].

Ainsi, pour ce qui est des récits légendaires sur la mort de la Vierge, nous constatons une situation qui offre un parallèle avec celle que nous avions déjà remarquée pour les légendes sur sa naissance et sur sa toute première jeunesse[338] : le fait que l'Église exprimait sa méfiance à l'égard de cette espèce d'histoires, prouve qu'elles étaient généralement connues et fort appréciées.

Wil
TT 1

En 1933, Dom A. Wilmart[339] a publié un Transitus latin qui est postérieur à *Mel*[340]. Ce récit est apparenté à celui – en grec – de Jean de Thessalonique[341] et il est fort différent de *Mel*[342].

'Jean de Thessalonique et le Transitus W [*Wil*] sont deux oeuvres parallèles procédant l'une et l'autre de la même source grecque, sans doute déjà traduite en latin avant d'être condensée pour devenir le Transitus W'[343].

Dom Capelle[344] pensait qu'une traduction latine de la source grecque de Jean de Thessalonique serait la source commune du Transitus W (*Wil*) et de *Mel*, hypothèse confirmée par la comparaison des textes[345].

[M]

C'est le Ms. [M] (un des Mss de *Wil*)[346], qui fournit la preuve de cette thèse, avancée dès 1940 par Dom Capelle[347]. *Wil* était un 'simple épitomé en vue de l'usage liturgique'[348].

Col

Il en est de même du texte que renferme le Ms. *Col*[349]. Ce texte est donc également un résumé en vue de l'usage liturgique mais il est beaucoup plus bref que *Wil*, auquel il est apparenté seulement par le vocabulaire et le style[350]. *Col* est une 'version abrégée et contaminée'[351], on y retrouve *Wil*, mais aussi *Mel*. Dom Capelle a démontré que 'le texte de Wilmart [*Wil*], les variantes de [M], le Transitus Colbert [*Col*]... dépassent le récit de Jean de Thessalonique par des éléments originaux non négligeables, notamment par la finale de l'assomption corporelle ; par cet épilogue ... ils se rapprochent du plus ancien fragment syriaque [*Syr*] ou de l'épitomé de Grégoire de Tours'[352].

Or c'est le r.p. Wenger, qui, en 1955, a publié deux textes, l'un grec, l'autre latin[353], qui répondent au signalement du texte [*Π*] considéré comme la source des *Transitus* que nous venons de mentionner[354].

[R]
[A]

Le texte grec serait 'au moins un état de *Π* antérieur aux versions latines et à Jean de Thessalonique ..., le texte latin ... représenterait du moins un état du texte grec ou de sa version latine antérieur au Pseudo-Méliton [*Mel*], au Transitus W [*Wil*], à M ([M]) et à *Col*'[355].

L'*Assumption Nostre Dame* d'Herman serait la traduction de *Mel*[356]. Strate, qui avait comparé le récit du poète avec les passages correspondants dans la *Conception Nostre Dame* de Wace[357] — eux aussi basés sur *Mel* — croyait qu'il avait fait des emprunts au poète normand[358].

Nous ne voulons pas exclure à priori cette possibilité puisque, selon toute probabilité, le chanoine de Valenciennes et celui de Bayeux étaient des contemporains. Seulement, les ressemblances entre leurs histoires pourraient s'expliquer d'une autre façon.

Tous les deux ont écrit un poème sur la mort de la Vierge. En tant que chanoines, ils pouvaient disposer facilement de textes latins auxquels on empruntait les lectures appropriées pour la fête du 15 août. Ces textes offraient des rapports étroits entre eux, parce qu'ils avaient une base commune, la fête de l'Assomption.

Or, grâce aux études approfondies des théologiens, grâce aussi à leurs éditions critiques récentes[359], nous croyons être capable de placer les deux poèmes[360] dans la tradition des récits légendaires que nous avons catalogués ci-dessus.

A notre avis, Herman, tout comme Wace, s'est servi d'un seul texte latin, contenant l'histoire de la mort et de l'assomption de Marie. Cette histoire avait été composée à l'aide de plusieurs données apocryphes, telles qu'on en trouve par exemple dans *Mel* (seulement au début et à la fin!) mais aussi dans *Wil*[361] et surtout dans *Col*.

Par là l'*Assumption Nostre Dame* serait un autre témoin de la 'tradition textuelle SyrRAW' que le r.p. Wenger aimerait 'voir confirmée dans les anciennes traductions en vieux français, vieil anglais ou vieil allemand'[362].

Pour ce qui est du vieux français, le poème d'Herman est peut-être le plus ancien témoin de cette tradition. Vu l'état actuel des recherches, il nous a donc semblé utile de reprendre l'étude des sources apocryphes de l'*Assumption Nostre Dame* du chanoine de Valenciennes[363].

III. 7. EMPRUNTS FAITS A LA LITURGIE

Nous avons groupé ensemble quelques parties de l'*Assumption Nostre Dame* qui ne remontent pas aux récits apocryphes dont il était question plus haut[364]. Le plus souvent il s'agira de vers dont les équivalents latins figurent dans les offices de la Vierge, et plus particulièrement dans l'office de l'Assomption.

2]	-A4	Qant Diex fu mis en croiz de cele gent haïe
	-A5	Commanda *Dex*, signor(s), a son ami s'amie :
	-A6	Saint Jehan a sa mere, a saint Jehan Marie ;[365]

Ces vers sont en rapport étroit avec un passage du Pseudo-Jérôme, sermon pour la fête du 15 août, que nous avons mentionné plus haut[366] :

> Iohannes apostolus atque euuangelista cui christus eam de cruce commisit uirgo uirginem seruauit suisque ei deseruiuit obsequiis[367].

| 4] | -A43 | Des or voet nostre sires que ele soit mandee |
| | | Et de ses dignes angles el trone coronnee.[368] |

Voici quelques textes qui font allusion à notre fragment :

— 'Filiae Ierusalem, venite et videte matrem Domini in diademate regali gloriae suae, quo coronovit eam Filius suus in die laetitiae cordis eius in die beatae assumptionis eius in caelum'[369]
— Hec est, inquam, dies in qua usque ad throni celsitudinem intemerata mater et uirgo processit atque in regni solio sublimata ... christum gloriosa resedit[370]
— 'Ueni de Libano, sponsa mea, ueni de Libano, ueni coronaberis'[371].

Ce dernier texte est la base de ce qu'on appelle le Couronnement de la Vierge, motif de l'art monumental qu'on ne rencontre pas avant la fin du XIIe siècle[372]. C'est le bas-relief du portail de la cathédrale de Senlis qui en donne la plus ancienne formule : 'La Vierge est assise à la droite de son Fils ... [Elle] a déjà la couronne sur la tête et ... son Fils se contente de lever la main pour la bénir'[373]. C'est au tympan de la façade occidentale de Notre-Dame de Paris qu'un ange sort du ciel pour placer la couronne sur la tête de la Vierge. Jésus la bénit et lui présente un sceptre qui est le symbole de sa puissance que désormais elle partage avec lui. Ce tympan fut mis en place en 1220. La formule nouvelle du Couronnement de Marie qu'il inaugurait a régné pendant plus d'un quart de siècle. On la retrouve encore à Paris, à la Porte rouge de Notre-Dame, et à Amiens[374].

Le manuscrit que nous publions (N6) et N9, qui lui est apparenté[375], sont seuls à contenir le terme *coronnee*. Dans le Ms. N10, qui daterait du XIIe siècle[376], nous trouvons la variante *honeree*, terme qui, d'ailleurs, est aussi conforme à la tradition liturgique[377].

Est-ce à dire que, dans N6 (N9), nous ayons affaire à un emprunt direct à l'art décoratif?

-A49   Dame, se tu ne fusses toz cist mons fust perduz,
-A50   Par toi est li deables desconfiz et vaincuz,
-A51   Ne porra mais parler, toz est devenuz muz.

Voici ce que nous lisons chez Honorius :

per ipsam apparuit pro mundi salute. Per ipsam inimicos nostros ad nichilum redegit dum daemones humano generi hostes fidelibus subegit ...[378]

-A58   Plus seras essauciïe que n'en est cherubins.

Ce vers remonte à une antienne pour la fête de l'Assomption :

Exalta est sancta Dei Genitrix super choros Angelorum ad celestia regna[379].

6]   -A102   La roïne do mont fina lors s'*orison*.[380]

La louange exprimée au début de ce vers, se rencontre à plusieurs endroits de l'office marial. Ainsi nous retrouvons la Reine du monde dans une leçon pour la fête du 15 août et dans une antienne pour la même fête :

— Regina mundi hodie de terris et de presenti seculo ... eripitur[381].
— Beata mater et innupta virgo, gloriosa regina mundi[382].

-A135   Mes cors n'avra, ce croi, ne travail ne torment.

C'est dans une préface pour la messe de l'Assomption, qui se lit dans le Missel de Bobbio, que nous trouvons une allusion à cette particularité :

virgo Dei genitrix Maria de mundi migravit ad Christum ... non subdita dolori per partum, non dolori per transitum[383].

7]   A149   La roïne des angles a geté .i. soupir :[384]

Dans les offices de la Vierge il est souvent question de la Reine des cieux. Nous relevons deux textes qui en font mention : Honorius, dans un sermon pour l'Annonciation, dit ceci :

archangelus virginem venerabiliter salutavit quam matrem Dei atque Regnam angelorum futuram praedicavit[385].

Le Bréviaire de Corbie contient un répons pour la fête de l'Assomption qui est conçu en ces termes

Super salutem et omnem pulchritudinem dilecta es a domino et regina celorum uocari digna es[386].

13]   -A386   Que doit fiz fere a mere certes je te ferai :

Ce vers est en rapport étroit avec un passage qui se trouve dans l'homélie anonyme pour la fête du 15 août que nous avons citée plus haut[387] :

Dignum erat amplius matrem suam honoraret quam ministros ipse qui dixerat : 'Honora patrem tuum et matrem, ut sis longaevus super terram'.[388]

-A387   Dame seras clamee, tout le mont te donrai.
-A393   Anfers te servira el cil qui dedans sunt.
-A394   Mi angle et mi arcangle trestuit te serviront.
-A395   A tes commandemenz trestuit obeïront.

Dans le *Speculum Beatae Mariae* il est question de la Vierge qui est à la fois la reine du ciel, où elle trône au milieu des anges, la reine de la terre, où elle manifeste fréquemment sa puissance, enfin la reine des enfers, où elle a tout pouvoir sur les démons[389].

-A388   Et fames et meschines tout por toi amerai :

Ce vers a été emprunté à une partie de l'antienne à *Magnificat* pour la fête du 15 août :

Sancta Maria, succurre miseris ... ora pro populo, interueni pro clero, intercede pro deuoto femineo sexu[390].

28]   -A513   Es Calandes d'Aoust fu la dame anterree.
         -A523   El mois d'Aoust transi ce trovons en l'estoire.

Marie est enterrée au mois d'août, aux 'Calandes', comme le dit l'*estoire*. Nous trouvons en effet cette date dans les manuscrits qui contiennent le récit apocryphe sur la mort et sur l'assomption de la Vierge, donc dans l'histoire de son *transitus*[391].

Il existe un autre document qui contient le même passage. C'est le Martyrologe d'Adon. A la date du 8 septembre, nous lisons la notice suivante pour la fête de la Nativité de Marie :

Natale beatissimae Dei genitricis Mariae perpetuae virginis ... cuius dormitionem XVIII kal. septembris omnis celebrat Ecclesia, cuius et sacrum corpus non invenitur super terram[392].

La confusion des deux dates qu'on trouve chez notre poète s'expliquerait facilement par les calendriers.

Voici le texte du calendrier cistercien, contenu dans le Ms. Dijon 114, fo 141 vo :

Augustus habet dies XXXI
XVIII *K* Assumptio sancte Marie XII L(ectiones).

Comme on sait, dans la liturgie on s'en tenait à la division du mois romain. Ainsi le 15 août correspond au XVIIIe jour avant les Calendes de (= le premier) septembre[393].

-A531   Ice *nos prest cil sires qui vit et regne el* gloire.[394]

A la fin d'un récit apocryphe sur la mort de Marie, on trouve ceci :

praestante domino nostro Iesu Christo amen[395].

Cette formule figure dans une oraison de l'*ordo commendationis animae,* où nous lisons ceci :

praestante Domino nostro Jesu Christo : Qui cum Patre et Spiritu Sancto vivit et regnat in saecula saeculorum[396].

<pre>
-A533   Qant au jor dou juïse serons tuit em present
-A534   El val de Josafas, a cel fort jugement —
-A535   La n'avra ja mestier li cousins au parant,
-A536   Ne n'i porront valoir plege ne sairement.
-A537   La sera aprestez as chaitis le torment,
-A538   La trambleront li angle, li arcangle ensement,
-A539   Li plaiz iert tost finez, ne demorra noient —
</pre>

Traditionnellement la vallée de Josaphat est la vallée du Jugement, où Dieu devait juger tous les peuples à la fin des temps. Cette tradition est fondée sur la prophétie de Joël 3:2 :

Congregabo omnes gentes, et deducam eas in vallem Iosaphat[397].

En face de la mort tout homme cherche à échapper à la condamnation éternelle :

Domine ... qui venturus es judicare vivos et mortuos, et saeculum per ignem ...[398]
Domine, quando veneris judicare terram ... noli me condemnare ...[399].

Les vv. -A535-6 se retrouvent dans les prières épiques[400]. L'idée remonte aux Pères de l'Église :

Venit dies judicii ubi non adjuvat pater filium nec filius defendit patrem[401].

Le huitain XL du *Testament* de Villon contient toujours le même avertissement : pour l'homme qui meurt :

... n'est qui de ses maus l'allege :
Car enfant n'a, frere ne soeur
Qui lors vousît être son pleige[402].

Dans le v. -A538 nous aimerions voir une allusion aux *Quinze Signes du Jugement dernier*. Voici le contenu du sixième signe :

Et lors crolera cherubins
Et se tramblera seraphim
Et dou ciel toutes les vertuz.
Adonc sera sainz Pierres muz[403].

29]   -A551   Des pechiez que faiz ai quier absolutïon.[404]

C'est après le *Confiteor* qu'on récite la formule suivante :

Indulgentiam, absolutionem, et remissionem peccatorum nostrorum tribuat nobis omnipotens et misericors Dominus[405].

-A552   A toz mes bienfaitors done remissïon.

Dans les litanies des saints on trouve des allusions aux bienfaiteurs :

Ut omnibus benefactoribus nostris sempiterna bona retribuas, te rogamus, audi nos[406].

-A553   Et au jor dou juïse aient garantison,

Voici une partie de la sixième leçon pour le Commun des fêtes de la Vierge :

Ave, igitur, ... assidue pro nobis precare Iesum Filium tuum et Dominum Nostrum, ut per te misericordiam invenire in die iudicii ...[407].

-A554   De la destre ton fil aient beneïçon.

Le Bréviaire de Corbie, pour l'octave de l'Assomption, fournit l'oraison suivante :

> Porrige nobis dominus dexteram tuam per intercessionem beate et gloriose semperque uirginis domini genitricis marie et auxilium nobis superne uirtutis impende ...[408].

-A555   Et mon pere et ma mere *iceaus n'i oublïon :* [409]

L'office des morts contient une oraison pour les parents à laquelle nous empruntons la partie suivante :

> Deus, ... miserere clementer animabus patris et matris meae, eorumque peccata dimitte[410].

-A556   Que tuit aions lassus el ciel *la mansïon*[411] !

Voici une oraison de l'*ordo commendationis animae* qui contient une allusion à la 'mansion' :

> Clementissima Virgo Dei Genitrix, Maria, ... famuli (famulae) spiritum Filio suo commendet, ... ut hoc maternu interventu terrores mortis non timeat ; sed desideratam caelestis patriae mansionem, ea comite, laetus (laeta) adeat ...[412].

A la fin de son poème l'auteur prend congé de son public. Herman s'adresse à Notre-Dame pour lui faire le don de son 'roman' et de lui-même.

Les vv. -A552-4 jettent encore un jour particulier sur l'état de notre poète. En tant que prêtre il implore l'indulgence divine pour ses bienfaiteurs. Se souvient-il des paroles de saint Paul, qui avait créé l'institution du collège des 'presbytres'[413] ? : 'Nous vous demandons, frères, d'avoir de la considération pour ceux qui se donnent de la peine au milieu de vous, qui sont à votre tête dans le Seigneur et qui vous reprennent. Estimez-les avec une extrême charité, en raison de leur travail'[414].

Son public, aurait-il compris l'allusion à ce devoir, suggéré par le mot 'bienfaiteurs'?

A la fin du XIIIe siècle, l'auteur anglo-normand du *Chevalier de Dieu*[415] est beaucoup plus explicite à cet égard (nous soulignons) :

> De cez dist Poel, li espirez :
> "De voz proves, fet il, pensez
> Ki tant veillent sen contençoun
> Come pur rendre pur vous raisoun".
> Les provoz nome, les parvaires,
> K'esveillent en bones afaires
> Et prient pur lour bienfaitours
> Ke Dieu les face tiel secours
> Que de lour mal aient relais
> Et lour almes saient en pais.
> *De ces doit l'omme bien remembrer*
> *Par honurer et bien doner*[416].

Au cours de ces pages, nous avons renvoyé quelquefois à l'office des défunts. La mort de Marie rappelle à tout homme qu'il est mortel et que, un jour, il devra comparaître devant le tribunal de Dieu.

L'enterrement de la Vierge s'accomplit d'après des rites traditionnels qui comptent parmi les plus anciens de l'Église et qu'elle observe toujours :
— dans une procession solennelle on accompagne le corps depuis la maison mortuaire à l'église, en chantant des psaumes et en portant des cierges
— on chante le répons *Libera*[417] ; le prêtre encense le corps et lui administre l'eau bénite
— le cortège se rend au cimetière ; le prêtre bénit la fosse
— le service termine par le chant de l'antienne suivante :

Ego sum resurrectio et vita : qui credit in me, etiam si mortuus fuerit, vivet ; et omnis qui vivit et credit in me, non morietur in aeternum[418].

Pour terminer ce paragraphe, nous reproduisons les vers du poème qui ont trait aux funérailles de la Vierge :

-A429	Dont em pranent lor cierges et les lampes ardant,
-A431	Li autre le servise commencent en chantant,
-A496	Donc ancensent le cors molt covenablement.
-A497	Qant fu faiz li servises torné en sont la gent.
-A498	Iluec laissent le cors et ami et parant.

III. 8. LE POÈME DE WACE SUR L'ASSOMPTION DE NOTRE-DAME. SA SOURCE PRINCIPALE : *MEL*

Strate avait fourni neuf preuves[419] du fait qu'Herman a connu le texte de Wace. Les rapports étroits entre les deux récits s'expliqueraient par des passages communs qui ne se trouvaient pas dans la source qui, selon Strate était *Mel*[420].

La comparaison entre les deux poèmes français nous a amenée à croire que Wace aussi bien qu'Herman disposaient d'un seul récit latin qui était leur source pour la partie 'historique' de leur narration. Dans le texte de Wace ce sont les éléments de *Mel* qui prédominent, dans celui d'Herman c'est plutôt *Wil*[421].

Voici maintenant un résumé du poème de Wace, d'après la thèse de Strate[422]. Sont placés entre crochets les éléments que nous avons ajoutés à son analyse. A droite on trouvera les renvois à *Mel* et à *Wil*[423].

2]	Jésus recommande sa Mère à Jean. Les apôtres sont dispersés dans le monde pour prêcher ; Marie reste chez des parents de Jean, près du mont des Oliviers.	*Mel* I(II)[424]
3]	L'année après l'Ascension du Christ, Marie se trouve seule dans sa maison et elle désire vivement être réunie à son Fils.	*Mel* II(III)[425]
4]	Un ange lui apparaît et lui remet une palme. Il dit : 'Dieu t'envoie cette palme. Dans trois jours tu seras avec Lui : ton Fils et tous les anges t'attendent. Tu dois faire porter devant ton cercueil cette palme. Marie demande à l'ange que tous les apôtres se réunissent autour d'elle. L'ange le lui promet, puis il disparaît.	*Mel* II(III) 1,2[426]
5]	Marie change ses vêtements et sort de sa maison pour aller au mont des Oliviers. Là elle prie Dieu de la garder contre les puissances infernales.	*Mel* II(III), 3[427]
6]a	*Elle retourne dans sa maison et convoque ses parents à qui elle annonce sa mort prochaine. Elle leur demande de vouloir veiller avec elle. 'Quand l'âme sort du corps, deux anges descendent : l'un vient du*	

ciel, l'autre de l'enfer. *Tous les deux veulent s'emparer de l'âme humaine qui, selon les bonnes ou mauvaises actions du corps, sera ou bien acceptée au ciel, ou bien ira en enfer.*

Wil 5:1-8[428]

6]b 'ne vous inquiétez pourtant pas, car aucune puissance infernale ne s'approchera de moi'.
[Mes de moi ne soit pas doutance
Que nulle maligne puissance
Me puisse faire destorbier
Ne ja vers moi ost aproichier ! "[429]

cf. *Mel* II(III) :
Ait autem angelus ad eam : Potestas quidem inferni non nocebit tibi ...[430]

7] Pendant ce temps Jean prêche à Éphèse : c'est le dimanche, à la troisième heure du jour. Un grand tonnerre se fait entendre et devant les yeux de tous il est enlevé dans une nuée. Le voilà devant la maison de Marie, dans la vallée de Josaphat. La Vierge lui rappelle la recommandation de Jésus sur le Calvaire ; elle lui apprend que son âme quittera le corps dans trois jours.

Mel III(IV) 1[431]

'Les Juifs ont juré de brûler mon corps *s'ils peuvent l'avoir,* car Jésus, qu'ils qualifient de séducteur, est mon Fils'.

Wil 8:5[432]

9] Marie montre à Jean le linceul dans lequel il devra l'envelopper et la palme qu'il doit porter [ou faire porter] [433] devant sa bière.

Mel III(IV) 2[433]

10] Jean croit qu'il ne peut pas s'occuper seul de l'enterrement de la Vierge : il aimerait l'aide des autres apôtres.
Les voilà qui arrivent, y compris Thomas. Des nuées les avaient enlevés des endroits où ils se trouvaient ; ils se saluent et s'étonnent d'être réunis ainsi. Jean sort de la maison et les introduit dans la chambre de Marie. Ils la saluent. Elle demande d'où ils sont venus : Après le récit de Jean, les autres apôtres parlent de leur arrivée miraculeuse. Marie leur demande de veiller avec elle jusqu'au moment où Jésus viendra la prendre.

Les noms des apôtres sont fournis par
a *Transitus A* VIII[435]
b *Pseudo-Jean*[436]

Mel IV(V), V(VI)[435]

11] A la troisième heure du troisième jour, tous ceux qui se trouvent dans la maison sont plongés dans un profond sommeil, excepté les apôtres et trois jeunes filles qui constituent la compagnie de Marie.

Mel VI(VII)[438]

12]a Jésus arrive avec une multitude d'anges. Il invite sa Mère à venir avec Lui.

Mel VI(VII)[439]

12]b 1 *"Je sui ton fil je sui ton pere,*
2 *Tu ies ma fille et ies ma mere.*
3 *Bien est droiture et je l'otroi*
4 *Que tu soies ensemble o moi.*

5 *Tu me portas, tu me norris*
6 *Si m'alaitas si me servis".*[440]

13] *"Onques n'i poi fame trover*
Fors toi ou je deüsse entrer.
Chambre reçois ostiex me fus
Et volentiers me receüs ;
Desor seras beneüree
Et roïne el ciel coronee.
Je sui rois, tu seras roïne ;
Toute gent ert vers toi encline
La poësté d'aidier avras
A tretoz ceus que tu voldras".[441]

14] Marie, après s'être adressée de nouveau à son Fils,
s'étend sur son lit. Elle rend l'esprit. Dieu reçoit
l'âme de sa Mère. Il la remet à Michel.   *Mel* VII(VIII, 1,3 ;
[L'archange, accompagné de Gabriel, l'emporte au   VIII(IX), 2 [442]
ciel]

15] Les anges chantent la louange de Dieu :
Li angle vont antor chantant
Et molt docement dieu loant.[443]

16]a Jésus ordonne aux apôtres d'ensevelir le corps et
de le poser dans un sépulcre situé à droite de la
ville. Les trois vierges s'occupent de la toilette funèbre de la Mère de Dieu. [Son corps est invisible,
car une lumière éblouissante le dérobe à leurs ré-   *Mel* VIII(IX) 1,
gards. Le corps de Marie est blanc comme le lis].   IX(X)[444]

16]b *A ce moment-là, ceux qui s'étaient endormis, se*
réveillent.   *Wil* 31:4 [445]
Combat de générosité entre Jean et Pierre pour
savoir qui des deux portera la palme :
(Pierre) a seur nous touz la mestrie
Et trestoute la segnorie.[446]
Jean, disciple aimé du Seigneur, à qui fut recom-
mandée la Vierge Marie, portera la palme.   *Mel* X(XI)1,2 [447]

17] Pierre prend le corps et commence à chanter :
'In exitu Israel de Egypto'   *Wil* 34[448]

18] Une nuée cache le cortège funèbre. Les habitants
de Jérusalem sortent au nombre de quinze mille et
demandent la cause de ces chants doux. On leur
répond que Marie vient de mourir et qu'on va
l'enterrer.   *Mel* XI(XII) 1,2[449]

19] L'un d'entr'eux, un prince des prêtres, transporté
de fureur, dit :   *Mel* XI(XII) 3[450]
"Venez o moi et si prenon
La biere o tout le cors ardons !

Ce est la mere au seductor
Par qoi nos somes en freor".
"Toz les apostres ocions,
Que nul mes vivre n'en lesson." [451]

                                                            Wil 38:2 [452]

20]   *Les Juifs sont frappés de cécité.*   *Wil* 38:3,4 [453]

21]   Le grand-prêtre se précipite sur le cercueil qu'il
veut renverser. Aussitôt ses mains restent atta-
chées à la bière. Il éprouve une grande douleur. *Mel* XI(XII) 3 [454]

22]   Le grand-prêtre implore la pitié de Pierre. Celui-ci
répond qu'il ne peut pas l'aider, avant qu'il se soit
converti.   *Mel* XII(XIII) 1 [455]

23]   Le Juif le lui promet ; aussitôt ses mains se déta-
chent mais la douleur persiste. Pierre lui ordonne
de s'approcher du corps et de le baiser en disant :
'Je crois en Dieu et en son Fils Jésus'. Pierre lui
remet la palme dont il doit toucher les yeux de
ceux qui avaient été aveuglés. S'ils croient, ils re-
couvreront la vue.   *Mel* XIII(XIV)1,2 ;
Le Juif est complètement guéri.   XIV(XV) 1 [456]

24]   Le prince des prêtres s'acquitte de cette mission :
avec la palme il guérit tous ceux qui croyaient.
Les autres restent aveugles.   *Mel* XIV(XV) 2 [457]

25]a   Les apôtres arrivent dans la vallée de Josaphat, où
a lieu la sépulture. Ils restent près du tombeau. *Mel* XV(XVI) 1 [458]

        Enfin des nuées ont ravi de nouveau les apôtres
et les ont mis où ils étaient auparavant pour
prêcher l'Évangile.   *Mel* XVII(XVIII) 2 [459]

25]b   Pour ce qui est du corps de la Vierge :
       1 *Sempres fu d'ilec remuëz*
       2 *Ne fu puis veüz ne trovez.*
       3 *Ne vueil dire ne afermer,*
       4 *Ne je ne puis pour voir conter*
       5 *Que hom ne fame qui vesquist,*
       6 *Puis cele heure le cors veïst*
       7 *Li sepucres estoit monstrez,*
       8 *Mes li cors n'i fu pas trovez.* [460]

        Suit l'opinion de l'auteur sur la destinée ultime de la
Mère de Dieu :
       9 *Se l'en demande que je croi*
      10 *Du cors, s'il est ou ciel par soi*
      11 *Et l'ame par soi ensement,*
      12 *De ce respondrai je briefment :*
      13 *Je croi qu'ele est resuscitee*
      14 *Et vive et miex qu'ançois formee.*
      15 *La char de lui fu sanz luxure,*

16 *Bien doit estre sans porreture ;*
17 *Ne doit mie la char porrir*
18 *Ne par porreture perir*
19 *Dont la char dameldieu fu fete*
20 *Et nee et conceüe et treite.*[461]

27]   Au début du poème de Wace il est question de 'manne'.
D'après Strate[462] Dieu aurait remplacé le corps de Ma-
rie par de la manne :
Quant l'on dut le cors regarder
Que l'om iluec cuida trover,
N'i trueve hom se mana non.
Ce nos reconte la leçon,
Mana resemblot de blanchor
Novele neif e blanche flor.[463]

29]   Prière à la Vierge :
1 *Si deprions la glorïeuse*
2 *La sainte virge precïeuse,*
3 *Si voirement com Diex l'ot chiere,*
4 *Que elle oie nostre proiere*
5 *Et nos face la joie avoir*
6 *Que onques oils ne pot veoir,*
7 *Ne bouche d'omme raconter,*
8 *N'oreille oïr ne cuers pensser,*
9 *Que diex nostre sire a promis*
10 *En son regne a ses amis,*
11 *Que il parçonniers nos en face*
12 *Par sa pitié et par sa grace*
13 *Et por l'amor sainte Marie !*
    Amen, amen, chacun en die ![464]

Comme nous l'avons démontré dans cette analyse, les numéros 6a, 7, 16b, 17, 19
et 20 renvoient à une autre source, *Wil*, que Strate ne pouvait connaître.
        Il nous reste à trouver une solution pour les numéros 12b, 13 et 15.

12b]   1 "Je sui ton fil je sui ton pere,
        2 Tu ies ma fille et ies ma mere.
        3 Bien est droiture et je l'otroi
        4 Que tu soies ensemble o moi.
        5 Tu me portas, tu me norris
        6 Si m'alaitas si me servis".

Ce passage et le fragment suivant (13]) constituent une amplification des paroles
prononcées par le Seigneur.
        Pour les vv. 1 et 2 nous aimerions renvoyer à deux répons pour la fête de
la Conception (8 décembre) que l'on trouve souvent dans les offices rythmiques
du moyen âge :
— Hodie concepta est Virgo generosa
    Quae coeli regis mater est
    Et summe gratiosa

Mater haec et filia
Hic filius et pater
Quis audiuit talia
Quod uirgo est mater?[465]
— Sponsam, virgo, paris,
Cujus tu sponsa vocaris
Nescia peccati
Genetrix et filia nati.[466]

Dans le poème d'Herman, c'est la Vierge qui parle :

-A194   Li miens fiz est mes sires, je sa fille et s'amie,
-A195[467] Je norris mon signor, il m'a toz jorz norrie.

Au fond ce passage est hors de propos à cet endroit du récit. Il sert de remplissage. A l'encontre de Wace, qui attire l'attention sur la relation Mère-Fils, Herman souligne le rapport Époux-Épouse.

Les vv. 3-6 sont en rapport étroit avec un passage d'un sermon pour l'Assomption attribué à saint Augustin[468], qui, au moyen âge, fut aussi connu que la *Lettre à Paula,* que nous avons citée ailleurs[469].

C'est dans le Pseudo-Augustin que nous lisons ceci :

Ac per hoc videtur digne ... sit apud illum illa quae genuit, fovit et aluit illum Maria Dei genitrix, Dei nutrix, Dei ministratrix et Dei secutrix ...[470].

Les deux poètes se sont donc servis de formules différentes qui, pourtant, sont le reflet d'une même doctrine. Cette doctrine remonte aux Pères de l'Église.[471] Au XIIe siècle, on en trouve des traces dans la liturgie des grandes fêtes mariales.[472]

13]   "Onques n'i poi fame trover
Fors toi ou je deüsse entrer.
Chambre reçois ostiex me fus
Et volentiers me receüs ;
Desor seras beneüree
Et roïne el ciel coronee.
Je sui rois, tu seras roïne ;
Toute gent ert vers toi encline
La poësté d'aidier avras
A tretoz ceus que tu voldras".

Ici Wace fait allusion à l'incarnation et à l'assomption. Or, c'est dans l'office du 15 août que la liturgie fait mention de ces deux mystères.

Voici un répons et une collecte qui contiennent, du moins en principe, les éléments qu'il nous faut :
— Super salutem et omnem pulchritudinem dilecta es a domino et regina celorum uocari digna es ... sola ... sine exemplo placuisti femina christo[473]
— Domine qui uirginalem aulam beate marie in qua habitares eligere dignatus es ...[474].

15]   Li angle vont antor chantant
Et molt docement dieu loant.

Herman, au même endroit du récit, dit :

-A407   Molt demena grant joie la celestex maisnee,
-A408   Lassuz o molt bel chant l'en ont el ciel portee.

A première vue les deux passages sont identiques. Seulement, la terminologie diffère quelque peu. On retrouve cette distinction dans les formules liturgiques du 15 août. C'est le verset alléluiatique de la messe que traduit Herman :

> Assumpta est Maria in caelum : gaudet exercitus Angelorum. Alleluja[475].

C'est une antienne qui est à la base du texte de Wace :

> Assumpta est Maria in caelum : gaudent Angeli, laudantes benedicunt Dominum[476].

Ces formules étaient chantées, de là les termes français de *chantant* et *o molt bel chant*.

Pour conclure nous dirons ceci : le rapport textuel entre les deux poèmes s'explique par le caractère identique des sources latines auxquelles ils remontent. D'une part, il y a les *Transitus Mariae :* pour les numéros 6a], 7], 16b], 17], 19], 20], lês deux poètes suivent plutôt *Wil.* D'autre part, il y a les sermons et les formules liturgiques qui, pour les numéros 12b], 13], et 15] étaient à peu près identiques dans les ouvrages français.

Nous terminons ce paragraphe par quelques remarques à propos des numéros 25b], 27] et 29].

25b]   A la fin de son poème, Wace exprime sa croyance à la résurrection en corps et en âme de la Mère de Dieu. Les termes dont il se sert sont en rapport étroit avec les textes suivants :
— le Martyrologe d'Adon, pour les vv. 1-6 :
... Dei Genitricis Mariae perpetuae virginis ... cuius et sacrum corpus non invenitur super terram[477].
— le Pseudo-Jérôme (qui, au fond, n'admet pas l'assomption du corps de la Vierge), pour les vv. 7,8 :
... Monstratur autem sepulcrum eius cernentibus nobis usque ad presens in uallis Iosaphat medio ... sed nunc uacuum esse mausoleum cernentibus ostenditur ...[478].
— le Pseudo-Augustin (qui se prononce nettement pour l'assomption corporelle), pour les vv. 9-20 :
Autant que je l'aperçois, autant que je le comprends, autant que je le crois, l'âme de Marie jouit sûrement de la gloire du Christ et de sa présence ... Pourquoi son corps à elle, par lequel elle a engendré ce corps (= le corps du Christ ressuscité) ne jouirait-il pas du même privilège ? Si aucune autorité ne s'y oppose nettement, je crois fermement qu'il en est ainsi ... Je n'arrive pas à comprendre, je crains de dire que le corps très saint d'où le Christ a pris sa chair a subi le sort commun et a été la proie des vers[479].

27]   Dans le poème de Wace, la légende de la 'Sainte Parenté'[480] sert de transition entre la *Conception* et l'*Assomption*. Il y est question de Jean, l'Évangéliste, fils cadet de Zébédée et de Marie Salomé[481] : après sa mort on ouvrit la fosse, mais le corps avait disparu. On ne trouvait que de la manne.

A notre avis, Wace renvoie à sa source latine en disant *Ce nos reconte la leçon*[482].

C'est que le Pseudo-Jérôme, cité ci-dessus, contient le passage suivant qui, dans le Bréviaire de Corbie, occupe la sixième leçon pour l'office de l'Assomption :

> ... quamuis nonnulli astruere uelint eam iam resuscitata et beata cum christo immortalitate in celestibus uestiri. Quod et de beato Iohanne euangelista eius ministro cui uirgini a christo commissa est uirgo, plurimi asseuerant, quia in sepulchro eius ut fertur nonnisi manna inuenitur quod et scaturire cernitur[483].

Dans un sermon d'Abélard pour la fête de l'apôtre Jean, nous lisons encore ceci :

> ... Cuius denique corpus nec corruptione uel putredine corruptum in specie mannae perhibetur conversum, ut ex eius speciei candore munditia carnis probaretur immaculatae[484].

Ainsi, chez Wace, il s'agit non pas du corps de Marie, comme le croyait Strate, mais de celui de Jean, l'Évangéliste.

29] Voici quelques fragments de prières latines qui offrent un certain rapport avec les vers de Wace. Tous font partie de l'office du 15 août.

Le premier fragment est emprunté au sacramentaire grégorien que le pape Hadrien Ier envoya à Charlemagne :

> Concede nobis quaesumus, omnipotens Deus, ad beatae Mariae semper virginis gaudia aeterna pertingere ...[485] (vv. 1-5)

Le second fragment figure dans la messe mozarabe du IXe siècle :

> Aeterne Deus ... qui gloriosam virginem adsumpsisti Mariam ... ad superam et inenarrabilem caeli sedem ...[486] (vv. 6-8)

Le dernier fragment qui nous occupe fait partie de la messe actuelle :

> Omnipotens sempiterne Deus ... concede ... ut ... ipsius gloriae mereamur esse consortes[487] (v. 11)

III. 9. LA LÉGENDE DE L'APOTRE RETARDATAIRE, THOMAS

Pour son édition critique de l'*Assumption Nostre Dame* d'Herman, Strate s'était basé sur le Ms. N2[488], qui est le seul à contenir la légende de l'apôtre retardataire, Thomas[489]. Il admettait que ce fragment, qui occupe plus de deux cents vers, fût de la main d'un remanieur[490]. Nous sommes de son avis[491].

C'est après le v. -A505 qu'on a intercalé l'histoire de Thomas. En voici le résumé :

Thomas, l'Apôtre, est absent au moment où meurt la Vierge. Loin de Jérusalem, il prêche l'Évangile et baptise les gens. En se rendant miraculeusement au mont des Oliviers, il voit le corps de Marie transporté au ciel. Une voix céleste lui raconte comment elle a été emportée au ciel, comment les apôtres l'ont ensevelie.
Ceux-ci se trouvent encore à son tombeau. Thomas commence à pleurer, il demande à Dieu de lui donner un signe. Le Tout-Puissant lui offre la ceinture de la Vierge par l'intermédiaire de son ange. C'est le linceul dont l'avait enveloppée Jean.[492] Le messager de Dieu lui ordon-

ne de se rendre auprès des apôtres, de leur montrer la ceinture et de faire ouvrir la tombe :
le corps de Marie ne sera plus là. L'ange disparaît. Thomas se rend à la vallée de Josaphat.
Il y trouve les apôtres, qui lui parlent de la mort et de l'enterrement de Marie. Thomas, qui
se garde bien de leur raconter ce qu'il a vu, dit que le corps n'est plus là. Il veut vérifier de
ses propres yeux l'histoire qu'on vient de lui raconter. Pierre lui reproche son incrédulité.
Thomas persiste dans son opinion et montre la ceinture. Jean la reconnaît et s'étonne fort
de ce miracle. La fosse est ouverte, le corps a disparu : Dieu l'a remplacé par de la manne.
Tous s'agenouillent devant Thomas, ils lui demandent pardon. Celui-ci répète toute l'histoire.
Il leur demande de vouloir répandre partout cette bonne nouvelle.[493]

Ce récit se lit dans le *Transitus A*[494], que nous avons mentionné plus haut[495]. Le rédacteur de
cet apocryphe a dû l'emprunter à la *Lettre à Tite,* attribuée au Pseudo-Denys, qui daterait de la fin
du VIIe ou du début du VIIIe siècle. Elle était rédigée en grec.[496]

Dans le Ms. N2, la laisse 52 (vv. 514-524 = -A502-12) est coupée en deux parties : la première partie, jusqu'au v. 518 (= -A505), représente la version commune ; la seconde partie de la
rédaction commune n'est reprise qu'à la laisse 66 (vv. 767-773 = -A506-12). Les vv. -A506-7 ont
été modifiés (= v.519) afin de faciliter le passage à l'histoire de Thomas. Le remanieur a dû ajouter
un vers (524) pour expliquer la présence des apôtres près du tombeau de Marie, puisque, dans
l'original, ceux-ci étaient déjà disparus! Les vv. 520-1 rendent la version commune (= -A508-9).

Pour plus de clarté nous reproduisons ici les laisses 52 et 66 (du Ms. N2 = -L52 du Ms. N6) :
à gauche on trouvera le texte de N2[497], à droite celui de N6 — le Ms. que nous publions dans la
présente étude — qui représente la rédaction commune de ce passage :

518	Del ciel vint une nue qui tous les aombra,	-A505	Ez dou ciel une nue ! Trestoz les aombra.
519	Que li uns ne voit l'autre, ne ne set u esta.		
520	Et dex a pris le cors, – sachiés : ne l'i laissa –	-A508	Et Diex a pris le cors, sachiez, ne l'i lessa :
521	Li angele le rechiurent, a cui le com-manda ;	-A509	Li angle le reçoivent cui il le commanda,
522	Cantant l'en ont portee. Quant la nue leva,		
523	(En l'air en font grant feste qui sous le ciel esta.		
524	Li apostele remainent tout esbahi et mat.		
766	Del ciel vint une nue qui tous les aombra,	-A505	Ez dou ciel une nue ! Trestoz les aombra.
767	Tous les en a levés et tous les dessevra,	-A506	Tuit s'an sont eslevé, trestoz les dessevra
768	Si com ainc furent pris, chascun par soi posa.	-A507	Et si com il ainz furent chascun par soi posa.
769	Nostre sire sa mere, si com il comman-da,)		
770	Lassus en son haut trosne bonnement le porta,	-A510	Lassuz en son saint ciel bonement l'em porta,
771	L'ame remist el cors, mout bien le rassambla.	-A511	L'ame remist el cors et molt bel rassam-bla.

772 Signor, la est la dame, sans fin i remanra,
773 C'est icele roïne, signor, qui me sana.   -A512 Signor, c'est cele dame qui le monde sa
                                                          va.

Le texte de N2 contient plusieurs répétitions :
— les laisses 62-65, v. 6 (= 714-757) sont identiques aux laisses 54-57 (= vv. 568-613) ;
— il en est de même des laisses 61 (= vv. 672-713) et 53 (= vv. 527-567), dont il faut mentionne
   encore la longueur démesurée par rapport au système strophique observé généralement par
   l'auteur[498].

De cette façon, l'interpolation totale se réduit à 158 vers[499]. Elle est bien due à un remanieur qui
l'aura empruntée à un récit apocryphe apparenté au *Transitus A* de Tischendorf[500].

Quant aux sources de ce remanieur, nous relevons encore deux particularités que voici :
— aux vv. 661-2 nous lisons que Dieu avait remplacé le corps de Marie par de la manne :

La fosse ont aouverte, n'ont pas le cors trové,
Mais la manne del ciel que dex i ot posé[501].

Il se trouve que le Ms. C[502] du *Transitus A* publié par Tischendorf contient aussi ce détail :

tuleruntque lapidem et ... nihil viderunt nisi solummodo lapidem qui erat plenus manna[503].

— à deux reprises[504] Thomas adresse une prière à Dieu, qui revêt la forme du *Credo* épique.
   Nous ferons suivre le texte de ces 'orisons' :

"Beaus sire tous poissans qui crias tout le mont
Et ciel et terre et eaue et de quanques ens sont,

"Beax sire dex, ...
Si voir con fus nés et tu es dex et hom,
Et tu souffris en crois por nous tous passion
Et mort (et) dont tu venis a resurrection
Et entras en infer por nostre raenchon,
S'en getas tes amis, si loias le felon
Belzebub quis avoit trais a perdition,
Si voir con tu rissis d'icele mansion,
Et nous te reconnumes a t'apparision.
Al quarantisme jor de ta surrestion
Fesis al ciel lassus, sire, t'assention,
Au disme jor après nous tramesis un don :
Ce fu li sains espirs sus in monte Syon -
Si voir com ice fu, ..."[505].

Avant de traiter le sujet de la prière épique, nous aurons à étudier l'*aventure* de saint Jean-Baptiste.

IV. LA VIE ET LA MORT DE SAINT JEAN-BAPTISTE

IV. 1. ANALYSE DES vv. -3135-3211 ; -3857-4101

Saint Jean-Baptiste, le dernier des prophètes[1] et le Précurseur du Seigneur, a laissé ses traces à plusieurs endroits sur la voie du Salut.

L'Église lui a réservé une place importante aussi bien dans le propre du temps que dans le propre des saints[2]. Il est le seul saint dont on célèbre la venue au monde[3], appelée au moyen âge 'Noël d'Été'[4].

Dans la peinture et la sculpture, en orient et en occident, on l'a représenté à plusieurs moments de sa vie mouvementée[5].

Dans la littérature occidentale il est connu grâce aux *Vies* que l'on a composées, tant en prose qu'en vers[6].

Nous le rencontrons aussi dans le poème d'Herman de Valenciennes. Il y est le cousin de Jésus. Sa mère Élisabeth est la cousine de la Vierge Marie. Jean, l'Évangéliste, et Jacques le Majeur appartiennent aussi à sa famille[7].

Nous ferons suivre une analyse de son histoire. A gauche on trouvera les renvois aux vers français, à droite nous indiquerons les passages évangéliques correspondants[8].

-3135-3180[9]	Un ange annonce la naissance d'un fils au prêtre Zacharie, mari d'Élisabeth.	Lc.1:5-15,18-24
-3181-3200	Naissance de saint Jean. La fête de sa nativité est célébrée universellement 'enz en mi esté'.	Lc.1:57,58,62,63 (*Mt.11:10-1*)
-3201-3211[10]	A l'âge de sept ans il quitte ses parents et se retire au désert pour fuir les péchés de ce monde.	Lc.1:80,(15) (Mt.3:4)
-3857-3912	Saint Jean baptise à l'eau. On lui demande s'il est le Messie.	Jn.1:19-27
-3913-3925	Résumé de sa vie, introduction à sa mort : 'par martire torna de ceste vie'.	
-3926-3946	Il perdra la vie par la main d'Hérode, fils de cet Hérode qui fit tuer les Innocents. Quelques particularités sur la famille d'Hérode. Le voyage d'Hérode à Rome.	
-3947-3984	Emprisonnement de saint Jean.	Mc.6:17-20
-3985-4009	Il envoie quelques-uns de ses disciples pour demander à Jésus s'il est le Messie.	Mt.11:2-10
-4010-4018[11]	Le témoignage que lui rend Jésus.	
-4019-4057	Exécution de saint Jean.	Mc.6:21-28
-4058-4065	Il descend en enfer, où il annonce le 'secours' du Seigneur.	

-4066-4070; -4087-4090	Le sort de son *chef* : Hérodiade l'a scellé dans le mur de Sébaste.		
-4071-4073	Son corps est enterré par ses disciples 'en la cit de Sebaste'. *Mc.6:29*		
-4074-4085; -4100-4101	Souvenons-nous de cet homme : que nous puissions entrer au paradis, avec l'aide de lui et de son 'linage'.		
-4086	Saint Jean tué au temps de Pâques.		
-4091-4099	Selon 'li escriz' ses ossements furent exhumés par des païens et brûlés par des parents d'Hérodiade. Peu de temps après, des moines en ont rassemblé pieusement les cendres.		

IV. 2. LE CHOIX DES PÉRICOPES ÉVANGÉLIQUES EST BASÉ SUR LES LECTURES FAITES PENDANT LES FÊTES DU BAPTISTE, CELLE DE SA NATIVITÉ, AU 24 JUIN, CELLE DE SA DÉCOLLATION, AU 29 AOUT

Les péricopes évangéliques que nous venons de citer constituent les leçons pour les fêtes de saint Jean.

Herman n'en indique lui-même qu'une seule : celle du 24 juin, la fête de la nativité, célébrée donc en effet 'enz en mi esté'[12].

Si le poète a groupé sa matière autour d'un sujet particulier, savoir la vie du Baptiste[13], le choix de cette matière ne dépendait pourtant pas de sa volonté personnelle[14] : l'Église avait fixé une fois pour toutes les passages de l'Écriture sainte qui devaient être lus devant les fidèles pendant les grandes fêtes de l'année. Nous avons dit plus haut[15] qu'elle avait réservé une place importante au personnage de Jean, aussi bien dans le propre du temps que dans le propre des saints.

Depuis longtemps l'année liturgique débute par les quatre semaines de l'Avent : l'office et la messe font passer en revue tous ceux qui ont annoncé la venue du Sauveur. Le dernier de ces 'prophètes' a été saint Jean. Nous avons vu que le fragment tiré de l'Évangile de saint Jean (Jn. 1:19-27) et celui de l'Évangile de saint Matthieu (Mt.11:2-10) constituaient les leçons évangéliques pour le quatrième et pour le troisième dimanche de l'Avent[16].

Pour les autres passages nous ferons suivre un tableau synoptique où l'on trouvera les renvois aux fragments correspondants dans les documents liturgiques que nous avons consultés[17]. A gauche on lira les péricopes évangéliques traduites par Herman.

Ms. Dijon 114
(Bréviaire de Cîteaux)

Lc.1:5-15	Lc.1:5-17	fo 126d, 127a	'in uigilia sancti Iohannis Baptiste'
Lc.1:18-24	Lc.1:18-25	fo 127a	'in die ad missam matutinam'
Lc.1:57-68	Lc.1:57-68	fo 127a fo 75c	'ad missam maiorem' 'in Natiuitate sancti Iohannis Baptiste'
Mc.6:17-20,21-28,29	Mc.6:17-29	fo 127c	'in Decollatione sancti Iohannis Baptiste'

Ce tableau nous montre que

- pour la conception et la naissance de saint Jean, le poète traduit fidèlement les péricopes évangéliques qui étaient lues pendant les offices du 23 et du 24 juin ;
- pour le 'martire' du Baptiste, Herman a eu recours au passage tiré de l'Évangile de saint Marc qui, dans le Bréviaire de Cîteaux, constitue la leçon évangélique pour l'office (la messe) du 29 août.

Dans le Missel de Bobbio et le Lectionnaire de Luxeuil, l'histoire de la décollation de saint Jean se lit selon l'Évangile de saint Matthieu[18].

Il nous semble logique de supposer que notre auteur s'en tient simplement à l'usage liturgique de son diocèse, en 'transposant' le texte latin de saint Marc qui se trouve dans son lectionnaire de l'office.

IV. 3. AUTRES SOURCES

Quant aux sources latines autres que la Vulgate, Mehne — en ce qui concerne le sort des ossements du Baptiste — cite

- le commentaire de Bède, *In Marci Evangelium Expositio,* Lib. II, VI ;
- un certain Nicephorus, auteur grec du XIVe siècle[19].

Nous pouvons écarter tout de suite l'*Histoire ecclésiastique* de ce dernier[20] : cet ouvrage est de date trop tardive pour que notre poète y ait puisé.

Il s'agira donc de trouver des textes latins auxquels puissent remonter les vv.-4071-4073 ; -4086-99. Nous les reproduisons ici :

-4071	Des deciples qu'il ot fu li cors demandez,	
-4072	Il lor fu volentiers et bailliez et donnez,	
-4073	En la cit de Sebaste fu li cors anterrez.	*b*
-4086	Em pasquerez, signor, fu sainz Jehans ocis,	*a*
-4087	Qant il fu decolez, li chiés en fu tremis	*d*1
-4088	A cele Herodias, qui bien en sauf l'a mis :	
-4089	El mur de la cité le met li anemis,	
-4090	C'est el mur de Sebaste, qui molt estoit antis.	
-4091	Il ne demora gaires, si com dist li escriz,	*c*
-4092	Ses cors fu de paiens fors de la terre mis,	
-4093	Herodias cuidoit, se li chiés fust conquis	*d*2
-4094	Et au cors assamblez, suz les espaules mis,	
-4095	Par sa grant saintéé, qu'il redevenist vis !	
-4096	Granz loiers a donnez a paranz, a amis,	*c*
-4097	Le cors ont trestout ars, qant li feus fu espris.	
-4097A	*Adonc manoient moine et saint home el païs.*	
-4098	*La cendre de la char, les os ars et bruïs*	
-4099	Ce q'en porent trover i ont *ensamble* mis.[21]	

Quel est 'li escriz', auquel renvoie Herman au v. -4091 ? Nous n'aimerions pas y voir une simple cheville. Ce terme ne désigne pas le texte sacré, qui, nous l'avons déjà dit, ne fournit pas les détails des vers cités ci-dessus.

Or c'est dans le *De Inventione Capitis Sancti Baptistae* que nous trouvons des données intéressantes sur le *chef* de saint Jean et sur le rôle qu'a joué Hérodiade. L'auteur de ce long récit traduit du grec' sur l'invention du *chef* du saint Précurseur à Jérusalem et sur son transfert à Émèse, est Denys le Petit[22], ami et camarade d'études de Cassiodore[23].

Voici le passage en question qui a des rapports étroits avec les vv. -4087-90 ; -4093-95 (*d*1, *d*2) : (nous soulignons)

*d*1   Duo quidam monachi de Oriente profecti, ... Hierosolymam pervenerunt. Horum uni prae-cursor adventus dominici et baptista Regis aeterni, sanctus Johannes assistens ait : venientes ad *domum quondam Herodis regis,* auferte *caput* meum, quod invenientis in terra *defossum* ... Revertebantur igitur monachi, ferentes *caput quod Herodias* pro mercede saltatricis filiae suae in disco suscipiens, veluti desiderata venationis praeda *potita est.* Quin etiam desiisse jam prophaeticae linguae correptiones existimans, nequaquam passa est caput ipsum venerandum

*d*2   cum reliquo corpore sepeliri, *metum de ejus conjunctione suscipiens et hoc procul dubio pertractans, quod integrum sancti corpus omni facilitate resurgeret :* hoc autem fieri non posset, si caput ipsa retineret. Et ideo non passim tradidit sepulturae, sed *intra septa suae domus infodit ...*[24].

Ce fragment ne fournit pas toutes les particularités mentionnées dans notre poème. Au fond, chez Herman 'li escriz' fait allusion à des païens qui auraient violé la sépulture de saint Jean (*c*). En plus, le Baptiste aurait été tué au temps de Pâques (*a*), et son corps aurait été enseveli à Sébaste (*b*).

Tous ces détails se lisent dans le commentaire de Bède, mentionné plus haut[25]. Nous repro-duisons les passages qui se rapportent aux fragments *a-d*1 de notre texte[26] :

... Unde colligitur Joannem, *imminente eadem festivitate paschali, fuisse decollatum ... (a)*

Siquidem ut Chronica Marcellini comitis testantur, tempore Marciani principis, duo mona-chi orientales venerant adorare in Jerosolymis, et loca sancta videre ; quibus per revelationem assistens idem praecursor Domini praecepit, ut *ad Herodis quondam regis habitaculum* acce-dentes, *caput* suum ibi requirerent, et inventum digno honore reconderent ... (d1)[27]

Narrat Historia ecclesiastica *sepultum eum in Sebaste urbe* Palestinae, quae quondam Sama-ria dicta est (*b*). At tempore Juliani principis invidentes Christianis qui sepulcrum eius pia sollicitudine frequentabant, *paganos invasisse monumentum, ossa* dispersisse per campos et rursum *collecta igni cremasse ac denuo dispersisse per agros. Adfuisse tunc temporis* ibidem de Jerosolymis *monachos qui mixti paganis ossa legentibus maximam eorum partem congre-gaverunt* et ad patrem suum Philippum ... detulerunt ... (*c*)[28].

Dans le récit de Bède le détail sur la crainte d'Hérodiade manque (*d*2). Il manque aussi dans les sources auxquelles renvoie ce vénérable historien anglais, bien que Marcellinus, dans sa *Chronique,* avance que la tête du Baptiste fut donnée à Hérodiade, qui l'a enterrée à part[29].

C'est dans l'*Histoire ecclésiastique* d'Eusèbe-Rufin qu'il est question de (*b*) et de (*c*)[30].

Il se trouve que, dans sa *Chronique,* Bède fait également mention des détails nommés sous (*b*), (*c*) et (*d*1)[31].

Revenons à notre 'escriz' : plusieurs solutions se présentent. Herman fait allusion aux récits légendaires sur la translation des ossements et sur l'invention du *chef* de saint Jean-Baptiste.

Voici, par ordre chronologique, les ouvrages où il a pu puiser :

— l'*Histoire ecclésiastique,* d'Eusèbe-Rufin, XI, 28 (IVe s.)   :   *b,c*
— le *De Inventione Capitis Sancti Baptistae,* de Denys le
     Petit, (VIe s.)   :   *d*1, *d*2
— la *Chronique,* de Marcellinus, (VIe s.)   :   *d*1, *d*2
— la *Chronique,* de Bède, (VIIIe s.)   :   *b, c, d*1
— le *In Marci Evangelium Expositio, Liber* II, VI, de Bède,

(VIIIe s.)   : *a, b, c, d*1

— l'*Historia Scholastica,* cap. LXXIII, *in Evangelia,* de Petrus
Comestor[32], (XIIe s.)   : *b,c, d*1

Herman a dû consulter le récit de Denys le Petit, qui est le seul à contenir (*d*2) et qui était universellement connu au moyen âge[33].

Quant à 'li escriz' nous proposons deux documents dont le premier est le commentaire de Bède qui, en effet, contient tous les passages de notre poème, à l'exception pourtant de (*d*2)[34]. Il se peut donc que le poète ait puisé à ce texte qui constitue comme une explication de l'Évangile du jour lu à la fête de la Décollation du Baptiste[35]. Mais il est aussi possible qu'il ait eu recours à son martyrologe[36]. C'est que le commentaire de Bède et sa *Chronique* ont été insérés dans le texte du Martyrologe d'Adon (IXe s.)[37]. Nous l'avons cité pour les maladies d'Hérode[38] et aussi à propos de l'Assomption de la Vierge[39]. Nous y trouvons les mentions suivantes qui sont en rapport avec les passages du poème que nous avons cités ci-dessus :
— pour le 29 août :

IV. Kal. Septembris : *Passio et decollatio vel potius inventio capitis ejusdem beatissimi Iohannis Baptistae,* quem Herodes tetrarcha, ut Evangelistae referunt, tenens ligavit in carcere, propter Herodiadem uxorem fratris sui Philippi, quia duxerat eam ; dicebat illi Iohannes : Non licet tibi habere uxorem fratris tui. Hac de causa insidiabatur illi Herodias et quaerebat occidere eum, et non poterat. Herodes autem metuebat Iohannem, sciens eum virum justum et sanctum esse. Sed cum Herodes ipse diem natalis sui ageret, filia Herodiadis saltante in medio, saeviente matre, inter delicias at lascivias convivantium, temere ab Herode juratur, et impie quod juratur, in nece prophaetae impletur ... Vinctus autem erat sanctus baptista in Arabia, castello Macheronta.
Misso itaque spiculatore, decollatus est in carcere, et allatum est caput ejus in disco, puellaeque datum.

b   *Quod audientes discipuli ejus, venerunt et tulerunt corpus ejus, et posuerunt illud in monumentum apud Sebastem,* urbem Palestinae, quae quoniam Samaria dicta est : ubi per aliquot annos jacuit usque ad tempora Juliani impiissimi Caesaris. Qui cum Christianis esset infestis-

c   simus *pagani* apud Sebasten *sepulcrum ejusdem I. Baptistae invadunt, ossa* dispergunt ; eadem rursum *collecta et cremata, latius dispergunt :* sed Dei providentia adfuere *quidam* ex Hierosolymis *monachi, qui misti colligentibus, quaeque ipsi poterant,* ablata ad patrem suum Philippum pertulere ...

*d*1   Porro *caput suum* duobus monachis Orientalibus qui causa orationis venerant Hierosolymam, idem beatus Iohannes *juxta Herodis quondam habitaculum* revelavit quod deinceps Emesam Phaeniciae urbem perlatum, ut digne honore cultum est ...[40].

— pour le 24 février :

VI. Kal. Martii ... Et inventio capitis Praecursoris, tempore Martiani principis, quando isdem praecursor duobus monachis ubi idem caput ejus celatum jaceret, revelavit.

a   Constat autem *quia imminente festivitate Paschali fuerit,* sicut in Evangelio apparet, *decollatus ...*
Et propterea quod in libro Sacramentorum natale VI Kal. Sept. die notatum est, et in Martyrologio, quod Eusebii et Ieronymi vocabulis insignitum est, legitur : Quarto Kalendas Septembris in Emeso civitate Phoeniciae provinciae, natale sancti I.B., quo die decollatus : non specialiter ipsum diem decollationis ejus sed diem potius, quo caput ejus in eadem Emesa civitate repertum, atque in Ecclesia conditum, designat.
Siquidem duo monachi Orientales venerant adorare Hierosolymis et loca sancta videre.

*d*1   Quibus per revelationem assistens idem Praecursor Domini, praecepit, ut *ad Herodis quon-*
dam regis habitaculum accedentes, *caput suum* ibi requirerent, et inventum digno honore
reconderent. Quod ab eis inventum et assumptum, sed non multo post culpa incuriae perditum, perlatum est Emesam ab illis, et in quodam specu, in urna sub terra non pauco ostendit
Marcello cuidam religioso presbytero, dum in eo specu habitaret. Ex quo tempore coepit in
eadem civitate beati praecursoris decollatio ipse die, quo caput eius inventum sive revelatum
est, celebrari.[41]

Malheureusement nous n'avons pas réussi à trancher la question. A l'époque de notre auteur, les
notices du martyrologe étaient bien courtes, comme le prouvent celles qu'on lit dans celui d'Usuard[42]. C'est à lui que remontent finalement tous les martyrologes du moyen âge. C'est lui qui sur-
vit dans le Martyrologe romain actuel[43].

    Nous citons encore la notice du 29 août qui a dû être le point de départ pour Herman[44] :

IV Kal. (Sept.) Mens. Aug. Die 29 : *Decollatio* vel potius *inventio capitis* beatissimi Iohannis
Baptistae. Siquidem *decollationem ejus circa solemnitatem Paschalem evenisse* ex Evangelica
comprobatur lectione, quae tamen hic festiva recolitur, quando caput eiusdem secundo repertum est in Emessa civitate, atque in ecclesia conditum.[45]

IV. 4. EMPRUNTS FAITS A LA LITURGIE

Dans la partie du poème d'Herman qui nous occupe ici, certains éléments remontent à la liturgie
des fêtes du Baptiste. Ces emprunts nous semblent d'autant plus sûrs que l'auteur renvoie lui-
même à la fête du 24 juin. Parfois le même passage se trouve à différents endroits. Nous le citerons
d'après les documents, anciens et contemporains, que nous avons consultés. Les renvois éventuels
aux sources contemporaines nous semblent justifiés parce que, en général, pour les grandes fêtes
de l'année, l'usage actuel ne diffère pas beaucoup de l'usage ancien. C'est que nous ne connaissons
pas les manuscrits liturgiques dont disposait l'auteur et par conséquent il ne nous est pas possible
de dire avec certitude à quelle source exacte il a fait ses emprunts.

    Passons en revue les passages en question :

-3136   Icil fu patriaches et de molt grant linage.
-3137   Cil sires l'espousa si fist grant mariage.

Ici, comme ailleurs, le poète chercherait à impressionner ses lecteurs en louant la noblesse, les ri-
chesses et la beauté de ses personnages. L'exagération serait un des moyens par lesquels les auteurs
du moyen âge attiraient l'attention de leur public[46].

    Cela peut être vrai de façon générale, et pour des personnes autres que les parents de Jésus.
La Bible elle-même n'a-t-elle pas souligné l'ascendance royale du Christ, fils de Dieu?[47]

    Il est bien naturel, à notre avis, qu'Herman, en tant que poète, ait voulu intéresser son pu-
blic, mais, pour ce qui est de la noblesse de ses protagonistes, il n'a pas du tout exagéré, il n'a
même rien inventé, il a simplement suivi la tradition de l'Église, telle qu'on la retrouve dans les
homélies des Pères, par exemple. Ainsi n'est-il pas trop difficile de trouver un passage liturgique
où il est question de la lignée du Baptiste[48].

    Saint Ambroise de Milan, dans l'homélie qu'on lit toujours le 23 juin, dit ceci :

Sacerdos itaque *Zacharias,* nec solum sacerdos, *sed etiam de vice Abia, id est, nobilis inter*
superiores familias. Et uxor, inquit (Scriptura), *illi de filiabus Aaron. Non solum igitur a*
parentibus, sed etiam a majoribus sancti Joannis nobilitas propagatur, ...[49].

-3185	Signor, ce est la feste, sachiez a escïent,
-3186	Que enz en mi esté celebrent cele gent,
-3187	Païen et Sarrasin la gardent hautement,
-3188	Tuit cil qui sont en terre et jusqu'en Occidant.
-3189	Savez que cil en dist qui governe la gent? :
-3190	'De mere ne fu nez nus hom plus hautement'.

Les vv. -3187-8 nous renseignent sur le caractère universel de la fête du 24 juin. Il en est question dans un sermon attribué à saint Augustin :

> Natalem sancti Joannis, fratres charissimi, hodie celebramus, quod nulli unquam sanctorum legimus fuisse concessum. Solius enim Domini et beati Joannis dies nativitatis *in universo mundo celebratur et colitur*[50].

Les vv. -3189-90 sont la traduction de Mt. 11:10,11, versets qui constituent la seconde partie de l'antienne à *Magnificat* qu'on chante toujours pendant l'office du même jour :

> ... hic est enim de quo Salvator ait : inter natos mulierum non surrexit major Joanne Baptista[51].

La place que ces vers occupent dans notre poème (au milieu de la péricope évangélique qui est empruntée à l'Évangile de saint Luc (Lc. 1:57-68)[52]) et leur rédaction prouvent qu'il s'agit en effet de la formule liturgique et non pas des versets bibliques eux-mêmes, qui sont conçus en ces termes :

> hic est enim *de quo scriptum est* (c'est Jésus qui parle!) : Ecce ego mitto angelum meum ante faciem tuam, qui praeparabit viam tuam ante te. Amen dico vobis, non surrexit inter natos mulierum maior Joanne Baptista : qui autem minor est in regno caelorum, maior est illo.

-3201	Molt soéf fu norriz, li peres molt l'ama.
-3202	Si tost com ot .vij. anz, les paranz toz laissa,
-3203	Foï s'en dou païs que il n'i demora.
-3204	Por ce qu'il ne pechast *en .i.* desert antra,
-3205	Longues i fu Jehans, longues i conversa,
-3206	Onques n'i but de vin ne de pain n'i manja.
-3207	C'est cil qui son signor el desert batiza.
-3208	Il fu plus que profetes *car al doi* le mostra.
-3209	De *langoustes* vesqui, *miel sauvage* manja,
-3210	N'onques linge ne lange n'i vesti ne usa[53].

-3916	Toz tens fu ou desert, molt mena sainte vie,
-3917	La vie de cest monde avoit molt enhaïe,
-3918	Douta que par pechié ne fust s'ame perïe,
-3919	Signor, ice sachiez que il l'a bel garïe,
-3920	Que puis qu'il ot .vij. anz il ne fist vilonnie
-3921	Ne onques mal ne dist ne n'ama felonnie,
-3922	Desloiauté ne voust, ainz haï tricherie,
-3923	Tresor d'or ne d'argent n'en ot en sa baillie,
-3924	Onques de vin ne but, de pain ne manja mie,
-3925	Neporqant par martire torna de ceste vie.

Ce passage est une élaboration légendaire de Lc. 1:80 :

> Puer autem crescebat, et confortabatur spiritu :

124

et erat in desertis usque in diem ostensionis suae ad Israel.

On en trouve des traces dans la liturgie.

Pour les vv. -3202-4 (-3916-20a) nous citons un fragment d'hymne :

Antra deserti teneris sub annis,
Civium turmas fugiens, petivit ;
Ne levi saltem maculare vitam
Famine posset[54].

Pour les vv. -3205-10 qui, pour la plus grande partie, remontent au texte évangélique lui-même
(Mt. 3:4·; Mc. 1:6 ; Lc. 1:15), nous renvoyons aux passages liturgiques suivants :
— un sermon de Maximus pour l'octave de la Nativité du Baptiste (qui figure dans le Bréviaire de
Cîteaux, contenu dans le Ms. Dijon 114, fo 77c), dont nous citons la partie suivante :
Conuersatus enim in deserto, uestitum habens de pilis cameli et zonam pelliceam circa lumbos
suos, locustas edebat et mel siluestre ... (lectio III)
... beatus autem Iohannes baptista ut dominum Ihesum saluatorem nostrum non solum esse
ueniturum sed aduentasse iam et cohabitare hominibus ueritate presentis testimonii reuelaret,
quemcum inter promiscuas turbas ad baptismum suum preparare uidisset uelut digito demon-
strans ait : Ecce Agnus dei ...   (lectio I) ;
— une antienne pour la fête du 24 juin :
Nazaraeus vocabitur puer iste, vinum et siceram non bibet. Et omne immundum non manduca-
bit ex utero matris suae[55] ;
— la première partie de l'antienne à *Magnificat,* dont nous avions citée la deuxième partie ci-
dessus[56] :
Puer qui natus est nobis, plus quam propheta est ...[57].

-4058	L'ame de cel saint home en enfer en ala,
-4059	Sachiez n'i soffri painne tant com i demora :
-4060	Qant Diex fu travilliez et en la croiz fina
-4061	En anfer descendi que pas n'i demora,
-4062	Les portes furent closes, mais toutes les brisa,
-4063	Lui prist et ses amis que ilueques trova,
-4064	El ciel o grant vertu li sires les mena.
-4064A	*Ainz i fu sainz Jehans et ainz i conversa ;*
-4065	A ceaus qui laiens erent tout son secors nonça[58].

Pour ce passage, Mehne renvoie à l'Évangile apocryphe de Nicodème[59]. En effet, la seconde partie
de cet ouvrage, intitulée *Descensus Christi ad Inferos,* nous fournit les renseignements nécessaires[60] :

Tunc Satanas dux mortis advenit, ... dicens ...*portas* vestras *claudite* ... (Cap. II(XVIII):2)
Tunc apparuit alius ... quasi eremicola ... Ego sum *Iohannes Baptista* ... *ego* ab eo (= Dieu le
Père) *responsum accepi quia ipse* (= le Christ) *descensurus esset ad inferos* ... (Cap. V (XXI):
2)
... Tunc *Salvator* ... *partem secum reduxit ad superos.* (Cap. IX(XXV):2)

Au moyen âge l'Évangile de Nicodème jouissait d'une grande vogue. Aussi est-il probable que l'auteur y avait lu l'histoire de saint Jean, qui, même après sa mort, a été le Précurseur du Seigneur
dans l'empire de Satan. A notre avis, pourtant, il y a encore une autre possibilité.

Les représentants des anciennes liturgies de la messe connaissent des prières qui renferment
les éléments que nous cherchons. Nous citons deux préfaces pour la fête de la Décollation
(29 août).

Voici d'abord une partie d'une préface ambrosienne :

... gloriosum martyrii triumphum capite truncatus obtinuit ; et Dominum Iesum Christum mundi Salvatorem venisse, corporali praesentia demonstravit : eius quoque descensionem praecurrens, inferis nuntiavit[61].

Dans le sacramentaire grégorien nous trouvons celle-ci :

... Deinde capitalem sententiam subiit, et ad inferna Dominum praecursurus descendit : ut quem in mundo digito demonstravit, ad inferos pretiosa morte precessit[62].

-4074	Signor, por amor Deu, un petit m'entendez !
-4075	Vos l'avrez en mimoire toz jorz, se me creez,
-4076	Que onques de moillier ne fu tex anfes nez,
-4077	Dessor toz les profetes est el ciel honorez.
-4078	Depriiez li, signor, qant dou mont partirez,
-4079	Qu'il vos soit en aiüe, ne serez destorbez !
-4080	Molt est de grant parage, ne sai se le savez :
-4081	En cel trone lassuz si est ses parantez,
-4082	Dou lin sainte Marie si est estraiz et nez
-4083	Et Diex est ses paranz, qui en cest mont fu nez,
-4084	Jehans, l'evangelistes, sainz Jaques, ce creez,
-4085	La nos doint Diex venir ou il sont assamblez !

| -4100 | Deprions le, signor, que il soit nostre amis |
| -4101 | Que nos par lui puissons antrer em paradis ! [63] |

Les offices des saints se terminent toujours par des prières. Nous en citerons quelques-unes qui sont en rapport avec le passage cité ci-dessus (vv. -4078-9 ; -4100-1) :
— le sacramentaire grégorien contient la collecte suivante pour la messe du 24 juin :

Concede, quaesumus, omnipotens Deus, ut qui Beati Ioannis Baptistae solemnia colimus, eius apud te intercessione muniamur[64] ;

— dans le même livre liturgique nous trouvons la bénédiction suivante pour le même jour de l'année :

Benedicat vobis, B.I.B. intercessio, cuius hodie natalitia celebratis ; concedat ... ut ei in aeternae vitae felicitate possitis adjungi ...[65] ;

— voici encore la postcommunion du 29 août, provenant de l'ancienne messe ambrosienne :

Sancti Ioannis B. et Martyris tui, Domine, quaesumus, veneranda festivitas salutati auxilii nobis praestet effectum[66].

Pour les vv. -4075, -4085 nous citerons une partie du *Suscipe Sancta Trinitas,* prière qui constitue un élément fixe de la messe :

Suscipe, Sancta Trinitas, hanc oblationem, quam tibi offerimus ob memoriam passionis, resurrectionis, et ascensionis Jesu Christi Domini Nostri : et in honorem ... Baptistae ... ut ... proficiat ... nobis autem ad salutem : et illi pro nobis intercedere dignentur in caelis, quorum memoriam agimus in terris[67].

Pour les vv. -4076-7 nous renvoyons au verset alléluiatique de la messe du 24 juin :

Inter natos mulierum non surrexit major Ioanne Baptista : major Prophetis et minor Angelis[68].

126

On aura remarqué que, dans les prières et les autres formules liturgiques que nous venons de citer, *vous* alterne avec *nous*. La même situation se présente dans les vers qui terminent l'histoire de saint Jean-Baptiste dans le poème d'Herman, chanoine et prêtre.

IV. 5. GEUFROI DE PARIS ET HERMAN DE VALENCIENNES

Dans le temps, Bonnard était frappé par la 'ressemblance entre l'oeuvre de Geffroi de Paris et celle d'Herman, non pour le ton, qui n'est nullement épique dans le poème (de Geufroi) ..., mais pour les légendes introduites dans le texte sacré'[69]. Il ne croit pourtant pas que Geufroi ait connu l'ouvrage d'Herman. Il suppose que 'tous deux ont puisé à la même source, c'est-à-dire, pour le Nouveau Testament, à l'*Evangelium de Nativitate Mariae*'[70].

Après Bonnard, Krappe[71] et Burkowitz[72] se sont occupés du même problème, celui des relations qui existent entre les différentes traductions bibliques en vers français. Krappe arrive à la conclusion que Geufroi n'a pas consulté la partie du Nouveau Testament qui est conservée dans les Mss PP1, car la version qu'on y trouve trahit un état plus jeune de la langue. Il ne croit pas non plus que Geufroi ait puisé au texte original dont les Mss PP1 ne contiennent que des copies[73].

D'après Burkowitz, cependant, 'ce poète (Geufroi), ou plutôt ce compilateur', pour l'histoire biblique depuis la naissance de Jésus jusqu'à sa rencontre avec la femme samaritaine (Jn. 1:4 ss.), aurait consulté probablement la version originale à laquelle remontent les copies des Mss PP1[74].

Krappe avait signalé un certain nombre d'additions au texte de Geufroi, dont la source ou les sources étaient restées inconnues jusque là. En voici deux qui se rapportent justement à la partie légendaire de l'histoire de saint Jean et qui, à notre avis, ont été empruntées à l'ouvrage d'Herman. Comme on va le voir, le rapport se manifeste aussi bien pour le fond que pour la forme[75].

Geufroi de Paris		Herman de Valenciennes
I		I
Icil Jehan dont je vous di,		
Desqu'il ot .vij. ans acompli,	-3202	*Si tost com ot .vij. anz, les paranz toz lissa,*
La vie du siecle *lessa,*		
Vin ne but ne char *ne menja,*	-3203	Foï s'en dou païs que il n'i demora.
Linge ne lange ne vesti.		
En *.i. desert leu s'enfouï,*	-3204	Por ce qu'il ne pechast, *en .i. desert* antra,
La here enprés sa cher portoit,		
De poil de chamuel se vestoit,	-3205	Longues i fu Jehans, longues i *conversa,*
Aostelles quant les trouva		
Et miel sauvage ce usa ;	-3206	*Onques n'i but de vin ne* de pain *n'i manja.*
De ce ou desert se *vesqui.*		
La ne pecha ne ne menti.		
Les gens doctrinoit par son sens		
Et bauptisoit u flum Jordens[76].		
.... *sains Jehans*	-3209	*De langoustes vesqui, mel sauvage manja,*
Qui en .i. desert conversoit		
De moult sainte vie vivoit,	-3210	*N'onques linge ne lange n'i vesti ne usa,*
De poil de chamuel tout vestu		
Et de la here estoit vestu.		
Saint Jehan aostes mengoit	-3915	*Jehans fu* molt prodom si fu fiz Zacarie,

127

Et miel sauvage qu'il cueilloit[77].	-3916 Toz tens fu *ou desert, molt* mena *sainte vie,*
	-3917 La vie de cest monde avoit molt enhaïe,
	-3918 *Douta que par pechié ne fust s'ame perïe.*
	-3919 Signor, ice sachiez que il l'a bel garïe,
	-3920 Que *puis qu'il ot .vij. anz il ne fist vilonnie,*
	-3921 *Ne onques mal ne dist ne n'ama felonnie,*
	-3922 *Desloiauté ne voust, ainz haï tricherie,*
	-3923 Tresor d'or ne d'argent n'en ot en sa baillïe,
	-3924 *Onques de vin ne but, de pain ne manja mie,*

II	II
Et quant *Herodias* le vit	-4087 ...., li chiés en fu tremis
En son cuer a pensé et dit	-4088 A cele *Herodias,* qui bien en sauf l'a mis :
Que se le chief estoit conquis	
Encor porroit devenir vis.	-4089 *El mur de la cité le met li anemis,*
Le cors a fet tout enbraser	
Le chief en .i. mur seesler.	-4090 C'est el mur de Sebaste, qui molt estoit antis.
Saintes gens ot en ce païs	
Que li sains hons ot convertis.	-4093 *Herodias cuidoit, se li chiés fust conquis*
De saint Jehan ce qu'il trouverent	
La poudre et les os en porterent.	-4094 Et au cors assamblez, suz les espaules mis,
Ensi li Baptiste feni	
Et l'ame en enfer descendi,	-4095 Par sa grant sainteé, *qu'il redevenist vis !*
Que bon et mal aloient la	
Desi que Dieu les rachata.	-4096 Granz loiers a donnez a paranz, a amis,
Mes sachiez bien que saint Jehan	
N'i soffri painne ne ahan.	-4097 *Le cors ont trestout ars,* qant li feus fu espris.
As ames le secours nonçoit,	-4097A *Adonc manoient* moine et *saint home el païs,*
Que leur dist que venuz estoit	
Li filz au roi de paradis	-4098 *La cendre de la char, les os ars et bruïs,*
Qui d'*ilec treroit ses amis*[78].	-4099 *Ce q'en porent trover* i ont ensamble mis.
	-4057 *Li beneoiz Batistes sa vie issi fina.*
	-4058 *L'ame de cel saint home en enfer* en ala,
	-4059 *Sachiez n'i soffri painne* tant com i demora :
	-4060 Qant Diex fu travilliez et en la croiz fina
	-4061 En anfer descendi que pas n'i demora,
	-4062 Les portes furent closes, mais toutes les brisa,
	-4063 Lui *prist et ses amis* que *ilueques* trova,
	-4064 El ciel o grant vertu li sires les mena.
	-4064A Ainz i fu sainz Jehans et ainz i conversa,
	-4065 *A ceaus qui laiens erent tout son secors nonça*[79].

En ce qui concerne le second fragment, la conformité entre le texte de Geufroi et celui d'Herman est d'autant plus grande que celui-là a même copié mot à mot l'erreur matérielle commise par celui-ci :

— dans les deux poèmes c'est Hérodiade qui a fait brûler les ossements de saint Jean.

Ces quelques emprunts témoignent de nouveau de la renommée dont jouissait le poème d'Herman[80].

Nous en avions parlé déjà à propos de l'histoire de Joseph, fils du patriarche Jacob. Là aussi, pour quelques traits légendaires, Geufroi de Paris s'était inspiré de notre poète[81].

Pour terminer nous dirons encore que, dans le *Cursor Mundi* également, le récit sur la mort du Baptiste est un calque du passage correspondant du poème français[82].

V. LE *CREDO* ÉPIQUE[1]

V. 1. DÉFINITION DU GENRE

Dans le poème d'Herman, cette chanson de geste 'ecclésiastique'[2], nous trouvons les particularités stylistiques propres au genre épique, telles que
— les appels fréquents au public :
Signor, or entendez... ;
— quelques rares exemples d'une topographie fantaisiste :
"Miex voldroie estre morz ou noiez enz el Toivre" ;
— la couleur féodale :
Manda tous ses barons et tous ses conseilliers[3].
Nous y rencontrons même la tournure du type : se vos veïssiez..., adaptée à la situation 'biblique', bien entendu[4].
Cependant, c'est sur un autre trait épique que nous attirons ici l'attention. Herman de Valenciennes s'est servi d'une forme de prières qui, d'après D. Scheludko, s'est fixée dans la littérature française depuis le *Couronnement de Louis,* chanson de geste composée vers 1130[5]. M. J. Frappier l'appelle 'la prière du plus grand péril'[6].
Cette prière est récitée
— avant ou pendant le combat contre l'ennemi ;
— avant le combat judiciaire ;
— par une femme abandonnée qui implore l'aide de Dieu (cas plutôt rare) ;
Parfois il s'agit non pas d'une prière, mais plutôt d'un sermon[7].
Quel est le contenu d'une prière épique? 'L'orant rappelle au Tout-Puissant quelles furent les marques successives de son intervention dans les destins du monde, créé, puis racheté par lui ; mais surtout, et c'est le cas des prières les plus anciennes, il évoque, comme le faisait déjà la liturgie des défunts, la bonté du Seigneur, arrachant Daniel aux Lions, Jonas à la Baleine, Suzanne à la perfidie des Vieillards ou Lazare à la mort corporelle'[8].
Il s'agit donc du *Credo,* profession de foi de tout chrétien, qui a subi une importante élaboration à l'aide d'un résumé des grands moments de l'histoire du salut. Ayant perdu sa fonction primitive, il est devenu une prière par laquelle on cherche l'appui de Dieu[9].
Quant à la composition du *Credo* épique, la prière la plus courte est de trois vers, la plus longue en comporte cent dix-huit[10]. Si le nombre des vers le permet, la prière est disposée en laisses, comme les chansons de geste elles-mêmes.
Voici quelques traits caractéristiques du genre, qui, selon Scheludko, en constituent des éléments obligatoires :
— la formule de la fin :
Si com c'est veir, et creire le deit on,
Defent mon cors de mort et de prison,
(*Cour. Louis,* vv. 1022-3)[11]
— la durée de la vie du Christ est de trente-deux ans :
Trente et dous anz, come altres om charnels
Alas par terre le pueple doctriner ;
(*Cour. Louis,* vv. 736-7)[12]
— la présence de Marie-Madeleine et de Longin, à qui on réfère par la formule suivante :
Iluec li furent si pechié pardoné.
(*Cour. Louis,* vv. 753,774)[13]
— la Résurrection a lieu avant la Descente aux enfers :
Et al tierz jor fustes resuscitez.

Droit en enfer fu voz chemins tornez.
Toz voz amis en alastes jeter,
Qui longement i aveient esté.
(*Cour. Louis,* vv. 779-82)[14].

V. 2. LA PRIÈRE ÉPIQUE DANS LE POÈME D'HERMAN. SA FONCTION

C'est dans l'*Assumption Nostre Dame,* dernière partie de notre poème, que le *Credo* épique se présente sous sa forme la plus complète. Cela s'explique par le fait que l'auteur s'en tient scrupuleusement à la chronologie. Du point de vue 'historique', la Vierge Marie a été le seul témoin de toutes les étapes de l'Histoire sainte contenues dans cette prière.

Il existe des rapports indéniables, tant pour le fond que pour la forme, entre la prière épique et l'*orison* que récite tel ou tel personnage du poème d'Herman, et ce n'est pas seulement dans l'*Assumption* qu'il en est question. Partout nous signalons les mêmes thèmes. L'auteur, qui, pour sa *chanson* se fait inspirer par le genre épique, y a emprunté aussi l'élément particulier du *Credo*. Il n'a pourtant pas suivi servilement son modèle. Loin de là! Il l'a transformé : chez lui, la prière des chansons de geste, bien connue du public, est utilisée de façon inattendue : elle est mise dans la bouche des personnages bibliques eux-mêmes :

a dans l'*Assumption*[15], la Vierge mourante prononce les paroles que, jusque là, on n'avait entendu réciter que par des chevaliers en détresse qui s'adressaient à son Fils ou à elle-même[16] ;

b ailleurs, la prière est devenue une espèce de récapitulation de l'Histoire sacrée. Ainsi, pendant l'audience de Pharaon, le patriarche Jacob résume-t-il l'histoire biblique ; bien entendu, il a soin de s'en tenir au cadre historique de l'Ancien Testament[17]. Parfois c'est l'auteur lui-même qui met à contribution la prière épique — sous forme de récapitulation — pour entamer un nouveau sujet :
  — il le fait pour établir la transition entre l'Ancien et le Nouveau Testament ;
  — au début de la Passion[18] il procède de même pour annoncer la mort imminente du Seigneur ;

c par ci, par là dans le poème, il est question de simples formules qui proviennent toutes du *Credo* épique.

Dans tous les cas indiqués ci-dessus, la prière des chansons de geste est devenue un moyen stylistique que le poète adapte habilement à ses buts littéraires.

V. 3. INVENTAIRE DES THÈMES, A PARTIR DE L'*ORISON* CONTENUE DANS L'*ASSUMPTION NOSTRE DAME,* vv. -A306-378

Voici l'inventaire des thèmes empruntés au *Credo* épique, tels qu'ils figurent dans notre texte. Le point de départ sera la prière de la Vierge Marie qui se lit dans l'*Assumption Nostre Dame,* et que nous reproduisons ci-dessous[19] :

33

Tu feïs icest mont par ton grant escïent
Et si feïs tes angles tout au commancement
Et qant les eüs fez ses amas voirement.
Il ne garderent pas le tien commandement,
-A310 Por ce sont trebuchié en anfer li dolant.
Adam, qant l'eüs fait, nostre premier parant,

Paradis li donas et moillier a talant.
D'ilueques les getas por le trepassement,
Car trepassé avoient le tien commandement.
-A315   Tuit cil qui de lui vindrent sont ancore dolant,
De ceaus feïs tu, sire, tot ton commandement.

34

Biaus fiz, ce sevent tuit que tu te correças :
Les iaues feïs croistre et dedans les noias,
Dant Noél et sa gent, biaus fiz, en ressauvas.
-A320   De lui vint Abrehans et ses fiz Ysaas,
Jacob et Esaü, Josep et Elyas,
Samuel et Edras et dans Jeremïas,
Si fist David li rois que durement amas,
De lui vint Salemons, a cui grant sens donnas,
-A325   Et de celui linage fu Joachins estras.
Je sui de cel linage, biaus fiz, que tant amas.

35

Trestuit icil qui sont de cele natïon
Por moie amor lor fai de lor pechiez pardon !
Biaus fiz, de moi vos pri merci aiés par non !
-A330   Tu sez que sui ta fille et de moi estes hom.
-A330A   *Tu presis char en moi, par grant electïon.*
Li troi roi t'aorerent d'estrange regïon,
Alerent par l'estoile qui lor fist mostroison,
Moi firent grant honor, bon furent li .iiij. don.
Herodes fist por toi molt grant ocisïon :
-A335   Des anfanz qu'il tua par sa seducïon
.C.xl iiij. m ainc n'en ot raançon,
Icil furent ocis tout ici environ.

36

Demantres que Herodes en cest païs regna,
Qant vit la cruauté que li fel demena,
-A340   Et Joseph mes espous, qui si bien me garda,
Il s'en foï o toi et moi o lui mena ;
Norri nos en Egite et puis nos ramena
Qant Herodes fu morz, qui onques ne t'ama ;
Et qant eüs .xxx. anz, Jehans te batisa :
-A345   Fiz fu au bon profete qui te profetisa.
Herodes, ce sez bien, a tort le decola.

37

Biaus fiz, qant il te plout ne te vossis celer,
Ces signors, que ci voi, daingnas bien apeler

Ses feïs antor toi bonement *converser*.
-A350   Adonc feïs vertuz, de toi feïs parler :
Les sorz randis oïe, les clos feïs aler,
L'iaue feïs as noces Archedeclin muer,
Lazare de Betainne feïs resuciter,
Tant feïs de vertuz que nes puis aconter,
-A355   Et venis en cest mont por pecheors sauver.

38

Qarante jorz junas, si que bien le savom,
Puis te soffris tanter a cel cuvert felon
Qui ne savoit de toi fors que vos fussiez hom.
Ceste cité qeïstes, o toi ti compaingnon,
-A360   Sor un asne venis a grant processïon,
Toi reçurent molt bel li vieil et li garçon,
Li Giu se correcerent, qui molt erent felon,
A cel jor porparlerent de toi la traïson,
A Judas em parlerent, qui ne sot se mal non,
-A365   .Xxx. deniers em prist por ta dampnatïon.
Biaus fiz, au venredi sosfristes passïon.

39

Biaus fiz, je ving a toi, por toi reviseter,
Qant ne te poi aidier commençai a plorer,
Desis qu'ieres mes fius, ne le vossis celer,
-A370   Jehan me commandas, icil me dut garder,
Si a il fait, biaus fiz, je ne l'en doi blamer.
Iluec soffris la mort por ton pueple sauver
Si te laissas, biaus fiz, sor terre anterrer,
En enfer en alas, n'i vossis demorer,
-A375   Adam et tes amis en daingnas fors geter :
Le deable vainquis, ne porra mais rainner,
Au tierz jor repairas por *les tiens* (re)conforter,
Puis lor donas congié, ses en feïs aler.

B5[20]	Création du monde	-A306[21]
manque	Création des anges	-A307-8[22]
A4	Chute des anges	-A309-10[23]
B6,7	Création d'Adam et Ève	-A311-12[24]
B8	Installation au Paradis terrestre	-A312[25]
B9	Péché originel	-A313-14[26]
B10	Expulsion du Paradis terrestre	-A313[27]
B11	Héritage du péché d'Adam	-A315-16[28]
B12	Abel et Caïn	manque[29]
B13	Déluge	-A317-19[30]
B14	(Sacrifice d') Abraham ; Isaac	-A320[31]
B15	Jacob et (Ésaü)	-A321[32]

B16	Joseph	-A321[33]
B22	Les prophètes	-A321-22[34]
B21	David et Salomon	-A323-24[35]
B18	Passage de la mer Rouge	manque[36]
B19	Moïse au Sinaï	manque[37]
B20	Le Veau d'or	manque[38]
C28	(Rencontre d'Anne et) Joachim (à la Porte Dorée)	-A325
C32	Incarnation	-A330, 330A[39]
C34	Nativité	manque[40]
C36	Apparition des anges aux bergers de Bethléem	manque[41]
C37	Présentation au Temple	manque[42]
C38	Adoration des Mages	-A331-33[43]
C40	Massacre des Innocents	-A334-37[44]
C39	Fuite en Égypte	-A338-43
C41	Durée de la vie du Christ	manque[45]
C43	Baptême au Jourdain	-A344-45[46]
C51	Décollation de Jean-Baptiste	-A346
C47	Élection des Apôtres	-A347-49
C49	Les miracles du Christ	-A350-51[47]
C46	Noces de Cana	-A352[48]
C55	Résurrection de Lazare	-A353[49]
C45	Tentation au désert	-A356-58
C56	Entrée messianique à Jérusalem	-A359-60[50]
C57	Trahison de Judas	-A361-64
C70	Crucifixion	-A366, -A372[51]
C73	Jésus confie sa Mère à Jean, l'Évangéliste	-A367-71
C82	Mise au tombeau	-A373
C84	Descente aux Limbes	-A374-76[52]
C86	Résurrection	-A377
C91	Mission des Apôtres	-A378

Cet inventaire montre clairement que, d'une part, la prière de la Vierge, les récapitulations de l'Histoire sainte, et quelques formules détachées, qu'on trouve dans le poème d'Herman, et, d'autre part, le *Credo* épique, présentent les mêmes thèmes.

En plus, il est intéressant de noter une certaine conformité dans la terminologie, surtout là où les textes offrent la même assonance (rime). Nous en fournirons quelques exemples[53] :

> *a* pour la prière de la Vierge :

-A344	Et qant eüs .xxx. anz, Jehans te batisa :
-A345	Fiz fu au bon profete qui te profetisa.
-A346	Herodes, ce sez bien, a tort le decola.

Quant eüstes .xxx. ans par terre conversé,
Johans vos baptiza, .i. hom de grant bonté.
(*Chev. cygne Hippeau*, vv. 1216-17)
Et puis te baptisa dedens l'ege sacree
Saint Johans, ses amis, qui la teste ot colpee.
(*Chev. cygne Hippeau*, vv. 3558-59)

-A362   Li Giu se correcerent, qui molt furent felon,

-A363   A cel jor porparlerent de toi la traïson,
-A364   A Judas em parlerent, qui ne sot se mal non,
-A365   .Xxx. deniers em prist por ta dampnatïon.

               La fist Judas de vos la traïson :
               Il vos vendi, s'en ot mal guerredon,
               Trente deniers en reçut li felon ;
               (*Cour. Louis,* vv. 999-1001)

               b   pour les récapitulations de l'Histoire sainte :

-1953   Signor, et dou deluige Noél en ressauva,
-1954   De lui et de ses oirs cest siecle restora.

               Toz les fesistes al deluge finer.
               N'en eschapa fors solement Noé,
               Et si trei fill, et chascuns ot sa per
               De totes bestes por le siecle estorer,
               Masle et femele fist en l'arche poser.
               (*Cour. Louis,* vv. 713-17)

-5069   Qant il les noces firent de Archedeclinus
-5070   Et de l'eve fist vin et com il fu beüz,

               "Ge croy en Dieu qui de l'esve fist vin,
               Quant fut aux nopces de saint Archedeclin ;
               (*Aquin,* vv. 3056-57)

-5678   Se laissa *nostre* sires batisier et lever[54]

               Ou fleuve Jourdan baptizer et laver.
               (*Aquin,* v. 1936)

-5679   Et por le mont raiembre dedens la croiz pener.

               T'offreys tu fere ton corps en crouez pener,
               (*Aquin,* v. 1943)

-5687   Par terre ala .xxx. ans *et treis* veraiement,[55]

               .XXXIII. ans voulays par terre aler,
               (*Aquin,* v. 1937)

               c   pour quelques formules détachées :

-3721   [C] .xl.iiij. mile en i ot decolez.

               .xliiij mile en i ot decolé.[56]
               (*Chev. cygne Hippeau,* v. 1210)

-4820   Mout par fu granz, signor, icele electïons
-4821   De qoi la Mazelainne reçut si grant pardon :

La Magdeleine queiement, a celé,
Iluec li furent si pechié pardoné.
(*Cour. Louis,* vv. 749, 753)

-A465   Crie celui merci qui Longis fist pardon,

Longis i fu ...
Merci cria par bone volonté
Et nostres sires li ot lues pardonné.
(*Raoul de Cambrai,* vv. 5301, 5305-6)

Quant à *Longis,* le dernier hémistiche du v. -A465 est probablement dû à Guerric, le copiste du manuscrit N6[57]. La leçon commune est conforme à la source apocryphe[58] :

qui soustint (suffrit) passion[59].

L'histoire de Longin[60] se lit dans le manuscrit N4[61]. Nous la reproduisons ici :

25 Un chevalier apielent, Longin l'oï clamer,
26 Une lance tenoit, ne veoit goute aler,
27 La lance li ont mise sos l'aissiele el costet,
28 Droit en contre le cuer puis si ont dit : "Boutés!"
29 Et cil li a pierchié le cuer et le costé.
30 Sans en issi et aigue por nos regenerer.
31 Trestot selonc la lance a cis dous mies coulé.
32 Quant Longis le senti si a ses iols frotés.
33 Tantost si raluma, merchit ala crier.
34 De cele sainte plaie saut li sans a plenté.
35 Lavé somes de l'aigue et del sanc abevré
36 Et baptesme i avons, sacrement de sante
37 Et tresor prescious por trestous maus saner.[62]

De ce qui précède nous tirons la conclusion suivante :
— pour plus de trois cents vers, Herman de Valenciennes a puisé dans la littérature contemporaine en langue vulgaire[63]. Par conséquent, il n'a pas 'transposé' du latin toutes les parties de son ouvrage[64].

Seulement, s'agit-il bien toujours du poète lui-même? Au fond, ce qui vaut pour les auteurs des chansons de geste intéresse aussi les copistes du poème d'Herman : 'Chaque auteur ajoute un peu du sien au fonds commun'[65]. Ainsi, pour ce qui est du *Credo* épique, il sera difficile de déterminer l'apport précis de notre auteur.

V. 4. CONTRIBUTION A L'ÉTUDE GÉNÉRALE DES SOURCES

Nous regardons de plus près quelques thèmes, afin d'apporter une contribution à l'étude générale des sources[66].

Parfois, il est question de Dieu, qui 'maint en Oriant'[67], ou de Dieu, qui 'siet en haut et maint en Oriant'[68]. Cette formule se retrouve dans quelques chansons de geste de la fin du XIIe siècle[69]. Dans d'autres poèmes épiques, l'Orient est le 'côté vers lequel on se tourne pour prier'[70]. Ainsi, dans le *Cour. Louis,* vv. 683, 688-9

Guillelmes ...

...

Contre Orient aveit son vis torné,
Une preiere a dit de grant bonté :[71]

D'où vient cet usage? C'est chez les liturgistes qu'il faut chercher la réponse à cette question. Il paraît que 'l'interprétation symbolique des cérémonies appartient au moyen âge et ne commence qu'avec Amalarius de Metz'[72], au IXe siècle. Dans son *De ecclesiasticis officiis* nous lisons ceci, à propos des prières récitées pendant la messe :

libet hic proferre auctoritatem sancti Augustini, quare mos obtinuit Ecclesia suas orationes versum orientem dirigere.
Dicit in sermone Domini in monte (Tom. IV. c. 9) :
Cum ad orationem stamus convertimur ad orientem unde coelum surgit, non tanquam ibi sit Deus ... sed ut admoneatur animus ad naturam excellentioram se convertere, id est ad Dominum ... ideo dicitur Deus in coelis habitare quia major cognitio est in coelis illius majestatis et essentiae in angelis vel in animabus sanctorum quam in terra habitantibus sanctis propter gravedinem carnalis habitationis quae vix permittit animam ad purum veritatis lumen advolare.[73]

Chez le même auteur on lit :

sacerdos quando dicit Gloria in excelsis Deo, Orientes partes solet respicere, in quibus ita solemus Dominum requirere quasi ibi propria sedes sit, cum potius eum sciamus ubique esse.[74]

Ad A4 Chute des anges

Dans les prières épiques on ne fait pas mention de la création des anges. Pour ce qui est de la chute des anges révoltés, elle se lit dans l'*Entrée d'Espagne,* vv. 11718-22, un texte tardif (fin XIII s.), qui représente un 'développement unique et original'[75].
Nous en citons le début :

E ! Diex sans començaile, e ja non dois finir,
Qe non volis orgoil en ton reigne sofrir,
Ainç le feïsis dou ciel trabucer e chaïr
Quand il encontre vos fist penser de faillir ;[76]

Au début du poème d'Herman et à la fin – dans la prière de la Vierge – nous retrouvons les deux motifs :

-3	Anges fist et arcanges, mont les mist en bon leu.
-4	Nous trovon en escrit, en latin, en ebreu,
-5	Partie en tresbucha en un molt mauvés leu,
-6	Quar il vodrent rener, tolir lou regne Dieu.
-7	L'autre partie remest, d'orguil ne sot neant,
-8	Cele remest ou ciel, ou sert Dieu bonement,
-9	A som servise faire sont touz jours en present.
-10	Nons lor dona li sires par son grant escïent :
-11	Micael, Gabriel, Raphael, si l'entent.
-12	Prevost *fist* de Michiel *seur chel asemblement.*
-13	Tuit sont obeïssant a son comendement.
-14	Quant furent tresbuchié en anfer li chetif,
-15	Perdirent la clarté et tuit sont ennercif.
-16	Molt ont mauvés ostel, n'est pas biaus lor deliz[77].

137

-A307   Et si feïs tes angles tout au commancement
-A308   Et qant les eüs fez ses amas voirement.
-A309   Il ne garderent pas le tien commandement,
-A310   Por ce sont trebuchié en anfer li dolant[78].

On a vite fait de signaler les mots clés de ces deux textes : ce sont les termes *orgoil* (*orguil*) et *trabucer* (*tresbuchié*). Dans la chanson de geste, Satan et sa suite se présentent sous la forme allégorique d'Orgueil. Herman exprime nettement l'opinion des théologiens contemporains, selon laquelle les mauvais anges 'tombèrent dans l'orgueil et voulurent s'élever d'une façon contraire à la volonté de Dieu'[79].

Au XIIe siècle, Honorius[80] dit que Dieu créa les anges au premier jour. D'après Petrus Comestor[81] Il le fit au second jour de la Création. L'une et l'autre conception se retrouvent dans les termes *au commancement* de notre texte[82].

Les noms des archanges pourraient remonter aussi à l'*Elucidarium* d'Honorius. La construction des vv. -10, -11 est en rapport étroit avec la question que pose *Discipulus* :

Michael, Gabriel, Raphael, non sunt nomina?[83]

Les vv. -12,13 ont été empruntés à un verset qui est toujours chanté pendant l'office du 8 mai, fête de saint Michel :

Archangelus Michaël, praepositus paradisi, quem honorificant Angelorum cives[84].

Dans l'*Elucidarium,* le Maître enseigne *de casu diaboli et satellitum ejus*[85]. Les vv. -5-7 ; -14-6 ; -A309-10, rendent assez fidèlement ses paroles :

... Meliorem statum, quam ei Deus dedisset, voluit Deo invito arripere, et aliis per tyranniden imperare ...

De palatio est propulsus, et in carcerem retrusus ; et sicut prius pulcherrimus, ita post factus est nigerrimus ...

(Quare alii peccaverunt?) Quia ei consenserunt. (Qualiter?) Placuit eis ejus extollentia. (Quid evenit eis?) Cum eo projecti sunt principes eorum in ... exitialem locum, id est in infernum.

Ad B11 Héritage du péché d'Adam ; B15 Jacob et Ésaü ; B22 Les prophètes

Dans le *Speculum Ecclesiae* d'Honorius, nous lisons ceci :

Cum enim primi parentes in paradyso deliciis affluxissent et diabolo propinante poculum mortis hausissent, ac *tota successionis eorum soboles per V milia annorum mortis sententiae succumbuisset misertus Deus quod ille malignus praedo gloriabatur quod totum genus humanum quasi jure haereditario possedisset,* contra mortis potyrium *sic* (= potorium) homini per feminam, diabolo instigante, porrectum, miscuit vitae antidotum, angelo ministrante per feminam ab humano genere acceptum, et mortem quam femina mundo intulit, femina depulit, insuper vitam omnibus detulit. *Misit Deus angelum suum mysterium aeternis salutis Virgini nunciare per quod sibi vellet perditum mundum reconciliare, in quo sibi complacuit omnia in coelis et in terris restaurare ...* Gabriel itaque archangelus Virginem venerabiliter salutavit, quam matrem Dei atque Reginam angelorum futuram praedicavit. Ave, inquit ...[86].

Dans *Baud. Seb.*[87], nous trouvons comme un écho français du début de ce passage :

Et humaine lignie en souffri les grietés
.L.ij.c. ans, tant qu'a Dieu vint pités,

> Amour, misericorde, tant c'une volentés
> Li prist de rakater tous les maleürés
> Que deäbles tenoit saisis et enfremés.

Honorius, dans ce sermon pour la fête de l'Annonciation, résume l'opinion des Pères de l'Église. Les théologiens du moyen âge la prennent comme base pour leurs écrits, qui sont utilisés dans la liturgie, où ils figurent souvent dans les offices de la Vierge, sous forme de leçons. A notre avis, c'est à partir de la liturgie que cette conception a pénétré dans la littérature, comme dans l'art décoratif[88].

Quelle est cette théorie, que nous retrouvons, entre autres, dans *Quant li solleiz*, 'une des plus anciennes poésies lyriques françaises'[89], dans le poème d'Herman, et aussi dans plusieurs prières épiques? On pourrait la résumer comme suit :
— après la chute d'Adam et Ève, pendant cinq mille ans, les hommes ont vécu dans les ténèbres de la mort, mais Dieu, par sa grande miséricorde, a voulu sauver la race humaine ; par une femme elle a été perdue, par une femme elle sera rachetée : c'est la Vierge Marie, qui portera la lumière du monde. Ce sont les patriarches, les prophètes et les rois qui, après le Déluge, constitueront la lignée des Justes.

La chanson du *Chev. cygne Hippeau* contient une prière[90] — on s'adresse tantôt à Marie, tantôt à Jésus[91] — où se présentent les personnages mentionnés ci-dessus :

> De cel fruit beneoit, dont fustes aombree,
> Parlerent .ij. mil ans la sage gent letree.
> Ançois qu'il avenist que vos fustes trovée,
> Ne la sainte novele fust a vos aportee
> Par l'ange Gabriel, où vos fustes trovée
> Vostre sautier lisant, comme none velee,
> Habrahans em parla ...
> Et Ysaac ...
> Et s'em parla Jacob ...
> Esaü ...
> Joseph, ...
> Moyses ...
> David ...
> Salemons ...

Dans *Baud. Seb.*, la prière est uniquement mariale et elle évoque les personnages suivants, empruntés tous à l'Ancien Testament :

— Abrahans, Noés, Ysac, Ysaÿes, Jacob, Moÿses, David, Psalemons (!)[92].

Voilà, après 'le meffait d'Adam'[93], 'tota successionis eorum (= d'Adam et Ève) soboles'[94].

Maintenant la question est de savoir d'où proviennent ces dates et ces noms. A notre avis, ils tirent leur origine des *Etymologiae* d'Isidore de Séville, cette somme des connaissances universelles, où l'on a puisé pendant tout le moyen âge[95] :
— aux six jours de la Création correspondent les six âges du monde
— chaque âge comporte mille ans à peu près
— Adam a vécu au premier âge
— au second âge il s'agit d'Abraham
— au troisième âge nous retrouvons Isaac, Jacob, Joseph et Moïse
— au quatrième âge il est question de David et de Salomon
— le Christ est né au début du sixième âge.

L'activité des prophètes s'est exercée au quatrième âge, donc en effet deux mille ans avant la Nativité du Seigneur.[96]

D'après Isidore, à la fin du cinquième âge, cinq mille cent cinquante-quatre années se sont écoulées[97]. Ce nombre se rapproche fort bien des cinq mille deux cents années dont parle *Baud. Seb.*[98].

Au XIe siècle, Fulbert de Chartres, d'après le même système, dans un long sermon pour le 8 septembre (fête de la Nativité de la Vierge), explique le destin du monde, depuis la Création jusqu'à la Nativité de Marie[99]. Pour lui aussi, Isaïe a prophétisé au quatrième âge[100]. En tant que prophètes, Moïse et David ont annoncé la naissance de la Mère de Dieu[101]. Les prophètes, les patriarches et les rois ont été ses ancêtres :

> Sunt quidem beatissimae mariae antiqui progenitores, patriarchae uidelicet, reges et prophetae, lumina, sed illuminata. Ex quibus illam nasci oportebat, quae mundanis tenebris lumen illuminans erat allatura[102].

Selon l'explication symbolique de l'Écriture sainte, qui trouve son reflet dans le sermon du Pseudo-Jérôme pour la fête de l'Assomption qui figurait dans le Bréviaire jusqu'à la réforme de celui-ci du XVIe siècle, la Vierge Marie fut 'a prophetis praenuntiata, a patriarchis, figuris (= des types) et aenigmatibus (= des symboles) praesignata[103].

A notre avis, le *Chev. cygne Hippeau* ne confond donc pas 'ingénument' les patriarches avec les prophètes'[104] : pour traduire les concepts *praenuntiare, praesignare,* l'auteur s'est servi des termes *ançois que ... parler de* et *prophetie.*

Voici maintenant notre conclusion :
— pour ce qui est des personnages de l'Ancien Testament qui figurent dans les prières épiques, leur unique fonction est d'annoncer l'avènement du Christ[105].

Ad B20 Le Veau d'or

Dans le *Chev. cygne Hippeau,* M. Labande signale un 'important développement, avec traits apocryphes', pour l'histoire du veau d'or. C'est le seul exemple qu'il en ait rencontré[106]. Nous commençons par la reproduire :

3524	Anchois qu'il (= Moïse) i venist, orent il conreee
3525	L'ymage d'un torel, qui d'or estoit fondee.
3526	Diables fu dedans qui dist ce qui lor gree.
3527	Quant Moÿses le sot, s'ot la color muee ;
3528	Le tor fist depechier, voiant la gent amee.
3529	Mourre le fist menu comme flor buletee.
3530	En un ege corant fu la pourre jetee,
3531	Puis en burent trestuit, sans nule demoree :
3532	Ains nus d'ax n'i creï n'eüst barbe doree.
3533	Ainssi ot Moÿses sa gent tot esprovee.

Cette histoire biblique (Ex. 32:19-20), qui manque dans les parties du poème d'Herman qui dérivent des prières épiques, se lit pourtant dans l'histoire de Moïse. Nous en citons la partie qui correspond aux vers de la chanson de geste cités ci-dessus :

-2208	Qant il vint el desert oï cel veel braire,
-2209	Le deable dedans, qui molt est deputaire,
-2214	Moÿses fu dolanz, si s'en ala avant
-2215	*Ancontre* cel veel qui si aloit tripant
-2216	Et dedanz le deable qui si aloit braiant.
-2260	Venez vos envers l'*eve,* ja iert li jugemenz !

-2263	Qant cel miracle virent molt par furent dolanz
-2264	Et qant orent beü ices averses genz,
-2265	Bouches orent dorees et defors et dedanz[107].

Herman n'a pas rendu Ex. 32:20[108] :

> Il se saisit du veau qu'ils avaient fabriqué, le moulut en une poudre fine dont il saupoudra la surface de l'eau qu'il fit boire aux enfants d'Israël[109].

Comme nous allons le voir, le 'miracle' des bouches dorées n'est pas une invention de notre poète, comme le prétend Mehne[110]. Pour ce qui est du diable, sa présence dans l'histoire relève de l'exégèse allégorique, de la 'senefiance'.

A ce propos nous citons la *Glossa Ordinaria,* qui contient les deux éléments[111] :

> *Diaboli corpus significatur in vitulo ...*
> Hoc ergo vitulo significatum est omne corpus, id est omnis societas gentium idolatriae deditorum. Hanc sacrilegam societatem Dominus Jesus illo igne comburet, de quo in Evangelio dicit : Ignem veni mittere in terram (Lc. XII). Ut quoniam non est qui se abscondat in calore ejus, dum in eum credunt gentes, igne virtutis ejus diabolica in eis forma solvatur. Totum deinde corpus illud comminuitur, id est ab illa malae conspirationis conflatione discissum, verbo veritatis humiliatur, et comminuitum in aquam mittitur, ut eos Israelitae, id est, evangelii praedicatores ex baptismo in sua membra, id est, in dominicum corpus, transferant. Quorum uni Israelitarum, id est Petro de ipsis gentibus dictum est sic : Macta et manduca (Act. XI)
> Quare etiam non concide et bibe? Ita ille vitulus per ignem zeli, et aciem verbi et aquam baptismi, ab eis potius quos absorbere conabatur, absorptus est.
>
> Tradunt Hebraei[112] quod *filii Israel bibentes aquam vituli pulvere infectam, qui commiserant idolatriam in barbis pulverem auro praeferebant quo etiam signo rei vel immunes sceleris apparebant et rei interficiebantur.*

M. Labande avait attiré l'attention sur le 'chapiteau de Vézelay, où l'on voit, en présence de Moïse, le démon ... expulsé du veau d'or'. Nous croyons avec lui que 'la source de l'imagier et de l'écrivain' (= l'auteur du *Chev. cygne Hippeau*) est la même[113], à savoir la *Glôse.* A notre avis, Herman y a puisé, lui aussi.

Comme il est impossible de représenter le veau 'depechié'[114], le sculpteur, pour expliquer que Satan est vaincu, s'est servi de l'image connue du démon qui sort par la bouche, et qui est empruntée aux scènes évangéliques d'exorcisme[115].

Ad C32 Incarnation

La 'pitié' de Dieu[116] s'est manifestée au plus haut degré dans l'élection de la Vierge Marie : c'est en elle que le Seigneur s'est incarné.

Quelques vers du poème d'Herman traduisent ce mystère à l'aide de plusieurs images, qui, en principe, remontent à l'Écriture sainte (Lc. 1:35) :

-5669	Parfitement devons nostre signor amer,
-5670	Qui dou siege som pere vint ça por nos sauver
-5671	Et el cors a la virge se laissa aombrer
-5672	Et de la soie char se laissa adeser
-5673	Par l'oreille a la virge ou il daingna antrer.

La terminologie de ce passage suppose pourtant une autre source : les vers en question ont des rapports étroits avec deux répons et une antienne que l'on chantait pendant la période de l'Avent :
— Annuntiatum est per Gabriel Archangelum ad Mariam virginem : de introitum Regis ... Et ingres-

sus est per splendidam Regionem aurem virginis, visitare palatium uteri ;...[117]
— Descendit de coelis missus ab arce Patris. Introivit per aurem Virginis in regionem nostram ...[118]
— Audis, Maria virgo, Spiritus sanctus superveniet in te et virtus altissimi obumbrabit tibi.[119]

Ad C49 Les miracles du Christ

Ce thème se trouve uniquement dans *God. Buill. Reiffenberg*[120] :

> Pour ton non exaucier, tes miracles moustras,
> Les aveulles pour vray tu les enluminas,
> Les malades garis, les mors resuscitas.

Chez Herman, dans la prière de Marie et dans les récapitulations de l'Histoire sainte, dont nous avons parlé au début de ce chapitre[121], nous trouvons le même thème :

-A350	Adonc feïs vertuz, de toi feïs parler :
-A351	Les sorz randis oïe, les clos feïs aler,
-5068	Com amiablement il fesoit les vertus,
-5071	Com sana les lieprex, com fist parler les muz,
-5072	.Ij. morz resucita, li tierz fu Lazarus,
-5090	Le clop faisoit saillir et le muel parler.
-5331	As sors rendi oïe et as dervez le sens,
-5332	Lieprex sana assez qui estoient puanz
-5334	Les morz resucita, bel doctrina les genz.
-5442	Qant les trova malades ne fina de saner,
-5443	Qant les trova contraiz si les fist droiz aler,
-5444	Qant il les troeve sors si les fait oïr cler.
-5688	De plusors anfertez sena la soie gent.

Tous ces miracles figurent dans quelques formules liturgiques qui, sous forme d'antiennes, étaient chantées le troisième dimanche de l'Avent :

— Ite, dicite Joanni : Caeci vident, surdi audiunt,
  claudi curantur, leprosi mundantur
— Dicite Joanni quae vidistis : Ad lumen redeunt
  caeci, mortui resurgunt, pauperes evangelizantur[122].

Dans ce passage, qui remonte à Mt. 11:4,5, Jésus, par une allusion aux oracles d'Isaïe, montre à Jean que ses oeuvres inaugurent bien l'ère messianique[123].

Il est donc naturel que l'Église, pour la période de l'Avent, ait choisi comme péricope cette partie de l'Évangile de Matthieu sur le Précurseur[124], et que, pour les antiennes et répons, elle en ait isolé plus spécialement le fragment qui résume les premières manifestations de la mission du Christ.

Dans le Lectionnaire de Luxeuil, le passage d'Isaïe 35:1-10 constitue une leçon pour le deuxième dimanche de l'Avent[125]. Dans la prophétie[126], il est question du *clop* et du *muel* dont parle le v. -5090.

Ad C41 Durée de la vie du Christ ; C43 Baptême au Jourdan ; C44 Vie publique ; C51 Décollation de saint Jean-Baptiste

Ici nous essayerons un regroupement de quelques thèmes, ce qui, du moins pour le *Chev. cygne*

142

Hippeau, permettra peut-être de mettre la main sur la (les) source(s) latine(s)[127]. Dans cette chanson de geste, le fragment en question présente l'ordre suivant des événements : C43, 51, 44, 41 :

> Et puis le baptisa dedens l'ege sacree
> Saint Johans ses amis qui la teste ot colpee,
> Puis ala preechant la gent desmesuree
> Et .ij. ans et demi par ample la contree. (vv. 3558-61)

Scheludko[128] avait constaté que, dans toutes les prières épiques, la durée de la vie du Christ était de trente-deux années[129].

Nous citons deux extraits de l'*Historia Scholastica.* Petrus Comestor y exprime nettement l'opinion des autorités antérieures, sans les nommer pourtant. On y trouve le même ordre des événements que dans le *Chev. cygne Hippeau* et aussi le terme de *.ij. ans et demi* :

— ... Et *ipse Jesus erat incipiens quasi annorum triginta* (au moment de son baptême), id est tricesimum annum inceperat tredecim tantum diebus ejusdem anni peractis. (Luc. III) *Et secundum hoc vixit Jesus tantum triginta duobus annis et dimido :* quia eadem die revoluto anno convertit aquam in vinum, et sequenti Pascha, id est in Pascha tricesimi primi anni, incarceratus est *Johannes,* et *in Pascha sequenti, id est tricesimi secundi anni decollatus est,* et in tertio Paschate, id est tricesimi tertii anni passus est Dominus, *et ita vixit Dominus triginta duobus annis integris, et de trigesimo tertio quantum fluxit temporis a Natale usque ad Pascha, quod pro dimidio anno computatur.*[130]

— ... Habet enim Ecclesia, quod eadem die, sed revolutis annis haec tria facta sunt. Adventus magorum tredecima die primi anni, baptismus eadem die tricesimi anni, vel tricesimi primi anni, mutatio aquae eadem die revoluto anno.[131]

Après avoir exposé l'opinion de (saint Jean) 'Chrysostomus', le Mangeur continue :

> *Communior autem et veracior opinio est, Dominum* post illud miraculum ('mutatio aquae') discipulos vocasse occulte et *occulte praedicasse usque ad Joannis incarcerationem, sed post publice,* et hunc ordinem prosequemur sine alterius ordinis praejudicio.[132]

Malheureusement nous restons toujours dans l'incertitude sur la provenance de la formule stéréotypée *par terre ala*[133].

Voici nos conclusions : les thèmes qui figurent dans le *Credo* épique ont des origines diverses[134] et leur fonction est surtout symbolique :
— les principaux sujets tirés de l'Ancien Testament sont en rapport étroit avec l'avènement du Sauveur (le choix des personnages est souvent basé sur la théorie des six âges du monde) ;
— Daniel, qui fut nourri par Habaquq, qui ne brisa pas le sceau que le roi avait mis sur la pierre qui fermait la fosse aux lions, et les trois Hébreux dans la fournaise, que le feu ne touchait pas, symbolisent la Maternité virginale de Marie[135] ;
— Daniel et les trois 'enfants' rappellent aussi la bonté de Dieu à l'égard de l'homme pécheur[136]. Ils symbolisent également 'l'âme sauvée du mal'[137] ;
— les thèmes empruntés au Nouveau Testament correspondent aux étapes qui marquent la vie et la mission du Christ.

Quant à la chronologie de la prière épique, il est souvent question d'un ordre particulier, celui qu'observe la liturgie :
— c'est au cours de l'année ecclésiastique que les chrétiens relisent le livre de l'Histoire universelle qui est l'Histoire de la Création, de la Chute et de la Rédemption. Cette Histoire constitue l'unique Vérité que l'on *deit creire* pour pouvoir atteindre au salut. Le chevalier qui implore le secours de Dieu dans le danger qui le menace, représente l'humanité entière qui aspire au salut éternel[138].

VI. LES MANUSCRITS

VI. 1. INVENTAIRE DES MANUSCRITS : TABLEAU I

Jusqu'à présent nous connaissons trente-cinq Mss qui renferment le poème d'Herman de Valenciennes. Tous ne contiennent pourtant pas le texte complet[1].

En ce qui concerne le contenu, nous avons établi la répartition de la matière que voici :

A   Ancien Testament [-LL1-355 = vv. -1-2691][2]

B   Le poète nous renseigne sur le sujet de son ouvrage [-LL60-68 = vv. -398-466][3]

C   Prologue au Nouveau Testament [-LL356-434 = vv. -2692-3476][4]
Il comprend la vie de la Vierge depuis sa naissance jusqu'à l'avènement de son Fils.

D   Nouveau Testament [-LL435-527 = vv. -3477-4819][5]
Il comprend une partie de la vie du Christ depuis sa naissance jusqu'à la Résurrection de Lazare.

E   Passion [-LL528-688 = vv. -4820-6684][6]
Elle contient une partie du récit évangélique, depuis la Résurrection de Lazare jusqu'au Crucifiement.

F   Autobiographie de l'auteur [-LL603-604 = vv. -5608-5635]

G   Henri, 'rois d'Angleterre' [-L605 = vv. -5640-5645][7]

H   Fin du Nouveau Testament
Elle comprend le récit biblique depuis le Crucifiement du Seigneur jusqu'à son Apparition en Galilée. Elle se présente sous forme de laisses assonancées en -é(r).[8]

I   Épilogue du Nouveau Testament.
Il fait allusion au Jugement dernier. Il se présente sous forme de laisses assonancées en -é(r).[9]

J   *Assumption Nostre Dame* [-LL1-56 = vv. -A1-562][10]

K   Au v. -A546 nous trouvons le nom du poète : Hermans.
Nous en fournirons les variantes[11].

Ci-dessous on trouvera un tableau (I) contenant les rubriques suivantes :

1   Numérotage des Mss : 1-35. L'astérisque indique que le Ms. en question est à notre disposition sous forme de microfilm ou de photocopie

2   Sigle et date

3   Cote et renvois bibliographiques concernant la description

4   Début (D) et Fin (F) du texte

5   Particularités du contenu

Les majuscules A-K renvoient à la répartition de la matière que nous venons d'établir.

Quant au numérotage des vers, nous utilisons celui qu'on trouve dans la présente étude. Pour les vers qui manquent dans notre Ms. (N6), nous renvoyons aux thèses de Greifswald[12].

144

1	2	3	4	5
*1	N1 XIIIe s.	Paris, B.N.f.fr. 818, fo 13c-17a Cat. des Mss fr. de la Bibl. Impér., Anc. Fonds, t.I, Paris, 1868, pp.87-8, Bonnard, p.11, BSATF, 15e ann., 1889, p.90, n.1:Ms. écrit dans l'Est de la Bourgogne, Strate, pp.XX, 1,61.	D:-A1, F:-A558, amen	J, la fin manque K: Hermans
*2	N2 XIIIe s.	Paris, B.N.f.fr. 1444, fo 7a-38, fo 66b-71 Cat. des Mss fr. de la Bibl. Impér., Anc. Fonds, t.I, Paris, 1868, p.227, Bonnard, p. 11, IV, p.49, Strate, pp.XX, 1,62.	D:-151, F:-4819 D:-A1, F:-A562	A, le début manque B-D J: rubrique : De l'Assumption Nostre Dame K: Hermans. A:-410: sains (!) Hermans -510: Hermans -2013: Herman
*3	N3 XIIIe s.	Paris, B.N.f.fr. 1822, fo 194-198 Cat. des Mss fr. de la Bibl. Impér., Anc. Fonds, t.I, Paris, 1868, pp.320-1, Bonnard, p.11, Strate, pp.XX,XXI,1,59.	D:-A1, F:-A531, amen	J, la fin manque
*4	N4 XIIIe s.	Paris, B.N.f.fr. 2162, fo 1-77 Cat. des Mss fr. de la Bibl. Impér., Anc. Fonds, t.I., Paris, 1868, pp.364-5, Bonnard, pp.11,16, Mehne, p.5, ibid., pp.6-10, passim, sur les remanieurs du texte ; ibid., p.38 +n, sur la légende du bois de la croix ; II, p.138, sur la légende de la difficulté de parole de Moïse. V. aussi GRLMA, VI/2, p.89, 7c, Macé I, pp.LXXXVII,LXXXVIII, et Rem. au no.17.	D:-1, F:V, v.6925 +2 vers.	A,-410: Hermans B:-LL60-68 font partie du prologue (cf. Mehne, pp. 6,14) C-H F,G manquent I: pour les deux vv., cf. V, p.8.
*5	N5 XIIIe s.	Paris, B.N.f.fr. 19525, fo 191v-202vo, fo 8-12 E. Martin, Le 'Besant de Dieu' von Guillaume le Clerc de Normandie, Halle, 1869, pp.I-VII, Cat. gén. des Mss fr. de la B.N., t.III, Paris, 1900, pp.339-341 (Ancien S.-Germain fr.), Bonnard, p.11,	D:-4820, F:V, v.6957 D:-A1, F:-A562	E,H,I F,G manquent J K: Willemme

145

1	2	3	4	5
		Strate, pp.XXI, 1,61-2, *BSATF*, 15e ann., 1889, p.82, n.3:Ms. d'origine anglaise. *BSATF*, 15e ann., 1889, p.90, n.2: corr. de l'affirmation de Bonnard, p.39: le no.2560 appartient à la Bibl. Royale de Paris, et non pas de Londres.		
*6	N6 XIIIe s.	Paris, B.N.f.fr. 20039, fo1-112vo fo 113-114 fo 114-123 *Cat. gén. des Mss fr. de la B.N.*, t.III, Paris, 1900, pp.467-8, (Ancien S.-Germ. fr.), Bonnard, p.11, Strate, pp.XXI,1,62. Sur la devise de J. Nicot, (fo 1a: ὕφεσιν και παρρησίαν. Ne senza sfinge ne senza Edipo) propriétaire du Ms., au XVIe s., V. *Not. et extr.*, 33e ann., 2e partie, Paris, 1890, p.341.(particularité signalée par M. J.-R. Smeets)	D:-1, F:-6684 D:-A1, F:-A562	A-G C:V. corr. à -2732 H a été remplacé par le fragment du Graal (V. Chap. VII.4.) I manque J K: Hermans
*7	N7 XIVe s.	Paris, B.N.f.fr. 22928, fo 24vo-32 fo 292-299 *Cat. gén. des Mss fr. de la B.N.*, t.II, Paris, 1902, pp.11,12 (Anc. Petits Fonds fr.), Strate, pp.XXI, 2,62, *V*, p.116 (vv. 10-23 =-A1-141). Ms. signalé par G. Gröber, dans *Z.r. Ph.*, VIII, 1884, p.315.	D:-5680, F:-6675 D:-A1, F:-A562	E, en partie J K: Hermans
*8	N8 XIIIe s.	Paris, B.N.f.fr. 24387, fo 51-76 fo 76-77 *Cat. gén. des Mss fr. de la B.N.*, t.II, Paris, 1902, p.338, (Anc. Petits Fonds fr.), Bonnard, p.11, *BSATF*, 15e ann., 1889, p.83 : Ms. d'origine anglaise. Strate, pp.XXI, 1,31.	D:-1, F:-4819 D:-A1, F:-A322	A-D -2013: Herman J, en partie

1	2	3	4	5
*9	N9 XIIIe s.	Paris, B.N.f.fr. 25439, fo 1-91vo	D:-1, F:-6683	A-G F:-5615: Dudas -410: Hernanz -510: Hermanz -2013: Hernant J
		fo 91-100	D:-A1, F:-A562	K: Hernanz
		Cat. gén. des Mss fr. de la B.N., t.II, Paris, 1902, pp. 596-7, (Anc. Petits Fonds fr.), Bonnard, p.11, *BSATF*, 25e ann., 1899, pp.37-48. p.37: '... les caractères de la langue du Ms. indiquent ... la Lorraine.'		
*10	N10 XIIe s.	Paris, B.N.f.fr. Nouv. Acq. 4503, fo 1-11 (anc. Ashburnham, Libri 112)	D:-A1, F:-A562	J. K: Hermans
		Cat. gén. des Mss fr. de la B.N., Nouv. Acq., t.II, Paris, 1900, p.199, Bonnard, p.11, *Not. et extr.*, 33e ann., 1, Paris, 1890, p.59; Ms. écrit en Angleterre. Strate, pp.XXII, 1,62.		
*11	N11 XIIIe s.	Paris, B.N.f.fr. Nouv. Acq. 10036, (anc. Ashburnham, Barrois 171) fo 92-104	D:-151, F:-1182	A, en partie B manque cf. *II*, p.25: dans ce Ms., l'histoire de Joseph (V. Chap. II.3) a été remplacée par la version élaborée de l'*Estoire Joseph*.
		fo 132-139	D:-2161, F:-2691	C,D, en partie
		fo 139vo-157vo fo 179(?)-197	D:-2692, F:-3769 D:-3702, F:V, v.6957	E,H,I. Les vv. -3702-69 sont des doublons. F,G,manquent J, en partie
		fo 197-204	D:-A1, F:-A543	
		BEC, LXIII, 1902, p.59, *Cat.gén. des Mss fr. de la B.N.*, Nouv. Acq., t.IV, Paris, 1918, pp.7-8; Strate, pp.XXII, 1,60, Ms. signalé pour la première fois par H. Suchier, dans *Z.r.Ph.*, VIII, 1884, p.426.		

1	2	3	4	5
*12	A XIIIe s.	Paris, Bibl. de l'Arsenal 3516, fo 9ss. *Cat. (gén.) des Mss de la Bibl. de l'Arsenal*, t.III, Paris, 1887, pp.395-405. Surtout p. 405, pour les ff. mutilés ou enlevés. Bonnard, p.11, *GRLMA*, VI/2, p. 89,8a 'Dans ce Ms. le poème d'Herman est combiné avec une histoire sainte, rédigée, partie en vers de huit syllabes, partie en vers de dix et partie en vers de douze ; ces deux dernières espèces de vers étant à rimes accouplées. C'est la plus singulière compilation qu'on puisse imaginer'. P. Meyer, dans *R*, XVII, 1888, p.143.	D:-398, F:-6595	A-E, très fragmentaire, F,G: ces parties ont été enlevées!
13	C XIIIe s.	Chartres 620 (anc. no. 261 du chapitre de Notre-Dame) fo 55-112 fo 112c-120 *Cat. gén. des Mss des bibl. publ. de France*, t.XI, 1890, pp.XL,272-3, *ibid*, t.LIII, 1962, pp.11, 33-4: *Mss des bibliothèques sinistrées de 1940-1944*, Bonnard, p.11, *BSATF*, 20e ann., 1894, pp.36-60. Ce Ms., détruit pendant la deuxième Guerre mondiale, nous a été conservé pourtant sous la forme d'une copie du XVIII/XIXe siècle. Le 28 mars 1859, elle était en vente chez Sotheby et Wilkinson, Londres, ainsi que l'indique le *Catalogue of the extraordinary collection of splendid manuscripts chiefly upon vellum... formed by M. Guglielmo Libri the Eminent collector who is obliged to leave London in consequence of ill health and for that reason to dispose of his Literary Treasures*, p.104, no.484. E. Stengel (V. no.32 du Tableau) signale encore Chartres 51, qui, pourtant, ne renferme pas notre poème.	D:-1, F:-4819 D:-A1, F:-A562	A-D J K: Hermant
*14	XIVe s.	Lille 11, fo 71-75vo *Cat. gén. des Mss des bibl. publ. de France*, t.XXVI, 1897, p.99 : no.130 ; p.101-2, Bonnard, p.11.	D:-A1, F:-A562	J K: Hervieu

148

Le v. -A1 est surmonté de la rubrique suivante :
Ja parole comme nostre dame fu couronnee es chiez et apert par ceste figure.
A la fin nous lisons ceci :
explicit li livre de l'ame.

1	2	3	4	5
*15	0 XIIIe s.	Orléans 445 (374bis) fo 1-18 *Cat. gén. des Mss des bibl. publ. de France*, t.XII, 1889, p.217, Bonnard, p.11 ; il ne mentionne que III-VI (pp.31-32).	I: D:-1, F:-L59 II: D:-1071, F:II, v. 1546 III: D:III, v. 2679, F:-2850 IV: D:3448, F:-3798 V: D:-4324, F:-4849 VI: D:-5348, F:-5952	A,C, en partie B manque D,E, en partie F,G F:-5615: Doutrat
*16	XIIIe s.	Fragment d'un Ms. découvert aux Archives de Gray (Haute-Saône) cf. *GRLMA*, VI/2, p.89, 8a.	I: D:-4046, F:-4127 II: D:-4283, F:-4364 III: D:-4820, F:-4846 IV: D:-4847, F:-4926	D, en partie E, en partie
*17	fin XIVe s.	Pierpont Morgan Library, New York, Ms. 526 (anc. Barrois 127) fo 1-40vo	D:-1530, F:-5217	A, en partie -2013: Bernart C,D E, en partie J, en partie
		fo 41-43	D: Strate, v.88, F:-A460	
		Actuellement, quatre feuillets manquent, entre fo 40 et 41 (Lettre de M. J.H. Plummer, Curator of Mss, datée du 21-4-1965) *BEC*, LXIII, 1902, p.58, Ms. signalé pour la première fois par H. Suchier, dans *Z.r.Ph*, VIII, 1884, p.426, Strate, p.XIX, note, ne pouvait pas identifier ce Ms. *Census of medieval and renaissance Mss in the United States and Canada*, New York, vol.II, 1937, pp.1466-7, *Supplement to the Census*, New York, 1962, p.349. V. ci-dessous, pp.155-6.		

1	2	3	4	5
*18	W XIIIe s.	Ms. I,4,2° 1 de la 'Fürstlich Oettingen-Wallerstein'schen Bibliothek zu Maihingen (Bayern)', depuis 1948-9 au château de Harburg (Donau-wörth), fo 2-42 Bonnard, p.11, Mehne, pp.4,5,19,n.1.	D:-1, F:V, v.6957	A-I F,G manquent B manque, à partir de -L61. -510: Hermans -2013: Herman
*19	L1 1280: fo 127vo: MCC^{XX} IIII	London, British Museum, Harley 222 fo 2-118	D:-1, F:-6684	A-G -410: Heremans -510: Hermans -2013: Herman -5615: Everard J K: Hermans
		fo 118-127	D:-A1, F:-A562	
		Catalogue of the Harleian Manuscripts in the British Museum, Vol.I, 1808, p.70: il ne s'agit pourtant pas exclusivement de l'*Historia de vita et morte B. Mariae Virginis*! Strate, pp.XIX,XXIII, 1,62, Bonnard, p.11.		
*20	L2 XIIIe s. (pour la par- tie qui con- tient notre poème)	London, British Museum, Harley 2253, fo 23-33vo *Catalogue of romances in the department of manuscripts in the British Museum,* vol. I, 1883, pp.328,447,813, BSATF, 15e ann., 1889, p.83, n.3: Ms. d'origine anglaise.	D:-4820, F:V, v.6957	E-I F,G, manquent
*21	XIIIe s.	London, British Museum, Harley 5234, fo 153-155vo *Catalogue of the Harleian Manuscripts ...,* vol. III, 1808, p.253, no.16, fait mention d'un *Poema de Christo et Iudicio ultimo.* En réalité il s'agit de l'*Assumption Nostre Dame.* Bonnard, pp.11,40, Strate, p.XIX. Ms. anglais.	D:-A1, F:-A562	J, K: Thomas

1	2	3	4	5
*22	L3 XIIIe s.	London, British Museum, Egerton 2710, fo 112-125 fo 136-139 *BSATF*, 15e ann., 1889, pp.72-92[82-88] : Ms. d'origine anglaise. Strate, pp.XXIII, 1,61-2, *V*, pp.7,8,10,21,23,101,104: La dernière partie de la description (p.7) du Ms. L2 se rapporte plutôt à L3: 1: il y est question de 69 vv. qui suivent le v. *V*, 6957(fo 125) 2: à la fin on lit : explicit passio domini.	D:-4820,F:*V*, v. 6957 D:-A1, F:-A562+1	E-I F:-L603 manque J K: Richard
*23	L4 1304	London, British Museum, Cotton Domitian A XI, fo 80-87 *Catalogue of the manuscripts in the Cottonian Library deposited in the British Museum*, London, 1802, p.574, Bonnard, p.11, Strate, pp.XIX,XXIII, 1,60-1.	D:-A1, F:-A546	J, la fin manque K: Chermans
*24	XIIIe s.	London, British Museum, Royal Ms 13A XXI, fo 2-11b *Catalogue of Western Mss in the Old Royal and King's Collections in the British Museum*, vol. II, 1921, pp.86-7. Ms. d'origine anglaise, signalé pour la première fois par L. Borland, dans *SPh*, XXX,3, 1933, p.427.13	D:-1, F:*III*,v.2740	A,B C, en partie -410: Hermans -510: Hermans -2013 : Herman
*25	postérieur à 1307	Cambridge, University Library, Gg 1,1, fo 265b-271vo *R*, XV, 1886, pp.283-340[308]: "copie fort incorrecte".	D:-A1, F:-A531	J, la fin manque

1	2	3	4	5
*26	XIIIe s.	Cambridge University, Pembroke College, Ms. James 46 (anc. Pembroke College 230 (T5?)), fo 10-51vo *A descriptive catalogue of the Mss of Pembroke College Cambridge*, 1905, pp.XXXIII, 45-6, Bonnard, p.11, Strate, p.XIX.	D:-1, F:-5810	A-D -410: Heremans -2013: Herman E, en partie F,G: -L603 manque
27	XIIIe s.	Cheltenham, Phillipps 4156, fo 1b-68 fo 68-75b *Not. et extr*, 34e ann., 1, 1891, pp.149-258 [pp.197-209]: 'le texte ... est fort incorrect, ... l'écriture indique une main anglaise...'. P. Meyer a découvert ce Ms. qui, depuis 1966, se trouve chez Bernard Quaritch, LTD, Antiquarian Booksellers, London. En 1967, il a été exposé en Australie.	D:-1922, F: *V*, v.6872 + 18 vv. en *-anz* (cf. *Not. et extr*, pp. 207-8) D:-A1, F:-A562	A, en partie C-G H, en partie -5615: Dudart J K: Herman
28		Cheltenham, Phillipps 16378, fo 1-104a *Not. et extr*, 34e ann., 1, 1891, pp.151,203, + n.2, Strate, p.XIX. Ce Ms., découvert par P.Meyer, appartient au 'Robinson Trust, London'; actuellement, il se trouve chez Sotheby : 'in store, not available for inspection'.	D:-1, F:-6684	A,C-E B: ? F:fo 37b, cité par P. Meyer manque actuellement!

1	2	3	4	5
*29		Dublin University, Trinity College D IV, 13, pp. 1-245(!) *Catalogue of the Mss in the Library of Trinity College*, 1900, pp.XIX, 37, *Not. et extr*, 34e ann.,1, 1891, pp.204, 207-8, Strate, p.XIX.	D:-1, F:*V*, v.6957	A-I H: les 18 *vv.* en *-anz*, qui terminent le texte dans le Ms. 27, se retrou- vent ici (pp.241-2); puis vient *V, vv.* 6872ss. -410: Jeremie! -510: Heremans -2013: Herman -5615: Dudrat
30	D 1272-83	Oxford University, Bodleian Library, Digby 86, fo 169-177 Bonnard, p.11, *A summary Catalogue of Western Mss in the Bodleian Library at Oxford*, vol.II, 1, 1922, pp.72-3, E. Stengel, *Codex manuscriptus Digby* 86, Halle, 1871, p.69, Strate, pp.XIX,XXIII, 1,62: texte très corrompu.	D:-A1, F:-A561	J K: Hermans
31	M XIIIe s.	Oxford University, Bodleian Library, Musaeo 62, fo 130-133vo *A Summary Catalogue..*, vol. II, 2, 1922, pp.718-9, Strate, pp.XIX,XXIII, 1,62: texte défectueux.	D:-A1, F:-A562	J K: Hereman
*32	1311	Turin, Bibliothèque Nationale, L II, 14, ou Bibl. roy. fr. 36 fo 1 perdu pendant l'incendie de 1904 (D:-14) fo 12-24 fo 47-49 Edm. Stengel, *Mittheilungen aus franz. Hss der Turiner Universitäts Bibliothek*, Marburg, 1873, pp.11-38[20,21], Bonnard, p.11.	D:-324, F:-2752 D:-3790, F:-4160	A-C, en partie B:-LL63-68 manquent

153

1	2	3	4	5
33	XIIIe s.	Chicago, University Library, Ms. 535 (PQ 1485. H.27. B 6.12-857053), fo 1-125	D:-1, F:*V*, v. 6957(?)	A-I B:? F,G:?
		SPh, XXX, 3, 1933, p.427, n.3: Ms. signalé et décrit par L. Borland. *Census of medieval and renaissance Mss in the United States and Canada*, New York, vol I, 1935, p.589.		
		'Ms. d'origine française, … relié trop fortement pour être filmé'.		
34		Chambéry, Livres de la Bibliothèque du château, Ms. 234		
		R, XIII, 1884, pp.473-4: P. Meyer y donne le compte-rendu d'un article de P. Vayra, intitulé *Inventari dei Castelli di Ciamberi, di Torino e di Ponte d'Ain*, 1497-8 (=1498-9), et paru dans *Miscellanea di Storia Italiana, edita per cura della Regia deputazione di Storia Patria*, (Settimo della seconda serie), tomo XXII, 1884, pp.9-245:		
		– à la p.27 il s'agit d'un 'Inventaire des Livres estans au chastel de Chambéry et en la Garde Roube basse faict par Messieurs Amyé de Challes maistre d'oustel de mon très redoubté seigneur Monseigneur le duc de Savoye et Jehan Vulliod trésorier de Savoye, le XXV d'octobre l'an de grâce mil IIIJ C IIIJ XX et XVIII'.		
		– à la p.70 il est question du 'no 234 du 'XIJe couffre' qui est 'ung moyen livre en parchemin escript à la main en françois par vers, commençant : Roman de Sapience, covert de postz et peau tanée, à petis fermaulz'.		
		– à la p.133 nous lisons que cet inventaire avait été dressé à 'Thurin'.		
		P. Meyer a identifié ce 'Roman de Sapience' : c'est 'l'oeuvre bien connue d'Herman de Valenciennes'. Malheureusement nous n'avons pas réussi à identifier ce Ms, qui n'est pas le même que le no. 32 du présent tableau.		
35		V. no. 13.		

154

Nous exprimons ici notre gratitude à toutes les bibliothèques qui nous ont rendu de grands services en ce qui concerne les Mss que nous venons de passer en revue, tant pour les microfilms qu'elles ont exécutés à notre demande, que pour les renseignements qu'elles ont bien voulu nous donner.

Ce Ms. (fo 7d-8b) renferme la légende de la difficulté de parole de Moïse. De jolies miniatures, exécutées à Paris, dans l'atelier de Thévenin l'Angevin (V. *Supplement* to the *Census*), nous montrent Moïse "qui jetta a terre la couronne du roy" et qui "bouta son doy ou feu et s'ardi la langue" (V. Planches A et B). Comme le texte diffère légèrement de celui qui se trouve dans le Ms. no.4, il nous semble utile de le reproduire ici :

	Or est mis Moÿses l'enfant a nourreçon,	fo 7d
	La dont il fu jettés rapportez en maison.	
	Tant est nourris li enfes qu'on n'en dit se bien non.	
	.Vij. ans a ja passez moult est beau valeton.	
5	Dont avint a un jour que le roy Pharaon	
	Tenoit grant court pleniere et trestuit si baron	
	Furent venus a lui car droit fu et raison.	
	Sceptre porte et couronne et si l'enchauça on	
	Comme cil qui ert sire de celle region.	
10	L'enfes est en la sale vestu d'un singlaton,	
	Devant tous se jouoit si le vit Pharaon,	
	Le roy choisi l'enfant de si gente façon,	
	Prist le par ses aisseles si le leva enson	
	Sur son pis pour baisier par grant dilection.	
15	Li enfes regarda entour et environ,	
	Voit la couronne luire sur le chief Pharaon.	
	L'enfes le sache a lui si le jette au perron	
	Et celle chiet par pieces, ainc nel rassembla on.	
	Pharaon fu dolans ne s'en mervait nulz hon.	
20	Li prestres sailli suz qui la loy deut garder,	
	Eleopoleos ainsi l'oÿ nommer.	
	"Messeignours, ce dist il, vueilliez moi escouter :	
	Vous savez bien trestous que soulions doubter	
	Et li nostre anchisour le nous seulent conter	
25	Que le grant dieu du ciel si nous vouldra donner	
	Un homme qui vendra ceste terre grever.	
	Vez le ci et c'est il, bien le vous puis moustrer.	
	Qu'attendez vous, seignour? Car le faites tuer!"	
	Et dist roy Pharaon — il n'a ceans son per,	
30	Il est franx comme uns sires, si le vueil respiter — :	
	"Enfant de tel aage ne doit nulz hons blasmer,	
	Il n'a point d'escïent, ce pouez bien prouver :	fo 8a
	Faites en ceste place plain bacin alumer	
	D'u[n] groz charbon de l'astre pour lui espouenter,	
	D'autre part plaine coupe de bon cristal bien cler,	
5	Et s'il va au cristal pour le feu eschiver	
	Dont pouez vous perçoivre aucun senz et moustrer".	
	Il fu qui tost le fist quant le voult commander.	
	A destre de devant font le charbon poser,	
	D'autre part a senestre mettent le (charbon) [cristal] cler.	
10	L'enfes est en peril. Cil qui le voult fourmer	
	Le vueille ore aparmain de ces felons garder	
	Et il si fist moult bien, ne le voult oublïer :	

Son ange lui envoie pour sa vie tenser.
Li enfes commença le cristal esgarder
15 Et un en vouloit prendre dont se vouloit jouer.
L'ange le fiert ou coute si lui a fait bouter.
Sa main boute ou charbon qu'il la fist vessier,
Au doi tint le charbon qui moult le pot grever,
A sa bouche le met pour salive jetter.
20 Sa langue est eschaudee sanz point de demourer.
La vessie est levee qui puis le fist bauber.
L'enfes se sent blecié si commence a plourer
Et Tremut le couru baisier et acoler.

Flavius Josephus (*Antiquit. Judaic.*, lib. II, cap. IX, 5-7), qui fournit le nom de la fille de Pharaon (Thermuthis, = Tremut) ne mentionne pas l'histoire des deux 'bacins'.

Petrus Comestor (*Hist. Schol.*, *PL*, 198, 1144ss) parle de Teremith, d'Heliopoleos (= Eleopolos) et de l'épreuve des charbons.

Dans le *Middrash Rabba* et dans *The legends of the Jews* il est question d'une pierre précieuse. C'est l'ange de Dieu qui empêche Moïse de prendre le 'cristal'.

Nous n'avons pas retrouvé le détail amusant sur la 'vessie'. (V. aussi *Macé* I, pp. LXXXVII-XC, 111-114)

VI. 2. RÉSUMÉ. TABLEAU II

Nous résumons :

I   : le début de l'Ancien Testament (= A) se trouve dans les nos. : 4,6,8,9,13,15,18,19,24, 26,28,29,33.

II   : l'Ancien Testament (= A) est incomplet du début dans les nos. : 2,11,12,17,27,32

III   : le Prologue au Nouveau Testament (= C) se trouve dans les nos. : 2,4,6,8,9,11,12,13,15, 17,18,19,24,26,27,28,29,32,33.

IV   : le Nouveau Testament (= D) se trouve dans les nos. : 2,3,6,8,9,11,12,13,15,16,17,18,19, 26,27,28,29,32,33.

V   : la Passion (= E) constitue le début de notre poème dans les nos. : 5,7,16,20,22.

VI   : la Passion (= E) suit les autres parties du poème dans les nos. : 4,6,9,11,12,15,17,18,19, 26,27,28,29,33.

VII   : la Passion (= E) manque dans les nos. : 2,8,13,32.

VIII   : la Fin du Nouveau Testament (= H) se trouve dans les nos. : 4,5,11,18,20,22,27,29,33.

IX   : la Fin du Nouveau Testament (= H) manque dans les nos. : 6,7,9,12,15,19,28.

X   : l'Épilogue du Nouveau Testament (= I) se trouve dans les nos. : 4,5,11,18,20,22,29,33.

XI   : l'Épilogue du Nouveau Testament (= I) manque dans le no. : 27.

XII   : l'*Assumption* seule (= J) se trouve dans les nos. : 1,3,10,14,21,23,25,30,31.

XIII   : l'*Assumption* (= J), à l'état isolé, à quelque distance d'autres parties du poème, se trouve dans les nos. : 2,5,7,22.

XIV   : l'*Assumption* (= J) suit directement d'autres parties du poème dans les nos. : 6,8,9,11,13, 17,19,27.

XV   : l'*Assumption* (= J) manque dans les nos. : 4,12,15,16,18,20,24,26,28,29,32,33.

Dans le tableau suivant (II), nous représentons en schéma le résumé qui précède.

Tableau II	I	II	III	IV	V	VI	VII	VIII	IX	X	XI	XII	XIII	XIV	XV
1												+			
2		+	+	+			+						+		
3												+			
4	+		+	+		+		+		+					+
5				+				+		+			+		
6	+		+	+		+			+					+	
7				+					+				+		
8	+		+	+			+							+	
9	+		+	+		+			+					+	
10												+			
11		+	+	+		+		+		+				+	
12		+	+	+		+			+						+
13	+		+	+			+							+	
14												+			
15	+		+	+		+			+						+
16				+	+										+
17		+	+	+		+								+	
18	+		+	+		+		+		+					+
19	+		+	+		+			+					+	
20				+				+		+					+
21												+			
22				+				+		+			+		
23												+			
24	+		+												+
25												+			
26	+		+	+		+									+
27		+	+	+		+		+			+			+	
28	+		+	+		+			+						+
29	+		+	+		+		+		+					+
30												+			
31												+			
32		+	+	+			+								+
33	+		+	+		+		+		+					+

VI. 3. LA TRADITION MANUSCRITE

Bonnard (pp. 15-6), qui avait comparé six manuscrits, admettait trois rédactions du poème d'Herman :

I : B.N.f.fr. 2162 (= no. 4)
II : B.N.f.fr. 1444 (= no. 2), B.N.f.fr. 20039 (= no. 6), B.N.f.fr. 25439 (= no. 9)
III : Chartres 620 (= no. 13), B.N.f.fr. 24387 (= no. 8)

A son avis, le Ms. B.N.f.fr. 2162 renfermait le texte le plus ancien[14].

Moldenhauer (p. 6, *II*, vv. 1184-2625 = N6 : -1252-2691) avait signalé deux groupes :

I : Arsenal 3516 (= no. 12), Chartres 620 (= no. 13), B.N.f.fr. 24387 (= no. 8)
II : les nos. 2,4,6,9,11,15,18.

Il avait consulté les Mss. 2,4,6,8,9,11,12,13,15,18.
Il n'avait pas consulté (pu consulter) les Mss. 19,24,26,27,28,29,32,33.

Burkowitz (p. 8, *III*, vv. 2626-4397 = N6 : -2692-4362 (= *III*, v. 4396) avait signalé trois groupes :

I : Arsenal 3516 (= no. 12), Chartres 620 (= no. 13), B.N.f.fr. 24387 (= no. 8)
II : les nos. 2,4,6,9,11,18

Entre ces deux groupes il mettait le no. 15 (Orléans 445)
Il avait consulté les Mss 2,4,6,8,9,11,12,13,15,18.
Il n'avait pas consulté (pu consulter) les Mss. 16,17,19,24,26,27,28,29,32,33.

Kremers (pp. 12-14, *IV*, vv. 4398-5552 = N6 : -4363-5469) avait signalé les groupes suivants :

I : Wallerstein (= no. 18), Harley 2253 (= no. 20), Egerton 2710 (= no. 22), Arsenal 3516 (≐ no. 12)
II : B.N.f.fr. 20039 (= no. 6), B.N.f.fr. 25439 (= no. 9)
III : Orléans 445 (= no. 15)
IV : B.N.f.fr. 24387 (= no. 8), Chartres 620 (= no. 13), B.N.f.fr. 1444 (= no. 2)
V : B.N.f.fr. 2162 (= no. 4)

Il avait consulté les Mss. 2,4,6,8,9,11,12,13,15,18,19,20,22.
Il n'avait pas consulté (pu consulter) les Mss 5,17,26,27,28,29,33.

Martin (p. 11, *V*, vv. 5553-6957 = N6 : -5470-6684 (= *V*, v. 6750) semble établir trois groupes de Mss :

I : B.N.f.fr. 2162 (= no. 4), Orléans 445 (= no. 15), Arsenal 3516 (= no. 12), B.N.f.fr. Nouv. acq. 10036 (= no. 11), Wallerstein (= no. 18)
II : B.N.f.fr. 20039 (= no. 6), B.N.f.fr. 25439 (= no. 9), B.N.f.fr. 22928 (= no. 7)
III : Harley 222 (= no. 19), Harley 2253 (= no. 20), Egerton 2710 (= no. 22)

Il avait consulté les Mss 4,6,7,9,11,12,15,18,19,20,22.
Il n'avait pas consulté (pu consulter) les Mss 5,26,27,28,29,33.

Strate (p. XXIV), pour l'*Assumption Nostre Dame,* avait groupé les textes de la façon suivante :

I : B.N.f.fr. 1444 (= no. 2), B.N.f.fr. 1822 (= no. 3), B.N.f.fr. Nouv. acq. 10036 (= no. 11)
II : B.N.f.fr. 20039 (= no. 6), B.N.f.fr. 25439 (= no. 9), B.N.f.fr. 22928 (= no. 7)
III : Chartres 620 (= no. 13), B.N.f.fr. 24387 (= no. 8)

I, II, III s'opposent à B.N.f.fr. 19525 (= no. 5), Harley 222 (= no. 19), Cotton Domitian A XI (= no. 23), Bodley Digby 86 (= no. 30), Bodley Musaeo 62 (= no. 31), Egerton 2710 (= no. 22). Entre ces deux groupes, il distinguait encore un dernier groupe représenté par : B.N.f.fr. 818 (= no. 1), B.N.f.fr. Nouv. acq. 4503 (= no. 10).
Il avait consulté les Mss 1,2,3,5,6,7,8,9,10,11,13,19,22,23,30,31.

Il n'avait pas consulté (pu consulter) les Mss 14,17,21,25,27.

En réunissant toutes ces données, fournies par Bonnard, et par l'équipe de Greifswald, nous obtenons le résultat suivant : quant au texte du poème d'Herman de Valenciennes[15], il est possible de distinguer trois groupes :

I   : B.N.f.fr. 2162 (= no. 4)
II   : B.N.f.fr. 20039 (= no. 6), B.N.f.fr. 25439 (= no. 9)
III   : B.N.f.fr. 24387 (= no. 8), Chartres 620 (= no. 13).

Pour ce qui est du contenu, nous avons établi les groupes suivants, en nous basant sur le Tableau II:

I	: I(II), III, IV, VI, VIII, X, XV	=	4,18,29,33,[11],[27]
II	: I(II), III, IV, VI, IX, XIV	=	6,9,19,[17],[11],[27]
III	: I(II), III, IV, VI, IX, XV	=	12,15,28,[26]
IV	: I(II), III, IV, VII, XIV, XIII	=	8,13,2
V	: V, VIII, X	=	5,20,22
VI	: V, VIII, X, XIII	=	5,22,[7]
VII	: XII	=	1,3,10,14,21,23,25,30,31.

Les nos. 16,24 et 32 manquent dans cette classification. C'est que leur contenu est trop fragmentaire pour qu'ils puissent faire partie d'un groupe[16].
Les nos. 11 et 27 appartiennent à deux groupes. Par conséquent, nous les y avons insérés.
Le no. 7 a deux rubriques (V, XIII) en commun avec les nos. 5 et 22. Voilà pourquoi l'on ne saurait l'exclure du groupe VI.
Le no. 17 a cinq articles (I(II), III, IV, VI, XIV) en commun avec les nos. 6,9,19. Pour cette raison il figure dans le groupe II.
Le no. 26 a cinq articles (I(II), III, IV, VI, XV) en commun avec les nos. 12, 15, 18. C'est pourquoi il a été inséré au groupe III.

VI. 4. CONCLUSIONS

En prenant connaissance des pages précédentes, le lecteur aura remarqué qu'il règne une très grande diversité dans la tradition manuscrite du poème d'Herman de Valenciennes.
   Les manuscrits les plus anciens (XIIe s.) sont le no. 10, qui ne renferme que l'*Assumption Nostre Dame* (= J), et le no. 28, qui contient les vv. -1-6684[17].
   Il se trouve qu'une bonne partie des Mss est d'origine anglaise (nos. 5,8,10,20,22,24,27). Le texte qu'ils contiennent est en général fort corrompu. C'est en Angleterre que la Passion (= E) et l'*Assumption* (= J) ont été détachées et traitées comme des ouvrages à part[18].
   Le poète a-t-il vécu et travaillé en Angleterre? La grande quantité des copies anglaises est pour quelque chose dans cette thèse, avancée en 1834, par l'Abbé de la Rue[19], en 1846, par Th. Wright[20], en 1863, par A. Dinaux[21], et qui a été reprise, en 1933, par L. Borland[22]. Jusqu'ici cette affirmation est restée sans preuve.
   Comme notre but n'est pas de fournir une édition critique, nous n'avons pas établi le stemma des Mss. Cela revient à dire que nous n'avons pas déterminé quel a été exactement l'apport de l'auteur.

VII. LE MS. PARIS, B.N.F.FR. 20039, fo 1-123b

VII. 1. ÉTABLISSEMENT DU TEXTE

Nous publions le texte du poème français qui se trouve dans le Ms. Paris, B.N.f.fr. 20039 (= N6)[1], qu'on a affublé du nom de *Bible*, et que le copiste Guerric a intitulé *Li Romanz de Dieu et de sa Mere et des Profetes et des Apostres*[2].

Comme le nom de *Bible*[3] ne convient guère[4], nous proposons ici comme titre, à la suite du scribe : *Li Romanz de Dieu et de sa Mere*[5].

Nous avons divisé le texte en laisses numérotées. Nous avons numéroté aussi les vers. Nous nous sommes servie de chiffres arabes, tant pour les feuillets que pour les laisses et les vers. Dans les citations et dans les corrections, les laisses et les vers sont précédés d'un tiret[6].

Chaque vers commence par une lettre capitale ; les majuscules en caractères gras indiquent les grandes initiales rouges ou bleues.

Nous nous sommes servie de la ponctuation moderne. Les guillemets 'simples' portent sur une citation qui se trouve au milieu d'une autre.

Nous avons distingué dûment i voyelle de i consonne, u voyelle de u consonne.

Le futur des verbes *avoir* et *savoir* est rendu par *avra, savra*[7].

En ce qui concerne les signes orthographiques, nous nous servons de la cédille, de l'apostrophe, de é et du tréma. (Que, de, le, ce, je étant toujours toniques, l'élision est signalée dans les remarques).

Les éléments abrégés sont indiqués par l'italique. Notre système de résolution est basé sur l'orthographe du copiste, qui se nomme au fo 123b[8].

Très souvent le scribe omet u après le q. Nous avons gardé ce système, sauf pour la résolution des abréviations, où nous avons préféré les formes modernes.

( )   indique l'élément que nous avons omis.

[ ]   indique l'élément que nous avons ajouté.

/   indique la fin d'un ligne.

....   indique une lacune.

Les corrections sont faites à l'aide des autres Mss (microfilms, photocopies) dont nous disposons. Elles ne sont apportées que là où l'intelligence du texte l'exige. Nous ne nous dissimulons pourtant pas que, dans une édition non critique, toute correction a un caractère extrêmement arbitraire.

En principe nous renvoyons à l'édition critique de l'équipe de Greifswald[9]. Pour les vv. -1-1251, que devait publier R. Müller[10], nous consultons tout d'abord W, manuscrit de base des thèses de Greifswald. Nous avons aussi recours à N9, qui fait groupe avec N6, notre Ms., à N2 et à L1[11]. Pour les vv. -1797-2019, nous avons encore mis à contribution la vénérable *Chrestomathie de l'Ancien Français* de Karl Bartsch[12]. Bartsch s'était servi des Mss suivants — nous utilisons les sigles modernes — W, N2, N8[13].

Les lettres a ou b désignent une correction apportée au premier ou au second hémistiche d'un vers. Un vers suivi de A, de B, etc., indique que nous avons ajouté une ou plusieurs lignes à notre texte.

Entre parenthèses nous signalons le Ms. auquel nous avons emprunté la correction d'un vers.

Pour les sigles des Mss, et pour les abréviations bibliographiques, nous renvoyons au chapitre VI et à la Bibliographie.

Comme le Ms. N6 est le seul à avoir le fragment en prose du Graal, nous reproduisons ce texte d'après la copie qu'en a faite Guerric. Seulement, nous avons résolu les abréviations que celui-ci avait apportées et nous avons séparé les mots.

160

La dernière partie du poème d'Herman de Valenciennes, l'*Assumption Nostre Dame,* a été publiée par H. Strate. C'est à son édition que nous empruntons les corrections de notre texte[14].

Pour permettre la lecture ininterrompue du poème, nous avons rejeté en fin de volume les corrections et les remarques.

VII. 2. TITRES ET *EXPLICIT*

Ici nous avons indiqué la disposition précise des titres. Au paragraphe suivant, nous les avons placés au-dessus des strophes auxquelles ils se rapportent.

Ci comence li viez testeme[n]z *et* li noviaus	fo 1a, ll. 1-16
Et s[i] come il forma Eve et Aden	
Et come il lor bailla *para*dis terrestre a garder	
Et come Noéz fist l'arche	
Coment il l'arriva sus lou mont d'Ermenie	
Après devise de sai|n]t Abrahan et de sa lignice	
Si come Abrahanz vost ocierre Ysaac son filz	
Come Jacop toli la beneïçon son frere Eseu	
Ainsin con Josef fu venduz et menez en Egipte	
Ainsit con Josef prist ses freres et il les vost pandre	
Ainsit con Moïses fu getez en l'eive	
Si come David fu roys *et* a*prés* Salemons	
Ainsi come n*ost*re dame fu nee	
Des .iij. Mariez *et* de lor filz	
Si *com*me l'anges palla a n*ost*re dame	
Si *com*me n*ost*re sires fu nez	

Ci aprés devise *com*ment Noé fist l'arche *et* / *com*ment il arriva sor les mons d'Ermenie	fo 4a, entre l. 17 et l. 18 (vv. -175-6)
Ci aprés devise de sai*n*t Abrehan *et* de sa lignïe	fo 6b, après l. 29 (v. -330)
Ci come Abrehans vost / ocirre Ysaac son fiz	fo 11a, après l. 6 (v. -576)
C'est issi *com* Jacob tolit / la benoïçon a son / frere Esaü	fo 14b, à gauche, dans la marge, ll. 1-3 (vv. -775-7)
Ensint co*m* Joseph / fu vanduz *et* me / nez en Egypte	fo 21a, à droite, dans la marge, ll. 4-6 (vv. -1168-70)
Issi *com* Joseph p*ris*t ses / freres *et* il les vost / pandre	fo 29a, à droite, dans la marge, ll. 3-5 (vv. -1647-9)
Ensint co*m* Moÿses / fu getez en l'eve	fo 35b, à gauche, dans la marge, ll. 22-3 (vv. -2056-7)
Ici fu David rois / *et* aprés Salemons	fo 42b, à gauche, dans la marge, ll. 16-7 (vv. -2470-1)

161

Ensi *com* nostre dame / fu nee

fo 51a, à droite, dans la
marge, ll. 10-1 (vv. -2974-5)

Des trois Maries / *et* de lor fiz

fo 53a, à droite, dans la
marge, ll. 29,30 (vv. -3113-4)

Issi *com* li angles / parla a nostre dame

fo 56b, à gauche, dans la
marge, ll. 16-7 (vv. -3310-1)

Issi *com* Dex fu nez / *et* li .iij. roi l'a / lïent querent

fo 59a, à droite, dans la
marge, ll. 22-4 (vv. -3466-8)

Issi *com* Joseph *et* nostre dame / en alarent en Egypte / et
am portarent nostre / seignor *et* issi com Herodes / fist les
anfanz decoler

fo 63a, à droite, dans la
marge, ll. 4-8 (vv. -3688-92)

Ce est issi com nostre / sires fu baptiziez

fo 65a, à droite, dans la
marge, ll. 1,2 (vv. -3805-6)

Ce est issi com sainz / Jehanz fu decolez

fo 69a, à droite, dans la
marge, ll. 15-6 (vv. -4059-60)

Ce est issi com Dex fist / de l'aigue vin / *et com* il fu as noces /
de saint Archedeclin

fo 72a, à droite, dans la
marge, ll. 14-7 (vv. 4238-41)

Ce est issi *com* Dex parla / as Fariseus

fo 77a, à droite, dans la
marge, ll. 16-7 (vv. -4540-1)

Ce est issi com Dex / vint en Jherusalem

fo 79b, à gauche, dans la
marge, ll. 12-3 (vv. -4686-7)

Ce est issi *com* la Magdalene / plora as piez nostre seignor

fo 81a, à droite, dans la
marge, ll. 1,2 (vv. -4765-6)

Ce est issi *com* Dex resuscita / Lazaron de monumant

fo 85a, à droite, dans la
marge, ll. 1,2 (vv. -5005-6)

Ce est issi *com* Dex / chevaucha l'asne / en Jherusalem

fo 92b, à gauche, dans la
marge, ll. 5-7 (vv. -5459-61)

Ce est issi com nostre sire / manja a la cene avoc / ses apostres

fo 97a, à droite, dans la
marge, ll. 18-20 (vv. -5743-5)

Ce est issi *com* Dex mist / le pain an la boche / Judas

fo 99a, à droite, dans la
marge, ll. 1-3 (vv. -5845-7)

C'est issi *com* nostre sire fu pris / *et* sainz Peres trait l'espee

fo 103a, à droite, dans la
marge, ll. 1,2 (vv. -6085-6)

Issi com sains Peres / renoia Jhesucrist

fo 104a, à droite, dans la

	marge, ll. 9,10 (vv. -6153-4)
Issi com Jhesucriz fu / mis en la chartre	fo 105a, à droite, dans la marge, ll. 24-5 (vv. -6228-9)
Si com Pilates anvoia / Jhesucrist a Herode / quant li Gieu l'orent / pris	fo 106b, à gauche, dans la marge, ll. 22-5 (vv. -6316-9)
Ensi com Jhesucriz fu mis en / la croiz et il li firent coro / ne d'espine et Joseph le de / manda a Pilate et il li dona	fo 113a, à droite, dans la marge, ll. 1-4
Issi com nostre sire commenda sa mere a mon / seignor saint Jehan	fo 114a, ll. 30-1.
C'est issi com nostre dame / sainte Marie fu mor / te et comment li angles / l'an portarent an paradis / chantent en la compaignie / son fil Jhesucrist	fo 116a, à droite, dans la marge, ll. 20-5 (vv. -A110-5)
C'est issi com nostre sires ala / parler a sa mere et a ses / apostres	fo 119a, à droite, dans la marge, ll. 23-5 (vv. -A293-5)
C'est issi com nostre dame / fu anterree el val / de Josafas	fo 122b, à gauche, dans la marge, ll. 11-3 (vv. -A491-3)
Explicit li romanz de Dieu et de / sa mere et des profetes et des / apostres	fo 123b
Guerris m'escrist Diex li otroit / honor et bien ou que il soit amen	

VII. 3. TEXTE : ANCIEN TESTAMENT, NOUVEAU TESTAMENT, *ASSUMPTION NOSTRE DAME*

Ci comence li viez testeme[n]z et li noviaus   Fo 1a
Et s[i] come il forma Eve et Aden
Et come il lor bailla paradis terrestre a garder
Et come Noéz fist l'arche
Coment il l'arriva sus lou mont d'Ermenie
Aprés devise de sai[n]t Abrahan et de sa ligniee
Si come Abrahanz vost ocierre Ysaac son filz
Come Jacop toli la beneïçon son frere Eseu
Ainsin con Josef fu venduz et menez en Egipte
Ainsit con Josef prist ses freres et il les vost pandre
Ainsit con Moïses fu getez en l'eive
Si come David fu roys et aprés Salemons
Ainsi come nostre dame fu nee
Des .iij. Mariez et de lor filz
Si comme l'anges palla a nostre dame
Si comme nostre sires fu nez

163

1

[C](R)omens de sapïence / C'est la paor de Dieu,
Qui fist et ciel et terre / Et fu au temps ebrieu ;
Anges fist et arcanges, / Mont les mist en bon leu.
Nous trovon en escrit, / En latin, en ebreu,
Partie en tresbucha / En un molt mauvés leu,
Quar il vodrent rener, / Tolir lou regne Dieu.

5

2

L'autre *par*tie remest, / D'orguil ne sot neant,
Cele remest ou ciel, / Ou sert Dieu bonement,
A som servise faire sont touz jours en present.
Nons lor dona li sires *par* son grant escïent :
Micael, Gabriel, Raphael, si l'entent.
Prevost font de Michiel souz ciel asemblement.
Tuit sont obeïssant a son comendement.

10

Fo 1b

3

Quant furent tresbuchié en anfer li chetif,
*Per*dirent la clarté et tuit sont ennercif.
Molt ont mauvés ostel, n'est pas biaus lor deliz.
Aprés fist *nostre* sires sus *terre par*adis.
Arbres y a plantez qui molt sont de haut pris.
Adont forma Aden *et* la dedanz l'a mis.

15

4

Quant, de *terre* l'ot fait durement l'esgarda,
Fait l'ot a sa figure, *grant* san i *por*pansa.
Vost qu'eüst *com*paignie et il la li dona.
Adenz dormi molt bien que pas ne s'esvoilla.
Une coste dou cors Damediex li osta
Demant[r]es qu'il dormi *et* Evem en forma.

20

25

5

Dont s'esvoilla Adenz *qu*ant asez ot dormi.
Et Diex l'areisona *et* molt bien li a dit :
"Aden, or as conpaigne et si as *grant* delit ;
Tu feras mon coment sens point de contredit.
-Volentiers, li miens sires, n'i avra acondit.

30

6

-Aden, ou ta conpaigne *par*adis garderas,
Dou fruit de touz ces arbres, s'il te plest, mangeras,
Fors que de ce pomier, don[t] tu ne gousteras.

Se tu bien le me gardes *gr*ant profit y aras,
35   *Et* se tu en manjües tantost mort recevras.
Ainsi le te comens sus la joie que as."
Eive ne l'antant mie / Si ne lou dist a gas!

7

Dont s'an va *nostr*e sires / - N'i vost plus demorer -
Lassuz en son haut ciel ses angles viseter.
40   Li deables d'anfer ne se vost oublïer.
De *m*olt grant felonie se *pr*ist a *por*penser :
"Cil hom *qui* la est faiz, nos voet deseriter.
Se puis a lui venir ne la dedans entrer,
De cel fruit deveé li ferai je gouster."

8

45   Li cuvers s'en issi de cel anfer pullant,
Monta em *pa*radis sor l'erbe verdoiant.
Au *pomm*ier est venuz q'ere mis en deffa*n*t.
Tout antor s'anvirone s'agaita de toz sans
Que Adans nel veïst, *qui* ert de gra*n*t porpa*n*s,
50   *Et* pensa *que* la feme n'estoit pas de gra*n*t sens.

9

"Eve, ça vien a moi, parole au messagier,
Vien ça a m*o*i *pa*rler de dessoz cest po*mm*ier!
Pran dou fruit *qui* ci est, s'en essaie a mangier!
-Nou ferai, ce dist Eve, deveé nos fu ier.
55   -Manjue em, bele suer, n'en avras destorbier!
-N'os, por mon criator, *que* n'en aie ancombrier.
Je l'aim de tout mon cuer, pas nel doi correcier.

10

-Eve, dist li deables, tu faiz *m*olt grant folie
Qa*n*t tu diz de cest fruit tu ne mangeras mie.
60   Ça vien, *pa*role a moi, escoute bele amie!
Ton sire *et* toi fist Diex, or est en gra*n*t anvie,
Por ce a *pr*is le fruit en la soie baillie,
Que il voet *que* tu *pe*rdes la *pa*rmenable vie.
Manjue en, ne douter, ne te chaut *que* il die!

11

65   Saches, ma bele suer, tantost com mangeras,
De ma bouche en la toie *et* tu la recevras,
Perdras sanz demorance ice q'orendroit as,
Et ce q'ai*n*c ne veïs certes adonc verras!

Qant en avras mangié ton signor en donras,
70   Il fera ton commant tantost eneslepas."

12

La lasse prant la pome qui li fu devee [e] ;
La parole au signor a ja toute oublïee,
A Adam est venue, en sa main l'a portee.
Il li dist doucement : "Que as tu fait, dervee?
75   Qui te dona la pomme? -Ele me fu donnee.
-Las! G'espoir q'en seras a cort terme enjanee.

13

M'amie, je sai bien et voi a ton samblant
Que mangeras le fruit dont tu n'as nul commant
Qui te donna la pome? Di moi, jel te demant ;
80   Certes, se en manjues nos i serons perdant.
-Ce, respont la chaitive, n'est pas el covenant ;
Manjue o moi, biau sire, grei t'en savrai molt grant.

14

-Certes, ce dist Adans, bien devons obeïr
A nostre criator, ne li devons faillir ;
85   Car aprés cest meffait iert tart au repentir.
Se manjües la pome que je te voi tenir,
De cest liu ou nos sommes nos covendra issir,
Painnes granz et travaus nos covendra soffrir ;
Ne voil pas por neant de cest liu departir."

15

90   Lors li respondi Eve : "Ce ne m'a pas covent
Qui le fruit me donna, ainz me dist autrement ;
Manjue en, frere, o moi! Nos remaindrons ceans.
-Volentiers bele suer. "Ha! las com mal porpens!
Cele pomme mangierent qui lor fu en deffans.

16

95   Li deables s'en torne qant les ot enjanez,
Bien sot que il seroient de paradis getez.
Nostre sires i vint si les a apelez :
"Dites Adan, ou estes, por qoi vos reponnez?
-Sire, ça sui repos, de fueille acovetez,

100   Et se je ai meffait, la vengence em prenez.
-Certes, si ferai je, sachiez n'i remaindrez!

Por ce q'as obeï a Evain plus q'a moi,
Maleïçon avras si remaindra sor toi.
Tu creïs le deable qui onques nen ot loi.
105 Il chaï de lassuz par sa malvaise foi.
Is fors de paradis, mainne ta feme o toi!
Se terre ne gaaingnes n'avras autre conroi.
-Sire, ce dist Adans, certes ce poise moi."

Dolanz s'en est issuz Adans de paradis,
110 Sa fame mainne o soi essiliez et maudiz,
Et d'erbes et de fueilles sont covert et vestiz.
Plus est grainde la perte que ne lor est a vis.
Li sires qes forma les a molt enhaïz.
Tant ont esté ensamble que il orent .ij. fiz :
115 Li uns ot non Abiaus et li autres Kaÿns.

Molt par fu de Kaÿn male l'engendreüre,
Ainc mere ne porta si male porteüre.
Qant il fu hom parfaiz de Damerdeu n'ot cure,
A mort haï Abel, la sainte criature.
120 Tua lou, li cuvers, par grant mesaventure,
Mort le laissa gisant, cele sainte figure.

Lassuz de son saint ciel descendi li sauvere,
Venuz est a Caïn. "Di va, fait il, faus lere!
Anemis Damerdeu, q'as tu fait de ton frere?"
125 Kaÿns a respondu com traïtes murdrere :
"Ne me fu commandé ne je n'en fui gardere."
Damerdiex li a dit dure parole amere :
"Maleoite soit l'ore que t'engendra tom pere,
Que sor terre chaïs fors dou ventre ta mere.   Fo 3b

130 Di va, cuvers traïtes, tu ies Dieu anemis,
Tu as ocis Abel ; en quel liu l'as tu mis?
Molt m'en as correcié, qu'il ere mes amis.
-Je ne sai ou il est, ce li respont Kaïns,
Ne me fu commandé ne en garde nel pris.
135 -Cuvers, dist nostre sires, traïtes maleïs,
Li deables d'enfer, qui est mes anemis,
Qui tom pere et ta mere jeta de paradis,

Tant fort t'a angingnié *que* ton frere as ocis.

22

Ne te sai *que* doner fors ma maleïçon :
140   Tu soies maleoiz o ta processïon,
Et trestuit ti anfant *et* cil de ta meson ;
Ce *que* laboreras ja n'en ait il fuison,
Tu iras de cest siecle a gra*nt* p*er*dicïon,
Enfers iert tes ostex, tout sanz remissïon,
145   Abiaus ait paradis en absolucïon."

23

Diex fina sa parole, atant s'en est tornez,
L'ame Abel en conduit, *et* li cors est remés.
Grant duel en fait li p*er*es qant l'anfes est trovez.
Li dui portent le tierz, en la terre est posez.
150   Le duel ne *vos* sai dire *qui* la fu demenez ;
M*o*lt i plora Adanz, puis s'en est retornez.

24

O sa bele moillier conve*r*sa puis Ada*n*z,
Par la Deu volenté a engendré enfanz :
Meschines *et* vallez, de petiz *et* de gra*n*z.
155   Li freres p*r*ist la suer, de Deu o*n*t les *com*manz.
Dont departe*n*t les terres, les forez *et* les chans,
De la te*r*re a partir n'en i remest uns pans.

25

D'Abel *et* de sa mort a Dieu forme*n*t pesa,
Kaïn ne son linage amistié ne porta.   Fo 4a
160   Grant tens furent sor terre, onq*ue*s nes regarda.
Male vie menoient, *por* ce les adossa.
Et puis q*u'*il les maldist onq*ue*s puis nes ama.
Forme*n*t s'en repanti qant onq*ue*s les c*r*ia.

26

Longues vesq*ui* Adans *et* sa fame autretal,
165   Tant q'andui fure*n*t mort, n'i ot nul arrestal.
Qa*n*t p*a*radis guerpire*n*t assez fire*n*t gra*n*t mal,
En enfer trebucherent, ou il soffrire*n*t mal.
Cil *qui* de lui issirent si orent autretal.

27

Li sires qui estoit en sa grant majesté,
170 Correciez fu for*m*e*n*t si n'ot pas d'eaus pité.
Dist q'a honte morro*n*t. Il a la poesté.
Il en jura sa destre *et* dist *por* verité :
"Trestuit morront par eve, issi l'a[i] devisé ;
N'en estordra q*ue* .viij. q*ui* seront o Noé."
175 Adonc descent dou ciel, a soi l'a apelé.

CI APRÉS DEVISE *COMME*N*T* NOÉ FIST L'ARCHE
*ET / COMME*N*T* IL ARRIVA SOR LES MONS D'ERMENIE

28

"**N**oé, dist *nostre* sires, / tu ies molt bien de moi,
Tu feras faire une ar / che. -Et je sire, de qoi?
-Amis, de ces osiers qui / croissent antor toi,
Maisonceles feras *et* / chambretes *par* soi.
180 Tu anterras dedans *et* ti / anfant o toi,
Lor moilliers *et* lor femes q*ui* / seront avoec toi ;
De toutes riens q*ui* vive .ij. en metras o toi ;
Issi voeil q*ue* le faces, q*ue* pansé l'ai par moi."

                                                                Fo 4b

29

"**N**oé, dist *n*os*t*re sire, bien sai tu ies prodom,
185 Je t'ai bien devisé dont feras la maison :
D'osiers *et* de betun dedans *et* anviron ;
Maisonceles dedans, q*ue* bestes i metrom
De toutes les manieres q*ue* el mo*n*t troverom ;
Tes anfanz *et* lor fames dedanz i otroiom.
190 -Sire, m*o*lt volent*ie*rs, ce respont li p*r*o*dom.

30

-Si tost com l'arche iert faite, Noé, bien le savrai,
Des .iiij. pars dou monde yaues crolstre ferai
Et mer *et* yaues douces a un assamblerai,
Le plus haut pui dou monde d'iaue acoveterai ;
195 Home *et* femes en terre qanq*ue* vit noierai,
Oisiaus *et* bestes mues noier consentirai
Fors ceaus q'ensamble o toi dedans l'arche metrai.

31

Adonc flotera l'arche sor les ondes de mer ;
Mon arc el ciel metrai qant je voldrai cesser.
200 Adonc ferai les yaues en lor lius retorner.
Amis Noél, *por* toi voldrai tout restorer."

32

Noé toz les commanz son signor aamplist,
Li bons hom l'arche apreste, chambres dedans i fist,
Sa fame et ses anfanz et lor fames i mist,
205 Les oisiaus et les bestes, si com Diex li tremist,
Et males et femeles, chascun par soi eslit ;
Noé clost sa fenestre, lez sa fame s'asist.

33

Li solaus et la lune perdirent lor clarté,
Adonc torna li mondes en molt grant oscurté.
210 Molt fu Diex correciez, si mostra sa fierté.
Toz li mons fu dolanz qant se senti dampné ;
Ne remest en estant ne chastel ne cité,   Fo 5a
Ja ont toutes les yaues le mont environné.
Qant sent l'iaue soz l'arche dont ot poor Noé.

34

215 Cil qui lores vivoient, qant oïrent toner,
Plovoir et gresloier et la terre trambler,
La clarté de la lune et dou soleil muer,
Voient ces yaues croistre et les venz sormonter,
Sor les haus mons s'en fuient por lor vies tenser ;
220 Mais ce, que lor valu ? N'em porent eschaper :
Home, bestes, oisel, tuit noierent en mer.

35

Qant ce vit nostre sires tuit estoient noié,
Apaisa son talent, ne fu pas correciez.
La amont ou il est o ses angles ou ciel
225 Deffent que mais ne pluie, donc a son arc tendié
De Noél et des siens li a pris grant pitié :
Et commande que voisent arrieres a lor fié.

36

Qant Diex l'ot commandé si cessa de plovoir ;
Noé vit le soleil par matin aparoir,
230 Vit les venz apaisiez ; molt en fu liez por voir.
A ses anfanz a dit : "Nos garrons ja por voir.
Se ses eves abaissent com le porrons savoir?"
Ce li respont ses fiz : "Nos te dirons ja voir :
Par .i. de ces oisiaus porras aparcevoir ;
235 Il ne revendra pas se terre puet avoir."

37

Noé se leva suz por la fenestre ovrir,
Lors a pris .i. corbel si l'en laissa issir ;
Li corbiau fu molt liez qant s'em pot departir,
Ne a l'arche Noé ne vost puis revenir.

38

240 Qant Noé a veü que pas ne revendra,
Il a quis .i. coulon tant que il le trova,
Mist le sor la fenestre et congié li dona.   Fo 5b
Tant a par tout volé que la terre trova,
Un raim d'olive a pris, a l'arche repaira ;
245 Noé li va ancontre et antrer l'i laissa.

39

Noé devint molt liez qant il le coulon vit,
Vers le ciel regarda, a Dieu graces rendit,
Assist soi dessus l'arche et le raim li tendit,
Receü a le raim, a ses anfanz a dit :
250 "Venuz est li coulons o un ramel petit,
Des or avra de nos nostre sires mercit.

40

Suz les ondes de mer va cele arche flotant,
Vers les mons d'Ermenie les va li venz chaçant.
Molt se fait liez Noé, sa fame et si anfant,
255 L'arc ont veü el ciel de colors aparant ;
Et voit de toutes pars les eves abaissant,
Les douces des salees se vont bien dessevrant ;
Sor les mons d'Ermenie remest l'arche a itant.

41

Sor les mons d'Ermenie estoit l'arche arrivee,
260 Des travax q'ot soffert ne fu point depanee.
Noé s'en est issuz, sa fame et sa maisnee ;
La fenestre a overte qui fu et granz et lee.
Li oisel s'en issirent, tuit a une volee,
L'armaille va fors paistre qui molt ere afamee ;
265 Donc ont guerpïe l'arche, pas ne fu remuee.

42

Noés issi de l'arche si a fait sa maison,
Dedans mist ses anfanz o lor processïon,
Plus n'avoit gent el siecle, si com lisant trovon ;

Il ne furent *que* .viij., se conter les volom.

270 Ses trois fiz apela antor soi li prodom :
"Mi anfant, *vos* savez *que* je sui febles hom ;
Demantres *que* je vif, *qu'il* n'i ait *con*tençon,
En .iiij. parz la terre entre n*os* dep*ar*ton.

Fo 6a

43

S*or* les mo*n*s d'Ermenie est *nos*t*r*e arche arrestee ;
275 De toutes parz, anfant, est large la contree.
Je sai b*ien* q'en c*c*st mo*n*t n'est nule ame eschapee
Que par cest grant deluge ne soit a mort livree.
Nostre sire nos a ceste terre donee,
Je la *vos* voil partir, faite n'en soit mellee."

44

280 *C*il lor a departïe, lié en sont li anfant ;
Noés seme les t*er*res, ses vi*n*gnes va planta*n*t.
Il estoit m*o*lt viaus hom, pai*n*ne avoit eü gra*n*t.
Dou p*r*emier vin *qu'il* ot li bo*n*s hom si but tant
Que yvres s'endormi ai*n*z le soleil couchant ;
285 Descovert ot som menbre *que* nel sot en dorma*n*t.
Li ai*n*z nez de ses fiz l'en ala m*o*lt gabant.

45

[I]l s'en vint au menor si li a dit *par* gas :
"Frere, se tu me croiz, par foi, tu me sivras."
Ses freres li respont : "Premiers me di *que* as.
290 -La fors gist n*os*t*r*e peres, descov*er*s de ses dras.
-Por qoi l'as descovert? Saches *quel* comparras ;
Ja sa beneïçon en ta vie n'avras."

46

M*o*lt a li jones anfes de som pere ploré
Por ce *que* l'ai*n*z nez l'ot escharni *et* gabé ;
295 Ses cheveax detira s'a dou cuer soupiré,
Il recula v*er*s lui, ne l'a pas esgardé,
Si le racoveta belem*en*t *et* soé.
Et Noés s'esvilla s'a un soupir geté,
Il lor a dit : "Qui est *qui* m'a descoveté?"

47

300 [S](N)on ai*n*z né fil regarde, si l'a veü riant,
Le joene dalez lui, correcié *et* dolant ;
Cuida *qu'*il fust batuz, si sailli en estant :
"Di moi p*or* qoi tu plores, nel me celer noia*n*t!

Fo 6b

172

-Mes freres vit ton menbre si s'en ala gabant,
305   *Et* je te recovri, *por* ce en vois plorant.

48

Tu eüs droit, biaus fiz, qant tu de moi ploras ;
Certes je sui molt viax si ai esté molt las ;
Li vins si me souprist, ne t'en mervillier pas.
Por ce *que* me covris doucement de ces dras,
310   Beneoiz soies tu *et* beneoiz seras.
Tu, va ansuz de ci, *qui* de moi te gabas !
Maleoiz soies tu toz les jorz *que* vivras.

49

Par foi, cuvers, tu ies de cele nacïon
Que Damerdex maldist, ce fu Kaïns *par* non.
315   Il ocist son bel frere Abel *par* traïson ;
Por ce *que* me gabas, or nos departirom."

50

Cil a laissié som pere, fuï s'en dou païs,
Tuit cil *qui* de lui vindrent furent Dieu anemis ;
Ensement sont dou pere li autre departi.
320   De ces .iiij., por voir, est li mons raampliz :
De Noél qui fist l'arche *et* de ses .iij. biax fiz.
Tant vesqui com Dicu plot, molt fu bone sa fins.
Ce ne fait pas a croire q'en bon liu ne fust mis.

51

Dou linage Noé, des fiz a ses anfanz,
325   Mouteplia li siecles de gent plus de mil anz ;
Donc fu nez en cest siecle .i. sainz hom Abrehanz.
Cil fu prodom *et* sages *et* fu toz jorz vaillanz,
Cestui ama toz siecles, si com trovons lisant,
Ancor fust ses linages envers Deu molt valllanz
330   Se il creïssent ce *que* lor dist Abrehanz.

CI APRÉS DEVISE DE SAINT ABREHAN *ET* DE SA LIGNÏE

52

Abrehans fu prodom *et* plains de grant bonté,   Fo 7a
Molt mena sainte vie puis qu'il vint en aé ;
Onques n'ama mançonge, ainz ama verité,
Ne fu luxuriex, ainz ama chasteé.
335   Diex dou ciel vint a lui jadis en trinité :

Trois anfanz vit venir droit au pié dou Manbré ;
L'un en a de ces .iij. Abrehanz aoré,
Toz .iij. les herberja la nuit a son osté.

53

340
Molt fist bien Abrehanz qant il Deu herberja,
Droit au pié dou Manbré qant lui tierz ancontra,
Qant a ses piez chaï doucement l'aora ;
De ce fist il que sages qant il li demanda :
"Ou iras tu, biau sire ?" Cil respondu li a :
"Sodome vois destruire." Cil merci li cria
345
Que dant Loth ne perisse, et il li otria.

54

"Sodome m'a meffait, la en voil or aler,
Et icil de Gomorre, ne lor voil pardoner,
Que il vivent entr'aus de grant iniquité,
N'en avront raançon, sachiez de verité.
350
En enfer en iront am[b]edex les citez.
Lor vie est molt malvaise, ce sachiez de verté ;
Li uns hom gist a l'autre, tuit i sont communel,
Les fames o les femes i refont autretel.
Home, feme et enfant, tuit seront deserté.

55

355
-Dites moi, biaus doz sire, de dant Loth que ferom ?
-Par ma foi, Abreham, pas nel te celerom :
La cité de Sodome trestoute destruirom,
Certes que ja d'un sol nule merci n'avrom ;
A cex qui sont a naistre cest exemple donrom :
360
D'itel pechié se gardent, dont ja n'avront pardon ;
Dans Loth i garira, de ce merci avrom.
-Et que iert de sa fame ? -Ice bien te dirom.

Fo 7b

56

Abrehan, dist li sires, amis, a moi entent :
Je sai q'en la cité si mainnent ti parant,
365
Il m'ont tuit molt meffait ; saches veraiement
De la feme que diz, dont quiers alegement,
A l'issir que fera de cele averse gent :
De par moi li diras ne se regart noient ;
S'il avient que trepast cest mien commendement,
370
En cel liu remaindra por exemple a la gent.

Alons a la cité, sel feras departir,
Di a Loth le message, garde ne li mentir :
Sa feme en maint o lui *et* se paint de foïr,
Que la citez fondra par .i. si grant aïr
375 *Que* l'on porra l'escrois par tout le mont oïr."
Abrehans, li sainz hom, en a fait Loth issir,
Il garni bien sa feme qant ce vint au foïr
Que s'arrier regardoit qu'il l'estovra morir.

58

Ce ne fist pas la fole, ançois se regarda
380 Qant ele oï l'escrois *que* la citez jeta
Qui toute antiere ardanz ens en enfer ala.
Ainc dou liu ne parti ne ne se remua,
Ne valoir ne li pot danz Loth *qui* l'en mena,
Mué[e] em pierre de sel *et* iluec la laissa.
385 Ancor i est ele ore, ja mais n'em partira
*Jus*q'al jor dou juïse *que* Diex nos jugera.

Si com avez oï perirent les citez
Par itex malvaistiez, *par* tex iniquitez.
Danz Loth en eschapa, mais sa feme remest
390 *Par* defors la cité, si com dire m'oez.
Abrehanz *et* dans Loth si s'en sont retornez ;
Et Diex, en son haut trone est li sire montez.
Sign*or,* de tex pechiez *vos* pri *que* *vos* gardez,
N'i savons penitance fors celi des citez ;
395 S'ensivez tex pechiez, *certes* *vos* perirez,
Au naturel pechié des femes *vos* tenez,
D'espouses ; de parantes, sign*or,* bien *vos* gardez !

60

Signor, or entendez, .i. romanz *vos* dirom
Qui est faiz *et* estraiz de molt haute raison :
400 Je le faz de celui qui est *et* Diex *et* hom,
[Com] (*Et*) an(z) terre fu nez, com soffri passïon,
Com il moru en croiz, de sa resurrexion,
Dou jor de Pentecouste, de l'aparitïon,
Signor, com *nos* venismes *par* lui a raançon,
405 Com au juïse avrons de noz pechiez *par*don.

Par foi, se m'escoutez, *vos* orrez raison voire ;

Fo 8a

Par bon cuer l'entendez, que Diex vos doint sa gloire ;
N'est pas controveüre, escrit est en estoire,
Por amor Dieu vos pri que l'aiez en mimoire.
410 Ce nos dist danz Hermans, qui dist parole voire.
Ne se doit crestïens de bien oïr recroire :
Qui bien oit et bien fait tempres est en vitoire.

62

Signor, or entendez, que Diex vos benoïe,
Cist romanz n'est pas faiz de nule lecherie,
415 Ainçois est faiz de Dieu, le fil sainte Marie ;
De Jhesu et de li vos redirons la vie,
Dou linage sa mere est bien droiz que vos die ;
Por le signor dou mont, nel tenez a folie !
Se bien ne l'escoutez, vos ferez grant sotie.

63

420 Ne tenez a gabois ice que vos dirai :
Ce fu a un Noel que molt bien m'abevrai,   Fo 8b
Uns miens clers me forfist, forment m'en correçai ;
Un ardant tison pris, envers lui le getai.
Ars mon doi .i. petit, onques nel regardai ;
425 Ne feri pas le clerc ne a lui n'adesai ;
En .i. lit m'endormi, mais qant je m'esvillai
Ma main trovai anflee si que morir quidai.

64

Adonc mandai le prestre, car je quidai morir,
Por moi faire confes por le mien departir,
430 Por le pechié q'oi fait dont je quidai morir.
Confes fui a estrous, ne vos en quier mentir.
Si fu anflez mes doiz que il me dut partir,
Mandai mires par tout ; ne m'en porent garir ;
D'uit jorz ne pou mangier ne boivre ne dormir.

65

435 Se je oi lors poor ne fait a demander,
Dont quidai a estrous de cest siecle finer.
En mon lit ou gisoie me pris a porpenser
De la dame qui set la gent si conforter.
Por amor de son fil me daingna esgarder :
440 Certes tuit pecheor la doivent molt amer.

66

Ce fu sainte Marie, signor, que j'apelai

La nuit de la Tiephainne, certes n'en mentirai,
Que dormoie en mon lit, ilueques me couchai.
D'uit jorz dormi n'avoie, iluec me reposai.
445 Vint a moi une dame et je li demandai :
"Qui estes vos ma dame ? — Je sui qui te garrai,
Je ai a non Marie, pas nel te celerai.
Tu seras bien gariz qant de ci tornerai,
Se tu faiz mon commant et ce que te dirai.

67

450 Fai la vie en .i. livre ensi com je fui nee,
El temple domini com g'i fui presentee,   Fo 9a
Et com je fui de l'angle en terre saluee,
Et fui em Bethleem de mon fil delivree,
Et com mes fiz fu rois, com je fui aoree
455 Des iij rois quel requsirent d'aliene contree,
De la mort de mon fil dont la genz est sauvee ;
Garde la moie mort n'i soit pas oublïee,
De latin en romanz soit toute transposee !

68

-Dites, ma bele dame, ice comment ferai ?
460 Onques itel mestier certes ne commançai
Et je sui si malades ; ja, ce cuit, ne garrai.
-Qant le commenceras, ensamble o toi serai,
G'iere commancemenz et scl defineral."
Adonc fui je molt liez, par foi, si m'esvillai.
465 Si tost com fui gariz, cest livre commençai ;
Se Dieu plaist et ma dame, tres bien le finerai.

69

Abreahans, nostre peres, signor, fu molt prodom,
Simples hom fu et sages, ainc n'ama traïson ;
De chamax et d'aumailles avoit a grant fuison.
470 Diex dou ciel li dona sa grant beneïçon,
Et en sainte escriture ice lisant trovom
Que ainz que Diex fust nez n'estoit nus plus sainz hom ;
Patriache en fist Diex par grant electïon.

70

Patriache en fist Diex si com trovons escrit ;
475 Des qu'il ot .xiiij. anz ainc a Dieu ne mentit,
Ne ne le correça ne en fet ne en dit ;
Les commanz son signor volentiers aamplit.
Signor, vos le savez et bien l'avez oït
Que la genz des Gïus de cel saint home issit.

71

480 Li sires de cest monde Abrehan molt ama,
Tant com fu en cest siecle le prodome honora
Et pat*ri*ache en fist *et* feme li dona :
Ce fu Sarra la bone ; en sa loi l'espousa.
Obedïens li fu si com Diex *com*manda ;
485 Sachiez la prodefame on*ques* ne delaia
Chose *que* il vossist, mais trestout creanta.

Fo 9b

72

"Abreham, ce dist Diex, des or t'ensai*n*gnerai
La loi do*n*t tu vivras *et* je la te dirai."
Il respont : "Tes comanz, sire, toz jorz ferai,
490 Nul jor a mon pooir ne te correcerai,
Ma feme est t'ancele *et* je tes sers serai.
-*Et* je, dist *nost*re sires, .i. anfant te donrai.

73

Abrehan, or me di, au siecle com vivras?
-Je ne sai, li miens sires. - Or ente*n*t, si l'orras :
495 Lassuz est la mo*n*tai*n*gne ; .i. mien angle i verras,
Un autel tout de terre en mo*n* non i feras,
La donras de tom blef, t'aumaille i offeras
Et veaus *et* ai*n*gnïaus i sacrefïeras.
-*M*olt volent*i*ers, biau sire, issi soit com dit l'as."

74

500 Abreanz *nost*re peres ne demora noient,
*P*ar le *com*mant a l'angle *et* par l'ensai*n*g[ne]*m*ent
Aparilla l'autel par grant devisem*ent*.
Iluec porta la disme de som blé bonem*ent*
Et celi de s'aumaille, tout i met em *p*resent ;
505 Li blez art, la fumee portent el ciel li vent.
Icil funs ert plus doz *que* mirre ne ence*n*s
Et de son sacrefice *com*menïoit la ge*n*t.

75

Au tens as ancessors *que* vivoit Abreha*n*z,-
Cil fu do lin Noé,- dont estoit bons li tens,
510 Ja mais n'en iert si bons, ce nos co*n*te *H*erma*n*s,
Ne tele joie en terre ne v*er*ra hom viva*n*z,
Mais or est tout mué *et* va tout declina*n*t ;
Torné sont a putage li petit *et* li gra*n*t,
A Deu ne a lor prestre ne sont obeïssant ;
515 Or sont tuit fol li vieil, le sen ont les anfa*n*t.

Fo 10a

Or entendez a moi trestuit *com*munem*en*t
Que Diex *p*a*r* Abrehan *n*os doi*n*t amendem*en*t :
Sa feme ensamble o lui *conver*sa longuem*en*t.
Que il nul anfant n'orent ne lor pesa noie*n*t,
520 Nepor*q*ant Deu apele*n*t andui *p*a*r*fitem*en*t
Que anfant lor donnast *qui* fust a son tale*n*t.

76

Sarra li dist sove*n*t par *gra*nt humilité :
"Di, sire, *que* t'ancele ait ja fecondité ;
Sire, s'enfant me do*n*nes je t'*en* savrai bon gré,
525 Non li donra li peres tout a ta volenté."
Dont descendi ça *jus* li rois de maïsté,
Abrehan *n*os*t*re *p*ere a a soi apelé :

77

"Abrehan, amis Deu, ou ies ? Ne respondras ?
-Je sui ci ; di *que* voes .-Enten ça, si l'orras :
530 Tu demandes enfant, voirem*en*t l'averas.
-Com*en*t avra il non ? - Le non tu li donras.
-No ferai voir. -Qui don*c* ? -Diex, or le me diras !
-Voire voir, Ysaac par non l'apeleras."
M*o*lt [fu] liez Abrehans si dist : "Deo gratias."

78

535 Abrehans en Sarra Ysaac engendra ;
Sarra sa bone espouse volen*tier*s le porta.
Qant fu nez *et* fu granz ses *p*eres m*o*lt l'ama ;
De toutes bo*n*nes meurs l'a*p*ri*s*t *et* doc*tr*ina,
Dieu douter *et* servir *p*ri*m*es li ansai*n*gna.

79

540 Ja orrez grant m*er*veille se volez escouter,
Com Abrehans son fil *commen*ça a amer,   Fo 10b
*P*or nule riens de lui nel laissa dessevrer.
Diex descendi dou ciel *p*or Abreham te*m*pter :
"Abrehan, fait li sires, ça vien, ne demorer !
545 -Voiz me ci, di *que* voes . -Je voil a toi parler.

80

Abrehan ! - *Que* viex sire ? -*Et* ou est Ysaac ?
-A son afaire sire. -Ne sai se tu vorras
Mon bon faire de lui. -*C*ertes sel *p*roveras ;

Di que voes que je face . - Aparmain l'ocirras.
550   -Par ma foi, volentiers, car tu le me donnas.
En quel liu l'ocirrai? - Escoute si l'orras :

                            81

Or t'apareille tost, garde ne demorer,
Tu sacrefïeras ton fil, nou quier celer,
Tout por la moie amor, nel porras destorner ;
555   En terre d'avison t'en covendra aler.
-Sire, dist Abrehans, je me vois aprester,
Li tien commendemant ne font a oublïer,"

                            82

Abrehans nostre peres qant entant le commant,
En sa maison en va, ne va plus delaiant.
560   Ses fiz vint devant lui, molt li fist bel samblant ;
Abrehans nel regarde, ains apele .i. serjant
Et dist qu'il li aprest son asne et feu ardant.
Qant vit que tout fu prest, s'apela son anfant.

                            82a

Dont li dist Abrehans : "Biaus fiz, a moi entent :
565   Tu venras avoec moi. "Cil respont bonement :
"En moie foi, biau pere, au tien commandement,
Ta volenté ferai, voiz me ci em presant."
Li fiz va o som pere et li sers ensement ;
Qant vindrent pres dou mont a son serf dist : "Va t'ent ! "

                            83

570   Li sers remeist aval si com il commenda ;
Li peres prist la busche et au fil la bailla   Fo 11a
Et si a pris le feu, en sa main le porta.
Qant vindrent pres dou mont li fiz li demenda
Et ou estoit ice qu'il sacrefïera.
575   Et il li respondi : "Biaus fiz, or enten ça,
Tout prest le troverons, car Diex devisé l'a."

SI COME ABREHANS VOST / OCIRRE YSAAC SON FIZ

                            84

Dont sont venu au liu / qui li fu devisé ;
Il a tantost le feu / sor l'autel alumé.
Son fil prist par le poing /, ainc ne l'em prist pité,
580   Les mains li a loïes, ja / l'eüst decolé
Qant Diex li a son angle pres de lui apresté ;

180

En sa main prist l'espee que ne l'a adesé.
Adonques l'a li angles doucement apelé :

85

"Abreham, biaus amis, .i. pou a moi entent :
585 Nostre sires te mande et par moi te deffant
Que n'ocïes ton fil que tant ainmes forment ;
Il set bien que tu l'ainmes, ne t'en mescroit noient,
Plus l'ainmes que ton fil, ce set certainnement ;
Ocirras cest aingnel, qui ci est em present."

86

590 Il desloia son fil qant li fu commandé,
Puis ocist le mouton, sor l'autel l'a posé ;
Sacrefice en a fait, dont s'en sont retorné,
Ne finerent d'aler jusq'a Bersabeé.
Dont apela son fil si l'a arraisoné :
595 "Biaus fiz, je te commant que ce soit bien celé   Fo 11b
Et garde qu'il ne soit a nelui raconté."
Et respont Ysaac : "A vostre volenté."

87

Nostre pere Abreham ama son fil forment
Et ses fiz Ysaac ama lui ansiment.
600 En cest siecle mortel vesqui molt longuement.
Primes moru sa feme, dont molt furet dolant,
Car bele fu et bone et de grant escïent ;
Por la biauté de li l'enchauça l'en sovent :
Uns sires dou païs, qui fu de cele gent
605 Qui ocirre les vost et livrer a torment.
Puis fu morz Abrehanz, pere a la bone gent.

88

Qant Abrehans moru molt fu de grant aage ;
Signor, icist fu peres au beneoit linage.
Dont prist ses fiz moillier qui fu de haut parage.
610 Molt fu prex Ysaac et de grant vasselage
Et fu molt sages hom et tint grant heritage :
Oeilles ot et bues et chamax et aumailles.

89

Molt fu sages ses peres, si fu il ensement,
Sor toutes criatures ama il Deu forment,
615 Toutes hores fu prest a son commandement.
O sa bele moillier conversa longuement.

Que il nul anfant n'orent si lor pesa forment ;
Souvent en apelerent Damerdeu doucement
Que anfant lor donnast, si fist il voirement,
620   Car il lor otroia fere l'engendrement.

90

L'(i) espouse Ysaac qant se sent empraingnïe,
Li prodom en fu liez et toute sa maisnïe
Et dame Resbesca en redevint molt lïe
Mais puis en fu la dame durement esmaïe.
625   .Ij. enfanz ot el ventre, dont fu molt correcïe ;
Si tost com furent vif, bataille ont commencïe ;
La dame qui ce sent devint molt esmaïe.

Fo 12a

91

Signor, or faites pais por Deu si m'entendez !
Merveilles vos dirai et merveilles orrez ;
630   Ne vos dirai pas fable, ainz sera veritez :
Des le tens Abrehan dessi que Diex fu nez
Ne furent dui anfant ensamble engendrez
Par itele maniere com vos dire m'orrez,
Car si tost com il porent ne se sont oublïez,
635   Enz el ventre la mere sont andui deffïez.
Del liu ou il se jurent sont andui remué.

92

Or ont prise bataille, commencent a luitier,
Et ce fu chascun jor dessi a l'anuitier,
Et qant vint a la nuit que l'en se doit couchier
640   As cheviax s'entrepranent durement a sachier
Et de piez et de poinz se fierent com bergier ;
Ne se tardent nïent l'uns l'autre a empirier
Com se li uns deüst sor l'autre chalangier.

93

Li uns prist l'autre a batre com sel deüst tuer,
645   Li autres fist samblant quel vossist eschaper ;
Dont commancent andui lor piez entrebouter ;
Ne de nuiz ne de jorz ne voelent reposer.
La mere qui ce sent, ce sachiez senz douter,
Em perdi le dormir que ne pot reposer ;
650   Sovente foiz des iex commença a plorer.

94

Qant senti la bataille si ot poor molt grant,

182

Ne ne sout *qui* ce iere *qui* si s'aloit mova*n*t ;
La bataille sentoit en li m*o*lt dureme*n*t,
Mais ele ne savoit se c'estoient enfant.
655 M*o*lt en fu en grant doute si en fist lait sambla*n*t ;   Fo 12b
Des cols *qu'il* s'entredone*n*t pert sa char *et* son sanc,
Car tant li ont hurté *et* le ventre *et* le flanc
Sor piez ne pout ester, couchïe s'est ata*n*t.

95

Or est la prodefeme dedanz son lit couchïe
660 *Et* de nuiz *et* de jorz se sent m*o*lt dehaitïe :
Ce ne fu pas m*er*veille s'ele fu esmaïe.
Ysaac fu dolanz *et* toute sa maisnïe
Por ce *que* sa feme ere issi desconsillïe.

96

La dame qa*n*t ce sent *que* ne porra soffrir —
665 Des cols *qu'il* s'entredo*nn*ent *qu*ida ele morir —
A plorer *com*mença si geta .i. soupir :
"Haï ! lasse, dolante, or m'estovra morir ;
Certes, biaus sire Diex, miex te *qu*idai servir,
Tu me do*nn*as signor, or m'*en* voes de*p*artir ;
670 C*er*tes, m*o*lt est p*ro*dom, se l'osoie jehir,
Puis *que* n*os* assamblames il ne te vost m*en*tir.

97

Sire, regarde moi *p*ar ta douce pité
De lassuz ou tu mai*n*z en ta gra*n*t maïsté.
Je ne sai *com*mant m'e[s]t, tu sez la v*er*ité.
675 Entre moi *et* mo*n* sire qa*n*t fumes assamblé,
Ensamble demandames par ta sai*n*te bonté
Que anfant n*os* donasses tout a ta volenté.

98

Certes, se je quidasse *que* t'eüssiens meffait,
Sire, je l'ame*n*dasse env*er*s toi entresait ;
680 Trop *p*ar ai gros le ventre *et* maleme*n*t me vait.
Que est ce dedans moi *qu*i si gra*n*t mal me fait ?
G'espoir ce sont enfa*n*t, l'u*n*s boute, l'autres trait ;
Diex, por qoi se *com*batent q'ainc ne vindre[*n*]t a plait ?
Des cols *qu'il* s'entredone*n*t n*us* ne *cri*e ne brait.

99

685 **S**ire, se cist estors dure plus longueme*n*t,   Fo 13a
Il m'ocirro*n*t sanz faille, jel sai a escïent ;

183

Ainc mais ne fu bataille faite sans jugement ;
Ja ne sont il pas né, n'ancor ne sont vivant.
Sire, por qex chastiaus ne por qel chasemant
690 Q'en avra li vainqerres et qoi li recreanz?
Ne sont pas de .ij. homes ainz sont d'un voirement.

100

Sire, je sui t'ancele, por Deu nel me celer,
Ceste guerre ne puis mais longues anduer ;
Il se donent tex cols que je nes puis porter.
695 Biau sire, que demandent? Nes pues tu acorder?
Commende qu'il atendent tant qu'il puissent parler ;
Manderons noz paranz tout por aus escouter,
Se l'uns tolt riens a l'autre, ferons li delivrer.''

101

Ce respont nostre sires : "Bele, n'aies poor,
700 Ne plorer, bele amie, escoute ton signor :
Je sai bien qu'il te font assez mal et dolor,
Nel tien pas a merveille car andui sont signor ;
En icele bataille chalangent grant honor,
Saches que li petiz si vaintra le grignor
705 Et qant il iert vaincuz s'emportera l'onor.

102

Escoute, bele suer, je te dirai grant sens :
Li anfant que tu portes senefïent granz genz ;
La bataille est molt granz et tu les cols en senz.
Ne t'en esmaier mie, nel sofferras lonc tens,
710 Mais je voil que tu aies tres bien en ton porpens
Qant ce vendra au naistre liquex iert premeranz :
Arriere le traira cil remaindra dedanz ;
Ensi par le petit sera vaincus li granz.''

103

Qant ot dit nostre sires, sa parole fina
715 Et en la soie gloire lassuz el ciel monta.   Fo 13b
Sachiez que sa parole Rebesca n'oublïa ;
Em pais remest la dame si com Dex commanda,
Bien soffri la bataille que nul jor ne fina ;
Tant que il furent né de rien ne s'esmaia.

104

720 Qant vint de lor naissance li termes aprochant
Et sot bien que par tans naistroient si anfant,

Apela ses anceles si lor dist em plora*nt* :
"Mo*l*t ai souffert travail, or ai angoisse *gr*ant ;
Sachiez liqu*e*x ce iert *qui* naistera ava*nt* :
725   Liiez entor son col .i. filet rouge ou bla*n*c
Que je n'en soie en doute, b*ien* soit ap*ar*issant."

105

Li *comm*a*nt* a la dame fure*nt* b*ien* entendu ;
Au naistre s'en issoit tot *pr*emiers Esaü,
Un fil loié el col, si fu auqu*es* pelu ;
730   Mais il n'ert pas ancor dou tot an tout issu
Jacob le trait a soi *qui* n'ere ancor nascu ;
Devant eles cheï, eles l'ont receü,
Atout son rouge fil fu puis nez Esaü.

106

La m*er*e des anfanz fu forme*nt* travillïe
735   *Et* de la grant m*er*veille refu mo*l*t esmaïe ;
De sa char, de son sanc refu mo*l*t empirïe
Et qa*nt* vit les anfanz mo*l*t *par* en devi*nt* lïe,
Si fu danz Ysaac *et* toute sa maisnïe,
N'en fure*nt* lors si lié puis n'e*n* fust correcïe.

107

740   O*r* fet da*n*s Ysaac ses .ij. anfanz norrir ;
Qa*nt* fure*nt* de .vij. anz, a soi les fet venir
Et a *pr*is em *por*pens qu'il les voet departir :
Jacob a *comm*andé a sa m*er*e servir,
Et retient Esaü, *que* ne le voet guerpir.
745   Avoec lui le tendra *ju*squ'il devra morir.   Fo 14a

108

Sachiez b*ien* *que* la m*er*e Jacob ne refusa
Car soéf le norri *et* mo*l*t forme*nt* l'ama ;
Qanqu*e* sot demande*r* volent*iers* li dona.
Jacob la resservi *et* dou cuer l'onora,
750   Volent*iers* acompli qanqu*'*ele *comm*enda.

109

Esaü fu pesanz, n'estoit mie legiers ;
Mo*l*t ap*r*ist de forez *et* mo*l*t fu bons arch*iers*.
A ses ars *pr*enoit cers, bisches [*et*] dai*n*s (*par*) ramiers,
Grues, gentes, oisiaus, *que*roit *par* ces viviers,
755   A som pere q'ert viex en faisoit les mang*iers* ;
De ce *que* il savoit le servoit volentiers.

110

A cel tens ert bons siecles, si com lisa*n*t trovo*n* :
Qa*n*t venoit *ver*s la fin *que* moroit chas*cun*s hom,
A lor anfanz pooient do*n*ner beneïçon
760   *Et* deviser avant lor possesse *et* lor don.
Ausi fist Ysaac qui m*o*lt devi*n*t sai*nz* hom,
A Esaü son fil dona beneïçon
Mais Jacob li toli *par* gra*n*t seducïon.

111

Molt fu viex Ysaac *et* longueme*n*t vesqu*i*t,
765   Dont p*er*di la veüe *que* il goute ne vit ;
Forme*n*t afebloia, coucha soi en son lit.
Qa*n*t li hom ne voit goutte m*o*lt a malvais delit,
Ce est a vis a toz, si c*om* trovo*n*s es*cr*it.
Donc apele Esaü, soavet li a dit :

112

770   "**C**a vien, biax fiz, a moi ; je voil a toi parler ;
Je sui pres de ma fin, ne le te *qui*er celer ;
M*o*lt ai vescu lonc tiens, ne puis mais andurer.
Je sai de voir, biaus fiz, *que* tu sez bien b*er*ser ;
Quier la char d'un chevrel si m'*en* done a disn*er*,
775   Ma beneïçon avras, ne la te *qui*er veer.   Fo 14b

C'EST ISSI CO*M* JACOB TOLIT / LA BENOIÇON
A SON / FRERE ESAÜ

113

Certes, fiz Esaü, tu ies m*o*lt debo*n*naire,
Vola*nti*ers m'as servi *et* bien le seüs fere.
Je sai bien q'a ma fin m'estuet des ore traire,
Je irai en tel liu dont ja n'avrai repaire ;
780   Tu sez de la forest *et* bien sez de l'arc traire,
Se g'estoie saous n'avroie nul contraire.

114

Tu sez *que* je manju vole*nti*ers venoison,
Pran ton arc *et* ta guivre, revien tost en meson ;
Apreste le ma*n*g*i*er *et* nos en mangeron ;
785   Qa*n*t en avro*n*s mangié *et* n*o*s saol serom
Beneïçon avras, *et* aprés nos morron."
Et respont Esaü : "Pere, nos le ferom.
Prest sui de ton servise, en la forest irom."

115

La mere Esaü a la parole oïe ;
790 Entant que Ysaac ira de mort a vie ;
Ne voet pas d'Esaü que il le beneïe ;
Adont s'est porpansee d'une molt grant voidie.
Plusor dient entr'ax qu'ele fist vilonie
Qant gaba son signor et dut estre s'amie.
795 Qui que le taingne a blame, jel tieng a cortoisie.

116

Ainçois fu prex et sage s'apela son anfant,
Soavet li a dit et non pas en o[i]ant :
"Va, fiz, en cel vergier, tout soéf, non corant,
Aporte le chevroel que verras alaitant
800 Ainz que vaingne tes freres qui ou bois va bersant ;
Tes peres gist malades et si se va morant,
Et de tel char mangier a il desir molt grant.

117

Par ma foi, biaus doz fiz, je li ai oï dire
Itel chose a ton frere dont je ne puis pas rire.
805 -Que fu ce que il dist? - Qu'il ne pooit plus vivre ;   Fo 15a
Esaü benistra qant iert saous et yvre.
-Dist il ce? - Oïl voir, dont je sui plainne d'ire.
-Et nos bien l'otroions. - Tais toi, fiz, pas no dire !

118

Li mangiers iert ja prest et tu li porteras.
810 -Par ma foi, no ferai. -Por qoi? Ce me diras !
-Ja me maldiroit il. -Ice mar douteras.
-N'est mes freres veluz? Et je ne le sui pas.
-Tais toi, fai mon commant ! Antor ton col avras
La pel dou noir chevroel -Je no voeil. - Si feras ;
815 Pran la beneïçon, car bien sai tu l'avras.

119

-Certes, ma douce mere, ne l'os pas a deçoivre.
Mon frere Esaü, se vos me volez croire,
Ainz souffrons que il face son mangier et son boire.
Miex voldroie estre morz ou noiez enz el Toivre
820 Que por beneïçom maleïçon reçoive,
Que les yaues d'enfer sont pullentes a boire.

Mais neporqant, ma mere, ne te correcerai,
Que soéf m'as norri, tout ton commant ferai."
Le chevroel li aport[e] et dist : "Tout prest les ai.
825 Or fai tost le mangier et je li porterai.
-Volentiers, biaus chiers fiz, et je l'apresterai.
Dou millor vin que j'aie a boivre li donrai."

Donc apela Jacob qant l'ot aparillié ;
De la pel dou chevroel li a le col lié,
830 Nés les dras Esaü li a ele baillié
Et ce que il doit dire li a tout consillié.
Or s'en va danz Jacob, doné li a congié ;
Qant il vint a som pere molt l'a bel esvillié :

"Biaus peres. -Qui ies tu? -Je sui tes fiz premiers.
835 -Et que voes tu, biaus fiz? -Ja est pres[t] tes mangiers,   Fo 15b
Recevez le, biau pere, que jel faz volentiers.
-Comment l'eüs(t) si tost? -Diex sot qu'il fu mestiers,
Ce est chars de chevroel que tant as eü(s) chiers,
Et a ta volenté en est fez li mangiers.

840 Manjue tost, biaus peres, le mangier que prest ai.
-Molt me merveil de toi. -De qoi? -Jel te dirai :
Comment si tost est prest? -Par foi, je me hastai
Por ta beneïçon que a perdre doutai.
-Or me done a mangier et je la te donrai
845 Et si me done a boivre et puis si me morrai."

Il li a mis devant, li peres en manja ;
Qant ot beü dou vin docement l'apela :
"Ça vien a moi, biaus fiz!" Jacob le redouta.
"Abaisse toi vers moi! Ma mains te tastera
850 Se tu ies Esaü, qui tant jor servi m'a ;
Qant je t'avrai tasté ma mains te benistra."

Dont commença Jacob forment a redouter
Qant oï que ses peres le voloit tastoner ;
Plus pres se trait de lui, le col li va livrer.

855   Qant le senti pelu prist lou a acoler :
         "Ies tu ce, Esaü? Pas nel me doiz celer.
         -Oïl voir. -Pas nou croi, nel sambles au parler."

126

         Lors a dit Ysaac : "Moi samble durement
         Ce est la voiz Jacob, jel croi veraiement.
860   Abaisse toi vers moi, biaus fiz, jel te commant."
         Et Jacob s'i abaisse sel baisa doucement.
         Dont a dit Ysaac ; "C'est odors de pimant
         Qui est issu de toi tout par le Deu comment.

127

         Biaus fiz, tu t'en iras et nos ci remaindrom,   Fo 16a
865   O toi em porteras ma grant beneïçon :
         Trestuit te serviront icil de ta maison
         Et toutes les lignïes qui sont ci environ.
         Cil qui te maudira si ait maleïçon
         Et qui te benistra si ait beneïçon.
870   De toz les biens do monde soies tu riches hom."

128

         Donc s'en torna Jacob, Ysaac est remeis ;
         Li peres s'endormi, toz est asseürez.
         S'um pou plus demorast qu'il ne s'en fust tornez
         Trové l'eüst laiens ses freres li ainz nez ;
875   Som mangier aparelle, bien li fu atornez,
         Plus soéf que il pot est en la chambre antrez.

129

         Il apela som pere molt amiablement :
         "Lieve toi suz, biau pere, manjue maintenant !"
         Li peres li respont et li dist hautement :
880   "Et di va, qui ies tu?" Cil respont pïement :-
         Nel voloit correcier, n'en avroit nul talent-
         "Je ai fait ton mangier trestout a ton commant."

130

         Qant ce oï li peres forment s'en mervilla ;
         Molt longues fu em penses que il mot ne sonna,
885   Et qant il pot parler a haute voiz cria :
         "Et qui fu qui orainz a mangier me dona?
         Baisa moi et je lui ; par foi, si m'engingna,
         Ma beneïçon ot que toz jorz mais avra."

"Pere, n'[en] as (en) tu *que* une?" ce a dit Esaüs.
890 -Par la foi *que* te doi, biaus fiz, je n'en ai pl*us*.
-En moie foi, biau pere, en dolor sui chaüz.
-Biaus fiz, dist Ysaac, j'ai esté deceüz ;
Tes *f*reres vint a moi, toz fu ses cols veluz
*Et p*or ce croi je b*ie*n *par* lui sui deceüz.

132

895 -*P*ar ma foi, biaus ch*ie*rs peres, cil droit non li dona   Fo 16b
P*ri*mes qant il fu nez *qui* Jacob l'apela,
Car qant dui p*ri*mes naistre arriere me tira ;
Qant devant moi issi m*o*lt me deshonora.
Jacob li souplanteres cist no*n*s ne li charra."
900 Dont m*en*ti Esaü, *que* Diex li remua
Q*an*t a sa volenté Ysrael l'apela.

133

"Ahi! com m'a traï cil traïtes, cil lere!
-Par ma foi, biaus amis, il n'a pas fet c*om* frere.
-A droit a non Jacob, *que* il est souplantere.
905 Q*an*t vols[t] p*ri*mes issir hors dou ve*n*tre ma m*e*re,
Il me prist par le pié *et* me tira arriere.
Ta beneïçon a ; q'en diras tu, biau pere?

134

-Par ma foi, biaus ch*ie*rs fiz, je ne te sai *que* dire,
Mais bien sai *que* trop ai mo*n* cuer plai*n* de gra*n*t ire.
910 -*Que* me dites, biaus p*e*re, *comment* je porrai vivre?
-Ne te donrai conseil, ne ne te sai *que* dire."

135

Esaü fu dolanz, *commen*ça a plorer,
V*er*s son doleros pere doc*em*ent regarder.
Et qui lores veïst lor gra*n*t duel demener
915 *Et* le pere *et* l'enfant *et* plai*n*dre *et* doloser
Ja n'eüst si dur cuer ne l'esteüst plorer.
Il disoit a so*m* p*er*e : "Ne me voes escouter?
-Par foi, si faz, biaus fi*z*, mais ne t'ai *que* do*n*ner
Fors *que* terre *et* rousee, se voes ton cors pen*er*.

136

920 Par ma foi, biaus ch*ie*rs fiz, ne te sai consillier,
Ne trover ne sai l'art do*n*t je te puisse aid*ier* ;

En terre te travaille, ne sez autre mestier,
Et dou ciel la rousee, se voes a Deu proier.
-*Et que* iert de mo*n* f*r*ere? Ne m'*en* porrai vengier?
925   Se le puis ancontrer, *por* mort se puet jugier."

137

(C)[N]e demora q'un pou *que* morz fu Ysaac ;
Esaü quist Jacob, *que* mo*l*t le menaça.
Ne *vos* ferai lonc plait : dou païs le chaça.
Il s'en fuï de nuiz, le flunc Jordan passa.
930   Ne *quist* q'alast o soi, qant dou païs torna.
Tant a alé .viij. jorz q'en .i. desert entra ;
Iluec *por* reposer dans Jacob se coucha.

138

[J]acob troeve une pierre *qui* fu *et* longue *et* lee,
Lors se coucha iluec, a son chief l'a posee,
935   Dont s'andormi Jacob sanz nule demoree.
Voit *par* songe une eschiele de t*er*re au ciel posee ;
Si com dist l'esc*ri*ture, el ciel estoit l'antree ;
Vit avaler les angles *et* puis la remontee,
De celestïal gent estoit enviro*n*nee.
940   Mo*l*t li sambla petite iccle reposee.

139

Dont s'esvilla Jacob qant assez ot dormit,
Regarda d'arrier soi, .i. angle ja choisit,
Prist lou entre ses braz ta*n*tost com il le vit.
Adont *par*la li angle[s] *et* mo*l*t bel li a dit :
945   "Lai moi tost, biaus amis, *por* qoi m'as tu sesit?
-Nou ferai, *par* ma foi, Jacob li respondit.

140

-[J]acob, lai moi ester! -*Par* ma foi, nou ferai,
De ta beneïçon avant saisiz serai.
-Jacob, ce dit li angles, je te correcerai.
950   -*Et* tu de qoi, amis? - Je te meha*i*ngnerai.
-Par la foi *que* te doi, *por* ce ne te lairai
Devant *que* de ta bouche beneïçon avrai."

141

Navrez fu en la cuisse *et* il lors le lessa.
Qa*n*t se sent meha*i*ngiez ado*n*c a lui *par*la :
955   "Aies de moi m*er*ci," Jacob lors dit li a.
Donc li chaï as piez, enaprés l'aora ;

L'angles le beneï *et* atant le laissa.

142

Or s'en va danz Jacob o sa beneïçon ;
Son oncle va q*u*erant icil sai*n*tismes hom ;
960   En Aran est antrez en une regïon,
Son oncle a demandé, trové l'a en maison,
M*o*lt bel le salua sel no*m*ma par son non ;
"Laban, je sui tes niés, Jacob m'apele l'on
Et sui fiz ta seror. -Biaus niés, bien le savom ;
965   Com*m*ent le fait tes peres? - Il est morz, li prodom.

143

Mes freres Esaü m'a chacié dou païs."
Ce li respont Laban : "Jel croi bien, biaus amis,
Por la beneïçon q*ue* tu a lui tolis.
-*Et* ce me fist ma m*er*e. -*Par* foi, tu meffeïs ;
970   Niés, je te retendrai, garderas mes b*r*ebiz.
-Gel ferai volen*tiers*, par foi, non a anviz.
-Je te donrai soldees bones, jel te plevis."
A .vij. anz fu li termes, costume ert el païs.

144

Ce li respont Jacob : "Biau sire, volan*tiers*
975   .Vij. anz te servirai, *par* ma foi, toz an*tiers*.
Qa*n*t seront acompli, q*ue* p*re*st soit mes loiers.
-N'i faudras pas au t*er*me, ne te me*n*tirai, niés."
Cele nuit est Jacob o son oncle herbergiez,
L'ondemain es mo*n*tai*n*gnes ala o les b*er*giers.
980   Il n'est pas esgarez a qui Diex voet aid*ier*.
M*o*lt est dedanz .vij. anz l'avoirs molteplïez.

145

On*qu*es Laban, ses oncles, nel pot de rien blam*er* ;
A lui se vi*n*t Jacob com cortois bachel*er*
Si li dist : "Les .vij. anz ai je laissiez passer,
985   Q*ue* on*qu*es mon servise ne te vols demander,   Fo 18a
Se ta fille, biaus oncles, me voloies doner,
Rachel, q*ue* je tant aim. -Viex la tu esposer?
Mais Lïan, m'autre fille, se le voes creanter
Biaus niés, qui est ai*n*z nee? N'en q*ui*er oïr *par*ler.
990   *Et* tu aies Rachel ennuit au reposer,
Tu l'avr*a*s a espouse, bien le voil creanter."

Qant ot mangié Jacob si s'est alez couchier,
Et ses oncles, Laban, qant vi*n*t a l'anuitier,
Signor, par traïson li chanja sa moill*ier* :
995 Lyam li a livree, .i. m*o*lt lait av*e*rsier.
Ice[le] estoit l'ai*n*z nee. -L'en ne se puet gait*ier*
De nule traïson v*er*s home c'om a ch*ier*.-
De la tres laide Lïe ne voil or plus plaid*ier* ;
C*er*tes, ele est plus laide c'on ne porroit qu*i*dier.

1000 **V**os avez bien oï q'avoec li se coucha ;
Sachiez *que* cele nuit de riens ne l'espargna,
Mais qant vi*n*t au mati*n* *que* il la regarda
Lors vossist estre morz ; dureme*n*t s'esmaia,
Traist soi ensuz de li *et* si li dema*n*da :
1005 "*Qui* t'amena ici? -Laban m'i anvoia.
-Q'a il fait de Rachel?" Cele mot ne sona.
"Par Deu, il m'a traï *et* grant pechié i a."

Qant ot ce dit Jacob si s'est dou lit levez,
A dant Laban, son oncle, est li dolanz alez.
1010 Ses oncles li demande : "Biaus niés *et* *que* avez?
-Je n'oi mie Rachel, changïe la m'avez.
-Ne *vos* esmaiez mie, sachiez *que* *vos* l'avrez,
Mais voirem*en*t .vij. anz ancor me servirez.
Qa*n*t seront acompli avoec *vos* l'en menrez,
1015 *Et* Lyam, m'autre fille, dema*n*tres mai*n*tendrez." Fo 18b

N'i a *que* aconter : dont i remest .vij. anz.
De Lyam, cele laide si ange*n*dra anfa*n*z :
Plusors en engendra, de petiz *et* de granz.
Venuz est a Laban, qu'*i*l voet ses covena*n*z.
1020 Rachel li a livree, Lya o(t) ses anfanz,
Et il l'a espousee, noces en fist m*o*lt granz ;
Et bien voet *que* s'en aille ses bo*n*s oncles Laba*n*s.

Ce li a dit Laban : "Biau niés, tu t'en iras ;
Rachel, ma bele fille, avoec toi en me*n*ras ;
1025 Lyam ne ses enfanz ici pas ne leras.
Partirai mo*n* avoir, la moitié en avras :
Mon or *et* mon arge*n*t p*a*r mi le p*a*rtiras

Tout a ta volenté, ja ne m'*en* blameras.
-Je l'otroi, dist Jacob, tout issi com dit l'as."

151

1030   Ne demora grantm*en*t cil avoirs fu *p*artiz :
Chevax, chamax *et* pors *et* vaches *et* br*e*biz.
Laban avoit .i. deu[s],tout d'or *qui* estoit fins ;
Rachel les a amblez si les a en sauf mis.
Puis demand*en*t congié *et* s'en vo*n*t do païs ;
1035   De devant met Jacob ses femes *et* ses fiz
Et trestout cel avoir *qu'i*l ot iluec conq*ui*s.

152

De la terre d'Aran Jacob s'en est tornez.
Laban a q*ui*s ses diex *que* il voet aorer.
Sachiez m*o*lt fu dolanz qant il nes pot trov*er*,
1040   A sa feme est venuz por ses diex demander
Et cele li respont :"Ja les a faiz ambler
Jacob, q*ui* les emporte . -*Et* jel ferai tuer,
Par la foi *que* doi Dieu, n'em puet vis eschap*er*."

153

Il a dit a ses homes, *qui* m*o*lt en sont dola*n*t :
1045   "Jacob en va com lerres, mes diex en va porta*n*t ;
Il m'a fait m*o*lt grant honte, b*ie*n est aparissant ;
Alons tost apr*é*s lui! Q*u'i*l ne s'en voist gabant!
Icil q'*en* iert saisiz n'en avra ja garant,
La teste n'en soit p*ri*se, tout issi le *com*ma*n*t."
1050   Ne *vo*s ferai lonc comp[t]e, ceaus vo*n*t aconsuant.

Fo 19a

154

Jacob garde arrier lui, vit son oncle venir.
Qa*n*t il pres aprocha si vost son niers ferir,
Ansuz de lui le boute par m*er*villos aïr.
"P*ar* foi, ce dist Labam, Jacob, au dep*ar*tir
1055   Ne deüssiez mes diex ne ambler ne tolir,
Car *po*r aus aorer quidoie je garir ;
Se tost ne les rendez pres estes de morir.

155

-Oncles, ce dist Jacob, enten a ma raison :
Je t'ai m*o*lt bel servi mai*n*t jor en ta maison ;
1060   Ta fille m'as do*n*nee o l'avoir q'en menom ;
Pri toi nel me tolir par malvaise raison.
Tes diex *que* me demandes certes pas nes avom ;

Se tu sor nos les troeves, molt bien le t'otriom
Que cil perde la vie sanz nule raançon."

156

1065   Rachel, qui ot les diex, les a mis dessoz soi ;
Iluec honi Rachel et ses diex et sa loi.
Puis li a dit li peres : "Fille, je vieng a toi ;
Je ai perduz mes diex. -Peres, n'adoise a moi !
Veez com je sui grosse, c'est d'anfant, par ma foi ;
1070   Taste soéf mes flans. -Ma fille, bien l'otroi.
Ci n'a nul de mes diex ne je pas nes i voi."

157

Laban, icil prodom, est arrier retornez ;
Jacob o sa maisnie en est avant alez ;
De son frere a poor qu'il ne soit ancontrez.
1075   Esaü qant le sot molt fu griés et irez ;   Fo 19b
Les homes de sa terre a toz a soi mandez.
Il lor a dit tantost : "Signor, o moi venez
Et de Jacob mon frere tantost me vengerez."

158

Qant oï de son frere, Jacob, qu'il dut venir,
1080   Molt par ot grant poor, ne vos en quier mentir ;
Il ne set en quel terre il s'em puisse foïr
Et bien set que ses freres est de molt grant aïr.
Dont fist une orison com ja porrez oïr :

159

"Aïde Diex, biaus peres, qui tot le mont crias,
1085   Qui Adam, nostre pere, a t'ymage formas
Et de lui feïs Eve, a feme li donas ;-
Fruit ot em paradis et tu li commendas
Qu'il n'en manjassent mie, nel tenissent a gas ;
Tes commanz depecerent et tu les en getas ;-
1090   Et Noél, nostre pere, dou deluge sauvas ;
Garis moi de mon frere par la vertu que as !

160

Sire, je sai et croi que tu bien le pues fere,
Tu sez que Esaü, mes frere, est de mal aire.
Par le conseil ma mere que ne m'en poi retraire
1095   Oi sa beneïçon, molt li fis grant contraire.
O .ij. torbes de genz. Sire, ne sai que faire,
Passai le flunc Jordan aprés la mort mon pere,

O un petit baston me sui mis el repaire,
Se je n'ai ton conseil ne me sai *quel* part traire.

161

1100   **D**o*n*ne moi bon conseil, *que* bon le sez do*n*ner-
Cui tu voes consill*ier* il ne l'estuet douter-
Bien sai mes *f*reres vient si me voldra tuer.
Je ferai cest avoir tout deva*n*t moi me*n*er ;
S'il le voet detranch*ier* *et* trestout decoler,
1105   Ai*n*z qu'*il* l'ait tout ocis se porra mo*l*t lasser.   Fo 20a
Sire, se nos aidiés, tost porro*n*s trepasser.
Je me *com*mant a *vo*s por ma vie sauver."

162

Esaü est venuz, ensamble o lui sa ge*n*t,
Qui de lui fere mal avoient grant talent
1110   *Et* avoient juré trestout *com*munalme*n*t
N'eschaperoit Jacob, ai*n*z morroit tot ava*n*t-
Signor, ice sachiez trestot *certain*neme*n*t :
Cil qui Diex voet aidier n'a nul anco*m*breme*n*t-
Et qant il vit son *f*rere, son avoir *et* sa gent,
1115   Il l'est alez baisier sel reçut boneme*n*t.

163

Receü a Jacob ses *f*reres com amis,
Otroia li partie en trestout som païs.
Jacob jut o Rachel si engendra .i. fiz ;
Ce fu Joseph li sages, li prex *et* li gentis ;
1120   C'est cil qui fu venduz en la terre d'Egyps ;
Ancor i sont les granges *et* li celier antiz
Qu'*il* fist fere en Egypte par plusor lius sostiz.

164

Ce fu icil Josep *que* Jacob tant ama.
[Che fu ichil, seignour, qui le songe sonja]
Il leva *pa*r matin, a som *pe*re conta :
1125   "Enten *pe*res ! -Di fiz *et* tes *pe*res l'orra.
-Un cham vi de bon blet, ne sai *qui* le sema ;
En icel blé meür chas*cun*s de *n*os antra
Et chascuns de mes *f*reres soia gerbe *et* loia,
Je *et* *vo*s *et* ma *m*ere *et* chas*cun*s s'abeissa :
1130   Des gerbes *ve*rs la moie chascune s'enclina."

165

Qant si frere l'oïrent si ore*n*t gra*n*t t*r*istor,

Entr'aus en ont *par*lé *com*me faus boiseor :
"Jacob, li *nos*tre *pe*res, croit trop cest songeor.
Se il puet esploitier il en fera signor.
1135 Il nen a de nos cure, il *nos* toldra l'onor,
Sel poons ancontrer, morz soit a deshon*or*."
Or consaut Diex Joseph par sa sai*n*te douçor.

166

Sonja .i. autre songe, som *pe*re l'a conté :
"Li solaus *et* la lune, biaus *pe*res, par verté,
1140 *Et* dou ciel les estoiles *per*dirent lor clarté
Et qant g'i regardai tout fu[i] enluminé.
-*Par* foi, ce dist li *pe*res, *nos*tre sires serez,
Sor moi *et* sor voz freres, sire fiz, regnerez."
Et respond*ent* li *fre*re : "Ja cel jor ne *ver*rez."

167

1145 **Qa**nt entendi li *pe*res qu'il se vont correç*a*nt,
Il sailli suz em piez, nel dist pas en oiant :
"*Que* est ce q'entre *vos* alez si murmur*a*nt ?
Fuiez ensuz de moi, menez l'armaille el cha*m*p !"
Et il leverent suz *et* ont fait son *com*mant.
1150 *Et* respondi Joseph : "Il n'ira mie ata*n*t.
Pere, il *vos* ont honi car il sont mal enfant ;
Malem*en*t ont erré d'une *vos*tre soignant ;
O li ont tuit geü s'en sont em pechié gra*n*t."

168

Qant ce oï li peres form*en*t se correça ;
1155 Dou pechié qu'il ont fet form*en*t li anuia ;
Or set qu'il sont en *cri*eme *et* Diex s'en vengera.
Ce fu mis en oubli *et* li tens trepassa.
Ne revi*n*dre*n*t si fil, *que* nes*un*s d'ax n'osa ;
Jacob en fu dolanz, Joseph en apela :
1160 "Va tost si quier tes *fre*res !" *Et* il li otroia.

169

"**V**a tost si quier tes freres, porte lor a m*a*n*gi*er !
-Il sont espoanté, je ne les vi des ier.
Et ou les troverai ? -Droit a Sican les *qui*er !"
Et cil i va tantost, qu'il n'i c*ri*ent ancombrier.
1165 Qant il vi*n*t a Sican, a son col le mangier,
N'en i a nul trové, n'ot en lui q'aïrier ;
Et uns hom li a dit qu'il n'i fur*en*t des ier.

170

    "Sez me tu ou il sont? Di le moi, bache*l*er!
    -Amis, a Dotami les en vi toz aler
1170   *Et* chamaus *et* b*r*ebiz vi devant aus men*er* ;
    Saches, mon escïent, la les porras trov*er*."
    Joseph o son mang*ier* n'i vost p*l*us demorer ;
    Vers Dotami s'en va, q*u*e ne vost arrester.
    Qant le virent venir si p*r*istre*n*t a parler :
1175   "Vez ci le songeor, *et* car l'alons tuer.

171

    -Nou ferons, dist Ruban, il n'estra pas ocis,
    Ja *c*ertes de noz ma*i*ns n'i avra sanc malmis,
    Car il est *n*ost*r*e freres, n'est pas *n*ost*r*e anemis ;
    Je sai une cisterne, si soit la dedanz mis,
1180   Iluec rema*i*ngne tant *que* il i soit p*o*rriz."
    Il le disoit por ce q*u'*il voet q*u'i*l soit gariz
    Et que il le voloit au p*er*e rendre vif.

172

    Ne demora c'um pou, este *vos* marcheanz
    Q*ui v*ers Egypte aloient tot lor chem*i*n erra*n*z ;
1185   A la loi de la terre saluent les anfa*n*z ;
    Joseph lor ont vendu sol p*or* .xxx. besanz
    Et qant le voit Ruban m*o*lt en devi*n*t dola*n*z.
    Conseil pristre*n*t entr'ax q*ui* n'est pas aven*a*nz :

173

    [I]l ont p*r*ise une cote, toute l'ont dessiree,
1190   Dou sanc d'une b*r*ebiz l'ont b*i*en ansanglantee,
    Venu sont a lor pere *et* si li ont do*n*nee
    Et dient *que* uns leus a sa char devoree.
    Qa*n*t Jacob l'entendi la coulor a muee,
    L'iaue dou cuer li est en ses biax iex montee
1195   *Et* contreval sa barbe menu recercelee,   Fo 21b
    La soie vesteüre a toute dessiree.
    "Oiez signor, fait il, com male destinee,
    La chars de mon bel fil q*ui* est a mal alee."

174

    Detrait sa barbe blanche, dureme*n*t se pasma ;
1200   Qant vi*n*t de pasmison la cote regarda,

Toz ses prochains voisins devant lui apela,
La cote dolerose de son fil lor mostra :
"Signor, q'en dites vos, cist dolanz que fera?
Morz est mes fiz Josep ; Diex, qui le me rendra?
1205 Ahi! biaus fiz Joseph, tes peres que dira?

175

Hé! las, dolans pechierres, por qoi l'i anvoiai?
Que n'i ala uns autres? Ainc ne m'en apensai.
Hé, Diex, car me respon! Di moi se mais l'avrai.
Las, com sui angoissex, ja mais ne le verrai.
1210 Sire, qui mainz lassuz, di por qoi l'engendrai,
Por qoi l'ai je norri qant issi perdu l'ai?
Consilliez moi, signor, certes ou je morrai ;
Molt m'est mal averé que de lui proposai.

176

Biaus pere, car m'ensaingne ou querrai mon anfant ;
1215 Tu sez bien, biau doz sire, que je l'amoie tant.
Ahi! beste sauvage, Diex te doint honte grant,
Qui as ocis Joseph et as beü le sanc,
Les os et la char tendre as devoré ou champ ;
Biau vis, bele faiture, com avoies cuer franc,
1220 (Bien faiz et adroiture de cors et de samblant.)

177

Ha! Diex, por qoi feïs tant bele criature?
Et qant tu l'eüs fait, por qoi n'en preïs cure?
Haï! Josep, mar vi vostre bele faiture,
Ne naistra a piece hom de la toie estature ;
1225 Veritax estïes, ce est veritez pure."   Fo 22a
Adont rechiet pasmez dessor la terre dure.

178

Or oiez de Rachel, pas ne s'est oublïee,
En la maison entra, dolante, eschevelee,
Vit pasmé son signor, a terre chiet pasmee ;
1230 Qant vint de pasmison la cote a esgardee,
Ele ert toute sanglante et toute dessiree.
Ele geta .i. cri com feme forsenee.
Ice sachiez por voir, se bien fust escoutee,
Que la voiz fust oïe bien loinz de la contree.

1235   Qant ot finé son cri molt tendrement plora,
Joseph, son chier anfant, docement regreta :
"Biaus doz fiz, dist Rachel, ta mere que fera?
Molt fui joiouse et lïe qant Jacob t'engendra ;
Et qant fus nez en terre grant joie demena.
1240   Molt soéf te norri, nus ne te correça ;
Or estes morz, biaus fiz, vostre mere morra ;
Ausi fera voz peres, bien sai ja n'en vivra.

180

Haï! lasse, dolante, com sui desconsillïe(e),
Joseph, mes biaus amis, com sui por vos irïe,
1245   Com estoie de vos penee et travillïe!
Haï, beste salvage, com par fus enragïe!
La char de mon biau fiz, por qoi l'as tu mangïe?
Lasse, dolante feme, que n'i fui anvoïe?
Il ne fust or pas morz, sa chars fust espargnïe.
1250   Jacob, des or tendrons dolerose maisnïe,
N'ai cure de leece, ja mais ne serai lïe."

181

Or oez de Joseph, le beneoit anfant :
En Egypte l'en mainnent o aus li march[e]ant.
Li rois l'a acheté s'en a fait son commant.
1255   Il l'a mis ou pertrin, ou travail soffri grant ;   Fo 22b
Puis [fu] ses despensiers, auques ala avant ;
Et puis ses seneschaus, si com trovons lisant,
Et ot puis en sa garde toute Egypte la grant.

182

Il fu biaus bachelers et plains de grant bonté
1260   Et si ne fu pas fiers, plains fu d'umilité,
Molt par fu charitables, molt amoit verité,
N'ert pas luxuriex, ainz ere en chasteé ;
Ainc par lui ne fu hom a tort deserité
Et li rois Faraons le tint en tel chierté
1265   Que le regne d'Egypte li a tout commandé.

183

Joseph estoit molt sages, bel servi son signor ;
Qant li rois le franchi molt li fist grant honor,
Sor toutes criatures ama il son signor.
Certes et tuit l'amoient li grant et li menor ;
1270   Tuit disoient antr'ax : "Fiz ert d'empereor."

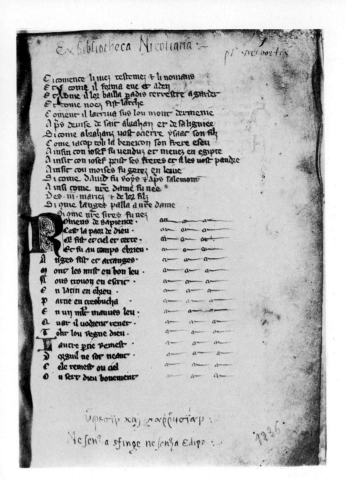

Pl. I. Ms. Paris, Bibl. nat., f. fr. 20039, fo 1a.
"[C](R)omens de sapïence / C'est la paor de Dieu".

Pl. II. New York, Pierpont Morgan Library, Ms. 526 (anc. Barrois 127), fo 1a.
"Comment Joseph fist jetter la paille en la riviere".

Pl. A. New York, Pierpont Morgan Library, Ms. 526 (anc. Barrois 127), fo 7c,d. "Comme Moÿses jetta a terre la couronne du roy".

Pl. B. New York, Pierpont Morgan Library, Ms. 526 (anc. Barrois 127), fo 7d. "Comme Moïses bouta son doy ou feu *et* s'ardi la langue".

Pl. III. New York, Pierpont Morgan Library, Ms. 526 (anc. Barrois 127), fo 22d. "*Comme* Salemon en venjance de son pechié se fist batre / tout nu parmi la ville moult vilainement".

Pl. IV. Amiens, Bibl. mun. Ms. 115, fo 344ro (Bréviaire du monastère bénédictin de Saint-Pierre de Corbie). "Stirps Iesse uirgam produxit uirga*que* florem *et* super hunc florem requiescit spiritus almus. **Virga dei geni**trix uirgo est flos filius eius".

Ainc ne fu hom en terre tant haïst traïtor
Ne home de la terre qu'il seüst boiseor,
Ne ainc a son conseil n'anma ancuseor.

184

Joseph estoit molt biaus et ot sage parole ;
1275 Tant l'ama la roïne que toute en devint fole.
Par foi, ce est damages qant tent a tele escole.
La roïne ert molt bele et avoit la char mole ;
Qant Joseph puet tenir si le bese et acole.

185

Dolanz en fu Joseph qant vit la fole amor ;
1280 Molt crei et ama Faraon, son signor ;
Bien sout que la roïne queroit sa deshonor.
Bien s'en garda Joseph, tant que vint a .i. jor
Que li rois tint sa cort en som palais hauçor.
Entor lui furent conte, baron et aumaçor ;
1285 Dont rotent et vïelent, harpent cil jougleor.

Fo 23a

186

Joseph fu seneschaus, avant fu apelez ;
Lors li a dit li rois : "Amis, avant venez !
Alez por la roïne, ça suz la m'amenez !
-Volentiers, dist Joseph, puis que le commandez."
1290 Dou palais est issuz et en la chambre antrez :
"Dame, li rois vos mande. -Primes a moi parlez !"
Joseph saisist la dame et li dist : "Ci seez !
S'avrez a moi a fere. -Dame, mais n'en parlez !
Miex voldroie estre morz et en .i. feu getez."

187

1295 Qant s'aparçoit la dame que Joseph nel fera
Et que sa volanté mie n'acomplira,
Si a pris som mentel et dou col li sacha
Et puis a hautes voiz com deables cria.
Li rois oï la voiz, forment s'en mervilla ;
1300 Il coru en la chambre, la roïne trova
Trestoute eschevelee, demende li qu'ele a.
"Joseph le me vost fere, son mentel i laissa."

188

Li rois, qant oï ce, sachiez, molt fu irez ;
Issuz est de la chambre, el palais est ent[r]ez ;

1305   Adonc a ses barons antor lui apelez :
          "Signor, mi bon ami, .i. conseil me donez!
          De Joseph que ferai? -En chartre le getez!
          Bien en serez vengiez, se croire nos volez.
          Demain sera panduz et au vent encroez.

189

1310   -Haï! dolanz pechables, por qu'en donnai denier
          Ne dedans mon ostel por qoi m'ot il mestier?
          De ce fis je que fols qant g'en fis despensier
          Puis en fis seneschal, por honir ma moillier.
          Voir, ce dist li vilains, par foi, en reprovier :
1315   'Tost ou tart se repant q'alieve pautonnier.'   Fo 23b
          Por qoi m'a il forfait? Je l'avoie tant chier.
          Je en fis seneschal de grez et volentiers."

190

          Il n'i ot plus que dire : tantost fu enchartrez.
          Sachiez que laidement i fu Joseph jetez!
1320   La dedanz en la chartre a .ij. homes trovez ;
          Le jor i furent mis et le jor ancusez,
          Andui furent au roi sergent molt honorez :
          Boutilliers fu li uns, de la cort molt amez,
          L'autres est dou prestin riches et assasez.

191

1325   Signor, en cele chartre avoit molt de serpans ;
          Ele estoit molt pullante et oscure dedans.
          Molt orent grant soffraite, ice sachiez, lonc tans ;
          Nes ala viseter ne amis ne paranz.
          Ne vos ferai lonc conte ; molt estoient dolant ;
1330   Tuit furent oublïé, d'aus n'estoit nus porpens,
          Mais nes vost oublïer li rois omnipotens.

192

          Une nuit se dormirent, mais danz Joseph villa ;
          Las furent et dolant, chascuns songe sonja.
          Et qant il s'esvillerent chascuns le sien conta ;
1335   Joseph pas ne dormi, mais molt bien escouta.
          "Je sonjai, dist li uns, or enten a moi ça,
          Que li rois Faraons ou pretrin m'apela,
          Q'aportasse ferine li rois me commenda ;
          Si fis je sor mon chief, mais li venz l'en osta ;
1340   Uns corbiaus ma corbeille detrait et depeça.
          -Par foi, ce dist Joseph, icist demain pandra.
          Ja par home qui vive raançon n'en avra."

Dont respondi com sages, par foi, li boutilliers :
"Ne me doi pas haster ne estre bobanciers.
1345 Ice q*ue* j'ai songié Dieu le di je p*remiers,*
Lui le di *et* ses angles, bons me soit *et* non g*ri*és !
Je sonjoie (ie)[en]nuit g'estoie boutilliers
Et q*ue* a m*o*lt grant joie m'ert renduz mes mest*iers,*
Si servoie a cheval com bachelers legiers ;
1350 Trestuit m'i honoroient s'en estoie m*o*lt liez.
-Par ma foi, dist Joseph, ne v*os* iert esloi*n*gniez."

"Amis, ce dist Joseph, p*ar* foi, b*i*en gariras."
Puis dist au p*ri*steor : "Amis, tu periras ;
Ai*n*z q*ue* vai*n*gne le vespre demain pa*n*d*us* seras.
1355 Boutilliers, biaus amis, lors de moi penseras ;
C*er*tes, j*us*q'a tierz jor ton mestier raveras ;
M*o*lt feras q*ue* cortois se de moi m*er*ci as,
Qant en aucune guise de moi p*ar*l*er* orras.
-Amis, m*o*lt volent*iers,* ne t'oublïerai pas."

1360 Li pretissieres fu droit as forches menez,
Pa*n*duz fu voirem*ent,* ses songe est averez,
Et li boutilliers fu de la chartre jetez,
Et Joseph, li dolanz, i est toz sex remes ;
Assez i ot soffretes, toz i fu oublïcz,
1365 Entresq*ue* a .i. jor q*ue* v*os* oïr porrez
Q*ue* li rois Faraons com sages *et* se*n*ez
Se coucha en .i. lit ou s'estoit reposez.

Li rois somilla tant q*ue* il fu andormiz ;
Sonja li rois cel soir qu'il v(eo)it .xii[ij]. espiz :
1370 Les .vi[j]. charg*i*cz de blé, les .vi[j]. vuiz *et* failliz ;
En .i. champ les veoit, ice li fu a vis ;
Regarda d'autre part, vit h*er*be en .i. larriz ;
Herbe i avoit m*o*lt bele *et* li p*re*z ert floriz
Et enz en mi cel pré .vij. grasses vaches vit,
1375 *Et* .vij. s'on les ardist ja saïns n'en issist ;
Dou songe q'a veü li rois s'en esperist.

Donc a mandez ses clers p*ar* tout, jones *et* viels,
Manda toz ses barons *et* toz ses consilliers ;

Fo 24a

Fo 24b

Donc vienent li vilain aprés les chevaliers ;
1380 De par tout son roiaume a anvoiez ses briés
Que n'i remaingne nus, tant soit ne prex ne fiers,
Et qui tost n'i venra a la mort iert jugiez ;
Et il i sont venu, nus ne s'en est targiez.

198

Li rois lor a son songe et dit et devisé,
1385 Mais il n'i a nul d'aus q'en sache verité.
Ez vos le boutillier, le roi a apelé :
"Sire, je sai .i. home q'en dira verité.
-Qui est il? dist li rois. Ne me soit pas celé !
-Sire, ne l'os nomer. -Por qoi ne m'est loé?
1390 A il vers moi meffait? -Oïl, par verité.
-Qui est? -Nel nomerai. -Tout li soit pardoné.
Amis, or le me nomme ! -C'est Joseph, l'anchartré.

199

-Ça vien, parole a moi! -Biau sire, volentiers.
-Garde nel me celer! N'ies tu mes boutilliers?
1395 -Oïl sire, por voir, mais ne t'os correcier.
-A me il riens meffait? -Oïl, de ta moillier.
-Est ce Joseph, li sers, qui fu mon aumosnier?
Va moi tost a la chartre, fai lou aparillier ! "
Et cil i coru lors qui le fist volentiers ;
1400 Droit au roi l'amena voiant ses chevaliers.

200

Signor, Joseph estoit forment descolorez,
Que de nul chevalier n'i estoit visetez.
Molt se sont mervillié qant il fu amenez
Et plus qant au conseil fu tex hom apelez.
1405 Puis l'apele li rois : "Amis, avant venez !   Fo 25a
Se mon songe me dites certes et esponnez,
Je ne sai que je die, toute ma grace avrez.
-Or dites donc, biau sire, sempres m'esproverez!"

201

Or parole, biau sire! Et je, tes sers l'orrai.
1410 -Par ma foi, volentiers, Joseph, jel te dirai :
L'autre soir m'endormi et en dormant sonjai
Que g'estoie en .i. pré, tout flori le trovai,
Herbe i ot et aumaille, .xii[ij]. en j'esgardai
En icele paisture, mais molt [me] mervillai
1415 Que grasses vi les .vi[j]. ; plus prés m'en aprochai,
Les autres vi molt maigres, adonc si m'en tornai.

204

Donc laissai cel aumaille, antrai en .i. sentier ;
Adonc trovai .i. champ trestout prest de soier.
La (re)vi .xii[ij]. espiz, Joseph, mentir n'en quier,
1420   Les .vi[j]. chargiez de blet, les .vi[j]. vuiz et sechier ;
Neporqant verdïoient, pris m'en a mervillier.
Or me diras, Josep, se me sez consillier,
Se cest songe(s) me diz, si ravras ton mestier,
Si te pardonrai tout le plait de ma moillier."

1425   Ce li respont Joseph : "Bons rois, or m'escoutez !
Diex est molt vostre amis, droiz est que lui amez ;
Bien vos est li chiers tens par songe demostrez :
Par les espiz chargiez .vij. anz planté avrez,
Par les .vij. qui vuit furent, le chier tens atendez !
1430   L'aumaille que veïstes paistre par mi les prez :
Les grasses senefïent .vij. anz planté avrez,
Les maigres que veïstes, qui paissoient delez,
Famine avront de paistre .vij. anz, ja n'en doutez,
Et si q'en toute Egypte nule n'en troverez !"

1435   "Joseph, ce dist li rois, par verité le sai   Fo 25b
Que molt ies sages hom, tom mestier te rendrai,
Je voil que soies sires.-Ne m'en entremetrai.
-Por qoi? -N'est pas raisons, primes m'escondira[i].
-De qoi? -De la roïne. -Joseph, oublïé l'ai.
1440   (-Sire, ce dist Joseph, par ma foi, si ferai.)
-Ne l'ai pas oublïé ne ne l'oublïerai.
Ici est tes consaus. -Ainc por ce nel mandai.
Certes, ce dist li rois, mançonge est, bien le sai.
(Sire, ce dist Josep, vostre plesir ferai.)
1445   -Je l'ai bien comparé, mais ainc nel me pensai."

Tout som millor barnage a li rois apelé.
Qant sont devant le roi Joseph ont demendé,
Et molt se mervillerent qant il l'ont esgardé,
Et bien ressambloit home de mort resucité.
1450   "Dites, rois Faraon, ou a cist conversé?
En enfer ou soz terre ou en chaitiveté?
Molt a le vis pali, taint et descoloré.
Por qoi est il si maigres? Toz est deffiguré.
De qoi est il si pales? Ou a il demoré?

1455   -Ne connoissiez Joseph? Seneschaus fu jadis.
Jeté l'ai de ma chartre, ou il fu pieça mis.
-Et por qoi n'est il morz? -Moi samble qu'il est vis!
-Molt est descoulorez, molt a maigre le vis.
-Ce n'est pas de merveille, n'i ot pas ses deliz :
1460   En chartre a demoré, or l'en avons fors mis.

207

-Biau sire et vos por qoi? -Mon songe li mostrai.
-Et il que vos en dit? -La verité en sai :
Entre ci et .vij. anz, issi entendu l'ai,
Avrons si grant chierté toute ma gent perdrai,
1465   Que tuit morront de faim, dou regne m'en fuirai   Fo 26a
Se je n'en ai conseil et por ce vos mandai.
Icist hom est molt sages, son conseil en crerai ;
Se vos le me loez, son mestier li rendrai.

208

Mais, par ma foi, ne sai se nos l'i porrons traire,
1470   Qu'il s'en voille antremettre ne qu'il le voille faire.
-Por qoi? -Por ma moillier, qui li fist le contraire ;
Ma moilliers ot grant tort, car ele est de mal aire.
Molt set bien les .vij. ars, assez set de grantmaire,
Molt set d'afaitement et molt est debonaire.
1475   -S'il est tex com vos dites si fetes cest afaire.
De loinz somes venu, metrons nos au repaire."

209

Li baron dou païs ont Joseph apelé,
Seneschal en ont fait d'Egypte le regné ;
Tuit feront son comant, ce li ont afïé.
1480   Pris ont congié dou roi si s'en sont retorné.
Sergenz et escuiers a Joseph apelé :
Cex qui miex le servirent ainz qu'il fust enchartré.
Donc s'en va par Egypte, ne s'est asseürez,
Les maistres charpantiers a toz a soi mandez ;
1485   Puis ont dedanz cel an mil granges manovré
Et il les a amplïes trestoutes de bon blé.

210

Il fait fere celiers et soz terre foïr,
Granz tonnes i fait mettre et de bon vin amplir ;
Plus de mil en fist fere, ne vos en quier mentir.
1490   La gent de la contree, qant le voient venir

Et panre lor aumaille *et* le blet de*p*artir
Et fait toz les greniers de blé m*o*lt bien amplir,
Les barons de la terre fere tout som plaisir,
Tuit le vont anclina*n*t, tuit le voele*n*t servir.

211

1495 **T**oz les premiers .vij. anz a tel vie menee :   Fo 26b
Bien a fait mil celiers en chas*cune* contree,
De vin(s) les a ampliz, de bone char salee ;
Les gren*iers et* les granges, dont fu gra*n*z renomee,
En chascune sa garde a tres b*ien com*mandee.
1500 Arriere va au roi a toute sa maisnee
Qui de la grant ovrai*n*ne ces .vij. anz fu lassee.

212

Qant furent li .vij. an acompli *et* passez,
La gent, com il soloient, si ont lor blez semez.
Dont retraient les yaues *et* li airs est muez ;
1505 Signor, par toutes terres est venuz tel ch*i*ertez
Li blez est toz failliz, h*er*be ne croit em p*r*ez ;
Dont muert par tout l'aumaille, plain en *sont* li fossez,
Si font porc *et* b*r*ebiz, n'en i a nul remés.
Par pou le p*r*emier an ne sont tuit affraé.

213

1510 **A**i*n*z q*ue* passast cel an vont m*o*lt affebloiant,
A cenz *et* a miliers vont tuit lor pai*n* que*r*ant,
Vont en terre qa*n*t pueent les racines manjant ;
Li riche qui estoient vont le blé demanda*n*t ;
N'em pueent poi*n*t trover, duel en demai*n*nent gra*n*t,
1515 Donc muere*n*t li vieil home *et* ap*r*és li anfant ;
Lors vienent tuit au roi, cil d'Egypte la gra*n*t.

214

"**F**araon, rois puissanz, *vos*t*re* gent secorez !
Sire, tuit i morro*n*s, se pitié n'en avez ;
Semees sont noz terres, ne revient pas li blez,
1520 Nostre aumaille se muert, h*er*be ne croi[s]t em p*r*ez,
Sire, de faim moro*n*s, tuit en somes anflez."

215

Li rois, qant vit la gent, m*o*lt tendrem*en*t plora ;
Il les vit toz anflez, m*o*lt s'en adolousa.
Sachiez n'i ot orgueil ne pas ne lor mostra,
1525 Ainz lor dist em plorant, mie ne lor cela :   Fo 27a

"Signor, Joseph me plaist, sire est, sires sera.
Chaez li tuit as piez! De *vos* merci a*vra*.
Crïez li tuit merci! *Et* pitiez l'em p*ra*ndra.
Tuit li crïez merci! De som blé *vos* donra."

216

1530   **T**uit demandent Joseph *et* vo*n*t en sa maison :
"Aiés de nos merci *que* nos ne perisom!
Se n'en avez merci, *certes* tuit i morro*n*!
Preste nos de tom blé! M*o*lt b*ien* le te rendrom."
Adont plora Joseph si lor dist sa raison :
1535   "Volent*iers*, bone gent, *nos* vos em p*re*sterom."

217

Il fait batre les blez par toute la contree,
Ses fait vaner m*o*lt b*ien*, la paille en est volee.
Joseph a a chascun sa mesure livree
Dont il porra par an gove*r*ner sa maisnee ;
1540   Chascuns prant sa mesure si com li fu livree.
La paille de cel blet fu en l'yaue getee ;
L'yaue fu forz *et* roide, si fu tost avalee.

218

Par trestoutes les *ter*res fu la famine g*ra*nz ;
Muerent vieil *et* petit *et* joene *et* ferra*n*z ;
1545   Granz i fu la famine, ele dura .vij. anz.
M*o*lt prés fu afamez Jacob o ses anfanz ;
.Xi. en avoit li sires, m*o*lt prex *et* m*o*lt vailla*n*z ;
Qant il ne sot dont paistre m*o*lt en devi*n*t dolanz.

219

Or *et* argent avoit se blet poïst trover,
1550   Mais il n'en troeve(*nt*) tant do*n*t eüst .i. disn*er* ;
Il ne lor pot aid*ier* ne lor a *que* do*nn*er,
Ne set *quel* conseil p*ra*ndre ne *quel* p*art* doie aler ;
Deu apela sovent *quel* dai*n*gnast regarder,
Que la mort li donast *por* dou siecle torner,
1555   Ne veïst ses anfanz ne morir ne anfler.   Fo 27b

220

A un jor li prodom [ens] en l'iau regarda
Si vit paille floter, m*o*lt s'en esmervilla ;
Vint arrier en maison, ses anfanz le co*n*ta :
"Enfant, je vi or paille q'aval l'eve flota ;
1560   *Par* foit, ne sai d'ou vi*n*t, ne ne sai ou ala ;

Veez se ele est loing, querre la covendra.
Or em prenons conseil liquex de vos ira."

221

"Aprestons nostre nef," ce lor a dit Ruban,
"Ce me samble molt bien, prenons or et argent
1565   Es saie ensamble o nos, si najons durement.
La dont la paille vient, la a blé voirement.
Viex que tuit i aillons? -Oïl et sagement.
-Ne savons en quel terre troverons le fromment,
Ne conoisson(t)[s] la terre, le païs, ne la gent."

222

1570   Li anfant dant Jacob ont lor nef aprestee,
Tant ont nagié amont que la mer ont trovee.
Molt par fu bons li venz, tost l'orent trespassee,
Toz jorz contre la paille, tant q'Egite ont trovee.
Dont traient a droit port, s'ont lor nef arrivee ;
1575   Puis s'en sont fors issu si vont par la contree.

223

Molt se par firent lié qant virent la planté ;
Pain troverent a vendre si en ont achaté.
Li .iiij. retornerent, a lor nef sont ven[u] ;
Li autre vont avant, le roi ont demandé.
1580   Ensaingne[nt] lor Joseph. Molt l'ont bel salué :
"Sire, saus soies tu!" Parfont l'ont ancliné.
Joseph les resalue, nes a pas avisez.
"Dom estes vos, anfant? -D'un estrange regné.

224

De Jerusalem somes. Biau sire, a nos entent!
1585   La famine i est granz, si i muerent la gent,   Fo 28a
Ça somes anvoié, or avons et argent,
Si te prions por Deu, qui maint en Oriänt,
Aies de nos pitié, vent nos de ton froment!"
Qant parler les oït respondi bonement :
1590   "Estes vos compaingnon ou vos estes parant?

225

-Nos somes .xi. frere, verité vos dirom,
Les .x. en ceste terre, (et) l'onzime[s] en maison.
-Coment a non voz peres? -Jacob l'apele l'on.
-Vostre peres, vit il? -Sire, nos l'esperom.
1595   -Et icil petiz freres comment a il a non?

-Biau sire, Benjamin. -Est viex? -Mais jones hom!
Et que qeïstes ça? -Blé! -Nos vos en donrom.

226

Ou sont *vostre* autre *frere*? -Biau sire, en la nef.
-Volentiers les *verroie*. -Sire, vos les *verrez*.
1600   -Faites les tost venir, nul n'en i oublïez!
-Sire, a *vostre* congié. -Isnelem*ent* alez!
N'en laissiez nul arriere, seürem*ent* venez!
Aportez bon argent! Bone mesure avrez ;
Qant vos irez de ci, ja ne m'en maldirez."
1605   Dont *commence* a plorer qa*nt* les vit retornez.

227

Josep con*nut* ses *freres*, m*o*lt b*i*en les avisa,
Sovint li de som *pere*, m*o*lt tenrem*ent* plora.
Devant lui voit ses *freres*, m*o*lt b*i*en les esgarda.
Il p*r*ist l'or *et* l'argent *et* le blé lor livra.
1610   Portei l'en ont es neis ; la nuit les correça.
Qu*'il* p*r*ist or *et* argent, en lor sas le muça.
Qant il orent mangié le congié lor dona.

228

"Signor, ce dist Joseph, *vos* en devez aler,
Ne sui mie li rois, ja nel *vos* qu*i*er celer ;
1615   Le roi de ceste terre voil, *que* sachiez, nomer :
Il a non Faraons, form*ent* se fait douter ;
Je sui ses seneschaus, sa terre ai a gard*er*.
Si *vos* voil .i. grant sens ici dire *et* mostrer :
Il n'av*ra* ja m*e*rci d'ome q*ui* voet ambler,
1620   Se il panre le puet, *que* nel face ancroer.

                                                                                                Fo 28b

229

Je nel di pas *por* ce ; *vos* samblez bone gent ;
Diex vos doint bien aler *et* Diex *vos* doi*nt* bon vent
Que vos n'aiés en mer ne peril ne torm*ent*."
Et cil ont p*r*is congié si s'en vo*nt* bonem*ent*,
1625   Mais il ne sevent mie le plait q*ui* les atent!

230

Joseph a p*r*is sergenz, apr*é*s aus anvoia ;
Qanq*u'il* devoient faire trestout lor ansai*n*gna :
"Alez, fait il, as sas, gardez *que* dedans a!
Se riens i pert li rois, il se correcera ;
1630   Larron sunt *et* cil lerres q*ui* ça les anvoia."

Cil ont bien retenu ce qu'il lor *comme*nda ;
As neis en sont venu, *partie* ens en antra.

231

Q*a*nt virent les serg*en*z venir issi armez
Li *fre*re dant Joseph lor sont anco*n*tre alez.
1635   "Signor, q*ue* q*ue*rez vos? -Veoir volons voz neis.
Ne volons q*ue* dou n*ost*re nule rien em portez,
Mal serïons bailli *et* tout deseritez,
Li pors de cest rivage si nos est *com*mandez."
Ce dïent li anfant : "*Et* *vos* dedanz antrez!
1640   S'il i a riens dou *vos*t*re*, *por* Deu si le *pre*nez!"
Li sergent sont tantost dedanz la nef antrez.

232

La trove*re*nt l'avoir q*ui* dedans estoit mis.
Li *fre*re dant Joseph fure*n*t loié *et* p*ri*s,
Puis les ont *com*mandez as homes dou païs,
1645   Au seneschal les mai*nn*ent q*ue*s a em *pri*son mis.
Joseph p*ri*st .ij. serg*en*z ses [a] as neis tremis.

ISSI *COM* JOSEPH P*RI*ST SES / FRERES *ET*
IL LES VOST / PANDRE

233

Joseph de cel païs a les homes ma*n*dez,
Donc fure*n*t si .x. *fre*re deva*n*t lui amenez,
A ses piez li chaïrent, m*er*ci li ont crïé.
1650   Cil q*ui* la sont venu les ont m*o*lt esgardez,
Demandent q*ui* il sunt q*ui* la su*n*t *pre*sentez.
"Larron sont de bien loi*n*z, d'un estra*n*ge regné.
Je les paiai m*o*lt b*ie*n q*a*nt lor vendi le blé ;
Ne d'aus ne me *pri*s garde, m*on* tresor m'o*n*t amblé.
1655   Ap*ré*s aus anvoiai, ses avons retornez.

234

Ges reçui volent*ier*s et do mien lor donnai,
Qanq*ue* il demand*er*ent trestout lor ot*ri*ai,
Donai lor a mangier *et* bien les doct*ri*nai
Q*ue* sagem*en*t alassent, nés Dieu en apelai
1660   Q'a droit port les menast *et* puis m'*en* retornai ;
Puis p*ri*s cest mien serg*en*t, ap*ré*s aus anvoiai,
Icest avoir trove*re*nt q*ue* ci em *pre*sent ai ;
Par foi, sel me loez, trestoz les panderai."

Fo 29a

Qant li anfant l'oïrent si plorent tendrement,
1665 Molt douterent Josep et le sien jugement.
Soéf parla Ruben qui li vint a talent :
"Ce sont no vieil pechié qui nos sont em present,
Que feïsmes jadis et menu et sovent,
De Joseph, que vendistes, sor mon deffendement ;
1670 Par foi, grant mal feïstes, mal nos en est covent !

236

Par foi, mi tres biau frere, ne vos en quier mentir,
Fait avez le pechié, tart est au repentir ;
Nos somes ci aluec, n'em poons departir.
Damerdiex nos consaut ! N'i a fors dou soffrir !"
1675 Cil quida que Joseph ne le peüst oïr.   Fo 29b
Trestuit plorent et crïent, que il quident morir
Qant de cel jugement les virent revenir.

237

"Signor, ce dist Josep, .i. petit m'entendez !
Ainz que vos les jugiez, voil que vos m'escoutez.
1680 Une parole distrent, ne sai s'est veritez ;
Ja soit ce que il soient trestuit larron prové,
Il m'ont ici antr'ax et dit et raconté
Que il sont .xi. frere, n'i est pas li mainz nez.
Issi l'esproverai, voil qu'il soit amenez
1685 Et qant il iert venuz et a moi presentez
S'en ferai mon plaisir. -Ostages em prenez !

238

-Ostages penrai je et si le[s] choisirai.
Coment a cist a non ? -Ruben. -Sel retendrai
Dessi que a .i. terme que je vos nomerai :
1690 .Xl. jorz, Ruban, itant te garderai !
S'au terme ne venez, sachiez gel panderai.
Le meffait qu'il ont fait, trestout lor pardonrai,
Amenez vostre frere : par itant vos croirai.

239

Desliiez les trestoz, ses laissiez consillier !
1695 Tres bien le(s) garderai, n'i avra nul dongier,
N'i avra ja soffraite de boivre et de mengier."
Cil ont dit : "Volentiers ! -Or pansez dou nagier,
A nostre terme mis se poez repairier,
Amenez moi celui que me nonmastes ier ;

1700　　　Gardez que vostre f[re]res n'i ait nul destorbier !

240

　　　-Biau sire seneschaus, le congié demandom.
　　　-Par foi, ce dist Joseph, et nos le vos donnom.
　　　-Gardez que destorbier de voz genz n'en aiom,
　　　Au terme q'avez mis certes tuit revenron
1705　　Et nostre petit frere, se vis est, amenron."
　　　Dont respondi Joseph : "N'i ait nule oquison ;
　　　Parfitement creez, ne vos en mentirom,
　　　Que se ne l'amenez que nos cestui pandrom! "

241

　　　Cil ont levé lor sigle, el repaire s'ont mis,
1710　　A droit port sont venu, que Diex lor fu amis.
　　　Tuit baiserent le pere et ont le blé fors mis.
　　　"Par foi, ce dist Jacob, je n'ai pas toz mes fiz."
　　　Dont responent li frere : "Remeis est el païs.
　　　-Ha ! las, dolanz, por qoi? -Que nos fumes tuit pris,
1715　　S'i remest en ostage. -Sera Ruben ocis?
　　　Qui le deliverra? -Vostre fiz Benjamins.

242

　　　-Coment? Iert Benjamins en la terre menez?
　　　-Autrement iert Ruben ocis, que chier avez!
　　　-A vos il terme mis que vos repairerez?
1720　　-Oïl : .xl. jorz. -Je quit trop demorez ;
　　　Par foi, je en morrai se vos nel me rendez.
　　　Prenez tost Benjamin, a la nef le menez!
　　　Diex vos doint bien aler, par les soies pitez,
　　　Que Ruben soit delivres, qui por vos est remeis!

243

1725　　Voirs Diex omnipotens, qui feïs paradis,
　　　Qant eüs fait Adan, la dedanz le meïs
　　　O sa moillier la bele, que de son cors feïs,
　　　Et par toi fu Noéis dou dèluge gariz,
　　　Tu temtas Abreham, mes peres fu ses fiz,
1730　　Tu li rovas ocirre, qant tu li tremeïs
　　　Ton angle de lassuz, ainz qu'il l'eüst ocis,
　　　Et des mains Esaü fui je par toi partiz,
　　　Je vos depri, biau sire, rendez moi mes amis
　　　Et si aiés merci de Joseph, mon biaus fiz! "

1735 Li .x. fil dant Jacob ne s'i sont demoré
      Antré sont en lor nef s'ont lor voile levé ;
      Tant l'ont *par mer* menee q'a port sont arrivé
      Et sont venu a terre, le *terme* ont bien gardé.
      Tant ont le seneschal *et quis et* demendé
1740 Qu'*il* ont lui *et* Ruben en .i. grenier trové,
      Ou il a païsanz avoit fait livrer blé,
      Si se sunt abaissié, puis li ont ancliné.

245

      Joseph, qa*nt* vit ses *freres*, gra*nt* joie demena
      Et lor freres Ruben Dame*r*deu mercïa.
1745 Joseph vit Benjam*in*, entr'ax le regarda ;
      Si tost com il le vit, toz li sens li mua.
      Bien sout *que* s'ert ses *freres*, qa*nt* la chars li tra*m*bla.
      Entre ses braz le p*r*ist, molt tendreme*nt* plora,
      Assist le delez lui *et* .c. foiz le besa.
1750 Qant l'ot assez baisié, son non li demanda.

246

      "Biau sire, Benjam*in* issi m'apele l'on.
      -Vit donq*ues* n*ost*re peres? -Ne sai s'est *vost*re ou no*n*,
      Mais b*ien* sai *que* le mien laissai je en maison.
      -*V*os ne n*os* connoissiez? -*Comment vos con*noistrion?
1755 Ne somes d'une *terre*, ne d'une natïon.
      -Si somes! -*N*os *comment*? -Tres bien le *vos* diron :
      Cist autre me vendirent *por* povre raançon.

247

      Icist .x. me vendirent, a pou ne fui tuez ;
      Ne fussent marcheant ja n'en fusse eschapez ;
1760 Si ai a non Joseph, fors .i. seul sui puis nez ;
      Li songes *que* sonjai lor est bien averez."
      Qant l'oïrent li *frere* adonc se sont pasmez ;
      Dont quidere*nt* tuit estre pandu *et* afolez,
      Mais Joseph les a toz ensamble relevez.
1765 Plorant lor dist : "Mi frere, ne *vos* des*con*fortez!
      Li pechiez *que* feïstes *vos* soit toz *p*ardonez!

248

      Pardonez moi, mi frere, ice *que vos* ai fait,
      Qa*nt* je *vos* fis loier, certes molt fis gra*nt* lait
      Et mis l'or en voz sas, venir *vos* fis a plait.
1770 Pardonez le moi, frere, *que* nul corroz n'i ait!

Je voil avoir mo*n* *pere*, ce sachiez, antresait!
Amplissiez b*ien* vo nef, je voil *que* tost soit fet!

249

Or *vos* aparilliez, metez *vos* el repaire ;
Bien serez conraé com anfant debo*nn*aire ;
1775   Amplissiez b*ien* vo nef *et* m'amenez mo*n* paire,
Dites *que* je sui vis, vai*n*gne a moi sanz retraire ;
La femine iert .vij. anz, si fera g*ra*nt contraire.
-Sire, *vost*re message devo*n*mes *nos* b*ien* faire ;
Si tost com *nos* porro*n*s *nos* metro*n*s au repaire.

250

1780   **S**ire, a *vost*re congié *nos* *nos* apresterom,
Nos *vos* avo*n*s meffait *et* *mer*ci *vos* cri*o*m.
-Issai vost Diex *que* fust, *nos* le *vos* pardo*nn*om.
-Sire, puis q'estes vis, no *pere* le dirom ;
Il a grant duel au cuer, *nos* l'esleecerom,
1785   Qant *nos* de *vost*re vie noveles li diron.
Et ne demorra gaires *que* a *vos* l'amenrom.
-O *vos* menez Ruben, Benjami*n* retenrom."

251

De bons pailes d'Aufrique ses *freres* con*r*ca,
Et les neis a amplïes, gra*n*t avoir lor dona ;
1790   En lor nef les a mis, a Deu les *com*manda.
Qa*n*t vi*n*t au de*p*artir m*o*lt tendreme*n*t plora,
Tant a sis sor la rive com il les avisa ;
Qant plus nes pot veoir, ar*riere* retorna,
Son *frere* Benjami*n* *par* la main en mena ;
1795   Robe[s] li fist taillier de bon paile qu*'i*l a ;   Fo 31b
M*o*lt bien ap*ar*illié, annel d'or li do*nn*a.

252

Cil qui sunt en la nef ne tard*er*ent noie*n*t,
Lor voiles ont levez si ont coru au ve*n*t.
Bien sont vestu de pailes, m*o*lt ont or *et* arge*n*t ;
1800   Que qu'il aient trové, il n'en sont pas dolant,
M*o*lt sont lié de lor *frere*, m*o*lt sigle*n*t lïeme*n*t ;
M*o*lt en *mer*cïent Deu trestuit *com*muneme*n*t.
Des pai*nn*es, des travas q'ont eü em *pre*sent.
Venu sont a droit port, m*o*lt on eü bo*n* ve*n*t.

1805 Ne sont pas issu fors com povre prisonier,
Ançois en sont issu com riche soldoier.
Bien sont aparillié et ont assez deniers.
Li pere estoit pesanz, n'estoit mie legiers ;
Ne demora c'um pou, vint li .i. messagiers,
1810 Soavet li conseille en l'oreille d'arriers :
"Sire, vos ne savez, vo fil sont chevalier ;
Biau sire, ne vos ment. -Fui de ci, pautonniers !
Et tu comment le sez ? Ce n'est pas lor mestiers.

254

-Par la foi que vos doi, ne ment, au mien espoir,
1815 Vos m'en poez bien croire, je vos ai dit tot voir ;
Venez en avoec moi si les porrez veoir :
Tuit sunt vestu de pailes riches a grant pooir,
Et a toz cex q'en voelent departent lor avoir :
Tant ont or et argent riche sont tuit vostre oir !
1820 -Di va, ne m'en mentir ! Ne seroit pas sa voir !
-Levez, venez veoir ! -Je ne me puis movoir."

255

N'ot pas li vallez finee sa raison
Qant antrerent si fil tuit dedanz la maison,
Molt bel le saluerent si firent que baron.
1825 "Nos somes repairié, molt grant avoir avom.   Fo 32a
Pere, de voz .ij. fiz noveles aportom :
En Egypte la large -nos nel te celerom-
Ilueques les laissames et nos por toi venom :
Li uns est Benjamins, l'autre Josep a non."

256

1830 Qant oit nomer Josep, Jacob si s'est levez ;
Il avoit les chevex menuz recercelez
Si estoit ses chapiaus d'une part avalez.
Li prodom ert molt viex, ses fiz a regardez ;
Il les vit toz de paile[s] vestuz et conraez :
1835 "Dites va ! Quel gent estes qui de Joseph parlez ?
Il fu morz .xxx. anz a, et por qoi me gabez ?
Certes grant pechié faites quel me ramentevez.

257

-Biaus peres, Josep vit, nos ne te gabons pas !
Bien le saches por voir, nel tenez mie a gas !
1840 -Ha ! Diex, se gel verrai. -Oïl, tu le verras !

-Puis voldroie morir. -Biaus peres, n'i morras !
-Est il o *vos* venuz ? -Nenil, a lui iras !
Nos te ferons .i. lit en la nef si gerras,
Si irons en Egypte, iluec le troveras.
1845 -Aidiez moi, mi anfant, sostenez moi mes braz.

258

Alons n*os* en enfant, n'i qu*i*er plus demorer ;
Faites faire m[on](t) lit *et* la nef ap*r*ester ! "
Donc sailli suz Jacob, *qui* ne pooit aler ;
Dou solier ou il fu se p*r*ist a avaler.
1850 Il estoit si tres viex q*ue* il soloit croler
.I. pou *et* si soloit a gra*n*t pai*n*ne parler.
Dont c*r*ie a haute voiz : "Mi, fil, or dou haster ! "

259

D*on*t li a dit ses fiz Ruben m*o*lt boneme*n*t :
"Alez, biau sire peres, plus ate*m*p*r*eeme*n*t !
1855 -*Qu*i ies tu qui paroles ? -Sire, je sui Rubant.   Fo 32b
-De mon fil me di voir, ne me m*en*tir noie*n*t !
-Pere, il est en Egypte, sires de cele ge*n*t.
Li rois ne s'entremet de riens outreeme*n*t,
Joseph en est toz sires *et* depart le forme*n*t."
1860 Donc antrent en la nef *et* sigler*en*t au ve*n*t.

259a

Qant vi*n*drent en la nef aval l'eve siglant,
Jacob ovri les iex, la teste va crolant :
"Q*an*t vendrons a la nef ? Dites moi, mi anfa*n*t !
-Biaus peres, *vos* i estes, dient cil en riant.
1865 -*Et* qant ve*r*rai mon fil q*ue* j'ai desirré tant ?
-*P*a*r* foit, hastiveme*n*t n*os* l'alons aprocha*n*t,
Bien i venrons demai*n* a l'aube ap*ar*issa*n*t.
Or vos gisez, biaus p*er*es, si irez tout dormant ! "

260

"Ha ! las, ce dit Jacob, ne sai se tant vivrai.
1870 -Oïl, ce dit Ruben, bo*n*s pleges en serai.
-Biaus fiz, comm*en*t iert ce ? -Je le *vos* mosterrai.
-Je quit *vos* me gabez ! -Onqu*es* nel me pansai,
Ne faites a gaber ; certes je l'i laissai
Et Benjami*n* o lui, qant d'Egypte tornai,
1875 *Et* saluz *vos* manda *et* je *vos* saluai.
Ne l'entendistes *vos* ? -Par foi, je ne le sai ! "

L'ondemain au matin, qant l'aube fu crevee,
Q'ele fu espandue par tote la contree,
A droit port est la neis maintenant arrivee ;
1880 Donc ont li fil Jacob bien lor nef aancree ;
Lors s'en issi Jacob a toute sa maisnee.
Este vos la novele et la granz renomee
Que venuz est Jacob en icele contree.
Adonc i va Joseph o sa grant aünee.
1885 Qant Joseph vit som pere, tel joie a demenee
Ne vos em porroit estre la moitiez acontee.
Qant s'ont antrebaisié, bien une grant lüee
Dou pere et de l'enfant a duré l'assamblee.

Fo 33a

Joseph qant vit som pere si plora tenrement.
1890 Li peres qant le vit nel connut tant ne qant.
"Ou est mes fiz Joseph? Dites le moi Rubant !
-Cil qui vos baisa, peres, orainz tant longuement."
Adont plora Joseph et d'Egypte la gent.
Qui dou fil et dou pere veïst l'ambracement,
1895 L'un l'autre regreter issi tres doucement,
Et eüst geüné .ij. jorz entierement,
Sachiez, ne li preïst ja de mangier talent !

"Par foi, fiz, je quidoie que fussiez estranglez,
D'aucun ors ou de beste sauvage devorez.
1900 Dolanz fui si chaï en granz enfermetez
Et Diex en soit loez qant ci estes trovez.
Et por qoi me guerpistes? -Nel fis, par veritez !
-Cui fu li vestemenz qui me fu aportez?
Je ne sai de quel sanc fu toz ensanglantez !
1905 -Peres, ne fu pas miens, que savoir le poez.

-[J]e quit que a Sican, Joseph, vos anvoiai,
Que qeïssiez voz freres issi vos commendai.
-Issi le fis, biaus peres, le mengier lor portai.
Par ma foi, si me pristrent. -Por qoi? -Jel vos dirai :
1910 Ne vos sovient, biaus peres, dou songe que sonjai?
-Fustes pris por le songe? -A grant painne eschapai !
Marcheant m'achaterent et o aus m'en alai.

Li rois de ceste terre qant me vit bel anfant,
Deniers dona por moi et or au marcheant,

1915   *Et* fui mis el pertrin, ou travail souffri gra*n*t.
Li rois, par sa m*e*rci, puis me fist si puissant :
Signor me fist d'Egypte, tuit firent mo*n* co*m*ma*n*t.
Ma dame m'acusa, bien en fu co*n*noissant ;
En chartre [me fist] mettre tost *et* isnelem*en*t ;
1920   Je n'oi qui me plevist, fors Deu omnipotent.
Il m'a b*ie*n delivré come le sien serge*n*t.
Or sui ci devant toi si ferai to*n* co*m*ma*n*t.

266

Or escoute, biaus peres, ice *que* te dirai :
A mon sign*or* irons, a lui te mosterrai.
1925   -Joseph, ce voil je bien, si le merci[e]rai
De l'onor qu'il t'a faite *et* as piez li charrai.
Tuit li serez sergent *et* je ses sers serai.
Qant *vos* ve*r*rai ensemble, si *vos* acorderai
Devant le roi d'Egypte trestoz *vos* baiserai
1930   O ma beneïçon *et* puis si me morrai."

267

Mo*l*t estoit viex Jacob de grant antiq*ui*té ;
Son chapel en son chief s'en est au roi alé,
Antor lui l'ont si fil trestout anvironé
Et qant vi*n*drent au roi si li ont ancliné.
1935   Li rois Pharaons s'est de son siege levé,
Dant Jacob a baisié *et* mo*l*t l'a hono*r*é.

268

Li rois manda ses homes d'Egypte la co*nt*ree,
Manda les p*ar* sa chartre, *qui* mo*l*t fu redoutee.
Dont fist une grant feste *qui* mo*l*t fu renommee.
1940   Qant Jacob en la sale vit la ge*n*t aünee,
P*r*ia *que* sa parole fust de toz escoutee.
Adont de par le roi fu la pais co*m*me*n*dee.
Jacob se leva suz, dist p*ar*ole menbree :

269

"Sire rois Pharaon, entendez ma raison.
1945   *Que* Diex, qui nos governe, nos doint beneïçon !
Signor, bien le veez *que* je sui mo*l*t viex hom.
Vos ne nos co*n*noissiez, nos ne *vos* co*n*noissom :
Nez sui dou val d'Ebron, d'une autre regïon,
La gisent *nost*re ancestre, se Deu plait, la gerrom.
1950   Adans i gist, sanz faille, *qui* fu li p*r*emiers hom
Et dame Eve, sa fame, si com lisant trovom.

La genz *qui* de lui vi*n*t Diex pas ne les ama :
Ne fire[*n*]t ses *com*manz, dure*m*ent s'en venja ;
Signor, *et* dou deluige Noél en ressauva,
1955 De lui *et* de ses oirs cest siecle restora ;
De lui vint Abrehans, *que* Diex ta*n*t *p*ar ama
Que de som *p*remi*er* fil li sires le tenta :
Il li rova ocirre, *p*ar pou ne le tua,
Si ot non Ysaac, mais Diex si l'espargna ;
1960 Je sui ses fiz, *p*ar foi, *q*ui deva*n*t *v*os esta !

Sign*or*, je sui m*o*lt viex, ne le *v*os *q*ui*er* celer,
Je fui fiz Ysaac, si com m'oez conter.
Qant dou siecle mortel dut li *p*rodom torn*er*,
J'oi sa beneïçon, bien la me pot do*n*ner.
1965 Mes freres Esaü me vost deseriter,
Chaça moi dou païs *que* je ne pou rantrer ;
Je la roi, Deu m*er*ci, ancor l'ai a gard*er*.
Cist sont mi .xij. fil, *que* ci veez ester ;
Bien a .xxx. anz ou plus, *que* je n'i poi rantrer
1970 *Que* je *p*erdi Joseph, *que* je tant pou amer.

Deu m*er*ci, trové l'ai en ceste regïon.
Cui Diex *p*rist en sa part il n'a confundiso*n* !
Devant icel sign*or*, *q*ue Deu apele l'on,
Signor, do*n*ner lor voil ma gra*n*t beneïcon.
1975 Trestuit i partirez *et* *n*os b*ien* l'otroiom ! "
Et respondi li rois : "Joseph est sages hom,
Bien sai qu'il m'a gari *et* toute ma meson,
Toute ma gent d'Egite de grant chaitivison.
Lui achatai a serf, mais or le franchirom :
1980 Tant prai*n*gne de ma terre en sa possessïon,
Menant soient si *f*rere *et* il soit riches hom ! "

Signor, *q*ui adonc fust a icele assamblee
Et fust dedanz la sale, *q*ui tant est *g*ranz *et* lee,
De pailes *p*ortendue *et* toute ancortinee,
1985 Diroit *que* tex leece ne fu mais demenee.
Donc a Jacob, li viex, sa destre mai*n* levee-
La barbe ot longue *et* blanche, menu recercelee-
Sa grant beneïçon lor a a toz donee.
Ena*p*rés .xv. jorz ont grant joie menee.

Fo 34b

1990 Toz antiers .xv. jorz cele feste dura.
Il ont le congié pris et li rois lor donna ;
Joseph saisi la terre, li rois li otroia,
Il i mena ses freres et si lor commenda.
La fist faire maison, som pere i herberja
1995 Et ne demora gaires que a sa fin ala.
Joseph l'en fist porter, en Ebron l'enterra ;
La li fist sepouture et puis s'en retorna.

275

Joseph est en Egypte o ses freres remeis ;
Bien a gardé le regne, li .vij. an sont passé ;
2000 Si frere sont iluec et i sont ostelez
Et ont prises lor fames, si croist li parantez ;
Bien i mestrent mil anz que tuit furent passez.
Joseph, cil sages hom, est a sa fin alez,
De lui vindrent anfant et sont moltepliez,
2005 Que li regnés d'Egite en fu toz ancombrez.   Fo 35a

276

Sages hom fu Joseph, sage furent si fil.
Joseph fu iluec morz et ou val d'Ebron mis.
Molt a les pans d'Egypte ses linages porpris
Et cil de la terre ont ensamble .i. conseil pris.

277

2010 Signor, or entendez, si oez ma raison !
Je ne vos di pas fable ne ne vos di chançon :
Clers sui, povres de sen si sui .i. jones hom,
Nez sui de Valencienes, Hermant m'apele l'on ;
Ne sai se vos savez que en lisant trovom :
2015 Diex ne garde a persone se ele est granz ou non ;
L'en a sovent grant aise em petite maison !
De petite fontainne toz se saole l'on !
Tout ce di je por moi : je sui .i. petiz hom,
Chanoinnes sui et prestres, faiz par election.

278

2020 Signor, ice sachiez, j'ai bon ansaingnement
Et si ai d'autre part tres bon adrecement,
L'exemplaires m'est bon, toz jorz l'ai em present :
C'est la dame dou mont, celi ai voirement,
Qui porta le signor qui siet en Orïent
2025 Et cex a ambraciez qui sont en Occident.

De sa mere et de lui ai le commendement.
Or oez, biau signor, de cele averse gent,
Com il la gent Joseph ont enhaï forment :
Toz les ont faiz tuer, tuit sont mis a torment.

279

2030   Trestuit vindrent au roi, a ses piez s'ont getez ;
Li rois fu fiers et fel, suz les a relevez,
Forment est irascuz, durement aïrez :
"Est ce besoinz, signor ? Dites, nel me celez !
-Oïl molt granz, biau sire, vostre regne perdez :
2035   Li linages Joseph est issi sormontez,
Sers fu a vostre ancestre, por deniers achatez,
Jusq'a .i. pou de terme serez deseritez.
Plus sont ja de .vij.m. que jone que barbez.
-Alez vos en arriere, car tuit seront tuez !

280

2040   Sachiez je menderai trestoz mes chevaliers,
Mes vavassors trestoz et toz mes soldoiers,
Mes barons de ma terre, par tout ira mes briés ;
N'i remenra li jones non meïsmes li viez.
Mais je lo c'on n'ocie nesune des moilliers.
2045   La terre iert delivre, n'en i remenra piez.
Et vos soiés tuit prest ! -Sire, molt volentiers."

281

Ce firent li message qui lor fu commandé.
Il ne demora gaires, tuit furent assamblé.
Ne vos ferai lonc conte : tuit i furent tué,
2050   Iluecques ot maint home, maint anfant decolé,
Voir, nus n'en set le compe, Diex set la verité.
Entre .ij. chevaliers ont .i. anfant trové
Qui molt par estoit biaus, n'ert pas de grant aé,
Il ne l'ont pas ocis, en l'eve l'ont geté,
2055   En .i. augel l'ont mis, de dras envolepé.

ENSINT COM MOŸSES / FU GETEZ EN L'EVE

282

L'augel est molt petiz, par la mer va flotant
Et a val et a mont le va l'iaue boutant.
Lez la sale .i. riche home la s'ala arrivant,
Li sires l'a trové, joie en demainne grant,

Fo 35b

2060 Si bien le fist norrir com s'il fust son anfant.
De la soie biauté se vont tuit mervillant,
Trestuit cil qui estoient en Egypte la grant.
Ice fu Moÿses, que Diex par ama tant.

283

Les dames qui remestrent de cele ocisïon,
2065 Eles pristrent signors de cele regïon,   Fo 36a
S'en vindrent tant milier que conter nes poom.
Ensamble s'assamblerent si firent grant raison :
.I. d'aus se leva sus, parla com sages hom :
"Signor, je sai molt [bien] q'a cort terme morrom,
2070 En la terre ou nos somes nul droit nos n'i avom.
Soit entre nos .i. maistres a cui nos nos tenrom ! "
Tuit dïent : "Ce est droiz et nos bien l'otroiom."
Moÿses ont levé par grant electïon.

284

"Josés, li nostre ancestres, nez fu d'autre regné,
2075 La terre qu'il ot ci n'ert pas de s'erité
Et cil qui de lui vindrent l'ont molt chier comparé :
Li petit et li grant tuit i furent tué.
Nos somes de lor filles, ce est la veritez,
Nos n'i avons nul droit, ce est la veritez.
2080 Molt par est faus li hom, ce est la veritez,
Qui autre deserete et li tolt s'erité,
Jel sai par noz ancestres, qui l'ont chier comparé !

285

Biau sire Moÿses, se vos plaist entendez !
Vos estes nostre maistres, ansaingnier nos devez.
2085 Vos fustes en Ebron et la terre savez,
Gel sai bien par les morz que portez i avez.
Au roi prenez congié, trestoz nos en menez !
Certes, se ce ne faites, tuit i serons tuez.
Se or a bon talent, demain li iert muez ! "

286

2090 Lors respont Moÿses : "Volentiers le ferai.
La dessuz en cel mont premierement irai
Au gloriex dou ciel et si l'apelerai,
De cest conseil a lui bien me consillerai,
Il me donra conseil et je le retenrai
2095 Et revenrai a vos, trestout le vos dirai.   Fo 36b
Se Deu plaist et il voet, bien vos deliverrai."

223

Qant ce ot dit Moÿses trestuit s'en sont tornez,
En la piece de terre s'en est toz sex remeis.
Il estoit sages hom, molt s'est bien porpansez.
2100 Cist hom estoit cornuz, signor, vos nel savez.
Tornees sont les cornes, com vos veü avez
Les coifes c'ont es chiés li evesque sacrez :
Por ce que il n'ont cornes -ce lor est destinez-
Si ont coifes cornües, sachiez par veritez.

2105 Qant ce fu porpansez dessus .i. mont monta,
A orisons se mist, Damerdeu apela
Et Diex li aparu, gaires ne demora.
Qant le vit Moÿses docement l'aora :
"Parole a moi, biau sire, et .i. tiens sers l'orra !"
2110 Dont parla nostre sires, maintenant dit li a :
"Bien sai que en Egypte ma genz ne demorra,
Faraons, rois d'Egite, contraire te fera,
Nes em porras mener, molt me correcera,
Assez li feras signes, ja por ce no laira,
2115 Saches q'en la mer Rouge la mort en recevra !

Pran Aaron o toi, garde ne demorer,
Et ceste verge ausi que je te voil doner !
Di li de moie part que laist ma gent ester,
Sanz destorber les last outre la mer passer,
2120 Et se ce ne voet faire, fai ma gent assambler
Ses mainne toz ensamble jusq'a la Roge mer !
La feront sacrefice si com m'orras conter :

De chascune maison qui avoir le porront,
.I. jone aingnel tout blanc avuec aus porteront :
2125 Tres dessuz lor autex que il iluec feront,   Fo 37a
Trestuit communement les sacrefïeront.
Qant iert sacrefiiez en rost si le cuiront
Et qant il iert rostiz trestuit suz se çaindront,
N'ierent pas deschaucié, mais tuit se chauceront-
2130 Enten bien Moÿses - et puis le mangeront,
A cex qui nul n'en ont, a trestoz en donront,
Se il riens en remaint, dedans le feu l'ardront.
Adont passeront mer, le roi ne douteront !

Donc prandras ceste *verge* q*ue* t'ai ci aportee,
2135 Droit a la mer iras q*ui* est *et* longue *et* lee,
Ferras i de la *verge* q*ue* je t'ai ci do*n*nee :
Ele departira, la voie iert gra*n*z *et* lee.
Par mi la Rouge m*er* conduiras ta maisnee,
Et li rois te sivra o sa grant aünee,
2140 En la mer iert la voie trestote delivree,
Mais ice saches tu : la toie iert ai*n*z passee,
De la *verge* i ferras, tost sera rassamblee.
De la gent Faraon n'iert ja poi*n*t eschapee ! "

Mo*ÿ*ses descendi, sa *verge* en aporta,
2145 Prist o lui Aaron *et* au roi s'en ala.
Q*ue* sa gent li laissast de Deu li *com*me*n*da.
Cil ne le vost laissier, forme*n*t s'en correça.
Mo*ÿ*ses n'en fu gaires, mais beleme*n*t s'en va.
L'ai*n*gnel sacrefìere*n*t si com Diex *com*me*n*da.
2150 Tuit sont ancoragié, a la mer les mena,
Fiert la mer de la *verge*, *et* ele devisa,
Il mist sa gent dedanz *et* outre les passa.

Li rois Faraons a toz ses homes mandez,
Aprés cex s'en ala qant les ot assamblez ;
2155 Ne redouta la mer, aprés en est passez,   Fo 37b
Et Mo*ÿ*ses, li sages, qant fu outre passez,
Fiert la mer de la *verge*, ne s'est pas oublïez,
Et la mers se rassamble *et* cil i sont remeis
Anclos de toutes pars, n'en est nus eschapez ;
2160 La remest Faraons, n'en est *nus* retornez.

D'iluec dans Mo*ÿ*ses en .i. desers torna,
Cele genz des Gïus ensamble o lui mena.
Mo*l*t i furent lonc tens *et* m*ol*t s'i travilla :
.Xl. anz i remestrent q*ue* l'en blé n'i sema.
2165 La lor plut Diex sa ma*n*ne, a mang*ier* lor do*n*na ;
Et Mo*ÿ*ses la roche de la *verge* toucha,
Granz eves en issirent, a boivre lor do*n*na.

Li Gïu s'en torn*er*ent a grant seducïon,
Mo*ÿ*ses q*ue* qerez ? N*os* loi voloir avo*n*s !

2170 *Et* respont Moÿses : "A Deu la demandrom.
Jeüner *nos* covient *et nos* jeünerom.
-*Et* dites a qanz jorz. -.Xl. en i metrom.
El mont de Synaï iluecq*ues* l'escrivrom.
-Dessi q*ue* revenrez, trestuit jeünerom ! "

296

2175 El mont de Synaÿ Moÿses s'en ala
Et les .xl. jorz iluecq*ues* jeüna.
Molt l'ama *nos*tre sires qa*n*t la loi li do*n*na,
En unes beles tables l'escr*it et* aporta.
Partie de la gent q*ue* el desert laissa,
2180 De ces .xl. jors q*ue* .xx. ne jeüna,
Ainçois distre*n*t antr'ax : "Morz est, ne revenra! "
L'autre p*ar*tie dist : "Il vit *et* si vivra! "

297

Adonq*ues* s'aünere*n*t icele av*er*se ge*n*t :
"Faisons, font sil, .i. deu, trestout d'or *et* d'arge*n*t,
2185 Q*ui* nos garantira trestoz dou gra*n*t torme*n*t ;   Fo 38a
Qant la ma*n*ne faudra, assez avro*n*s forme*n*t."
Donc assemblerent l'or trestuit co*m*muneme*n*t
Si firent .i. veel q'aorere*n*t lor ge*n*t.
Li deables d'anfer s'estoit mis la deda*n*s,
2190 Saillir [fist] cel veel tant loi*n*z com .i. arpa*n*t.

298

Signor, l'une partie n'i vost pas aproch*ier*
Ne onq*ues* Moÿses ne voldre*n*t correc*ier*,
Ai*n*z jeüner*en*t tuit adés p*or* lui aid*ier*.
Il oient la dedanz braire cel av*er*sier,
2195 Il quide*n*t ce soit Diex trestuit cil paute*n*ier.
Moÿses o sa loi se mist el repairier.

299

Signor, a ces cuv*er*s fu la ma*n*ne donee,
.Xl. jorz chaï, plai*n*ne en fu la contre.
Dementres q*ue* le lois fu a Deu dema*n*dee
2200 Molt fu de Moÿses longue la demoree.
P*ar* ceaus la qara*n*tai*n*ne ne fu pas jeünee,
Ai*n*z ont p*ri*se la ma*n*ne q*ue* Diex lor a do*n*nee,
Es fosses dessoz terre l'ont reposte *et* boutee.
Molt croient el veel la ge*n*z maleüree.
2205 Se adonc fu salvage, ancor n'est pas senee.

Qant Moÿses ot fait ice *que* il dut faire,
Congié a p*ri*s a Deu si s'est mis el repaire.
Qant il vi*nt* el desert oï cel veel braire,
Le deable dedans, *qui* m*o*lt est deputaire,
2210 Estut *et* escouta, ne sout *que* poïst faire,
Oit cele ge*nt* c*ri*er, m*o*lt li vi*nt* a contraire,
Arriere vost aler, arr*i*ere se vost traire,
Les tables vost froissier, ne vost *que* la lois paire.

Moÿses fu dolanz, si s'en ala avant
2215 Ancontra cel veel *qui* si aloit tripa*nt*   Fo 38b
Et dedanz le deable *qui* si aloit braiant.
Esgarda cele ge*nt qui* l'aloient sivant
Et entr'aus co*m* chaitif gra*nt* joie demena*nt*.
"P*ar* foi, dist Moÿses, ce n'est pas avena*nt*! "
2220 Mais qant vire*nt* lor maistre si se vont retrairant,
Tuit se traient arr*i*ere *et* tuit se vont muce*nt*.
Ne v*os* ferai lonc conte ne n'irai delaiant :
Trestuit s'en sont foï li petit *et* li gra*nt*
Et li bous de veaus est remeis en esta*nt*.

2225 Donc les a Moïses toz a lui apelez :
"Signor, je sui venuz, noie*nt* ne me doutez !
Por qoi me fuiez v*os* ? Seürem*ent* venez !
Ices .xl. jorz avec les jeünez
Et mes c*om*mandeme*nz* acompliz *et* passez?
2230 *Et* qui fist cel veel *que* v*os* tant ch*i*er avez?
Il est d'or *et* d'argent, m*o*lt par fu b*i*en fundez !
Je quit c'est v*os*tre diex, *por* noient lc celez !
Je alai p*or* la loi *et* m*o*lt m'*en* sui penez,
P*or* noient i alai ; en v*os*tre deu creez !
2235 De la loi n'avez cure, ne v*os* pas ne l'arez.
Qui fist le veel faire? Gardez nel me celez!

Cex voldroie co*n*noistre *qui* o moi geüne*r*ent,
Qui firent mon c*om*mant *et* cex *qu*es degete*r*ent,
Qes mistrent en oubli *et* cex *qu*es oublïe*r*ent,
2240 *Qui* cest or assambla *et* cex *qui* l'or done*r*ent,
Qui de Deu n'orent cure *et* cel veel ame*r*ent."
Trestuit l'ont escondit *et* tuit le degete*r*ent.

"Par foi, dist Moÿses, ja issi no lairai,
Certes jes voil *con*noistre *et* toz les connoistrai.
2245 Certes mar i manjames, tandis com jeünai, Fo 39a
Certes mar i rissistes, tandis com je plorai,
Icel deu mar feïstes, qant a Deu consillai.
Molt *par* fis que non sages qant on*ques* vos aidai,
Qant je *par* mi la mer d'Egite *vos* getai
2250 *Et* des mai*n*s Faraon trestoz *vos* delivrai !
Deu demandai la manne *et* si la *vos* donnai
Et *vos* l'avez reposte, malem*ent*, b*ie*n le sai.
Diex me vange de *vos* ! Des ore *vos* lairai !

Nul de *vos* ne conois, m*o*lt estes male ge*nz*,
2255 Le veel mar feïstes, ne ne vi*n*t em porpa*n*s,
Et por qoi l'aorastes, foles ge*nz* mescreanz ?
Ce veel vi saillir, braire l'oï deda*n*z
Et antor lui si vi m*o*lt granz assambleme*nz* ;
Par foi, je vos i vi tenir voz *par*leme*nz*.
2260 Venez vos envers lui, ja iert li jugeme*nz* !
Mostrez moi tost la fosse ou la ma*n*ne est deda*n*z ! "
Et qant il les ovrire*nt* n'i troeve*nt* *que* serpa*n*z.
Qant cel miracle virent m*o*lt *par* furent dola*n*z
Et qant orent beü ices a*ver*ses ge*nz*,
2265 Bouches orent dorees *et* defors *et* deda*n*z.

Signor, ice sachiez, la genz *qui* jeüna
Et les *com*mandeme*nz* dant Moÿses garda
Et a cel veel faire de son or ne do*n*na
Ne *qui* icel veel nule foiz n'aora,
2270 *Et* qant de l'eve but sai*n*nement s'en torna,
Moÿses qant les vit forme*nt* les hon*o*ra,
La loi q'ot aportee m*o*lt bel lor ansai*n*gna.

Signor, icil Gïu si fure*nt* m*o*lt felon.
En cel desert fu morz Moÿsel li *pro*dom.
2275 Par lui [ne] vindrent [pas] en terre (de com)promission, Fo 39b
Mais puis les i mena Josué, .i. sai*n*z hom,
Ensamble o lui Calef, cil furent compai*n*gnon.
Cil sires Josué si fu fiz Janion
Et fu faiz pat*ri*aches, tout *par* electïon.

2280 Donc fu nez Samuel, *que* Diex m*o*lt hon*o*ra.
Icil hom fu profetes, Dam*er*dex m*o*lt l'ama.
Si com d*ï*ent li livre *que* Diex pr*o*fetisa.
Icele av*er*se gent cel bon home manda.
"*Que* volez *vos*, sign*or*?" m*o*lt bel lor demanda.
2285 -Nos volomes avoir *qui* n*o*s governera.
-Ja l'avez *vos* m*o*lt bon, q*ui* la m*er* *vos* passa,
Q*ui* *vos* pout de sa ma*n*ne, dou desert *vos* geta.

Par foi, dist Samuel, je *vos* dirai ja voir,
Ja ne *vos* me*n*tirai, certes, au mien espoir.
2290 N'estes mie b*ien* sage, pas ne q*ue*rez savoir,
Trop estes orguillex *et* trop avez avoir.
Or estes en gra*n*t pais, ne *vos* estuet movoir,
Et de ceste reqeste seront dola*n*t vos*t*re oir!
-Nel dire, Samuel, n*o*s le volo*n*s avoir,
2295 M*o*lt est n*o*s*t*re genz riche *et* de m*o*lt gra*n*t avoir."

Samuel, li profetes, m*o*lt tenrem*e*nt plora,
Li sires de lassuz a soi l'en apela :
"Ta ge*n*t demande*n*t roi, c*er*tes ele l'avra!
Mais ce saches tu b*ien* : ele le comp*er*ra!
2300 De Saül ferai roi, qui gra*n*z espaules a,
M*o*lt est gra*n*z *et* forniz, esliz a roi sera!
Ce saches tu p*or* voir dessuz aus regnera.
Qant moi a degeté, autre signor av*ra*!"

L'ondema*in* *par* mati*n* Saül fu coro*n*nez.
2305 Plus fu haus des espaule[s] *que* hom q*ui* lors fust nez.
De Saül ont fait roi, oi*n*z est *et* coro*n*nez.
A grant malaventure seront des or tornez.
Or sunt de toutes parz guerroié *et* praez,
Or sunt pr*is* *et* loié *et* or enchaanez,
2310 Dedanz cel pr*em*ier [an] sero*n*t deseritez.
Donc reclam*er*ent Dieu *que* l'em pre*ï*st pitez.

Nostre sires dou ciel Samuel apela :
"Samuel, Samuel! -Di *et* tes sers l'orra!
-Va tost a l'ostel Jesse! -*Et* tes sers, qui qerra?
2315 -Tu q*ue*rras .i. sien fil *et* icil rois sera!

Fo 40a

-Rois Saül ne me dote, ne de moi *cure* n'a.
-Saches a grant dolor dou siecle *partira*!
Ai*nz* *que* il soit ocis, m*olt* gra*nt* dolor avra!
Deable avra el cors *qui* le torme*n*tera,
2320   En m*olt* laide maniere, ce saches, le me*tra*!

                        313

-Sire, dist il, cel home je ne sai ou trover,
Ne de Jesse, biau sire, n'oï je mais *parler*,
Ne sai qui ses fiz est, je ne le sai no*mm*er.
-Bien le t'ansai*n*gnerai *que* n'i porras fauser :
2325   Il est m*olt* biaus *et* genz *et* si a le vis cler,
Icil fil dant Jesse si sont .vij. bacheler,
Et ce est li plus jones dont *vos* m'oez *parler*,
M*olt* *par* est cortois anfes *et* m*olt* se fait am*er*.

                        314

-Sire, se il te plaist, or me nome son non!
2330   -Samuel, volen*tiers*, David l'apele l'on.
Saches tu, biaus amis, m*olt* *par* iert sages hom.
A mon oes l'ai eslit *par* bone entenc*ï*on,
La semance de lui *certes* n*os* maintendrom,
Dessor toz autres rois sormo*n*ter le ferom.
2335   Ses anemis vai*n*tra, poesté li donrom,   Fo 40b
A lui n'a son linage poesté li donrom.
Alez *et* si l'oi*n*gniez! *Et* *nos* le benistrom."

                        315

Or s'en va Samuel *et* le congié a pris,
Si va *querre* Jesse *par* trestout som païs,
2340   Vint droit en sa maison, trové l'a, tant l'a *quis*.
Il l'apele souéf, dist li : "Ça sui tremis,
J'avroie m*olt* a faire, Jesse, d'un *vostre* fiz.
Fai le moi ça venir! Jel voil veoir el vis."
Li .vi. sont amené, n'i vi*nt* pas li petiz.
2345   "Ne sunt pas tuit ici, Jesse, mes biax amis.
-N'en i a mais *que* .i. qui garde mes brebiz.

                        316

-Amis, dist Samuel, n'i sont tuit ti anfant,
Cex ne dema*nt* je pas, mais l'autre amai*n*ne ava*nt*!
-N'en i a q'un petit, mes b*r*ebiz garde ou champ.
2350   -Fai le venir, amis, deva*nt* moi em *pr*esant!
-Volantiers, dist Jesse, tout a *vostre* co*mm*ant."
Ne demora q'um pou, ez *vos* venu l'enfant.
Tres devant Samuel est l'anfes en estant,

Li sainz hom le vit rouge *et* ot le vis riant.
2355 Oinz est *et* beneoiz, si s'en torne a itant.

317

Signor, icil David, dont *vos* m'oez p*ar*ler,
Puis qu'il fu beneoiz va ses b*r*ebiz gard*er*.
Iluec fist il la harpe, la rote p*or* roter,
Sachiez q*ue* chascun jor, qa*n*t il voloit harper,
2360 Les b*r*ebiz s'oublioient p*or* lui a escouter,
Et la jant s'i soloient dou païs assambler!
Saül ere ancor rois, mais ne pooit rai*n*ner :
Dcable avoit el cors q*ui* no lait reposer.

318

D*i*ent cil dou païs : "Q*uel* conseil em pra*n*drom?
2365 Icist rois est dervez *et* m*o*lt est malvais hom.
Q*ui* n*os* donra conseil *comment* le destruirom?
-P*ar* foi, dist li uns d'aus, *et* n*os* le *vos* dirom :
Nos manderom David, a la cort l'amenrom.
Il set m*o*lt b*ie*n harper *et* harper le ferom.
2370 Il entendra a lui, issi l'endormirom! "

319

Devant lc roi Saül fu David amenez,
Ses esturm*en*z avoit avoc lui aportez.
Adont rote *et* viele *et* a ses chanz levez,
Saül est andormiz, q*ui* m*o*lt estoit lassez.
2375 Ez les Filistï*en*s, q*ui* m*o*lt sont redoutez,
Et entrent el palais, par pou n'est toz gastez.

320

Enz antra Goulias, hom de pute na*tu*re,
M*o*lt ere cil deables de tres gra*n*t estature,
Antre .ij. iex plai*n* pié, laide estoit sa figure,
2380 M*o*lt estoit de grant cors, gra*n*t ot l'anforcheüre.
Il fu fiz de deable, ai*n*c ne fu tex figure.
Dou mang*ier* qu'il manjoit n'estoit nule mesure :
Bien manjoit .vi. mouto*n*s, si com dist l'es*cri*ture.
Saül demande fort *et* l'ocirra, ce jure.

321

2385 Ce respondi Saül : "P*ar* foi, je me morrai,
Contre celui deable ja ne me combatrai ;
Q*ui* vai*n*tre le porra mo*n* regne li donrai."
Devant toute la ge*n*t dist David : "G'i irai!

Fo 41a

231

Je croi si bien en Deu, bien la *commencerai*
2390 La bataille q'ai *prise et bien* la finerai.
Ice sachiez de voir q*ue* nule poor n'ai.
Par la v*er*tu de Deu sai *bien* que l'ocirrai."

322

Dont li fist rois Saül ses armes aporter,
De haub*erc et* de hiaume le fist *m*o*l*t b*ien* arm*er*.
2395 Qant ot l'espee çainte ne se pot remuer,   Fo 41b
Ne avant ne arr*iere* ne pout d'enq*ui* aler,
Donc jete jus ses armes *et* si les fait oster,
Prist sa fonde en sa ma*in* dont il soloit joer.
"Signor, fait il, ces armes ne porroie porter,
2400 De la fonde *que* j'ai l'irai acraventer.
Alons nos en, sig*n*or! N'avo*n*s *que* demorer."

323

Or en mai*n*nent David, cel beneoit anfant.
David p*ar*la en haut, si lor a dit sens gra*n*t :
"Q*ui* a droit se combat p*or* qoi va il doutant?
2405 S'il a tort se combat il ne li vaut noie*n*t.
Mostrez nos Goulias! Il *n*os va menace*n*t.
Et Diex se tai*n*gne au droit, moi ait, a son anfa*n*t!
Par force q*ue* ja aie ne vois anvaïssant,
Bien sai q*ue* le vai*n*trai, Dieu en trai a gara*n*t."
2410 Este *vos* Goulias, qui est venuz atant.

324

Donc parla cil deables si com porrez oïr :
"Dites se c'est Saül, *que* je voi la venir!
-Nenil, ce dist David, ja ne t'en q*ui*er mentir.
-Di va, petite chose! P*or* qoi voez tu morir?
2415 *Et* se ne voes combatre, je t'en lairai foïr."
Ce li respont David : "Tu diras tom plaisir,
Bien savras q*ui* je sui semp*re*s au departir!"
Mist la pierre en la fonde sel fiert de tel aïr
Enz el front q*ue* les iex li fait andex saillir.
2420 Dou tirant p*ri*st la teste, si s'em p*ra*nt a venir
Et li Filistïen *com*mance*n*t a foïr.

325

La bataille est vai*n*cue *et* David est remeis.
Signor, ice sachiez, *que* il fu *m*o*l*t amez,
De riches *et* de povres *m*o*l*t *par* fu redoutez.
2425 Qant Saül l'oï dire, si fu *m*o*l*t forsenez,   Fo 42a
Vit la teste au deable, les iex dou chiez tornez,

232

Molt en fist grant leece qant ensi est tuez,
Mais qant oit *que* David estoit si renomez,
De la gent dou païs serviz *et* hon*or*ez,
2430 Co*mm*anda a ses genz qu'*il* fust p*r*is *et* tuez.

326

Qant oit David, cil anfes, *que* il seroit ocis,
N'i osa demorer, fuï s'en dou païs.
Li home de la terre li anvoient lor fiz,
Il se va herberjant antor *par* ses amis.
2435 Saül le va q*ue*rant, *qui* ert ses anemis,
Savoit bien, s'il vivoit, qu'*il* seroit rois esliz,
Chaciez seroit ses oirs fors do regne chaitis.
Donc offri grant avoir *por* ce qu'*il* fust ocis.

327

Plusors foiz le chaça Saül *et* *par* lonc te*n*s,
2440 Por panre *et* *por* tuer, n'avoit autre *por*pe*n*s.
Mortex g*ue*rre li crut donc des Filistïens,
Donc manda ses amis *et* trestoz ses para*n*z,
Manda le roi David, *qui* lors estoit poanz,
Ja estoit rois clamez sel cremoie*n*t les genz.

328

2445 Mais aı*n*çois *que* David i poïst parvenir,
Fu rois Saül vai*n*cuz, sa g*en*z p*r*ist a foïr.
David ancontre lui vit .i. home venir :
"Di moi de tes noveles, garde ne me me*n*tir !
-Sire, je vi Saül, navré sovin gesir
2450 *Et* jel boutai d'un glaive, le cuer li fis *par*tir."
Dont quida li dola*n*z le roi David servir !
Dolant mar le pansa, mort l'e*n* covi*n*t soffrir.

329

"Di va, fiz a putai*n* ! Co*mm*ent l'osas panser ?
Le cors sai*n*tefiié com osas adeser ?
2455 Faites le moi tantost ansuz de nos mene*r*,
Plus laideme*n*t d'un autre le me faites tuer !
Je voil qu'il soit seü, tuit le sache*n*t nomer :
Qui ses mai*n*s met sor roi, ne ne voet adeser,
Ne *qui* par mal le voet soleme*n*t esgarder,
2460 Neïs s'u*m* pou savoit soleme*n*t som panser,
Je co*m*mant la sente*n*ce de la mort aporter :
De mort soubite muire, se on le puet trove*r* ! "

Fo 42b

233

Signor, morz est Saül *et* David est toz vis.
Trestuit vien*ent* a lui li home dou païs.
2465 Samuel est mandez, *qui* m*o*lt fu ses amis,
Les roiaus dras aporte, oi*n*z fu *et* revestiz,
Le ceptre dou roiaume li ont en la mai*n* mis
Et el siege roial l'ont mai*n*tena*n*t assis.
Dont l'ont tuit salué : "Saus soies, rois David!
2470 P*ar* toi soit b*ie*n tes pueples sostenuz *et* gariz! "

ICI FU DAVID ROIS / *ET* APRÉS SALEMONS

331

Li rois David fu p*r*ex si mena gra*n*t ponee,
Granz j*us*tice mena, la pais en fu cr*ï*ee.
Sachiez *que* sa parole fu form*ent* redoutee!
M*o*lt le dout*ent et* ainme[*n*]t la ge*n*z de la *con*tree.
2475 Dont a li rois David une meson fondee :
Antor est lee *et* grande, m*o*lt est b*ie*n compassee.
La feme au seneschal a form*ent* enamee,
Sachiez q'a son sig*n*or en a la mort livree!

332

Donq*ue*s jut a la dame s'engendra .i. anfant.
2480 Ses seneschaus moru, duel en ot au cuer gra*n*t.
Donc fist une orison si la dist en oiant :
Ce fu la Miserele *que* teno*n*s a vaillant.
Qant son temple ot parfait si se va p*or*pensant :
En l'onor son sig*n*or, *que* il par ai*n*me tant,
2485 En feroit .i. g*r*ignor *et* assez plus vaill*a*nt.   Fo 43a

333

Donc li dist n*ost*re sires : "Tres b*ie*n correcié m'as :
Ton seneschal as mort p*or* sa feme qu'*a*mas.
De moi ne te sovi*n*t, adonc ne me doutas.
Qant tu ies omecides mo*n* temple ne feras.
2490 De toi sucitera uns anfes *que* avr*a*s,
Icil fera mon temple, *que* n'i atoucheras! "
Qa*n*t l'entendi David ne le ti*n*t pas a gas.

334

David fu m*o*lt bons rois *et* longuem*ent* regna,
Ses anemis vai*n*qui, trestoz les redoissa.
2495 .L. soi*n*gnanz ot *que* il form*ent* ama.

De la moillier Urie Salemon engendra.
Cil David, icil rois, de Deu profetiza
Et de som bon linage dont la *vir*ge naistra,
De cui ventre Diex hom en *t*erre devendra.
2500 Donc fu morz rois David ; Salemo*n*s rois regna.

335

Signor, de Salemon devo*n*s des or parler :
Il fu fiz roi David, m*o*lt ert biaus bachel*er*
Et fiz de bele feme, *qui* fu fille Urie [r].
Ce fu cil Urias q*ue* David fist tuer.
2505 Apr*é*s la mort som pere *com*mença a rai*n*ner,
Diex li dona grant sens, *qui* b*i*en li pot do*n*ner.
En sun lit une nuit se p*r*ist a reposer,
Vit un angle dou ciel deva*n*t son lit ester,
Qant il l'ot esvillié *commen*ça a parler :

336

2510 "Salemon, ne dormir, ai*n*z panse dou vill*ier*!
Ça sui venuz a toi, parole au messagier!
Se tu voes Deu servir, *que* doiz avoir m*o*lt ch*ier*,
Voir tant com tu vivras n'en av*ras* ancom*br*ier,
Ja n'avras anemi, ne t'em puisses ven*gier*.
2515 Eslis de ces .iij. choses laqu*e*le av*ras* plus ch*ier* :   Fo 43b
D'avoir, ou d'estre forz, de sens ; or t'i gai*ti*er!
De ces .iij. av*ras* l'un[e], se voes, tout a p*re*mier.

337

Enten tu, messagiers? -Gardes *que* dies voir!
Et Diex si le m'otroit, de lui le puisse avoir.
2520 Di li qel servirai de trestout mo*n* pooir!
-Or enten, Salemon! Je te dirai ja voir :
Tu avras sapïence, lié en seront ti oir,
Toz li mons te *cri*embra, riens ne porras cremoir."

338

Apr*é*s la mort som p*e*re en son liu refu mis,
2525 Sacrez fu Salemo*n*s a la loi dou païs.
M*o*lt ama ses barons *et* m*o*lt lor fu amis.
Apaisa par son sens trestoz ses anemis.
Ce fist q*ue* ne pout faire ses bo*n*s p*e*res David,
Jerusalem ama, *qui* m*o*lt fu bone ciz,
2530 Iluec fonda le temple si com dist li es*cri*z,
Itex ne fu ne n'iert *j*usq'au jor dou juïs.

Le temple domini lors Salemo*n*s funda,
Onq*ue*s tex ne fu faiz ne ja mais ne sera,
M*er*veilles i fist faire, m*er*veilles i ovra.
2535 Nus ne le porroit faire, ce dist *qui* veü l'a,
S'il n'avoit itel sens co*m*me Diex li dona.
Que il fu p*ri*mes rois *et* enap*r*és rai*n*na,
Ses jugem*en*z assist, garder les co*m*men*n*da.
Le p*re*mier *que* il fist *et que* p*ri*mes ama,
2540 Ja le m'orra conter *qui* bi*en* l'escoutera.

Or entendez, signor, le jugem*en*t orrez,
De .ij. femes fu faiz *qui* erent menestrez,
Herbergïes ensamble, petiz fu lor ostez.
Grosses fure*n*t d'anfanz, en une nuit sont nez
2545 *Et* ensamble norri, granz ert lor povertez,
N'avoient nul b*er*çués, mais emp*r*ez lor costez
Mist chascune le sien, [si] fu l'uns morz trovez.

Fo 44a

Nei furent li anfant, povrem*en*t sont norri,
Par pov*er*té de dras lez eles les ont mis,
2550 En dormant en a l'une le sien anfant ocis.
Qant ele s'esvilla si trova mort son fiz,
Do*n*na li a lait*ier* dou lait q'ot a som piz.
Le vif p*ri*st dalez l'autre *et* le mort i a mis.
Coucha soi en son lit, sambla*n*t fait *que* dormis[t].
2555 Qant l'autre s'esvilla si a cel anfant p*ri*s.

Le matin ausim*en*t qant l'aube fu crevee
Si s'est l'autre ensem*en*t mo*l*t povrem*en*t levee,
Le mort anfant a p*ri*s, au feu s'en est alee,
Esgarda le de p*re*s, cele meleüree,
2560 Vit l'anfant froit *et* mort, a t*er*re chiet pasmee ;
Qant vi*n*t de pasmisons a l'uis s'en est alee,
Vit bi*en que* pas n'ert siens, lors brait co*m*me d*er*vee :
"Ha! lasse, *que* ferai? Com par sui esgaree!

Di va, vien tost a moi, mostre moi cel anfant!
2565 Par foi, celui portai, dolurent m'*en* li flanc,
Et cestui portas tu! -Tais toi, no va disant!
Cil est tiens *que* tu as *et* j'ai le mien enfant

Si l'ai tres bien gardé, Deu en trai a garant.
-Par foi, pute, tu menz, ne remenra atant,
2570   Ainz le m'as tu changié, jel sai veraiement!
Certes tu le rendras, ja [n'] en avras commant! "

Andex s'en vont au roi plaindre tot maintenant.
Salemon ont trové el plus haut mandement,
O ses barons estoit et avoec l'autre gent,
2575   Tuit i sont acoru oïr le jugement.   Fo 44b
Et qant vindrent au roi plain de grant escïent,
Cele qui tint le mort parla premierement :

"Bons rois, je sui t'ancele, nee de cest regné.
Enten moi, s'il te plaist, si orras verité :
2580   Nos somes .ij. compaingnes, plainnes de poverté,
Fumes en .i. ostel, molt povre et degasté,
Grosses fumes ensamble, la dedans furent né,
Por la grant poverté jurent lez no costé
No dui anfant lez nos ; ceste a le sien tué,
2585   Cest mort mist delez moi et le mien m'a amblé.

-Par foi, respondi l'autre, tu menz, ainc no pansai,
Cestui que je tien ci voir onques ne l'amblai,
Miens est et en mon ventre je, lasse, le portai,
Ne cist morz n'est pas miens, ne je ne le portai.
2590   Aies tu le tien mort! Et je le vif avrai,
Je connois bien le mien et si le norrirai.
-Haï! rois Salemon, dist l'autre, que ferai?
Je voi ci mon anfant. Comment si ne l'avrai?
Certes siens est li morz. -Non est, pas no tuai! "

2595   Ce dist rois Salemons : "Aportez moi m'espee!
Je voil que soit deffaite, par foi, ceste mellee :
La chars do vif anfant sera par mi copee
Et si voil q'a chascune en soit sa pars donnee."
Celi qui l'anfes fu chiet a terre pasmee.
2600   "Ha! sire rois, mercit! Ainz soie a mort livree
Que la chars de mon fil soit issi decolee!
-Si iert voir, ce dist l'autre, la moitiez m'iert donnee!

237

-Nenil, ce dist la mere, ne voil qu'il soit tuez,
Ne que ses petiz cors soit par mi decorpez.
2605 Gel portai en mon ventre, les flans en oi lassez,
Je voil miex qu'ele l'ait, sire, se vos volez."
Donc respondi li rois: "Signor, oï l'avez.
Dites quel la ferai se dire le savez!
-Sire, nos ne savons. -Trestuit i entendez:
2610 Ceste voet qu'il soit vis, l'autre qu'il soit tuez.
Ce me samble (a) conseil se vos le me loez:
Cele qui voet la vie a celi le randez!"
Donc respondent trestuit: "Sire, jugié l'avez.

348

-Par foi, ce dist li rois, et je ensi l'entent:
2615 L'anfes li soit livrez si s'en ira briément!"
Dedans Jerusalem se font molt lié la gent,
Dient que bien a fait li rois le jugement.
Molt fu rois Salemons de bon contenement.
Tuit cil de la contree l'ainment communement.
2620 Molt par fu sages hom et de grant escïent.
Molt i ot bon ovrier d'or, d'azur et d'argent,
Et merveilles ovroit de bon antaillement.

349

Signor, or m'escoutez, je vos dirai ja voir:
Onques hom fors Adam n'en ot si grant savoir,
2625 Ne en cest mortel siecle n'ot onques tant avoir;
Molt par fu redoutez et fu de grant pooir,
A ceaus de la contree molt se par fist cremoir,
Mais en vie mortel ne pot nus hom menoir
Qui ne pechast, fors Deu, ice sai je de voir.

350

2630 Signor, ce sachiez vos: Salemons i pecha,
Si sages com il ere, Damerdeu ne douta,
Que une damoisele por sa biauté ama.
Diex que devint ses sens qant Deu en renoia?
Lui ne vost aorer, cele si l'angingna,
2635 Que ele estoit païene et ses diex li livra,
Por amor de la dame et il les aora,
Mais qant de li ot fait son bon si la lessa.
Maleoite soit cele qui ce li consilla!
Qant sot qu'il ot meffait dolanz fu si plora.
2640 Manda le patriache, profetes aüna.

Fo 45a

Fo 45b

Qant et le patriache tres devant lui mandé,
A ses piez est cheüz, merci li a crié :
"Aiez merci de moi, que molt ai meserré,
J'ai mon signor guerpi et si l'ai degeté,
2645   Le deable requis et si l'ai aoré.
-Por qoi? -Por une dame, n'est pas en cest regné.
-Fu ele donc païene? -Oïl, par verité.
J'ai fait de li mon bon, si m'en sui retorné.
Sire, por Dieu, de moi si vos praingne pité! "

2650   Ce dient li profete : "Sire, vos estes hom,
Dites que volez dire et nos l'escouterom.
-Ostez moi la coronne, ou nos l'en osterom
Et toz ces dras roiaus, avoir ne les devom! "
Et respondent trestuit : "Taisiez, rois Salemons!
2655   N'est nostre poestez ne faire ne l'osom,
Ice que Diex a fait pas ne defferïom,
Ne noz mains dessor toi metre n'oserïon.
Diex te doint bon conseil, que nos nos en irom.

-Coment, dist Salemons, conseil ne me donrez?
2660   -Nos qel? -Jel vos dirai : que me descoronez!
J'ai perdu mon signor, (signor) si voil estre acordez.
Mes roiaus dras ostez si me deceplinez!
-Ja fu tes peres rois. -Voirs est, bien le savez.
Et fu esliz de Deu, enoinz et coronnez.
2665   -Si estes ausimant! -Ha! las, com mar fui nez!   Fo 46a
-Ne vos poons deffaire, n'i serez desposez.
Et que devint tes sens? -Il fu toz oublïez.
-As tu ancor les ydres? -Toz les ai deboutez.
-Or pran ta penitance! -Et vos la me donnez!

2670   La fu la penitance de lui bien esgardee,
Ne fu de[l] patriache, mais de lui porpensee.
La fu toute la genz do païs assamblee,
La faisance q'ot faite lor a a toz mostree.
Signor, cel jor i fu mainte larme ploree,
2675   Molt en furent dolant la gent de la contree.
Li rois osta ses dras si a la char lavee
A .iiij. de ses homes, fu sa chars dessiree ;
Par toute la cité, qui tant est longue et lee,
Ont mené Salemon a icele assamblee.

2680 Onques mais chars de roi ne fu si mal menee,
Por le pechié q'ot fait ot itel destinee.

355

Signor, tel penitance Salemons esgarda,
Que sa char a .iiij. homes a martire livra,
Ne cela som pechié, a toz le raconta.
2685 Après icel pechié molt longuement regna
Et qant vint a cel jor que Salemons fina.
Toz jor durront ses oevres, tant com cist mons durra!
Ice nos dist li livres : Nus ce mar doutera
Que il ne soit a Deu et toz jorz i sera!
2690 Mais ançois qu'il fust morz Roboan engendra,
Après la mort celui icil bons rois rainna.

356

Li linage Davi si fu molt essauciez,
Molt vindre[n]t de lui roi qui fure[n]t fort et fier
Si en vindrent profete dont Diex fu anunciez.
2695 Ainçois que Diex fust nez plus de mil anz antiers,   Fo 46b
Fu il de ses profetes, biau signor, anonciez.
Signor, de sa naissance ere granz li mestiers,
Que par toutes les terres en furent les genz liez.
Signor, ç'avez oï que li mons fu jugiez
2700 Et furent au deluge tuit ensamble noiez,
Qant a Deu nostre pere en est prise pitiez.

357

Noél si se sauva de cel peril mortal,
Et les autres geta enz el feu infernal,
La mainnent li deable, molt i a mal ostal.
2705 De Noél vindrent home qui molt furent loial,
Qui onques n'orent cure de pechié criminal.
De lui vint Abrehanz, qui onques ne fist mal,
Ysaac et Jacob refirent autretal,
De ceaus vint rois David o son ceptre roial.
2710 Qant ce vit li deables q'a Deu erent feal,
As anfanz ansaingna le pechié criminal,
Tant a esté entr'aus que tuit sont communal.
Li sires qant le sot, dou siege emperïal
A lui a apelé son maistre seneschal
2715 Et dist qu'il voet descendre et voet estre mortal.

358

Respondi sainz Michiel : "Tu en as poesté."
Donc descendi li sires de sa grant majesté

Si vint droit au deable, a soi l'a apelé :
"Di, dont viens et ou vas et ou as conversé ?
2720 -Sire, j'ai tout cest monde antor anvironné
Et qanqu'il a el mont ai tot a moi torné.
-Entre toi et la feme avez grant poesté,
Par fame as tu conquis, des or perdras par lé :
Une tele en naistra dont seras enjané,
2725 Par la soie naissance seras desbareté."

Fo 47a

359

Or escoutez, signor, que Diex vos beneïe,
Qui est sires dou monde et nasqui de Marie !
Ce dist Diex au deable que feme estoit s'amie.
Bien sout Diex que par feme ert mainte arme perïe,
2730 Or voet Diex qu'ele soit des ore mais s'amie.
Signor, des icel tens commença profecie.
De Moÿsel dirai, ne l'oublïerai mie,
Merveilles vos dirai, ne vos mentirai mie.
Molt en fait bon oïr, nel tenez a folie !

360

2735 Or escoutez, signor, une raison molt bele
Si m'orrez ci parler de la virge pucele
Et vos dirai dou fruit que porta la vergele
Et de dant Ysaïe la profete novele.
Plus est bon a oïr que harpe ne vïele.
2740 Qui mestier a d'aïde, fols est qui ne l'apele,
Car tout clot en som poing et le monde chaele.

361

Li pere a ceste dame fu nez de Galilee,
D'une bele cité, Nazareth apelee.
De Bethleem sa mere si fu ele engenree,
2745 Ses peres Joachins fu de grant renomee,
Dou linage Davi : rois fu de la contree.
Anna ert bele dame, si ot bele assamblee,
Ainc d'espous ne d'espouse ne fu tele trovee,
En cest siecle mortel ne fu tant bele nee,
2750 De nul assamblement tel joie demenee.
Qant Joachins la prist molt l'a bel demandee,
A la loi de la terre a la dame espousee.

362

Joachins fu prodom, sainte vie mena,
Deu ama et cremu et molt le redouta,
2755 De rien qu'il deüst faire mie nel correça.

Fo 47b

241

Il fu sainz hom *et* sages, sa *t*erre gaaingna,
Et qant vi*n*t a l'Aoust tot som blé demïa.
En .iij. pars le(s) devise *et* *p*or Deu an do*n*na :
Et pelerins *et* povres d'une part saoula,
2760   La au serge*n*t dou temple aüner *com*me*n*da,
El temple il meïsmes la disme *p*art do*n*na.

363

Signor, ice sachiez *p*ar fine verité :
Ne fu hom en cest mo*n*t de *g*rignor charité,
De si grant sapïence, de tele humilité.
2765   Li gentis rois David *et* ses *p*eres Jessé
Et li rois Salemo*n*s, qui ta*n*t fu redoutez,
Fu li linage estraiz do*n*t Joachi*n*s fu nez.

364

Anna fu m*o*lt tres bele *e*ᵗ de gra*n*t renomee
Ne plus bele de li ne fu on*qu*es puis nee
2770   Ne de celui linage nule plus bele nee,
M*o*lt ert bone aumosniere *et* m*o*lt estoit senee.
Et avoit b*i*en .xx. anz sa chaasté menee,
*Qu*e corporex amors ne fu en aus menee
Ne lor cors en [.i.] lit ne lor chars assamblee,
2775   Ai*n*z ont toute lor vie en chaasté menee.
Signor, a icel tans, en icele contree,
Ot une feste au temple dont ert *g*ra*n*z renomee.

365

El temple domini trestuit *com*mune*m*e*n*t
De par toute la *t*erre s'i assambl*en*t la ge*n*t
2780   *Et* chas*cun*s i offri son or *et* son argent.
Li patriaches fu a cel assamble*m*e*n*t,
La loi lor ansai*n*gnoit *et* disoit bone*m*e*n*t,
Les tables Moÿses lor avoit em *p*resant,
Et il li anclinoient trestuit *com*mune*m*e*n*t.
2785   Ancor a icel tens cremoient Deu la gent!   Fo 48a

366

A icel jor, signor, Joachi*n*s, cil sai*n*z hom,
Sai*n*te Anne apela *et* li dist sa raison :
"M'amie, or t'apareille! A ceste feste irom,
De nostre droit gaai*n*g assez i porterom."
2790   *Et* respondi la dame : "Sire, nos l'otroiom.
Noz sers *et* noz anceles avoeques *n*os me*n*rom
El temple domini, iluec *n*os franchirom.
Nos n'avons nus anfanz, ne nul n'en i me*n*rom."

Ce respont Joachins : "De ce Deu mercïom ! "

367

2795   **De** Nazareth, signor, cele bele cité,
    Et cil de Bethleem i sont trestuit alé.
    Donc antrent tuit el temple, Ysaac ont trové,
    Cil estoit patriaches de la sainte cité,
    Et cil de Galilee ne s'i sont oublïé.
2800   Donc antrent tuit el temple, Ysaac ont trové,
    Cil estoit patriaches de la sainte cité.

368

    Qant vit li patriaches *que* tuit sont aüné,
    Il lor a dit a toz : "Signor, avant venez
    Et ce q'a Deu devez volantiers li randez !
2805   -Biau sire, tout prest somes *et* vos le recevez."
    Sachiez dans Joachins ne s'i est oublïez :
    Il vint au patriache com sages *et* senez,
    Sa sage feme o lui, lor dons ont aprestez.
    Qant les vit Ysaac si les a regardez,
2810   Dont lor dist tel reson com ja oïr porrez :

369

    "Joachim, fui de ci ! Tes dons ne recevrai,
    L'offrande de ta feme, par foi, ne baillerai !
    -*Et*, biau sire, por qoi? Dites *que* forfet ai !
    Se je ai riens meffet, par vos l'amenderai.
2815   -Ne sez *que* dist la lois? -Di, sire, *et* je l'orrai !   Fo 48b
    -Tu t'en correceras. -Biau sire, no ferai.
    -.Xx. anz a qel seüz ! -Sire, espoir bien le sai.
    Et je si sui tes sers. Di *et* miex le savrai !
    -Sont ici ti anfant? -Nenil, *que* nul n'en ai.
2820   -Certes, *que* Diex ne t'ainme, ne toi ne recevrai.

370

    -Certes, danz patriaches, de ce sui je dolanz,
    Grant honte m'avez fait devant toz mes paranz,
    Et ce set nostre sires, li rois omnipotens,
    Que je li ai esté dou tout obedïens !
2825   Onques ne li meffis, *que* seüsse, en nul sens,
    Ne en fait ne en dit, *que* sache, n'en porpens ! "
    Ce dit li patriaches : "Va t'en fors de çaiens !
    Je ne ferai servise tant com soies dedans."
    Or s'en va Joachim dou temple toz dolanz.

2830 **O**r s'en va Joachim, n'i vost plus demorer.
Sachiez q'en sa maison ne vost plus arrester,
Donc vost o ses paranz li *pro*dom demorer.
M*o*lt en estoit hontex, n'en vost oïr parler.
Es montai*n*gnes en va ses pastors viseter,
2835 Nés dame Anna, sa feme, ne vost o lui me*n*er.
Anna le va q*u*erant, mais ne le pot trove*r*.

Anna, la soie espouse, le va *p*ar to*n*t q*u*erant
*Et p*ar mi la cité a la gent deme*n*dant,
Mais qant no pot trover m*o*lt se va esmaiant :
2840 "Ha ! lasse, q*ue* ferai *et p*or qoi vif je tant,
Qant ne voi mon sig*n*or *et* joios *et* riant ?
Hé ! Diex, a som pooir ja fist il to*n com*mant ;
Or vont si anemi gra*n*t leece mena*n*t,
Ne vost antr'ax venir, ai*n*z se va repo*n*nant.
2845 Certes, ce poise lui q*ue* il n'a nul anfant ! "   Fo 49a

Qant Anna son signor nule part ne trova,
Por plorer ne *p*or duel a q*u*erre nou laissa,
Qant vit nel troveroit en sa meson ala.
Joachi*n*s es montai*n*gnes m*o*lt fort se dolosa.
2850 Deu em *p*rist grant pitié, son angle i anvoia,
Et de la grant clarté dou ciel se me*r*villa ;
El desert ou il ere, qant l'angle i anvoia,
*P*ar la main le saisi *et* bel le salua :
"Joachim, dist li angles, or enten a moi ça !
2855 Biaus amis, ne t'esmaie, q*ue* granz b*i*ens te vendra !

Joachin, biaus amis, n'aies nule poor !
Amis, ne te douter ! Angles sui au signor
Q*ue* la gent de cest mont apelent *cr*iator.
La parole dou *p*reste si t'a fait gra*n*t poor :
2860 Cist dues te tornera, amis, a grant douçor !
Mes sire de lassuz te mande gra*n*t amor,
Ai*n*c tex ne fu do*n*nee antre cerf *et* sig*n*or.
Tu avras une fille, ai*n*c ne nasq*ui* millor,
Tuit seront essaucié *p*ar li ti ancessor.

2865 **P**ar foi, dant Joachim, ta *p*arole est oïe,

Que une fille avras en ceste mortel vie !
-Et comment avra non? -Biaus doz amis : Marie.
-Biau sire, je ne sai, tant iert plus granz folie !
-Je ne sui ça venuz por nule lecherie,
2870   Diex l'avra a son oes, si en fera s'amie
Et dou saint esperit la bele iert raamplïe ;
Toute la genz dou mont sera par li garïe.

376

-Ne sai, dist Joachins, se me diz verité.
-Por qoi? -Je sui viex hom et de molt·[grant] aé.
2875   -Ne me doiz pas mescroire, je te di vérité,   Fo 49b
Ja mais nen iert si bone ne de tel dignité.

377

-Hé ! Diex, dist Joachins, et comment le croirai?
Plus a de .lx. anz que ma feme espousai.
Puis que l'oi espousee ainc puis autre n'amai,
2880   Onques por autre feme mon lit ne dessevrai.
Ele m'anma de foi si que je bien le sai,
Ele ne me meffist, je ne me correçai.
Dessi que l'autre jor q'a la feste en alai
Et ele fu o moi, ilueques la laissai.
2885   Sachiez que puis cel jor en maison ne tornai.

378

Molt fui a cele feste durement vergondez,
De nostre patriache laidement refusez.
Por ce que n'oi anfant si me fu deveez,
Molt grant honte me fist quel sot mes parantez,
2890   Regarda mes conroiz, certes j'en oi assez !
Laissiee en ai m'espouse, dont sui grainz et irez.
Ici sui afoïz et vos trové m'avez.
Dites q'avrai enfant et que bien le savez,
Et Diex si le me doint si com vos dit l'avez."

379

2895   Ce li respont li angles : "Or oi parole sage :
Joachim, biaus amis, tu ies de grant parage.
Sovient toi de Sarra et de som parantage?
.Lx. anz ot la dame, molt [fu] de grant aage,
Donc fu nez Ysaac, hom plains de vasselage.
2900   Garde bien que vers Deu ne dïes nul outrage !
Que diz tu de Rachel et de som mariage?
-Sire, molt bien te croi, molt te voi bel et sage.

-Et je le te dirai, escoute si l'orras!
Ne sez qant preïs Anne *et* qant tu l'esposas?
2905   -Nel sai. Di moi qant fu! -*Que* tu a Deu voas,   Fo 50a
Se il anfant te done-nel tenir mie a gas-
Que a lui le donroies. Ne t'en repantir pas!
-No ferai je, biau sire, ja *p*arler n'*e*n orras.
-Escoute Joachim! Dirai toi *que* feras :
2910   Va en Je*rusa*lem! Ta feme anconterras
A la Porte Doree, tout droit la troveras.
Se ore ne me croiz, ilue*qu*es me croiras.

*Q*ant venras a la porte anco*n*terras Anna ;
Tu gerras a ta feme *et* ele conce*v*ra.
2915   Saches sai*n*z esp*er*iz dedanz li enterra!
Tant bone porteüre feme ne portera.
Saches tu, Joachim : a son *te*rme naistra,
El temple *p*resentee *et* norrïe sera,
Ne sa *v*irginité par home ne perdra :
2920   De li naistra li sires *qui* tot governera."
*Q*ant ce ot dit li angles el desert le laissa,
Donc est venuz a Anne, en maison la trova.

*D*onc est venuz a Anne, en maison l'a trovee,
*M*olt la trova dolante, correcïe *et* iree
2925   Por s'espex Joachi*n*, dont ere dessevree,
N'avoit de lui secors, *m*olt en ere esgaree.
Lez li s'assist li angles, *m*olt l'a bel saluee,
Enap*rés* li a dit parole *b*ien menbree :
"*Qu*e as tu, bele amie? Ne soies adolee!
2930   Je t'aport tex noveles do*n*t seras hon*o*ree :
Tu avras une fille, Marie iert apelee,
S'iert dou sai*n*t esp*er*it la bele anluminee!
Joachins vient o toi a la Porte Doree.

Amie, bele suer, o ton sign*or* gerras
2935   Si avras une fille *et* a Dieu la donras.   Fo 50b
*Q*ant ele avra .iij. anz *et* norrïe l'avras,
Au temple domini tu la *p*resenteras.
Marie avra [a] non, issi la nomeras.
Au temple la pucele en servise lairas.
2940   Voes savoir *qu*ex ele iert? M'amie, ja l'orras :
Ja nule *cri*ature tant bele ne *v*erras ;

Saches de li porter nule dolor n'avras!
Ele iert amie Deu et pas ne li toldras,
Il l'avra a espouse. Nel tenir mie a gas!

384

2945 Ja mais ne naistra dame de la soie nature,
N'en fu nule, ne n'iert, de la soie figure,
Ja d'ome terrïen la dame n'avra cure,
Molt iert douce la dame et sa parole pure
Et molt par sera pïe en sa regardeüre.
2950 Ainc mais ne fu portee si bone porteüre.
Sez or que te dirai de la soie aventure :
Par li sera sauvee trestoute criature,
Et el ciel iert lassuz, ja n'avra porretue.
Entens tu ma parole? Anne, met i ta cure!

385

2955 Lieve suz, bele amie, et si ne demorer!
Droit en Jerusalem la te covient aler.
La porras Joachin, ton signor, ancontrer.
Or panse dou bien faire, amie, ne douter!
Saches de verité qu'il m'en covient aler."
2960 Et cele va ancontre, n'i vost plus demorer.
Signor, qui les veïst a cel point ancontrer
Et qui bien les oïst l'un l'autre saluer
Ne quit que ja mais jor les poïst oublïer!

386

Signor, la prodefame mie ne demora,
2965 De sa maison parti, grant oirre s'en ala,   Fo 51a
En Jerusalem vint o sa gent que mena,
A la Porte Doree son signor ancontra.
Joachins fu molt liez, ele le salua,
Antre ses braz la prist, docement l'acola,
2970 La joie fu molt granz, a l'ostel l'amena,
Dedanz Jerusalem la nuit se herberja,
Dedanz cele cité cele fille engendra.
Qant ont oré au temple Joachins l'en mena
Jusques en Nazareth et o li conversa.

387

2975   Joachins, cil sainz hom, si l'a molt bien gardee,
Por chose qu'il feïst ne fu par lui iree,
Mais qant ele fu grosse la genz de la contree
Molt lor vint a merveille, s'en fu granz renomee.
Qant dou naistre vint l'ore, ne fu pas trespassee,
2980   Dont manda ses norrices, ne s'est pas oublïee,
Atendi la sainte ore que sa fille fu nee.
Sachiez que granz leece i fu donc demenee,
Selonc le dit a l'angle, Marie est apelee.

388

Qant fu nee la dame en ceste mortel vie,
2985   La dessuz la maison ont une voiz oïe :
"Bien soies tu venue en cest mont, bele amie,
Sainz espirs soit en toi s'en soies replenie !
A ton naistre as o toi celestel compaingnie,
Ainc tex joie ne fu, com est de toi, oïe.
2990   Toi serviront li angle, de ce ne douter mie
Et saches toz li mons garra par toi, Marie ! "
Qant l'oï Joachins Damerdeu en mercie.

389

Or escoutez, signor, que Diex vos beneïe !
Qant la dame fu nee si l'apelent Marie.
2995   Molt par fu bien gardee et fu soéf norrïe.   Fo 51b
La parole David si fu lors accomplïe,
Si fu de Moÿses et de dant Ysaïe,
Et de dant Aaron et de dant Jeremïe,
Et de Josep le sage n'oblïerai je mie,
3000   Et Jonas li profetes fu de lor compaingnie,
Et Abaccu i soit qui fu de la lignïe,
Danïel li profetes, a cui fist grant aïe,
Icil n'ont pas menti, voire est la profecie.

390

Nabugodonosor pas n'i oublïerom,
3005   Qui l'ymage fist faire d'Apolin en son non,
Il la fist aorer - rois ere et riches hom -
Trois anfanz pas ne furent de cele regïon :
Ananie, Azarie, Missael si ont non.
La fornaise fu chaude, la dedans les mist on.
3010   Diex descendi entr'ax o sa beneïçon,
Dist qu'il naistra de virge par grant electïon.

Au *pro*fete Ysaac .i. pou me tornerai.
Or dites, bons profetes *et* je l'escouterai.
"*Par* foi, dist Ysaïes, as Gïus parlerai.
3015 Qant lor dis l'aven*ture* *m*olt felo*n*s les trovai,
La *v*erge ele est florïe, dont je a aus *p*arlai.
Or *v*ai*n*g*n*ent tuit o moi! *Et* je lor mosterrai
De la flor, de l'a*m*e*n*te q'en la *v*irge trovai.
La *v*erge ce est Anne do*n*t je profetisai,
3020 La flors q'en est issue Marie est, *b*ie*n* le sai.
L'alemande *et* la flor -*c*ertes n'en me*n*tirai-
C'est Diex qui en naistra, sachiez voir dit *vos* ai."

Or entendez, signor, si ne m*en*tirai mie!
Ai*n*z *que* ele fust nee si demostra Sebile.
3025 Il ne remest el mo*n*t citez, chastel ne vile
Jusq'en Jerusalem *et* j*usque*s en Sesile
Que iceste aventure n'i annonçast Sebile.
Que dirons des bons clers de la cité nobile?
Un en avoit entr'aus c'om apeloit Vergile,
3030 Il parla de la *v*erge q'Aaron tint florïe.

Or oez des Gïus com il par sont felon :
Ne croient les profetes, ne croie*n*t lor raison,
Qui furent lor para*n*t, nei de lor regïon,
Ne Sebile ne croient, q'est d'autre nacïon,
3035 Ne V*er*gile ne croient, q*u*'est bo*n*s clers *et* prodom.
Et de Gringoire ausi co*mm*e(n) lisant trovom,
Dessuz sa tombe vit l'esperitacïon :
'Haï! biaus doz compai*n*z, se *n*os ce trovïom
A *n*os*t*re tens, amis, tant de *b*ie*n* ferïom! '

3040 **R**evenons a la virge, a la bone eüree,
Molt par fu bel norrïe *et* si fu *b*ie*n* gardee.
Sachiez *que* en cest monde ne fu si bele nee!
Selonc le dit a l'angle Marie est apelee ;
Et qant li t*er*mes fu *que* l'ore fu passee,
3045 Li para*n*t s'assamblere*n*t, cil de cele co*n*tree.
A la loi de la terre l'ont vestue *et* paree,
Droit en Jerusalem la l'ont entr'ax portee
Si l'ont au patriache el temple *pr*esentee.
Signor, le jor i ot grant l[e]ece menee.

Fo 52a

3050   Lors s'assamblerent tuit, parantes et parant,
           Trestuit en Nazaret furent communement.
           Por fere de Marie cel bel presentement
           Vienent en la cité molt amïablement,
           A l'uis dou temple mettent jus l'enfant gentement.
3055   Donc vestent lor bons dras qu'il orent em present.   Fo 52b
           Ce sachiez que Marie nes atent tant ne qant!
           .Xv. degrez i ot jusq'a l'entablement
           Et sont fait de quartiers a senefïement :
           Toz les monta Marie, onques n'i ot parant.

3060   Qant Joachins, ses peres, se fust bien conraez
           Et dame Anne, sa mere et l'autres parantez,
           Tuit ont pris lor presenz, au temple en sont alez,
           N'ont pas trové l'enfant, molt en sunt aïrez.
           Qant il ne l'ont trové contremont sont montez,
3065   Devant l'autel la troevent, molt en sont effraez
           Et molt se mervillerent -n'a pas .iij. anz passez-
           Comment sole monta toz les .xv. degrez
           Et comment ele avoit si haut ses piez portez.
           Iluec l'ont presantee et lor dons presentez.
3070   Aprés le sacrefice s'en sont tuit retornez.

           Qant vit li patriaches que Diex oir li dona-
           Il fu a l'uis dou temple qant la bele i monta-
           Sout que Diex ere en li, a l'autel l'amena,
           Dou pere la reçut qant il le commenda.
3075   Les puceles dou temple li sires apela,
           Devant toz les paranz a garder li rova.
           Joachins prist congié, a Deu la commenda,
           O son grant paranté arriere retorna
           Tout droit en Nazareth, trestoz les conrea ;
3080   Qant orent tuit mangié, a Deu les commenda.

           Or oez de la rose, dou lis et dou piment,
           Com ele se contint el temple sagement :
           Ele servi les dames si atempreement
           Et toutes les puceles amesureement.
3085   Ne fu pas regardee d'ami ne de parant,   Fo 53a
           Ne la lait esgaree (cil) qui governe [la] gent :
           Ses angles li anvoie qui li sont em present,
           Certes et il meïsmes l'a viseté sovant.

Ele estoit bien letree si que en bien l'entent,
3090 Si avint q'a .i. jor qui li fu em present,
Que dist demi verset tantost molt docement :
"Mes peres et ma mere m'ont laissié voirement."
Diex dit l'autre moitié : "Je sui cil qui t'aprant."

399

Joachins fu prodom, signor, c'est veritez,
3095 Molt ama ses amis et molt an fu amez.
Li prodom fu molt viex, a sa fin est alez.
Sachiez que de sa mort fu granz diex demenez!
Molt fu plains Joachins et molt par fu penez,
Li cors dou prodome est el val d'Ebron posez,
3100 La gist toz ses linages, la est il enterrez.
Qant l'orent mis en terre si s'en sont retornez.
Ne demora q'un an et ne fu pas passez
Des paranz a Anna Salomas fu mandez,
Cil estoit riches hom et bien amparantez.

400

3105 Doné li ont Anna, li prodom l'otroia,
A la loi de la terre bonement l'espousa.
Il ne demora gaires une fille engendra,
Et qant ele fu nee Marie l'apela.
Si ne demora gaires Salomas defina.
3110 Puis la mort Salomé Cleofas l'espousa,
Mais qant cil se moru puis ne se maria.
A toutes ses .iij. filles Marie a non dona.

DES TROIS MARIES / ET DE LOR FIZ

401

Salomas fu prodom et de grant renomee,
Amez fu de la gent de toute la contree.
3115 La soie bele fille a il bien marïee,   Fo 53b
Ainz qu'il partist dou siecle l'a signor donee :
Zebedeüs, uns sires, qui molt l'a desirree.
Suers fu a la roïne après li fu donee.
Molt par fu bele fame, molt fist bele portee,
3120 .Ij. anfanz ot la dame par bone destinee :
Saint Jehan et saint Jaque dont fu granz renomee.

402

Cleofas en ot une que molt ama forment,
Ainz qu'il tornast dou munde la dona sagement :

Alfeüs, .i. prodom, l'esposa bonement.
3125 A iceste assemblee furent tuit li parant.
Marie si fu molt de grant afaitement.
Suer est a nostre dame, ce sachiez vraie[me]nt !
.I. anfant ot la dame qui fu biaus et plaisant,
Plus biaus hom ne fu nez fors Deu omnipotent.
3130 Saint Jehan l'apelerent et ami et parant,
Et puis avint .i. jor que quiderent la gent
Que ce fust Jhesucriz, a cui li mons apant.

403

La mere nostre dame fu molt de grant parage
Et si ot une suer, Elysabeth, la sage.
3135 Ceste ot Zacarïas, hom de grant vasselage,
Icil fu patriaches et de molt grant linage.
Cil sires l'espousa si fist grant mariage.
Sachiez li uns vers l'autre ne fist onques outrage,
Ensamble converserent bien pres tot lor aage.
3140 Que nul anfant n'en ot, la dame en son corage
Le duel q'ele en avoit cela bien, comme sage.

404

Zacarïas fu prestes, son ordre bien garda,
De ce que n'ot anfanz molt forment li pesa.
Que Diex .i. l'an donnast docement li proia.
3145 Donques vint une feste que la genz celebra.   Fo 54a
Le servise dut faire, el temple s'en ala,
Revesti soi li sires et molt bel s'apresta,
Comme sainz patriaches a l'autel s'en ala
Et lors fist son servise et l'autel encensa
3150 Et qant l'ot encensé, sor destre regarda :
L'angle vit devant lui dont il molt s'esmaia.

405

"Patriaches, dist l'angles, il ne t'estuet douter!
Cil sires qui la gent set si bel conraer
Si m'a ça anvoié por toi reconforter :
3155 Tu avras .i. anfant sel feras escoler
Jehan, molt par iert biaus, molt sera a douter.
Ta proiere iert oïe, ne le te quier celer."
Et respont Zacarïes : "Ne dire, laisse ester!
Certes je ne puis croire ce que je t'oi conter.
3160 -De ce que te dirai ne te covient douter.
Jusque il sera nez cesseras de parler! "
Qant ce ot dit li angles n'i vost plus demorer.

252

"Par foi, ce dist li angles, amis, anfant avras
    Et si iert molt tres biaus, Jehan l'apeleras.
3165 Por ce que ne me croiz sez quel don en avras :
    Dessi qu'il sera nez .i. mot ne sonneras,
    A home ne a feme de rien ne parleras!
    Diex t'overra la bouche qant nomer le devras.
    Je m'en vois, Zacarie, et tu ci demorras.
3170 Certes de sa naissance liez peres esteras
    Si sera toz li mons. Nel tenir mie a gas! "

Cele gent fors dou temple ont longuement esté,
    Molt lor vint a merveille qu'il ne sont apelé
    Et molt plus se merveillent que tant a demoré.
3175 N'i demorerent plus, el mostier sont antré.   Fo 54b
    Signor, tout esbahi le prodome ont trové,
    Il ne sona .i. mot qui li fu deveé,
    Que dou servise fere n'a pas la poesté.
    Il l'ont pris belement, en maison l'ont mené.
3180 Puis ne demora gaires Jehans fu engendré.

Elisabeth fu sage, contint soi lïement,
    Tant porta son anfant que nez fu voirement.
    Molt grant leece mainnent et ami et parant
    Et de Jerusalem trestuit communement.
3185 Signor, ce est la feste, sachiez a escïent,
    Que enz en mi esté celebrent cele gent,
    Païen et Sarrasin la gardent hautement,
    Tuit cil qui sont en terre et jusq'en Occidant.
    Savez que cil en dist qui governe la gent? :
3190 'De mere ne fu nez nus hom plus hautement'.

Tuit i firent grant joie qant sainz Jehans fu nez,
    Et ami et parant i sont tuit aüné.
    Or sont en grant porpens comment sera nomez.
    Zacaries, ses peres, en est avant alez.
3195 Signor, il est issi com vos bien le savez.
    Damerdex, nostre sires, qui molt est remenbrez,
    Escrire vost son non. Signor, or escoutez!
    Dieu en mercïent cil qui la sont assamblé.

Ses peres Zacarïes escrit si le noma :
3200 "Jehans avra non cist, ja mais ne li charra."
Molt soéf norriz, li peres molt l'ama.
Si tost com ot .vij. anz, les paranz toz laissa,
Foï s'en dou païs que il n'i demora.
Por ce qu'il ne pechast el desert en antra,
3205 Longues i fu Jehans, longues i conversa,
Onques n'i but de vin ne de pain n'i manja.
C'est cil qui son signor el desert batiza.
Il fu plus que profetes et a Deu le mostra.
De racines vesqui, onques pain n'i manja,
3210 N'onques linge ne lange n'i vesti ne usa,
Et ce fu cil Jehans q'Erodes lapida.

Signor, por amor Deu, ne vos anuit il mie !
Ne vos dirai pas fable ne n'est pas legerie :
Qui bien i met s'entente s'amendera sa vie.
3215 Dit vos ai le linage a la bele Marie.
Or vos dirai, par foi, com ele fu norrïe.
Je voil que la parole, signor, soit bien oïe.
Certes ele puet faire a vos molt grant aïe.
El temple fu la dame et n'i fu pas haïe,
3220 Molt i fu honoree et molt i fu servie
Et chascuns li porta molt tres grant signorie,
Onques n'i fu reprise de nule vilonie.

Signor, ice sachiez que molt fu honoree,
De puceles, de dames par fu molt enamee.
3225 Qant ele ot .xiiij. anz avant fu apelee
Si vost li patriaches q'a signor soit donnee.
Qant l'oï la pucele molt en devint iree,
Ainc ne fu si dolante puis l'ore que fu nee
Et dist : "Lasse, dolante, por qoi fui engendree ?
3230 Hé ! Diex, ja sui je vostre, a vos me sui donnee.
Virge sui et serai, n'i serai marïee,
Sire, ja sui je vostre, ne m'aies oublïee ! "

Ce dist li patriaches : "Amie, avant venez !
Je voil q'aies signor. -Biau sire, n'em parlez !
3235 Je sui a Deu donee. Biau sire n'em parlez :
Çaiens me presenta trestoz mes parantez
Et çaiens remaindrai se le me consantez.

Fo 55a

Fo 55b

Deu avrai a signor, plus ne me sorquerez! "
Ce dist li patriches :" Por noient em parlez!
3240   Ce ne fu onques fait, ne nel commancerez,
Ainz prandrez .i. signor et biaus anfanz avrez.

                        414

-Oez, dans patriaches, ice que vos dirai :
Je sui une pucele et toz jorz le serai,
Deu ai pris a signor, certes autre n'avrai,
3245   Chasteé li promis, tres bien li garderai.
Que mi parant ont fait certes ne defferai.
Sire, sel me consens ça dedanz remaindrai,
Mon pere Damerdeu a toz jorz servirai,
Jusq'a la fin de moi que a mort tornerai.
3250   Or t'ai dit, patriaches, ice que je ferai."
Ce respondi li sires : "Je m'en consillerai."

                        415

Signor, li patriaches fu molt espoantez,
Trestoz les sages homes do païs a mandez
Et qant il furent tuit devant lui assamblez :
3255   "Signor, vos ne savez por qoi vos ai mandez.
.I. conseil quier de vos. Por Deu sel me donnez!
Joachins fu prodom, a sa fin est alez,
Une fille ot li sires si com vos lc savez.
Çaiens la presenta si fu ses parantez.
3260   .Xiiij. anz a la dame, ses termes est passez,
Or doit prandre signor, toz les a deveez
Et dist nul n'en avra, ice oïr poez.
-Nos n'en savons conseil, mais a Deu am parlez!
-Loez le vos ensi? -Oïl. -Or en venez! "

                        416

3265   Dementres que conseillent icele genz haïe,   Fo 56a
Dou propicïatoire est une voiz oïe :
"Dites va, bone gent, por q'estes esbahie?
Regardez en cel livre que escrit Ysaïe
Et si gardez dedanz, veez la profecie
3270   Dou linage Jesse, de la verge florie!
Cil cui el floristra si doit avoir Marie."
Ce dist li patriaches : "Se Diex me beneïe,
Ci a molt bon conseil de la voiz q'ai oïe."

                        417

De trestot le linage fist les plus haus mender,
3275   A chascun fist sa verge dedans sa main porter.

                                                            255

Qui sanz femes estoient toz les fist aüner :
Joseph i tint sa verge, dont ja m'orrez parler,
Febles hom ere et viex, commença a douter,
Sa feme estoit ja morte, si fil grant bacheler,
3280 Ne sout qu'il poïst faire, douta avant aler,
Qant vit offrir les verges, a l'evesque donner,
Hontex darrier les autres commence a retorner.

418

Li patriache estut, les verges regarda,
N'en vit nule florie, tendrement em plora,
3285 Donc regarda les verges et tres bien les conta.
"Il en faut, fait il, une, certes avent venra."
Qant ot oï Joseph que celez n'i scra,
Avant a tout sa verge que florie aporta.
Ce dist li patriaches : "Icist Marie avra ! "
3290 Par la main prist la dame, a Josep la dona,
Voiant toz ses paranz ilueques l'espousa,
Mena l'en Galilee, iluec la commanda.

419

Qant il ot ice fait et il l'ot espousee,
Ensamble o soi l'en mainne tot droit en Galilee,
3295 O ses paranz q'avoit l'a molt bel commandee
Et va em Bethleem, n'i fist grant demoree,
Trois puceles li laisse qui molt bien l'ont gardee.
Il vost que sa maisons fust molt bel conree[e].
Et ainz que la pucele en fust o soi menee
3300 Et que il eussent entr'ax fete assamblee
Fu Marie, la bele, de l'angle saluée.

420

Ce dist Gabrïaus, l'angles : "Ave, bele Marie,
De la grace de Deu soies tu replenie,
Diex soit ensamble o toi, cui tu ies bone amie,
3305 Sor trestoutes moilliers soies tu beneïe
Et li fruiz de ton ventre dont seras esjoïe."
La dame dou salu fu molt espoorïe,
C'onques mais tex parole d'angle ne fu oïe.
Dont li a dit li angles : "Ne douter pas Marie !
3310 Molt t'ainme nostre sires, ne t'a pas enhaïe,
Avoir te voet trestoute en la soie bailïe.

Fo 56b

421

Marie, ce dist l'angles, ja mar en douteras,
Amie ies Dame*r*deu *et* toz jorz le seras.
Tu avras .i. anfant *et* si conceveras,
3315   Qant nez sera li sires, Jh*e*su l'apeleras.
Tu seras b*i*en laitïe, tres b*i*en le norriras.
Rois sera *et* au siege roi David regnera,
Fiz iert au roi autisme, issi nom*er* l'orras."
Marie respondi m*o*lt docem*ent* em bas :
3320   "Je ne co*n*nois pas l'ome, ne tu nel me no*n*mas,
Et diz q'avrai anfant, le p*er*e ne sai pas.

422

Amis, je me m*er*veil q'ensi m'as saluée :
N'avrai sign*or* fors Deu a cui sui espousee.
Sez tu que te dirai dont sui espoantee :-
3325   De ta p*re*sence avoir sui b*i*en acostumee-   Fo 57a
S'avrai anfant sanz l'ome a cui je sui do*n*nee !
-Enten, Marie, a moi! M*o*lt ies bone eüree,
Que dou sai*n*t esperit seras tu aombree,
De la soie v*er*tu *et* plai*n*ne *et* aornee.
3330   Onq*ues* feme en cest mo*n*t ne fu tant hon*o*ree :
Roïne seras ci, *et* ou ciel coro*n*nee ;
Marie, de toi iert granz joie demenee,
Sor toutes les roïnes seras tu hon*o*ree.

423

Tu n'av*ra*s nul sign*or* fors Deu om*n*ipotent.
3335   Je sui uns de ses angles, saches veraiem*ent*!
Je t'aport de sa part certes salu m*o*lt ge*n*t,
Onq*ues* [tel] ne fu mais aportez antre gent.
Sai*n*z esp*er*iz prandra en toi h*er*bergement,
La dedans prandra char *et* naistra voirem*ent*.
3340   Enz el siege David, en son grant pavem*ent*,
Serra *et* rai*n*nera tout parmenablem*ent*.
Ses regnes n'av*ra* fin ne nul *commen*cement ;
Tuit seront li roiaume en son *commen*dem*ent*.
Tes fiz sera fiz Deu, saches veraiem*ent*!

424

3345   Sez tu q*ue* te dirai, ne le te q*ui*er celer,
Toute seras haitïe qant en orras parl*er* :
Ja sont .vi. mois passé q*ui* les voet aconter,
Parlai a Zacarïe, a l'autel encenser,

Je li dis le message dont molt se pot loer
3350 Qu'il avroit .i. anfant, nou vost croire li ber,
Por ce qu'il nou creï si cessa de parler.
Qant li oi dit le non n'i vos plus demorer.
Cui Diex a porparlé nus no puet destorner :
Elysabet est grosse, a painne puet aler."
3355 Marie en fu molt lië qant l'oï aconter, Fo 57b
De li et de celi em prist Deu a loer.

425

Qant ce ot dit li angles si respondi Marie-
Ele estoit prex et sage et de grant signorie,
S'ert dou saint esperit durement raamplie-:
3360 "Je ne sai, biaus amis, fait ele, que te die
Fors tant que mon signor m'ame si magnifie,
Car ele a grant leece de lui q'a em baillie.
L'umilité regart li sires de s'amie.
Les generatïons qui i ven⁻ont mil mile,
3365 Faire puet que a fait. Ses nons me beneïe.
Sor toutes nacïons sa merci et s'aïe
Bien destruit l'orguillos qui en lui ne se fie,
Les povres fait toz riches, les mendiz rassasie
Et les puissanz destruit, les povres edefie.
3370 Israel ait ton fil si soit en ta baillie.
Si com li premeïs si ait de toi aïe
Abrehans et ses lins, com dist la profecie!
Je sui l'ancele Deu, ne sai que plus te die.
Soit selonc ta parole issi com l'ai oïe! "

426

3375 Qant sot q'Elisabeth estoit grosse d'anfant
A Deu en rendi graces, molt s'en va mervillant.
Ele estoit sa parente, joie en demainne grant,
Et ne demora gaires, ce trovons nos lisant,
Que s'en va es montaingnes, ou ele fu menant.
3380 Elysabeth le sot, ancontre va corant
Et lors se saluerent et se vont ambracent,
Molt bel s'antr'acolerent, grant joie vont menant.
Elysabeth s'estut, ne pot aler avant
Por son fil qui s'aloit en son ventre movent.

427

3385 Oez d'Elysabeth et oez sa raison : Fo 58a
"Sor trestoutes les femes de ceste regïon
Aiez vos, bele amie, de Deu beneïçon
Et li fruiz dedens toi, tes cors tout environ!
Biau sire, dont me vient, qui m'a donné cest don :

3390 La mere mon signor qui vient en ma maison? -
      Or oez quel merveille et quel profec(t)ïon :
      Nus ne li avoit dit s'ele estoit grosse ou non
      Ne n'ot oï parler de la preofecïon ! -
      Or escoute, ma dame, que nos a toi dirom :
3395 Si tost com cist oï que dedans nos avom
      De toi, ma bele dame, la saluatïon,
      Grant leece mena, ice bien te disom."

428

      Signor, or escoutez si orrez raison bele,
      Plus douce a escouter que harpe ne vïele !
3400 Se vos i escoutez molt par vos sera bele.
      Joseph va por sa feme, cele sainte pucele.
      Ne remest el païs franz hom qu'il n'en apele :
      Tuit s'en vindrent as noces de la sainte pucele.
      As noces se contint molt sagement la bele
3405 Qui gros avoit les flans par dessoz la memele.

429

      Les noces furent faites molt honorablement,
      Donc pristrent le congié et ami et parant,
      Trestuit s'en vont haitié et molt tres lïement.
      Joseph estoit prodom et vivoit loiaument.
3410 Marie ne se garde, coucha soi voirement
      Et dans Joseph lez li, signor, priveement,
      La dame le reçut lez li molt bonement,
      Sachiez que ele avoit molt bon contenement,
      Auques se traist ansuz, ne s'aprocha noient,
3415 Dont li a dit Joseph molt covenablement :   Fo 58b
      "Dame, vos estes grosse, jel di a escïent."

430

      Joseph se traist arriere, molt fu espoantez,
      Senti l'enfant el ventre, molt fu adolousez.
      Ainc a li ne parla nen i fu moz sonnez,
3420 Lors vossist estre morz, tant par fu vergondez.
      "Ha ! las, dolanz, fait il, por qoi fui onques nez?
      Lapider la fera neïs ses parantez,
      Je nel porrai soffrir, ce est la veritez.
      Que fera se m'en fui ? Ses faiz n'iert pas celez,
3425 Je ne sai que j'en face, toz en sui esgarez."
      Joseph s'est andormiz, qui molt fu effreez.
      L'engles est descenduz, n'i est plus demorez
      Et vint droit a Joseph, dit li a : "Ne tamez !
      Je vos deffant, amis, gardez que ne doutez !

259

3430   Enten a moi, Joseph! Je sui a toi tremis,
           Prodom ies voirement si est Diex tes amis.
           Ne douter de t'espouse! Diex s'est dedans li mis,
           Dedans li a pris char, saches, sainz esperiz
           Et tu as grant tresor, Joseph, en garde pris.
3435   Ainc hom tel ne garda qui en cest mont fust vis,
           Et Marie est t'espouse, par li seras gariz.
           Voes tu que je te dïe por qoi ies ses mariz?
           Por ce que tu la gardes qant nez sera ses fiz.
           Em plusors lius avra li anfes anemis,
3440   Ne li porront mal faire, bien sera garantiz
           Et li diront les genz que il sera tes fiz."
           Puis s'en torne li angles, Joseph s'est esperiz.
           Bien cela son conseil, a nul home nel dist.

           Bien cela le conseil que l'angles li dona.
3445   Sachiez Joseph fu liez lors que il s'esvilla!   Fo 59a
           Molt servi nostre dame et forment l'onora.
           En .i. lit puis ne jurent, forment la redouta.
           De tant com jut i ot la nuit se vergonda.
           Comme gentis espous gentement la garda.
3450   Il ne demora gaires, de Belleem torna,
           Les Gïus douta molt et aillors l'en mena,
           Qu'il ne s'aperceüssent saintement la garda
           De ci que vint li termes et li jorz aprocha.
           Joseph dou repairier arriere s'aprocha
3455   Et droit em Belleem sa dame ramena.

           Oez, que Diex vos doint sa grant beneïçon!
           A icel tens, signor, si com lisant trovon,
           Regna rois Augustus, qui molt ert cremus hom.
           Cil vost que fust escri toz cist mons environ,
3460   De trestoz les linages avoit l'escritïon,
           Ses escrist .i. prevoz, danz Tyrions ot non.
           Ja orrez de Joseph, signor, icel baron :
           A Nazareth menoit, si com dit vos avom,
           En la cité Davi revint en sa maison :
3465   Tout droit em Belleem, droit a sa garison,
           Sa dame ensamble o lui en menoit li sainz hom.

434

En sa maison s'en vint, trova la molt gastee,
Herbergier i soloient pastor de la contree,
Creches i a trovees, n'ert pas bel conree[e],
3470 Joseph sa bone expouse a la dedans trovee,
Molt par est simple dame, la dedanz est entree,
Dou beneoit anfant s'est iluec delivree ;
La sainte criature de dras anvolepee-
Signor, il n'i ot pas richece demenee-
3475 N'ot aïde de gent de toute la contree,   Fo 59b
La dame n'i ot chambre nesune ancortinee.

435

Enqui s'ont herbergié, ce trovons nos lisant,
Dessi em Belleem si porta son anfant,
Ne requistrent chastel, petite tor ne grant,
3480 En .i. molt povre ostel herbergierent atant,
Creches i ont trovees, pastor i vont menant,
Iluec s'est delivree la nuit de son anfant,
En la creche l'ont mis si le laissent dormant ;
Des pastors n'i a nus, qu'il estoient es chans.
3485 Sor aus descent li angles ses va anluminant :
"Ne dormez pas, signor, ça soiez entendant !
Ja avrez, ce sachiez, joie qui sera granz :
Vostre sauvere est nez. Traez le a garant !

436

Entendez tuit a moi, pastor, ne redotez,
3490 Si tost com sera jorz em Belleem alez,
Sachiez que li sauveres iluec dedans est nez !
Dedans une des creches le signor troverez,
Iluec gist nostre sires en dras anvolepez.
Qant vos l'avrez trové doucement l'aorez !
3495 Rois est de tout le mont. Grant honor li portez !
Enz el siege David sera rois coronnez."
Qant ce ot dit li angles el ciel en est montez,
Li pastor sont iluec tuit paoros remés,
De tel visetement ne sont acostumé.

437

3500 L'ondemain par matin, tout droit en Oriänt
L'estoile est aparue qui donne clarté grant,
Par trestoutes les terres la virent bien la gent :

Et cil devers Midi et tuit cil d'Occidant,
Devers Septemtrion la virent ausiment,
3505 Mais ne sevent de li nul senefïement,
Mais troi roi la connure[n]t, de molt grant escïent,
Dïent c'uns fiz est nez qui est rois voirement.
Toz li mondes iert siens, sire iert de tote gent ;
Dïent quel requerront si nel lairont noient,
3510 Assemblez les a Diex, signor, isnelement.

438

L'uns demanda a l'autre : "Quel part devez aler?
-Nos alons qerre .i. roi que volons aorer."
Lor compaingnie ont prise, ne voldrent retorner.
L'estoile lor est preste toz jorz a lor aler.
3515 Li pastor au matin commencent a parler :
"Alons em Belleem la parole esprover,
Savoir se ja porrons icel anfant trover."

439

Li pastor ne demorent, a la voie s'ont mis,
Tout droit em Belleem si ont lor chemin pris
3520 Et l'anfant ont trové en la creche ou fu mis.
Et puis fu danz Joseph des pastors bien serviz.
A l'uitime jor fu li anfes circoncis-
Ce estoit li batesmes, a cel tens, dou païs-
Jhesu l'ont apelé si com li fu premis.
3525 Li troi roi ne demorent, el chemin se sont mis,
En Jerusalem vindrent, que qu'il i aient quis.
Dedans la cité antrent, lor ostex i ont pris,
Assez troevent ostex, que granz ere la ciz.

440

Droit en Jerusalem vont l'estoile sivant.
3530 Qant vint dessuz la cit si se va arrestant.
Dont quiderent li roi laiens trover l'enfant.
Rois ere adonc Erodes, de la terre tenant ;
A cex de la cité vont l'enfant demandant,
Li borjois qui l'oïrent s'en vont molt mervillant
3535 Et demandent qu'il quierent : "Par foi, nos .i. anfant :
Il iert rois sor toz rois, tuit feront son commant.
Ne veez vos l'estoile qui clarté va rendant? "
Dont sont tuit assamblé et vieil home et anfant
Et si fu la maisnie Herode le puant.

441

3540 Molt s'assamblent la gent, ne vos en quier mentir,
Aucun por aus veoir et aucun por oïr ;

Or s'en vont dui au roi qant s'em porent partir,
Le roi ont salué, qui ert de grant aïr :
"Escoutez, sire rois, s'il vos vient a plesir :
3545　Or veïsmes .iij. rois en cele cit venir,
Ja orras qu'il demandent, s'il te plaist a oïr :
Un anfant qui do monde fera tout som plesir,
Fera les rois de lui lor roiaumes tenir."
Ce respondi Herodes : "Faites les moi ve[n]ir!

442

3550　-Tu ne sez, rois Herodes, nos somes ti sergent
Et somes prest de fere tout ton commendement.
Trois rois a la defors qui quierent .i. anfant,
Novelement est nez, por ce le vont querant,
Bel sont aparillié et molt font bel samblant.
3555　Par ma foi, rois Herodes, il no vont pas celant,
Sor toz rois regnera ce dïent en oiant,
Il le vont aorer sel traient a garant."
Ce respondi Herodes : "Fai les venir avant!"
Et respondi li sers : "Tout a vostre commant."
3560　A icel mot s'en tornent sanz plus d'arrestement.

443

Dou palais se sont tost li sergent retorné,
En la cité descendent ou les rois ont trovez,
De par le roi Herode les ont bel saluez :
"Signor, li rois vos mande que vos a lui venez,
3565　Ce vos mande par nos que vos rien ne doutez,　　　　　　Fo 61a
Vos li direz noveles de l'anfant que querez.
Qui est qui ce vos dist ne comment le savez,
Qui vos a ansaingniez q'en cest regne iert trovez?"
Ce respondent li roi : "Et vos nos i menez !
3570　Nos li dirons bien voir si que trestuit l'orrez."

444

Qant ce ont dit li roi d'iluec se sunt meü,
Li sergent les menerent el palais de dessuz.
Molt les suï granz genz, molt furent porseü
Por l'anfant qu'il demandent, qui n'est pas conneüz,
3575　Et qant virent Herode si li rendent saluz,
Li rois les resalue, contr'ax se leva suz,
Baisa les li traïtes, lez lui les rassist jus :
"Dites, signor, dont estes, por qoi estes venu?
N'estes de ceste terre ne n'estes conneü.

3580 -Fai nos pais, sire rois! *Et nos* le te dirom -
Ne somes d'une te*r*re ne d'une natïon,
De .iij. roiaumes somes, rois n*o*s apele l'on,
Diex nos a assamblez *par* gra*n*t demostrison :
Une estoile veïsmes, la clarté en sivrom,

3585 L'estoile nos demostre, fors rois, b*ie*n le savom-
Que li anfes est nez *que* nos *que*rant alom.
Par le cors de l'estoile m*o*lt lonc tens q*ui*s l'avom :
Il iert rois sor toz rois *et nos* de lui tenrom,
De noz avoirs av*ra* se trover le poom,

3590 Qant l'avro*n*s aoré en noz païs rirom."

446

Qant ce oï Herodes si *commence* a douter,
Les clers de la cité fist devant lui ma*n*d*er*,
Comme*n*da *que* lor livre fussent tuit aporte[r].
Qant les vit devant soi *commença* a p*a*rler :

3595 "Sign*or*, or escoutez *que vos* voil demand*er* :
Esgardez en voz livres se i porrez trov*er*
Ou li anfes naistra *qui* sor toz doit rai*n*ner!"
Ce dist li esc*ri*ture : "De ce n'estuet douter,
Sachiez em Bethleem tot voldra sorm*o*nt*er*

3600 *Et* toutes les citez qui sunt de ça la mer.
L'escriz dist : 'Bethleem, ne t'en estuet douter :
De toi istra li diex *qui* b*ie*n sav*ra* regner
Et le pueple Israel savra b*ie*n governer.' "

447

Qant ce oï Herodes a pou n'enrage vis,

3605 Geta les de laiens, a pou nes a ocis
*Et comme*nda li fel ne soient el païs
Et s'emporte*n*t lor livres, dahaz ait lor esc*ri*z!
Dont est alez as rois *et* lez aus s'est assis,
M*o*lt lor fist bel samblant li cuv*er*s anemis

3610 *Et* lor dist en rïent : "Je sui m*o*lt vos*t*re amis,
Bien serez h*er*bergié *et* m*o*lt tres b*ie*n serviz.
Signor, aiez congié d'aler par cest païs!
V*o*s avrez bon conduit, b*ie*n voil l'anfes soit q*ui*s ;
Savez *que* je v*o*s p*ri* com signo*r*s *et* amis?

3615 Qant v*o*s l'avrez trové, *que* ne soiez ganchiz
Ainçois le m'ensai*n*gniez, si serai b*ie*n serviz.

448

Or entendez, signor, ice *que vos* dirai :
Ennuit jusq'au mati*n* b*ie*n v*o*s h*er*bergerai,

Fo 61b

Le mien vos habandoing, de tout vos servirai,
3620 Par trestout mon païs le conduit vos donrai ;
Bien le querez par tout issi com dit vos ai,
Ça revenez par moi! Et je le requerrai,
De toute ceste terre mes homes manderai,
Avoec moi en iront et ses hom devendrai.
3625 Qant je serai ses hom a ses piez l'aorrai
Et trestoute ma terre, sachiez, de lui tenrai,
Toz les jorz de ma vie sor toz le servirai."
Ce respondi Jaspar : "Pas ne l'oblïerai.
-Et je, dist Melchion, si les en semondrai.
3630 -Et je, dist Baltasar, avoeques vos irai."

Fo 62a

449

Congié ont pris li roi, a l'ostel sont alé,
La nuit se reposerent, au matin sont levé,
Le soir les a Herodes belement conraé,
Bien sunt aparillié, gentement acesmé ;
3635 Garderent vers le ciel com sont acostumé,
L'estoile reconnurent qu'ere de grant clarté.
Or s'en vont li baron, guerpirent la cité,
Em Belleem tout droit, que molt se sont hasté.
Qant vindrent pres dou liu ou li sire ere né,
3640 Dedessuz la maison s'abaissa la clarté.

450

Dedessuz la maison virent la clarté grant
Et virent que l'estoile ne s'aloit remuant,
Lors antrerent dedans si troverent l'enfant,
El geron a la mere le troverent seant.
3645 Tuit troi s'agenoillere[n]t, ne furent en estant,
Les dons ont descovers qui bien furent parant,
Tretoz trois li offrirent, nes ala refusant,
Ensamble les reçut li sire en .i. tenant,
Il les a regardez doucement en riant.
3650 Li troi don qu'il offrirent, signor, furent molt grant!
Or et encens et mirre, molt par erent vaillant.
Signor, roial don sont qu'il offrirent l'enfant.

451

Cil baron qui offrirent or et mirre et encens,
En ces .iij. dons si ot .iij. senefïemenz :
3655 Li ors si senefïe qu'il estoit molt puissanz,
Et que prestres sera senefïe l'encens,
Li mirres sepouture, qu'il morra por les genz.
Cele nuit sont remeis o l'enfant la dedanz,
Joseph les a serviz, si firent grant despans,

Fo 62b

3660 Sachiez ne cousta gaires li lor herbergemenz :
N'i orent liz de paile ne nul delitemenz,
Couchié sont li .iiij. roi, li quarz lor est presenz :
Enfes est si est Diex, li rois omnipotens.

452

Andormi sont li roi, qui molt erent lassé ;
3665 L'angles descent sor aus, qui n'a pas demoré,
Les .iiij. rois qui la erent a bien amonestez
Par autre voie voisent tout droit en lor regné,
Qu'il se gardent d'Erode, le cuvert parjuré,
Dist lor qu'il est traïtes et plains de cruauté.
3670 Qant ce ot dit li angles el ciel en est montez
Et li .iiij. roi se sunt tuit par matin levé,
Venu sont a l'anfant et si l'ont aoré,
Molt doucement li ont le congié demandé,
Marie, la gentis, lor a molt bel donné,
3675 Par aliënes voies se vont en lor regné.

453

Herodes les atant, icil Deu anemis,
Ainc ne s'en remua li cuvers dou païs,
Va atendant le terme que as .iiij. rois ot mis.
Qant voit qu'il ne vendront li cuvers, li chaitis,
3680 Par pou ne pert le sens et qu'il n'enrage vis.
Or oez dou cuvert quel conseil il a pris :
Par toz ses chevaliers a li tirans tremis
Si vost que li anfant fussent trestuit ocis
Qui ont mains de .ij. anz, les granz et les petiz,
3685 C'est por ce que li sires soit avoec aus malmis.   Fo 63a
Or vont em Belleem cil qui la sont tremis,
Si ont anvironné trestuit celui païs,
N'i remeist .i. sex anfes que il ne fust ocis.
Ainz que il i venissent an fu Joseph garniz.

ISSI *COM* JOSEPH *ET* N*OST*RE DAME / EN ALARENT EN
EGYPTE / *ET* AM PORTARENT NOSTRE / SEIGNOR *ET*
ISSI C*OM* HERODES / FIST LES ANFANZ DECOLER

454

3690 Li angles descendi, ne demora noient,
A Joseph est venuz molt amiablement :
"Lieve suz, dist li angles, amis, isnelement,
Pran l'anfant et Marie, n'i va plus delaiant
Si les mainne en Egypte, Joseph, tout belement !
3695 Herodes, li cuvers, a mandee sa gent,

266

Les anfanz fait ocirre, ce saches, cruelment,
Saches q'en Belleem n'en ce q'en lui apant
N'en remaindra .i. vis, saches veraiement!
Tu menras en Egypte -ne l'oublïer noient!-
3700 Tant q'Erodes soit morz ; ne vivra longuement.
Garde ne revenir sanz mon commendement!"

455

Herodes, li traïtes, sa gent la anvoia,
Il on t bien acompli ice qu'il commenda :
Toz les anfanz ocist et toz les decola.
3705 Sachés que nul anfant eschaper ne laissa.
Rachel en fu dolante, por ses anfanz plora,
.I. duel fist mervillos, ne se reconforta,
Bien set, puis que mort sont, que nul n'en ravera.
La genz de Belleem grant duel en demena
3710 De la char de lor fiz, qant on la detrancha ;
Sor le cors a la mere, ou l'anfes aleta,
Li cuvers le saisi, iluec le decola.
Mais Joseph o l'enfant, sachiez, ne s'atarja,
O la mere en Egypte sagement l'en mena.

456

3715 Joseph est en Egypte molt sagement alez,   Fo 63b
Li anfes o sa mere est ilueques remeis.
Herodes ne s'oublïe, les anfanz a tuez,
Les uns a detranchiés, les autres decolez,
Molt par fu granz li duels qui la fu demenez.
3720 Signor, molt en i ot qui furent decopez :
[C].xl. iiij. mile en i ot decolez.
Ce quide rois Herodes, qui molt est mal senez,
Q'entre les Innocens soit li sire tuez.
Aprés cel grant martire s'en sont tuit retornez
3725 Et cil de Belleem en grant dolor remeis.

457

Longues dura Herodes, cil fel, cil orguillex,
D'ocirre son signor estoit molt covoitex,
Molt par est deputaires, molt estoit anvïex,
De ses vesins souduire estoit molt angingnex,
3730 Ainc n'ama loial home, plus ama traïtors,
Molt ert de fol apel, molt ert de putes meurs ;
Il chiet en anferté, molt devint angoissex,
Donc a pris la vairole, toz devint chacïex.

Herodes s'est couhiez, si fait molt lait samblant,
3735 Li gros maus l'avoit pris, tout le va destruiant,
Dont li va li poacres a ses piez descendant,
Ez vos la goute flestre le cors li va perçant!
Dont ot fievrc quartainne par mi le cors trop grant,
Idropiques devint, sa pance va anflant,
3740 Dont li vint li chaus maus, li dent li vont cheant.
Li cuvers s'est couchiez, mires va demandant,
Qant nel pueent garir, toz les va ocïant.
Dont li fuient si fil, ausi font si sergent,
Ses parantez le fuit, tuit le vont maldisant,
3745 Nus hom nou puet soffrir, puor i a trop grant,   Fo 64a
Qant il doivent venir et il s'en vont fuiant.

Dont sont tuit li baron do païs assamblé,
Dans Archelaus, ses fiz, les i avoit menez :
"Signor, ce lor a dit, quel conseil me donrez?
3750 De mon pere me poise, molt est mal atornez.
Veez com il est laiz, com est deffigurez,
Il ne se puet jugier, tant est mal atornez,
Puans est, de coitures et toz environnez,
Les mires qu'il manda il les a toz tuez.
3755 Il ne set qu'il se fait, il est toz forsenez.
Je manderai .ij. mires tres bien asseürez
Si ferai faire .i. baing ou tost soit eschaufez
De poiz boulie et d'oile, ou tost soit devïez.
C'est granz honte qu'il vit, je voil qu'il soit tuez."

3760 Li mire sont venu devant lui en maison,
Herodes les regarde en guise de felon,
Fierement les rueille et lieve le grenon.
"Que queïstes çaiens fil a putain, gloton?
-Biau sire, mire somes, tres bien te gariron,
3765 Nos te ferons mecine si te donrons puison,
Mervillex baing avras, dedans te baingnerom.
Qant do baing partiras tot sain te renderon."
La poiz boulent en l'oile en .i. vaissel parfont,
Qant le sentent boillant si pranent cel felon.
3770 "Metez moi belement, fil a putain, gloton,
Certes se ne garis as forches vos pandrom."
Ce reponent li mire : "Nos vos en garderom,
Ne prandras nul des autres qant de ci partirom."
Aval el fons l'empaingnent la dedens a bandon.

3775	Li mire lor parole ont molt bien averee,	Fo 64b
	La vie dou felon est la dedans finee,	
	L'ame de cel deable est en enfer antree,	
	Icele compaingnie li est ancontre alee,	
	De lor cros l'ont saisie si l'ont enchaanee,	
3780	De lor forches la boutent, en .i. puis l'ont ruee,	
	Et li fons de cel puis avoit grant alumee,	
	La maisons ert pullente et de flame ambrasee.	
	Si pié sont contremont, la teste aval coulee,	
	Li serpent la trepercent com se fust estranglee,	
3785	.I. deables li met par mi outre s'espee,	
	De diverse maniere l'ont iluec tormentee.	
	Qant autres ames ont aucune reposee,	
	Dedens cel puis se gist, ja n'en iert relevee.	

462

	Qant Herodes fu morz Archelaus si regna ;	
3790	Li angles descendi dou ciel, ne demora,	
	Dant Josep en Egypte docement viseta,	
	Doucement li a dit, mie ne li cela :	
	"Rois Herodes est morz -Archelax le regne a-	
	Et trestuit li murtrier : ainc nus n'en eschapa.	
3795	Joseph, or t'apareille! Aler t'en covendra."	
	Qant l'oï li prodom bonement l'otroia,	
	Sa mule a aprestee, belement l'ensela,	
	La dame mist dessuz et l'anfant li bailla,	
	En Nazareth s'en vint, iluec se herberja,	
3800	Iluec norri Joseph l'enfant que tant ama,	
	Obediëns li fu de qanqu'il commenda.	
	Donques s'est porpansez baptisier se fera,	
	Lors va a son cousin Jehan, que tant ama,	
	Tout droit au flunc Jordain, ilueques le trova,	
3805	Mais qant Jehans le vit, poor ot si trambla.	Fo 65a

CE EST ISSI COM NOSTRE / SIRES FU BAPTIZIEZ

463

	Signor, sachiez de voir, molt fu soéf norriz	
	Et si fu bien amez de paranz et d'amis,	
	Molt fist beles anfances tant com il fu petiz	
	Et qant il ot .xxx. anz qu'il furent acompliz,	
3810	Au flunc Jordan s'en va, saint Jehan i a quis,	
	Trové a le prodome, el desert ert seutis,	
	Il li a dit : "Jehan, tu ies molt mes amis.	
	Batise moi, Jehan, que tu ies mes cousins!	

-Nou ferai, biau doz sire, je ne sui si hardiz,
3815   Molt sui espoantez de ce que ça venis.
       -Gel te command, Jehan, n'en faire contrediz!
       -Biaus sire, je n'en os. -Tu ne sez que tu diz.
       -Ice, las, dont me vient que tu a moi venis?
       Por qoi je sui pehierres et dolanz et chaitis,
3820   Famillos et malvais, por ce m'en sui foïz.
       Batise moi premiers! Nez serai et gariz.
       -Taiz, Jehan! Voil que soit mes commanz acompliz.

                          464

       Batise moi, Jehan, garde ne demorer.
       -Nou ferai, biau doz sire, te ne t'os esgarder.
3825   -Si feras, biaus amis, ne t'en estuet douter."
       Donc s'ala lors Jehans belement s'aprester
       Et Jhesucriz el flunc commença a antrer ;
       Donc l'aprocha Jehans, commença a douter.
       Qant il leva sa main commença a trambler.
3830   Donc s'en ala li sires et prist a retorner.
       Et Jehans le batise, ne vost plus demorer ;
       Li sainz espirs descent, si vost sor lui monter,
       Com se fust .i. coulons commença a voler :
       "Icist est mes biaus fiz que je voil tant amer,
3835   Mes plaisirs est en lui, li mons le doit douter."   Fo 65b
       Qant il fu batisiez prist soi a redouter.
       Ce est la lois novele dont vos m'oez parler.

                          465

       La batisa li sers bonement son signor,
       Li chevaliers le roi, Jehans son criator.
3840   Molt par ert simples hom, molt en ot grant paor
       Qant vit saint esperit en colomel coulor,
       O[ï] la voiz (de) som pere de la plus haute tor,
       Li ciel erent overt, mostra li grant amor,
       Onques peres a fil ne mostra mais grignor :
3845   "Tu ies, fait il, mes fiz a qui j'ai mis m'amor,
       Toi serviront li roi et li empereor,
       Toz li mons [t'] iert sougiz, molt avras grant honor,
       Fiz, qui te servira ja n'avra deshonor."
       Ne l'estuet demander se Jehans ot poor
3850   Qant veoit tel miracle et tenoit son signor.
       Qant il fu batisiez si se mist au retor
       Et laissa le Batiste, qui ert en grant poor.
       Donc anvoient a lui dou païs li signor,
       De lui croire sont tuit entrei en grant error.

                          270

3855 Qant Diex fu batisiez n'i vost plus demorer,
Des or se voldra il a la gent demostrer.
Jehans est el desert, qui ne s'en voet torner,
La gent qui a lui vienent set il bien doctriner,
Il les batise en l'eve, puis les en fait aler,
3860 Si voet que tuit le sachent, pas ne s'en voet celer.
Dont le requierent tuit et vieil et bacheler,
El desert vont a lui trestuit por escouter
Et por aus batisier et por aus amander.
Mais la vie qu'il mainne est molt forz a mener.
3865 Li Giu s'en merveillent qant en oient parler.   Fo 66a
Les travaus que il soeffre(nt) ne puet nus andurer ;
D'aus est nez mais antr'aus ne pooit converser.

467

Jehans est el desert, molt i vit saintement,
Enz el desert li sires batisoit il la gent.
3870 Li maistre(s) de la loi s'en mervilloit forment
De lui et de sa vie, de som batisement.
Entr'aus en ont tenu ensamble parlement :
"Cil fiz Elisabeth toute no loi offent.
Se cure n'em prandrons, sachiez veraiement,
3875 Il nos fera a toz molt grant destorbement,
Sachons por qoi il leve en l'iaue ensi la gent,
C'est por dampnatïon ou por lor sauvement,
Se il est Messias que li pueples atent
Et por qoi il commence cest novel testament,
3880 S'est Elyas ou Criz, sel die apertement,
Die, s'il est profetes, em profecïement,
Ne se face mescroire, die veritalment !"
Esliz ont des plus sages de grignor escïent.

468

Esliz ont les plus sages et toz les plus senez,
3885 Cil ont pris le congié, el desert sont alez,
Trové i ont Jehan, si fu bel saluez,
Dont parla li plus sages com ja oïr porrez :
"Sire, nos vos prions que vos nos escoutez,
Dites nos qui vos estes et pas ne le celez !
3890 Cil de Jerusalem et des autres citez
Se merveillent, biau sire, comment ici menez,
La gent qui a vos vienent batisiez et lavez ;
Estes vos Elyas, qui el ciel fu portez,
Ou Cristus ou profetes? Que que soit nos direz ;
3895 Cele loi que tenons, dites se la tenez,   Fo 66b
As maistres de la loi dites que manderez !"

Ce li respont Jehans : "Aparmain le savrez.

469

Or enten, biaus amis, que je lor manderai
Or l'entendez tres bien, pas nel vos celerai :
3900 Ne sui pas Elyas, ne ja mais nel serai,
Ne Cristus ne profetes, pas nel vos celerai."
Et respont li messages : "Et je que lor dirai?
Je ne sui pas plus sages de riens que oï ai.
-Si serez. -Je comment? -Oez! Jel vos dirai :
3905 Une voiz sui crianz et loinz tens crïerai,
Qui sui en ces desers et lonc tens i serai :
Li sires est venuz que toz jorz amerai,
Ne fait a correcier, pas nel correcerai ;
Je ne sui pas tant dignes, pas nel vos celerai,
3910 Que nés a sa coroie pas n'i adeserai ;
Aparilliez sa voie si com vos mosterrai!
Que Diex est nostre sires, c'est voirs que dit vos ai."

470

Or entendez, signor, que Diex vos beneïe
Qui fu fiz a la dame, par qoi avons la vie!
3915 Jehans fu molt prodom si fu fiz Zacarie,
Toz tens fu ou desert, molt mena sainte vie,
La vie de cest monde avoit molt enhaïe,
Douta que par pechié ne fust s'ame perïe.
Signor, ice sachiez que il l'a bel garïe,
3920 Que puis qu'il ot .vij. anz il ne fist vilonnie
Ne onques mal ne dist ne n'ama felonnie,
Desloiauté ne voust, ainz haï tricherie,
Tresor d'or ne d'argent n'en ot en sa baillie,
Onques de vin ne but, de pain ne manja mie,
3925 Neporqant par martire torna de ceste vie.   Fo 67a

471

Que Diex vos beneïe, signor, or m'entendez :
De la mort saint Jehan dirai se m'escoutez,
Dou beneoit Batiste qui tant par fu amez,
Com il fu par Herode, cel felon, decolez.
3930 Fius fu a cel Herode a cui tans Diex fu nez,
Par qui li anfant furent a martire livrez :
Tuit cil de Belleem qui i furent trovez.
Molt fu fel cil Herodes dont vos parler m'oez :
Qant il sot des .iij. rois qu'il furent retornez
3935 Par alïenes voies et qu'il ere anjanez.
Adonques n'ert pas rois, mais princes renomez.
Adonc prist grant avoir de qu'il avoit assez,

A grant chevalerie s'en est a Rome alez,
Mostra l'empereor que li anfes ert nez.
3940 La fu pris li consaus dont tuit furent tuez :
Puis s'en est a grant joie de Rome retornez.

472

Molt fu fel cil Herodes, qui les anfanz tua,
Anviex [fu] et traïtes et longuement regna,
Archelaus fu ses fiz, qui onques Deu n'ama
3945 Et Phelipes aprés, que il forment ama
Et li tierz fu Herodes, saint Jehan decola ;
Felipe, cel sien frere, durement correça,
Sa feme li toli Herodes et ambla.
Qant le sot sainz Jehans molt forment li pesa,
3950 Fors dou desert issi et el palais s'en va,
Voiant toz ses barons sa feme li vea,
Dist pas nel devoit faire, ne il ja nel fera.

473

Herodias l'oï, cele maleüree,
Entendi bien et sout que seroit dessevree ;
3955 Bien set que dou saint home est granz la renomee   Fo 67b
Et sout que sa parole sera forment doutee
De trestoute la gent qui ere en la contree.
Cria a molt haut cri, a terre chiet pasmee,
La fille au roi Felipe, que il ot engendree,
3960 Molt tenrement plora si l'a suz relevee,
Ce fu icele fille qui mar fu onques nee,
Que par li fu la teste au Baptiste corpee,
De l'espee tranchant de son cors dessevree.

474

"Herode, fait Jehans, compainz tu periras,
3965 Je sai bien que molt ainmes icele Herodias,
Ele est feme ton frere et tolue li as,
Se tu croire me voes, amis, tu li rendras,
Saches, se tu no faiz, de male mort morras!
Ne la doiz maintenir ne ne la maintendras.
3970 -Por qoi? -Qu'il n'est pas droiz ne tu ne le feras.
-Nel dire mais Jehan, ja mar em parleras.
Va t'en en ton desert! Se m'en croiz, la maindras.
La parole q'as dite chierement comparras!
Saches que je aim molt ma feme Herodias!"
3975 Ce respont sainz Jehans : "Nel doiz tenir a gas,
Ja la feme ton frere, se Deu plaist, jor n'avras."
Ce li respont Herodes : "Sez, Jehan, que avras?
Tant girras en ma chartre que toz porriz seras!"

Herodias le het sel *pris*t a ancuser,
3980 Tant fist q*ue* sai*n*t Jehan fist en chartre geter,
Iluec le fait Herodes au char*tri*er anfermer,
Nel fist pas por ocirre mais p*or* espoanter
Et dist Herodias c'on le laissast ester,
Q*ue* form*en*t l*e* cremoit, m*o*lt le soloit am*er*.
3985 Si deciple le sorent, sel vi*n*drent viseter,
Demandent le congié q*u'i*l i puisse*n*t antrer,
Donez est li congiez, b*ie*n i pue*en*t aler,
Dedans la chartre entrere*n*t p*or* lui re*con*for*ter*
Et qant il s'entrevirent *com*men*c*ent a plorer.
3990 Jehans de son signor *com*men*c*e a demand*er*
S'ancore par ses oevres se voloit demostrer.

476

"Signor, ce dist Jehans, *e*n mon message irez,
Le mien signor Jh*esu* vos me saluerez,
Ice q*ue* vos dirai boneme*n*t li direz,
3995 Nel metez en oubli, mais b*ie*n le retenez :
C'est cil qui doit venir, -*et* tart s'est demostrez,-
Q*ue* nos autre atendons, gardez ne li celez!"
Cil ont *pris* le congié *et* Jehans est remeis,
A Jh*esu* sont venu, q*ue* n'i sont demoré,
4000 Le message li dient q*ui* b*ie*n fu escoutez :
"Ce v*os* mande Jehans, q*ui* la est anchartrez,
Se nos atendons autre, s'estes q'estre devez.
-Oïl voir, ce sui je, assez plus li direz :
Contrait redreceront, lieprex seront senez,
4005 Li sort avro*n*t oïes, aveugles ralumez ;
Q*ui* moi ne meffera m*o*lt iert bons eürez!"
Cil ont *pris* le congié, arriere sont alez.

477

Li deciple s'en tornent m*o*lt amiableme*n*t,
Rendirent lor message a Jehan boneme*n*t,
4010 *Et* Jh*esu*s est remeis, ensamble o lui gra*n*t ge*n*t,
Pais *com*manda a faire a toz *com*muneme*n*t,
Dont lor dist de Jehan q*ue* lui vint a talent :
"Dites moi q*ue* qeïstes el desert, bone ge*n*t?
Por veoir la *pro*fete *et* son *con*teneme*n*t?
4015 Il est plus que profetes sachiez veraieme*n*t.
C'est cil dont l'es*cri*ture n*os* dist tout voireme*n*t :
'Ici t'anvoi mon angle, toz jorz t'iert em *pr*esent,
Devant toi de ta voie fera l'ap*r*esteme*n*t.' "

Herodes tint Jehan en chartre com larron.
4020 Adonques tint sa feste com rois et riches hom,
Tuit i vindrent li prince de cele regïon
Et tuit si vavassor, s'i furent si baron,
La feste fu dou jor qant vint a nacïon.
Qant sist a son mangier tuit furent environ,
4025 Et la fille son frere antra en la maison.
La meschine fu bele, comme lisant trovom,
Et molt estoit cointece et de bele façon,
A baler commença quel virent li baron
Et a tumer aprés, a Herode fu bon.
4030 Adonc dist oiant toz, ne cela sa raison,
Jura son sairement qu'il li donroit .i. don :
"Se viex demi mon regne, saches, sel te donrom."
Et respont la meschine : "Nos en consillerom."

Herodes fu haitiez s'ot beü dou vin cler,
4035 Harpent cil harpeor et chantent cil jougler,
La fille de son frere i antra por baler,
Tres devant les barons commença a tumer.
Herodes fu bien yvres, commença a viser :
Demi son regne avra se le voet demender.
4040 Cele va a sa mere, n'i vost plus demorer
Si li a dit tantost que porra demander.
"Bele fille, fait ele, por noz diex honorer
Li demande que face le chief Jehan coper
Et en mi .i. tailloir le tc face aporter."
4045 Qant la pucele l'oit n'i vost plus demorer,   Fo 69a
La chaitive s'en va devant le roi ester,
Oiant toz les barons commença a parler :
"Rois, ne voil pas ton regne, ne t'en estuet douter,
Mais le chief de Jehan que as fait anchartrer."

CE EST ISSI COM SAINZ / JEHANZ FU DECOLEZ

4050 Qant l'entendi Herodes, toz li sans li mua,
Ne li osa veer por ce qu'il li jura
Et lors tout maintenant .i. sergent apela,
Le chief Jehan aport, oiant toz, commenda.
Cil va dedens la chartre, iluec le decola,
4055 Mist lou sor .i. taillor et tantost li bailla.
Ele va en la sale, sa mere l'aporta,
Li beneoiz Batistes sa vie issi fina.

L'ame de cel saint home en enfer en ala,
Sachiez n'i soffri painne tant com i demora :
4060 Qant Diex fu travilliez *et* en la croiz fina
En anfer descendi *que* pas n'i demora,
Les portes furent closes, mais toutes les b*ri*sa,
Lui p*ri*st *et* ses amis *que* ilu*e*q*ue*s trova,
El ciel o grant *ve*rtu li sires les mena.
4065 A ceaus qui laiens erent tout son secors nonça.

481

Sign*o*r, en tel maniere fu Jeha*n*s decolez,
N'i ot autre forfait fors ce q'oï avez.
Sachiez que de son chief mar i fu decolez,
Ai*n*c ne fu chiés ou monde, sachiez p*ar ve*ritez,
4070 Si com dient plusor, si c*hi*er fust comp*ar*ez.
Des deciples qu'il ot fu li cors demandez,
Il lor fu volen*tiers et* bailliez *et* donnez,
En la cit de Sebaste fu li cors ant*er*rez.
Sign*or*, p*or* am*or* Deu, un petit m'entendez!   Fo 69b
4075 V*os* l'avrez en mimoire toz jorz, se me creez,
Que onques de moillier ne fu tex anfes nez,
Dessor toz les profetes est el ciel honorez.
Dep*ri*iez li, signor, qant dou mont p*ar*tirez,
Qu'*i*l *vos* soit en aiüe, ne serez destorbez!
4080 *M*olt est de grant parage, ne sai se le savez :
En cel trone lassuz si est ses parantez,
Dou lin sai*n*te Marie si est estraiz *et* nez
Et Diex est ses paranz, qui en cest mont fu nez,
Jehans, l'evangelistes, sai*n*z Jaques, ce creez,
4085 La nos doint Diex venir ou il sont assamblez!

482

Em pasq*ue*rez, signor, fu sai*n*z Jehans ocis,
Qant il fu decolez, li chiés en fu tremis
A cele Herodias, qui b*ie*n en sauf l'a mis :
El mur de la cité le met li anemis,
4090 C'est el mur de Sebaste, *qui* *m*olt estoit antis.
Il ne demora gaires, si com dist li esc*ri*z,
Ses cors fu de paiens fors de la terre mis,
Herodias cuidoit, se li chiés fust *conqui*s
Et au cors assamblez, suz les espaules mis,
4095 *Par* sa grant sainteé, qu'*i*l redevenist vis!
Granz loiers a do*n*nez a paranz, a amis,
Le cors ont trestout ars, qant li feus fu esp*ri*s.
Et les os *et* la char ont ensamble bruïz
Ce q'en porent trover i ont mai*n*tenant mis.
4100 Dep*ri*ons le, signor, *que* il soit n*ost*re amis,
Que nos p*ar* lui puissons antrer em p*ar*adis!

276

Signor, icist Jehans Damerdeu batisa,
Li ciel furent overt et li peres parla
Et dist qu'il ert ses fiz, amistié li mostra.
4105 En samblant de colon sainz esperiz s'en va,
Dessuz lui descendi, que durement l'ama.
Qant Diex fu batisiez iluec ne demora
Ne li sainz esperiz ilueques no laissa :
Biau signor, es desers sainz espirs le mena,
4110 .Xl. jorz antierz Jhesucriz jeüna,
Ne de jorz ne de nuis nule riens ne manja.
Li diables l'a quis et iluec le trova,
Ne le connoissoit mie, ilueques le tenta.
Signor, icel cuvert de noient ne douta,
4115 Vint ester devant lui et molt s'en aprocha.

484

Li cuvers l'aprocha, il nou douta noient ;
Signor, ice sachiez : il cremoit lui forment,
Ne sout qu'il fust fiz Deu, doutoit le nequedant,
Puis li ala plus pres et li dist hautement :
4120 "Jc sai que tu jeünes et s'as faim voirement
Et se tu ies fiz Deu, di ton commandement,
Commende que ces pierres soient pain de froment!
Puis em porras mangier trestout a ton commant."
Ce li respont li sires molt amiablement :
4125 "Li hom ne puet pas vivre de pain tant solement :
De la parole Deu, de son ansaingnement,
De sa bone doctrine, de ce vivent la gent."
Nel vost li aversiers pas laissier a itant,
Saisist le entre ses braz si fist grant hardement,
4130 En la bele cité sainte Jerusalem
Sor le pignon dou temple le mist molt hautement.

485

"Se tu ies li fiz Deu ici le proveras!
-Comment? ce dist li sires. -Jus a terre saudras
Que ton cors ne ton pié de rien n'i bleceras!
4135 -Ne sez que dist li livres? Comment, sautier n'en as?
Esgarde en ces .ij. vers que dedens troveras.
Or les escoute bien, se tu voes ses orras :
'Ja manderai mes angles, qui ne sont mie las,
En lor mains me tenront que ne me bleceras
4140 N'a roche ne a pierre ne m'i atoucheras.'
Or t'ai dit le verset, ne sai s'entendu l'as.
Ancor dist plus l'escriz, escoute si l'orras,
Ce te demoustre Diex que tu nel tenteras!"

Et respont li deables : "Ici ne remaindras,
4145 N'i avra mestier mires ; qant de moi partiras,
Ainz que de moi estordes *que que* soit me diras!"

486

Donc l'a pris li cuvers, n'i vost plus demorer,
Porta le suz .i. mont, plus haut ne pot trover,
Toz les regnes do monde li *commence* a mostrer :
4150 "Tuit li roi sont mi home, je les faz toz regner,
Par tout font mes *commanz*, nem pueent trestorner,
Trestout le te donrai se me voes aorer,
Ne t'en estuet, ce saches, de nule rien douter!"
Ce li respont Jhesus : "Ne te puis escouter,
4155 Fui de ci, Satanas, garde n'i demorer!
Il est escrit es livres *que* Deu doiz aorer
Et ton signor servir *et* si le doiz douter!"
Li deables le laisse, n'i pot plus demorer,
Li angle descendirent sel vindrent viseter,
4160 Tant com lui plout les fist avoec lui *converser*.

487

Signor, or entendez ice que vos dirai :
Des anfances Jhesu partie mosterrai,
Ne voldroie pas dire, se bon escout n'en ai.
Ce qu'il fist en s'anfance pas ne vos celerai,
4165 Ainz qu'il eüst [x].iij. anz, ice *vos* conterai.   Fo 71a
Il me soit en aïe, par lui *commancerai*
Et par sa sainte mere si le definerai.

488

Droit en Jerusalem, cele sainte cité,
A une feste anuel se sont tuit assamblé,
4170 Tuit cil de la contree *et* tuit cil dou regné.
Danz Joseph *et* Marie ne se sont oublïé,
A la feste s'en vienent avoec lor paranté,
Jhesucrit, lor anfant, ont avoec aus mené.
Tant com dura la feste furent en la cité.
4175 Qant ele fu finee si s'en sont retorné,
Jhesucrit, lor anfant, ont iluec oublïé,
A l'issir de la vile s'estoit il destorné
Et ala en l'escole, as Gïus a parlé,
Tout le jor sist o aus, molt i a desputé,
4180 Assez li ont anquis *et* assez demandé
Et tuit cil de l'escole si l'ont molt regardé
De ce qu'il ont en lui issi grant sens trové.
Il n'avoit *que* .xij. anz, molt ert de jone aé.

Danz Joseph *et* Marie ont fete lor jornee,
4185 La m*e*re de son fil ne s'est pas apensee :
Qant ele nel trova m*o*lt fu espoantee,
Ensamble dant Josep est arriere tornee,
Quist le par ses paranz, par toute la contree,
Dedanz Jerusalem, qui m*o*lt est longue *et* lee,
4190 Car trestoute la genz en est m*o*lt effree[e].
Tant est sa bone mere *par* la cité alee,
*P*ar amis, *par* voisins, *que* toute en est lassee-
Donc ne fu pas m*e*rveille se fu espoantee-
Lors vi*nt* a une tor *qui* m*o*lt ert b*ie*n muree,
4195 Qui cre en la cité de m*o*lt grant renon*m*ee,   Fo 71b
Cele genz des Giüs i estoit assamblee,
La sai*n*te *cr*iature a la dedanz trovee,
Sachiez *que* sa parole estoit b*ie*n escoutee!

Qant nel porent trover ne ami ne *par*ant
4200 Sachiez ne fu m*e*rveille s'il en fure*nt* dola*nt*,
Adonqu*es* fist Marie dolant co*n*tenement,
M*o*lt en orent gra*nt* duel trestuit com*m*unem*ent* ;
Issi l'ont quis .iij. jorz, n'en m*en*tirai noie*nt*,
Au quart jor l'ont trové m*o*lt ap*res*teem*ent*
4205 En l'escole as Giüs, o(t) grant assamblem*ent* :
Entre jones *et* viex furent b*ie*n plus de cent,
Les livres de la loi li mistrent em *pr*esent,
Il lor espont la lettre dou livre sagem*ent*,
Li vieil home *et* li maistre s'en m*e*rveille*nt* form*ent*.
4210 La m*e*re i est antree *et* Joseph ensem*ent*,
Donqu*es* li dist la m*e*re m*o*lt amiablem*ent* :

"Biaus ch*ie*rs fiz, dist la m*e*re, *vos* estes mes amis,
Tes p*e*res, fiz, *et* je longuem*ent* t'avons *qui*s
*P*ar toute la contree, par paranz, *par* amis,
4215 Em poor, en *tr*istece, biaus fiz, *nos* avez mis.
-Mere, ce dit li anfes, *por* qoi m'avez ta*nt* *qui*s?
Les oevres de som *pe*re ne doit fere li fiz?
Ce sachiez, bele m*e*re, m*o*lt m'*en* sui entremis."
Si para*nt* ne Joseph n'entende*nt* pas lor diz.
4220 Torna s'en de l'escole si laissa les Guïs,
Dedans la compai*n*gnie sa m*e*re s'estoit mis,
Ne la vost corre*ci*er ne en faiz ne en diz.
Va s'en o dant Joseph, sambla*nt* fait quel cremist,
Tout droit a Nazareth revi*nt* o ses amis.
4225 Les *com*manz qu'il li font toz les a obeïz,   Fo 72a

Onques de nule chose n'en fu nus contrediz,
Et Marie retint et ses fez et ses diz.
Jhesu[s] croit en scïence, de toz se fait amis,
Sachiez de vilonie ne fu onques repris.

492

4230 Signor, a icel tens, en icele contree
Si fu a unprodome une feme donnee,
Si en firent les noces de molt grant renomee.
La s'assamblerent gent de par cele contree :
Archedeclins i fu avoeques s'espousee,
4235 De l'espouse i fu toute la genz mandee
Et la mere Jhesu i refu apelee
Et nostre sire i fu o sa bele maisnee.
La ou cele genz ere ilueques aünee,
Molt par i ot cel jor grant leece menee,
4240 Molt par fu bien cel jor cele genz conreé[e]
Et de pain et de char a la bone pevree.
Tant com dura li vins si fu bien abevree.
Ice sachiez n'i fust gaires longue duree !
Qant s'aperçoit Marie, cele bone eüree,
4245 Donques dist a son fil parole bien menbree.

CE EST ISSI COM DEX FIST / DE L'AIGUE VIN / ET
COM IL FU AS NOCES / DE SAINT ARCHEDECLIN

493

La mere regarda docement son biaus fiz,
Di(s)t li a bonement que li vins est failliz.
Il li respont com anfes de molt grant sens garniz :
"Q'en afiert a nos, mere, de ce que faut il vins?
4250 Ja n'est pas li mestiers dessor nos çaiens mis,
Mais qant ore venra nos ferons com amis."
Les boutilliers apele et a por eaus tremis :
"Boutilliers, fet la dame, entendez a mes diz :
Je voil que vos faciez ce que voldra mes fiz,
4255 Gardez que si commant soient tuit acompliz!"   Fo 72b
Dont lor a dit Jhesus, qui molt par estoit piz :
"Je voil que vo vaissel soient tuit bien ampliz,
(S'em beveront ces genz trestout a lor plaisirs,)
Je voil que de ceste eve boive Archedeclins."
4260 Qant plain sunt li vaissel et l'eve es henas mis,
Devant Archedeclin ont .i. henap assis.

Ce lor a dit Jhesus : "Boutilliers, entendez :
Alez tost a cele eve, vos bouciax amplissez,
Qant serez revenu, es henas en metez,
4265   Devant Archedeclin une coupe asseez."
Qant but Archedeclins, qui molt est honorez,
Dou henap qui li fu devant lui aportez
Et il senti le vin, sachiez molt fu loez.
Cil qui les noces firent lors apelez,
4270   Archedeclins parla, qui bien fu escoutez :
"Por qoi fu cist bons vins jusq'a ore gardez?
A premiers, ce me samble, deüst estre aportez
Et qant cist fust beüz, que fussiens en yvrez,
Adonques deüst estre li pires aportcz.
4275   Et bien sachiez de voir ne fust pas si gastez!"
Enqui fu ses premiers miracles demostrez,
Dedevant ses deciples est Jhesus assamblez,
La mostra ses vertuz, molt i fu alosez,
Tuit creïrent en lui, dont s'en sont retornez.

4280   Signor, que Dex vos doint sa grant beneïçon !
Se vos bien m'escoutez si orrez bon sermon,
Molt est bons a oïr et nos le vos dirom :
Qant Jehans fu ocis, icil saintismes hom,
Qant Damerdex le sout si en fist .i. sermon,
4285   Sermona as Gïus, qui molt erent felon,   Fo 73a
En Nazareth tout droit et en Cafarnaon,
En terre Neptalin, en terre Zabulon.
Des cel jor commença sa predicatïon(s) :
Au secont jor d'Avril, si com lisant trovom.
4290   Cercha les sinagogues d'icele regïon,
Par toute Galilee, signor, tout environ,
Molt i conquist grant gent, car il ert sages hom.

Molt ert par le païs de lui granz renomee.
Qant oï que Jehans ot la teste copee,
4295   A Nazareth s'en vint, en la soie contree,
Et vint entre la gent ou vit grant assamblee,
Ilueques lor a dite parole remenbree :
"El desert que qeïstes, genz benime eüree?
La voie qu'i feïstes ne me fu pas celee.
4300   Frans dus por .i. rosel feïs tele assamblee?
Feble est rosiaus qui croit (ded)en(s) (la) betumee,
Ancontre .i. pou de vent n'a il nule duree.
Avoit Jehans bons dras et gent bien conreé[e]?

Cil q'ensi sunt vesti sont de roial maisnee.

4305 Signor, en cel desert q'alastes vos querant?
Courustes el desert profete demandant?
Il fu plus que profetes, n'en soiez ja doutant.
Savez vos que de lui nos trovonmes lisant?
Ice que vos dirai dist Diex a son anfant :
4310 'Jehans icest li angles et si l'anvoi devant,
Le chemin droiturier ira aparillant.' "
N'entendent sa parole li cuvert mescreant,
Jhesus les a laissiez si s'en va praa(a)chant
Et va par le païs les malades sanant,
4315 Icil ont lors santé, qui merci vont criant.

Fo 73b

Adonques s'est Jhesus de grant sens porpensez,
Compaingnons prist li sires, esleüz et menbrez,
Ne furent de linages ne de haus parantez.
Ja soit ce qu'il ne fussent en cest siecle assazez
4320 Ne qu'il n'orent au siecle ne chastiaus ne citez,
Si furent puis a aise, haut prince renomez :
Sainz Peres, sainz Andreus, furent frere charnel,
Cil furent pescheor, n'en orent que .ij. neis ;
A un commendement qui lor fu commandez
4325 Lor neis ont deguerpïes, ce fu toz lor chatez.
Nes regarderent puis, avoec lui sont alez.
Icist firent bon change, ne sont pas esgarez.
Saint Jehan et saint Jaque a la mer ont trovez
Qui faisoient lor roiz, ses a o soi menez ;
4330 Cil laisserent lor pere et lor roiz et lor neis.
Dont vint danz Thadeüs et danz Bartholomez.

Aprés ne demora, antre en une cité,
Dant Levi Matheü, notonier, a trové(z) :
Publicanus ot non, uns hom de grant fierté,
4335 Primes manja o lui et puis l'en a mené,
Son non li a changié : Matheu l'a apelé.
Dont vint a saint Tomas por lui servir a gré
Et Judas, li dolans. Qant furent assamblé,
.Xij. furent ensamble de grant humilité.
4340 Puis qu'il vindrent a lui ne menerent fierté,
Et il les acoilli en si tres grant chierté
Dessi que a la mort ne furent dessevré.
A saint Pere dona molt bele poesté,
Por ce qu'il ert plus povres plus haut li a doné.

4345 Qant il furent ensamble, si le(s) a apelé(z),
Oiant les .xij. apostres li a il demandé :
"Feras tu mon *command*? -Ne sera refusé.
-Tu seras mes be*rg*iers, issi l'ai devisé.

500

Pierres, ce dist li sires m*olt* amiablem*ent*,
4350 Je voil b*ie*n que tu soies au mien *command*ement.
-Sire, je sui tes sers p*or* fere ton talent.
-Tu as esté peschierres *et* p*ar* ton peschem*ent*
As vescu en cest siecle, or pescheras la ge*nt*,
Dou ciel avras les cleis *et* de *te*rre ausiment,
4355 De mon regne feras tout ton *command*ema*nt*,
Ice q*ue* lï*e*ras n'avra deslï*e*m*ent*
Et icist mien apostre q*ue* voiz ci em p*re*sent,
Je voil q*ue* il me serve[*n*]t trestout a mo*n* tale*nt*."
Et il si firent certes trestuit m*olt* bonem*ent*
4360 *Et* de jorz *et* de nuiz li furent em present,
Entr'aus n'ot poi*nt* d'orgueil, m*olt* vivent simplem*ent*.
Do*nt* vont tuit ap*ré*s lui de cel païs la gent.

501

Li sire(s) ot .xij. apostres qui tuit fur*ent* eslit,
Lui servirent a gré, nus ne s'en est ganchiz
4365 Fors Judas, li dolanz, p*ar* cui il fu traïz.
Si ot plusors deciples, si com dist li es*criz* :
.Lx[x].ij. en ot, m*olt* li furent amis,
Tuit cil le vont sivant environ le païs,
Tuit en vont ap*ré*s lui li riche *et* li m*en*diz,
4370 Li un p*or* lui veoir *et* p*or* oïr ses diz,
Li un qui sont anfers p*or* bien estre gariz,
Il les a toz sanez par ses douces m*er*ciz.
De Jehan dirai p*ri*mes, q*ui* m*olt* fu ses amis,
Cil fu evengelistes, en virgenece esliz,
4375 Cil but a la fontai*n*ne qa*n*t dormi sor som piz
Et a la sai*n*te cene la nuit qa*n*t fu traïz,
Et sont si compai*n*gnon Luchas, March *et* Mathiz.
Cil ont les evangiles es livres enes*criz*
Si sunt p*ar* tout le monde anu*n*cié *et* tremis.

502

4380 De cel evangeliste voil or p*ri*mes parler :
C'est cil qui samble a l'aigle q*ui* si haut puet vol*er*.
Cist es*cri*t le miracle dont je v*os* voil conter.
De Tyberïadis o lui passa la mer,
Il vit ensamble o lui m*olt* gra*nt* gent aüner :
4385 De ceaus qel p*or*sivoient p*or* son sens escouter,

Ausimant de malades *por* santé recovrer.
Dont *pr*ist o ses deciples .i. haut mont a monter,
Suz le mont s'est assis *por* la gent regard*er*
Et vit ces granz montaingnes de ge*n*t anviro*n*ner.
4390   Felippe, son apostre, *commence* a apel*er* :
"Je voi toz ces vaus plai*n*s, ces mo*n*s anviro*n*ner,
Que .iiij. jorz m'ont suï *que* n'orent *que* disner ;
G'espoir, par foi, Felipe, se ges faz retorner,
Qu'il ne porront *por* fai*m* en lor maisons aler."
4395   *Et* Felipes respont : "N'en sai conseil do*n*ner,
Que se nos poïssons neïs le pai*n* trover,
.Ij.c a bons deniers neïs a acheter,
Qui em poïst chas*cun* .i. morselet doner.

503

Dont respondi Andrius, *qui* ere freres P*er*ron :
4400   "Sire, en no compai*n*gnie avo*n*s .i. valeton
Si a o lui .v. pai*n*s *et* si a .ij. poissons.
Mais ice *que* voldroit ? *Por* noient le diso*m*,
Tant i a de la gent antor *et* anviron."
Dont li dist *nos*tre sires : "Tuit assez en avro*n*t ;
4405   Faites les asseoir. Bon conseil em prandro*m*.-
Et d'erbes *et* de fai*n*c ot iluec a fuison.
Trestuit se sont assis, n'i ont fait lonc sermo*n*.-
Aportez nos le pai*n*, *et* nos le benistro*m*."
Devant lui l'aporterent *et* avoec le poisson.
4410   Leva sa mai*n* en haut, fist la beneïço*n*,
Le pai*n* *et* les poissons lor livre*n*t a bando*n* ;
De .v. pai*n*s *qui* lor furent departi enviro*n*
Mangerent *que* plai*n* furent de vi*n* *et* de poisson.
Oez *que* dist li sires, signor, sel *vo*s diro*m*,
4415   Apela ses deciples *et* lor dist sa raison :
"Recoilliez le relief *que* nos ne le *per*do*m*."

504

Sign*or*, sachiez de voir *qu*'il i ot *m*olt gra*n*t ge*n*t !
.V.m homes i ot a cel assamble*m*e*n*t.
Sachiez li dui poisson ne furent mie gra*n*t !
4420   Apela ses deciples si lor dist bone*m*e*n*t :
"Recevez le relief, nel perissiez noient."
Cil ont tost acompli tout son *com*mande*m*e*n*t,
Amplïes ont corbeilles, *par* foi, dou remena*n*t.
Li .v. mile qant virent le miracle si grant,
4425   Deu en rendirent graces *m*olt amiable*m*e*n*t
Et dient b*ie*n entr'aus *et* nel çoilent neant :
"Voire*m*ent est ce cil *qui* sauvera la gent."
Qant ce miracle ot fet ne demora noient.
Or *vo*s dirai d'un autre si l'oez bone*m*ent-

Fo 75a

4430 Jehans (qui) ce[st] escrit fist et l'autre ensement-
D'un home q'ancontrerent, qui ne veoit noient,
De cel païs ert nez si erent si parant.

505

Signor, ce est toz voirs que Jhesus l'ancontra
Qant il o ses apostres par le païs ala,
4435 Li uns d'aus le connut et tres bien l'avisa,   Fo 75b
Vers Jhesu s'aprocha et bel li demanda :
"Biau sire, dites nos : Cist dolans que pecha
Et li siens parantez, qant veüe n'en a ?"
Ce respondi li sires, mie ne lor cela :
4440 "Cist ne ses parantez de noient ne pecha.
Par cestui li fiz Deu ses oevres mosterra.
Demantres qu'il est jorz ovrer me covendra,
Les oevres de som pere li fiz des or fera
Tant come li jorz dure, tant que la nuiz venra,
4445 Lors fera si oscur que ovrer ne porra.
Je sui cil qui le monde tout enluminera."
Qant ce ot dit li sires a terre s'aclina,
Arsille o salive adonques assambla,
Sor les iex a cil home bonement atoucha,
4450 Donc l'a arraisoné et bel li demanda :

506

"Amis, au natatoire iras de Siloé
Et a moi revenras qant t'i seras lavé."
Qant l'entent li bons hom ne s'i est demoré,
Il a fait son commant, maintenant s'est levé.
4455 Qant s'est lavez si vit et puis est retorné.
Il ne demora gaires, de la gent a trové,
Antor lui s'anvironent et si l'ont esgardé,
Il i ot tel antr'aus, qant il l'a avisé,
Merveilles lor ressamble, que avugles fu nez.
4460 "Maintes foiz a noz huis li avons pain doné.
-Et je, ce dist li autres, li ai le mien veé;
-Par foi, ce dist li autres, ce n'est pas verité :
Home sunt qui de vis se ressamblent assez.
-Si sui voir, ce dist cil, et si sui alumez.
4465 Comment as tu les iex ? Di nos en verité !   Fo 76a
-Uns hom que g'encontrai, qui Jhesus est nomez,
De terre et de salive ses miens iex ot lavez,
Rova q'au natatoire fusse de Siloé,
Ilueques me lavasse, si vi qant fui lavez.

507

4470 -Diras nos ou il est ? -Nenil, veraiement !

285

-Por qoi? -Je ne le sai ou est a escïent."
Adont l'ont pris antr'aus molt felenessement,
As Farisius l'en mainnent, qui molt sont male gent.
Cil li ont demandé non amiablement :
4475 "Qant receüs tes iex? Ce nos di, et comment?
-Terre mist sor mes iex et salive ensement,
Alai si me lavai par son ansaingnement,
Issi vint a mes iex cist anluminemenz."
Li cuvert Fariseu s'estormirent forment
4480 Et ont parlé entr'aus trestout communement :
"Qui le Sabat ne garde il n'ainme Deu noient.
Puet faire hom pechierres tel signe? Et il comment?"
Molt murmurent ensamble icele averse gent.
Entr'aus l'ont apelé molt correceusement :
4485 "Di va! font il, qui est? Di nos en ton talan[t]!
-Par foi, gel vos dirai : profete est voirement."

508

Li parant a celui qui avugles fu nez
A icel jor meïsmes sont devant ax mandez.
"Nos volons de cest home savoir les veritez
4490 S'il est vostre paranz et s'il est de vos nez,
Se il fu nez avugles, comment est alumez."
Et cil ont respondu : "Volantiers le savrez,
Tout le voir vos dirom, se croire nos volez :
Nos somes si parant, ce est la veritez.
4495 Avugles fu, sachiez, rien nos en demandez,   Fo 76b
De ce qu'il vos dira bien croire le poez."
Ce distrent por poor, puis s'an sont retornez ;
Que li Gïu s'estoient tuit antr'aus afié
Que, s'il fust crestïens de nul d'aus apelez,
4500 Que de la signorie fust bien batuz getez.
Et ne demora gaires antr'aus fu [r]apelez :

509

"Bons hom, enten a moi! -Dites et je l'orrai!
-Cil hom est il pechierres? -Par ma foi, je ne sai,
Sanz lumiere fui nez et ore veü[e] ai.
4505 -Grant grace doit a Deu. Pechiere est. -No croirai.
-Comment la te rendi? -Par foi, dit le vos ai.
Vos soiez si diciple! -Ice comment croirai?
Tu soies ses deciples! -Volantiers le serai,
-Que a lui parla Diex, ce est voirs, bien le sai.
4510 -Icist hom est pechierres. -Com est voirs? -Je nel sai.
-Merveille est que vos dites, ja mais tele n'orrai,
Que ne savez qui est par cui ma veüe ai.
Diex n'oit pas pecheor. -D'un mot n'en mentirai.
-Aportez vostre livre! A garant l'an trairai.

286

4515 Ainc mais ne fu oï, ne ja mais ne l'orrai
Que hom eüst ses iex ensi com les miens ai.
Je sui ci et sers Deu, sel sent et sentirai."

510

Li felon Fariseu sont forment crorecié,
Que de lor signorie l'ont bouté et sachié.
4520 "C'est hontes, font il tuit, qu'il nos a ansaingnié,
Cil cuvers toz jorz povres qui nez fu em pechié."
Mais qant l'oï le sires mostra li amistié,
Sot que chacié l'avoient et forment crorecié,
Envers lui s'aprocha. Il li cheï au pié,
4525 Mais il l'en releva, de lui l'a aprochié   Fo 77a
Si li dist tel parole que il bien entendié :
"Je sai que cil Gïu t'ont forment laidangié.
-Sire, ice est voirs, ja sunt fait li pechié.
-Croiz tu que li fiz Deu tes biaus iex te randié ?
4530 -Et qui est ce? -Je sui." Dont li rechiet au pié.
„Je le croi et croirai tant com li siecles iert.
-Gar toi dou rancheoir, ne faire mais pechié."

511

Signor, icel miracle m'avez oï conter.
Ja en orroiz .i. autre sel volez escouter.
4535 De l'aigle vos dirai qui si haut puet voler,
Plus haut que autre oisel et regarde plus cler :
Issi fu sainz Jehans dont vos m'oez parler.
Il parloit plus cler d'autre, de ce n'estuet douter,
Car il but la scïence qant dormi, au souper,
4540 Et qant il (l')ot oré si l'en vit retorner
Et molt grant compaingnie ens el temple assambler.
La chastioit le pueple qu'il voloit doctriner,
Tex i ot qui l'aloient volantiers escouter.

CE EST ISSI COM DEX PARLA / AS FARISEUS

512

Li Fariseu li ont une feme amenee,
4545 Prise ere en avoutire, antr'aus fu deboutee.
Enz en mileu dou temple la genz maleüree,
Qui onques en nul tens ne vost estre senee,
Voiant trestout le pueple, l'ont devant lui posee.
De toutes parz i fu la chaitive acusee,
4550 Elle estoi[t] en mi aus trestoute eschevelee.
Adonc parla .i. d'aus, sa voiz a haut levee
Si a devant Jhesu sa parole mostree.

Donc firent pais el temple, sa voiz fu escoutee :
"Maistres, en avoutire ceste est *pr*ise *et* *pr*ovee.
4555 Moÿses *com*manda q'ele fust lapidee.
De toi volons oïr *com*men*t* sera dampnee."
Nel disoient *p*o*r* *b*ie*n* icele gent *d*e*r*vee !
Acuser la voloient, *qu*e sa morz ert juree.
Qant les oï parler, sa teste a anclinee
4560 Si es*cr*it de son doi en la *t*e*r*re poudree.

513

*D*ont *com*me*n*cent entr'aus ens el temple a *cr*ier :
"Di nos ton jugem*ent* *et* si nos laisse aler,
*Qu*e nos n'avo*n*mes cure d'antor toi sejorner.
-Il n'est *qu*i vos retai*n*gne, *b*ie*n* em poez aler.
4565 Cil *qu*i est sanz pechié *b*ie*n* la puet lapid*er*
Et si puet *b*ie*n* sor li *pr*imes pierres geter."
Qant ce ot dit li sires *com*mence a ancliner.
Cil devi*n*drent tuit mu ne ne sorent *p*a*r*ler,
Ne sorent *qu*e respondre, *pr*istrent a retorner.
4570 El temple l'ont *gu*erpi(e) si la laissent ester,
Neïs cil qui la vindre*n*t *p*o*r* la feme garder.
Jh*esu*s leva son chief qant les en vit aler,
De m*o*lt douce maniere *com*mença a parler :
"Feme, parole a moi *et* de riens ne dout*er*.
4575 Ou sont cil qui t'acusent *p*o*r* toi faire dampner ?"
Cele fu poorouse, *com*mence a regarder :
"Sire, ce dist la feme, n'en i puis nul trover.
-Or t'en va, bele amie. Tu as congié d'aler,
Ne te condampnerai, ne te voil pas dampner.
4580 Gardes que a pechié ne voilles retorner."

514

*S*ignor, or entendez ! Parole orrez senee,
Ele est toute veraie si n'est pas *con*trovee,
Estraite est d'evangile *et* en roma*n*z tornee.
Grant part *v*os en dirai se *b*ie*n* est escoutee.
4585 Signor, en Jursalem, cele douce *con*tree,
Une fontai*n*ne i fu jadis bien compassee-
Ancor la troevent cil *qu*i ont la voie alee-
Et par n*os*tre langage est piscine apelee,
En ebreu Bersadé l'ont li Gïu nomee.
4590 Laiens soloit descendre la celeste*x* maisnee,
Si tost com descendoient si ere l'eve troblee.
La ert donc de malades m*o*lt grande l'assamblee.
Et *qu*i *pr*imes pooit de l'eve avoit l'antree,
Se tant avoit de force *qu*e sa chars fust lavee,
4595 N'eüst nule anferté dont el ne fust senee.
Qant Diex ala par *t*e*r*re *et* o lui sa maisnee,

288

Il vint droit a cele eve, granz genz i a trovee
Qui iluec atendoient l'ore bone eüree.

515

Ce nos dist sainz Jehans qant sout la verité :
4600 Nostre sires i vint s'a un home trové,
Lonc tens i ot geü, molt ert plains d'anferté,
.Xxx.viij. anz avoit de celui an passé.
Jhesus le regarda s'en a eü pité,
Bonement l'apela si l'a arraisoné :
4605 "Prodom qui giz malades, voes tu avoir santé ?"
Li hom qui ert malades si l'a molt regardé :
"Sire, fait il, oïl, sachiez de verité !
Mais de moi mettre en l'eve n'est qui praingne pité,
Febles sui a estrous, molt ai grant anferté,
4610 Ançois que levez soie i sont li autre antré.
.Xxx.viij. anz sont ja acompli et passé
Que j'ai ici geü, mais nus n'en a pité.
-Sez or que te dirai et ja avras santé :
Atout ton lit t'en va, que trop i as esté."
4615 Li bons hom fu toz sains, n'i a plus demoré   Fo 78b
Si a pris som piautriz, a son col l'a levé.
A icel jor ert feste que cil reçut santé.
Cil de Jerusalem l'ont assez regardé,
Sa litiere a son col ont cel home fermé,
4620 De molt laide maniere l'en ont arraisoné :

516

"Di va, bons hom, qui ies qui a Deu faiz contraire?
Nus hom ne fait ice que nos te veons faire.
Ne sez tu qu'il est feste, malvais hom deputaire?
Ne doiz porter ton lit ne aprés toi detraire.
4625 Or t'en va tost arriere si te met al repaire!"
Et respont li bons hom : "Sire, ce me fist faire
Uns hom qui sain me fist, qui trop est debonnaire
Signor, a Siloé, el fons dou natatoire,
.Xxx.viij. anz i jui, ne poi a moi pié traire,
4630 Toz jorz ai atendu de l'angle le repaire.
Cil bons hom m'a gari, son commant m'estuet faire.
Je ne sai qui il est, ne ne l'oï retraire."

517

Li desloial Gïu si l'ont laissié aler,
Entr'aus comme felon commencent a parler :
4635 "Cil hom n'est pas de Deu, feste ne voet garder.
La vie que il mainne ne porroit nus mener ;
A toz nos est contraires, ne voet a nos parler

289

Et forment het *no*stre estre, ne voet o nos ester
Ne feste ne Sabat, c'on doie celebrer.
4640 Ne savons p*or* qel fait il ne les voet gard*er*.
M*o*lt est b*i*en anraisniez *et* m*o*lt set bel p*ar*ler.
Nule riens n'ai*n*me tant *com*me nos destorber.
Il nos fait p*ar* ses faiz m*o*lt sovent assambler,
Ne le porrons soffrir ne longues andurer,
4645 Ai*n*z panrons .i. conseil q*ui* le porra trover.   Fo 79a
Que p*ri*s soit *et* liiés! Mar lo lairons aler!"
Trestuit a ces paroles p*ra*nent a retorn*er*
Et Jhe*s*us en la cit d'autre part a antrer,
L'ome qui sai*n*s fu faiz vit ens el te*m*ple antrer
4650 Dolant *et* correcié, sel p*ri*st a apeler,
Dist li m*o*lt doucem*ent*, pas ne li vost celer :
"Bons hom, tu ies toz sai*n*s, si t'en pues b*i*en aler.
Des ore de meffaire te covient a gard*er*."

518

Qant ce ot dit *no*st*re* sires le prodome laissa,
4655 Ses miracles fesant p*ar* le païs ala,
Jusq*ue* vi*n*t a un jor [qu']en la cit repaira,
Ce fu a une feste q*ue* la genz celebra :
Ensamble o ses apostres deda*n*s le temple antra,
M*o*lt i trova granz genz *et* bel les doct*ri*na.
4660 Li pueples qui l'escoute form*ent* s'en m*er*villa.
Trestuit distrent antr'aus *et* Jhe*s*u[s] l'escouta :
"Cil hom qui ne set lettres, il *com*ment tel sen a?
Onq*ue*s maistre n'en ot n'escole ne hanta."
Et Jhe*s*us respondi, onq*ue*s ne lor cela :
4665 "Ma doctrine s'est bone, q*ue* cil la me do*n*na
Q*ui* onq*ue*s ne m*en*ti ne ja ne m*en*tira.
Q*ui* sa volanté fait tres b*i*en le *con*noistra,
Ja il ne sa doct*ri*ne a nul jor ne faudra.

519

Or entendez, sign*or,* .i. pou si m'escoutez!
4670 Cil qui de soi parole -si com *vos* b*i*en savez-
Sa gloire va q*ue*rant, voet q*ue* soit alosez,
Mais cil qui l'autrui q*ui*ert : en lui est v*er*itez.
Moÿses *vos* quist loi q*ue* *vos* b*i*en le savez,
Nus de vos ne la siut ne *vos* ne la tenez.
4675 Ce me vient a m*er*veille q*ue* enhaï m'avez.   Fo 79b
Ne *vos* ai rien meffait, ocirre me volez."
Donc dist li uns a l'autre : "M*er*veilles escoutez!
Diables est en lui! -Certes *vos* mesp*ar*lez.
-*Et* q*ui* te voet ocirre? -V*os* por qoi me blamez?
4680 Antre *vos* fis une oevre, si q*ue* *vos* le savez,
Q*ui* *vos* vient a m*er*veille *et* por ce me haez.

La circoncisïon de Moÿsel avez,
Home circoncis ies, Sabat *que* ne gardez?
Por qoi me haez *vos*? *Por* Deu, or m'entendez.

4685 *Por* ce q'a un Sabat fui .i. sol jor sanez?
Jugiez droit juge*ment*, sign*or,* si me creez."

CE EST ISSI COM DEX / VINT EN JH*ERUSA*L*EM*

520

Cil de Jerusalem, la cité renomee,
Furent venu el temple, icele ge*nt* d*er*vee,
Et la desputison lor a mo*lt* bel *con*tee.

4690 Tout soavet lor a la parole mostree:
"*Com*m*ent,* nen est ce cil cui la genz mal sen*e*
Vont re*qu*erre conseil, *qui* va *par* la contree
Et si a sa parole overteme*nt* mostree,
Oiant ces *pr*inces ci, *qui* b*ien* l'ont escoutee?

4695 Bien savons *que* Jh*e*sus est de ceste contree
Et sa mere meïsmes est de c*e*st païs nee.
Cestui *con*noissons b*ien,* c'est v*er*itez pr*o*vee,
Mais celui qui venra, *par* qui ge*nz* iert sauvee,
Ne savro*ns* n*os* dont iert ne de *qu*ele *con*tree."

4700 Dont lor a dit Jh*e*sus *pa*role reme*n*bree:
"*Vos* genz desconsillï*e et* genz maleüree,
Bien savez dont je sui *et* de *qu*ele *con*tree.

521

Or entendez a moi si oez ma raison:
Bien savez dont je sui *et* de *qu*el nacïon.

4705 Cil qui ça m'envoia, sachiez, est verais hom,   Fo 80a
Mais *vos* nel connoissiez, si *qu*e b*ien* le savon,
Gel sai *et* sel *con*nois, toz jorz le *con*noistrom.
Je sai *qu*e de lui sui *et* toz jorz mais serom.
Ne poons departir, ja mais ne *par*tirom."

4710 Qant ce li oient dire icil Gïu felon,
Tuit le voelent ocirre sanz nule raançon.
Tuit sont a .i. conseil *et* a une raison,
Tuit parolent antr'aus de sa dampnatïon.
Li chaitif mo*lt* le heent *et* lui *et* son sermon.

4715 Cele foiz ne l'adoisent, ai*n*z vo*nt* tuit en maison.
N'en orent poesté icil Gïu felon,
N'avoient *por*parlee ancor la traïson.
De cele grant partie oïrent le sermo*n,*
Puis creïrent en lui *qu'*il estoit Diex *et* hom.

4720 Or escoutez, signor, ice que *vos* dirai!
Dirai *vos* verité, sachiez, n'en me*n*tirai.
Je n'os de Deu mesdire ne ja n'en mesdirai.
N'est droiz *que* je le face, se Deu plaist, nel ferai.
Naistre me fist sor te*r*re, toz jorz ses sers serai.
4725 Prestres sui si le serf, toz jorz le servirai.
Gel truis en l'evengile, la lettre enten *et* sai :
La mort, la traïson de lui *vos* co*n*terai,
De latin en romanz la *vos* transposerai.
D'un me*r*villos miracle pr*i*mes *vos* co*n*terai,
4730 *V*os l'avez bien oï si *que* je bien le sai.
Entendez i de cuer! *Et* je le co*n*terai,
Sai*n*t Ladre de Betai*n*ne pas n'i oublïerai.
Ce furent ses serors *que* je *vos* nomerai :
Marie Mazelai*n*ne, m*o*lt l'ai*m* et amerai,
4735 Ceste fu pecheresse *et* de li p*a*rlerai
Et Marthe ce fu l'autre, no*n*mees les *vos* ai.
Qant de li avrai dit, de son f*r*ere dirai.

Fo 80b

*C*ist Ladres, dont je di, fu de Betai*n*ne nez
Et si fu riches hom *et* bien emparantez.
4740 Icist ot .ij. serors si com oï avez :
L'une ot a non Marie, s'ert pecheresse assez,
Legiere de son cors, a trestoz com*m*unez.
*P*or la biauté de li fu mai*n* prodom dampnez.
De li furent *por* voir .vij. deable getez.
4745 A cel tans qu'ele fu ert n*os*tre sires nez
Et si ala par terre *et* fu m*o*lt renomez
Et ja avoit Jh*e*sus .ij. morz resucitez,
A sors randu oïes, avugles ralumez
Et contraiz redreciez *et* malades senez.
4750 Passa *par* .i. chastel dont .i. prodom ert nez :
Sai*n*z Symons li lieprex, *qui* m*o*lt fu renomez,
Si li fu li conroiz hauteme*n*t ap*re*stez.
Li sires i antra, iluec s'es[t] reposez.
Icele pecheresse dont *vos* oï avez,
4755 Dedanz icel chastel faisoit ses volantez.-
Cil qui Diex voet aidier, sign*o*r, n'est pas dampnez!-

CE EST ISSI *COM* LA MAGDALENE /
PLORA AS PIEZ N*OS*T*R*E SEIGNOR

*S*ignor, de Dam*e*rdeu fu granz la renomee,
Il sanoit les malades par toute la co*n*tree.

En la maison Symon la prist la reposee,
4760 Mais qant le sout Marie ne s'i est demoree,
O un chier oingnement s'en est laiens antree,
As piez nostre signor s'est la lasse anclinee,
Dessuz a tant ploré la char en a lavee,
De sa crine les tert que ele ot desmellee.
4765 Oint les de l'oingnement ou la chars ert crevee.
Molt fu la pecherriz de la gent esgardee
Et Symons li lieprex l'a tres bien avisee,
Dont dist une parole, ne fu pas escoutee :
"Se cist hom fust profetes si com est renomee,
4770 Seüst de ceste feme qu'ele n'est pas senee.
Je voi sor ses piez a mointe larme ploree.
Ele est molt pecherresse, c'est verité provee."
La parole Symon a Jhesus escoutee,
Respondi, si li dist parole remenbree :

525

4775 "Simon, enten a moi. Je voil a toi parler.
Je t'ai auques a dire se me voes escouter :
Il fu jadis uns hom, deniers soloit prester
Et estoit useriers, bien savoit userer.
A lui vindrent dui home por deniers amprunter.
4780 L'un presta .c. deniers dont se pot aquiter
Et a l'autre .l., si les laissa aler.
Mais qant le terme vit l'un et l'autre passer,
Son avoir qu'il presta commence a demender.
Qant vit n'orent dont rendre, si prist a porpanser
4785 Ou por aus retenir ou por aus pardoner,
Trestout lor pardona, ses en laissa aler.
Liquex doit de ces .ij. l'userier plus amer?
-Par foi, ce dist Simons, je nel te quier celer :
Cil cui plus pardona cil le doit plus amer.
4790 -Tu as a droit jugié et si sez bel parler."
Marie sor ses piez ne cesse de plorer
Et Jhesus la regarde : de li voldra parler.
Symon, icel lieprex, commence a apeler :
"Voiz tu ceste moillier dessuz mes piez plorer?
4795 Puis que çaiens antrai ne la veïs cesser,
Lava mes piez et tert, je ne la puis blamer,
Nes me vossis laver neïs l'eve doner.

526

Simon, enten a moi, escoute que dirai.
Nés de l'eve n'oi je puis que çaiens antrai.
4800 Ceste i a tant ploré et ters que nez les ai.
Simon, des or enten a moi que te dirai :
Ele m'a molt amé et je li amerai.

Les pechiez qu'ele a faiz trestoz li pardonrai.
Enten a moi, Marie, *et* a toi parlerai.
4805 Or enten, *que* la foi *que* en toi veüe ai
Trestoute t'a sauvee *et* je te sauverai.
Va t'en em pais, amie. *Et* je ci remaindrai."-
Bien avez entendu ice *que* dit *vos* ai.-

527

Il ne demora gaires, ice trovo*n*s lisant,
4810 *Que* vi*n*t em Bethanie, toz les anfers sana*n*t,
O lui vont si deciple, qui l'aloient siva*n*t.
Iluec trova li sires dant Lazaron menant ;
Marthe, la suer Marie, les herberja atant.
Mais qant el vit sa suer as piez Jh*esu* cheant-
4815 Au sermon qu'il disoit ert dou tout entenda*n*z-
Trestout droit deva*n*t lui vi*n*t Marthe en esta*n*t,
Regarda sa seror *et* li dist en oiant :
"Biau sire, n'as tu cure de la pai*n*ne q'ai gra*n*t?
Ma suer, *que* ici voi, te va m*o*lt esgardant."

528

4820 Mout p*ar* fu granz, sign*or*, icele electïons
De qoi la Mazelai*n*ne reçut si gra*n*t p*ar*don :
Celui eslut a soi p*ar* cui va toz cist mo*n*s :
A toz ceaus q*ui* le serve*n*t rent b*ie*n le g*ue*rredon.
Sachiez en verité *que* dire nel poom!
4825 En escrit *et* en livre tout ensi le trovo*n*s :   Fo 82a
Se le servo*n*mes b*ie*n m*o*lt grant loier avro*n*s,
P*or* robeor q*ui* vive ja ne le perderom.
De ces .ij. dames ci des ore finerom,
Et de Ladre, lor frere, .i. petit v*os* dirom.

529

4830 Signor, bon crestïen, se volez escout*er*
De Lazaron tantost ja m'*en* orrez parl*er*
Ice q*ue* a dit l'aigle qui tant haut puet vol*er* :
Ce est Jehans, li doz, -b*ie*n le v*os* doi nom*er*-
Q*ui* but la sapïence qant dormi, au soup*er*,
4835 Sor le pi*z* a som maistre, de toz p*ar*la plus cler.
Or oez le miracle ta*n*t bon a escouter!
Il fist tout en lati*n,* ja l'orrez tramposer.
S'i metez v*ostre* entente s'em poez am*en*d*er*!

530

Oez *que* dist Jehans, li sages *et* li prous,
4840 Q*ui* de ses compai*n*gnons ert li plus m*er*villous!

294

Il dist *que* de Betainne fu icil Lazarons
Et siens fu li chastiax *et* a ses .ij. serors
Et d'aive *et* de tresaive fu a ses ancessors.
On*que*s a ses voisins ne fu *con*tralious,
4845 Sovent com bons amis lor faisoit *granz* hon*or*s ;
Sor toutes riens ama cil p*ro*dom ses serors.

531

Ce fu tout voirs, sign*or, que* longuem*ent* languit-
Li hom q*ui* est malades n'avra ja nul delit-
Ses voisins antor lui ama m*o*lt *et* joït ;
4850 Il ne fu pas roberes ne pas nel *con*sen*ti*t.
Je sai assez, sign*or, que* v*o*s l'avez oït
Que Marthe fu sa suer si com dist li esc*riz*,
Et Marie ausima*nt*, n'i a nul *con*tredit.

532

Mout am*er*ent lor frere les serors bonem*ent*
4855 *Et* de servir sont p*re*stes m*o*lt amiablem*ent*   Fo 82b
Et de nuiz *et* de jorz le servent bonem*ent*.
Qant oent q*ue* li maus l'ag*ri*eve si form*ent*,
Les .ij. serors entr'eles ont p*ri*s .i. parlem*ent*
Et si ont esgardé entr'aus *com*munem*ent*
4860 *Que* manderont Jhes*u*, q*ui* suet saner la gent,
Que lor frere est malades, q'eles ai*n*m*ent* form*ent*.

533

Dient en lor conseil q*ue* le feront mand*er*,
Que malades est cil q*ue* tant suelent am*er*,
Que ce soit ses plaisirs qu'*i*l le vai*n*gne saner.
4865 Au message l'ont dit, qui b*i*en savoit p*ar*ler.
Il ala en Judee, mais ne le pot trover,
Por pou q*ue* li Gïu le voloient tu*er*.
Li message s'en tornent, n'i voelent arrest*er*,
Trové l'ont bonem*ent*, li p*ra*nent a conter
4870 *Que* malades est Ladres s'i vai*n*gne p*or* saner !

534

Trové l'ont li message fors de cele *con*tree.
La parole li dient q*ui* lor fu *com*mendee
Et p*ri*ent li m*o*lt bel q*ue* ne soit refusee.
A ces respont li sires parole remenbree :
4875 "Ralez v*o*s en, signor, en la v*o*st*re* *con*tree
Et dites a Marie b*i*en soit asseüree,
Que l'anfertez dou frere n'est pas a mort tornee,
Ai*n*z iert la *m*oie gloire p*ar* lui manifestee."

295

Cil s'en vont *et* Jhesus, li sires, est remeis
4880 *Et* les siens *com*paingnons a a soi apelez
Si lor a dit : "Signor, trestuit *vos* aprestez
Q'an Judee, biau sire, ensamble o moi irez."
Et il li respondirent, *com* ja oïr porrez :
"Cist consaus ne nos samble pas estre b*ie*n senez.
4885 -Por qoi? -*Que* ne soiez par Gïus lapidez!
N'i alez pas, biau sire! N'i estes pas amez."
Et respondi li maistres : "De ce p*or* qoi p*ar*lez?
En ces jorz a ancore, se *vos* bien les contez,
Mien escïent .xij. hores, ce cuit i troverez.
4890 *Qui* p*ar* nuit va sovant, sove*n*t est an*com*brez.

536

Or entendez trestuit a ce *que vos* dirai.
Li nostre amis se dort Ladres a lui irai.
Ce est la v*er*itez *que* je m*o*lt amé l'ai.
Je voil a lui aler *et* si l'esvillerai,
4895 Je l'ai toz jorz amé *et* or li mosterrai."
Oez *que* li deciple respondent, sel dirai :

537

"Sire, je quit, s'il dort, ce li sera santez
Et de la maladie sera tost retornez."
Adont respont li sires : "*Por* qoi mesentendez?
4900 Ja orrez tex noveles do*n*t tuit irié serez,
Car n*ost*re amis est morz .iiij. jorz a passez
Et si est mis en t*er*re. Sachiez nel troverez.
Or *vos* aparilliez, q'ansamble o moi irez."

538

Qant l'entendi Thomas, l'apostre Didi*mus*,
4905 De la bouche son maistre *que* morz est Lazar*us*,
Un grant soupir geta, si dolanz ne fu nus,
Ses *com*paingnons apele, ne se fit mie muz :
"Oez p*or* Deu, signor, *que vos* a dit Jh*esus* :
Que morz est de Betai*n*ne n*ost*re amis Lazar*us*.
4910 Alons morir o lui! Je ne q*ui*er vivre pl*us*.
M*o*lt me vient a contraire qu*'i*l m'est issi toluz.
Mal en somes mené s'or n'em panse Jh*esus*."

539

Pres de Jerusalem, cele bone cité,
Si n'avoit *que* .iij. liues, ce est la v*er*itez,

4915 El chastel ou menoient Maria *et* Marthé,
La ou orent lor *f*rere bonem*ent* anterré,
Jh*es*us o ses deciples est cele part alez.
Lazar*us,* qui morz est, ert de grant paranté.
Au chastel de Betai*n*ne se sont tuit assamblé,
4920 *Por* Ladre, lor ami, ont grant duel demené,
Et Martha *et* Marie l'ont .iiij. jorz ploré.
Li Gïu dou païs i furent tuit mandé
Et cil de Jursalem, cele bone cité.
Qant Diex v*int* el chastel tuit i fure*nt* trové.

540

4925 Il i erent venu *por con*forter Marie,
De la mort de son *f*rere ert durem*ent* marrie.
Estes vos la novele *par* le chastel oïe
Que venuz est Jh[*es*]us, o lui sa *com*paingnie.
Marthe li va ancontre *com*me feme esbahie,
4930 As piez li est cheüe, a haute voiz s'es*cr*ie :
"Biaus doz maistres Jh*es*us, de mon *f*rere n'ai mie!
Lasse ! Se ci fussiez m*o*lt *par* fusse garie,
Ai*n*z *que* fust morz mes freres feïssiez li aïe.
S'a Deu faites proiere m*o*lt sera tost oïe :
4935 Qant v*os* riens li q*ue*rez ne v*os* es*con*dit mie.

541

Sire, mes *f*rere(s) est morz, ice est ver*i*tez,
Mais je sai bien *et* croi qanq*ue* a Deu q*ue*rez
Que il le v*os* dira, escondiz n'en serez.
-Tais toi, ce dist li sires, ja iert resucitez."
4940 Ce li respondi Marthe : "B*ie*n sai s'est ver*i*tez :
Qant au grant jugem*ent* sero*nt* tuit assamblé,
Dont seront jone *et* vieil trestot resucitez.
-Marthe, ce dist Jh*es*us, sez que est ver*i*tez?
Cil qui en moi crera ja ne sera dampnez :
4945 S'il est morz revivra, tex est ma poestez.
Croiz tu ce? -Oïl, *certes,* b*ie*n sai q*ue* dit avez,
Si croi q*ue* li fiz Deu est Jh*es*us apelez
Et croi q*ue* en cest monde p*or* pecheors fu nez."

542

Marthe fu m*o*lt dolante, sa *p*arole a finee,
4950 Au chastel s'an retorne *com*me feme esgaree,
Marie Mazelai*n*ne, sa seror, a trovee.
Bel li a *et* soéf sa parole mostree :
"Li maistres est venuz, si v*os* a deme*n*dee."
Qant l'entendi Marie ne s'i est demoree,
4955 .I. sol mot ne sona, ai*n*z s'est form*ent* hastee,

Va corant vers son maistre, tote desafublee.
Genz i ot des Gïus, qui l'ont reconfortee.
Qant voient que s'en va com feme forsenee,
Sachiez que entr'aus ont mainte larme ploree !
4960 Et lors dient antr'aus : "Molt par est trespansee,
Ele va au sepucre ou ja sera pasmee."

543

Marie pas ne poise, ainz va a son signor,
Qu'il l'avoit demandee a Marthe, sa seror.
Qant le vit a ses piez chaï par grant amor,
4965 Dit li a am plorant et par molt grant dolor :
"Sire, morz est mes freres, au cuer en ai tendror,
Mar i fu que morz est, molt ert de grant valor."
Et Jhesus la regarde s'en ot au cuer dolor,
Voit les Gïus plorer qui tuit crient entor,
4970 Iluec mostra Jhesus Marie grant amor.

544

Sachiez, bon crestïen, n'i ot ne geu ne ris !
Molt ama ses serors li freres, qant fu vis.
Adont plora Jhesus et trestoz est fremiz,
Il a dit em plorant : "Ou est, ou l'avez mis ?"
4975 Et respondi Marie : "Biau sire, doz amis,
Vien avant et si voi ! Molt t'ama qant fu vis.
Bon ami, Damerdeu, escoutez a mes diz !
Sire, qui tel miracle en cest monde feïs,
Ladre, que tant amoies, por qoi morir soffris ?"

Fo 84b

545

4980 Bien les a escoutez et entenduz Jhesus.
Au monument s'en va ou gisoit Lazarus.
Li sepucres fu granz et la pierre dessuz.
Isnelement parla qant il i fu venuz :
"Ostez moi icest maubre ! Je voil qu'il soit toluz."
4985 Eneslepas de Marthe li fu respons renduz :
"Sire, vers l'ont mangié, bien a .iij. jorz ou plus
Que il i fu posez, ja mais n'iert conneüz."

546

-Marthe, ce dist li sires, tu n'en ies pas senee,
La parole q'ai dite tu l'as tost oublïee.
4990 Se croiz ce que t'ai dit tost seras amandee;
Tu verras ja la gloire dont iert granz renomee."
A ces paroles est la genz toute assemblee.
A son commandement fu tost la pierre ostee,

298

Li sires vers le ciel a sa face tornee,
4995 Doucement a som pere sa proiere contee.
Signor, ceste proiere fu molt bien escoutee :

547

"Or oiz peres, qui ies o tes angles lassuz.
Graces te rent tes fiz, que anvoias ça jus,
Q'est dou saint esperit et est de toi venuz.
5000 Je sai que somes troi et nos troi somes uns.
Je ai pris char en terre si ai a non Jhesus,
Je sui entre les miens, mais n'i sui conneüz,
Je sai que m'est donnee de toi la granz vertus
Dont je sui en cest monde et amez et cremuz.
5005 Bien voil que cil le sachent qui ici sont venuz." Fo 85a
Qant ce ot dit si crie : "Lazaron, lieve suz!

CE EST ISSI COM DEX RESUSCITA /
LAZARON DE MONUMANT

548

Lazare, venez fors!" Et il est suz sailliz,
Par la parole au maistre est de la fosse issiz.
Loïes ot les mains, suaire sor son vis.
5010 "Or le me desloiez! Que bien sai qu'il est vis."
Ce dient li Gïu : "Vos fustes ses amis."
Estes vos la novele par trestout le païs
Que Ladres, qui morz ere, est trestoz sains et vis.
Li Gïu qui ce virent furent tuit esbahiz,
5015 O Jhesu sont remeis, ne s'en sont departiz.

549

Signor, icist miracles fait bien a escouter,
Onques de nul itel n'oïstes mais parler.
Icil qui ces miracles li veoient ouvrer,
Les contraiz redrecier, avugles ralumer
5020 Et as sors rendre oïe et les muians parler,
Qui la fust et veïst icel mort desterrer,
Com il le sucita, com il le fist aler,
Molt le deüst cremoir, molt le deüst douter.
Mais li felon Gïu qant l'oïrent conter,
5025 Qui servir le deüssent et bonement amer,
Entr'aus pristrent conseil com le porront dampner.

550

Qant virent les miracles qu'il fait si mervillous,

Qu'il fait les muz parler et rent oïe as sorz
Et sucite les morz, molt furent angoissoz.
5030 Un conseil i ont pris qui molt fu dolerous
Et de dire et de faire lor fu molt perillos ;
Molt par furent deable, sanz sen et covoitoz
D'ocirre lor signor, qui tant est glorïous,
Qui amiables ert et aidables a toz
5035 Et tant par estoit sages, humles et vertuous.

551

Bien savez que la Bible escristrent ancessor,
Icist livres fu faiz dou tens ancïenor.
Ainz que Jhesus fust nez mil anz enqui entor
Ama Diex les Gïus et mostra grant amor.
5040 Qant des mains Faraon, le roi empereor,
Les delivra a force, molt lor fist grant honor,
Passa lor la mer Rouge que n'i orent poor
Et fist de Moÿses lor maistre et lor signor.
Es desers les gari que n'i orent labor,
5045 La les pout de sa manne par molt douce savor.

552

El mont de Synaï a Moÿses parla.
Ainz qu'il fust nez en terre, grant amor li mostra,
Que lor loi lor escrit et si lor anvoia.
Ce que ne desservirent la manne lor dona
5050 Et des mains au felon qui onques nes ama,
Faraon, le fort roi, qui en la mer noia,
Et fist florir la verge que Aaron porta
Et de la seche verge alemande geta,
Et puis par les profetes si lor dist et mostra
5055 Que il voloit char prandre, mie ne lor cela.
Qant demanderent roi, Saül lor anvoia.

553

Puis lor dona Davi par grant electïon,
Qui ocist Goulias ; molt par fu sages hom,
Et qant fu morz David si regna Salemon ;
5060 Promist li qu'il donroit terre (em) promissïon,
Et nenporqant moroient trestuit sanz raançon,
Aloient en enfer a grant perdicïon.
Naistre vost de lor lin et vint a nacïon.
Or escoutez, signor, com par furent felon !
5065 Nés croire ne voloient le juste Simeon,
Qui en ses mains le tint a grant devocïon.

Or oez dou sign*or*, q*a*nt antr'aus fu venuz,
Com amiablem*ent* il fesoit les *vertus*,
Qant il les noces firent de Archedeclin*us*
5070 *Et* de l'eve fist vin *et* com il fu beüz,
Com sana les lieprex, com fist *parler* les muz,
.Ij. morz resucita, li tierz fu Lazar*us*,
Trova un home q'ert a Siloé venuz,
Por la santé reqerre i fu .xxx. anz ou pl*us*,
5075 Icelui sana il *et* q*a*nt dans Regulus
Le requist de son fil, toz sai*n*s li fu rend*us*.

Or oez des Gïus, com *furent* deputaire.
Ancontre lor es*crit* -si com il m'est viaire-
Ce q*ue* dist lor es*cr*iz com il furent *con*traire
5080 Que d'aus naistra Cristus *et* rois *et* emperaire
Et naistra de la *vi*rge, q*ue* b*ien* voet q*ue* il paire.
Neïs Jehans lor dist, cil q*ui* fu fiz Zaqaire,
Et a droit lor mostra q*ue* ce ert lor sauvaire.
Onq*ue*s a droite voie nes pot Jehans atraire,
5085 Ne Jh*es*us, p*or* miracle qu'il li veïss*ent* faire.
Oez q*ue*le anvie orent cele ge*n*t deputaire :

Maintes foiz li cuv*er*t le voldr*ent* lapid*er*
Por ce q*ue* les malades li veoient saner.
Les oevres qu'il ovroit ne pooit n*us* ovrer :
5090 Le clop faisoit saillir *et* le muel p*ar*ler.
Et dient tuit antr'aus : "Nos covient a trov*er*
Entre nos tel conseil q*ue* le puissons da*m*ner."

Li plus riche s'assamblent lors en une maison
Et tienent .i. conseil de lor dampnatïon
5095 *Com*ment, en q*ue*l maniere, feront la traïson :   Fo 86b
"*Que* morir le covient sanz nule raançon.
Toz li mons le p*or*siut itant est sages hom,
Il creront tuit en lui se vivre le laissom.
Puis vendront li Romai*n*, pas ne n*os* deffendrom,
5100 Nostre loi nos toldront *et* asservi serom."

Ce respont Kaÿfas : "Sign*or*, or m'entendez !
Je sui dessor *vos* toz si q*ue* b*ien* le savez,

Car je sui *vostre* evesq*ue*s si sai q*ue* b*ie*n m'amez.
V*os* ferez mon conseil se croire me volez!
5105 V*os* ne savez nïent ne a rien ne pansez
Et si covient, p*or* voir, c'u*n*s sex hom soit da*m*nez
Et p*or* trestout le pueple sera a mort livrez,
Et ce sera Jhesus, dont *vos* p*ar*ler m'oez
Et par lui ierent tuit li fil Deu coro*n*nez."
5110 Icil felon Gïu se sont tuit assamblé
Et jurent q*ue* morz est s'il puet estre trovez.

559

Caÿfas fu lor p*re*stres si *com* m'oez *con*ter,
Dist q*ue* Jhesus morra p*or* le pueple sauver.
Des cel jor *com*mencere*n*t li Gïu a panser
5115 *Com*me*n*t il le porront *et* ocirre *et* da*m*ner.
Or ne voet n*ost*re sires entr'aus plus demorer,
Ne voet mais qu*'i*l le voient ne venir ne aler.
En la cité des freres p*ra*nt li sire a torner,
Qui fu lez .i. desert, la voldra *con*verser.

560

5120 Sachiez q*ue* n*ost*re sires ne remest el païs,
Li Gïu le haïrent, il ne vost estre p*ri*s,
En la cité des freres lonc .i. desert s'est mis,
O lui sont si deciple, q*ue* il tient a amis,
Pesoit lor de lor maistre, q*ui* si estoit haïz
5125 De tex dont deüst estre *et* cremuz *et* joïz.   Fo 87a
Ce lor dist n*ost*re sires : "J'ai .i. de vos esliz".

561

En Effrem ne fist pas trop longue demoree,
Si tost com il ai*n*z pout si laissa la *con*tree,
Ensamble o ses apostres s'en va en Galilee
5130 *Et* Judee eschive, ou sa morz est juree.
Li Gïu tindrent feste qu*'i*l nome*n*t Cenofee.
Si f*re*re li ont dite parole reme*n*bree :
"Trespast par cel chastel si en aut en Judee!
Ce est droiz q*ue* ton regne i soit manifestee,
5135 De ce q*ue* ici faiz n'avras ja renomee.

562

Vien en Jerusalem si te met dedeva*n*t!
La sont tuit ti parant, li petit *et* li gra*n*t.
Li Gïu tienent feste *et* m*er*villose *et* gra*n*t,
Si sont tuit assamblé li vieil *et* li anfant.
5140 Ce n'est mie raisons q'ensi les vas fuiant.

Venez en droit a aus si parlez en oiant
Et si faites miracles, trestot lor iex veant!
Tu ne voes q'aies los ainz te vas reponant.
Onques ne fu oï de nul home vivant
5145   *Qui* loez poïst estre se il ne vint avant."

563

Respondi *no*stre sires : "Ne savez mon talent.
Li mondes pas ne m'ainme, jel sai a escïent.
Je sai bien *que* il heent mes oevres *et* ma gent.
Il ne vos set haïr si het moi durement.
5150   Il n'est pas de merveille s'il ne connoist noiant :
Je di toz maus de lui, il de moi ensement.
Vos alez a la feste, n'en ai aaisement
Que or i puisse aler, qu'il ne m'ainment noient."
Il l'ont guerpi trestuit, vont s'en communalment.

564

5155   Guerpi l'ont, si s'en vont, toz sex remest Jhesus.   Fo 87b
Trestuit s'en vont avant, de loinz les a seüz,
Siut les priveement, ne voet *que* soit veüz
De nul de ses deciples ne qu'il soit conneüz,
Ne des felons Gïus qu'il soit aperceüz,
5160   *Qui* ocirre le voelent *que* il ne vive plus.
Demandent as deciples . "Ou est alez Jhesus?
Por qoi ne vient avent, *que* est il devenuz?
Or deüst il venir *et* faire ses vertuz."

565

El temple Salemon s'en est li sire antrez
5165   *Et* des felons Gïus fu iluec ancontrez
Et ne demora gaires d'aus fu anvironnez.
Fierement fu li sires d'aus toz arraisonnez :
"A ceste *no*stre feste as esté demandez.
-Por qoi? *Et* il respondent : "*Que* tu ies demandez,
5170   Tu diz *que* ies fiz Deu, si voes estre apelez.
Overtement le di, n'en soies pas celez!
-Oïl voir, ce sui je, *et* au fil Deu parlez.
Je sai de verité *que* vos pas nel creez.
Les oevres *que* je faz, *que* chascun jor veez,
5175   Ne porroit ovrer hom, si *que* bien le savez.

566

Je sai bien de verté ne sui pas vostre amis
Ne ne sui vostre pastres, vos n'estes mes brebiz.
Que fussiez mes oeilles me sui molt antremis,

Ne me volez amer ne croire en mes diz.
5180 Mes oeilles *qui* muerent si avro*n*t *p*aradis
Et au jor *q*ue seront jugié *et* mort *et* vis
Si seront a ma destre *et* verront mo*n* cler v̂is,
La vie *p*armenable avro*n*t o moi toz dis ;
.I. tel don lor donrai, n'en seront contrediz.

567

5185 [J]e ne *vos* dout de rien, pas nel *vos* celerai.   Fo 88a
Or entendez trestuit ice *que vos* dirai :
Diex dou ciel est mes *p*eres *et* lui a gara*n*t trai
Et je sui li siens fiz, tout cest mont salverai,
En cest mont sui venuz, mais mo*l*t pou i serai,
5190 Neq*ue*dant ses oeilles mo*l*t b*ie*n li garderai,
Des pai*nn*es infernaus bien les deliverai.
Je ai grant poesté, ancor *g*ri*g*nor avrai,
*Qu*e nos somes tuit un, ja partiz n'en serai.

568

Entre moi *et* mon *p*ere somes .i., c'est *v*ertez,
5195 Ne pas ne poons estre moi *et* lui devisez."
Qant l'oient li Gïu a pou ne sont dervez,
Laideme*n*t l'esgarderent, d'aus fu mo*l*t escr̈iez
Et dient antr'aus toz : "Mar sera eschapez,
Il a b*ie*n desservi *que* il soit lapidez.
5200 -Por qoi, dist n*os*tre sires, lapid*er* me volez?
-*Qu*e tu te faiz fiz Deu. -C'est voirs si le sav(r)ez :
Mai*n*te bone oevre ai fete si *que* b*ie*n le veez.
Or me dites *por* qoi lapid*er* me volez.

569

-Por bone oevre q'as fete pas ne te lapidom.
5205 -Donc me dites *por* qoi. -*Et* nos le te dirom :
Tu diz *que* ies fiz Deu si *que* nos tuit l'oom.
Diex te faiz *et* ies hom *qu*e de fit le savom.
-C'est voirs, Diex sui *et* hom, ja parti n'en serom.
En la loi est esc*rit*, a garant l'en trairom :
5210 Diex est sire il meïsmes. -C'est voirs, nos l'otriom.
-Ne savez *que* c'espiaut, mais n*os vos* le dirom :
A *vos*tre loi provez *que vos* estes felon
Et n*os* tient *por* ses fiz qui ses oevres faisom,
L'escriture n'en me*n*t, ne ja n'en me*n*tirom.

570

5215 En cest mont sui venuz *et* Diex m'i anvoia   Fo 88b
Et de lui sui venuz, il me sai*n*tefïa.

304

Ne ment pas l'escriture ne pas ne mentira.
Les oevres que je faz qui est qes blamera?
Molt avra de ses bons cil qui en moi crera
5220 Et icil grant travail qui croire n'i voldra :
En enfer en ira, dont ja mais n'istera.
Mes peres est en moi et toz jorz mais sera.
Sachiez que molt iert prex qui tout ice crera."

571

Vaincuz les a li sires qui fu de sens menanz,
5225 L'escriture lor mostre depassé a mil anz.
Conclus les a li sires et toz faiz recreanz,
Or ne sevent que dire, molt sont triste et dolanz.
En la cité s'en vont ou lor teste estoit granz,
Et Jhesus ens el temple si trova marcheanz
5230 Et lor bues et lor vaches et lor brebiz vendanz,
La trova monnoiers et changeors seanz
Et devant aus lor tables lor monnoies changenz.
Hors les en a chaciez li sire(s) a .i. vergenz.

572

Un flael de fanueil a en sa main loié,
5235 Les marcheans qu'il troeve en fiert par mi les chiés,
Chaça fors les brebiz, les bues n'i a laissiez,
Forment est correciez envers les monnoiers
Que lor table abat jus si espant les deniers.
Les chaieres ou sieent abat jus a lor piez,
5240 Onques ne fina tant que il ot tout voidié.
Une gent i trova, icex a arraisniez,
Qui coulons blans vendoient, molt les a esmaiez :
"Alez fors de çaiens! N'en i remaindra piez,
La maisons est mon pere si voil que la voidiez!

573

5245 Quidiés vos que por vos fust fete la mesons?   Fo 89a
Fete fu a mon pere si la fist Salomons :
C'est temples domini et ostex d'orisons,
Mais vos en avez fait samblance de larrons."
Li Giü le regardent, lor chiés tienent embrons.
5250 "En moie foi, biau sire, nos nos en mervillons
Ne ne savons por qoi nos itant vos soffrons.
Quel signe faiz tu ci, qui si te fait prodons?"
Or oez dou signor, com lor dist bel respons :
"Or abatez cest temple. Et nos le referons,
5255 En .iiij. jorz iert refaiz que ja plus n'i metrons.

-Ostez! responent tuit, *et* q*ui* porroit oïr?
Ces m*er*veilles q*ue* dites nes porrïons oïr.
Qant fu rois Salemons *et* ti*n*t miex son empir,
.Xl. anz mist au fere ai*n*z q*u'*il fust asseviz,
5260   Jusq*ue* il l'ot tout fait onq*ues* nel vost g*ue*rpir.
De sa mort fu damages qant si tost vost morir.
P*or* ce ne poons pas ne croire ne oïr
Q'autretel en .iij. jorz poïssiez acomplir.

Salemons fu m*o*lt sages *et* m*o*lt fu renomez,
5265   Salemo*n*s fu m*o*lt riches *et* m*o*lt fu redoutez,
Plus riches rois de lui ne sera mais trovez,
Toz les .vij. ars savoit, ce savo*n*s nos assez.
P*ar* lui fu faiz cist temples q*ui* b*ie*n fu *com*passez,
Ses peres le vost fere si li fu deveez,
5270   .Lx. ans mist au fere Salemo*n*s, li senez,
En .xl. anz par nos ne seroit craventez,
Tu diz q*ue* en .iij. jorz sera toz restorez."
Qant ç'ont dit li Giü si sont d'iluec tornez,
Jh*es*us o ses apostres i est toz sex remeis.

5275   Il l'ont tout sol laissié, n'estoit pas lor amis,   Fo 89b
De lui vont maldisant, m*o*lt li sont anemis.
Li uns a dit a l'autre : "Ai*n*c n'oï mais tex diz.
Icist hom est profetes, voirem*ent* est esc*ri*t,
Mais une chose i a dont tuit somes sou*pris* :
5280   Bien connoissons Josef *et* Jh*es*u q'est ses fiz
Et sont de Galilee, n'en doit pas estre C*ri*z,
Ai*n*z naistra d'un chastel dont fu nez rois David.
-Dou qel? -De Belleem ce nos dit li esc*ri*z.
-Ce est *et* voirs *et* droiz q*ue* cist lerres soit p*ri*s,
5285   N'est pas de Belleem. Ap*ar*mai*n* soit ocis!

Cist est b*ie*n *con*neüz, q'est de ceste *con*tree,
Ses p*er*es *et* sa m*er*e sont né de Galilee,
Et si se fait fiz Deu, nou dist pas a celee,
Nostre gent a souduite, gra*n*z est la renomee,
5290   M*o*lt a grant poesté *et* granz li est do*n*nee.
Neïs rois Salemo*n*s n'ot pas tel destinee,
Q*ui* m*er*veilles ap*ri*st, la lois li fu mostree,
Ne trestuit li profete, c'est v*er*itez provee.
Icist nos a vai*n*cuz *et* la gent sormo*n*tee,

5295 Parole que il die n'est par nul deveé[e],
Ne de fol ne de sage qui la loi ait formee.
La scïence dou mont a tout par cuer gardee.

578

Alons ensuz de lui! Par nos ne sera pris,
Que se il n'a les riches, povres a [a] amis."
5300 Dont vienent as Gïus, devant les Farisis ;
Et demandent : "Qui est icil Deu anemis
Et por qoi ne feïstes por qui fustes tremis?
-Por ce que il nos a toz vaincuz et malmis,
Onques tex hom ne fu ne veüz ne oïz,
5305 De nule riens qu'il die ne puet estre repris." Fo 90a
Ce dient il Gïu : "Il nos a toz soupris.
Dites nos se de vos est nus a lui vertiz!
-Dolant! Que porrons faire? Com nos a toz honiz!
-Ne connoissiez la loi. Esgardez es escriz!"
5310 Ce dist Nicodemus, qui molt est ses amis :
"Je quit bien que voirs est et sel dist li escriz
Q'om doit estre jugiez ançois qu'il soit ocis."

579

Ce dist Nichodemus : "Se la loi enquerez,
Certes, mon escïent, que dedanz troverez
5315 Que, qant li hom est pris, q'en doit estre menez
Tres devant la justice et par son dit provez.
S'il se puet derraisnier ne doit estre dampnez
Ne par nul jugement ocis ne desmenbrez."
Ce dient li Gïu : "Deffendre le volez,
5320 Que espoir que vos estes de Galilee nez.
Esgardez es escriz que dedens troverez :
En nul escrit q'aiom, sachiez, tant ne lirez
Que truissiez Galilee, mais Belleem verrez.
De cele part sera il et ses parantez.
5325 Dont sont par maltalent en lor maisons alez.

580

Molt par furent felon et de molt povre sens,
Molt servoient deables, pas n'en estoient lent,
Plus erent venimex que n'en est .i. serpanz,
Molt orent male entente, molt orent mal porpens.
5330 Cil estoit de lor loi et estoit lor paranz.
As sors rendi oïe et as dervez le sens,
Lieprex sana assez qui estoient puanz
Et d'yaue refist vin, miex valu que pimenz ;
Les morz resucita, bel doctrina les genz.
5335 De nul que il sanast ne prist or ne argent. Fo 90b

307

Les iex li erraaillent *et* eschine*n*t lor denz,
Il nel voelent soffrir entr'aus en nes*un* sens.

581

Li p*r*inces des Gïus l'a chacié dou païs,
De ce firent grant tort, *que* m*o*lt ert lor amis,
.5340 Voirs fu, a lor ancestre[s] le mostra il jadis
Qant dessuz Faraon fure*n*t mai*n*t an chaitif,
Qant il furent detrait *et* tuit p*r*is *et* ocis,
Si remest Moÿses m*o*lt jones *et* petiz,
Q*ui* puis refu lor maistres ses geta dou païs-
5345 Sor le gré Faraon *et* toz lor anemis-
Par mi la Rouge mer si q'ai*n*c n'i fu periz,
Et en icele mer noia lor anemis ;
El desert ou a toz fu li mang*i*ers failliz
P*ar* .xl. anz lor fu a toz dou ciel tremis.

582

5350 M*o*lt p*ar* furent toz jorz *et* cuvert *et* felon.
Qant furent delivré de la chaitivison,
Faraons fu noiez dedanz mare Rubru*n*
Et sa granz oz o lui a grant p*er*ditïon,
Et do*n*nee lor fu dou ciel la garison(s) :
5355 Ai*n*c de si douce chose ne manja mais n*us* hom.
Moÿses ert lor maistres, si vi*n*drent enviro*n*
Et il les esgarda, n'ot pas le vis felon.
Et p*or* qoi *vos* feroie, signor, plus lonc sermon?
Demanda lor *que* voele*n*t : "Nos loi avoir volon.'"
5360 Moÿses l'a eüe tout sanz deffensïon,
El mont de Synai lor esc*r*it li prodom.
Dont demand*er*ent plus icil cuvert felon :
"Nos volomes la terre q'est de promissïon."
Et respont Moÿses : "Ce n'iert tant com vivom.
5365 Puis ma mort *vos* menra Jos*r*é, le fil Non."   Fo 91a

583

Li felon m*o*lt deüssent nostre sign*or* am*er*,
Que ai*n*z *que* il fust nez, ne sorent demander
Q*ue* tout ne lor donast, ne lor vost riens veer.
Nus hom n'estoit tant forz qes osast adeser.
5370 Franc furent j*us*q'al jor qel vore*n*t demand*er*
.I. signor qui poïst p*ar* dessuz aus rai*n*ner.
Donc lor do*n*na Saül, .i. cuvert bacheler.
Icelui lor fist oindre *et* a roi alever
Et qant fu rois Saül si nes por governer.
5375 P*ar* ce furent destruit -ne le *vos* q*ui*er celer-
D'un cuvert Goulias, qes vost toz afoler.

Dont *com*mancent vieil home *et* enfant a plorer,
Fames vieilles *et* jones m*er*ci a demand*er*.

584

Donc distrent tuit ensamble : "Mar veïsmes le jor
5380 Q*ue* autre demandames fors celui a signor
Q*ui* des mai*n*s Faraon *no*s geta ja .i. jor.
Moÿses nos dist bien q'estïens *tr*icheor
Et dist q'ap*ré*s sa mort trairions mai*nt* mal jor.
Or est venu sor nos. las, dolant pecheor !"
5385 Donc oï *nos*t*r*e sires la dessuz icel plor
Si lor a anvoié le fil a .i. pastor :
Davi, un anfantét, n'ert pas de g*r*ant valor.
Cil l'ocist a sa funde, onq*ue*s n'i fist q'un tor.
Ap*ré*s la mort Saül fu David lor signor,
5390 M*o*lt bel les governa *et* a m*o*lt grant hon*or*.

585

M*o*lt furent li chaitif toz dis de povre sens,
Toz jor[z] furent oscur de q*ue*rre lor p*or*pens,
D'aus vi*n*drent li profete q*ui* vesq*ui*rent lonc tens :
.Xij. furent *p*ar compe *et* m*o*lt b*ie*n escrivans,-
5395 Ancor ont il les livres q*ui* furent a cel tans,-
Distrent q*ue* d'aus naistra q*ui* sauvera les genz :
Dou linage David istra li sauvera*n*z.
Onq*ue*s nel voldrent croire li felon en nul tens,
Si vi*n*drent li .iij. roi par dev*er*s Orïant,
5400 Q*ui* dedans Belleem en la creche dedanz
Le trov*er*ent gisant a pou d'atornem*en*z,
Et de .iij. riches dons li firent le p*re*sent
Q*ue* il meïsme distrent : or *et* mirre *et* encenz.

586

M*o*lt furent m*es*crea*n*t *et* dou lin au d*o*able,
5405 Qant Deu ne voldrent croire, le p*er*e esp*er*itable ;
Il troevent en lor livres, -ice n'est mie fable-
Par la bouche au profete, q*ui* dist *p*arole estable,
Q*ue*, qant icil naistroit q*ui* feroit le miracle,
Ja puis ne seroit jorz lor oi*n*ture durable,
5410 *Et* qant lor fu do*n*nez en cele povre estable
Si s'aparut li angles as pastors tout visable.
Q*ui*strent lou sel trov*er*ent ; parole est v*er*itable.

587

M*o*lt se pueent doloir icele g*en*t dervee.
Qant nasqui si lor fu une estoile mostree :

5415 Onques tele ne fu si ne fu pas celee,
     Onques puis ne fu d'aus estoile regardee.
     Herodes la vit bien, qui fu en la contree,
     As rois habandona toute sa terre lee
     Por cel anfant aquerre, c'est verité provee,
5420 Com le porront ocirre la genz maleüree.
     Et li roi s'en ralerent par estrange contree,
     Herodes et sa gent toute en fu forsenee,
     La chars a lor anfanz comment fu dessirree,
     Por anfant ne fu puis tante teste copee!

588

5425 Signor, molt par dut estre li linages dolanz,
     Bien sevent que par lui furent mort li anfanz.
     Por anfant ne fu puis espanduz sanc itant!
     Et comment Symeon, qui l'atendi tanz anz,
     Cil qui de lui veoir estoit tant desirranz,
5430 Il le tint en ses braz trestout lor iex veanz,
     El temple Salemon cria tout en oiant :
     "Or lai ton serf em pais qui tant par est pesanz!"
     Et ce que ne creïrent que lor disoit Jehans,
     Qui estoit el desert ou batisoit les genz :
5435 "A moi estes venu (l)es desers demandanz
     Se je sui Messïas, q'en soie jehissans.
     Je lor dis que nenil, ainz est o vos menanz."

589

     Li sires ert venuz entr'ax por aus sauver,
     Grant amistié lor mostre, il nel voelent amer.
5440 Il les siut, il le fuient, nel voelent ancontrer.
     A soi les voet atraire, il le voelent damner.
     Qant les trova malades ne fina de saner,
     Qant les trova contraiz si les fist droiz aler,
     Qant il les troeve sors si les fait oïr cler.
5445 Li felon molt deüssent itel signor amer,
     Atraire le deüssent antr'aus non pas tuer.
     De ce n'i a noient, nes pout adominer.
     Or nes voet mais foïr, antr'aus voet converser.

590

     Ses apostres apele li doz rois debonaire,
5450 Sor le mont d'Olivete lor a dit son affaire :
     "Je vos dirai por qoi me sui mis el repaire :
     Ne me voelent amer por riens que sache faire,
     Por miracle que face nes puis a moi atraire.
     Alez a cel chastel qui a moi est contraire.
5455 La feste i est granz, lor Pasques voelent faire.

Une asne i troverez q'est loiez en une aire,
Ses asnons est o lui *por* le lait q'en voet traire.
Dessuz ne monta onq*ue*s ne q*ue*ns ne emperaire.
De dessuz voldrai estre, en la cit chevauchaire."

CE EST ISSI *COM* DEX / CHEVAUCHA L'ASNE /
EN JHERUSALEM

591

5460 "Alez, ce dist li sires, laiens en cel chastel.
Un asne i troverez loié a .i. postel,
Delez lui troverez som petit asnoncel,
S'il est hom q*ui* an face *con*tredit ne apel,
Dites q'en ai afaire -c'est a dire -plus bel."
5465 Li deciple s'en vont, antré sont el chastel
Si troverent cel asne loié a .i. postel.
Sachiez q*ue* il n'i ot ne sele ne penel !
Et ot au col pendu .i. m*o*lt riche m*e*ntel
Les afiches de soie, d'or furent li tassel.

592

5470 Signor, je ne voil pas cist moz soit oublïez
Ne q*ue vos* resachiez toutes les v*e*ritez :
Qant furent antor lui si dessiple assamblez,
Ainçois q*ue* il antrast *par* dedanz la cité
Et ançois q*ue* li asnes li refust amenez,
5475 Si lor a dit : "Ne soit mais enuit destorbez.
Je v*os* voil ici dire .i. mien conseil p*ri*vez
Et v*os* dirai por qoi g'irai en la cité :
Ja est venuz li tans, q*ue* tant ai desirré,
Que li fiz a la feme sera p*ri*s *et* lïez
5480 *Et* ap*ré*s iert panduz, a martire livrez,
Et par grant traïson iert en la croiz penez."
Ançois que ce fust dit, li ont l'asne amenez.

593

Estes v*os* la novele *et* la gra*n*t renomee
Et m*o*lt tres grant leece p*ar* toute la *con*tree !
5485 Onq*ue*s puis ne ançois ne fu tele menee,   Fo 93a
De par tout la cité est la ge*n*z assamblee.
Qant voient q*ue* cil vient do*n*t la ge*n*z iert sauvee,
Issirent de la cit tuit a une menee,
De harpes *et* de gygues i ont joie menee,
5490 De cors *et* de buisines i est gra*n*z la cornee.
Vieil *et* jone li c*ri*ent tuit a une alenee :
"Bien vai*n*gnes tu, sauverres, en iceste contree

311

Que as tant longuement guerpie et oublïee!"

594

En maison sont remeis li riche et li puissant,
5495   Mais la menue gent et trestuit li anfant
Lor mantiax deffublerent si li metent devant,
Tex vestemenz com ont li vont devant getant,
De rains et de foillïes vont la terre covrant.
Or vos dirai, signor, que firent li anfant,
5500   Icil qui parler sorent, neïs li nonsachant :
Montent dessuz la porte de la cité vaillant,
Qant il voient la presse de toutes pars si grant,
As fenestres des murs sont trestuit en estant,
Esgardent lor signor dont erent desirrant
5505   Et qant le virent si de la porte aprochant,
Trestuit a une [voiz] commencerent cest chant :

595

"Granz gloire soit a toi, biau sire, et grant honor!
Rois Criz, qui en cest mont venis por nostre amor,
Regidans et sauveres qui ies de grant honor,
5510   Reçoif hui par bon gré ceste gent par t'onnor!
Osanna te disom par molt tres grant douçor,
In excelsis granz laus, vien en terre menor.
Israel tu ies rois, ce sevent li plusor,
Dou linage Daivi, ne savons nul auçor.
5515   Vien rois, beneï les el non nostre signor!   Fo 93b
Recevez hui voz genz, biau sire, a grant honor
A lor paumes t'onnorent si t'apelent signor.
Orisons et prieres reçoif hui en cest jor
Et nos oiés qui somes ça suz en ceste tor !

596

5520   Vien çaiens, hom sauveres, qui tant ies desirrez!
Tu ies rois Israel, ce est la veritez.
Li profete li distrent ainz que vos fussiez nez,
Que naistroies dou lin David, le fil Jessé.
Osanna, vien avant dedans ceste cité!
5525   Nos somes trestuit tien, trop nos as oublié.
Beneoiz soies tu et l'ore que fus nez,
Bien soies tu venuz a ta sollempnité!"
La presse fu molt granz, tuit l'ont anvironné.

597

"Ce est nostre sauveres qui çaiens est venuz,
5530   Dou linage David, si a a non Jhesus.

Cist sucite les morz *et* fait *p*arler les muz,
Des .iiij. qu'il sucita en fu uns Lazar*us*.
Mai*n*t jor a ja passé qu'il ne fu ci veüz ;
Qant son venir seümes *et* fu ape*r*ceüz,
5535 Ai*n*z *que* çaiens entrast en fumes tuit issuz.
Amener fist .i. asne *et* monta dedessuz
Et mai*n*ne o lui signors, ne sai ou .xij. ou plus,
Si ne sont pas chaucié, ai*n*z ont les piez toz nuz,
Por q'avons nos mantiaus ci aluec estenduz
5540 *Et* Osanna c*r*ïerent li jone *et* li chenu,
Li anfant ausimant as fenestres lassuz
A une voiz esc*r*ient : 'B*i*en vai*n*gne li saluz,
Fiz au bon roi David, b*i*en soies tu venuz !'

598

*M*olt estïons dolant qu*'il* nos ot oublïez,
5545 Mais or somes tuit lié qu*'il* *nos* a visetez,   Fo 94a
Si l'avons receü o granz humilitez,
Au temple domini si l'avo*n*mes mené
Et a chans *et* a feste, *que* *m*olt ert desirrez,
Que il a les plusors de mai*n*z gra*n*z maus sanez.
5550 Tuit cil de cest païs si l'ont a roi levez,
Osanna li esc*r*ient *et* estrange *et* p*r*ivez.
Signor, ceste *p*arole vos di *p*or ve*r*itez :
'Osanna' doit on dire a toi *qui* es coro*n*nez."
Li Gïu qui cc entendent ont tout le sens mué,
5555 Tel duel en font entr'aus a pou ne sont de*r*vé,
A l'ostel Kaÿfas sont mai*n*tenant alé.
Ce dist li uns a l'autre : "N*o*s somes mal mené :
Se ensi le laissom *que* il ne soit tué,
Tuit *que*rront en sa loi, ce est la ve*r*itez.

599

5560 -Signor, dist Kaÿfas, de ce sui *m*olt dolanz,
Cist Jh*es*us est *m*olt sages si est prex *et* vailla*n*z.
Bien pres *que* toz li mons est a lui atenda*n*z,
Mais onq*ue*s a nul siecle puis *que* fu faiz Ada*n*s
Et *que* il en sa feme engenra .ij. anfanz ....
5565 Kaÿns ocist Abel, ne l'en fu nus gara*n*z,
Li haus sires dou ciel *qui* lassus est mena*n*z
Ne le vost rendre au *p*ere si en fu *m*olt dola*n*z.
Tout noia fors Noél, avoec lui ses anfanz.
De Noéil si issi .i. sai*n*z hom : Abrehans.
5570 Ysaac *et* Jacob *et* Joseph, li vailla*n*z.

600

[I]cist si sont tuit mort, n'en est .i. seus remeis,

313

Molt furent de grant sens *et* molt fure*n*t amez.
Or est icist venuz, b*i*en savo*n*s dont est nez,
Mortex est *com*me nos, *m*erveilles fait assez
5575 *Et* devant nos meïsmes a .x. lieprex senez :
Lazares de Betai*n*ne fu l'aut*ri*er sucitez.
Por ce est toz li mondes a cest home tornez.
Or oez mon conseil si soit bien escoutez !
C'est voirs q*ue* par cestui est toz li mo*n*s dampnez,
5580 Or soit icist ocis *et* toz li mo*n*s sauvez !

601

Miex est q*ue* uns en muire q*ue* tuit soient peri
Et ce sera Jhe*s*us, ap*ar*main sera quis.
Ice ne puet pas estre q*ue* il soit cest jor p*ri*s,
Q*ue* la feste est m*o*lt gra*n*z si en saudroit *gran*z *cri*z.
5585 Tost seroit *com*meüe trestoute *n*ost*r*e ciz ;
Trestuit sont assamblé li gra*n*t *et* li petit,
Çaiens l'ont receü *et* el temple l'ont mis
Si covient q*ue* cist plaiz soit en soffra*n*ce mis
Q*ue* soient repairié trestuit en lor païs,
5590 Enap*ré*s p*or*parlons *com*me*n*t il soit traïz
Et en croiz iert panduz *et* toz ses cors malmis
Et puis si remai*n*dra *et* bobans *et* est*ri*z."

602

Vos qui b*i*en Deu amez, antendez bone*m*ent,
Q*ue* Diex, q*ui* mai*n*t en haut *et* siet en Ori*ä*nt
5595 V*os* pardoi*n*t voz pechiez a toz *com*mune*m*ent !
Sachiez q*ue* ne sui pas de m*o*lt gra*n*t esc*ï*ent !
Dire l'oï jadis, sel sai veraie*m*ent
Q*ue* Diex espant sa grace p*ar* lius diverse*m*ent.
De cest livre q'est faiz des le *com*men*c*ement
5600 Sachiez q*ue* je nel faz p*or* or ne p*or* arge*n*t,
P*or* amor Deu le faz, p*or* amande*r* la ge*n*t,
Et lise le romanz q*ui* le lati*n* n'entent !
De la mort au sig*n*or, *qui* tout le mo*n*t p*or*pra*n*t,
V*os* dirai q*ue* j'en sai en cest livre b*ri*é*m*ent.
5605 *Et* il qui mort soffri p*or* raiembre la ge*n*t
Me doint q*ue* je le die si v*e*ritable*m*ent
Q*ue* n'en soie rep*ri*s en nes*un* parle*m*ent !

603

Signor, p*or* Deu v*os* p*ri* a toz q*ue* m'escoutez.
Je voeil que vos sachiez de q*ue*l te*r*re sui nez :
5610 Je fui nez de Hai*n*naut *et* toz mes parantez,
A Valencienes fui batisiez *et* levez.
Li bons q*ue*ns Baudu*ï*ns, sachiez, i fu mandez

314

Fo 94b

Fo 95a

Et o lui Yolans la contesse a ses lez
Et des autres barons i avoit il assez
5615 *Et* Dudars li evesques fu cel jor *con*fermez ;
D'icel meïsme esvesque fui je puis coro*n*nez.
Mes p*er*e ot non Rob*er*s, uns hom m*o*lt renomez
Et Erambors, ma m*er*e ; gra*n*z fu ses parantez.
En ceste vie furent mais or en sont alez.
5620 Or *vos* dirai p*or* qoi je les ai ci no*n*mez :
Qu*'*il *vos* sovai*n*gne d'aus *et* moi n'i oublïez!
P*or* m'ame *et* por les lor 'Pater n*os*t*er*' direz.

604

Je sui m*o*lt tres pechierres, pas nel *vos* celerai.
Pri *vos* q*ue* miex m'en soit p*or* ce q*ue* je fet l'ai.
5625 Je ne *vos* sai a dire com longues je vivrai
Ne je ne sai le t*er*me ne nul n'en i metrai
Ne ne *vos* sai a dire de qele mort morrai.
De ce req*ue*rez Deu qant de ci tornerai
Q*ue* ceaus prai*n*gne en sa part q*ue* ci nomez *vos* ai ;
5630 *Et* l'angle sai*n*t Michiel en ma p*re*sance avrai,
Et sai*n*t P*er*e *et* sai*n*t Pol, en lor *con*duit serai,
Dessi q'a Dam*er*deu ou sa m*er*e verrai.
Et le bon Nicholas pas n'i oublïerai :
Se icex puis avoir en bon *con*duit serai,
5635 De l'agait au deable ja paor n'en avrai.   Fo 95b

605

Signor, m*o*lt par est feble iceste mortex vie,
Si tost com li hom naist a p*re*miers plore *et* c*ri*e,
Ja dou liu ne movroit se il n'avoit aïe.
M*o*lt vient de povre chose, ne sai en qoi se fie.
5040 Gardez au roi Henri *et* a sa menantie :
Il fu rois d'Anglet*er*re *et* q*ue*ns de Normendie,
Gale *et* Escoce ti*n*t trestout en sa baillie,
Fiers fu com uns lions, m*o*lt ot grant signorie,
Princes ot *et* barons *et* grant chevalerie.
5645 Ou est or li prodom, ou est sa menantie?
Or li prest Diex son regne, q*ue* de cest n'a il mie.
Mar i menons orgueil ; p*or* qoi porto*n*s anvie?

606

Molt est hom feble chose *et* de feble nature,
Qant est dedans la m*er*e m*o*lt a povre cloutu*re* :
5650 Il n'i oit ne ne voit, m*o*lt est la chambre os*cu*re,
M*o*lt travaille la m*er*e, n'en set nule mesure,
Car qa*n*t il naist *et* ist de sa povre cloutu*re*,
Ne se puet removoir, chiet sor la t*er*re dure.

315

Adonques crie et brait : itele est sa nature.
5655 Plus feble chose est hom de tote criature,
Car qant la beste naist si va a sa pasture
Et li poissons en l'eve, la ou est clere et pure,
Et li vers en la terre, la ou ele est plus dure,
Mais a .i. chaitif home covient grant norreture :
5660 Primes a la memele li revient sa peuture
Et qant est parcreüz et de bele figure,
Ançois que il molt sache si torne a porreture.

607

Molt devroit criature son criator amer.
Qant il l'a fait de terre sel fait vivre et parler,
5665 Discretïon li donne le mal dou bien sevrer.   Fo 96a
Bien set que il morra, ne puet longues durer.
Premet li se le sert bien a guerredonner,
Mais nos chaitif dolant n'i volomes panser,
Parfitement devons nostre signor amer,
5670 Qui dou siege som pere vint ça por nos sauver
Et el cors a la virge se laissa aombrer
Et de la soie char se laissa adeser
Par l'oreille a la virge ou il daingna antrer.
Le jor que il dut naistre ne laissa trepasser,
5675 Mais nus hom ne puet dire nen oïr ne panser
Riens plus de son issir qu'il fet de son antrer.
Si com m'avez oï ici devant conter
Se laissa il li sires batisier et lever
Et por le mont raiembre dedens la croiz pener.

608

5680 Signor qui Deu amez, entendez bonement !
Ce que Diex fist por nos ne fait Diex por parant :
Il descendi dou ciel ça jus premierement,
De la virge roial vint a son naissement.
Qant ot .xxx. anz li sires tout au commancement,
5685 Dedans le flunc Jordan nos fist .i. lavement :
Par ce fusmes lavé dou grant pechié pullant.
Par terre ala .xxx. ans trestout veraiement,
De plusors anfertez sena la soie gent.
Puis vint en Jursalem o les siens humlement,
5690 Il vint dessor un asne, n'i vint pas noblement,
Il i fu receüz des anfanz bonement,
El temple l'ont mené molt amiablement,
Mais cil qui ne l'amoient si en sont molt dolant,
Entr'aus ont pris conseil qu'il iert mis a torment.

5695 Itant i fu li sires com lui vint a plaisir, Fo 96b
Ne s'en vost esloingnier ne d'iluec departir
Et sovant li venoient do cuer li grant soupir :
La chars doutoit la mort qui li devoit venir
Et molt tres bien savoit qu'il l'estovoit morir.
5700 *Et* qant furent passé li .iij. jor tout antir,
Dedevant lor signor redoutent a venir,
Ne se devoit li sires ensinques maintenir,
Neporqant si [li] distrent : "La Pasque doit venir.
Ne voldras tu, biaus maistre, grant mangier maintenir?
5705 De ce que te disons nos doiz tu bien oïr,
Que nos somes tuit prest de faire tom plesir.

610

Car nos di or, biaus maistre, ou tu voldras mangier,
Voes tu que nos l'aillons devant aparillier? "
Li sires les regarde a doz vis non a fier,
5710 Nes voet en nule guise li sires correcier.
Molt amiablement les prist a ansaingnier :
"Laiens en cele cit vos en irez premier,
.I. home anconterrez a .i. plomé antier,
Cil meïsmes o lui vos voldra herbergier.
5715 Qant verrez le signor salu direz premier,
Mosterra vos bel estre ou l'en porra mangier.
Alez, pas n'en doutez. N'i avrez ancombrier.
Iluec faites ma Pasque molt bien aparillier."

611

"Alez, ce dist li sires, ne demorez noient."
5720 Il pranent le congié si s'en vont bonement,
Vont s'en par mi la cit sanz nul ancombrement.
Li bons hom qu'il ancontrent lor fist avoiement,
Le signor ont trové et distrent li briément :
"Çaiens voet nostre maistres venir priveement
5725 Si amenra çaiens avoeques lui sa gent : Fo 97a
Moustrez nos .i. bel liu ou soit celeement! "
Et respont li bons hom : "Vos l'avrez voirement.
Prenez icest saingnacle tout charitablement! "
Il l'ont aparillié molt covegnablement,
5730 Jhesus i est venuz, si apostre ensement.

612

Signor, molt par fu bele cele nuiz l'assamblee,
Molt par fu honorable, nequedant fu celee.
La male traïsons fu cele nuit pansee,
De Judas le dolant as Gïus porparlee.

5735   Or voil *que* ma parole soit m*o*lt b*i*en escoutee :
       Onqu*es* puis ne ançois ne fu tex demandee.
       Cele nuiz si fu plus d'autre maleüree,
       Que la chars au fil Deu fu as Gïus livree,
       Batue *et* dessachïe *et* laidem*ent* menee
5740   Des traïtors cuv*er*s fu laidem*ent* menee
       Et tout sanz achoison fu ele anchartree.
       Nequ*e*dant cele nuiz fu m*o*lt bone eüree,
       Que p*ar* icele nuit fu mai*n*te ame sauvee.

CE EST ISSI CO*M* N*OST*RE SIRE / MANJA
A LA CENE AVOC / SES APOSTRES

613

       Entre ses compai*n*gno*n*s s'est n*ost*re sire assis,
5745   La table devant soi, le man*g*i*er* dessus mis,
       De la main au signor sai*n*gniez *et* beneïz.
       Li sires p*r*i*s*t le pain qui devant lui fu mis,
       Le calice dejouste de bon vi*n* a ampliz,
       Departi l'a a toz, mais q*an*t fu dep*ar*tiz
5750   Doucem*ent* lor a dit come p*er*es a fiz :
       "Cist pai*n*s ce est mes cors, *qui vos* est dep*ar*tiz.
       Mangiez le bonem*ent et* soiez tuit amis.
       Icist pai*n*s est mes cors, de ce soiez tout fiz
       Et qui por *vos* sera iceste nuit traïz."
5755   Il estandi sa main si a p*r*i*s* le caliz,   Fo 97b
       A trestoz le depart qa*n*t il fu beneïz :
       "Bevez trestuit, sign*or*, fait il, ce n'est pas vi*n*s,
       Ai*n*z est, *par* foi, mes sans. P*or vos* sera traïz."
       Qant l'entendi Jehans de duel est andormiz,
5760   Li sires prant son chief si le met sor som piz.

614

       "Entendez bonem*ent* a ce q*ue vos* dirai :
       Prenez tost em bon gré ce q*ue* do*n*né *vos* ai
       Et bevez *et* mangiez qant je co*m*mandé l'ai.
       Ne mangerai mangier hui mais ne ne bevrai
5765   Ne vi*n* q*ui* soit de vi*n*gne jusq'el regne serai
       Ensamble avoc mon p*er*e, la ou toz *vos* me*n*rai.
       De mon novel man*g*i*er* avoc *vos* mangerai
       Et de mes noviaus boivres avoequ*es vos* bevrai.
       Ne *vos* esmaiez mie de ce que *vos* dirai :
5770   La mai*n*s au traïtor de cui traïz serai
       Ensamble o *vos* la tent, mais pas nel nomerai.

Bon frere, bon ami, n'aiés de riens poor.
Je voi et si connois çaiens le traïtor
Par qui serai traïz ainz que vaingne le jor.
5775   Por qoi m'a il mostré ensamble o vos amor,
Qant il me voet hui fere issi grant deshonor? "
Qant oient li apostre le dit de lor signor,
Molt en furent dolant et tuit plain de tristor.
Li uns regarde l'autre par molt tres grant douçor,
5780   Il ne sevent que dire si sont en grant error.
Une contençon ot dedevant lor signor
Liquel erent plus maistre et de plus grant valor,
Liquel plus poesté, liquex plus grant honor.
Nostre sires regarde et do cucr ot freor,
5785   Dit ne voet que il ait antr'aus nesun signor.   Fo 98a

De la ceinne ou il fu li sires se leva,
Tel affubla[il] com ot de tel se deffubla,
Çaint soi d'une toaille, molt bel s'aparilla.
Aprés prist .i. bacin et d'eve ampli l'a.
5790   Qant ce ot fait li sires molt bel s'agenoilla,
Les piez a ses deciples molt humlcment lava.
Qant les ot ters d'un drap vers aus s'umelïa
Li doz de ses chevos a toz les essua
Et qant il vint a Pierre et il s'en aprocha
5795   A soi sacha ses piez, forment se vergonda,
Que vistement li dist, noient ne li cela :
"Ja voir la toie mains mon pié ne lavera
Ne a la toie crine mes piez n'adesera."

Donc respont nostre sires molt amiablement :
5800   "Se laver nes me laisses, saches veraiement
Que part n'avras o moi emparmenablement."
Et Pierres li a dit : "Non mes piez solement
Mais le chief et les piez et le cors ansiment."
Donc respondi Jhesus si li dist docement :
5805   "Cil qui toz est lavez n'i a mestier noient
Qant li leve le cors fors les piez solement."
Molt em pesa a toz, molt en furent dolant,
Ne l'osent contredire, molt sont obeïssant.
La orrez biau sermon et molt ansiment :

5810   "Oez, mi bon ami, ice que vos dirai.

Vos m'apelez tuit maistre, sires sui et serai.
Vos dites, jel sai bien, mais pas nel nomerai.
Dirai vos, mi ami, por qoi voz piez lavai :
Issi com devant vos trestoz m'umeliai
5815 Et de mes biaus chevex les voz piez essuai,
Chascuns le face autrui issi com fait vos ai.
Cest exemple vos doing a toz sel vos lairai,
Ne demorera gaires que de vos partirai.
N'ait orgueil antre vos dessi que revenrai.
5820 Norriz vos ai toz .xij., pas nel vos celerai
Et par .i. de vos .xij. anuit traïz serai.
Demain serai jugiez et en la croiz morrai,
En terre serai mis, au tierz jor leverai.
Ne soiez en doutance. Bien vos conforterai."

619

5825 Qant oient que morra por aus par traïson
Et que ses cors iert mis a tribulatïon
Et que dedens la croiz soffera passïon
Et oient qu'il parole de sa surrectïon,
Li uns estoit por l'autre en molt grant soupeçon,
5830 Molt par furent dolant de cele traïson.
Plus en fu dolanz Pierres que dire ne savom.
Primes parla en haut et dist en sa raison :
"Ha ! maistres, car me di se je ta traïson
Porparlerai enuit ne ta dampnatïon ! "
5835 Et respont nostre sires : "Pierre, no celerom
Çaiens est li traïtes par qui traïz serom."

CE EST ISSI COM DEX MIST / LE PAIN AN LA BOCHE / JUDAS

620

Bonement les regarde si lor dist : "Ne tamez.
Il est ensamble o vos par qui serai dampnez.
Molt li venist or miex qu'il onques ne fust nez.
5840 Volez que je vos die comment le connoistrez?
C'est cil a qui li pains moilliez sera donez."
Judas ovri la bouche ainz qu'il fust apelez
Et li morsiaus li fu tantost toz aprestez.
Il a goule baee, dedans li fu boutez.
5845 Ensamble o le morsel li est deable antrez,
De venin et d'anvie fu il toz enflamez.
Il n'i vost demorer mais tost s'en est levez,
Guerpi a son signor come lerres provez,
Ses compaingnons laissa li traïtes dervez,
5850 Deables l'en menoit, a cui s'est commendez.

De la destre au signor le pain reçut Judas,
Sa goule ovri dedans est antrez Sathanas.
Li cuvers s'en torna corant plus que le pas.
Haï! de qel signor se dessevra li las!
5855   Comme lerres s'en va a l'ostel Kaÿfas,
Les Gïus i trova li felons Satanas
Et tienent lor conseil qant i sorvint Judas,
Demandent li qu'il voet et cil nel çoile pas :
Il lor dist que Jhesum molt bien lor traïra,
5860   Car il est herbergiez et bien set son ostal.
Et cil li respondirent : "Molt par ies prex, Judas,
En ceste traïson molt grant preu i avras."

D'itel marcheandise, signor, fu granz mestiers,
Et a ceaus qui la [s](f)ont [fu] molt (tres) granz destorbiers.
5865   La sanc juste lor vent Judas, qui molt est fiers.
Il li demandent tuit quex sera li loiers.
Ce lor respont Judas : "Sanz plus .xxx. deniers.
-Se tu nos faiz seürs ses avras volantiers.
Ce respondi Judas : "Ne sui pas mançongiers."
5870   Li chaitis tent la main et reçoit les deniers.
Judas estoit antr'aus comme lerres murtriers.
"Or fai, amis Judas, molt nos est granz mestiers
Que de cest covenant ne vos vaingne ancombriers.

-Que fetes, dist Judas, por qoi tant demorez?
5875   Parler voldrai a cex a qui sera livrez."   Fo 99b
Et ne demora gaires qu'il les ont amenez,
Devant lui en la cort furent trestuit mandez.
Ce lor a dit Judas : "Avoec moi en venrez!
Connoissiez vos celui qui vos sera livrez?
5880   -Nenil, respondent cil, se ne nos est mostrez.
-Par foi, dist li traïtes, se vos garde i prenez
Au signe que ferai molt tost le connoistrez.
Qant le saluerai, mar vos remüerez!
5885   Mais qant jel baiserai adonques le prenez!
Au baisier que ferai connoistre le porrez.
Il a homes o lui, mais pas ne sont armez,
Se aidier li voloient trestoz les decopez! "

Molt par devint Judas et cuvers et punais,
5890   Miex li venist morz fust qu'il eüst fait tel traiz.

Qant son signor traï par .i. baisier de paiz
Molt par fist que cuvers et que lerres malvais.
D'ocirre son signor com mar fist les agaiz!
Molt par fu max de lui li consex et li faiz
5895 Dont li siens sires fu a dampnatïon traiz :
Onques mais de nul homme ne fu tenuz tex plaiz
Qui n'eüst autre genz faiz nul grignor forfaiz.
Haï! dolans Judas, por qoi ne t'en retraiz?
Ren les deniers arriere! Par foi, se tu no faiz,
5900 Le non de traïtor ne perdras tu ja mais!

625

Signor, ne vos ferai de Judas lonc sermon :
Dementres que Judas tient cel conseil felon,
Que que il porparloit cele grant traïson
De son signor qu'il vent a sa dampnatïon,
5905 Li sire o ses apostres remest en sa maison.   Fo 100a
Docement li a dit sainz Pere : "Que ferom?
Traïz seras ennuit d'un nostre compaingnon,
Ancore somes .xi., ensemble o toi serom,
Molt somes bel armé, nule riens ne doutom,
5910 S'il vient ça por toi prandre molt bien te deffendron,
Nos somes tuit hardi, .iij. espees avom.
-Assez est, dist li sires, a tel deffensïon."
Toz les rueve taisir, dit lor a sa raison :

626

"Je voil, mi bon ami, que ne vos soit celé :
5915 Je ai de molt lonc tens cest mangier desirré,
Sempres venra Judas, par qui serai dampné.
Une riens vos dirai ainz q'an soie menez,
Que, ançois que m'aiés serez molt esgaré".
A ice fu li dués mervillos demené.
5920 Donc apela il Pierre et si li a mostré :
"Enuit en ceste nuit serez tuit dessevré,
Tribler vos voet li fel com l'en trible le fel.
Reconforte tes freres qant seras retornez.
-Biau sire, ce dist Pierres, n'en sai la verité,
5925 Je t'aim bien et si croi ja ne(n) serons sevré,
Ensamble serons pris et a la mort mené."

627

Donc regarda li sires vers sa douce maisnee,
Molt par la voit dolante et molt est trespansee.
Sa parole lor moustre qui bien fu escoutee :
5930 "Haï! bone maisnie, com vos voi esgaree,
Com serez ceste nuit departie et sevree.

322

Mais ne vos esmaiez, bien sera raünee.
Ceste Pasque je l'ai de lonc tens desirree,
Devant ce que ma chars fust as Gïus livree.
5935 Demain sera jugïe et en la croiz penee,

Fo 100b

Mais si tost com sera au tiers jor sucitee,
Je vos viseterai tout droit en Galilee.
La dolor qui or est antre vos demenee,
Qant vos me reverrez si sera oublïee,
5940 Dementres soit de toi, Pierres, reconfortee.

628

Simon Pierres, amis, nel tenez pas a gas.
Traiz serai enuit de cel felon Judas,
Je serai sempres pris et tu eschaperas,
Je sai bien, biaus amis, que grant duel en avras.
5945 Trestoz nos voet torbler li cuvers Satanas.
Je voil que les rassambles qant tu retorneras.
N'aies pas grant paor. En Galilee iras,
Avoec ceaus qui la sunt iqui te remaindras,
Iluec venrai a toi et iluec me verras."
5950 Ce respondi Simons : "Ensi n'ira il pas!
Je serai pris o toi qant tu pris i seras,
Ensamble o toi morrai, sire, qant tu morras.
-Doz amis, dist li sires, ainz me renoieras.

629

Certes, Pierres amis, je nel te quier celer,
5955 Molt me verras enuit laidement demener
Et ançois que tu oies .iij. foiz les cos chanter
Diras tu de ta bouche que ne me sez nomer
Ne onques ne m'oïs en nesun liu parler.
Mais qant tu les verras toz ansamble aüner,
5960 Ensamble o aus en va por aus reconforter."
Dont commencerent cil tuit ensamble a plorer.
Lors se leva li sires, n'i vost plus demorer,
Droit au mont d'Olivete commença a aler,
Por le duel que il mainnent n'i vost plus arrester,
5965 Toz les laisse fors .iij., cex fait o soi aler.

Fo 101a

630

Les .ij. fiz Zebedee li bons sire apela,
Saint Jehan et saint Jaque, que il forment ama
Et Pierre son ami, toz les autres lessa,
Iceaus avoeques lui priveement mena,
5970 Sor le mont d'Olivete son conseil ior mostra
Com bons pere a ses fiz et bel les doctrina.
Puis lor dist belement, mie ne lor cela :

323

"M'ame est en tel dolor en grignor ne sera
Por la grant passïon que ele sostenra.
5975 Sostenez vos lez moi." Qant ç'ot dit s'en ala,
En dolor et em plor ces trois signors laissa.

631

Itant com uns hom puet une pierre geter
Les laissa il toz .iij. si s'em prant a aler.
Le duel que il demainne ne vos sai aconter,
5980 Fors tant que a som pere vost li sires parler.
Signor, por Deu oez que voil amonester
Qui volez cest grant duel oïr et escouter :
Ostez l'orgueil de vos, aprenez a plorer !
Certes de tel dolor n'oïstes mais parler.
5985 Car qant il vint el terre si commence a plorer,
Tant par ot grant paor que il prist a süer,
Toz ses cors commença de sanc a degouter :
"Peres, tes fiz t'apele. Voes le tu escouter?
Bevra a cest calice? Puet s'em par el passer ?
5990 Mes pere ies, je tes fiz. Or soit ta volentez.

632

Peres, a cest calice serai bien abevrez.
Qant il ne puet el estre si soit ta volentez."
Signor, por amor Deu, bonement escoutez !
Certes de tel dolor ja mais parler n'orrez.
5995 Molt em par fu dolans li sire et trespansez
Et molt douta la mort ; tant fu il aïrez
Que par mi le sien cors est li sans tressüez
Et li lius ou il fu ert toz ansanglantez.
Aprés cele suor est li sires levez,
6000 Vint a ses compaingnons ses a dormenz trovez,
Lor oeil erent de plors durement agrevez,
Del duel de lor signor erent tout trespansez.
Qant les vit endormiz bel les a apelez,
Puis a dit doucement : "Signor, por qoi dormez?
6005 Villiez signor, villiez, que ne soiez tantez."

633

De duel erent grevé si erent andormiz.
Li sires vint a aus qui molt ert lor amis,
Il par estoit tant doz et simples et pensis
Et dist : "Simon, tu dors? " Et il s'est esperiz.
6010 "Or ne te sovient pas de ce que me deïs
Que morroies o moi? Tu l'as en oubli mis
Qant tu une sole hore ne pues villier neïs.
Villiez tuit et orez que ne soiez soupris.

Fo 101b

La chars est molt anferme, pres est li esperiz."
6015 Qant ce ot dit bonement se rest d'aus departiz,
Molt les lessa dolanz et ploranz et pensis
Et reva en cel liu dont ere revertiz,
Et redoute la mort, dont nus n'estoit gariz.
Forment s'umelïa, jusq'a terre s'est mis
6020 Et redist s'orison par ces meïsmes diz :
"Je sai bien que par moi passera cist calix,
Le bevrai, ce sai bien, de ce sui je toz fiz.
Or soit ta volentez. Pere, en toi me sui mis."

634

Qant ce ot dit li sires, bonnement se leva,
6025 Revint a ses apostres, andormiz les trova,
Ne les vost esvillier mais dormir les lessa.
De duel erent tuit las, por ce nes esvilla.
Molt [grant] pitié ot d'aus, arriere retorna
El liu ou premiers fu, maintenant se coucha.
6030 L'orison que il dist il la recommença,
De la mort qu'il douta a som pere parla.
Le duel ne vos sai dire que iluec demena.
Qant ot dit que lui plot, li sires s'en leva,
Revint a ses apostres la ou il les laissa,
6035 Trova les andormiz et puis les esvilla
Et bonement lor dist, mie ne lor cela :
"Or dormez. Que cil vient qui ja me traïra.

635

Dormez, mi bon ami et si vos reposez.
Ça venra par tans cil par qui serai damnez."
6040 Noire estoit la nuiz et molt granz l'oscurtez.
Des diz a lor signor estoient destorbez.
Qant il se regarderent virent une clartez
Dont il furent forment trestuit espoantez.
Voient Judas venir trestout desafublez,
6045 Ensamble o lui Gïus qui estoient armez
Et ont bones maçües et bons coutiaus as lez.
Des princes as Gïus lor estoit commandez
Por ce que il seroit de ceaus la nuit gardez
Et l'ondemain seroit as Gïus commandez,
6050 Jugiez seroit a mort et en la croiz penez.
Qant fu li sires des Gïus avisez,
Judas, li fel, en est avant alez,
De male part fu de lui saluez,
Ausi com s'il l'amast baisiez et acolez.

325

6055	Judas le vit si li dist hautem*ent* :
	"Ave Rubi, pran tost salüem*ent*! "
	Jhe*s*us l'esgarde si li dist doucem*ent* :
	"Judas, *que* qu*i*ers? Nel me celer noient."
	A icel mot Judas trambloit form*ent*,
6060	A t*e*rre chiet pasmez, ne pot estre en estant
	Ançois chaï arriere anve*r*s entre sa ge*n*t
	Et ensamble chaïre*n*t trestuit com*m*unem*ent*.
	Judas ressailli sus, plai*n*s de mal escïent,
	M*o*lt par avoit li fel el cuer grant hardem*ent*.
6065	Samblant li fait d'amo*r*s li lerres souduianz,
	Adont le va baisier, li sires li con*s*ent.
	Qant l'a baisié li fel a ses .ij. mai*n*s le pra*n*t,
	Qanq*ue* li fait Judas soeffre m*o*lt doucem*ent*.

Fo 102b

C'EST ISSI *COM N*OS*T*RE SIRE FU P*RIS / ET* SAI*NZ* PERES TRAIT L'ESPEE

	"Judas, fait n*os*t*re* *s*ire, jadis fus mes amis,
6070	Or sai je b*i*en *et* voi q*ue* p*ar* toi sui traïz."
	A icest mot i su*n*t li autre avant sailliz
	Si l'ont de toutes pars *et* desachié *et* pr*is*,
	Batu de lor maçües *et* feru de lor piz.
	Qant Pierres l'a veü, q*ui* estoit ses amis,
6075	L'espee qu'il tenoit a fors do fuerre mis,
	Va ferir .i. sergent, a pou ne l'a malmis.
	M*o*lt volent*i*ers l'eüst adonc Pierres ocis.
	A destre de la teste est li taillanz assis,
	L'oreille li osta, sanglant en ot le vis.
6080	M*o*lt vola*n*t*i*ers s'en fust sai*n*z Pierres antremis
	Que li siens sires fust de ces felons gariz.
	Doucem*en*t le regarde si l'a a raison mis :
	"Ostez l'espee, fait il, Pierres amis.
	Sachiez : qui glaive pra*n*t p*ar* glaive sera p*ris*.

6085	Pierres, dist n*os*t*re* sires, metez en sauf l'espee.
	Ne voil q*ue* orandroit i ait poi*n*t de mellee.
	Sachiez de ve*r*ité : ceste ge*n*z mar fu nee.
	V*os* feïstes trop mal qant trassistes espee.
	Avoies tu donc, Pierres, ma p*ar*ole oublïee?
6090	Se a mon p*er*e estoit aïde demandee,
	M*o*lt tost sera l'aïde deva*n*t moi amenee.
	Ancontre l'ost mon pere n'en a nule ost duree :

Fo 103a

D'angles iert icele ost *qui* me sera *p*restee.
La bone profecïe doit b*ien* estre no*n*mee
6095   *Que* li profete ont de moi esgardee."
A ces paroles a l'oreille demandee
Et Pierres la li a dedans sa mai*n* posee.
Li sires la rassist dont ele fu ostee,
La char li a Jh*esus* a l'oreille senee.

639

6100   L'oreille *p*rist adonc li bons mires Jh*esus*,
Le serf apele a soi qui ot a non Marc*us,*
Et puis l'a salué ja soit ce *qu'il* soit muz.
Adonqu*es* i fust Pierres *et p*ris *et* retenuz,
Mais *p*or icel forfait n'i vost demorer pl*us.*
6105   Son maistre en mai*nn*e*n*t *p*ris sel bate*n*t de lor fuz,
Les mai*n*s li ont loïes qant il fu b*ien* batuz,
Par les chevex le tirent, *p*ar les dras est tenuz,
Or l'abatent a t*e*rre, or le ressachent suz,
Vilme*n*t le demenoient, n'em pue*en*t faire pl*us.*
6110   Qant voit si le laidissent ses apele Jh*esus* :
"Ha! bones gens, fait il, com avez les quers durs.
*Et p*or qoi m'avez vo*s* si batu de voz fuz?
Aussi com a larron estes a moi venuz
Et preïstes lant*er*nes si com fusse repus.

640

6115   Ai*n*c voir nel desservi ne de nuit ne de jor,   Fo 103b
Ne de fait *que* feïsse n'eüstes jor paor,
Ne de dit *que* deïsse ne fustes vo*s* pïor ;
Et en ces sinagogues ou ere chas*cun* jor,
Ou erent assamblé li *p*ri*n*ce *et* li signor,
6120   Il n'i ot nes*un* seul -tant fust de gra*n*t valor-
Qui m'en osast repe*n*re, n'en ou on*que*s poor.
A moi estes venu en ceste tenebror,
*P*ris m'avez trop vilme*n*t, ne m'i mostre*z* am*or,*
Bien voi *que* env*er*s moi n'avez nule douçor
6125   *Et* sai *que* remai*n*droiz dureme*n*t pecheor.
Mar creistes Judas, le cuv*er*t traïtor ;
En grant pai*n*ne serez, mais il av*ra g*ri*g*nor."
A l'ostel Kaÿfas, l'eves*que,* lor signor,
L'en ont mené loié sel gardent *jus*q'al jor.

641

6130   *Q*ant il l'ont tant batu *que* il fure*n*t tuit las,
Ferant l'en ont mené ne mie pas *p*or pas.
A l'ostel lor evesque q'*a*pelent Kaÿfas,
Ensamble o aus s'en va li traïtes Judas.

327

La le livrent lor maistre, bien fort loiez lor braz.
6135 Devant lui font lor ris, darrier mainnent lor gas.
Qant Pierres n'ot son maistre il ne l'oublïa pas,
Aprés cort li bons hom tant que il fu toz las,
La porte trova ferme, molt par en devint mas,
Un i ot qui l'amoit, q'ere a dant Kaÿfas,
6140 Icil l'i fist antrer priveement le pas.

642

Uns de cex compaingnons le fist dedanz antrer.
Le duel que Pierres ot ne vos sai aconter :
Sachiez s'il poïst estre ne s'en queïst sevrer !
Molt s'en aloit muçant, il ne s'osoit mostrer,
6145 Il n'en connoissoit nul ne n'i voloit parler,   Fo 104a
Si vossist il savoir, s'il i osast aler,
Qu'il feront de son maistre, ou le voldront mener.
.I. feu ot enmi l'aire, la vit gent assambler,
Por noveles oïr la va por eschaufer,
6150 Uns des sergenz le vit sel prist a aviser :
"Cestui vi o Jhesu," cil commence a crier.
-Nou sui voir ne o lui ne me veïs aler
Ne ne sai qui il est, n'en quier oïr parler.

ISSI COM SAINS PERES / RENOIA JHESUCRIST

643

-Prenez moi cel vieil home, cel chenu, cel barbé !
6155 Je le connois molt bien et bien l'ai avisé."
Ce dist li uns a l'autre : "Tu as dit verité."
A haute vois li a cil tantost escrïé :
"Vos estes ses compainz, jel sai de verité !
El jardin fus enuit, je t'i vi tout armé
6160 La ou Jhesus fu pris q'avons emprisoné.
-Tais toi ! ce a dit Pierres, ne diz pas verité,
Ne connois cel Jhesu ne ne sai dont est nez."
A icel mot s'est Pierres molt durement hastez,
Por issir se hasta, mais i fu ancontré.
6165 Ez vos une meschine qui l'a arraisoné :
"Estez ici, danz viex, fait ele, n'en istrez !

644

Estez ici, dans viex ! Bien estes conneüz,
O celui fustes vos et si fustes veüz
Et si estes de nos molt bien aperceüz.
6170 Et por qoi te taiz si et por qoi ies si muz?
A ta raison, fait ele, te connois bien, chenus,

Nos savons bien de voir tu ies Galileüs !
-Nou sui je, n'en sui pas, ce respondi Petrus,
N'onques nel vi en l'ort ne je n'i fui veüz."
6175   A ces paroles est fors la cort issuz ;   Fo 104b
Li coc chantent adonc si s'est aperceüz.
Adonques fu dolanz si que il ne pot plus.

645

Ce li respont la feme : "C'est veritez provee :
Bien te connois et sai que ies de Galilee,
6180   Tes diz et ta parole, ai bien manifestee,
Qant tu diz la parole, que bien l'ai esprovee :
Tu fus o lui, por voir, en icele assamblee.
-Tais toi, fait il, meschine ! N'en seras escoutee."
Ceste parole ne fu si tost finee-
6185   De cele nuit fu lors la moitiez trepassee-
Lors chantoient li coc a ore acostumee.
Qant Pierres l'entendi s'a la face muée,
L'iaue dou cuer li est as iex do front montee.
Cele nuit a Petrus mainte larme ploree,
6190   La parole son maistre fu molt bien averee.

646

Pierres plora forment, si com dist l'escriture,
Molt li pesa au cuer que tex fu s'aventure,
Amerement ploroit, n'en set nule mesure.
Il s'est muciez tantost soz une roche dure,
6195   Le jor atendi tant l'aube fu clere et pure.
Donc regarde avant lui et s'en va a droiture.
Or revenrons arriere a cele gent parjure
Qui lor signor detienent en une grant cloture.
Molt li ont fait la nuit li felon grant laidure
6200   De dessachier sa char et de sa vesteüre.
Molt ressamblent bien gent qu'est de male nature
Et toz jorz feront mal, tele est lor aventure.

647

Li jorz fu biaus et clers et l'aube fu crevee.
Molt plora Pierre et plaint le jor sa destinee
6205   Et qant sa dolor ot grant piece demenee,   Fo 105a
Sa compaingnie a Pierres docement visetee
Que Jhesus, li siens sires, laissa desconfortee.
Et li Gïu pullant, la genz maleüree,
Qui a nul jor ne vost onques estre senee,
6210   De toute la cité est la genz aünee,
Dedans la cort meïsmes Kaÿfas est alee,
La mort Jhesu i ont la dedans porparlee,

329

Par qoi mainte ame fu par cel fait delivree.
La cors d'anfer fu bien icelui jor gastee,
6215 Cele dou ciel en fu molt tres bien honoree.

648

Li Giü s'assamblerent en l'ostel Kaÿfas.
Li grant et li petit i vienent pas por pas
Et puis dient antr'aus : "Q'en ferons Kaÿfas?
Par foi, sel tuerons que il ne vivra pas.
6220 Hastivement et tost soit menez a Pilas
Et si soit avoec lui ses bons compainz Judas! "
Il li otroient tuit com felon Satanas.
"Et ou est nostre rois? font il a Kaÿfas.
Amenez lou avant! tuit crient a .i. glas,
6225 Par foi, Pilate, sire, tu nel doiz amer pas,
Que rois se fait icist. Que n'otroie Cesars!
Ancore le dist il. Or enten! Ja l'orras.
Par foi, Pilate, sire, molt t'en mervilleras."

ISSI COM JHESUCRIZ FU / MIS EN LA CHARTRE

649

Kaÿfas, lor evesques, estoit molt riches hom.
6230 Tuit se sont assamblé le jor en sa maison.
Jhesus ert en la chartre en molt ferme prison,
Or l'en ont fors geté icil cuvert felon,
Loié devant Pilate le mainnent com larron,
Adonc se porpensa de l'acusatïon
6235 Comment il l'ocirront, de sa perdatïon.   Fo 105b
Pilates le[s] regarde, qui molt ert sages hom,
Esgarde les cuvers, escoute lor raison,
Il entent que entr'aus l'ont pris par traïson,
Ne les amolt noient, que molt erent felon.
6240 Pilates s'est assis tuit li prince environ.

650

Si tost com fu assis si li fu amenez,
Dedevant lui estoit com uns aingniax privez,
Ancliné a son chief, nes a pas regardez,
Et de plusors mançonges fu iluec acusez.
6245 Pilates fait pais faire ses a bien escoutez,
Il n'i oit ne ne voit dont doie estre dampnez.
D'an miliu dou concile dui fol se sont levez,
A haute voiz escrient : "Envers nos entendez!
Cist hom se fait fiz Deu, que croire ne devez,
6250 Dist que Diex est ses peres, ce n'est pas veritez,

330

Que bien le *connoissons*, *b*ien savo*n*s dont est nez.

651

Or entendez trestuit ice *que vos* dirom
Et ce *que* nos oïmes, *que* nos sor lui portom :
Nos fumes ens el temple, oïsmes son sermon,
6255   Abatre nos rova le temple Salemon.
Il dist a plai*nn*e bouche -sachiez n'en m*en*tirom,
En .xl.vi. ans le fist icil prodom-
'E*n* .iij. jorz iert refaiz *que* ja plus n'i mete on."
Qant l'entendi Pilates si apela Jhesum,
6260   Ensamble o lui s'en va fors dou *pre*torïom
Et delez lui s'assist, mostra li sa raison :
"Don n'oiz tu com t'ancusent icil cuvert felon
Et por qoi ne respons? Trop *par* ies simples hom !

652

Icil Gïu te heent, ce saches, mortelm*ent*,
6265   Il t'ocirront, ce dout, s'il pueent, m*o*lt vilm*ent*,
De toutes pars t'acusent cil felon m*o*lt form*ent*
Et de ce me m*er*veil *que* ne respons noient,
Et s'ies m*o*lt sages hom, si com dient la g*en*t.
Que diras tu, amis? Car le me di b*ri*ém*ent*! "
6270   A iceste parole este *vos* .i. sergent !
De par sa feme i*qui* li est v*e*nuz d*e*vant,
Li messag*ier*s li dist hautem*ent* en oiant :
"Saluz te mande, sire, ta feme, voirem*ent*.
Qant ele se coucha enuit *pri*veem*ent*,
6275   Ele s'andormi b*ien* sanz nul ancombrem*ent*.
Un home ont *pri*s enuit ceste gïue gent,
Icelui vit enuit trestout visablem*ent*
Sonja *que* estïés en m*er*villos torm*ent*."

653

"**P**ilates, fait il, sire, entendez ma raison !
6280   Ta feme gist malade, par foi, en ta maison,
M*o*lt *par* se duet form*ent* de ceste avision,
Si te mande *par* moi *que* m*o*lt est j*us*tes hom
Icil *que* cil Gïu ont *pri*s *par* traïson.
Enuit l'a bien veü -m*en*tir ne t'en volom-
6285   Ancor en a au cuer m*o*lt mortel passïon.
Se tu onq*ues* pues, sire, fai li avoir *par*don
Et garde *que* il n'ait de cors dampnatïon ! "
Qant entendi Pilates de celui la raison,
De devant lui a fait tantost aler Jhes*um*
6290   *Et* s'en vient as Gïus droit et *pre*torïom.
"Par foi, fait il a aus, o*qui*son n'i trovom,

Ainçois me samble bien qu'il soit molt justes hom.
Bien soit batuz, dist il, si nos en delivrom.

654

6295　-Tais toi, font il, Pilate ! Ne volons escouter
Qant m'as ice dit que le laissons aler.
De tout autre maniere te covient a parler :
Il se fait estre rois, ne le voet pas celer,
Par tout la ou il va se fait rois apeler.
Nez est de Galilee si fait la gent errer.''
6300　Molt le vossist Pilates volantiers escouter,
Mais qant il lor oï Galilee nomer,
Durement commença de l'affaire a douter
Por Herode q'avoit cele terre a garder.
Aprestei l'a tantost, puis si li fist mener.

655

6305　Qant oit Pilates qu'il est de tel mestier-
Herode doute, pas nel voet correcier-
De ses sergenz a faiz aparillier,
Que par aus le voldra a Herode anvoier,
Q'an nule guise ne le voet aïrier.
6310　Receü l'ont, pansent de l'esploitier.
Qant l'oit Herodes prist soi a mervillier,
De lui veoir avoit grant desirrier.
Ancontre va, o lui maint chevalier,
De ses miracles voet veoir le mestier.
6315　Delivrez fust, ja n'en donnast denier,
Mais il se tost, n'ainme pas le plaidier.

SI *COM* PILATES A*N*VOIA / JH*E*SUCRIST A
HERODE / *QU*ANT LI GIEU L'ORENT / PRIS

656

Herodes *et* Pilates estoient anemi,
Mais a cel jor furent il bon ami
Por le signor que cil li a tremis.
6320　De maintes choses l'a Herodes requis,
Onques Jhesus ne li torna le vis ;
Molt li estoient li Gïu anemis,
Neïs Herode avoient ja requis
Ne li aidast que il ne fust malmis.
6325　Herodes [a] toz lor consaus oïz,
Ses dras li oste, autres li a vestiz :
De porpre furent, si com dist li escriz,
Entre les mains as felons l'a remis

Et a Pilate l'a arr*iere* tremis.

6330   **M**olt le reçut Herodes bonem*ent*,
Ne mie il sex, mais trestoute sa ge*nt*,
Que desirré l'avoient longuem*ent*.
Il l'arraisone, mais ne respont nea*nt*.
Herodes *et* Pilates se haoie*nt* form*ent*,
6335   A icel jor ont fait acordemant.
Se un miracle feïst tant solem*ent*,
Por nul cors d'ome ne venist a torm*ent*,
Por nul G*ï*u, ne p*or* acusem*en*t.
A cel Herode em pesa m*ol*t form*ent*,
6340   Il li demande : "Di moi p*ri*veem*ent* :
Por q*ue*l forfait t'o*nt* p*ri*s iceste ge*nt*,
P*or* qoi te mai*n*nent em p*ri*son si vilm*ent*?
Parole a moi! Ne lor voldra noie*nt*."
Revestu l'a d'un porpre vetem*ent*,
6345   Si l'en remai*n*ne m*ol*t honorablem*ent*.

Cil s'en repairent a cui on l'ot livré,
Pilate troevent si l'ont bel salué.
Ce dist Pilates : "V*os* l'avez ramené.
Que dist Herodes? Gardez ne soit celé!
6350   -Saluz te mande, des or serez p*ri*vé,
Bien sez tu l'ai*n*mes, q*ue* tu li as mostré.
Icestui home li avons p*re*senté,
Assez li a anq*ui*s *et* demandé
Por qoi fu pris, deïst la verité.
6355   Cil tint le chief tout adés ancliné,
Ne respondi ne ne l'a regardé,
Ne set q*ue* dire, m*ol*t le troeve esgaré,
Cest vestem*ent* q*ue* il a affublé
Li dona il si l'avons ramené."

Fo 107b

6360   **C**e dist Pilates : "De ce sui je m*ol*t liez
Q'Erodes m'ai*n*me, q*ui* m*ol*t est ansai*n*gniez.
Et dessor toz est il plus afaitiez,
Mais il nos a, espor, contraliiez,
M*ol*t b*ie*n sera qu'il an soit chastiiez
6365   Si me direz q'antre v*os* en jugiez."
Et cil respondent : "Qu'il soit crucefiiez!"
Ce dist Pilates : "Miex dire porriiez,
V*os*t*re* conseil autrem*ent* avriiez!"
Pilates fu durem*ent* correciez

6370 Si a les iex durement ruilïez.
"Di va, fait il, por qoi ies tu si fiers
Que ne respons contre ces aversiers?

660

Ne sai por qoi respons si a anviz.
Par cest evesque, amis, ies tu traïz,
6375 Je voi qu'il sont trestuit ti anemi,
.I. sol n'i voi qui i soit tes amis,
De toi aidier ne se sont antremis.
Di moi, de Dieu se tu ies li siens fiz
Si que je l'oie et s'an soie toz fiz! "
6380 Donc respondi Jhesus et si leva son vis :
"Je sui ses fiz, voirs est ce que tu diz.
Oiez que vos dirai et s'an soiés toz fiz :
Il montera as nues, ja n'en iert contrediz
Et si en descendra, secorra ses amis."
6385 A iceste parole fu il molt bien oïz,   Fo 108a
Tuit ensamble crioient en haut a molt haus criz :
"Or s'est jugiez a mort de ses meïsmes diz,
N'ait nule raançon, mais en la croiz soit mis!

661

Qant Jhesucriz sa parole ot finee,
6390 .I. des sergenz l'a molt mal escoutee
Qui sa main a ancontremont levee
Et ens el col li dona grant colee.
Aprés a dite parole mal senee :
"Par foi, fait il, ne t'iert plus pardonnee.
6395 Evesques soies, l'onors te soit donnee!
Ta parole as malvaisement finee."
Dont a Jhesus sa face amont levee
Si li a dite parole remenbree :
"Biaus doz amis, por qoi m'as tel donnee
6400 Ançois q'eüsse ma parole amendee?

662

Biaus doz amis, por qoi m'as fait tel lait,
Qant no forfis ne en dit ne en fait?
Ce n'est pas droiz que l'en fiere home em plait
Desqu'il se tient a vaincuz antresait ;
6405 Congié n'en as ne je ne sai qui l'ait,
D'ome ferir desqu'il ne l'a meffait."
Fors dou pretoire dans Pilates s'en vait
Et li cuvert ont Jhesu aprés trait.
Ce dist Pilates : "Ne li fetes nul lait,
6410 Que ne savez com li plaiz vient et vait! "

334

En une chambre est Pilates antrez
Et Jhesus est ensamble o lui alez,
De dant Pilate est bel arraisonez :
"Amis, fait il, tu ies am*pri*sonez
6415 *Par* cest evesq*ue et* ies a moi livrez.
Tu *connoiz* b*ien*, de lor linage ies nez
Et d'aus issi tu *et* tes parantez.
Ies tu fiz Deu? Di m'en la v*eri*té !
-Jel *vos* ai dit. *Por* qoi le demandez?
6420 -M*er*veilles diz. *Comm*ent si ne le sez
Moi est donee de toi la poestez?

Di moi *por* qoi cil te heent issis.
Je sai de voir *que* n'ies pas lor amis,
Ne fineront *ju*squ'il t'avro*nt* ocis.
6425 Poesté ai q'en eschap*er*as vis."
Et dist Jhesus : "Ce ne m'est mie avis.
La poesté ne l'avras a toz diz :
Tu l'as de Deu *et* je si sui ses fiz."
Qant voit Pilates ne le vai*n*tre *par* diz,
6430 Ses dras li tolt, autres li a vestiz
Si le ranvoie a ses puz anemis.
"Tu avras mal, mais cil en avro*nt* pis
Par qui je sui antre vo*z* mains chaïz."

Pilatus l'a d'autres dras conraé,
6435 Corone el chief *et* par eschars posé
Et devant lui el pretoire mené.
Molt fu hontex, *que* tuit l'ont esgardé,
Que ne suet estre de tex dras co*n*raé.
Le vis anclin oiant toz a parlé :
6440 "Ecce Homo qui vos a amené! "
Pilate escrie : "A moi en entendez :
C'est *vost*re rois *que vos* ici veez."
A haute vois s'esc*ri*ent tuit : "Ostez!
Et enaprés si soit crucefïez! "
6445 Ce dist Pilates : "N'est pas ma volentez.
En lui ne truis par *que* soit malmenez."
A voiz s'esc*ri*ent :" Se il n'i est dampnez,
Ja de Cesar ne seras mais amez."

Ce dist Pilates : "Vez ici *vost*re roi!
6450 Tout co*n*raé l'ai amené o moi.

Fo 108b

Fo 109a

Si est costume, *et* tenir la *vos* doi,
Ne la perdrez, dou tout la *vos* otroi ;
La feste iert granz, ne demorra c'u*n* poi
Si iert demai*n*, voirs est si com je croi,
6455   .I. larron quite laissier si *vos* i doi,
Fel *et* cuve*r*t, *q*ui ai*n*c ne porta foi."

667

Ce dist Pilates : "Une costume avez,
Ice sachiez, *p*ar moi ne la perdrez !
Ce fu costume ai*n*z *q*ue *vos* fussiez nez
6460   *Que,*se larrons i a amprisonez,
A ceste feste, se .i. en demandez,
Que ses meffaiz li sera pardonez.
Ou est voz rois *q*ue em *pr*ison avez?
Celui avrez se avoir le volez."
6465   Ce dient tuit : "*Por* nïent em *p*arlez !
S'iert Barrabas *q*ui est emp*r*isonez.

668

Or oi, Pilate ! *Et* nos le te dirom :
Cel omecide Barrabas demandom,
Tu l'as laiens si le tiens em *pr*ison
6470   *Et* nost*r*e roi livrez a passïon ! "

669

Ce dist Pilates : "Ja n'a il riens meffait,
Ai*n*c li bons hom ne fist a home lait."
Ce dient tuit : "Ai*n*c n'oïsmes tel plait.
Dant Barrabas avro*n*s tout entresait,
6475   Jh*es*us pandra, ce doit estre retrait ! "
Chascuns c*r*iant antor Pilate vait,
Il n'i a plus, dant Barrabas lor lait,
Jh*es*u lor livre debatu *et* detrait.

670

Qant voit Pilates *q*ue pas ne les vai*n*tra,
6480   Ou voille ou non lor talenz ensivra,
Eneslepas de l'eve demanda,
Voiant le pueple iluec ses mains lava ;
Fist faire pais, oiant aus toz parla :
"*P*ar moi ne muert Jh*es*us ne ne morra,
6485   Ne justes sans espanduz n'en sera! "
La pute genz durem*ent* s'esc*r*ia :
"Tais toi, Pilate ! Ses sans ne te nuira,
Sor nos *et* sor nos fiz, par foi, sera !

Fo 109b

336

-Por ce sui devant *vos*, tuit le veez
6490   Que li siens sans ne soit *par* moi dampnez."
Cil dient tuit : "Ja pechié n'i avrez,
Toz li pechiez si soit sor *nos* livrez
Et de noz fiz ne soit ja retornez! "
Pilates leva sus si s'est haut escrïez :
6495   "Or faites pais trestuit si m'escoutez!
Cist *vostre* rois *vos* sera ja livrez
Et vos [ce] dites qel crucefïerez.
-*Par* Deu, Pilate, *por* neant em *parlez*!
Nos avons loi *et par* loi iert dampnez."
6500   Pilates voet *que* il soit d'aus amez.
Dedevant lui est Jhe*s*us flaelez,
Batuz, liiez, d'espines coronnez
Et as sergenz est *por* pandre livrez.

Cel omecide ont mis fors de *prison*,
6505   Nostre signor en mai*n*nent li felon,   Fo 110a
Fors de la chartre ont geté le larron
Et en la croiz pandirent le baron.
Mal change font icil Gïu felon
Qu'*i*l laissent l'or *et* demandent le plom.
6510   *Par* tel eschange avro*n*t dampnatïon
Dont to*z* li mo*n*s reçoit salvatïon.
Barrabas rendent a sa possessïon
Et lor signor mai*n*ne[*n*]t a passïon.

Judas estoit toz sex entre la ge*n*t,
6515   Son signor voit *que* il mai*n*ne[*n*]t vilm*en*t,
Et qant il voit *que*l mai*n*nent a torm*en*t,
*M*olt le regarde des iex piteusem*en*t,
*O*r voit il b*i*en *et* set parfitem*en*t
Qu'*i*l le demai*n*nent *m*olt angoissosem*en*t,
6520   Il le voit batre *et* mener a torm*en*t,
Maz en devi*n*t, le cuer en ot dolant,
Adont saut sus desmesureem*en*t.
.Xxx. deniers *que* il ot d'aus lor rent :
"*M*olt a en *vos*, fait il, malvaise gent,
6525   *V*os nel menez pas honorablem*en*t."

Ce dist Judas : "Pas nel *vos* celerai :
Qant le traï *m*olt durem*en*t pechai,

Por le sanc juste les deniers que pris ai
Ice sachiez que nul n'en retendrai!
6530 Vez les deniers que je mar gaaingnai,
Vos les raiés, que ja nul n'en avrai.
Haï! chaitis, le jor mar me levai
Que mon signor guerpi et vos amai!
Le jugement de mon cors en ferai :
6535 S'il por moi muert et je por lui morrai,   Fo 110b
Se il l'ocïent certes je m'ocirrai,
S'il muert en croiz, d'un laz m'estranglerai."

675

"Ha! las, fait il, com par fui mal senez!
Mar vi le jor que fui de lui privez
6540 Et l'ore pire que sor terre fui nez,
Que de ma mere me fu li laiz donnez!
Miex fust q'an terre fusse assoubitez.
Ha! las dolanz, com par loi estre irez,
Que por avoir sui traïtes nomez.
6545 Felon Gïu, ces voz deniers prenez!"
A ces paroles a les deniers getez
Devant lor piez et si s'en est alez.

676

"Vendu vos ai, fait il, le juste sanc,
Molt a en moi orrible marcheant.
6550 Je voi bien que sa mort alez aparillant.
Tenez le vostre, que le mien vos demant."
Son signor voit q'en mainnent li tirant.
Et les deniers lor a getez devant.
Or escoutez de Judas le dolant :
6555 De son signor se departi atant,
.I. liu esgarde qui n'estoit avenant,
Antor son col a mis .i. laz corant,
Il monte en haut, cel laz va confermant,
Li fel saut jus et remest em pendant.

677

6560 Morz est Judas par non de traïtor,
.Xxx. deniers vendu son bon signor.
Judas se pant par non de boiseor,
Qant a son maistre ne mostra nule amor.
Judas li fel ne vost venir a jor,
6565 De plait n'ot cure ne de nul plaideor,   Fo 111a
Justise esgarde trestoute la pïor.
Oï l'ai dire, sel dient li plusor,
Ne fu itele morz jusq'a cel jor,

338

De cel(u)i fait Judas son vavassor,
6570 Qui por neant traï son bon signor ;
Por tel servise doit avoir tele honor
Que il an soit panduz a deshonor !

678

Or est Judas panduz *et* estranglez,
De son signor fu il ja molt amez,
6575 Molt malement s'est de lui dessevrez,
Deniers prist .xxx. li fel bien monneez.
Or s'en repant ses a toz degetez.
D'icés deniers fu uns chans achatez,
A un povre home sont li denier livrez,
6580 Son champ lor vent, si s'en est delivrez.
Les pelerins estranges *et* privez
Puis cel jor sunt ilueques anterrez.
Des païsans uns nons li est donnez,
'Achat de mal' jusq'a cel jor nonmez.

679

6585 Icil Gïu felon *et* nonsachant
Les deniers pranent *qui* lor gisent devant.
Ce dient tuit li petit *et* li grant :
"Nel metrons pas ancor en covenant,
Que de vos sont donné em pris de sanc."
6590 A .i. potier dolant *et* nonsachant
En achaterent .i. champ bien large *et* grant ;
Ensi com dient ancor li païsant
Cel champ apelent : 'Q'est achatez de sanc.'

680

De nostre sauveor devons ore parler
6595 *Et* sa dolor *et* ses painnes conter.   Fo 111b
La croiz ont faite cil felon bacheler
D'un molt bel fust, ciprés l'oï nomer.
Sor .i. haut mont l'ont tost fait amonter,
'Mont es Calvaire' issi l'oï nomer.
6600 Un home ancontrent, dant Symon, a l'aler,
La crois li dient qu'il li covient porter ;
Une corone li ont fait aporter
Toute d'espines, Jhesu font coroner.

681

Des or escout qui en Deu a amor :
6605 Sa passïon orront *et* sa dolor.
Desvestu l'ont *et* si li vont antor,

339

Tuit l'eschernissent si li font autre ator :
Un vestement li ont fait molt millor,
Corone el chief qui li fait grant dolor.
6610 Antor lui sont li prince et li signor,
Tuit li felon et tuit li traïtor.
Fors de la cit en mainnent le signor,
Tuit le sivoient li grant et li menor,
Auqant em plorent por la grant deshonor
6615 Et qui en ont au cuer molt grant dolor.

682

Cele corone dont vos m'oez parler,
Son chief li font antor anvironner.
Tortice fu si fu d'un aiglanter
Et les espines li font el chief antrer,
6620 Trestoz ses chiés prist a ansanglanter,
Aval sa face en coru le sanc cler.
.I. rosel tint que il li font porter,
Saisir li font, puis le vont saluer.
Molt par se painnent com le puissent damner.
6625 Que qu'il li facent ne voet a aus parler,
Com uns aigniaus ne vost .i. mot soner.
Plus li font mal qu'il ne pueent panser.

Fo 112a

683

Felon Gïu molt furent mal tirant,
Lor signor tienent, ne li font bel samblant,
6630 Les iex li ont covers, el col le vont ferant
Et devant en la face, puis li vont demandant :
"Rois debonaires, tant pas as or sens grant,-
Nos nos joons a toi. N'aies nul maltalant ! -
Or adevine cex qui te vont ferant ! "
6635 El vis li craichent, molt le vont laidissant.
Li sires le soffri, ne lor fist lait samblant,
Ainz atant la bone ore qui li va aprochant.

684

Son chief li ont covert si le fierent el col,
Adaviner le ruevent, si le tienent por fol,
6640 Ses manbres li debatent qui tuit estoient mol,
Devant le vis li craichent tuit ensamble a .i. vol,
Tuit le vont saluant, puis le fierent el col :
"Ave, rois des Gïus, qui faiz luire le sol."

685

Molt ere icele genz, signor, maleüree,

6645 Molt ont grant hardement qant li donent colee,
Et corone d'espines li ont el chief posee
Si que sa face en ot trestoute ansanglantee.
Qant voient que sa croiz est sor le mont levee,
La genz de la cité i est toute assemblee,
6650 Mené l'ont cele part, n'i sont plus demoree,
La cote de son dos cele li ont ostee.

686

La genz de la cité est venue corant,
Tuit i vienent ensamble li vieil et li anfant,
Les dames de la cit vont lor paumes batant,
6655 Trestuit i acorurent li petit et li grant
Esgarder le profete ou il le vont menant.
Sor le mont de Calvaire voient la croiz estant,
Antor lor signor vont icel felon joant,
A granz criz s'escrioient : "Que faites nonsachant?
6660 Ou menrez nostre maistre male gent mescreant?
Que vos a il meffait ou em pou ou en grant?
Laissiez le, nel menez hui mais plus en avant ! "

687

La genz de Jurzalem est trestoute assemblee.
Le jor i fu, signor, mainte larme ploree
6665 Des genz de la cité et granz dolors menee.
Or dient tuit ensamble tuit a une alenee :
"Nostre citez est ore dolante et esgaree
Et sor autres citez sera veve clamee,
Ne ja mais a nul jor ne sera honoree ;
6670 Tele citez ne fu en cest monde trovee !
En toi est hui cest jor traïsons porparlee
Et la chars au saint home vendue et achatee.
Vez la croiz en cel mont lassuz en haut levee !
Haï! gïue genz, com par ies forsenee !
6675 Hui a bien achaté toute vostre posnee.

688

Haï! dolant pechable chaitif que devenrom?
Haï! Jerusalem, com male traïson!
Signor solïons estre, des ore serf serom,
En nul liu ou gent soient le chief ne leveron,
6680 En marchié et en foire des or nos repondrom ;
Achaté et vendu nostre signor avom,
Hé Diex! por qel forfait? Que nul n'en i savom!
Ha, las! por som bienfait quel servise rendom!
Ainc mais ne fu rendu si malvais guerredon."

ENSI *COM* *JHESUCRIZ* FU MIS EN / LA CROIZ
ET IL LI FIRENT CORO / NE D'ESPINE *ET* JOSEPH LE DE /
MANDA A PILATE *ET* IL LI DONA

(Pour le Fragment du Graal, fo 113-114, V. § 4, pp. 389-391)

ISSI *COM* N*OST*RE SIRE *COMMEN*DA SA M*E*RE
A MON / SEIGNOR SAI*N*T JEHAN

1

Signor, or escoutez, *que* Diex *vos* beneïe !   Fo 114b
Par sa mort *pre*cïeuse nos randi il la vie.
Vos l'avez bien oï, raisons est *que* le die :
Qant Diex fu mis en croiz de cele ge*n*t haïe,
5   *Com*manda .ij., signor(s), a son ami s'amie :
Sai*n*t Jehan a sa mere, a sai*n*t Jehan Marie ;
M*o*lt *par* fu dolerose icele departie.
Li bons evangelistes la *pr*ist en sa baillie
Si l'a molt bel gardee *et* docement servie.

2

10   Sachiez *que* n*ost*re sires sai*n*t Jehan m*o*lt ama,
De la croiz ou pandi qant a soi l'apela !
Sa m*e*re vi*n*t a lui, il la li *com*manda,
Volentiers la reçut *et* tenreme*n*t plora,
Prist sa dame en sa mai*n* *et* plora*n*t s'en torna,
15   Au temple sont alé, iluec la *com*manda
Avoec les bones dames *que* il el liu trova.
Qan*que* mestiers li fu *et* il li *por*chaça,
Ele remest el temple, ou son cors travilla,
Villoit chascune nuit *et* le jor jeüna.

3

20   La roïne do mont estoit m*o*lt m*e*rvillose,
De la mort son c*hier* fil la dame est angoisseuse
M*o*lt estoit amiable *et* m*o*lt ert glorïeuse
Et m*o*lt estoit amee *et* m*o*lt estoit joieuse,
De plaisir a toz homes estoit m*o*lt covoiteuse
25   *Et* de servir el temple n'iere ele pas oiseuse ;
Tant com ele visqui ne fu puis soffraitose.

4

Puis q'ele vi*n*t au temple ne s'en vost de*par*tir,
O les dames remest, bel les savoit servir
Et m*o*lt pout jeüner, plus vill*ier* *que* dormir.
30   Ainc ne vost mal *par*ler ne faire ne oïr,
M*o*lt par haoit mançonge, onq*ues* ne sot mentir ;   Fo 115a
De mentiaus vairs n'ot cure ne *gris* ne vost vestir.
Bien la garda Jehans, ne vost de li *par*tir,
Toz jorz furent ensamble *jus*q*ue* vint au morir.

5

35   La dame vint el temple ou molt estoit amee,
       Si ert dou patriache sor toutes honoree,
       Ele de lui servir s'estoit forment penee.
       Sachiez que de son fil ne fu pas oublïee!
       Sovant de par ses angles estoit revisetee.
40   Molt par fu a bon home la dame commendee :
       Qui virges est esliz et prist la reposee
       Sor le piz a son maistre, en la cene menbree.
       Des or voet nostre sires que ele soit mandee
       Et de ses dignes angles el trone coronnee.
45   Son angle li anvoie, qui bel l'a saluée.

6

       Par le commant de Dieu l'angles est descenduz,
       El temple l'a trovee, la li rendi saluz :
       "Dame, ne t'esmaier, car je sui de lassuz!
       Dame, se tu ne fusses toz cist mons fust perduz.
50   Par toi est li deables desconfiz et vaincuz,
       Ne porra mais parler, toz est devenuz muz.
       Pran, dame, ceste paume que t'anvoie Jhesus!
       Tes fiz que tant amas voet que vaingnes lassuz
       Dessi que a tierz jor et ne demorra plus.

7

55   Ma dame, enten a moi! -Et qui ies tu, amis?
       -Messagiers sui ton fil qui ça jus m'a tremis ;
       Tuit li angle t'atendent, qui molt sont ti amis,
       Plus seras essaucïe que n'en est cherubins."
       Ne t'a pas oublïe[e]. A il nul terme mis?
60   -Oïl, dame, au tierz jor, ce me dist vostre fiz.
       -Comment as tu a non? Di le moi, biaus amis!   Fo 115b
       -Dame, je ne l'os dire, que congié n'en ai pris.

8

       Dame, ce saches tu que pas ne m'os nomer,
       Icist nons que je port fait molt a redouter
65   Et en ciel et en terre et en iaue et en mer.
       Dame, reçoif la paume! N'i os plus demorer.
       Ne la laisse de toi nesune foiz sevrer!
       Semondrai les apostres, ferai les assambler,
       Toz les avroiz demain ainz que il soit disner,
70   Il seront antor toi por toi reconforter
       Qant torneras dou siecle, por ton cors anterrer.
       Ne soiés esmaïe, ne vos estuet douter! "

9

Qant ce ot dit li angles aprés el ciel monta.
Marie prist la paume li angles li bailla,

75 Adonc issi dou temple *et* en maison ala,
La paume mist an sauf, une dame apela :
"Amie, porte m'en! " *Et* cele l'em porta,
Donques osta ses dras *et* en la cuve antra
Et son chief *et* son cors priveement lava,

80 Ses dras mist antor soi *et* molt bien s'atorna
Et qant tout ce ot fait *vers* le ciel esgarda
Et dist une orison *et* molt bel la fina :

10

"Beneoiz soies, fiz, qui ies *et* Diex *et* hom,
Beneoiz soies tu *et* ti saintisme non!

85 Fiz, done a ta mere ta grant beneïçon!
Sire, tu m'as mandé *que* vaingne en ta maison ;
Biaus fiz, *qui* as soffert issi grant passïon
Et par ce as geté toz icex de prison
Que tenoit li deables en son ort baraton,

90 Garde qu'il n'ait de moi nule possessïon
Ne *que* de moi veoir [n'] ait nesune oquison!

Fo 116a

11

Biaus fiz, regarde moi de ta grant maïsté,
De lassuz ou tu ies dedans ta deïté,
Que li deables n'ait envers moi poesté!

95 Je n'ai cure de lui, ne il de m'amisté,
Ainc rien tant ne haï, plains est d'iniquité.
De ceaus *que* as raiens te praingne pïeté
Qu'il ne soient peri ne ne soient damné
Ne male prison n'aient! *Par* toi sont racheté.

100 Je voil *que* il soit, fiz, tout a ta volanté
Par les siecles *qui* vienent, pur ceax *qui* sont passé! "

12

La roïne do mont fina lors sa raison,
Ses paranz a mandez devant en sa maison,
Ceaus de Jerusalem, cex de sa nation.

105 Donc lor a dit a toz : "Entendez ma raison!
Mes fiz si m'a mandé -pas nel *vos* celerom-
Que de ci a tierz jor dou monde partirom.
Des biens *que* faiz m'avez granz grez *vos* en rendom,
Por Deu vos voil prïier, se meffait *vos* avom,

110 *Que* le nos pardonez, merci *vos* en criom.
Et si villiez o moi! -*Et* nos si l'octroiom.

C'EST ISSI *COM* NOS*T*RE DAME / SAINTE MARIE
FU MOR / TE *ET COM*MANT LI ANGLES / L'AN
PORTARENT AN P*A*RADIS / CHANTE*N*T EN LA
*COM*PAIGNIE / SON FIL JH*E*SUCRIST

13

-Je sai q*ue* de mon cors covient l'ame p*ar*tir,
A tierz jor est mes te*r*mes q*ue* je me doi morir.
Je criem trop le deable q*ui* la ge*n*t suet traïr,
115   Nel voldroie veoir, q*ue* trop fait a haïr.
Qant je vi*n*g en cest mo*n*t il ne sot mo*n* venir,
Ne voil qu'il voie m'ame qa*n*t vendra au morir.
Je m'en vois a mo*n* fil, q*ue* j'ai*m* tant *et* desir.
Li angle descendront, *vos* les ve*r*rez venir,
120   Chantant en manro*n*t m'ame, *vos* les porrez oïr."

14

Qant il ont entendu q*u'*ele s'en doit aler,   Fo 116b
Trestuit *com*munem*en*t prenoient a plorer.
Dont p*r*ist li uns a l'autre tantost a dema*n*der :
"Las ! dolant, antre nos dev*ri*ons dementer,
125   *Qui* somes en grant doute ou n*os* devons aler,
Les ames de noz cors qant devro*n*t dessevrer,
Ne ne savons le liu ou porrons reposer,
Qant iceste se doute, cui pas n'estuet douter
Et tant c*r*ie*n*t le deable q*ue* ne l'ose adeser.''

15

130   Sachiez adont plorerent trestuit *com*munem*en*t !
Dont les reconforta la dame doucem*en*t :
"Signor, icest plorers ne profite noient.
Veilliez o moi, villiez ! *Vos* estes mi p*ar*ant.
N'aiés nule poor ! Sachiez a escïent
135   Mes cors n'avra, ce croi, ne travail ne torm*en*t,
Je avrai avoec moi la celestïal gent
Qui m'ame em porteront mo*l*t amiablem*en*t.
Et Jehans, mes cousins, *et* trestuit mi parant
Seront avoeq*ue*s *vos* trestuit *com*munem*en*t."

16

140   Qant ce ot dit la dame sa parole fina
Et sai*n*z Jehans a l'uis de son doi si bouta.
Q*ue* li huis fust ove*r*s soéf le *com*manda.
Et qant il vint dedanz tout plora*n*t les trova
Et sa dame plora*n*t, ensamble o li plora,
145   A ses piez s'agenoille *et* bel li demanda :

"Dame, que as oï et tes sers ne l'orra?
Que font ci no parant, por Deu, ques assambla?"
Donc respondi Marie, em plorant il conta.

17

150 La roïne des angles a geté .i. soupir :
"Biaus niés, je plor por ce que devons departir.
-Ou devez vos aler? - Niés, je me doi morir   Fo 117a
Par de devant mon fil me preïs a servir.
De ce ne te sovient? -Bien m'en doit sovenir.
Que voes tu que je face? Prest sui del obeïr.
155 -Pran garde de mon cors, amis, au sevelir!
J'oï dire as Gïus, ja ne t'en quier mentir,
Qu'il arderont mon cors s'il le pueent tenir.
Fai garder mon sepulcre et parfont anfoïr!

18

Jehan, biaus doz amis, je nel te quier celer,
160 En ceste mortel vie ne puis plus demorer.
Nos alasmes ensamble le mien fil viseter,
Laidangier le veïsmes et forment tormenter.
Dist moi qu'il ert mes fiz, pas nel me vost celer,
Dist q'estoie sa mere, commença[i] a plorer :
165 La dolor de mon fil je ne pou esgarder.
Ensamble o toi m'en ving, ne m'en vols dessevrer.
Puis cel jor m'as servïe, je ne t'en puis blamer.
Puis demain t'estovra cest mien cors anterrer.

19

Tu sez que li Gïu nos tienent en vilté,
170 Neporqant si sont il de nostre parenté,
Il pandirent mon fil par grant iniquité.
Je irai de cest siecle demain, par verité,
Se mon cors ne gardez il me feront vilté.
Gardez moi mon sarqeu il soit anseelé!
175 Il arderont mon cors se il n'est bien gardé.
Et g'irai a mon fil lassuz en majesté,
A mon cors feront honte s'il en ont poesté."

20

Qant la dame ot ce dit sainz Jehans molt plora,
La roïne des angles bel le reconforta.
180 Dont demanda dou drap et on li aporta,   Fo 117b
Et tailla son suaire, a lui le commenda
Et ses niers le reçut et molt bien le garda
Et la paume reçut que l'angles aporta.

347

En conseil li a dit *et* molt bel li *pr*ia
185 *Qu*e devant li la tai*n*gne qant l'ame s'en istra.
"*Qu*e mes fiz, *p*ar son angle, ça *ju*s la m'anvoia."

21

-Las, ce a dit Jehans, com or sui sanz aïe!
Ha! las, *p*or qoi fui nez qant issi *p*ert la vie!
Or n'ai je mon signor ne de vos n'avrai mie.
190 Ce poise moi form*en*t *qu*e tant dure ma vie.
-Ne plorer mais, amis! ce li respont Marie,
Ne t'esmaier tu pas! Tu a*vr*as bele amie
Et d'angles *et* d'arcangles la bele co*m*pai*n*gnie.
Li miens fiz est mes sires, je sa fille *et* s'amie :
195 Je norris mo*n* signor, il m'a toz jorz norrïe."

22

Signor *qu*i Deu amez, entendez bonem*en*t
Et dames *et* puceles trestuit co*m*munem*en*t!
Ne demora c'um pou-ce sachiez vraiem*en*t-
*Qu*e trestuit li apostre li furent em *p*resant
200 *Et* trestuit si voisin *et* trestuit si *p*arant.
Molt fu liez sai*n*z Jehans de cel assamblem*en*t.
Donc se leva Jehans si lor dist bonem*en*t :
"Bien soiez *v*os venu trestuit co*m*munem*en*t! "
Adont plora Jehans molt dolerosem*en*t.

23

205 "Com*en*t? ce dist sai*n*z Peres, co*m*pai*n*z, *p*or qoi plorez? "
Et respondi Jehans : "A*p*armain le savrez.
Mais dites moi *p*remiers, se dire le savez :
Par trestoutes les terres estïés dessevrez,
En itele maniere *qu*i *v*os a assamblez?
210 -De moi dirai, dist Pierres, *p*rimes, se m'escoutez :
Ce sachiez tuit de voir *qu*e pas n'i fui mandez,   Fo 118a
Ai*n*z avoie en un liu granz pueples assamblez
Por oïr mon sermon com sont acostumez!
Ici ving, mais ne sai com g'i fui aportez."

24

215 Dist Thomas : "Escoutez, s'orrez parole voire!
De ce *qu*e *v*os dirai me porrez vos *b*ien croire :
Je tenoie mon livre, regardoie une istoire,
.I. *v*erset i trovai, ancor l'ai en mimoire,
Ai*n*z *qu*e fust diz li *v*ers si fui ici en oirre,
220 Mais je ne sai *p*or qoi, se Diex me doi*n*t sa gloire,
Espoir n'en est *p*or mal, ai*n*çois est *p*or victoire.

348

25

-Nenil, ce dist Jehans, mais .i. pou m'escoutez
Si *vos* dirai *por* qoi si estes assamblez.
Venez çaiens o moi, ma dame visetez.
225 Ele s'an doit a*ler, por* c'estes assamblez ;
Ma dame si est la. En cele chambre antrez.
Qant venrez devant li m*o*lt bel la saluez.
Por ce estes venu : ses cors iert an*ter*rez.
Laians sont vo parant antor li aünez,
230 De ce *vos* voil proier devant aus ne plorez ;
Faites li bel samblant *et* si la confortez.

26

[I]ce sachiez po*r* voir : s'il *vos* voient plorer-
Il sont m*o*lt deputaire, ne le *vos* qu*i*er celer-
Vos les feriés ja *et* mescroire *et* douter :
235 Ça devant l'ai oï *et* b*i*en le sai conter :
'*Por* qoi nos desconforte *qui nos* doit conforter? '"
Sai*nz* Pierres li respont : "Laissiez n*o*s i antrer
Si ferons n*os*t*re* gent *et* la chose ap*re*ster."
Ce respondi sai*nz* Pols : "Laissiez m'a *vos* p*ar*ler.
240 M*o*lt devons estre lié, Dieu devo*ns* merc*ï*er
Qant la mort de sa m*ere* nos voet ensi mostrer."   Fo 118b

27

En la chambre en antrere*nt* trestuit co*m*munem*ent*.
Or e*s*coutez, signor, com be*l* saluem*ent* :
"Tu soies beneoite de Dieu om*n*ipote*nt*,
245 Dou signor qui te fist, qui mai*nt* en Orïant,
Qui tout a en sa mai*n* de ci q'en Occidant ;
Ti parant, qui ci sunt, ti voisin ensem*ent*!
Diex nos a assamblez trestoz veraiem*ent*,
M*o*lt estïons antrei entre dive*r*se gent,
250 Tuit somes assamblé ci aluec em p*re*sent,
Saches *que* nos ferons tout ton co*m*mandem*ent*."

28

*Q*ant vit cele assamblee la dame suz leva,
Bel l'a resaluee, em plorant la besa,
Antor li les assist *et* bel les merc*ï*a :
255 "Beneoiz soit mes fiz *qui* ci *vos* assambla !
Or sai b*i*en *que* il m'ai*n*me, car il mostré le m'a."
Et respondi sai*nz* Peres : "Ancor le mosterra,
L'amistiez est tant forz *que* ja mais ne faudra.
-Oez *que* *vos*t*re* amie Marie vos dira :

260   Mes fiz Jhesus son angle l'autre jor m'anvoia,
           Ceste paume que taing de par lui m'aporta.

29

           Signor, ice sachiez que je m'en doi aler !
           En ceste mortel vie ne puis plus demorer.
           Por ce estes ci venu, ne le vos quier celer :
265   Mon cors que ci veez si ferez anterrer !
           Qant il sera en terra sel ferez seeler
           Et si vos pri .iij. jorz le fetes bien garder !
           Li Gïu sont felon, il le feront ambler,
           Ainc n'amerent mon fil, moi ne sevent amer.
270   Faites anuit voz lampes antor moi alumer,
           Que Diex dedans sa gloire vos puisse anluminer ! "   Fo 119a

30

           Qant ce ot dit la dame sa parole ot finee,
           Donc descendi li angles dessuz ceste aünee,
           Qui lor avoit dou ciel grant lumiere aportee :
275   La chambre ou il estoient fu tote anluminee,
           Et aprés lor a dit parole remenbree-
           Ice sachiez, signor, que bien fu escoutee-
           "(*Et*) beneoite soit toute iceste assamblee.
           De Dieu omnipotent soies tu honoree,
280   Ma dame, or t'apareille ! Ja en seras menee,
           Lassuz t'atant tes fiz *et* la seras portee.
           Passé sont ja mil an ainz que vos fussiez nee
           Que tu, dame, de nos as esté desirree."

31

           Qant ce ot dit li angles sa parole fina
285   *Et* la sainte pucele en son lit se coucha.
           Sainz Peres sist lez li *et* si s'i apuia.
           Une tant doce odors en la chambre en antra,
           Tant fu granz la doçors que Diex i anvoia
           Que toz les andormi que uns sex n'i villa.
290   A hore de midi .i. tonnoirres tona
           Et fu par tel aïr que toz li mons trambla.
           Trois virges i dormoient, que la dame i manda,
           (I)cele[s] o les apostres la dame esvilla.

32

Or oez dou signor, de sa grant majesté.

295   Le p*r*ince de ses angles a a soi apelé :

"Alons por *nost*re amie. -Sire, a ta volenté."

Donc descendi li sires, c'est en la chambre antré,

La dame le regarde si l'a b*i*en avisé,

Ele leva son chief, parfont l'a ancliné.

300   Com ja porrez oïr l'a *m*olt bel salüé :

"Beneoiz soies, fiz, *et* l'ore q*u*e fus nez!   Fo 119b

Biaus fiz, tu ies m*e*s si*r*es, ice est ve*r*itez.

Tu m'ai*n*mes qant ti angle m'o*n*t o toi viseté,

Gel sai par tes apostres q'as o moi assamblé,

305   Ne sevent en q*u*el guise il sont ci aüné.

33

Tu feïs icest mont p*a*r ton grant escïent

Et si feïs tes angles tout au co*m*mancem*en*t

Et qant les eüs fez ses amas voirem*en*t.

Il ne garde*r*ent pas le tien co*m*mandem*en*t,

310   P*o*r ce sont trebuchié en anfer li dola*n*t.

Adam, qant l'eüs fait, *n*os*t*re premier para*n*t,

P*a*radis li donas *et* moill*i*er a tala*n*t.

D'iluequ*e*s les getas p*o*r le trepassem*en*t,

Car trepassé avoient le tien co*m*mandem*en*t.

315   Tuit cil q*u*i de lui vi*n*dre*n*t sont ancore dola*n*t,

De ceaus feïs tu, sire, tot to*n* co*m*mandem*en*t.

34

Biaus fiz, ce sevent tuit q*u*e tu te correças :

Les iaues feïs croistre *et* deda*n*s les noias,

Da*n*t Noél *et* sa gent, biaus fiz, en ressauvas.

320   De lui vint Abrehans *et* ses fiz Ysaas,

Jacob *et* Esaü, Josep *et* Elyas,

Samuel *et* Edras *et* da*n*s Jeremïas,

Si fist David li rois q*u*e durem*en*t amas,

De lui vi*n*t Salemo*n*s, a cui gra*n*t sens do*n*nas,

325   *Et* de celui linage fu Joachi*n*s estras.

Je sui de cel linage, biaus fiz, q*u*e ta*n*t amas.

35

Trestuit icil qui sont de cele natïon

P*o*r moie amor lor fai de lor pechiez p*a*rdon!

Biaus fiz, de moi *v*os p*r*i merci aiés p*a*r non!

330 Tu sez *que* sui ta fille *et* de moi estes hom,
Li troi roi t'aorerent, d'estrange regïon,
Alerent *par* l'estoile qui lor fist mostroison,
Moi firent grant honor, bon furent li .iij. don.
Herodes fist *por* toi *mo*lt grant ocisïon :
335 Des anfanz qu'il tua par sa seducïon
.C.xl iiij.m ai*n*c n'en ot raançon,
Icil furent ocis tout ici environ.

36

Demantres *que* Herodes en cest païs regna,
Qant vit la cruauté *que* li fel demena,
340 *Et* Joseph mes espous, *qui* si b*i*en me garda,
Il s'en foï o toi *et* moi o lui mena ;
Norri nos en Egite *et* puis n*os* ramena
Qant Herodes fu morz, *qui* onq*ue*s ne t'ama ;
Et qant eüs .xij. anz Jehans te batisa :
345 Fiz fu au bon profete *qui* te profetisa.
Herodes, ce sez b*i*en, a tort le decola.

37

Biaus fiz, qant il te plout ne te vossis celer,
Ces signors, *que* ci voi, dai*n*gnas b*i*en apeler
Ses feïs antor toi bonem*en*t governer.
350 Adonc feïs *ver*tuz, de toi feïs parler :
Les sorz randis oïe, les clos feïs al*er*,
L'iaue feïs as noces Archedeclin muer,
Lazare de Betai*n*ne feïs resuciter,
Tant feïs de *ver*tuz *que* nes puis aconter,
355 *Et* venis en cest mo*n*t p*or* pecheors sauver.

38

Qarante jorz junas, si q*ue* b*i*en le savom,
Puis te soffris tanter a cel cu*ver*t felon
Qui ne savoit de toi fors *que vos* fussiez hom.
Ceste cité qeïstes, o toi ti compai*n*gnon,
360 Sor un asne venis a grant *pro*cessïon,
Toi reçurent *mo*lt bel li vieil *et* li garçon,
Li Giu se correcerent, *qui mo*lt erent felon,
A cel jor porparlerent de toi la traïson,
A Judas em parlerent, *qui* ne sot se mal non,
365 .Xxx. deniers em *p*rist *por* ta dampnatïon.
Biaus fiz, au venredi sosfristes passïon.

Biaus fiz, je vi*n*g a toi, *por* toi reviseter,
Qant ne te poi aid*ier commen*çai a plorer,
De si chier fil com fus, ne le vossis celer,
370 Jehan me *com*mandas, icil me dut gard*er*,
Si a il fait, biaus fiz, je ne l'en doi blam*er*.
Iluec soffris la mort *por* to*n* pueple sauv*er*
Si te laissas, biaus fiz, sor terre anterrer,
En enfer en alas, n'i vossis demorer,
375 Adam *et* tes amis en dai*n*gnas fors geter :
Le deable vai*n*quis, ne porra mais rai*n*ner,
Au *tierz* jor repairas *por* nos re*con*forter,
Puis lor donas *con*gié ses en feïs aler,
Je sai *que por* m'amor les as faiz assambler.

380 **O**r mi diras, biaus fiz, ice *que* je ferai.
-Je sui venuz *por* toi *et* o moi t'en me*n*rai,
Le cors a mes apostres ici *com*manderai.
-Or me di dou deable, biaus fiz, se le ve*r*rai.
-Nenil, ma douce m*er*e, pas ne le sofferrai.
385 Sez tu, ma douce m*er*e, ice *que* te dirai?
Que doit fiz faire a m*er*e c*er*tes je te ferai :
Dame seras clamee, tout le mont te do*n*rai,
Et fames *et* meschines tout *por* toi amerai ;
S'il me meffont en *ter*re, gra*n*t pitié en avrai
390 *Et* s'il cri̇ent merci *et* je lor p*ar*donrai.

41

Ce saches tu, ma dame : cil *qui* te reqerront   Fo 121a
A ton *com*mandement trestuit m*er*ci avront.
Anfers te servira *et* cil *qui* dedans sunt,
Mi angle *et* mi arcangle trestuit te serviront,
395 A tes *com*mande*men*z trestuit obeïront.
Mi angle sont venu qui toi em portero*n*t,
Mi apostre, se voes, o ton cors rema*n*dront,
Tout a ma volanté, m*er*e, le garderont,
G'en prandrai bon conseil qant s'en dep*ar*tiront.''

400 **Q**ant ce ot dit li sires si a sa mai*n* levee
Et sa beneïçon li a tantost do*n*nee.
La dame la reçut, .i. pou s'est anclinee
Et l'ame rendi suz cele bone eüree,
Ne mie com autre ame, *que* bien s'est demostree
405 Plus clere *que* solaus, ne fu deffiguree,

Ses fiz l'a receüe, saint Michiel l'a livree ;
Molt demena grant joie la celestex maisnee,
Lassuz o molt bel chant l'en ont el ciel portee.
Dont dist Diex a saint Pere parole remenbree :

43

410 "Pierres, tu soies maistres de ceste compaingnie !
Vez, amis, qui ci gist : ce est li cors Marie.
Tu ses que molt m'anma en ceste mortel vie.
Signor, vos savez bien que ele fu m'amie,
Ce est li cors ma mere q'ot le mien em baillie.
415 Vos avez bon suaire. Bien soit ansevelie !
N'aiez nule poor de cele gent haïe."

44

Qant ce ot dit li sires d'iluec s'en est tornez.
Dont fu li chans des ang'es molt hautement levez,
O l'ame de sa mere en est el ciel montez.
420 Li cors fu de .iij. virges molt belement lavez
Et bien anseveliz et en sarqeu posez.   Fo 121b
Jehans, ses bons amis, fu avant apelez :
"Prenez icele paume, que porter la devez !
Virges estes et chastes, devant le cors portez ! "
425 Et respont sainz Jehans : "Dire ne le devez,
Portez la vos, biaus maistres, qui la maistrie avez ! "

45

Donques sont tuit mandé, et ami et parant,
Li .iiij. des apostres ont pris le cors plorant,
Dont em pranent lor cierges et les lampes ardant,
430 Sainz Peres prist la paume et si se mist devant,
Li autre le servise commencent en chantant,
Par mi Jerusalem en vont le cors portant.
Adonques i acorent li petit et li grant
Et toutes les puceles et li petit anfant.
435 Par mi la cité bele en vont le cors portant.
'In exitu Israel' aloient tuit chantant.

46

Qant oïrent cel chant cele genz mal senee,
Virent le cors porter et la gent aünee,
Trestuit saillirent fors si comme genz dervee :
440 "Qui set dont tex dolors est antre nos donnee ?
-C'est li cors de Marie, dont l'ame est dessevree.
-Or as armes trestuit ! N'i iert pas anterree,
La chars do cors soit arse et la poudre ventee !

354

Le traïtor porta dont la genz est dampnee.
445 Ne sont ci li apostre en iceste aünee?
Et qant revindre[n]t il en iceste *con*tree? "
Dont descendi tantost la celestex maisnee.

47

La celestex maisnee de lassuz descendit,
Si les a destorbez *que nus* gote ne vit.
450 Dont chaïrent a *terre et* menerent g*r*ant c*r*it,
Ce *que* dist l'uns a l'autre ai*n*c *nus* ne l'entendi.
Un en i ot de ceaus qui trop s'en enhardi :
*P*rinces estoit des p*r*estes, si com dist li esc*r*iz,
Avant saut com dervez *et* si se p*r*ist au lit
455 Ou li cors se gisoit si l'a as mai*n*s saisit.
Signor, eneslepas palazi*n*s le ferit :
A la biere remest, *p*ar les mai*n*s i pandit.
Donc regarda sai*n*t Pere si li c*r*ia mercit :

48

"Aies de moi m*er*ci, *P*eres, sai*n*tismes hom!
460 Tu sez bien *que* mes p*er*es jadis te fist *p*ardon ;
Qant tes maistres fu p*r*is *p*ar Judas le felon,
L'ancele te *con*nut, dist *que* ieres ses hom.
M*er*ci devons avoir qant *nos* m*er*ci c*r*iom.
-Ce saches, biaus amis : poesté n'en avom,
465 Crie celui m*er*ci qui Longis fist *p*ardon,
Que ti parant pandirent si fire[n]t *que* felon,
Se tu voloies croire *qu'il* est *et* Diex *et* hom,
Je q*ue*rroie v*er*s lui *que* avroies *p*ardon."
Et il li respondi : "Certes bien l'otroiom.

49

470 -Je voil *que* soies saus sel croiz *p*arfitem*ent*.
-Oïl voir, dist il, *P*ierres, jel croi veraiem*ent*,
Batisier me ferai, ne demorra noient."
Qant ce ot dit li Gius gariz fu mai*n*tena*n*t.
Dont l'apela sai*n*z *P*ierres si li dist bonem*ent* :
475 "Pran la paume en ta mai*n* q'ai ici em p*r*esent,
Porte l'ensemble o toi a cele male ge*n*t.
Que croient ce *que* croiz ilueq*ue*s bonem*ent*,
Touche les de la v*er*ge si avras savem*ent*! "
Et cil fait son *com*mant, la cort isnelem*ent*.

50

480 Or oez q*ue*l miracle! Biau signor, escoutez!
Oiez com cil pechierres qui orai*n*z fu dervez

Fo 122a

Fo 122b

355

Vint a ses compaingnons si les a apelez :
"Porpansez vos, signor, et en Jhesu creez
Qui nez fu de la virge et en la croiz penez !
485   Signor, de voz paranz mal i fu demenez,
Descendi en anfer, or est resucitez.
Esgardez as miracles que vos ici veez :
Se vos ice creez santé i recevrez.
Icil qui ce croiront si seront tuit sauvez."
490   Si doucement les a li prodom demenez
Plus furent de .xx.m batisié et levez.

C'EST ISSI *COM* NOS*T*RE DAME / FU ANTERREE EL VAL / DE JOSAFAS

51

El val de Josafas vont tuit communement,
Le cors ont anterré molt honorablement,
Et qant l'ont seelé de pierre et de ciment
495   Adont plorent ami, adonc plorent parant.
Donc ancensent le cors molt covenablement.
Qant fu faiz le servises torné en sont la gent.
Iluec laissent le cors et ami et parant.
Li apostre tout seul n'i remestrent noient.
500   De lassuz de son trone li sires se descent
Et ses angles o lui, que venir i consent.

52

Iluec estut antr'aus et bel les salua,
Qant les ot saluez aprés si les besa
Et a trestoz sa païs a faire commanda.
505   Ez dou ciel une nue ! Trestoz les aombra.
Tuit s'an sont eslevé, trestoz les dessevra
Et si com il ainz furent chascun par soi posa.
Et Diex a pris le cors, sachiez, ne l'i lessa :
Li angle le reçoivent cui il le commanda,
510   Lassuz en son saint ciel bonement l'em porta,
L'ame remist el cors et molt bel rassambla.
Signor, c'est cele dame qui le monde sauva.

                                                       Fo 123a

53

Es Calandes d'Aoust fu la dame anterree.
Sachiez que cel jor fu mainte larme ploree.
515   El val de Josafaz fu la dame posee.
Ice sachiez, signor, n'i fu pas oublïee,
Ainz i fu de son fil bonement visetee,
Ne remest pas en terre, el ciel en est portee,

La se siet o ses angles, roïne est apelee,
520 Molt i est bel servie, molt i est honoree ;
Mainte ame i est par li de painne delivree.

54

Signor, iceste dame aiés bien en mimoire !
El mois d'Aoust transi ce trovons en l'estoire,
Si com le vos ai dit, la raisons en est voire.
525 Depriiez li trestuit qu'ele nos doint sa gloire
Et le deable vaintre et venir a victoire !
Et envers Deu son fil nos face adjutoire
Que li malvais deables ne nos nuise n'enpoire
Et si nos doint avoir sa merci et sa gloire,
530 Que ne soions vaincu si nos taingno on mimoire !
Ice pri au signor q'est el regne de gloire.

55

Deprions le signor trestuit communement,
Qant au jor dou juïse serons tuit em present
El val de Josafas, a cel fort jugement-
535 La n'avra ja mestier li cousins au parant,
Ne n'i porront valoir plege ne sairement,
La sera aprestez as chaitis le torment,
La trambleront li angle, li arcangle ensement,
Li plaiz iert tost finez, ne demorra noient-
540 Or nos praingne a sa part a cel departement,
Et nos i doint sa joie, lié soions, non dolant,
Et nos i doint venir trestoz communement
En son trone lassuz q'est faiz en Orïant !
Dame, par ton depri, ne l'oublïer noiant !

Fo 123b

56

545 Dame, a toi voil parler qui ai fait cest sermon :
Je ai a non Hermans, pas n'oblïe mon non !
Je voil, ma doce dame, q'entendes ma raison :
Prestres sui ordenez et tes sers et tes hom,
Je ai fait ton commant : finé ai mon sermon.
550 Se riens i ai mespris je vos pri pardon,
Des pechiez que faiz ai quier absolutïon ;
A toz mes bienfaitors done remissïon
Et au jor dou juïse aient garantison,
De la destre ton fil aient beneïçon,
555 Et mon pere et ma mere - iceaus i otroiom- :
Que tuit ailliens lassus el ciel en ta maison !
Cil qui liront de toi ice que fait avom,
Qui liront cest escrit et qui l'escriveront,
Cil qui lire nou sevent et lire le feront :

560   Sire Diex, tu lor fai de lor pechiez *par*don
         Et soient herb*er*gié lassuz en ta maison!
         Amen, ma douce dame, ton livre finerom.

EXPLICIT LI ROMANZ DE DIEU *ET* DE / SA MERE *ET*
DES PROFETES *ET* DES / APOSTRES

GUERRIS M'ESCRIST DIEX LI OTROIT /
HONOR *ET* BIEN OU *QUE* IL SOIT   AMEN.

VII. 4. CORRECTIONS ET REMARQUES[15]

-1
Li Romanz de Dieu et de sa Mere débute par un proverbe[16]. C'est un proverbe 'biblique' : Initium Sapientiae timor Domini[17]. Quelques Mss[18], pourtant, ont gardé l'erreur primitive due à un rubricateur qui, un jour, a dû changer C en R. cf. P. Meyer, dans *R*,III, 1874, p. 110. Comme il s'agit donc d'une erreur évidente, nous l'avons corrigée dans le texte.

-11-15
V. Chap. V.4.

-12a
font, corr. : fist W fo 2a, 12.

-12b
souz ciel, corr. : seur chel W fo 2a, 12.

-14,-15
Sur la couleur noire des démons, qui sont des anges déchus, V. Réau, II,1, pp. 56,62.

-20
Les laisses suivantes ne débutent pas par une rubrique : -LL 4,7,122,131,217, 259,368,389. V. aussi rem. à -L75. Aux laisses suivantes, les rubriques manquent tout à fait : -LL 45,138,140,173,264,600,26 (*Assumption*).

-29b
sens point de contredit, corr. : Adans li respondit W fo 2a, 30.

-30b
n'i avra acondit, corr. : trestout a vostre dit W fo 2a, 31.

-168b
si orent, corr. : refirent W fo 2d, 37. cf. v. -2708.

-174a
estordra, corr. : estordrai, cf. v. -173.

-225,-226
Nous croyons qu'il est plus logique d'intervertir ces deux vers. cf. W fo 3a, 41,42.

-227
Comme le sujet n'est pas nommé, nous proposons la correction suivante : ·Et commanda les aigues ralassent en lor sié W fo 3b, 1. cf. aussi v. -200. Il est curieux que cette confusion : *fié* pour *sié* se rencontre aussi dans un autre texte en a. fr., à savoir dans le *Charroi de Nîmes,* v. 377[19].

Nous pensons que, dans notre cas, il est possible de garder *fié,* c'est-à-dire le lieu qui a été désigné aux vents par Dieu, pendant la création du monde.

-232
ses = ces. Nous signalons la confusion de *c* et de *s* toutes les fois qu'elle se présente. cf. Gossen, p. 72, 1°.

-238A
Une charoigne vit deseur l'eve jesir W fo 3b, 13.

-238B
De dessus s'en assist, nen s'en vaut departir W fo 3b, 14.

-239a
Ici, la négation *ne ... ne* suppose une première phrase négative, qui a été omise, ainsi que celle qui nous aurait appris pourquoi le corbeau ne voulait pas revenir : il voyait une 'charoigne'. Tous les commentaires fournissent cette particularité, qui ne se trouve pas dans la Bible[20]. Si l'on ajoute ces deux vers (d'autres Mss en ont même trois), la longueur de la laisse 37 sera beaucoup plus conforme à la longueur habituelle des laisses qui, en ce début du poème, se composent de six ou de sept vers[21]. Dans le Ms. N9, toute la scène manque, la difficulté du vers -239a ne se présente même pas, parce que *ne* ne s'y trouve pas.

-256a
et voit, corr. : or vont W fo 3b, 32.

-286
Dans la Bible (Gn. 9:18,22,24) il est question de 'Cham, filius minor'[22]. L'auteur du *Cursor Mundi,* qui a mis à contribution l'ouvrage d'Herman (V. les articles de Borland et de Buehler), fournit la solution de cette énigme : dans le poème anglais, il est question de Cham et de Japhet : de ces deux frères, Cham est en effet 'li ainz nez'. Que l'on compare les deux fragments (nous soulignons):

C.M. (vv. 2025-9;2039-40, cf. Buehler, pp. 488-9)

Herman, vv. -286-7;-293-4

His myddelest son was calde cam

Li ainz nez de ses fiz
l'en ala molt gabant.

Bihelde & say his fadir sham
He kidde he was vnkynde ynouȝe
To scorne he his fadir louȝe.

To his broþer Iapheth seide he

His ȝonger broþer was ful woo

For þe elder wrouȝ te so.

(L'ains nés fius *le vit*
sel va escarnissant. [Buehler])

Il s'en vint *au menor*
si li *a dit* par gas :
(Il vint *au jovenet*
si li *a dit* a gas. [Buehler])

Molt a li jones anfes
de som pere *ploré*
Por ce que l'ainz nez l'ot
escharni et gabé
(Mult a li jovenes fils de son pere ploré
Por ce que l'ai[n]s né l'a escharni et gabé
[Buehler]

-336,-337   Ces vers ne remontent pas directement au texte sacré[23]. Le contenu du verset bi-blique est repris dans l'ancienne liturgie de Quinquagésime, et le répons qui fait partie des *Responsoria de Abraham* contient tous les éléments qu'on retrouve chez Herman, et qui sont étrangers au texte biblique :

> Dum staret Abraham ad radicem Mambre, vidit tres pueros descenden-tes per viam : tres vidit et unum adoravit[24].

Les théologiens ont voulu y voir une manifestation de la Trinité. La dernière partie du répons est empruntée à saint Augustin[25].

-475   Ici Herman fait allusion à la théorie des six âges de l'homme[26].

-485b   *onques ne delaia.* Nous avons voulu voir ici une mélecture de *desotria,* verbe qui conviendrait beaucoup mieux. Nous proposons la correction suivante :
. ainc ne desotria   W fo 4b,25.

-L75   Dans beaucoup d'autres Mss, ces vers sont répartis entre deux laisses, ce qui est plus conforme à la longueur normale des strophes[27]. Voici les autres laisses de notre Ms., qui, dans les autres Mss, constituent des unitées séparées[28] : 82a, 259a 343a. Dans tous les cas, il s'agit d'une confusion en -ãt des assonances en -*ant* et de celles en -*ent*[29]. V. aussi rem. au v. -20.

-604   Ce 'sires dou païs' doit être Abimélek, roi de Gérar, qui avait fait enlever Sara[30].

-621a   *li* : cette forme picarde du féminin ne nous semble pas justifiée ici, nous aimeri-ons croire plutôt à une lecture anticipée du v. -622. C'est pourquoi nous avons corrigé :
.l'   W fo 5a,23.
L'auteur aurait écrit son poème en dialecte picard[31].

-635b   *sont andui,* corr. : se sont il N9 fo 10a,18.

-652a   *ne,* corr. : que N9 fo 10b,1 : on explique la cause de la peur de Rébecca.

-691   Au moyen âge on croyait que les jumeaux avaient deux pères. Cette opinion nui-sait naturellement à la réputation de la mère![32]

-707b   *granz,* corr. : .ij. W fo 5c,23. cf. Gn.25:23.
Il y a déjà tant de 'granz' dans cette laisse !

-712b   *cil,* corr. : qui W fo 5c,28.

-753a   *ses ars,* corr. : son arc W fo 5d,22.
Le singulier nous semble plus logique.

-754b   *queroit :* ce verbe étonne un peu ici. Nous aimerions corriger comme suit :

.Grues, gentes et oes, les oisiaus es viviers W fo 5d,23.
La tradition manuscrite est très embrouillée ici :
V. p.ex. N2 fo 10d,16,17.
       L1 fo 15a,4,5.

-790b   On trouve encore la même idée chez Villon, *Testament,* vv. 1860-1 :
Et s'aucun, dont n'aye congnoissance,
Estoit allé de mort à vie...[33]

-799a   Dans Gn.27:9 il est question de deux chevreaux. Aux vv. -814a et -824b nous en
retrouvons les traces. Aux vv. -799a, -824a et -829a, il ne s'agit que d'un seul
animal. La tradition manuscrite est très embrouillée ici.

-816b   Nous croyons que *l'* se rapporte au père et non pas à Ésaü.
-817a   *Mon frere,* corr. : Serviron W fo 6a,42.
-818a   *Ainz souffrons,* corr. : Souffrons bien L1 fo 16a,9.
-930a   *Ne quist qu'alast o soi,* corr. : Ne prist fors oile o soi L1 fo 18a,2.
La tradition manuscrite est assez embrouillée ici :
. dans W le vers manque
. N9 fo 14a,28 : Il ne ot compaignie quar il ne la trova.
. N2 fo 11d,38 : Ne prist nului o soi.

-934a   *Lors se coucha iluec,* corr. : Si l'a ointe de l'oile W fo 6d,23 ; N2 fo 12a,2 ;
L1 fo 18a,6 ; N9 = N6.
Nous croyons que l'auteur a voulu rendre Gn.28:18 :
Surgens ergo Jacob, tulit *lapidem quem superposerat capiti suo,* et erexit in titu-
lum, *fundens oleum desuper.*

-937b   *el ciel estoit,* corr. : il vit del ciel W fo 6d,26.
-939a   De celestïal gent estoit environnee, corr. : De la celeste gent tant bele et honeree
W fo 6d,28.

-973   C'est toujours Laban qui parle. La réponse de Jacob ne vient qu'au v. -974. Nous
proposons la correction suivante :
. A .vij. anz ert li termes, costume est el païs W fo 7a,19.

-985   *Que onques mon service ne te vols demander,* corr. : Je sui por mon service cha
venus demander W fo 7a,31. cf. Gn.29:21.

-987b   *Viex la tu esposer?* corr. : Viex Lïam dejeter? W fo 7a,33.
-988   Ce vers manque dans W, N9, N2 et L1. Nous aimerions l'enlever. Nous avons
d'ailleurs l'impression que Guerric, le copiste, a anticipé sur le v. -991, parce que
nous lisons deux fois dans cette laisse le verbe *creanter.* Il n'y a pas de rapport
logique entre les vv. -988,-989.

-989b   *quier,* corr. : voil W fo 7a,34.
-1020b   *ot,* corr. : o W fo 7b,21. Pour la corr. Lya[m], V. v. -1015.
-1032a   *deu,* corr. : deus, car il s'agit des 'teraphim', des dieux domestiques, de Laban.
cf. Gn.31:19. V. aussi vv. -1033,-1038ss.

-1052b   *niers.* Il paraît que cette forme est attestée de bonne heure comme cas régime.
V. God., V, 497c.

-1068-70   Le poète a rendu ce passage (Gn.31:35) avec une délicatesse amusante. Il faut
en tout cas corriger la fin du v. -1070, parce que, maintenant, il y a une contra-
diction entre les vv. -1068 et -1070 :

-1070b   *l'otroi,* corr. : le croi W fo 7c,29.
-1083a   Sur cette 'orison', qu'on lit à la laisse suivante, V. Chap. V.3.
-1096-99   Il faut intervertir ces vers. L'ordre deviendra ainsi : vv. -1095,97,98,96,99
W fo 7d,10-14.

-1123A   Che fu ichil, seignour, qui le songe sonja W fo 7d,37.

Il faut bien ajouter ce vers, puisqu'il s'agit du premier songe de Joseph. cf. v.
-1138, où il est question du songe suivant.

-1129a   *Je,* corr. : il N2 fo 13b,14.

-1140a   *Et dou ciel les estoiles,* corr. : Dou ciel les .ij. estoiles W fo 8a,9. Dans Gn.37:9
il y a onze étoiles.

-1146b   *oiant,* corr. : riant W fo 8a,15.

-1162b   *je ne les vis des ier,* corr. : je nes vi des l'autrier W fo 8a,30. cf. v.-1167b.

-1169a   *Dotami,* corr. : Dotaïm W fo 8a,37. V. Index des noms propres.

-1220   Notre Ms. (N6) est le seul à avoir ce vers qui, en plus, n'a pas de sens. Les autres
Mss contiennent encore (-1219A)
. Com grosses ces espaules, com bien molez les flans
N9 fo 18a,25 ; W fo 8b,38.
Ils remplacent le v. -1220 par :
. Donc eslieve le cote qui est tainte de sanc W fo 8b,39.

-1225   corr. : Tant estoit veritable vostre parole pure W fo 8c,1.

-1225A   Par foi, molt vos amoie, hé, las, quel norreture W fo 8c,2.

-1240b   *nus,* corr. : ainc W fo 8c,18.

-1254b   *comment,* corr. : sergant *II,* v. 1186.

-1270b   *ert,* corr. : est *II,* v. 1201 (var. N9).

-1272a   *de la terre,* corr. : de put aire *II,* v. 1203.

-L184   Cette laisse nous semble bien courte. cf. *II,* L177, vv. 1209-10 :
Les Mss N6 et N9 les ont combinés en un seul vers.

-1276b   *qant tent a,* corr. : qu'entra en *II,* v. 1207.

-1317   Nous aimerions enlever ce vers, qui est une répétition du v. -1313. N6 et N9 sont
les seuls Mss à le contenir.

-1347a   *ie,* corr. : [en]*II,* v. 1282 (var. N9)

-1369b,-1370   cf. vv. -1428,-1429.

-1386b   *le roi a,* corr. : li rois l'a *II,* v. 1320.

-1397b   On s'attend à *mes aumosniers.* cf. v. -1394.

-1413ss.   Nous avons corrigé dans le texte. Il faut bien lire *quatorze* et *sept.* Tous les Mss
(sauf justement N6 et N9) sont d'accord pour accepter ces nombres, qui sont également conformes au texte de la Bible : Gn.41:2,3,5-7.
cf. *II,* vv. 1348,1350,1354,1355. Il est clair que les copistes se sont trompés.
V. vv. -1428,29,31,33,63.

-1414b   Nous avons choisi la forme *me mervillai,* parce que ce verbe se trouve aux vv.
-1403,-1421 et -1448.

-1430-34   Ces vers témoignent de la tradition manuscrite très embrouillée. cf. *II,* p. 42,
vv. 1364-67.
Le mot *nule* (v. -1434) se rapporte à un substantif féminin (*pasture*), qui, dans
notre Ms., a été omis.

-1440,-1444   Nous avons enlevé ces deux vers, que notre Ms. est le seul à avoir et qui n'ont pas
de sens dans le contexte. cf. *II,* pp. 42-3, L197.

-1443a   *Certes, ce dist li rois,* corr. : Tel parole n'est bele *II,* v. 1373.
Voici la leçon définitive de ce vers :
. -Tel parole n'est bele. -Mançonge est, bien le sai.
Pour *bele,* V. Glossaire.

-1449a   *Et,* corr. : que *II,* v. 1378 (var. N9).

-1456   N6 et N9 ont ici la même leçon, qui diffère beaucoup de celle qu'on trouve dans
les autres Mss. V. *II,* v. 1384.

-1492a   *Et fait,* corr. : fere. cf. *II,* v. 1419.

-1498	Corr. : Des greniers et des granges granz fu la renomee *II*, v. 1425 (var. N9).
-1509b	*affraé*, corr. : affamé *II*, v. 1433 (var. N9)
-1512a	*qant pueent*, corr. : com porc. cf. *II*, v. 1435a.
-1513a	*estoient*, corr. : l'or ont *II*, v. 1436.
-1528	Ce vers semble être de trop. N6 et N9 sont les seuls Mss à l'avoir. cf. *II*, L208.
-1550A	Il veoit ses enfans dedevant lui plorer *II*, v. 1474.
	Il faut ajouter ce vers, parce que, au v. -1551, il est question de *lor,* qui, autrement, n'aurait pas de sens.
-L221	Le 'ton' de cette laisse n'est pas correct : il s'agit d'un 'conseil' entre le père et ses fils, dans lequel, naturellement, toute autorité émane du père et non pas des fils! Nous en retrouverons la trace au v. -1567. Nous aimerions apporter les corrections suivantes : (cf. *II*, L214)
-1563b	*ce lor*, corr. : pères
-1564h	*prenons*, corr. : prenés
-1565a	*Es saie*, corr. : Et sas *II*, v. 1489. cf. vv. -1611,-1628.
-1565a	*nos*, corr. : vos
-1565b	*najons*, corr. : nagiés.
-1568a	*Ne savons*, corr. : Car ne sai.
-1568b	*troverons*, corr. : troverés.
-1569a	*connoissons*, corr. : connoissiés.
-1578b	*venu*, corr. : alé *II*, v. 1502. Le copiste (?) s'est trompé. Il n'a pas terminé la syllabe, probablement pour y revenir plus tard.
-1610b	*correça*, corr. : conrea *II*, v. 1533.
-1611a	*Qu'il*, corr. : Dont *II*, v. 1534.
-1620b	*que nel face*, corr. : sel fait haut *II*, v. 1543.
-L229	Pour cette strophe, qui ne compte que cinq vers, nous renvoyons à *II*, p. 56, L222, vv. 1545,1547.
-1641	Ce vers doit être le début de la laisse -232. cf. *II*, p. 57, L225. Nous aimerions corriger *antrez* en *salis II*, v. 1565.
-1653a	*Je les paiai molt*, corr. : J'esperoie bien faire *II*, v. 1577.
-1661a	*cest mien sergent*, corr. : ces miens sergenz *II*, v. 1584. cf. v. -1662 : troverent.
-1607b	Pour *covent*, V. Glossaire. Les Mss offrent beaucoup de variantes pour ce vers. cf. *II*, v. 1592.
-1673a	*aluec*, corr. : lïé *II*, v. 1595.
-1692a	*qu'il ont*, corr. : qu'avez *II*, v. 1615.
-1692b	*lor*, corr. : vos *II*, v. 1615.
-1703	Corr. : Sire, se destorbier en la mer n'en avom *II*, v. 1626.
-1718	Remarquez la forme boiteuse du vers. Nous avons affaire à une contraction de deux vers. cf. *II*, p. 62, vv. 1641,1642 (var.)
-1719a	Il faut enlever *vos* et ajouter *nul*. cf. *II*, v. 1643 (var. W) cf. v. -A59b : *a il nul terme mis?*
-L243	V. Chap. V. 3.
-1752a	*donques*, corr. : encor *II*, v. 1678. cf. Gn.45:2 : adhuc.
-1760b	cf. Gn.35:23,24 : Ruben est le premier-né de Jacob, fils de Léa ; Joseph est le fils aîné de Rachel. Benjamin est son frère 'mainz nez' dont parle *II*, v. 1686 (var. W): . Si ai a non Joseph, fors vous sui li maisnés.
-1777a	*.vij.*, corr. : .v. *II*, v. 1703. cf. Gn.45:6.
-1795	Ici les textes varient. cf. *II*, v. 1719. V. Gn.45:22: cum quinque stolis optimis. Nous aimerions corriger seulement robe[s]. Pour

	paile, V. Glossaire.
-1796a	*Molt*, corr. : bien l'a *II*, v. 1720 (var. N2).
-1797-2019	Ces vers ont été imprimés dans la *Chrestomathie* de Bartsch, col. 95-104. Sur cette édition, que nous mettons à contribution pour les corrections, V. Chap. VII. 1.
-1808	Corr. : Li pere ert en maison, molt pesans, non legiers Bartsch, col. 95, v.34.
-1812a	Corr. : -Di va, fait il, tu mens Bartsch, col 96, v. 24. cf. vv. -1814 et -1820. La réponse du messager se lit seulement à la laisse suivante !
-1822a	*n'ot*, corr. : n'avoit Bartsch, col 96, v.34. Il faut bien ajouter une syllabe.
-1843b	*en la nef si*, corr. : et en la nef Bartsch, col. 97, v. 19.
-1849A	Ainc il n'i demanda home ne bacheler Bartsch, col. 97, v. 26.
-L259	V. rem. à -L75.
-1861a	*en la nef*, corr. : enmi mer Bartsch, col. 98, v. 3.
-1863a	*nef*, corr. : mer Bartsch, col 98, v. 5.
-1871b	*je*, corr. : ja Bartsch, col. 98, v. 13.
-1945b	*nos*, corr. : vos Bartsch, col. 100, v. 24.
-1950-60	V. Chap. V. 3.
-1966b,-1970b	*pou*, corr. : poi. cf. vv. -1969, -4629.
-1969b	que je n'i poi rantrer, corr. : qui les volroit conter Bartsch, col. 101, v.16.
-L276	Cette laisse est bien courte. cf. Bartsch, col. 102, vv. 20-26. Dans notre Ms. manquent les vv. 23,24,26. Nous aimerions les ajouter :
-2008A	Plus sont de trente mile espars par le païs = v. 23.
-2008B	Mult par sont riche gent, chil d'Egite apovris = v. 24.
-2009A	Que tous les ochiront, n'en remanra uns vis = v. 26. Nous avons corrigé d'après le texte imprimé de Bartsch. Nous n'avons pas mis à contribution les variantes qui, toutes, ont le même sens. Le Ms. N8 fournit le nombre de 600.000 au v. -2008A. V. ci-dessous, v. -2038.
-2038a	Les Mss ne sont pas d'accord pour le nombre. Ce vers doit être une élaboration de Ex. 1:7 : Filii Israel creverunt, et quasi germinantes multiplicati sunt. D'après une tradition juive, à l'époque de l'Exode, il y avait 600.000 Israélites. cf. L. Ginzberg, V. p.357, n.305.
-L282	Sur l'histoire de Moïse, V. Mehne, pp. 20,21,45,47-49 ; *Macé* I, Chap. VI.
-2079b	*ce est la veritez*, corr. : n'est pas nostre heritez *II*, v. 2004a (var. N9).
-2080b	*ce est la veritez*, corr. : c'est dit d'antiquité *II*, v. 2005.
-2097a	ce : élision.
-2100-04	Moïse était 'cornutus' (cf. Ex.34:29 : il ne savait pas que la peau de son visage rayonnait). La Vulgate (= la version latine du texte biblique due à saint Jérôme) avait rendu le mot hébreu *qeren* par *cornutus* = cornu[34]. En souvenir de ce fait les évêques portent la mitre à deux cornes qui symbolisent l'Ancien et le Nouveau Testament. Il paraît qu'elle est à cornes latérales jusqu'aux dernières années du XIIe siècle.

A partir de ce moment-là 'cette coiffure se déplace et les cornes de la mitre se portent devant et derrière, disposition qui a persisté jusqu'à nos jours.'[35]

Cet usage est décrit par les liturgistes, entre autres par Guillaume Durand qui, au XIIIe siècle, 'résume et amplifie tous les travaux de ses prédécesseurs, dans son *Rationale divinorum officiorum*[36]'. cf. É. Mâle, *Le XIIIe siècle*, 1, p.69, n.55.

La même tradition se retrouve dans la *Bible* de Jehan Malkaraume, où nous lisons ceci :

Les .ij. cornes qui ierent belles
La [viez] loi montre[nt] et la novelle.
Pour ce esvesque, preste, chenoigne,
Autre prelast, sans nule aloigne,
Mestent les aumuces cornues[37].

-2148a   *Moÿses n'en fu gaires,* corr. : Moÿses n'en ot cure *II,* v. 2075 (var. N9). Cette correction nous semble nécessaire, car autrement il n'y a pas de rapport entre v. -2147b et le vers suivant.

-2153   Le rythme de ce vers n'est pas très beau.

-2155b   *aprés ... passez,* corr. : dedans ... entrez *II,* v. 2082. Le copiste aura anticipé sur le vers suivant. C'est Guerric, car N9, qui est étroitement apparenté à N6, a la forme correcte.

-2161b   *desers,* corr. : desert. cf. vv. -2179,-2274.

-2169   Corr. : A Moÿses ont dit : "Nos loi avoir volon(s)". *II,* v. 2097.(var. N9).

-2180   Corr. : Ne juna que .xx. jors, l'autre part tout juna *II,* v. 2108.

-2184a   sil = cil.

-L298   Cette laisse est bien courte. cf. *II,* p. 81, L292. Il faut en tout cas ajouter un vers, parce que, maintenant ceux qui 'jeünerent' sont devenus d'un coup des 'aversier' et des 'pautenier'.

-2193A   L'autre croit el veel que lor peüst aidier *II,* v. 2123.

-2215a   *Ancontra,* corr. : Ancontre *II,* v. 2146.

-2224a   bous : il existe beaucoup de variantes qui ne rendent pas Ex.32:4 : vitulum conflatilem. cf. *II,* v. 2155 : dans, diable, vols, vies, toriax. Les dict. ne donnent que: veel d'or. cf. God. X, 832-3. Cependant, Satan peut adopter la forme d'un bouc et comme le veau d'or de notre texte symbolise le diable, la tournure *bous de veaus* convient bien à cet endroit. V. *Réau,* II, 1, p. 60; cf. aussi Chap. V. 4.

-2238a   *mon commant,* corr. : mes commanz. cf. *qes* = qui les!

-2239b   *cex qes,* corr. : qui nes *II,* v. 2170.

-2245a   *manjames,* corr. : manjastes *II,* v. 2176.

-2252b   *malement,* corr. : male gent *II,* v. 2182.

-L305   Dans cette strophe nous signalons plusieurs anomalies : il n'y a pas de rapport logique entre les deux hémistiches du v. -2255. Malgré la construction négative, la seconde partie du vers rend une idée affirmative. C'est que Moïse s'adresse d'abord à ceux qui ont observé le jeûne avec lui, pour punir ensuite ceux qui ont 'degeté' ses commandements. Voici les corrections que nous proposons :

-2254   Corr. : Nus de vos nel conoist, molt estes bone genz *II,* v. 2184.

-2255a   *mar,* corr. : ne *II,* v. 2185. Pour toutes les variantes, cf. *II,* pp. 85,86.

-2260a   *lui,* corr. : l'eve *II,* v. 2191. cf. v. -2270.

-2261a   *la fosse,* corr. : les fosses *II,* v. 2192. cf. aussi v. -2262 et -2203.

-2275b   Nous avons corrigé dans le texte. cf. vv. -5060,-5363.

-2278b   *Janion,* corr. : dan Non *II,* v. 2211. cf. aussi v. -5365. Il s'agit bien de 'Josue, filium Nun' (Jos.1:1)

-2282b   *que Diex,* corr. : de Dieu *II,* v. 2215. cf. v. -2497.

-2295b   *avoir,* corr. : pooir *II,* v. 2228. Le copiste a dû répéter l'infinitif de la ligne précédente. Ce v. manque dans N9.

-2310b   *seront deseritez,* corr. : furent tout desertez *II,* v. 2242. Il ne s'agit pas ici d'une prophétie, mais bien d'un événement réel qui est arrivé et qui est raconté par l'auteur. V. aussi le v. suiv.

-2336b   *poesté li donrom,* corr. : ja mais jor ne faudron *II,* v. 2268.

-2376a,-2377a	N6 et N9 ont modifié un peu la situation : dans la Bible (1S:1-4) il est question d'une invasion des Philistins dans le pays de Juda. D'après ces deux Mss ces guerriers redoutables entrent dans le palais de Saül. De *païs* à *palais* il n'y a qu'un pas! Nous aimerions corriger comme suit : . 2376a : Entrent en cel païs *II*, v. 2310 . 2377a : Entr'els ert (Goulias) *II*, v. 2311. cf. encore *II*, vv. 2307-8.
-2405b	Nous avons l'impression que le copiste, comme d'ailleurs celui de N9, a oublié la seconde partie de cette expression proverbiale. Voici les corr. à apporter :
-2405	Corr. : S'il a tort se combat ne li vaut pas .i. gant
-2405A	Li fers ne li achiers ou il se fie tant *II*, vv. 2339-40.
-2407b	Le vb. *adjutare* peut régir le dat. Le subj. prés. 3 d'*aidier* peut être *ait*. cf. Pope, §909.
-2409b	Notre Ms. a *tras*. Nous avons corrigé dans le texte. cf. vv. -2568,-5187. Ou bien, faut-il voir dans cette forme une analogie avec *fac, fas, fai*? cf. Gossen, §75.
-2410b	*atant*, corr. : avant *II*, v. 2345.
-2457b	*nomer*, corr. : conter *II*, v. 2392.
-2458b	*ne*, corr. : le *II*, v. 2393. cf. aussi le v. suiv.
-2460a	*um pou savoit*, corr. : om puet savoir *II*, v. 2394. Ce v. manque dans N9.
-2478	Faut-il entendre : Sachiez *que* son signor en a *a* mort livree? Aucun Ms. ne donne une solution satisfaisante. cf. *II*, v. 2411.
-2494b	*redoissa*. Nous n'avons trouvé que *redois*, épuisé ; se dit d'un cheval ; le Ms. N9 a : *adossa* ⸗ renversa sur le dos. Il s'agit en tout cas d'un hysteron-proteron. V. Glossaire.
-2503a	*feme*, corr. : dame *II*, v. 2436.
-2503b	*fille*, corr. : feme *II*, v. 2436. Il s'agit de Bethsabée, fille d'Eliam et femme d'Urie le Hittite, un mercenaire étranger. cf. *B.d.J.*, p. 321, n.*d*.
-2517b	*se voes*, corr. : sens voil *II*, v. 2450.
-2518A	De ces .iij. qu'as nommés je voil avoir savoir *II*, v. 2452. Il faut bien ajouter le choix définitif de Salomon. cf. vv. -2522,-2527,-2536.
-2539b	*ama*, corr. : juja *II*, v. 2473.
-2547b	Nous avons ajouté *si*. cf. v. -2551. Il y a beaucoup de variantes pour cet hémistiche. V. *II*, v. 2481. Quant au sens, elles reviennent toutes au même.
-2551-5	L'ordre des vers doit être comme suit : -2551,53,54,55,52. V. *II*, vv. 2485-9.
-2555a	N6 est le seul Ms. à avoir cette leçon. Nous corrigeons comme suit : Quant avint que fu jours *II*, v. 2488.
-2557a	*ensement*, corr. : chaitive *II*, v.2491.
-L343a	V. rem. à -L75.
-2582a	*ensamble*, corr. : d'enfant *II*, v. 2516. cf. aussi v. -1069.
-2583b	*jurent*, corr. : la nuit *II*, v. 2517.
-2584a	*No dui anfant lez nos*, corr. : Biaus sire, les mesismes *II*, v. 2518.
-2589b	*ne je ne le portai*, corr. : ne je ochis ne l'ai *II*, v. 2523.
-2608a	*Dites quel la ferai*, corr. : Dites que je ferai *II*, v. 2542 (var. N9).
-2621-2	Nous voulons voir en ces deux vers une allusion à ce qu'on appelait l'*uevre Salemon*. Il paraît que ce terme désigne d'abord une méthode d'origine orientale de tailler dans l'or, l'ivoire, le marbre. On le trouve pour la première fois dans le lai de *Guigemar* de Marie de France (vv. 170-4). Vers 1200 il semble perdre toute signification précise. cf. *Aye d'Avignon*, vv. 2516-7. éd. crit. de S.J. Borg, T.L.F., Genève, Droz, 1967, pp. 356-7.
-2628-9	Chez saint Ambroise nous lisons, dans un sermon pour la Sexagésime :

homo positus in terrae regionem, carnem portans, sine peccato esse non possit[38].

-LL350-5   Sur la pénitence publique du roi Salomon, V. Mehne, pp. 22,40:1 ; W.H. Lyons, cité Chap. VII. n. 1.
Macé de La Charité, tout en traduisant fidèlement sa source latine, l'*Aurora,* en dit ceci :

> Que Salemons le pardon ait
> Heü de si tres grant mesfait
> Ne commant il en fu puniz
> Ce ne reconte nus escriz[39].

-2646b   *en*, corr. : de *II*, v. 2580.
-2650b   *sire,* corr. : vos estes sages *II*, v. 2584.
-2676b   *la char lavee,* corr. : sa char livree *II*, v. 2609.
-2677b   *fu sa chars,* corr. : toute l'ont *II*, v. 2610.
-2686a   *cel,* corr. : son ; *que,* corr. : rois *II*, v. 2619.
-2696b   *biau signor, anonciez,* corr. : signor, prophetisiés *III*, v. 2628b.
cf. v. -2694. Voici une antienne pour la période de l'Avent qui est en rapport étroit avec les vv. -2695-6 :

> Prophetae praedicaverunt nasci Salvatorem de Virgine Maria[40].

-2697-8   Le sens de ces deux vers n'est pas bien clair. La tradition manuscrite est très embrouillée ici. Nous proposons les corrections suivantes :
-2697b   *mestiers,* corr. : desiriers *III*, v. 2629.
-2698b   *en furent les genz liez,* corr. : en fu molt grant mestiers *III*, v. 2630.
Nous reproduisons deux antiennes pour la période de l'Avent qui, à notre avis, sont en rapport étroit avec ces vv. :

> O Rex Gentium, et desideratus earum,
> Ecce veniet desideratus cunctis gentibus[41].

-2699-2709   V. Chap. V. 3.
-2722-5   V. Chap. III. 4:7]
-2722b   *poesté,* corr. : amisté *III*, v. 2653. cf. v. -2727.
-2722A   Sachiez que g'i metrai molt grant anemisté *III*, v. 2654.
-2723a   *tu,* corr. : tot *III*, v. 2655.
-2725a   *naissance,* corr. : semence *III*, v. 2657.
-2730b   *s'amie,* corr. : garie *III*, v. 2662. Il s'agit de l'âme !
-3731-34   L'auteur annonce qu'il va parler de quelques prophéties : d'abord il nous racontera la 'merveille' de la verge fleurie d'Aaron, puis il fournira l'explication de ce miracle, donnée par le prophète Isaïe : la verge, c'est la 'virge pucele' et le fruit qu'elle porta c'est son Fils. Dans notre Ms., comme dans N9, les vers qui se rapportent à cette histoire manquent (entre vv. -2734 et -2735). Nous croyons qu'il s'agit là d'une erreur de copiste : le scribe aura gardé la laisse qui introduit l'histoire de Moïse (-L359) et celle qui sert d'introduction à l'histoire des parents de la Vierge (-L360). Pour la bonne compréhension du texte, nous avons cru nécessaire de suppléer les vers en question. On les trouvera ci-dessous[42] :

[2667   Dans Moÿsès, seignour, fist sa gent assanbler,
        A chascune lignie une verg(n)e porter ;
        Le sien commandement ne font a refuser ;
2670   Le(s) non(s) i fait escripre et bien enseeler
        Des plus haus dou lignaige, et puis bien enserrer.
        Quant vint a l'endemain, si vint pour esgarder,
2673   Si vit l'une florie et amandes porter.
        Chele fu Aaron, je nel vous quier cheler,
        Donc fu pour ramenbranche commandé a garder.

2676   Seignour, che fu la vierge que Aaron porta.
        Quant li bons Moÿsès l'endemain l'esgarda,
        Foille flors et amandes li sains hom i trova,
2679   A la gent del païs, a trestous le moustra ;
        Adonc ne lor volt dire que che senefia ;
        Ains le mist bien en sauf et bien l'enseela.
2682   Li beneois prophetes noient ne lor chela ;
        Che fu Ysaïas que dix tant par ama,
        Covertement lor dist, quant il prophetisa.

2685   Or oiés d'Isaÿe qu'a dit co(n)vertement !
        Devant lui apela ichele adverse gent ;
        De Jesse, chel bon homme de son rachinement
2688   Naistra une vergele qui toute ert en present.
        De la vierge naistra une flor voirement,
        La prendra sains esp(e)ris le sien reposement
2691   Espirs de sapïence de grant entendement
        L'esperit de conseil et de forche ensement
        Esperit de pité et de grant escïent ;
2694   La cremour de l'esprit avra aemplement.
        "Que c'est pour dieu, qu'a dit ?" che respont chele gent :
        "Nous ne savons qu'a dit, trop dit co(n)vertement."

2697   Adont a chele feie ne lor volt plus mostrer,
        Dessi qu'a mout lonc tamps dont lor moustra plus cler.
        "Par foi," dist il, "seignour, je nel vous quier cheler :
2700   Une vierge naistra del lignage Jessé,
        Et conchevra un fil qui bien savra regner.
        Sachiés, Emanuël se fera apeler !
2703   Burre et miel mengera, si savra deviser.
        Que ert biens et qu'est mals, n'en volra pas douter."
        Trestuit dïent entr'els : "N'oï mais si parler,

2706   Aucuns fors rois naistra, nel volt del tot mostrer."

[359]

           "Par foi," dist Ysaïes, "se voil, jel vous dirai ;
           Je voil, bien le sachiés, del tot le mosterrai ;
2709   Pour coi le celerai? Ne vous en mentirai.
           Or entendés trestuit qu'en mon livre escriprai,
           Sachiés qu'après ma mort chest livre vous lairai!
2712   A vos fix ert contraire, si que trés bien le sai.
           Oés el premier chief, com je commencherai!
           Encor venra uns jors, quant je pas ne serai,
2715   De che que ore escrips que vous corocherai."

[360]

           "Je di que de la vierge sera uns enfes nés,
           Ichis fix qui naistra, a vos sera donés ;
2718   Dirai vous le sien non, merveilleus iert nommés :
           Et si ert conseilliers et s'(i) ert dix apelés
           Et del siecle avenir ert peres renommés ;
2721   Prinches ert seur le pais, mout par ert redoutés ;
           De la pais n'en iert fins ja mar en douterés,
           ꞁLi empires de lui ne sera ja finés.
2724   Or le vous ai tout dit, ne sai, se l'entendés."

[361]

           "Petit en entendons par foi, dant Ysaïe,
           La parole est obscure, ainc mais ne fu oïe."
2727   Che respont li prodon qui vit le gent haïe :
           "Ne veïstes la verge pourtant fruit et florie?
           Je di que chele verge le vierge senefie
2730   (Que ert dame divine et at a non Marie).
           La bele conchevra en cheste mortel vie
           Et avra un enfant dont tout aront envie ;
2733   Il sauvera la gent, qu'ele ne soit perie.
           Se vous ne m'en creés, demandés Jeremie!"

[362]

           "Or entendés a moi, si nel tenés a gas!
2736   Quant li sains hom venra, adonc si cesseras,
           Il a tolut l'ointure, ja puis homme n'oindras.
           Ne sés tu que ai dit? Escoute! Sil savras :
2739   Rois soliés avoir, mais puis nul n'en avras,
           Puis qu'il ert oinz a roi, ja puis nul n'en oindras."
           Seignour, de cheste verge parla Jheremias
2742   Et Johel li prophetes, si fist dant Helyas ;
2742a   Icel Helias vit. Nel tenés mie a gas!

Or escoutés, seignour, nel tenés pas a rage !
Ne dirai de folie, ne dirai de putage ;
2745   Je vous ai a conter un merveilleus lignage.
Conté vous ai de[s] rois et de lor vasselage ;
Or dirai d'une dame et de son grant parage,
2748   De l(u)i voil je parler, bien en ai le corage.
Dix me doinst bien tenir de li le droit voiage,
Que n'en soie tenus pour fol mais pour bien sage !
2751   De che que sui mesfait ; a li en rent mon gage.

Or escoutés, seignour, mont bel commenchement,
Escoutés de la rose et del lis ensement,
2754   Oiés que dit de lui qui governe la gent !
"Ensi com de l'espine naist rose purement,
Ensi naist des Juïs Marie voirement.
2757   Plus est douce m'amie que odor de pisment,
Plus douch qu'odor d'enchens sont tout si vestement,
Sa bouche est molt tres bele et de mirre si dent,
2760   Si oel sont de coulon, douch a regardement.
Entre espines com rose a fait assamblement,
2762]   Si est il de m'amie et de la soie gent."

-2738b   *la profete*, corr. : prophetïe *III*, v. 2766. A cause de la désinence grecque en -a, le mot est parfois féminin. cf. v. -4014. V. pourtant vv. -3000,-3002-3,-3012.
-2740A   Donc n'est che grant merveille que chil naist de s'ancele *III*, v. 2769.
-2741a   *Car*, corr. : qui *III*, v. 2770. Ce vers doit se terminer par un point d'interrogation.
-LL361-388 ;   V. Chap. III. 1,2.
394-8 ; 411-31
-LL389-393   V. Chap. II. 8.
-LL399-402   V. Chap. II. 9.
-2757b   *demïa*, corr. : disma *III*, v. 2784.
-2760   Corr. : L'autre as sergenz dou temple a doner commanda *III*, v. 2787.
-2761a   *El temple il meïsmes*, corr. : Et al temple meïsme *III*, v. 2787a.
          Cette distribution n'est pas conforme à la source latine[43], comme l'avait déjà fait remarquer Burkowitz (*III*, p. 9:8). Celle-ci contient encore la phrase suivante, fournie par quelques Mss que Burkowitz n'avait pas consultés : L1, fo 50a : Et de la terce part sai et sa gent conrea ; New York, Pierpont Morgan 526 (Anc. Barrois 127), fo 23d : . Et la tierce partie avec soy reserva[44].
-L363   Cette laisse nous semble bien courte, cf. *III*, L368, qui à trois vers de plus pour admirer le caractère de Joachim.
-2763a   *Ne fu hom en cest mont*, corr. : Ainc ne fu hom el mont *III*, v. 2789.
-2765   Corr. : Dou gentis roi(s) David, de son pere Jesse *III*, v. 2793.
-2766a   *li rois Salemons*, corr. : del roi Salemon *III*, v. 2794.
-2769   Corr. : Onques tant douche dame devant li ne fu nee *III*, v. 2797.
-2770b   *nule plus bele nee*, corr. : ne fu tels engenree *III*, v. 2798 (var. N2).

-2772	Corr. : Il ont bien par .xx. ans lor chaasté gardee *III*, v. 2799 (var. N9). Cette phrase est la traduction fidèle de la source[45].
-2773b	*en aus*, corr. : entr'aus *III*, v. 2800.
-2775b	*en ... menee*, corr. : a ... livree *III*, v. 2802.
-2792b	*nos*, corr. : les *III*, v. 2818.
-2797-8	Il faut remplacer ces deux vers, qui répètent les vv. -2800,-2801 par les vv. suivants : . Trestuit i sont venu a la solennité *III*, v. 2824. . Droit en Jerusalem se sont tuit assemblé *III*, v. 2825.
-2799	Ce vers doit suivre le v. -2797 (corrigé).
-2800,-2809b	*Ysaac*, corr. : Izachar *III*, vv. 2829,2838. V. Index des noms propres : Ysaac 2.
-2808a	*sage*, corr. : bone *III*, v. 2837.
-2831b	*arrester*, corr. : retorner *III*, v. 2859.
-2832	*Donc; ... demorer*, corr. : Ne; ... converser *III*, v. 2860.
-2843a	*anemi*, corr. : tuit si parent *III*, v. 2870a. cf. vv. -2830-1.
-2851b	*dou ciel se mervilla*, corr. : que del ciel aporta *III*, v. 2878.
-2852b	*qant l'angle i anvoia*, corr. : trestout l'enlumina *III*, v. 2879. Cet hémistiche est une répétition du v. -2850b. D'ailleurs, l'ange est le sujet des vv. -2851-3. cf. la source latine :

Angelus Domini ei cum immenso lumine astitit[46].

-2862b	cerf = serf.
-2865b	*parole*, corr. : proiere *III*, v. 2890. cf. v. -3154, où il se présente une situation analogue pour Zacharie. Ici, la source latine dit en effet :

ego enim sum angelus domini, missus ab ipso ad te (Joachim), ut annuntiam tibi preces tuas esse exauditas ....[47].

-2868a	*je ne sai*, corr. : je nel croi *III*, v. 2893.
-L376	Cette laisse est bien courte. cf. *III*, L381, vv. 2898-2906. Comme il n'y a pas de rapport logique entre les vv. -2875-6, nous aimerions intercaler en tout cas le v. suivant :
-2875A	Tu avras une fille, amis, de grant bonté *III*, v. 2903.
-2878	Ce nombre étonne un peu. Au fond, il y avait vingt ans que Joachim avait épousé Anne. V. v. -2814. Ce nombre se trouve aussi dans la source latine[48]. Dans quelques Mss il est question de quarante ans. cf. *III*, v. 2908 (var.).
-2882b	*me*, corr. : la *III*, v. 2912.
-2883a	*que*, corr. : qu'a *III*, v. 2914 (var. N9)
-2898a	*.Lx.*, corr. : Otant' *III*, v. 2929. cf. *N III*,2 :

usque ad octogesimum annum[49].

-2907b	*Ne t'en repantir pas*, corr. : Si t'en repentiras *III*, v. 2938.
-2911b	*tout droit*, corr. : iluec *III*, v. 2942.
-2912b	*iluecques*, corr. : adonques *III*, v. 2943.
-2953a	*Et el ciel ert lassuz*, corr. : El ciel ert li siens cors *III*, v. 2978.
-2977a	*ele*, corr. : sot que *III*, v. 3001.
-2985a	*la*, corr. : de *III*, v. 3010.
-LL388-9	Remarquez deux laisses différentes à la même assonance en *-ie*. C'est le seul passage de notre texte qui présente cette particularité.[50]
-2999a	*Josep*, corr. : Johel *III*, v. 3025[51].
-3002b	*a cui fist grant aïe*, corr. : a cui Diex fist aïe *III*, v. 3028.

-L390	Cette laisse nous semble bien courte. cf. *III*, L395. La tradition manuscrite est très embrouillée ici. Nous proposons les corr. suivantes :
-3005b	*d'Apolin*, corr. : apelee *III*, v. 3031. Seul le Ms. New York, Pierpont Morgan Libr. 526, fo 25d:6 fournit cette variante. cf. *T.-L.*, IV, 1340:30-2 ; V, 750:34-5 ; 751:25-8. V. Chap. VI. 1:17.
-3007	Corr. : Trois anfanz pas nel firent si com lisant trovom *III*, vv. 3033+3034a.
-3010A	Dont les vait regarder chil cuivert, chil felon *III*, v. 3037.
-3010B	Esgarda, s'en vit .iiij., donc si dist sa raison *III*, v. 3038.
-3010C	"Chil qui siet o les .iij. Dix est, mais il ert hom *III*, v. 3039.
-3011a	*Dist qu'il ... de virge*, corr. : Et ... d'une virge *III*, v. 3040.
-3012a	*Ysaac*, corr. : Ysaïe *III*, v. 3041. cf. aussi v. -3014.
-3021a	*et la flor*, corr. : est o la flor *III*, v. 3050.
-3025-7	Ni Jérusalem ni la 'Sesile' ne sont les pays d'origine des Sibylles[52]. Dans les chansons de geste on se sert souvent de ces formules stéréotypées pour indiquer qu'il s'agit du monde entier, chrétien et païen. Nous citons deux exemples :

> Atant ez vous errant Alfamion l'Ermine,
> .I. cortois Sarrasins qui de corre ne fine :
> Il ot esté a Ronme, en Puile e en Sesille
> E jusqu'en douce France fu il a maint consille
> Et reconnut moult bien tote la baronnie[53].

> Fil a putain, paiens, fuiez voz an,
> Mar remainrés jusc'a Jherusalem[54].

Pour notre auteur, il ne peut d'ailleurs être question que de la Sibylle Érythrée. C'est elle qui, dans le sermon augustinien, annonce l'avènement du Christ :

> Judicii signum : tellus sudore madescet,
> E coelo rex adveniet per saecla futurus,
> Scilicet in carne praesens ut judicet orbem[55].

-3036a	*Et de Gringoire aussi*, corr. : De cestui dist Gringoires *III*, v. 3066.
-3037	Corr. : Quant dedesuz sa tombe vit l'epitafïon. cf. *III*, v. 3067. Il s'agit en effet d'une épitaphe[56] (lat. *epitaphius, -ii*). La leçon générale est 'descriptïon'. Le mot *esperitacion*, que nous trouvons aussi dans N9, s'expliquerait par la lecture erronée du mot *epitafion* : la première partie du mot ressemble beaucoup à *esperit*, mot commun dans les textes bibliques. On aurait lu, naturellement, pour ainsi dire : e(s)pit, donc la forme abrégée. A ce moment-là serait née l'erreur pour la désinence : au lieu de *-fïon*, on aurait lu *-cion*, d'un usage beaucoup plus fréquent. Malheureusement aucun texte ne fournit le terme *epitafïon*.
-3038b	*ce*, corr. : te *III*, v. 3068.
-3039	Aucun Ms. ne traduit correctement la source latine :

> "Quantum ... te fecissem
> Vivum si te invenissem
> Poetarum maxime![57]

Pour le second hémistiche du vers quelques Mss ont la variante suivante : quel *nos* te ferïom. cf. *III*, v. 3069. Peut-être faut-il changer *nos* en *nom* ou en *non*!

-3044	Cette phrase est difficile à corriger. Dans la source latine nous lisons ceci :

> [Cumque]... et ablactationis tempus completum esset, ...[58].

Nous proposons la leçon suivante :
. Et qant de l'alaitier fu l'ore trespassee. cf. *III*, v. 3074, var. N2, N4, N11.
V. aussi v. -2979.

-3057b   *jusqu'a l'entablement*, corr. : en l'edefïement *III*, v. 3087.
La source latine dit ceci :

> Erant autem circa templum iuxta quindecim graduum psalmos quindecim
> ascensionis gradus[59].

-3080b   *a Deu les commenda*, corr. : le congié lor dona *III*, v. 3109. Dans notre Ms., cet
hémistiche est une répétition du v. -3077b.

-3089b   *si que en bien l'entent*, corr. : ce que list bien entent *III*, v. 3118.

-3090a   qui = qu'il.

-3093a   *t'aprant*, corr. : te prant *III*, v. 3122.

-3098b   *penez*, corr. : plorez *III*, v. 3127.

-3117b   *qui molt l'a desirree*, corr. : l'a molt bien esposee *III*, v. 3146. cf. aussi v. -3124.

-3118b   *aprés li fu donee*, corr. : et aprés li fu nee *III*, v. 3147a.

-3128-32   Il s'agit de Jacques, fils d'Alphée, *Jacobus minor, frater Domini.* Dans notre Ms.,
au v. -3120a, le nom de saint Jacques a été suscrit, il n'a pas été émendé. V. Index
des noms propres : Jaques 2.

-3132a   *Que ce fust Jhesucriz*, corr. : Qu'il fust freres Jhesu *III*, v. 3153.

-3133b   *molt grant parage*, corr. : grant parentage L1, fo 56vo:16. cf *III*, v. 3154.

-3133A   Ele ot une seror qui fu de saint usage *III*, v. 3155 (var.)

-3133B   Emeria out nun, qui mult out franc curage L1, fo 56vo:18.

-3134a   *Et si ot une suer*, corr. : Icele ot une fille *III*, v. 3155 (var.) Probablement le
v. -3133B est dû au copiste du Ms. L1, qui est d'origine anglaise. C'est que le
nom de la mère d'Élisabeth s'y présente sous sa forme écossaise qui est la forme
originale dans les versions anglaises du *Trinubium Sanctae Annae.* V. p. 68, n.52
de l'article de M. Boeren, que nous avons cité au Chap. II. 9.

-3135   ceste : élision.

-3146b   *s'en ala*, corr. : s'en entra *III*, v. 3167.

-3148A   La gent en fist issir quant il l'encens dona *III*, v. 3170. cf. Lc. 1:10. V. aussi
v. -3172.

-3149a   *Et lors fist son service*, corr. : Tout seus dedens remest *III*, v. 3171.

-3155b   *escoler*, corr. : apeler *III*, v. 3176. cf. aussi v. -3164.

-3162   Ici nous avons une cheville bien amusante, puisque, dans la laisse suivante, l'ange
est toujours là ! Dans le Ms. A ce v. a été biffé ; dans N4 il manque.

-3195a   *il est issi*, corr. : il estoit mus *III*, v. 3215. V. aussi vv. -3166-8.

-3196   Corr. : Molt ert li sire sages, de la loi bien letrez *III*, v. 3216.

-3197A   A l'escrire parla, dist : "Jehans ert nommez". *III*, v. 3218. Le Ms. N6 est le seul
à ne pas avoir ce vers.

-3200   Corr. : Jehans avra a nom, cist nons ne li charra *III*, v. 3220.

-3204b   *el desert en*, corr. : en .i. desert *III*, v. 3224.

3208b   *et a Dieu le mostra*, corr. : car al doi le mostra *III*, v. 3226b. Pour ce vers,
V. Chap. IV. 4. cf. aussi v. -5083.

-3209   Corr. : De langoustes vesqui, miel sauvage manja *III*, v. 3226c. Le second hémistiche de ce vers est une répétition du v. -3206b.

-3211b   *lapida*, corr. : decola *III*, v. 3227.

-3235b   *biau sire, n'em parlez*, corr. : et vos bien le savez *III*, v. 3252.

-3259b   *si fu*, corr. : trestoz *III*, v. 3273b. cf. aussi v. -3236,

-3288   *Avant a tout sa verge*, corr. : Avant vint o sa verge *III*, v. 3304.

-3295a	*O ses paranz q'avoit*, corr. : As paranz qu'elle avoit *III*, v. 3311.
-3297a	Dans les sources latines[60], il est question de sept ou de cinq servantes. Le nombre de trois que nous trouvons ici est peut-être en rapport avec celui que fournit l'*Assumption Nostre Dame*[61].
3299	Corr. : Ainçois que la pucele fust a lui amenee *III*, v. 3315.
-3300	Ce vers est très boiteux. Il y a beaucoup de variantes. cf. *III*, v. 3316. Comme la construction est correcte, nous ne corrigeons pas.
-3323	Corr. : Avrai signor fors cel a cui sui espousee? *III*, v. 3343. La réponse de l'ange ne se lit qu'au v. -3334.
-3339a	*La dedans*, corr. : Dedans toi *III*, v. 3356.
-3353a	*Cui*, corr. : que *III*, v. 3370.
-3356a	*De li et de celi*, corr. : De li, de soi meïsme *III*, v. 3373.
-3362	Ce vers est la traduction assez fidèle de Lc.1:47 : Et exultavit spiritus meus in Deo salutari meo. Aux vv. -62,-3311,-A8, nous trouvons l'expression 'avoir en la soie bai(l)lïe : dominer, avoir à sa charge, protéger. Ici, Dieu est le sujet de l'action. C'est pourquoi nous croyons que le second hémistiche doit être compris de la façon suivante : . de lui *qui l'a* em baillie. A notre avis, le rythme du vers a nécessité la contraction de *qui l'a* en *q'a*. Aucun Ms., pourtant, ne donne la leçon correcte. cf. *III*, v. 3379. V. encore L1, fo 61ro: 30: . de lui q*ue* l'ad en baillie.
-3364-5	Ces deux vers devraient rendre Lc.1:48-9:

Ecce enim ex hoc beatam me dicent omnes generationes
Quia fecit mihi magna qui potens est : et sanctum nomen eius.

	Aucun Ms. ne fournit la traduction correcte. cf. *III*, vv. 3381-2. Pour le v. -3364 nous proposons pourtant la correction suivante qui est basée sur la variante (fort corrompue — le vers est de seize syllabes!—) que fournit le Ms. L1, fo 61b:2: . Les generatïons me beniront mil mile. La leçon du Ms. londonien est comme suit : . Les generatïons me beneissent li mil et li milie.
-3369b	*povres*, corr. : humbles *III*, v. 3386. cf. Lc.1:52.
-3370-2	Dans le *Magnificat* (Lc.1:46-55) ces trois vers sont à la troisième personne (Lc.1:54-5). Notre auteur, selon la 'profecie', (Is.41:8,9) se sert de la deuxième personne.
-3389a	*Biau sire*, corr. : Hé, dame *III*, v. 3403.
-3393b	*preofecïon*, corr. : s'anonsatïon *III*, v. 3407. L'Annonce de l'Ange à Marie est connue sous les noms de *Annonciation*, ou *Salutation*. V. Réau, II, 2 p. 174.
-3398b	*si orrez raison bele*, corr. : s'orrez canchon novele *III*, v. 3411.
-L428	Cette laisse a été abrégée. Nous aimerions ajouter deux vers qui rétabliront le rapport entre vv. -3401-3402.
-3401A	Es vous par la contree issue la novele *III*, v. 3415.
-3401B	En Bethleem en maine Joseph la demoisele *III*, v. 3416.
-3410a	*garde*, corr. : tarde *III*, v. 3426.
-3413A	Joseph tasta son ventre, senti l'enfant movent *III*, v. 3430. Il faut bien ajouter ce vers, parce que Joseph doit être le sujet du v. -3414. cf. aussi vv. -3417-18.
-3414b	*s'*, corr. : l' *III*, v. 3431.
-3416b	*di*, corr. : sai *III*, v. 3433.

-3420	Corr. : Mielz vossist estre morz que ensi vergondez *III*, v. 3437.
-3422	Corr. : Lapidee sera, sel set ses parentez *III*, v. 3439. Mt. 1:19 fait allusion à cette punition. Pour les détails, V. Dt.22:20, cf. aussi Chap. III. 4:31].
-3424a	*fera*, corr. : valra *III*, v. 3441.
-3424b	*ses*, corr. : cist *III*, v. 3441.
-3441a	*li diront*, corr. : cuideront *III*, v. 3454.
-3448a	*De tant com jut i ot*, corr. : De tant com ot geü *III*, v. 3461.
-3452b	*garda*, corr. : cela *III*, v. 3465.
-3454b	*s'aprocha*, corr. : s'apresta *III*, v. 3467.
-3460b	*avoit*, corr. : avoir *III*, v. 3473.
-3461b	*Tyrions*, corr. : Cyrinus *III*, v. 3475. V. Index des noms propres.
-3470b	*trovee*, corr. : menee *III*, v. 3483.
-3473A	Dedens l'une des creches l'ont povrement posee *III*, v. 3488.
3474A	Sachiés mout ot o lui Joseph povre maince *III*, v. 3489 (var. N2).
-3506b	Le Ms. N9 dit : . Mais .iij. roi de Coloigne! V. rem. aux vv. -3628-3630.
-3507b	*est*, corr. : ert *III*, v. 3521. cf. aussi v. -3536.
-L438	Cette laisse est bien courte. cf. *III*, L443. La tradition manuscrite est très embrouillée.
-3511a	Corr. : Li uns demande a l'autre *III*, v. 3526,
-3522a	Corr. : A l'uime jor, signor, fu l'anfes circoncis *III*, v. 3540.
-3549b	*veïr*, corr. : venir *III*, v. 3568. V. aussi v. -3558.
-3550a	*ne*, corr. : le *III*, v. 3569 (var. 0).
-3593	Corr. : Commanda que lor livres fesissent aporter *III*, v. 3609a. Toute la laisse est en -*er*.
-3598	Corr. : Ce dïent li escribe : "Ne l'estuet demander!" *III*, v. 3614(var. C) cf. Mt.2.6.
-3599	Corr. : Sachiez que Bethleem si voldra sormonter *III*, v. 3615(var. N2).
-3600a	*Et toutes*, corr. : Trestoutes *III*, v. 3616.
-3602a	*diex*, corr. : dux *III*, v. 3618.
-3628-30	Le sens de ces vers n'est pas très clair. L'auteur (?) a voulu fournir les noms des Rois mages, mais la petite scène manque d'envergure. cf. *III*, vv. 3644-6. Leurs noms sont connus depuis la seconde moitié du IXe siècle. En 1164, leurs ossements sont transportés de Milan à Cologne par l'archevêque de cette ville, Raynaud de Dassel, archi-chancelier de l'empereur Frédéric Barberousse. C'est en l'honneur de ces ossements que sera entreprise, au XIIIe siècle, la reconstruction de la cathédrale, dédiée aux 'trois rois de Cologne'.[62].
-3631-40	L'ordre des vers doit être comme suit : -3631,33, 32,35,36,37,38,34,39,40. cf. *III*, vv. 3647-54.
-3653	Il faut intervertir *or* et *offrirent* ; il faut enlever *qui*. cf. *III*, v. 3669.
-3655b	*estoit molt puissanz*, corr. : sera rois puissanz *III*, v. 3671.
-3659b	*si*, corr. : n'i *III*, v. 3675.
-3675b	*se vont*, corr. : revont *III*, v. 3691.
-3682a	*toz*, corr. : tout. cf. v. -4151.
-3689	cf. *Ps.-M* XVII,2: ante unum vero diem quam hoc fieret, admonitus est Joseph in somnis ab angelo Domini...[63].
-L455	Dans le Ms. N4, cette laisse a été remplacée par une trentaine de vers sur la Présentation au Temple (Lc.2:22032). cf. *III*, pp. 143-4. L'auteur semble avoir ou-

blié de traduire cet événement important de l'Histoire sacrée[64]. Le remanieur de N4 a dû 'corriger' cette négligence de la part d'Herman[65].

-3721a   Sur ce nombre, V. Chap. II. 6.

-3732-88   Maladies et mort du roi Hérode[66]. Probablement c'est le texte de son martyrologe qui a inspiré le poète. Voici, à titre d'exemple, la notice qui se lit dans celui d'Adon[67] :

> V. Kl. Ian. Bethleem, natale sanctorum Innocentium quos Herodes, cum Christi nativitatem Magorum indicio cognovisset, XXXVo anno regni sui, interfici iussit : qui anno XXXVIo morbo intercutis aquae et scatentibus toto corpore vermibus, miserabiliter et digne moritur[68].

Pour obtenir plus de détails, Herman a dû recourir à Petrus Comestor et à Flavius Josephus, source de celui-ci. Nous reproduisons le texte français (corrigé) et les textes (latins) de ces deux 'autorités' :

-3732   Il chiet en anferté, molt devint angoissex,

-3732A   Donc par demi son cors devint palasinous,

-3732B   El chief le prist la tigne, trestous devint rongnous,

-3733   Donc a pris la vairole, toz devint chaciëx.

-3733A   Li maus del flanc li vint or (?) costivé desous.

-3735   Li gros maus l'avoit pris, tout le va destruiant,

-3736   Dont li va li poacres a ses piez descendant,

-3737   Ez vos la goute flestre le cors li va perçant !

-3738   Dont ot fievre quartainne et le cuerpous mont grant,

-3739   Idropiques devint, sa pance va anflant,

-3740   Dont li vint li chaus maus, li dent li vont cheant..

-3745   Nus hom nou puet soffrir, puor i a trop grant[69].

Flavius Josephus, *Antiqu. Jud.,* lib. XVII, IX :

1   ignis lentus inerat non tantum conflagrationem in superficiem corporis agentem prodens quam intrinsecus crescens operabatur incendium

2   aviditas inexplebilis cibi nec tamen satietas

3   intestina interius ulceribus tabida putrescebant dolores coli

4   humor liquidus ac luridus erga pedes tumidos oberrabat

5   circa pubem afflictio ... verenda ipsa putredine corrupta scatebant vermibus ... tentigo quae fuerat satis obscena

6   diritate foetoris

7   et anhelitus respiratione creberrima

8   contractus per cuncta membra

Pergebat autem aqua illa in paludem quae sulphurifera (var. : bitumine ferax) vocitatur. Praeterea visum est medicis, ut eum in dolio oleo pleno confoverunt : ubi cum esset, ita deficit, ut ab omnibus mortuus putaretur[70].

Petrus Comestor, *Historia Scholastica :*

Dehinc variis affligebatur langoribus. Nam

1   febris non mediocris erat

2   prurigo intolerabilis in omni corporis superficie, assiduis vexabatur colli tormentis

3   pedes intercutaneo vitio tumerant

4   putredo testiculorum vermes generabat

5   creber anhelitus et interrupta suspiria

quae ad vindictam Dei ab omnibus referebantur[71].

D'après Mehne, Herman n'aurait pas traduit les nos. 2 et 3 de Josephus. Nous croyons pourtant que la 'goute flestre' (v. -3737) correspond au no. 3 : il y est question de 'ulceribus'. Le poète français aurait inventé 'la fievre quartainne' (v. -3738), qui, à notre avis, est en rapport avec le no. 1 de Comestor : 'febris non mediocris'. Mehne ne fait pas mention du Mangeur du tout! La 'tigne' (rongnous : v. -3732B) offre quelque rapport avec le no. 2 de Comestor : 'prurigo intolerabilis'. Pour les autres maladies nous proposons la concordance suivante :

Josephus 1   ignis lentus = li chaus maus (v. -3740)
          4   humor liquidus = idropiques (v. -3739)
          5   circa pubem afflictio = la vairole (v. -3733a)
          6   diritate foetoris = puor (v. -3745)
          7   anhelitus respiratione creberrima = le cuerpous (v. -3738b)
          8   contractus per cuncta membra = palasinous (v. -3732A)

Nous n'avons su retracer ni le 'mal del flanc' (v. -3733A0, ni les 'dent cheant' (v. -3740).

C'est dans la *Bible* de Geufroi de Paris et dans le poème anonyme sur la vie de Marie et de Jésus, contenu dans le Ms. Paris, B.N.f.fr. 1768, qu'on fait aussi des allusions aux maladies d'Hérode. Nous ferons suivre les deux fragments en question :

> Qui porroit dire ses tormenz
> Ses maus et ses granz bastemenz?
> Or oiiez quel senefiance!
> Du cors prist Dieu si grant venjance,
> A grant painne le porroit dire
> Nus clers qui tant seüst escrire.
> Qui chaust de lui ne de ces max
> Qu'il eüst ne de ces assax
> De son tourment ne de sa rage,
> Mourir l'estuet a grant hontage[72].

Le mot 'venjance' nous rappelle le texte de Pierre le Mangeur, mais qui sont les 'omnes' de ce dernier?

> Or escoutés por Dieu seignor
> La fin dou mavais traïtor,
> Oez com Herodes fina :
> Il fut mesias et si egrota,
> Il fu fevreus si fu tegeus[73].

-3748b   *menez*, corr. : mandez *III*, v. 3766.

-3752   Corr. : Il ne se puet aidier, tant est gros et anflez *III*, v. 3770(var.) cf. v. -3749b.

-3753b   *et toz*, corr. : trestoz *III*, v. 3771.

-3657b   *ou*, corr. : qui *III*, v. 3775 (var. N9).

-3758b   *ou tost soit devïez*, corr. : dedans sera getez *III*, v. 3776 (var. N9).

-3766-76   La légende du bain est passée dans l'art plastique : au portail de droite de la façade d'Amiens, on voit un personnage nu que deux serviteurs plongent dans une cuve : c'est le vieil Hérode qui essaie de retarder sa mort en prenant des bains d'huile[74].

-3771a   *Certes se ne garis*, corr. : Se ne me garissez *III*, v. 3789.

-3773a   *Ne prandras nul des autres*, corr. : Ne pandras nos ne autres *III*, v. 3791.

-3774-76	Chez Herman 'li mire' ont tué Hérode, tandis que chez Josephus le tyran faillit de mourir dans le bain. cf. ci-dessus la rem. aux vv. -3732ss. Selon Honorius il s'est suicidé :

> Herodes post infantium occisionem ... gravissimum dolorem incidit, et diversos cruciatus pertulit. Qui cum a medicis curari non potuit, se propriis manibus occidit. Et ipse nunc quidem stridet in aeterno supplicio ...[75].

-3777-88	Faut-il chercher la source de cette scène dans 'la Bible de pierre'[76]? Or, le tympan du Jugement dernier à la cathédrale de Bourges nous montre les diables, sous forme de dragons qui, fourches à la main 'poussent les damnés dans la chaudière d'enfer logée dans la gueule de Léviathan'[77].
-3781	Corr. : Et ou fons de cel puis avoit grant aünee *III*, v. 3799 (var. N9).
-3785b	*outre*, corr. : lou cors *III*, v. 3803 (var. N9).
-3792a	*Doucement*, corr. : Belement *III*, v. 3810. cf. v. -3791b.
-3793b	regne : élision.
-3824b	*esgarder*, corr. : adeser *III*, v. 3843.
-3829b	*commança*, corr. : forment prist *III*, v. 3846.
-3830a	*s'en ala*, corr. : s'umilia *III*, v. 3847.
-3830b	*retorner*, corr. : redouter *III*, v. 3847. Nous préférons pourtant *remonter*. cf. Mt.3:16. V. aussi v. -3832b.
-3832b	*monter*, corr. : ester *III*, v. 3849.
-3833A	Li .vij. ciel sont overt, bien i puet on entrer *III*, v. 3851.
-3833B	Et la vois de som pere commençoit a parler *III*, v. 3852.
-3833C	Com ce fust uns tonoires que on oïst toner *III*, v. 3853. Dans N6 et N9 ce vers manque. Les Évangiles ne mentionnent pas cette particularité. On la retrouve dans la liturgie, sous forme de répons :

> Hodie in Jordane baptizato Domino aperti sunt caeli... et vox Patris intonuit... [78].

-3836b	*redouter*, corr. : retorner *III*, v. 3856. cf. v. -3851.
-3842a	*O la voiz de som pere*, corr. : oï la voiz del pere *III*, v. 3862.
-3854	Corr. : De lui erent entr'els trestot en grant error *III*, v. 3874. cf. v. -5781.
-3864-65	Il faut intervertir ces deux vers. cf. *III*, vv. 3884,3884a.
-3867b	*pooit*, corr. : voloit *III*, v. 3886 (Lc.1:80) cf. vv. -3201ss.
-3870b	*s'en mervilloit*, corr. : s'en merveillent *III*, v. 3889.
-3877a	c' = s'.
-3881b	*em*, corr. : som *III*, v. 3900.
-3897a	*li*, corr. : lor *III*, v. 3918.
-3898a	*enten*, corr. : oyez *III*, v. 3919 (var. N9).
-3899a	*Or*, corr. : Si *III*, v. 3920.
-3901b	*pas nel vos celerai*, corr. : ne ja ne m'en vantrai *III*, v. 3922b.
-3905b	*loinz tens*, corr. : toz jorz *III*, v. 3924.
-3909-10	La tradition manuscrite est assez embrouillée ici. On n'a pas réussi à traduire correctement Jn.1:27 :

> cuius ego non sum dignus ut solvam eius corrigiam calceamenti.

Cf. *III*, vv. 3928-29a.

-3912a	*Que Diex est*, corr. : Diex est et *III*, v. 3931.
-3914b	*por qoi*, corr. : par qui *III*, v. 3933.
-3930b	*a*, corr. : en *III*, v. 3948a.

-3936-46	Sur le couronnement d'Hérode et sur ses fils, V. Mehne, pp. 42-3.
-3940A	La fu fais rois Herodes et la fu coronez *III*, v. 3958.
-3943A	Ains que fust mors li fel .iiij. enfans engendra *III*, v. 3962.
-3944a	*Archelaus fu ses fiz,* corr. : A. fu l'ainsnés *III*, v. 3963.
-3945	Corr. : Phelipes fu li autres, femme ot que mont ama *III*, v. 3964.
-3952b	*ne il ja nel fera,* corr. : ne ja nel soffera *III*, v. 3973. cf. v. -A384.
-3956b	*sera,* corr. : ert *III*, v. 3977 ; *doutee,* corr. : redoutee *III*, v. 3977.
-3971a	*mais,* corr. : amis *III*, v. 3993.
-3986b	Corr. : qu'a lui puissent parler *III*, v. 4008.
-3996a	C' = S'.
-3996b	*et,* corr. : molt *III*, v. 4018.
-3997a	*que,* corr. : se *III*, v. 4019.
-L477	Le copiste a sauté plusieurs vers. cf. *III*, vv. 4036-39. cf. Mt.11:7-10, source de cet épisode. V. aussi vv. -4298,-4311. Nous proposons les corrections suivantes :
-4013A	Quesistes le rosel qui est chaciez del vent? *III*, v. 4036.
-4013B	Ou vos quesistes l'omme vestu mont molement? *III*, v. 4037.
-4013C	Qui issi sont vestu as rois sont en present *III*, v. 4038.
-4013D	Dites moi que quesistes, nel me celez noient *III*, v. 4039.
-4038b	*viser,* corr. : jurer *III*, v. 4064. cf. v. -4051.
-4064A	Ainz i fu sainz Jehans et ainz i conversa *III*, v. 4091. Il faut bien ajouter ce vers, parce que, selon la légende, même aux enfers, Jean sera le précurseur du Seigneur. C'est donc là que lui, et non pas Jésus, annonce le secours du Christ. V. Chap. IV. 4.
-4097A	Adonc manoient moine et saint home el païs *III*, v. 4123.
-4098	Corr. : La cendre de la char, les os ars et bruïs *III*, v. 4124.
-4099b	*maintenant,* corr. : ensamble *III*, v. 4125.
-4105b	*s'en va,* corr. : se mua *III*, v. 4131.
-4106a	*Dessuz,* corr. : Deseur *III*, v. 4132.
-4112-18	Satan a trompé l'homme ; Dieu, à son tour, a déçu Satan : Il s'est fait homme mortel, en cachant Sa nature divine. Ainsi Satan ne connaît pas Dieu, avant qu'il Le rencontre dans le désert.

Dans un sermon attribué à saint Augustin, on lit ceci :

> Diabolus ea arte qua hominem deluserat, a Christo delusus. Christus Deus et homo ... ad hoc descendit Christus in uterum Virginis, ut exinde humana susciperat membra, quae traderet cruci, ... hinc ad nihilum redigit illum Deus Dei Filius, qui de coelo descendit, ut humanum susciperet corpus, tendens ei laqueum mortis, per visionem videlicet carnis : ut quasi ad hominem solum tentator accederet, et Dominum penitus ignoraret. Videbat carnem, sed ignorabat Domini majestatem : cernebat infirmitatem et non videbat deitatem. Remansit confusus diabolus, dum in homine apparuit Dominus[79].

Dans le *Bestiaire* de Philippe de Thaon nous trouvons comme un écho de cette doctrine :

> Diable ume deçut, / Deus om, qu'il ne connut
> Venquit puis le diable, / Par vertu cuvenable.
> Se diables seüst / Que Deus om mortels fust
> Ja a ço nel menast / Qu'il le crucifïast.
> [Sil] fist Deus cuintement / Senz aperceivement.

Issi Deus se cuvri / Cuntre nostre enemi.
Ne sout que Deus om fu / Devant qu'il l'ot veü[80]

-4113b	*iluecques*, corr. : por ice *III*, v. 4139.
-4114a	*icel cuvert*, corr. : icil cuvers *III*, v. 4140.
-4114b	*ne*, corr. : nel *III*, v. 4140.
-4117	Nous aimerions enlever ce vers : les scribes, ignorant le côté doctrinal de l'histoire, ont voulu à tout prix inculquer au diable la crainte du Seigneur. V. *III*, v. 4142a, 4143.
-4118	Corr. : S'il seüst qu'il fust Dix, il le doutast forment *III*, v. 4143 (var. W).
-4123b	*commant*, corr. : talent *III*, v. 4148.
-4138-40	cf. Mt.4:6:

> Quia angelis suis mandavit de te, et in manibus tollent te, ne forte offendas ad lapidem pedem tuum.

V. *III*, vv. 4159d-4162.
Pour les vv. -4139,40 il faut changer *me* en *te*.

-4145a	*mires*, corr. : livres *III*, v. 4168.
-4190a	*Car*, corr. : Et *III*, v. 4220a (var. C).
-4190b	*effreee*, corr. : destorbee *III*, v. 4220a.
-4208b	*dou livre*, corr. : des livres *III*, v. 4238.
-4219b	*lor*, corr. : ses *III*, v. 4249.
-4258	N6 est le seul Ms. à avoir ce vers. cf. *III*, v. 4288a. Comme il n'est pas de mise à cet endroit du texte, nous l'avons enlevé.
-4266b	*est*, corr. : fu *III*, v. 4295.
-4269	Corr. : Cil qui les noces fist fu devant lui mandez *III*, v. 4298 (var. N11). cf. aussi Jn.2:9. Cette erreur s'explique facilement : les copistes étaient de ceux qui croyaient que 'Archedeclins' était lui-même le marié des noces[81]. V. Index des noms propres.
-4275a	*Et bien sachiez de voir*, corr. : Se ce eüssiez fait *III*, v. 4304.
-4276	Corr. : Seignour, ichist miracles fu as noces moustrés *III*, v. 4305.
-4276A	En Chana Galilee si com dire m'oés *III*, v. 4306.
-4277b	*assemblez*, corr. : demostrez *III*, v. 4307.
-4300a	*Frans dus*, corr. : Fu donc *III*, v. 4330.
-4300b	*feïs*, corr. : faite *III*, v. 4330.
-4301	Corr. : Frailles est li rosiaus qui croist en betumee *III*, v. 4331.
-4310	*icest*, corr. : ce est *III*, v. 4340.
-4328b	*ont*, corr. : a *III*, v. 4361.
-4332	Corr. : Il ne demora gaires ens en une cité *III*, v. 4365.
-4333	Corr. : Antra et dant Levi, tolonier a trové *III*, v. 4366.
-4334	Corr. : Publicanus estoit, hom de grant poesté *III*, v. 4367.
-4337a	*Dont vint a*, corr. : Adonc vint sainz Tomas *III*, v. 4370.
-4345b	*si les*, corr. : a soi l'a *III*, v. 4378.
-4356A	Ce que delïeras n'avra nul lïement *III*, v. 4390a (var. N9). cf. Mt. 16:19b.
-4367a	Lc.10:1 mentionne soixante-douze disciples. Certains Mss ont écrit le nombre en toutes lettres :

setante et deus. cf. *IV*, v. 4402.

-4376a	*Et a la sainte*, corr. : En la saintisme *IV*, v. 4410.
-4379a	*Si sunt*, corr. : Ses ont *IV*, v. 4413.

-4385a	*De ceaus,* corr. : De sains *IV,* v. 4419.
-4390A	"Compains, ce dist li sire, je voil a toi parler *IV,* v. 4425.
-4390B	Si me donne conseil se le me sez doner *IV,* v. 4426.
-4390C	Or oiés del seignour com il le volt tempter *IV,* v. 4427. Il faut bien ajouter ces trois vers, qui manquent aussi dans N9, le Ms. apparenté. cf. Jn.6:5-6. V. aussi la réponse de l'apôtre, au v. -4395.
-4397	Corr. : De .ij.c. de deniers [n']⁸² en poïst acheter *IV,* v. 4434 (var. N9).
-4398	Corr. : Tant c'om poïst chascun .i. morselet doner *IV,* v. 4435.
-4402a	voldroit, cf. v. -6343 : voldra. V. Glossaire.
-4407a	*n'i ont fait,* corr. : n'en ferai *IV,* v. 4444.
-4411b	*livrent,* corr. : livra *IV,* v. 4447 (Jn.6:11).
-4412-3	La tradition manuscrite est très embrouillée ici. cf. *IV,* vv. 4448-50. Remarquez la fin amusante du v. -4413!
-4412a	*De .v. pains qui lor,* corr. : Des .v. pains qu'iluec *IV,* v. 4449.
-4447b	*s'aclina,* corr. : escacha *IV,* v. 4485. cf. Jn.9:6. V. Glossaire.
-4449b	atoucha : V. Glossaire.
-4458b	*a,* corr. : ont *IV,* v. 4496.
-4467	ses = ces.
-4495	Corr. : Cius fu, nos ne savons com fu renluminez *IV,* v. 4533. (Jn.9:20-1)
-4495A	Ne l'omme ne savons, ne par nos ne savrés *IV,* v. 4534.
-4495B	Li prodom a aé. A lui le demandez! *IV,* v. 4535.
-4499a	crestïens : cf. Jn.9:22.
-4501b	apelez : rapelez. Nous avons corrigé dans le texte. cf. Jn.9:24. V. *IV,* v. 4541.
-L509	La tradition manuscrite de cette laisse est fort embrouillée. Nous la corrigeons à l'aide de trois textes : *a* la Vulgate, *b* les variantes des autres Mss, *c* la traduction en prose de Jn.9:1-38[24-34] que l'on trouve dans *Les Évangiles des Domées*⁸³.
-4502-17	. "Bons hom, enten a nos! -Dites et je l'orrai!
	. -Cil hom est il pechierres? -Par ma foi, je ne sai,
	. Sanz lumiere fui nez et ore veüe ai.
	. -Rent en graces a Deu ; pechiere est. -No croirai.
	. -Comment la te rendi? -Par foi, dit le vos ai.
	. Serez vos si deciple? Ice comment croirai?
	. -Tu soies ses deciples. -Volantiers le serai.
-4508A	. -Nos servons Moÿsi. -Ja dolans n'en serai.
	. Que a lui parla Diex, ce est voirs, bien le sai.
	. -Icist hom est pechierres. -Non est, nel celerai :
	. Merveille est que vos dites -ja mais tele n'orrai-
	. Que ne savez qui est par qui ma veüe ai :
	. Diex n'oit pas pecheor, d'un mot n'en mentirai :
	. Aportez vostre livre! A garant l'an trairai.
	. Ainc mais ne fu oï, ne ja mais ne l'orrai
	. Que hom eüst ses iex ensi com les miens ai.
	. Je sai cist est sers Deu, sel sent et sentirai".⁸⁴
-4568b	*ne ne sorent,* corr. : ne sorent que *IV,* v. 4611.
-4570	Corr. : Il ont guerpi le temple, seul le laissent ester *IV,* v. 4613. cf. le v. suiv.
-4593b	*avoit,* corr. : avoir *IV,* v. 4636.
-4619b	*fermé,* corr. : encontré *IV,* v. 4660.
-4654a	ce : élision.
-4665	Corr. : Ma doctrine n'est moie, mais cil la me donna *IV,* v. 4700. cf. Jn.7:16.

-4668a	*il*, corr. : lui *IV*, v. 4703.
-4683a	*ies*, corr. : estes *IV*, v. 4718a (var. N9).
-4685b	corr. : fu toz .i. hom sanez *IV*, v. 4720 (var. N2) cf. aussi Jn.7:23b.
-4688	Corr. : Partie en ert el temple o cele gent dervee *IV*, v. 4723. cf. Jn.7:25 : ce verset a été réparti entre les vv. -4688-90.
-4689	Corr. : Chele desputison si a bien escoutee *IV*, v. 4724.
-4690	Corr. : Mont sovent entr'aus ont lor parole mostree *IV*, v. 4725.
-4698a	*celui qui*, corr. : quant Christus *IV*, v. 4733.
-4699a	Corr. : Ne savront dont il ert *IV*, v. 4734. cf. Jn.7:17.
-4705b	*verais hom*, traduction de Jn.7:28 : sed est *verus* qui misit me.
-4718a	*grant*, corr. : gent *IV*, v. 4749 (var. N9).
-4801	Corr. : Simon, enten a moi, escoute que dirai *IV*, v. 4835.
-4808	La présence de ce v. s'explique difficilement. Il manque dans plusieurs Mss. cf. *IV*, v. 4842a.
-4814b	*cheant*, corr. : seant *IV*, v. 4875. cf. Lc.10:39.
-4817b	*li*, corr. : tout *IV*, v, 4878.
-4819b	*esgardant*, corr. : escoutant *IV*, v. 4880.
-L527	La tradition manuscrite de cette laisse est très embrouillée. cf. *IV*, L533. Dans quelques Mss, le poème français se termine ici[85]. Dans d'autres Mss, c'est à la laisse suivante (-L528) que débute l'ouvrage d'Herman[86].
-4822a	*celui*, corr. : celi *IV*, v. 4899. Il faut un cas régime fém.
-4825	Corr. : En la sainte escriture n'en livre nel trovons *IV*, v. 4902.
-4855a	*Et de*, corr. : De lui *IV*, v. 4936.
-4865	Corr. : As messages l'ont dit qui bien sevent parler *IV*, v. 4946.
-4866	Corr. : Vont s'ent, mais en Judee ne le poent trover *IV*, v, 4947.
-4867a	*pou*, corr. : quoi *IV*, v. 4948 (var. N9, fo 66b:1). La conj. *por quoi que* = parce que, est suivie de l'ind. Dans les autres Mss on trouve la variante 'Por qoi?' -Car. cf. *IV*, 4948[87].
-4885	Corr. : Por poi que vous ne fustes l'autre jor lapidez *IV*, v. 4965.
-4888a	*ces jorz*, corr. : cel jor *IV*, v. 4968 (Jn.11:9)
-4892	Corr. : Ladres, li nostre amis, se dort, a lui irai *IV*, v. 4972 (var. N9) Le rythme du vers n'est pas très beau.
-4938a	*dira*, corr. : donra, *IV*, v.5020.
-4940b	s = c.
-4965b	*dolor*, corr. : douçor *IV*, v. 5047.
-4966b	*tendror*, corr. : dolor *IV*, v. 5048.
-4968b	*dolor*, corr. : tendror *IV*, v. 5050.
-4969b	*crient*, corr. : ierent *IV*, v. 5051.
-4972	Corr. : Molt ama les serors, molt fu au Ladre amis *IV*, v. 5054.
-4973b	Corr. : trestoz fu effremiz *IV*, v. 5055.
-4988b	Corr. : tu n'es pas bien senee *IV*, v. 5071.
-5047b	*li*, corr. : lor *IV*, v. 5031.
-5050a	*Et des mains au felon*, corr. : Des mains au felon roi *IV*, v. 5134.
-5051a	*le fort roi*, corr. : les gari *IV*, v. 5135
-5060a	*li*, corr. : lor *IV*, v. 5143.
5078b,-5079b	Il faut intervertir ces deux hémistiches. cf. *IV*, vv. 5161-2.
-5079a	Corr. : Ce distrent lor escrit *IV*, v. 5162.
-5083a	*a droit*, corr. : al doi *IV*, v. 5164b (var. L1) cf. aussi v. -3208.
-5100	Jn.11:48 : tollent nostrum *locum* et gentem. Tous les Mss sont d'accord pour traduire *loi* pour *lieu*. cf. *IV*, v. 5181[88].

-5109b	*coronnez*, corr. : rassamblez *IV*, v. 5190. cf. Jn.11:52: congregaret in unum.
-5110b	*tuit assamblé*, corr. : entr'affïés *IV*, v. 5191. V. Glossaire.
-5118,-5122	*des freres*, corr. : d'Effrem *IV*, vv. 5198, 5202. cf. v. -5127.
-5126b	Corr. : je ai vos .xij. esliz *IV*, v. 5206.
-5126A	L'uns de vos est dyables et s'ert mes anemis *IV*, v. 5207.
-5126B	Che dist il de Judas Symon Cariotis *IV*, v. 5208. V. pour ces deux vv., Jn.6: 71-2.
-5134a	*ton regne*, corr. : t'ovraingne *IV*, v. 5216. cf. Jn. 7:3.
-5150b	Corr. : s'il ne m'aime noiant *IV*, v. 5232.
-5160A	Ichil felon Judeu mont ont les sens perdus *IV*, v. 5242.
-5169b	*demandez*, corr. : molt doutez *IV*, v. 5251.
-5209-14	La tradition manuscrite est très embrouillée ici. Aucun Ms. ne contient la traduction correcte de Jn.10:34-35.
-5210a	Corr. : Dieu estes vos meïsme. cf. *IV*, v.5290. V. Jn.10:34 : Dii estis.
-5210b	*otriom*, corr. : le trovom *IV*, v. 5290.
-5216a	*Et de lui sui venuz*, corr. : De lui sui, ce est voirs *IV*, v. 5296.
-5225b	*depassé*, corr. : qu'ert escript *IV*, v. 5305. Moïse, l'auteur du Pentateuque, aurait vécu au troisième âge, c'est-à-dire beaucoup plus de mille ans avant la naissance du Sauveur. cf. Isidore de Séville, *Etymologiae*, VI:I: Primus Moyses divinae historiae cosmographiam in quinque voluminibus edidit, quod Pentatichum nominatur. V. aussi Chap. II. 2 ; V. 4.
-5248b	*samblance*, corr. : spelunce *IV*, v. 5328. cf. Mt.21:13 ; Jn.7:11 : speluncam latronum.
-5252b	*fait*, corr. : faiz *IV*, v. 5332 (var. N9)
-5257b	*nes porrions oïr*, corr. : ne poons soustenir *IV*, v. 5337.
-5259,-5270	cf. v. -6257 : Jn.2:20 : quadraginta et sex annis aedificatum est templum hoc.
-5278	Corr. : Ou cist hom est profetes ou voirement est Criz *IV*, v. 5357. cf. v. -5281 (Jn.7:40-1)
-5301	Corr. : Il demandent : "Ou est icil Deu anemis?" *IV*, v. 5379 (var. N9). cf. Jn.7:45.
-5306b	*nos*, corr. : vos *IV*, v. 5384.
-5321b	*que dedens troverez*, corr. : dont Criz doit estre nez *IV*, v. 5399.
-5338	Corr. : Li prince des Gïus l'ont chacié dou païs *IV*, v. 5416. cf. Lc.4:29.
-5349	Corr. : Por .xl. et .iiij. anz lor fu dou ciel tremis *IV*, v.5425. cf. vv. -2164-5 : Ex. 16:35 : quadraginta annis.
-5375a	*par ce*, corr. : bien pruef *IV*, v. 5448.
-5392b	*querre*, corr. : lor cuers *IV*, v. 5465.
-5416b	*regardee*, corr. : si gardee *IV*, v. 5494.
-5421a	*et*, corr. : quant *IV*, v. 5501.
-5432b	*est*, corr. : es *IV*, v. 5512.
-5433a	*Et ce que* : faut-il entendre : Et le fait que ...? cf. E. Gamillscheg, p. 153 : "der Umstand dass".
-5456	Corr. : Une anesse i verrez q'est loiee en un aire *IV*, v. 5537.
-5461	Corr. : Une anesse i verrez loiee a .i. postel *IV*, v. 5542.
-5466	Corr. : Si troverent l'anesse loiee a .i. postel *IV*, v. 5547.
-5467b	*de*, corr. : ne *IV*, v. 5549.
-5467A	Se li sires volsist il chevalchast plus bel *IV*, v. 5550.
-5468a	*Et ot*, corr. : Eüst *IV*, v. 5551.
-5469	Corr. : O ataches de soie, d'or fussent li tassel *IV*, v. 5552 (var. N9, fo 74a,

v.3 : ataiches). Les *afiches* ne sont jamais en soie ! V. Glossaire.

-5471a	*re,* corr. : ne *V,* v. 5554.
-5474	Corr. : Enceis que od l'anesse fust l'asnel amené *V,* v. 5556. Ce v. manque dans N9, le Ms. apparenté.
-5475	Corr. : Si lor a dit : "Amis, ne soiez destorbez *V,* v. 5557.
-5482	Corr. : Quant iche lor ot dit, l'asnesse ont amanez *V,* v. 5564. cf. v. -5474.
-5489b	*menee,* corr. : sonee *V,* v. 5571.
-LL595-6	V. Chap. II. 6.
-5509	Corr. : Redemptor et sauveres qui ies de tel valor *V,* v. 5591. (lat. : Rex Christe Redemptor). Pour le texte latin de cette hymne, V. J.-R. Smeets, dans *CCM,* VI, 3, 1963, p. 323, n.22.
-5510b	Corr. : cest enfantil onnor *V,* v. 5592. (lat. : Cui puerile decus Prompsit Hosanna pium...)
-5513a	Corr. : Israel ies tu rois *V,* v. 5595. (lat. : Israel es tu Rex).
-5515a	*beneï les,* corr. : beneois soies *V,* v. 5597. La traduction de ce vers n'est pas correcte : lat. : Nomine qui in Domine, Rex benedicte, venis.
-5516a	Corr. : Toi rechoit plebs ebree *V,* v. 5598. (lat. : Plebs Hebraea tibi cum palmis obvia venit)
-L596	Cette laisse nous semble trop courte. cf. *V,* L602. Nous aimerions ajouter les vv. suivants :
-5528A	Dedens Jherusalem tout cantant sont entré *V,* v. 5612.
-5528B	Voiant trestous les prinches l'ont el temple mené *V,* v. 5613.
-5528C	Il s'estont as fenestres, si li ont demandé : *V,* v. 5614.
-5528D	"Dedens cheste chité qui est chil amené? *V,* v. 5615.
-5528E	Dont a si haute vois est osanna canté?" *V,* v. 5616.
-5528F	Che respondent trestuit : "Ne vos sera chelé. *V,* v. 5617.
-5553b	*a toi qui es,* corr. : a roi qu'est *V,* v. 5640.
-5563-70	Pour cette récapitulation, en partie inachevée, V. Chap. V. 3.
-5563a	*mais,* corr. : car *V,* v. 5650.
-5592b	*et bobans et estriz,* corr. : cist bobans et cist Criz *V,* v. 5685.
-LL603-5	V. Introduction.
-5624b	Corr. : che que dit le vos ai *V,* v. 5703. Nous comprenons : Je vous prie : que j'aille mieux pour l'avoir dit = pour avoir avoué que je suis un très grand pécheur.
-5629	Corr. : Que icil prengent m'alme que ici numerai *V,* v. 5707.
-5664-5	Dans un prière, contenu dans les *Constitutions apostoliques,* nous trouvons ceci:

> Dixisti ... Faciamus hominem ad imaginem nostram, ... et dedisti ei, in anima quidem rationalem dijudicationem, pietatis ac impietatis discretionem...[89].

-5669-73	V. Chap. V. 4.
-5678a	*il li,* corr. : nostre *V,* v. 5747.
-5681b	*Diex,* corr. : hom *V,* v. 5750 (var. L1).
-5687b	*trestout,* corr. : et treis *V,* v. 5756. V. Chap. V. 1.
-5700A	Et virent li apostre le quart jor acomplir *V,* v. 5770;
-5702	Nous ne comprenons pas ce vers. Il ne remonte pas au texte biblique. V. Mt.26: 17-19. La tradition manuscrite est trop embrouillée pour qu'il soit possible de le corriger. cf. *V,* v. 5772.
-5736b	*demandee,* corr. : demenee *V,* v. 5807.
-5765a	*ne,* corr. : de *V,* v. 5836.

-5782a	*Liquel erent*, corr. : Liquels d'els ert *V*, v. 5852.
-5783	Corr. : Qui a plus poesté et qui plus grant honor *V*, v. 5853 (var. W).
-5784b	*et do cuer ot freor*, corr. : de lor cuers la freor *V*, v. 5854.
-5793	Ce vers ne remonte pas au texte biblique (Jn.13:5)[90].

Le geste que fait Jésus rappelle celui de Marie-Madeleine : cf. v. -4764. Dans la liturgie du jeudi saint nous trouvons quelques antiennes 'in evangelio' qui pourraient expliquer la confusion dont il s'agit ici :

— Coenantibus autem, accepit Jesus panem ; benedixit ac fregit, dedit discipulis suis.

— Coena facta est, dixit Jesus discipulis suis : Amen, amen dico vobis. unus vestrum hic, qui me traditurus est in hac nocte.

— Mandatum novum do vobis, ut diligatis invicem sicut dilexi vos, dicit Dominus.

— Si ego Dominus et Magister vester lavi vobis pedes, quanto magis vos debetis alter alterius lavare pedes?

— In diebus illis mulier quae erat in civitate peccatrix, ut cognovit quod Jesus accubuit in domo Simonis leprosi, attulit alabastrum unguenti ; et stans retro secus pedes Domini Jesu, lacrymis coepit rigare pedes ejus, et capillis capitis sui tergebat, et osculabatur pedes ejus et unguento ungebat.

— Postquam surrexit Dominus a coena, misit aquam in pelvim, coepit lavare pedes discipulorum. Hoc exemplum dedit, reliquit eis.[91]

-5796a	*Que vistement*, corr. : Molt ruistement *V*, v. 5864. Cet adv. convient mieux, vu la réaction violente de Pierre. (Jn.13:6,8) V. Glossaire.
-5809b	*molt ansiment*, corr. : bon anseignement *V*, v. 5877.
-5812	Corr. : Vos dites bien, jel sui, ja nel vos nïerai *V*, v. 5880; cf. aussi Jn.13:13.
-L621	La tradition manuscrite est extrêmement embrouillée ici. cf. *V*, pp. 37-8, L626.
-5876b	*les*, corr. : li *V*, v. 5947.
-5877b	*mandez*, corr. : armez *V*, v. 5948.
-5918a	Corr. : Que ainz que me raiés *V*, v. 5987.
-5920A	Li deable, sachiez, vous a tout demandé *V*, v. 5990. cf. Lc.22:31a : ecce Satanas expetevit vos.
-5922b	*fel*, corr. : blé *V*, v. 5991.
-5945a	*nos*, corr. : vos *V*, v. 6041.
-5985	Corr. : Car comme jut a terre, commença a orer *V*, v. 6049 (Martin avait lu *vit* pour *jut*)
-5989b	*s'em*, corr. : il *V*, v. 6053.
-5990	Après tous les vers en *-er*, cette forme en *-ez* étonne un peu. Dans plusieurs Mss, la laisse suivante commence au v. -5993. cf. *V*, L637. Comme ce vers ne se rapporte à aucun verset biblique, nous aimerions l'enlever de notre texte, surtout parce que la -L632 est la suite logique du texte sacré. (Mt.26:39,40).
-6008b	*et simples et pensis*, corr. : tant simples et tant piz *V*, v. 6072.
-6015a	ce : élision.
-6018b	*estoit*, corr. : hom n'est *V*, v. 6082.
-L635	C'est ici que le rythme des vers change : l'alexandrin devient décasyllabique (vv. -6051-2). Ce changement est-il dû à l'auteur? A des remanieurs?[92] La tradition manuscrite reste très embrouillée.

Nous ferons suivre un tableau où figureront les laisses à vers décasyllabiques que l'on trouve dans notre Ms. En regard nous reproduirons les laisses correspondantes de l'édition de Greifswald (*V*, LL641-688) :

635 A[93] (sauf vv. -6051-2)	641 D (fin)
636 A (sauf vv. -6055-59)	642 D
637 A	643 D
638 A (sauf v. -6096)	644 D
639 A	645 D
643 A (sauf v. -6176)	649 A/D
645 A 9sauf v. -6184)	651 D
646 Λ	652 D
647 A	653 D
648 A	654 D
653 A	659 D
654 A	660 D (sauf v. 6378 = v. -6299)
655 D (sauf v. -6308)	661 D
656 D (sauf v. -6317)	662 D
657 D (sauf v. -6335)	663 D
658 D	664 D
659 D	665 D
660 D (sauf vv. -6380, 82-88)	666 D
661 D	667 D
662 D	668 D
663 D	669 D
664 D	670 D
665 D	671 D
666 D	manque dans W, cf. *V*, p. 77.
667 D	672 D
668 D	673 D
669 D	674 D
670 D (rythme forcé du v. -6488 :	675 D
on aurait préféré v. alex.)	
671 D (sauf v. -6493)	676 D
672 D	677 D
673 D	678 D
674 D	679 D
675 D	680 D
676 D (sauf v.-6550)	681 D
677 D	682 D
678 D	683 D
679 D	684 D
680 D (sauf v. -6594)	685 D
681 D	686 D
682 D	687 D
683 D (sauf vv. -6630-1	688 D
-6633-4	
-6637-8)	

-6049b	*commandez*, corr. : presentez *V*, v. 6122.
-6056a	*Rubi*, corr. : Rabi *V*, v. 6127a. cf. Mt.26:49.
-6056b	*tost*, corr. : cest *V*, v. 6127a.

-6087-8	Il n'y a pas de rapport logique entre ces deux vers. cf. *V*, vv. 6163-4 : ces deux vv. décasyllabiques remplacent le v. -6088 (N6 = N9). Il n'est donc pas possible de corriger sans faire violence au rythme du texte.
-6102a	*Et puis l'a salué*, corr. : Cil lou salue *V*, v. 6179 (var. N9). Vers énigmatique. La tradition manuscrite est embrouillée ici.
-6110a	*si*, corr. : qu'il *V*, v. 6187.
-6112a	*bones*, corr. : males *V*, v. 6188.
-6115-7	Nous ne comprenons pas ces vers. La tradition manuscrite est très embrouillée. cf. *V*, vv. 6192-4.
-6121b	ou = oi. cf. Gossen. §72 : la forme attestée est *eu* : j'eus. La forme normale de notre Ms. est *oi*. cf. v. -1095.
-6134b	*lor*, corr. : les *V*, v. 6211 (var. N9).
-LL645-48	Dans quelques Mss, parmi lesquels N6, les vers de ces laisses ont été changés en alexandrins. cf. *V*, LL651-654. De là une tradition manuscrite extrêmement embrouillée.
-6180b	*ai*, corr. : t'a *V*, v. 6257. Ce vers est emprunté à ɪɴt.26:73:

nam et loqɪ ela tua manifestum te facit. (cf. aussi Mc.14:70, Lc.22:59).

Dans notre poème c'est la jeune servante de la porte (cf. Mt.26:69-71, Mc.14: 66-69, Lc.22:56, Jn.18:16-7) qui prononce ces paroles.[94] Dans l'antienne à *Magnificat* pour le mercredi de la semaine sainte, on retrouve la même disposition des données bibliques :

Ancilla dixit * Petro : Vere tu ex illis es : nam et loquela tua manifestum te facit[95].

-6194	"En Terre sainte, on désignait du nom de *Gallicantus* (Chant du coq) le lieu où Pierre renia Jésus. Sur une grotte considérée comme l'emplacement de son repentir, on éleva le 'moustier de Saint-Pierre en Gallicante' ... qui fut détruit au XIVe siècle"[96].
-6234a	*porpensa*, corr. : porpenserent *V*, v. 6313.
-LL649-51	C'est devant Pilate que Jésus est accusé. Mehne[97] s'était déjà étonné de cette particularité, que l'on retrouve dans un des Apocryphes du Nouveau Testament, les *Acta Pilati*[98].
-6257a	*.xl.vj. anz*, corr. : .xl. et .vj. anz *V*, v. 6336. cf. Jn.2:20: quadraginta et sex annis.
-6260	V. v. -6290.
-6278a	*Sonja que estïés*, corr. : Et sonja que estoit *V*, v. 6357.
-6290b	*droit el*, corr. : fors dou. Aucun texte n'est conforme à la source : cf. *V*. v. 6369 : Vient as Judeus droit el pretorïum.
	Nous proposons les corrections suivantes :
	. -6260 : Ensemble o lui s'en vient droit el pretorïom (Jn.18:33 : Introivit ergo iterum in praetorium Pilatus)
	. -6290 : Et s'en va as Gïus fors dou pretorïom (Jn.18:38 : Et cum hoc dixisset, iterum exivit ad Judaeos et dicit eis)
	C'est que les Juifs '... n'entrèrent pas dans le prétoire, pour ne pas se souiller et pouvoir ainsi manger l'agneau pascal' (Jn.18:28). Faut-il imputer au poète lui-même cette interprétation erronée du texte sacré, ou bien à quelque copiste qui a interverti les deux vers ?
-6285	Corr. : N'otrions pas que l'en laisses alter *V*, v. 6374. Dans les autres Mss, ce vers est décasyllabique. V. *supra*, tableau : L660.
-6300	Corr. : Molt volentiers s'en volsist delivrer *V*, v. 6379. Dans les autres Mss, ce

vers est décasyllabique. V. *supra*, tableau : L660.

-6315	Nous ne comprenons pas la dernière partie de ce vers.
-6315A	Se il l'eüst oï prophetisier *V*, v. 6392.
-6345a	*l'en remainne*, corr. : le renvoie *V*, v. 6421. cf. aussi v. -6431.
-6351a	*sez*, corr. : set *V*, v. 6427.
-6361A	Pour Dieu, signor, des or me conseillez *V*, v. 6439.
-6361B	Mont a esté cist prodom laidengiés *V*, v. 6441.
-6363a	*nos*, corr. : vos *V*, v. 6443.
-6374b	*traïz*, corr. : es tu a moi tramis *V*, v. 6454. cf. Jn.18:35 ; 19;11. V. aussi vv. -6415,-6433.
-6395	Aucun Ms. ne contient la traduction correcte de Jn.18:22-3 :

> Haec autem cum dixisset, unus assistens ministrorum dedit alapam Jesu, dicens : *Sic respondes pontifici?*

La tradition manuscrite est très embrouillée ici. cf. *V*, vv. 6473 a-c (variantes)

-6416a	*Tu connoiz bien*, corr. : Tu les connoiz *V*, v. 6493.
-6417b	*tu et*, corr. : trestoz *V*, v. 6494.
-6428b	Corr. : et je sui li siens fiz *V*, v. 6505.
-6432b	*avront*, corr. : avra *V*, v. 6509 (Jn.19:11)
-6435b	*et*, corr. : ont *V*, v. 6512.
-6436b	Corr. : el pretoire est mené *V*, v. 6513.
-6440b	*a*, corr. : est *V*, v. 6517.
-6463	Corr. : Vez vostre rois que em presence avez *V*, v. 6530.
-6475b	Nous ne comprenons pas cette partie du vers. Faut-il interpréter : . il n'est pas possible de le préserver de cette punition? cf. *V*, v. 6543 : ne puet estre retrait.
-6475A	A icel dist li pueples sus estait *V*, v. 6544.
-6489	Corr. : Por ce me sui dedevant vos lavez *V*, v. 6557.
-6561b	*vendu*, corr. : vendi *V*, v. 6628.
-6566	la pïor justise = la pire punition, le suicide. V. Glossaire. cf. aussi vv. -6534, -6567-70.
-6584a	*Achat de mal*, corr. : Acheldamas *V*, v. 6654 (var. N9 et autres Mss) (Mt.27:8 : Haqeldama : champ du Sang) cf. v. -6593. S'agit-il d'un 'jeu' de mots de Guerric?
-6588a	*nel*, corr. : nes *V*, v. 6658.
-6589a	*vos*, corr. : nos *V*, v. 6659.
-6599a	*es*, corr. : de *V*, v. 6667, cf. v. -6657.
-6602b	*aporter*, corr. : aprester *V*, v. 6672.
-6603b	font coronner = coronent. cf. v. -6617 : font anvironner = anvironent : entourer de. V. Glossaire[99].
-6615:	N6 et N9 sont les seuls Mss à contenir ce vers.
-LL686-8	Les habitants de Jérusalem décrivent l'état misérable de Sion, qui va tuer Celui qui était venu pour sauver le monde. Nous croyons que l'auteur, pour composer ce passage, a mis à contribution quelque chant liturgique que, malheureusement, nous n'avons pas réussi à retracer. Herman a combiné les passages bibliques suivants :

vv. -6652-5 : Lc.23:27,
vv. -6656-62 ; 71-77 ; 81-84 : Lc.13:34,
vv. -6663-70 ; 78-80 : Lm.1:1.

Nous savons que les prières et les lamentations de Jérémie constituent toujours leçons, antiennes et répons pour l'office de la semaine sainte[100].

Ici, il s'agirait donc d'une (com)plainte (*planctus*).

A un autre endroit du poème, il est question d'un chant de joie : pendant l'entrée messianique de Jésus à Jérusalem —événement que l'Église commémore toujours le dimanche des Rameaux— les enfants chantent l'hymne *Gloria, laus...*[101] Or, l'on n'a qu'à comparer les vers qui introduisent les deux passages[102], pour constater qu'il existe un rapport indéniable entre eux. A notre avis, les termes *tuit a une alenee* (v. -6666) indiquent que nous avons affaire ici à un élément important de l'office de la semaine sainte qui, à l'époque du poète, était chanté par le choeur.

-6675   Nous ne comprenons pas ce vers. Pour *po(s)nee*, V. Glossaire. La tradition manuscrite est d'ailleurs assez embrouillée. cf. *V*, v. 6740.

Guerric, le copiste, a remplacé la fin du Nouveau Testament, qui comprend le récit biblique depuis le crucifiement du Seigneur jusqu'à son apparition en Galilée[103], par un fragment en prose qu'il a emprunté pour la plus grande partie au *Roman du Saint Graal* en prose, de Robert de Boron[104]. On le trouvera ci-dessous :

Qant li felon Giu orent mis nostre signor Jh*esu*cr*i*st
en la croiz si li fiche(re)rent par mi les piez *et* par
mi les paumes granz clos de fer·*et* li mistre*n*t
sor son chief une m*o*lt aspre coro*n*ne d'aubes espines
5   *et* li anficherent en son chief si q*ue* li sans en coroit tot
contreval son vis·*et* fu feruz de la lance tranchant
el destre coste·tant li firent d'angoisse q*ue* mort li
firent recevoir·Uns Gius qui avoit pr*i*s .i. vaissel chies
simon le lieprex vint a pilate si li dona cel vaissel·
10   ·*et* pilates qant il le tint si l'estoia tant q*ue* noveles fu
rent venues a lui q*ue* il avoient mort jhesu·Et joseph
uns ch*e*vali*e*rs q*ui* avoit servi pilate·qant il oï ce·si en fu
m*o*lt tristes *et* m*o*lt dolanz *et* vint a pilate si li dist·Sire
je t'ai servi m*o*lt longuem*en*t *et* je *et* mi ch*e*vali*e*r ne onq*ue*s
15   rien ne me donas·Ne je ne vos rien prandre por le
grant g*ue*rredon q*ue* tu m'as pr*e*mis toz jorz·sire or te pri
q*ue* tu le me rendes q*ue* tu en as m*o*lt bien le pooir·Lors
dist pilates·demandez qanq*ue* vos plaira a devise·Car
je vos donrai qanq*ue* je porrai sauve la feelte mon
20   signor por voz soldees·*et* cil respont sire granz m*e*rciz·
·*et* je v*o*s demant le cors a la profete q*ue* li Giu ont la fors
mort *et* ocis a tort·Et pilates se m*e*rveille m*o*lt de ce q*u'*il
avoit si pou demande·*et* li dist·je cuidoie q*ue* v*o*s me de
mandissiez assez plus grant don·*et* qant vos m'avez
25   cestui demande je le vos doing p*o*r voz so!dees moult
volan*tie*rs·Sire dist joseph·vc·m*e*rciz·car ci a m*o*lt
bel don·*et* je le tei*n*g m*o*lt a bon·c*om*mandez q*ue* je l'aie·
Alez dist pilates si le prenez·*et* joseph li respont·Sire
Giu sunt granz genz *et* irex *et* felon si nel me lai
30   ront prandre·*et* pilates respont si feront·Lors s'en

torna joseph *et* s'en vi*n*t a la croiz·*et* qant il vit jh*es*u
si en ot grant pitie·*et* plora qu'il l'amoit de m*o*lt *gr*ant
amor·*et* vint la ou cil le gardoient·*et* dist·pila
tes m'a done le cors de cest home por oster de cest
5 despit·*et* il respondent *vos* ne l'averez mie si de
siple dient qu'il relevera·Ne ja par tantes foiz ne
relevera *que* nos ne l'ociens·*et* joseph dist·laissiez le
moi qu'il le m'a done·*et* cil respondent·Nos vos o
cirrons ançois·*et* lors s'em parti joseph·*et* vint a
10 pilate si li dist *com*ment il li avoient respondu·*et*
qant pilates l'oi si l'em pesa m*o*lt·*et* s'en correça m*o*lt·
·*et* vit un home devant soi *qui* avoit non Nicode
mus·si li *com*manda *que* il alast avoe*que*s joseph·*et que* il
meismes l'ostast de la croiz *et* le baillast joseph·
15 ·Qant pilates ot ce dit·si li sovi*n*t dou vaissel *que* li
Gius li avoit do*n*ne si apela joseph *et* si li dist·
·*vos* amez m*o*lt cest *pr*ofete·voire voir fait il·*et*
je ai dist il .i. sien vaissel *que* uns de cex qui le
*pr*ist me do*n*na·*et* je le vos doi*ng*·*que* je ne voldroie
20 retenir rien de chose qui soie fust·lors li done
·*et* cil l'en ancline qui m*o*lt en fu liez. Atant s'en
vont entre joseph *et* Nicodemus·*et* Nicodemus
antra chies un fevre si prist unes tenailles
et un martel·si vindrent *ju*s*q*'a la croiz·Qant li
25 Giu virent Nicodem*us* *qui* tenoit les tenailles *et*
le martel si vindrent tuit cele part. Et nico
dem*us* lor dist·*vos* avez fait ce *que* *vos* plaist·*et que*
vos demandastes pilate·*et* je voi bien q*u'*il est morz·
·*et* pilates a done a joseph le cors·*et* m'a *com*ma*n*de
30 *que* je l'ostasse *et que* je li baillasse·*et* cil s'escrierent

il doit resuciter·*et* distrent qu'il nem bailleront
poi*n*t·*et* qant Nicodem*us* l'oi si s'en correça m*o*lt·*et* dist
q*u'*il nel lairoit pas *por* aus. Lors s'en vont cil tuit
ensamble clamer a pilate·*et* Nicodemus *et* joseph
5 monterent en haut *et* osterent jh*es*u de la croiz·
·*et* joseph le prist antre ses braz *et* le mist a terre·*et*
atorna le cors m*o*lt belem*ent* *et* le lava m*o*lt bien·*et*
qant il le lavoit si vit les plaies *qui* sai*n*nerent·si
out poor·Lors si li sovint de son vaissel·si se pansa
10 *que* ces goutes *qui* chaoient *et* qui degoutoient des
plaies vaudroient miex en son vaissel *que* aillors·
·Lors *pr*ist le vaissel si reçut le sanc *qui* decoroit dou
cors *et* des mai*n*s *et* des piez jh*es*ucrit·*et* qant il out
ensi le sanc receu·si mist le vaissel lez lui·*et*
15 lors anvolepa le cors en un riche drap q*u'*il avoit
aporte avoe*que*s lui·*et* le covri·Et lors repaire*n*t
cil qui avoient este a pilate·*et* orent congie *que*
il le feissent gaitier en *que*l*que* liu *que* joseph le me
teroit·*que* il ne resucitast·*et* il si firent lor genz

390

20   armees·J*hesucriz* fu mis *et* couchiez el sepulcre·
      ·Apres joseph s'en ala *et* cil remestre*n*t *qui* le dure*n*t
      gaitier·Nostre sires jh*esucriz* entre ces afaires en
      ala en enfer si le brisa·*et* en geta adan *et* eve
      et des autres tant com lui plout·come cex qu'il
25   avoit rachetez de sa sai*n*te char *et* de son preciex
      sanc·livrer a martire de mort *et* a toz autres
      tormenz·Qa*ñ*t Nostre sires jh*esucriz* ot fet ce *que*
      lui plout si resucita au tierz jor·c'est a savoir
      le jor de pas*que*s·*et* s'aparut a la benoite douce
30   Mazelai*n*ne.

Dans son *Étude sur les sources de la Passion du Palatinus*,[105] P.M. Maas avait attiré l'attention sur une légende dont la source était restée inconnue jusque-là[106].
Cette légende se rapporte au dialogue entre Joseph et Pilate :
— Joseph a rendu de grands services à Pilate,
— il réclame sa récompense
— qui ne sera pas de l'argent, mais l'autorisation de descendre de la croix le corps
   de Jésus
— Pilate s'étonne fort de cette demande[107].
Cette légende, qui manque dans l'Évangile de Nicodème et dans la *Légende dorée*[108], se lit bien dans le *Roman du Saint Graal*. La version en prose[109] et la
rédaction en vers[110] la contiennent également. On en trouve aussi des traces dans
les prières épiques[111]. Malheureusement nous n'avons pas réussi à trouver la
source ultime de cette légende.

-A5a	*.ij.*, corr. : Dex Strate, v.5.
-A21b	*est*, corr. : ert Strate, v. 20.
-A21A	Et de lui reveoir molt par ert desirreuse Strate, v. 21.
-A59	Corr. : Ne m'a pas oublïée, molt l'en rent grans mercis Strate, v. 58.
-A59A	Et qant m'en irai jou, a il nul terme mis? Strate, v. 59, p. XXV.
-A77	Corr. : "Aporte moi de l'eve!" Cele li aporta Strate, v. 77. cf. -A180.
-A102b	*sa raison*, corr. : s'orison Strate, v. 104. cf. -A82.
-A103b	*devant*, corr. : trestouz Strate, v. 105 (var. N9).
-A164	*commença*[i] : cf. -A368.
-A176a	*Et g'irai a*, corr. : Je prïerai Strate, v. 175.
-A177	Corr. : A mon cors faire honte qu'il n'aient poesté Strate, v. 176.
-A183a	*Et la paume reçut*, corr. : la palme li commande Strate, v. 182.
-A188b	*la vie*, corr. : m'amie Strate, v. 187.
-A192b	*Tu avras bele amie*, corr. : Toi venra bone aïe Strate, v. 191.
-A231	*li ... la*, corr. : lor... les Strate, v. 231 (var.)
-A264	Ce : élision.
-A282b	Corr. : ainçois que fusses nee Strate, v. 281. cf. aussi v. -2695.
-A293b	*la dame*, corr. : bonement Strate, v. 292.
-A297b	c'est = s'est.
-A306-78	V. Chap. V. 3.
-A330A	Tu presis char en moi par grant electïon Strate, v. 332.
-A336	Sur ce nombre, V. Chap. II. 6.
-A344a	*.xij.*, corr. : .xxx. Strate, v. 344. cf. aussi v. -3809.
-A349b	*governer*, corr. : converser Strate, v. 350.

-A360	un asne : V. rem. au v. -5456ss.
-A369a	*De si chier fil com fus,* corr. : Desis qu'ieres mes fius Strate, v. 370. cf. aussi -A163.
-A377b	*por nos reconforter,* corr. : por les tiens conforter Strate, v. 378 (var. N10).
-A390b	*et je,* corr. : trestout Strate, v. 391.
-A423	Corr. : "Amis Jehans, dist Pierres, ceste paume portez Strate, v. 424, p. XXIV. Aucun Ms. ne contient 'dist Pierres', tournure qui serait la rédaction originale.
-A424b	*portez,* corr. : irez Strate, v. 425.
-A435b	Corr. : s'en vont trestout plorant Strate, v. 436. Cet hémistiche est une répétition de -A432b.
-A436a	'In exitu Israel' : faut-il lire Israel ou Isrel? cf. *Macé* I, v. 3406 : Ou peuple Israel qui cressoit.
-A440b	*donnee,* corr. : menee Strate, v. 441.
-A445b	*iceste,* corr. : icele Strate, v. 446.
-A463	Ce vers ne remonte pas à la source latine. Cette tournure fait partie des 'expressions formulaires'[112] propres aux styles lyrique et épique en langue vulgaire[113].
-A477	*Que,* corr. : Qui Strate, v. 489.
-A478b	*avras,* corr. : avront Strate, v. 490.
-A490b	*demenez,* corr. : sermonez Strate, v. 502 (var. N9).
-A499	Corr. : Li apostre remestrent, n'en alerent noient Strate, v. 510. cf. aussi -A397.
-A504	Ce vers doit être la traduction de 'Pax vobis'[114]. Dans le poème, 'faire pais' signifie : rester tranquille, se taire[115]. Nous proposons la rédaction suivante qui est empruntée à N10, le Ms. le plus ancien[116] : . Bien les a cunfortez e sa pais lur duna.
-A531	Corr. : Ice nos prest cil sires qui vit et regne en gloire Strate, v. 791 (var. N10)[117].
-A540a	*Or,* corr. : Que Strate, v. 800 (var. N10).
-A545a	*Dame, a toi voil parler,* corr. : Or voil a toi parler Strate, v. 805.
-A549b	Corr. : finee ai ta chançun Strate, v. 809 (var. N10).
-A555b	Corr. : iceaus n'i oublïon Strate, v. 815.
-A556	Corr. : Que tuit aium ensamble el ciel la mansïon Strate, v. 816 (var. N10).
-A557	Corr. : Cil qui liront cest livre que de toi fait avom Strate, v. 817.
-A558	Corr. : Cil quil feront escrire et qui l'escriveront Strate, v. 818.

NOTES

INTRODUCTION

1. Cf. *GRLMA*, VI/2, p.87, 3a, b.
2. Cf. vv.-400-5 ; -415-6 ; -450-7. Pour ces vers et pour les autres vers de notre texte que nous citons dans les notes, nous renvoyons au Chap. VII. 3.
3. Cf. vv. 2019 : Chanoinnes sui et prestres, faiz par electïon.
   -4725 : Prestres sui ....
   -A548 : Prestres sui ordenez ....
4. Cf. v.-2012 : Clers sui, povres de sen si sui. i. jones hom.
5. Cf. v.-458 : De latin en romanz soit toute transposee.
6. Cf. *GRLMA,* VI/2, p. 88, 5e-g.
7. Cf. vv.-398 : Signor, or entendez, .i. romanz vos dirom,
   -414 : Cist romanz n'est pas faiz de nule lecherie,
   -415 : Ainçois est faiz de Dieu, le fil sainte Marie ;
   -416 : De Jhesu et de li vos redirons la vie.
   -450 : Fai la vie en .i. livre .... .
8. Cf. -LL60-68.
9. Sans doute la (fausse?) modestie et la recherche de la vérité se donnent ici la main. Cf. aussi -L277.
10. De tous les Mss qui contiennent ce passage (= -L68), N4 est le seul à y renvoyer (fo 16, 36) :
    Et en le Bible prent ce que devisét ai.
    Les autres textes, y compris le nôtre, ne font que souligner le rôle important que va jouer Marie, 'pleine de douce medecine', inspiratrice de notre poète. V. Chap. VI. 1, nos. 2,8,9,12,18,19,24,26,29.
11. Cf. B. Smalley, *The Study of the Bible,* pp. XIV, XV.
12. Sur *lettre = littera,* V. B. Smalley, *o.c.* pp.1 ss ; H. de Lubac, I, 1, pp. 23 ss.
13. 'La source principale de la formation biblique des hommes du moyen âge était la liturgie'. V. Dom J. Leclercq, o.s.B., *L'Écriture sainte dans l'hagiographie,* dans *La Bibbia nell'alto medioevo,* Settimane di studio del Centro italiano di studi sull'alto medioevo, X, Spoleto, 1963, p. 127.
14. p. 110.
15. La thèse de F. Mehne parut en 1900.
16. Mehne, p. 11.
17. Sur ces deux ouvrages, V. Chap. II. 2, p. 28.
18. Sur les livres et les termes liturgiques auxquels nous faisons ici allusion, V. Chap. I. Grâce aux recherches de M. W. Noomen, nous savons aujourd'hui que le *Jeu d'Adam* a été composé à l'aide d'éléments liturgiques bien déterminés. V. son article *Le Jeu d'Adam. Étude descriptive et analytique,* dans *R*, 89 (1968), pp. 145-193.
19. Sur ce titre, V. Chap. VII. 1, p. 160.
20. Cf. *GRLMA*, VI/1, pp. 48-57.
21. *ibid.*, p. 52.
22. Cf. vv.-5036 : Bien savez que la Bible escristrent ancessor,
    -5037 : Icist livres fu faiz dou tens ancïenor.
23. Cf. Dom J. Leclercq, o.s.B., *Recueils d'études sur saint Bernard et ses écrits*, I, Roma, 1962, pp. 307 ss.
24. Cf. p. 104 de l'art. de Dom Leclercq, que nous avons cité ci-dessus, n. 13.
25. Cf. p. 318 de l'ouvrage de Dom Leclercq, que nous avons cité ci-dessus, n. 23.
26. *Ibid.*, p. 277.
27. Cf. Chap. II. 1, 4 ; IV. 1.
28. Mehne, p. 10.
29. *Ibid.*, p. 11. Cela ne doit pas étonner, parce que 'presque tous les religieux savaient par coeur le psautier et les hymnes ; ils possédaient de mémoire beaucoup de passages de la Bible'. Cf. Leroquais, *Bréviaires,* I, p. LVII.
30. Mehne, p. 44.
31. *Ibid.*, p. 12, +n. 2.
32. *Ibid.*, pp. 12, 13.
33. *Ibid.*, p. 13. Il ne précise pas davantage. V. plus loin, Chap. II, nn. 6, 8, 10 ; III. 5, pp. 97, 98 ; V. 3.
34. Mehne, p. 13.
35. *Ibid.*, pp. 40-43.

36. V. rem. aux -LL350-5.
37. Cf. Jn. 8:12.
38. Mt. 4:1-11 ; cf. *B.d.J.*, p. 1293, n. *f.*
39. Ils se présentent sous trois formes, ayant pour sujet la nourriture, la guérison et la résurrection. Cf. Réau, II, 2, p. 361.
40. Cf. *B.d.J.*, p. 1298, n. *e.*
41. Cf. É. Mâle, *Le XIIIe siècle*, 2, p. 128, n. 19.
42. Jn. 19:26.
43. V. Chap. VI. Cf. aussi les corr.
44. V. Index des noms propres.
45. V. *supra*, nn. 3, 4, 8. Pour l'autobiographie, V. -LL277, 603-4.
46. v.-5615 : Dudars. V. Index des noms propres.
47. -L605. Au v.-5645 retentit l'écho du topos *Ubi sunt.*
48. vv.-5612-3.
49. Nous empruntons cette citation à P. Meyer (*R*, VIII (1879), p. 327), qui relève cette particularité à propos de la *Lumiere as Lais*, traduction française de l' *Elucidarium* d' Honorius d' Autun, due à Pierre de Peckham, auteur du XIIIe siècle. Elle s'applique mot à mot à notre poète. V. vv.-5620-22. Sur la *Lumiere as Lais*, V. *GRLMA*, VI/1, p. 67 ; VI/2, p. 116, no. 2404.
50. V. vv.-410, 510.
51. V. *La technique littéraire des chansons de geste*, Paris, Liège, 1959, p. 336, n. 29.
52. Cf. *GRLMA*, VI/2, pp. 86-7, 2b, c.
53. vv.-450, -465. Cf. aussi vv.-5599, -5604, -A557.
54. v.-5602 : Et lise le romanz qui le latin n'entent !
55. v.-A557 : Cil qui liront *cest livre* que de toi fait avom,
    v.-A559 : Cil qui lire nou sevent et lire le feront.
    Pour les termes mis en italique, V. corr.
56. vv.-398, 414.
57. v.-A545 : *Or* voil a toi parler qui ai fait cest sermon.
    Pour le mot mis en italique, V. corr.
58. v.-A549 : Je ai fait ton commant : finee ai ta *chançun.*
    Pour ce v., V. corr.
59. Cf. E. Faral, *L'art des jongleurs au moyen âge,* Paris, Champion, [2]1964, p. 49, n. 2.
60. Sur ces points de vue assez divergents, adoptés par J. Bonnard et P. Meyer, V. *GRLMA*, VI/2, p. 87, 3b.
61. Nous devons ces renseignements à M. A. Lefrancq, de Valenciennes, Conservateur de la Bibliothèque Municipale, et à Me P. de Saint-Aubin, de Lille, Directeur des Services d'Archives du Nord, que nous remercions ici de leur amabilité.
62. Sur ce Ms., V. Chap. VI. 1, no. 10.
63. Sur ce Ms., V. Chap. VI. 1, no. 28.
64. V. J.-R. Smeets, dans *CCM*, VI, 3, 1963, pp. 322-4.
65. v.-5615.
66. v.-5610.
67. v.-5611.
68. Cf. Bonnard, p. 36.
69. V. *supra*, n. 17.
70. L'Histoire scholastique a été dédiée à Guillaume aux Blanches Mains, pendant que celui-ci occupait l'archiépiscopat de Sens (1169-1175). V. B. Smalley, *The Study of the Bible,* p. 180 ; cf. aussi *Macé* I, p. XCI ; Manitius, III, pp. 615, 921 ; *PL*, 198, 1053.
71. Il s'agit des numéros suivants de l'inventaire des Mss que nous avons fait au Chap. VI. 1 :
    nos. 9 : fo 76a : 15
         15 : fo 16b : 21 (il y est question d'un roi Richart !)
         19 : fo 100b : 13
         22 : fo 117a : 37
         26 : fo 50d : 7
         27 : fo 47d , cité par P. Meyer, p. 202.
         29 : p, 191 : 11.
72. M. A. de Mandach a attiré notre attention sur ceci : le droit canonique défend qu'un couple fasse fonction de parrain et marraine. De la sorte il est exclu que la 'contesse Yolans' soit l'épouse du 'bon comte Bauduin' (vv.-5612-3). Ce fait important semble avoir été négligé par tous ceux qui, jusqu'ici, se sont occupés de la biographie de notre poète. Ainsi la date de naissance d'Herman ne se placerait plus aux environs de l'année 1120, date de la mort de Baudouin III, mari de Yolande, fille du duc ou du comte de

Gueldre depuis 1112. C'est M. J.-R. Smeets qui nous a transmis ce renseignement.

73. vv.-5599-5601.
74. v.-3213 : Ne vos dirai pas fable ne n'est pas legerie :
    -4720 : Or escoutez, signor, ice que vos dirai !
    -4721 : Dirai vos verité, sachiez, n'en mentirai.
    -4722 : Je n'os de Dieu mesdire ne ja n'en mesdirai.
    -4723 : N'est droiz que je le face, se Deu plaist, nel ferai.
    Cf. la *Bible* anonyme, contenue dans les Mss Paris, B.N.f.fr. 898/902. Sur ce texte, V. *GRLMA*, VI/2, p. 81, no. 1808, 3d.
75. Cf. le cas connu de Pierre de Beauvais qui, au début du XIIIe siècle, pour justifier le choix de la prose pour son *Bestiaire*, condamne la rime qui 'se velt afaitier de mos concueillis hors de verite'. (éd. Martin, II, p. 85). V. *GRLMA*, VI/2, p. 227, no. 4228, 4c.
76. C'est dans ce sens, et non pas dans celui de 'texte traduit' que nous voulons comprendre ici le v.-414 : Cist romanz n'est pas faiz de nule lecherie (= sujet frivole, mensonger).
    R. Marichal, dans son article intitulé *Naissance du roman,* paru dans les *Entretiens sur la Renaissance du 12e siècle,* Paris, la Haye, Mouton, 1968, pp. 450-1, signale la même nuance dans une *Vie des Pères* qui date du début du XIIIe siècle : il y est question de 'romanz de vanite'. cf. aussi le commentaire de P. Gallais sur cet *Entretien,* dans *CCM,* XIV, 1, janv.-mars 1971, pp. 69-75.
77. V. *supra,* p. 3.
78. Cf. P. Gallais, *Recherches sur la mentalité des romanciers français du moyen âge,* dans *CCM,* VII, 4, oct.-déc. 1964, p. 483.
79. *Ibid.,* p. 485. Cf. encore vv.-A196-7 :
    Signor qui Deu amez, entendez bonement
    Et dames et puceles trestuit communement !
80. V. *supra,* nn. 57, 73.
81. Cf. vv.-A196-7. A la p. 489/90 de son article, cité ci-dessus, n. 78, M. Gallais dit ceci : 'Les grands qui se retiraient du monde dans un cloître, n'apprenaient pas nécessairement le latin pour autant, n'apprenaient peut-être même pas à lire'.
82. Cf. par exemple -LL502-510 : Jn. 6:1-14 ; Jn. 9:1-38.
83. Cf. par exemple -LL7-17 : la Tentation d'Ève et l'Expulsion du Paradis terrestre : -LL437-450 : l'Adoration de l'Enfant par les Mages.
84. Cf. par exemple -LL173-180 : les plaintes des parents de Joseph ; -LL32-39 de l'*Assumption Nostre Dame* : la prière de la Vierge Marie.
85. Tout compte fait, le poème d'Herman fait partie de la 'sacra poesis', genre littéraire que l'on a qualifié longtemps de 'faux'. Max Wehrli en a donné la définition suivante : 'der Dichter und der Hörer sind einbezogen in ein religiöses Geschehen, sie stehen in einem Kontakt mit dem göttlichen Wort, welcher der geistlichen Dichtung einen Ausnahmecharakter mitteilt. Das Reden von der Inspiration des Dichters, die Anrufung des heiligen Geistes hat gerade hier nicht nur rhetorische Bedeutung'. Il s'agit d'une 'verlängerter Inkarnation', die sich im Wort des geistlichen Dichters... vollzieht'. V. Max Wehrli, *Sacra Poesis,* dans *Festschrift für Friedrich Maurer zum 65. Geburtstag am 5. Januar 1963.* Die Wissenschaft von deutscher Sprache und Dichtung. Methoden. Probleme. Aufgaben. Ernst Klett Verlag, Stuttgart, 1963, pp. 262, 270, 276.
    Dans le cas de l'auteur français, le Saint-Esprit se manifeste dans le personnage de la Vierge Marie, qui lui apparaît 'la nuit de la Tiephainne' (v.-442).

I. LA LITURGIE

1. Cf. Leroquais, *Bréviaires,* I, pp. XXV, XXVI.
2. *Ibid.,* p. XXIII.
3. *Ibid.,* pp. XXVI-XXVIII, CXXXII.
4. Nous reproduisons une partie du calendrier de Cîteaux. Nous avons marqué d'un astérisque les fêtes qui se sont ajoutées aux séries grégorienne et gélasienne. Cf. Leroquais, *Sacramentaires,* I, pp. XLIV-XLVI. Dans la transcription nous avons résolu les abréviations et nous avons distingué i voyelle de i consonne, u voyelle de u consonne.
5. Hypapante ou Occursus Domini, c'est-à-dire la rencontre du Seigneur avec Syméon et Anne. Cf. R. Stroppel, *Liturgie...,* pp. 70-1. Il s'agit de la fête de la Purification. Cf. Jugie, p. 196. V. rem. à -L455. Pour cette première partie, V. Ms. Dijon 114, fo 140vo f.
6. *Ibid.,* fo 141ro a.

7. *Ibid.*, fo 141ro b.
8. *Ibid.*, fo 141ro c.
9. *Ibid.*, fo 141vo d.
10. *Ibid.*, fo 141vo f.
11. Cf. S. Corbin, dans *CCM*, X, 3-4, juill.-déc. 1967, pp. 414, 430-2.
12. Cf. Leroquais, *Bréviaires*, I, p. CXIII.
13. Cf. Leroquais, *Bréviaires*, I, pp. XXIX-XXXI.
14. Cf. *DACL* 12:2, Paris, 1936, col. 1885-6.
15. Cf. Leroquais, *Bréviaires*, I, p. XXXI.
16. Cf. Leroquais, *Bréviaires*, I, pp. XXXI, XLI-XLII : cf. aussi *DACL*, 15:2, Paris, 1953, col. 3113. Sur cette abréviation, V. Bibliographie : *Dictionnaire...* ; cf. encore P. Salmon, o.s.B., *L'office divin*. Histoire de la formation du Bréviaire. Éditions du Cerf, Paris, 1959, p. 91.
17. *DACL*, 15:2, Paris, 1953, col. 2944.
18. Cf. *supra*, pp. 5, 6.
19. Cf. *Missel*, p. 985.
20. V. Salmon, p. 11.
21. Leroquais, *Bréviaires*, I, pp. V, LIII.
22. V. *supra*.
23. Leroquais, *Bréviaires*, I, p. IX ; cf. aussi Young, *Drama*, I, pp. 47-9.
24. V. *supra*.
25. Leroquais, *Bréviaires*, I, pp. IX, XXXIII.
26. V. n. 24.
27. Leroquais, *Bréviaires*, I, p. XXXIV. 'Les secondes vêpres, dans beaucoup de fêtes, étaient identiques aux premières, à part l'hymne et l'antienne de Magnificat'. (p. LVII)
28. Chr. Mohrmann, *Le latin médiéval*, dans *CCM*, I, 3, juill.-sept. 1958, p. 285.
29. Cf. J. Szövérffy, *L'hymnologie médiévale : recherches et méthode*, dans *CCM*, IV, 4, oct.-déc. 1961, p. 396.
30. Cf. Stroppel, p. 111. Pour sa place dans la messe, V. *infra*, p. 10.
31. Cf. Leroquais, *Bréviaires*, I, pp. XLVII, XLVIII ; *DACL*, 1:2, Paris, 1907, col. 2282, 2292-3, 2297 ss ; *ibid.*, 14 : 4, Paris, 1948, col. 2380.
32. Leroquais, *Bréviaires*, I, pp. XXXI, LXV ; V. Saxer, *Le culte de Marie-Madeleine en Occident des origines à la fin du moyen âge*, Auxerre, Paris, 1959, I, p. 27.
33. V. *infra*, p. 10.
34. Cf. Bäumer, p. 272.
35. Cf. *DACL*, 2:2, Paris, 1910, col. 2049.
36. V. *supra*, p. 6.
37. Cf. P. Salmon, p. 163.
38. Cf. F. Cabrol, O.S.B., *Handboek der Liturgie*, II, Bussum, 1912, p. 377.
39. *Ibid.*, p. 374.
40. *Ibid.*, pp. 384-5 ; *Br.*, P. Aest., p. (271),
41. V. n. 37.
42. Leroquais, *Bréviaires*, I, p. LXXIII.
43. *Ibid.*, + p. LXVI ; cf. -L604.
44. 'quando infirmus est in extremis' ; cf. *DACL*, 4:1, Paris, 1920, col. 435.
45. Cf. Cabrol, II, pp. 349-50 ; *Br.*, P. Aest., p. (298).
46. Cf. Stroppel, p. 33. V. aussi *DThC*, X:2, Paris, 1929, col. 1386 ss, 1403.
47. Cf. Ms. Dijon 114, fo 115a.V. aussi Young, *Drama*, I, p. 74, n. 1.
48. *Ibid.*
49. *Ibid.*
50. Ms. Dijon 114, fo 127a.
51. *Ibid.*
52. Sur le côté doctrinal de ces parties, V. *DACL*, 11:1, Paris, 1933, col. 716-59.
53. Cf. Leroquais, *Bréviaires*, I, p. IX ; Young, *Drama*, I, p. 19 ; *Missel*, pp. 920-65 ; 980 ; Stroppel, p. 110.
54. V. *supra*, n. 28.
55. Cf. Leroquais, *Sacramentaires*, I, p. XXI.
56. Cf. Stroppel, pp. 47-8.
57. V. *supra*.
58. Cf. *DACL*, 9:1, Paris, 1930, col. 16, 25.
59. *Ibid.*, col. 351.
60. *Ibid.*, col. 344.

61. V. *supra*, p. 7.
62. *GRLMA*, VI/1, p. 8.
63. Cf. *DACL*, 1:2, Paris, 1907, col. 1661 ; *ibid.*, 2:1, Paris, 1910, col. 328. V. Chap. V. 4.
64. *Missel*, pp. 2011-2 ; 2016-7. En a. fr. le terme *confiteor* est traduit souvent par 'je me fais confes'. V. *GRLMA*, VI/1, p. 10 ; cf. v.-329 : Por moi faire confes por le mien departir.
65. V. *supra*, cf. *Missel*, pp. 922, 924, 960. Pour l'*Indulgentiam* les termes *tuorum* et *tibi* changent en *nostrorum* et *nobis*.
66. Cf. Leroquais, *Bréviaires*, I, p. XXXVII.
67. *Ibid.*, p. XXXV.
68. Ces Mss sont à notre disposition sous forme de microfilms. Nous exprimons ici notre reconnaissance envers les différentes bibliothèques de France qui les ont effectués à notre demande.
69. Leroquais, *Bréviaires*, I, pp. 17-20.
70. *Ibid.*, pp. 237-9.
71. *Ibid.*, pp. 274-6.
72. *Ibid.*, II, pp. 26-7.
73. *Ibid.*, pp. 41-5.
74. *Ibid.*, p. 115.
75. *Ibid.*, IV, p. 104.
76. *Ibid.*, pp. 220-1.
77. *Ibid.*, pp. 276-8.
78. *Ibid.*, pp. 283-5.
79. *Ibid.*, I, p. XV.
80. *Ibid.*, pp. XIX, XX.
81. *Ibid.*, pp. IX, XLCII-L, LXI, LXXVIII ; Salmon, pp. 35, 231.
82. Cf. Leroquais, *Bréviaires*, II, pp. 26-7 ; *Sacramentaires*, I, p. 333.
83. Cf. Leroquais, *Bréviaires*, III, p. 187 ; Salmon, p. 231.
84. Cf. Leroquais, *Bréviaires*, I, p. IX.
85. Cf. *DACL*, 9 : 1, Paris, 1930, col. 474.
86. Cf. R. Jonsson, pp. 30-2 ; 35. Il est reproduit dans *PL*, 78, 725 ss. L'antiphonaire de la messe, le *Liber Antiphonarius* se trouve *PL*, 78, 641 ss.
87. Cf. Leroquais, *Sacramentaires*, I, pp. XV, XVI ; Jugie, pp. 272-3 ; *DACL*, 5:1, Paris, 1922, col. 899. cf. aussi *DLF*, 683 ; Salmon, pp. 145 ss.
88. Sur notre transcription, V. n. 4.
89. Pour cette citation et pour celle qui précède, V.
    H. Quentin, o.s.B., *Les martyrologes historiques du moyen âge,* Etude sur la formation du Martyrologe romain, Paris, 1918, p. 1. En 1965, le r.p. J. Dubois a publié un édition critique du Martyrologe d'Usuard. V.C.-R. de M. C. Vogel, dans *CCM*, XI, 4, oct.-déc. 1968, pp. 613-5.
90. Dom Quentin, p. 689.
91. *Ibid.*, n. 2.
92. *Ibid.*, pp. 585, 683.
93. *Ibid.*, pp. 1, 682-8.
94. Cf. Leroquais, *Bréviaires*, I, pp. XLVI, LX.
95. Cf. Salmon, pp. 160-1, n. 1 ; Leroquais, *Sacramentaires*, I, p. X.
96. Leroquais, *Bréviaires*, I, p. I.
97. Cf. Leroquais, *Sacramentaires*, I, p. XIV. Sur le rit ambrosien, V. *DACL*, 1:1, Paris, 1907, col. 1373.
98. Cf. *DACL*, 5:1, Paris, 1922, col. 272-3, 863.
99. *Ibid.*, col. 899, 901, 896, 300.
100. Cf. Leroquais, *Sacramentaires*, I, pp. XVI, 9. V. aussi *Karl der Grosse*, Aachen, 1965, p. 195. Zehnte Ausstellung (vom 26. Juni bis zum 19. September 1965) unter den Auspizien des Europarates.
101. Cf. Leroquais, *Sacramentaires*, I, pp. XI, XII.
102. Cf. Young, *Drama*, I, p. 20.
103. *Ibid.* Sur l'antiphonaire et sur la *schola*, V. *DACL*, 1:2, Paris, 1907, col. 2443 ss.
104. Leroquais, *Sacramentaires,* I, p. XIII.
105. *Ibid.*, p. IX.
106. *Ibid.*, p. XIX. Cf. Chap. II. 6, pp. 44-5.
107. *DThC*, XI : 2, Paris, 1932, col. 1231, 1301-4. Sur cette abréviation, V. Bibliographie : *Dictionnaire...* ; cf. encore *ibid.*, XIII:1, col. 154.
108. V. *supra*, p. 8 ; cf. J. Evans, *Life in Mediaeval France,* Oxford, 1925, pp. 90-1. V.-L603.
109. Cf. *Dictionnaire de Spiritualité*, II, Paris, 1953, col. 463 ss ; Salmon, pp. 36, 37, n. 2 : ... si sacerdotes fuerint, possunt missas cantare.   Il s'agit ici d'une coutume des chanoines de Saint-Victor.

II. L'ÉCRITURE SAINTE

1. pp. 14-22.
2. Nous utilisons le système de Mehne, qui avait mis entre parenthèses les fragments qui avaient été traduits 'etwas ungenau und verändert'. Il avait muni de crochets les éléments de l'Histoire sainte dont le texte français n'est qu'un reflet très vague. Cf. *o.c.*, p. 11, n. 2.
   Sont imprimés en italique les versets bibliques que rend le texte que nous publions, mais que Mehne, qui se base sur le Ms. W (V. Chap. VI. 1, no. 18) ne mentionne pas. Pour les vers de notre texte, dont les numéros sont toujours précédés d'un tiret, nous renvoyons au Chap. VII. 3 de cette étude.
3. V. J.-R. Smeets, dans *CCM*, VI, 3, 1963, p. 315 : influence d'*Alexis*.
4. *Ibid.*, p. 316.
5. *Ibid.*
6. *Ibid.* : influence d'*Alexis*.
7. Pour les vv.-1084-91, v. Chap. V.3.
8. Pour ces deux plaintes, V. *infra*, p. 31, + n. 94.
9. Contrairement à Gn. 42 : 25a, où il est question de Siméon.
10. V. Chap. V. 3.
11. *Ibid.*
12. Contrairement à Jos. 24 : 32 : dans la Bible Joseph est enterré en Egypte.
13. p. 43.
14. Cf. H. Lausberg, *Quant li solleiz*, p. 119, par. 34 ; cf. aussi J.-R. Smeets, dans *CCM*, V, 2, 1962, pp. 203-4.
15. *Etymologiae*, V, XXXVIII, 5.
16. V. aussi vv.-2695-6 ; -2699-2709 ; -5038-59 ; -A317-324. Pour ces vers et pour la période de mille ans (v. -325), cf. Chap. V. 4.
17. Cf. H. de Lubac, I, 1, pp. 23 ss.
18. p. 14.
19. Ajoutons pourtant que 'toute' (v. -A458) se rapporte aussi bien à la vie qu'à la mort du Christ et de sa Mère.
20. *Etymologiae*, V, XXXIX, 2, 5, 7-9, 12-14.
21. V. §1 de ce chapitre.
22. Col. 2 : 17 ; Rm. 5:14 ; Hé. 8:5 ; 10:1.
23. 1 Co. 10:6, 11. Cf. *B.d.J.*, p. 1518, n.*f* ; E. Auerbach, *Typologische Motive in der Mittelalterlichen Literatur*. Schriften und Vorträge des Petrarca-Instituts, Köln, II, Scherpe Verlag, Krefeld, 1953, p. 10.
24. *Quaestiones in Hept.*, II, 73. Cf. B.J. Alfrink, *Over Typologische exegese van het Oude Testament*, Nijmegen, Utrecht, 1945 ; P. Heinisch, *Christus, der Erlöser im Alten Testament*, Verlag Styria, Graz, Wien, Köln, 1955, pp. 334-5, + n.l.
25. V. Chap. II. 4, *passim*.
26. *B.d.J.*, p. 1497 ; Rm. 5:14 ; Heinisch, p. 341.
27. Rm. 5:19.
28. É. Mâle, *Le XIIIe siècle*, 2, p. 42, n. 85 : Isid. de Sév., *Allegoriae*, col. 99.
29. Cf. Réau, II, 1, p. 78.
30. Cf. Heinisch, p. 376 ; cf. aussi *Macé* I, p. 17, vv. 361-8.
31. Cf. Heinisch, p. 376.
32. Cf. -LL358-9.
33. Cf. Réau, II, 1, p. 85.
34. *Ibid.*, pp. 89, 90.
35. *Ibid.*, p. 96, note : 'Abel ligno occiditur. Christus ligno crucis affigitur'. Citation empruntée à Honorius. Cf. aussi É. Mâle, *Le XIIIe siècle*, 2, p. 30, n. 45 ; p. 42.
36. Cf. Réau, II, 1, p. 105.
37. *Ibid.*, p. 110 ; Mehne, pp. 15, 16, n. 1.
38. Cf. Réau, II, 1, p. 110.
39. *Ibid.*, p. 111.
40. *Ibid.*, p. 112.
41. *Ibid.*, p. 135.
42. Cf. *supra*, p. 17.
43. Cf. Réau, II, 1, p. 131 ; *Macé* I, p. 54, vv. 1420 ss.
44. Cf. Réau, II, 1, p. 34. (V. rem. aux vv. -336, -337).
45. *Ibid.*, p. 126.
46. *Ibid.*, p. 135.

47. *Ibid.*, p. 136.
48. *Ibid.*, p. 117.
49. *Ibid.*, p. 145.
50. *Ibid.*
51. *Ibid.*, p. 146.
52. *Ibid.*, p. 148.
53. *Ibid.*, p. 151.
54. Heinisch, p. 367.
55. É. Mâle, *Le XIIIe siècle*, 2, pp. 45-47 ; Réau, II, 1, p. 156.
56. *Ibid.*, pp. 176, 179-212.
57. *Ibid.*, p. 180.
58. *Ibid.*, p. 181.
59. *Ibid.*, p. 197.
60. *Ibid.*, p. 201.
61. *Ibid.*, p. 213.
62. *Ibid.*, p. 218-9.
63. *Ibid.*, p. 254.
64. *Ibid.*, p. 254, 258.
65. *Ibid.*, p. 260.
66. *Ibid.*, p. 276.
67. *Ibid.*, p. 273.
68. *Ibid.*, p. 287.
69. É. Mâle, *Le XIIIe siècle*, 2, pp. 14-24.
70. Cf. B. Smalley, *The Study of the Bible*, pp. 46 ss ; *CCM*, IV, 1, 1961, pp. 15 ss.
71. Cf. B. Smalley, *The Study of the Bible*, pp. 178 ss ; Manitius, III, pp. 156-8.
72. Cf. *Macé* I, Chap. IV, V.
73. Bibles glosées, etc.
74. Cf. Leroquais, *Bréviaires,* I, pp. I, XLV. Herman ne pouvait pas encore disposer de la correction pari-
sienne du texte sacré, véritable *exemplar vulgatum*, qui date de 1226. Cf. *GRLMA*, VI/1, p. 24.
75. Cf. Bäumer, p. 278.
76. *PL*, 198, 1053, 1056, pour les 'trois sens' de l'Écriture ; *PL*, 198, 1080-1, 1091, 1325, pour les différents
âges du monde. Cf. aussi H. de Lubac, I, 1, pp. 139 ss.
77. pp. 16-21. Pour l'*Histoiria Scholastica*, V. *PL*. 198.
78. V. *supra,* pp. 19-21.
79. p. 27.
80. Cf. Fabre, p. 206.
81. *Ibid.*
82. Sur ce terme liturgique, V. Chap. I.
83. Cf. J.-R. Smeets, *Joden en Catharen*, pp. 9-10.
84. Cf. Fabre, p. 207, n. 1.
85. Cf. É. Mâle, *Le XIIIe siècle*, 2, p. 81, n. 1 ; p. 86, n. 98 ; Fabre, pp. 209-10.
86. v. -1124.
87. Cf. *GRLMA*, VI/2, p. 60, no. 1444 ; P. Meyer, dans *Not. et extr.*, XXXV, 2, 1897, pp. 447-452 ;
J.-R. Smeets, dans *CCM*, VI, 3, 1963, p. 317, + note.
88. Sur ce Ms., V. P. Meyer, dans *R*, 36 (1907), pp. 200-202.
A notre avis, cette partie est une version très corrompue des vv. -1536-1597 (fo 146c-d). Pour le passage
qui se lit au fo 140 du même Ms, et qui est intitulé 'de la benesçon Jacob', V. *a.c.*, pp. 195-7 : comme le
fragment précédent, il a été emprunté à l'ouvrage d'Herman.
89. Sur cette date, V. Fr. A. Foster, *The Northern Passion*, EETS, O.S. 147 (1916), London, p. 48. Sur le
poème, cf. L. Borland, dans *SPh*, XXX, 3, 1933, pp. 429-442, qui rend les vv. -1481 -1981.
Sur les autres emprunts faits par l'auteur anglais, V. *ibid.*, pp. 443-4 ; Ph. Bühler, *The Cursor Mundi and
Herman's Bible. Some additional Parallels,* dans *SPh*, LXI (1964), pp. 485-99.
90. Sur ce poème, V. A.S. Napier, *Iacob and Iosep, a Middle English poem of the thirteenth century,* Oxford,
Clarendon Press, 1916, p. VIII. Sur ces deux poèmes anglais, voir surtout F.E. Faverty, *Legends of
Joseph in Old and Middle English,* dans *PMLA,* XLIII, 1928, Menasha, Wisconsin, pp. 79-104.
A notre avis, l'auteur anglais a mis à contribution le poème d'Herman. Plus loin nous reviendrons sur cette
question.
91. V. n. 78.
92. M. L. Fuks l'admet pour la légende de Moïse qui se lit dans un Ms. du poème d'Herman : N4. Cf. *Macé* I,
pp. LXXXIX-XC. Sur ce Ms., V. Chap. VI. 1, no. 4.

93. Cf. B. Smalley, *The Study of the Bible,* chap. III-V ; du même auteur, *L'exégèse biblique du 12 siècle,* dans *Entretiens sur la Renaissance du 12e siècle,* pp. 274 ss ; H. Hailperin, *Rashi and the Christian Scholars,* pp. 105-113.

94. Vv. -1193-1225 ; -1227-1251. Pour ces deux plaintes, V. J.-R. Smeets, dans *CCM*, VI, 3, 1963, pp. 317-9, + n. 5.

95. Pour les mots mis en italique, V. corr.

96. Sur ces poètes, V. *GRLMA*, VI/1, pp. 53, 54, 56.

97. Cf. Faverty, dans *PMLA*, XLIII, 1928, p. 98.

98. Éd. SATF : 27, p. 164. V. T.-L., IV, 617.

99. *Ibid.*, IV, 618.

100. Grégoire de Tours, *Histoire des Francs.* Texte des Mss de Corbie et de Bruxelles, éd. H. Omont et G. Collin, Paris, Picard, 1913, p. 10.

101. *PL.,* 91, 263, In Pentateuchum Commentarii Genesis, cap. XXXVII, XXXVIII.

102. V. *Macé* I, p. 80, vv. 2383-7.

103. Faverty, dans *PMLA*, XLIII, 1928, p. 83.

104. V. éd. citée n. 100.

105. *PL*, 91, 263.

106. Cette opinion est reprise par Petrus Comestor, *PL*, 198, 1125-6. Dans la Bible d'Evrat les plaintes de Jacob occupent deux feuillets. Cf. Bonnard, pp. 117-8. Sur la plainte de Jacob qu'on lit chez Malkaraume, et qui a été empruntée à l'*Aurora* de Petrus Riga, V. *Macé* I, p. 82, n. au v. 2449.

107. *Ad Nationes*, II, 8. Cf. Faverty, dans *PMLA*, XLIII, 1928, p. 88.

108. *Ibid.*, p. 89. Dans un poème latin d'Hilarius, disciple d'Abélard, il est aussi question de la reine :
    Pene Ioseph venit ad obitum
    Dum regine contensit libitum.
    Cf. P. Dronke, *Medieval Latin and the Rise of European Love Lyric,* I, Oxford, Clarendon Press, ²1968, pp. 217-8.
    Sur le monologue de la reine qui se lit chez Malkaraume et dont la source latine était restée inconnue jusqu'ici, V. J.-R. Smeets, la *"Bible" de Jehan et Ovide le Grant,* dans *Neophilologus,* LVIII, 1, jan. 1974, p. 33.

109. Cf. Mehne, p. 17, n; Faverty, p. 92.

110. Cf. Ginzberg, II, p. 43 ; V. p. 338, n. 105.

111. Gn. 42:1. Nous avons utilisé la traduction qui se lit dans la *Sainte Bible de Jérusalem* (p. 50), et qui remonte au texte hébreu. La Vulgate dit : *audiens.*

112. Cf. Faverty, p. 95.

113. Cf. Bonnard, pp. 43-4. La même allusion à la paille se trouve dans un poème judéo-espagnol, édité par Moshé Lazar :
    en los rios fizuera echar paja farta.
    Nous devons cette donnée (comme la particularité mentionnée au no. 18) à M. Lazar, qui nous les avait communiquées dans une lettre du 30 sept. 1967.

114. Cf. Ginzberg, II, p. 115.

115. *Ibid.*, V, p. 377, n. 443.

116. *Historia Scholastica, PL*, 198, 1142.

117. Ces derniers sont numérotés d'après le système que nous avons adopté dans ce §. V. *supra,* p. 31.
    Cf. Bonnard, pp. 43-4 ; 57-59 ; 86-7 ; 117-8 ; Benke, pp. 51-2 ; 55-6 ; 59-60.

118. Cf. Faverty, pp. 81 ss.

119. V. *supra,* p. 30.

120. *Ibid.*

121. V. *supra,* n. 89.

122. *Ibid.*, n. 90.

123. Cf. *GRLMA,* VI/2, p. 84, no. 1836.

124. Sans preuves. Cf. *GRLMA,* VI/2, p. 90, no. 1848.

125. ? Cf. *ibid.*, p. 82, no. 1812.

126. *Ibid.*, p. 83, no. 1824.

127. V. tableau.

128. *Ibid.*

129. *Ibid.* Pour les passages correspondants du *Iacob and Iosep,* V. Napier, vv. 175-8, 186 ss, 400 ss, 513 ss. Sur cet auteur, V. *supra,* n. 90.

130. Cf. v. -1584 ; Napier, p. X.

131. Son poème ne comprend que quelques centaines de vers. Il a dû abréger considérablement ses sources.

132. Éd. Napier. Nous remercions ici M. A.A. Prins, ancien professeur à l'Université de Leyde, qui nous a

renseignée sur ce poème et qui nous en a expliqué plusieurs passages.

133. Sur la date, V. Steuer, p. 280 : 1160-1170. Sur les Mss, V.*II*, p. 7.
     Sur cette thèse de Greifswald, V. Bibliographie : Thèses de G.
134. Cf. Steuer, p. 250-1.
135. Cf. Bonnard, p. 123, Cf. pourtant Steuer, pp. 251-3 : on y retrouve par exemple les trente deniers.
136. Sur ce Ms., V. Chap, VI. 1, no. 11.
137. Cf. *II*, pp. 24-6.
138. Mme Smalley a découvert que, souvent, chez Comestor, les *Hebraei* désignent André. Cf. B. Smalley, *The Study of the Bible*, p. 179, 180.
139. Cf. *ibid.*, chap. III, IV.
140. Cf. B. Smalley, *The Study of the Bible*, p. 175.
141. Cf. *Macé* I, pp. 29-32, vv. 709-45.
142. *Ibid.*, pp. 30-1, vv. 735-6.
143. *Ibid.*, p. 31.
144. *Ibid.*
145. *Ibid.*, pp. 31-2.
146. Cf. B. Smalley, *o.c.*, p. 60.
147. *Ibid.*, p. 104, n.l. L'auteur anglais n'a pas réussi à trouver la source.
148. *Ibid.*, p. 85. Il s'agit de commentaires sur différents passages de l'Octateuque.
149. *Ibid.*, p. 104, n.l.
150. A gauche se trouvent les renvois aux vv. correspondants dans l'ouvrage de Macé. V. *supra*, n. 141.
151. *PL*, 175, 44-5 :
152. V. *supra*, p. 30.
153. Pour ce qui est de la naissance de Jésus, cet événement et les autres histoires qui s'y rattachent se trouvent aussi dans les récits apocryphes, rédigés en latin, sur la naissance de la Vierge. V. Chap. III. 1, 2 de la présente étude.
154. Sur la vie et la mort de Jean-Baptiste, V. Chap. IV ; sur les récapitulations de l'Histoire sainte, V. Chap. V ; sur les maladies et la mort du roi Hérode, V. corr. aux vv. -3732 ss ; sur l'histoire des Hérode, V. Mehne, p. 43.
155. Sur ce Ms. et sur le copiste Guerric, V. Chap. VI. 1, no. 6 ; VII. 1.
156. Cf. P. Meyer, dans *BSATF*, 15e année, 1889, p. 83 ; Mehne, pp. 9-10.
157. Cf. *GRLMA*, VI/2, p. 90 ; Bonnard, pp. 64-5.
158. V. les corr. : à partir de la laisse 635, nous avons indiqué tous les vers décasyllabiques de notre Ms., N6.
159. V. Chap. VII. 4 de cet ouvrage, pp. 389-391.
160. V. Chap. VI. 1 : H.
161. Cf. *V*, pp. 50-101. Sur cette thèse de Greifswald, V. Bibliographie : Thèses de Greifswald.
162. pp. 24-32.
163. Sur le système que nous avons adopté, V. n. 2 de ce chap.
164. Cf. Mehne, pp. 43, 33 ; *IV*, pp. 9-10. Sur la quatrième thèse de Greifswald, V. Bibliographie. Thèses de Greifswald.
165. Sur ces livres et sur les termes liturgiques contenus dans les paragraphes suivants, V. Chap. I.
166. *DACL*, V : 1, Paris, 1922, col. 864.
167. *Ibid.*, col. 901.
168. V. *supra*, pp. 38-9 : dans notre texte, elles comprennent à peu près mille vers consécutifs : vv. -4380 -5325.
169. Cf. *supra*, pp. 40-41.
170. p. 26, +n. 2.
171. V. *supra*, p. 38.
172. V. *supra*, p. 40.
173. fo 115, b, c.
174. V. *supra*, p. 38.
175. Cf. Réau, II, 2, p. 367.
176. V. *supra*, pp. 39, 41.
177. V. *supra*, p. 37.
178. *Ibid.*, p. 38. On trouve la même tournure au v. 2 du *Quant li solleiz* : en icel tens qu'est ortus Pliadon. V. H. Lausberg, *Quant li solleiz*, p. 106, par. 16, n. 11.
179. S. Grégoire le Grand, *Liber Responsalis*, *PL*, 78, 742 : répons pour l'Épiphanie.
180. *Ibid.*, 731 : répons pour la semaine après le quatrième dimanche de l'Avent.
181. *Ibid.*, 735-6 : antienne pour Noël.
182. Cf. aussi vv. -3548, -3556, -3588.

183. *PL*, 78, 743 : antienne pour l'Épiphanie.
184. Pour les termes mis en italique, V. corr.
185. *PL.*, 78, 742 : répons pour l'Épiphanie.
186. Sermo 10 'De Sanctis' attribué à saint Augustin. V. *PL*, 39, 2152 : sermon pour la fête du 28 décembre. Cf. Bäumer, p. 624.
187. *PL*, 39, 2152 : sermon pour la fête du 28 décembre.
188. P. Meyer, dans *Not. et extr.*, XXXIII, 1, 1890, p. 72, a trouvé ce même chiffre 'exorbitant' dans le *Bestiaire* de Guillaume le Normand et dans les *Récits d'histoire sainte en béarnais*, ouvrages qui, à cause de leur date de composition tardive, ne sauraient être les sources de notre poète. Sur ces textes, V. *GRLMA*, VI/1, p. 39 : 1516 ; p. 176 : 4200. Cf. aussi Mehne, p. 26, n. 1.
189. *PL*, 78, 740 : répons pour l'office des saints Innocents. Il est question du même nombre dans l'épître de la messe du même jour. Le nombre varie selon les liturgies : le 29 décembre l'Église orientale célèbre toujours la fête des 14.000 enfants, tués par Hérode. Cf. *Archiv für Liturgie Wissenschaft*, IX, Regensburg, 1965, p. 73.
190. Pour le mot mis en italique, V. corr.
191. *PL*, 78, 743 : antiennes pour le jour et l'octave de l'Épiphanie.
192. Pour ce v., V. corr.
193. *PL*, 78, 742 : répons et verset pour l'office du 13 janvier.
194. *Ibid.*, 744 : antienne pour l'office du 13 janvier.
    Pour *miles* au sens de vassal, V. F.L. Ganshof, *Qu'est-ce que la Féodalité ?*, Bruxelles, [3]1957, Index, p. 232. Quant au 'criator', il en est question dans la prophétie de Jean-Baptiste, qui figure dans le sermon pseudo-augustinien dont nous reparlerons au par. 8 de ce chapitre : ... agnovit servus Dominum ... agnovit creatura Creatorem.... V. *PL*, 42, 1125.
195. Cf. aussi vv. -4539, -4834 -5, -5759-60.
196. Pour les termes mis en italique, V. corr.
197. *PL*, 78, 739 : antiennes 'in Evangelio' pour la fête de Jean, l'Évangéliste.
198. *Ibid.* : verset pour le premier nocturne du 27 décembre. Cf. aussi Honorius, *Speculum Ecclesiae, PL*, 172, 833-4. Sur Honorius V. *DLF*, 379, 380 ; H. de Lubac, Index ; Valerie I.J. Flint, dans *Rev. bén.*, LXXXII, 1972, pp. 63-86.
199. Cf. aussi vv. -4381, -4832-3.
200. Ms. Dijon 114, fo 14c : homélie de Bède qui accompagne la péricope évangélique pour Noël. Mehne (p. 27, n.) renvoie à la première partie de ce commentaire. Le texte biblique est emprunté à l'Évangile de saint Jean (Jn. 1:1-14).
201. Ms. Dijon 114, fo 79b : homélie de saint Grégoire le Grand qui accompagne la péricope évangélique pour la fête du 22 juillet (Lc. 7:36-50). On retrouve ce détail dans le Martyrologe d'Adon : Natale sanctae Mariae Magdalenae, de qua ut Evangelium refert septem demonia Dominus ejecit. Cf. Dom Quentin, pp. 594-5.
202. S. Grégoire le Grand, *Liber Responsalis, PL*, 78, 763 : antiennes pour le dimanche des Rameaux. Les 'pueri' ont été empruntés à l'Évangile apocryphe de Nicodème. Cf. Réau, II, 2, pp. 397, 399. Sur Nicodème, V. *GRLMA*, VI/1, p. 196, n. 47.
203. V. J.-R. Smeets, dans *CCM*, VI, 3, 1963, p. 323, n. 22.
204. Cf. aussi vv. -5519, -5541-2.
205. *PL*, 147, 167-8. Il écrit sur les usages liturgiques dans le diocèse de Rouen au XIe siècle. Cf. Young, *Drama*, II, p. 48, +n. 7.
206. Cf. *supra*, p. 37.
207. pp. 5 ; 11, n. 2.
208. Mt. 2:1-12.
209. Cf. *B.d.J.*, p. 1291, + n. e.
210. Cf. les nos. 7-10 de notre analyse.
211. *Drama*, II, p. 101.
212. *Drama*, pp. 33, n. 3 ; 38.
213. Cf. Young, *Drama*, II, p. 48.
214. Ce texte se présente en plusieurs versions ; les plus anciennes, celles de Nevers et de Compiègne, datent du XIe siècle. Cf. O. Jodogne, *Recherches sur les débuts du théâtre religieux en France*, I, dans *CCM*, VIII, 1, janv.-mars 1965, p. 4. (Suite et fin de cet article dans VIII, 2, avril-juin 1965, pp. 179-189).
215. Nous renvoyons aux numéros de notre analyse, pp. 45-6.
216. V. *supra*, p. 43.
217. Pour le fragment français, nous renvoyons à l'analyse qui se lit pp. 45-6. Le texte latin sera cité d'après l'ouvrage de Young, que nous avons mentionné plus haut, n. 205.
218. Young, *Drama*, II, p. 436 : texte de Rouen.

219. *Ibid.*, pp. 43-4 : autre texte de Rouen.
220. *Ibid.*, pp. 69-70 : texte de Montpellier.
221. *Ibid.*, p. 70.
222. *Ibid.*, p. 85 : texte de Fleury.
223. *Ibid.*, pp. 87-8.
224. *Ibid.*, p. 44 : fragment d'un Ms. du Vatican, dont le texte a des rapports avec celui de Compiègne (p. 443).
225. *Ibid.*, p. 44, + n. 2 : texte de Rouen.
226. *Ibid.*, p. 55 : texte de Compiègne. Le texte de Fleury dit : forte inter occisos occidetur et Christus. Cf. Young, *Drama*, II, p. 111.
227. *Ibid.*, p. 189 : texte de Benediktbeuern.
228. Cf. aussi vv. -5054-5 ; -5939-97.
229. Is. 11:1. V. sur ce thème iconographique Réau, II, 2, pp. 129, 130.
230. Mt. 1:1-17. Au XIIe siècle, ce texte est lu pendant l'office du 8 septembre. Il y est accompagné d'une homélie de saint Jérôme, *In Isaia legimus,* qui sert de commentaire à cette péricope évangélique. V. Chap. III. 4 : 31] du présent ouvrage.
231. Cf. É. Mâle, *Le XIIIe siècle*, 2, p. 71 ; Réau, II, 2, pp. 130-1.
232. Is. 11:2.
233. Cf. É. Mâle, *Le XIIe siècle*, p. 170.
234. *Ibid.*, pp. 169-173.
235. Cf. Réau, II, 2, p. 132. Sur l'Arbre de Jessé, V. aussi M.-L. Thérel, *Comment la patrologie peut éclairer l'archéologie*, dans *CCM*, VI, 2, avr.-juin 1963, pp. 145-158.
236. Cf. Réau, II, 2, p. 131.
237. vv. -2707-8.
238. Cf. Réau, II, 2, p. 134.
239. V. *supra*, p. 49.
240. Cf. Young, *Ordo Proph.*, pp. 14, 15.
241. *PL*, 42, 1123-27 ; Ms. Dijon 114, fo 7b-8a, leçons II et III pour l'office du jeudi après le quatrième dimanche de l'Avent. Pour les termes liturgiques, contenus dans ce paragraphe, V. Chap. I. Sur la date de composition du sermon les opinions sont divergentes : d'après Mlle S. Corbin (*DLF*, p. 246) il aurait été composé (au) 'IIIe siècle pour le moins' ; M.-L.-Thérel (*Le Portail de la Vierge-Mère à Laon,* dans *CCM*, XV, 1, janv.-mars 1972, p. 44) dit qu'un évêque africain, Quotvultdeus, l'a écrit au début du Ve siècle.
242. 'ille poeta facundissimus' ; on cite le début de son quatrième Églogue : *Iam nova progenies celo demittitur alto.* (Ms. Dijon 114, fo 7d).
243. V. Chap. VI. 1 : C.
244. vv. -2994-3039.
245. -L427. V. *infra*, p. 52.
246. V. Chap. VI. 1 : D.
247. Syméon : vv. -5065-6 ; -5428-32. Saint Jean-Baptiste : vv.-5082-4 ; -5433-7. V. *infra*, pp. 52-3.
248. Cf. G. Frank, *Drama*, pp. 39, 40.
249. *PL*, 42, 1125. Il ne faut pas confondre ce sermon avec ceux que nous avons mentionnés plus loin et qui sont également attribués à l'évêque d'Hippone. V. Chap. III. 1 : 31] 33] ; Chap. III. 8 : 25b].
250. Pour les vers mis en italique, V. corr.
251. Dn. 3:57-90.
252. V. Stroppel, pp. 110-114 ; cf. aussi S. Grégoire le Grand, *Liber Responsalis, PL*, 78, 831 : antienne *de Hymno trium puerorum, in dedicatione ecclesiae :* - Anania, Azaria, Misael, Dominum benedicite in aeternum.
253. *Br.*, P.H., p. (302)
254. V. Introduction, p. 1, n. 3.
255. Cf. -LL390-392.
256. Est-ce que Mehne, (p. 41, n. 2) y fait allusion, qui renvoie à 'Augustin ... in vig. nat. Domini serm. I' ? Dès le début, la 'prophétie de la sibylle Érythrée' fais partie du sermon. Cf. S. Corbin, dans *DLF*, p. 246. Il se trouve que, au IXe siècle, Andreas Agnellus de Ravenne a réuni pour la première fois Nabuchodonosor, la Sibylle et Virgile. cf. *GRLMA*, VI/1, p. 195, n. 42.
257. V. *supra*, p. 50.
258. V. -3004.
259. Ms. Dijon 114, fo 7d. Cf. n. 241.
260. Young, *Ordo Proph.*, pp. 61-2. Le texte original de ce drame date peut-être du XIIe siècle. Cf. G. Frank, *Drama*, p. 68.
261. Pour ces vers, V. Chap. III. 1, n. 1.

403

262. Pour le terme mis en italique, V. corr.
263. V. aussi Chap. V. 3, n. 34.
264. Herman le cite dans une récapitulation de l'Histoire sainte qui constitue comme le Prologue à la Passion. V. Chap. V. 2, p. 131.
265. *PL*, 42. 1123-4.
266. Pour les termes mis en italique, V. corr.
267. *PL*, 42, 1125.
268. *Ibid.*, Unde mihi hoc, ut veniat mater Domini mei ad me ? Ecce enim ut facta est vox salutationis tuae in auribus meis, exsultavit in gaudio infans in utero meo.
269. *Ibid.*
270. Pour les vers mis en italique, V. corr.
271. *PL*, 42, 1125.
272. *Ibid.*
273. *Ibid.*, 1124-5.
274. Ms. Dijon 114, fo 7b.
275. -LL389-393. V. Chap. VII. 3 du présent ouvrage.
276. V. les vers que nous avons cités ci-dessus, pp. 52-3. Cf. aussi -LL585-9. Pour ces laisses, V. Chap. VII. 3.
277. Réau, II, 2, p. 129.
278. V. Chap. III. 1, 2.
279. Cf. Jn. 19:25. V. *B.d.J.*, p. 1427, n. *c*.
280. Lc. 1:36.
281. Ga. 1:19 ; Mt. 10:3.
282. Pour ce tableau, V. Réau, II, 2, p. 142.
    Parfois on ajoute à cette généalogie saint Servais, évêque (légendaire) de Maestricht et de Tongres, au IVe siècle. V. sur lui, P. C. Boeren, *Jocundus, biographe de saint Servais,* La Haye, Martinus Nijhoff, 1972, p. 140. Il serait un petit-cousin de saint Jean-Baptiste et de Jésus. (p. 67).
283. Pour les noms qui figurent dans ce tableau, V. Réau, II, 2, p. 143 ; V. aussi l'article de B. Kleinschmidt (p. 334) que nous avons cité ci-dessous, n. 290.
284. Cf. P. C. Boeren, *Jocundus,* p. 67.
285. *Ibid.*, n. 47 : l'*Historia sacrae Epitome* se trouve dans *PL*, 118, 823-4.
286. *PL*, 192, 101-2 : *Collectanea in Epist. D. Pauli-In Ep. ad Gal.* Cf. ci-dessus, n. 281 ; cf. l'article de B. Kleinschmidt (p. 335) cité ci-dessous, n. 290.
287. *PL*, 198, 1563-4 : cap. XLVII. *De electione duodecim apostolorum.*
288. Cf. Réau, II, 2, p. 142.
289. *Ibid.*
290. Cf. B. Kleinschmidt, O.F.M., *Das Trinubium (Drei heirat) der hl. Anna in Legende, Liturgie und Ge- schichte,* dans *Theologie und Glaube,* XX, 1928, Paderborn, p. 339.
291. *Die Legende vom Trinubium der hl. Anna,* Heidelberg, 1925.
292. Cf. Dom P. Volk, *Breviarium Fontanellense,* dans *Revue bénédictine,* 40e année (1928), Abbaye de Maredsous, Belgique, p. 244.
293. Cf. *Catalogue général des Mss des Bibliothèques publiques de France : Départements,* I, pp. 360, 362.
294. V. Chap. III. 1 : 21.
295. Sur ces Mss, V. Chap. VI. 1, nos. : 2, 4, 6, 8, 11, 12, 13, 17, 18, 19, 26, 27, 28, 29, 33. Le Ms 28 daterait de la fin du XIIe ou du début du XIIIe siècle.
296. Sur le 'parentage' de sainte Anne, V. aussi le *Roman d'Aquin,* vv. 1992-3.
297. Éd. M.-Tr., pp. 54-6.
298. Ces particularités (*c* et *d*) se lisent : A) chez Petrus Lombardus, *PL*, 192, 102 : Frater vero Domini dictus est, ut quibusdam placet, quia filius fuit materterae Christi, (Beda) vel propter similitudinem sanctitatis, vel potius quia nepos fuit patrui Christi, id est Cleophae. (Sur Beda, V. Mehne, p. 41, 3).
    B) chez Petrus Comestor, *PL*, 198, 1563 : ... tamen quasi antonomastice Jacobus dictus est frater Do- mini, quia quam simillimus fuit ei in facie. (cf. vv. -3131-2).
299. Ms. lat. 5257, désigné sous le sigle A par C. Tischendorf, *Evangelia Apocrypha,* Leipzig, [2]1876, p. XXVI.
300. *Ibid.*, p. 112.
301. Cf. -L603. V. Chap. VII. 3.
302. Cf. Bonnard, pp. 111-2.
303. V. Introduction, p. 3.

III. LA MÈRE DE DIEU : SA VIE, SA MORT, SON ASSOMPTION

1. Il s'agit des vv. -2713-3523. V. Chap. VII. 3 de la présente étude. Pour les vv. [2667-2762], V. corr. aux vv. -3731-34. Pour les phrases marquées de points, V. §4 de ce chapitre.
2. *III*, pp. 9-17, nos. 7]-36].
3. V. aussi la Bibliographie. Dans les textes latins que nous citons au cours de ce chapitre, nous avons distingué i voyelle de i consonne, u voyelle de u consonne. Dans les textes que nous citons d'après les bréviaires du XIIe siècle que nous avons consultés, nous avons résolu les abréviations.
4. Sur Daniel, V. Chap. II. 8, pp. 51-2.
5. Herman ne nous révèle son nom qu'au v. -2867 ! Ainsi il procède comme l'avait fait l'auteur du *Quant li solleiz*, qui, au début de son poème, en suivant les préceptes d'Horace, avait modifié en une périphrase les noms qu'il avait trouvés dans sa source : formule stylistique plus modeste et plus poétique. V.H. Lausberg, *Quant li solleiz*, pp. 140-1, n. 40.
   Observons que les romanciers contemporains se servent de la même méthode : cf. Chrétien de Troyes, *Perceval*, vv. 3573-6. (éd. TLF : 71)
6. Pour le v. -2953, V. *infra*, par. 8.
7. Sur ces prophéties, V. Chap. II. 8.
8. Sur Emeria, V. Chap. II. 9.
9. Sur S. Jean-Baptiste, V. Chap. IV.
10. Chose curieuse : aux vv. -3136-3211 nous avons déjà appris la naissance de S. Jean-Baptiste, le fils d'Élisabeth !
11. Sur la prophétie d'Élisabeth, V. Chap. II. 8.
12. Amann, 342 ; Otero, 260.
13. *Ibid.*
14. Amann, 282 ; Otero, 197.
15. *Ibid ; ibid.*, 196.
16. *Ibid.*, 342 ; *ibid.*, 261.
17. *Ibid.*, 284 ; *ibid.*, 197.
18. de Aldama, 59.
19. Amann, 344 ; Otero, 261-2.
20. *Ibid.*
21. *Ibid.*, 284 ; *ibid.*, 198.
22. de Aldama, 60.
23. James, p. 5.
24. Amann, 346 ; Otero, 262.
25. *Ibid.*, 286/8 ; *ibid.*, 200.
26. *Ibid.*, 346 ; *ibid.*, 263-4.
27. *Ibid.*, 348, 350 ; *ibid.*, 264-5.
28. *Ibid.*, 350 ; *ibid.*, 266.
29. *Ibid.*, 292/4 ; *ibid.*, 203.
30. *Ibid.*, 195, 197.
31. James, p. 14.
32. Amann, 350/2 ; Otero, 266.
33. *Ibid.*, 199.
34. James, p. 16.
35. Amann, 295-6.
36. *Ibid.*, 352 ; Otero, 266-7.
37. James, pp. 20-1.
38. Amann, 354 ; Otero, 267-8.
39. *Ibid.*, 356 ; *ibid.*, 268-9.
40. *Ibid.*, 308 ; *ibid.*, 211-2.
41. *Ibid.*, 310 ; *ibid.*, 212.
42. James, p. 28.
43. Amann, 358 ; Otero, 270.
44. *Ibid.*
45. *Ibid.*, 310 ; *ibid.*, 213.
46. *Ibid.*, 358 ; *ibid.*, 271-2.
47. James, pp. 36, 38.

48. *Ibid.*
49. Amann, 362/4 ; Otero, 273-4.
50. *Ibid.*, 314/316 ; *ibid.*, 215-6.
51. James, p. 45 ; p. X : e : la partie du texte qui commence par *Quid ergo* est empruntée à un sermon sur l'Annonciation attribué à Saint Augustin et dont nous avons cité une autre partie ci-dessous, n. 52. Sur ce Pseudo-Augustin, cf. Amann, pp. 142-3, n. 2.
52. *PL*, 39, 2110.
53. Amann, 322-8 ; Otero, 220-1, 223-5.
54. *Ibid.*, 330 ; *ibid.*, 225.
55. *Ibid.*, 332 ; *ibid.*, 226.
56. Sur ces trois ouvrages, V. Amann, *passim* ; S. Corbin, dans *CCM*, X, 3-4, 1967, p. 418, n. 23. Le *Pseudo-Matthieu* date du milieu du VIe siècle. (cf. Otero, 189). Le *De Nativitate* est attribué à Paschase Radbert, qui l'aurait composé entre 846 et 849. (cf. de Aldama, p. 63, n. 1).
57. Sur les *Transitus*, V. ci-dessous, par. 6.
58. Cf. H. Barré, p. 44 ; Jugie, p. 103.
59. Cf. M.R. James, *The apocryphal New Testament*, Oxford, [6]1955, p. 38.
60. E. de Strycker, *Une ancienne version latine du Protévangile de Jacques*, dans *Analecta Bollandiana*, t. 83, 1965, pp. 365-402.
61. Publié par M. R. James, *Latin Infancy Gospels*, Cambridge, 1927, [James], d'après les deux Mss que nous avons mentionnés sous *a* et *b*. Malgré le pluriel du titre, il s'agit certainement d'un même ouvrage. (cf. de Strycker, p. 366, n. 6 ; pp. 374-6)
62. L'un de ces textes est le sermon attribué à S. Augustin dont nous avons cité quelques fragments à la page 69.
V. aussi les notes 51, 52.
63. Cf. James, p. 100.
64. *Ibid.*, pp. X, XI ; S. Corbin, p. 421, n. 45. Sur les termes liturgiques utilisés au cours de ce chapitre, V. Chap. I.
65. Cf. James, pp. X, XI.
66. Cf. de Aldama, 63, n. 1.
67. J.A. de Aldama, S.J., *Fragmentos de una versiòn del Protoevangelio de Santiago y una nueva adaptaciòn de sus primeros capitulos*, dans *Biblica*, t. 43 (1962), pp. 57-74.
68. Ces chapitres ont été répartis entre les leçons de matines pour la fête de la Conception de la Vierge (8 décembre) dans un Bréviaire de l'abbaye de Soyons, diocèse de Valence, actuellement conservé à Paris, Ms. B. N. nouv. acq. lat. 718, du XIVe s. (cf. S. Corbin, p. 428, n. 74 ; 429, n. 81)
69. Sur le *Decretum Gelasianum*, V. Jugie, p. 104, n. 1 ; Barré, p. 44 ; de Strycker, p. 367. V. aussi *infra* par. 6, n. 321.
70. Cf. Barré, pp. 44-5.
71. *Ibid.* Cf. aussi B. Kleinschmidt, *Die heilige Anna. Ihre Verehrung in Geschichte, Kunst und Volkstum*, Düsseldorf, L. Schwan, 1930, p. 77.
72. Cf. Amann, p. 150. Pour le texte, V. *PL*, 137, 1065-80. Sur cette femme spirituelle et savante que l'on connaît surtout par ses drames dialogués en latin, qui sont des adaptations de comédies de Térence, V. G. Frank, *Drama*, pp.10-11. Cf. aussi B. Nagel, *Hrotsvit von Gandersheim*, Stuttgart, Metzler, 1965.
73. Cf. Amann, p. 103.
74. *Ibid.*, pp. 151, 160.
75. *Ibid.*, p. 152. C'est le sermon IV, dont voici l'*incipit* :
Approbate consuetudinis est apud christianos. V. l'édition critique qu'en a donnée J. M. Canal, pp. 56-61 ; cf. S. Corbin, p. 420, n. 36.
76. Ms. Amiens 115, fo 344ro. L'évêque vise ici le *Pseudo-Matthieu*. (cf. J. M. Canal, p. 56, n. 3)
77. Cf. Amann, p. 153.
78. *Ibid.*, p. 152 : Sermon V, *PL*, 141, 324.
79. Cf. S. Corbin, p. 421-2 : les Mss du XIIIe siècle, pour la fête de la Conception, contiennent le *De Nativitate Mariae*, 'qu'on retrouve à la Nativité de la Vierge. Il est entré dans la liturgie au point d'émigrer d'un office à l'autre : chose remarquable, car il n'avait antérieurement aucune place dans la liturgie officielle'.
80. Cf. Amann, pp. 156-7.
81. Cf. S. Corbin, pp. 432-3.
82. V. §1 de ce chap.
83. *Ibid.*
84. *III,* pp. 58-69, nos.8] -36]. Cf. pp. 58-69. La comparaison entre les deux textes se fera toujours à partir de celui d'Herman.

85. V. p. 75.
86. M.-Tr., pp. XXXVII, XLII, XLVII, XLVIII, L : *P* IV, II, XI, XII, XIII.
87. *Ibid.*, p. LIV.
88. Otero, 261.
89. James, p. 4.
90. Otero, 197.
91. V. p. 59. 'Encaenia' : commemoratio dedicationis templi a Iuda Machabaeo. (cf. *Biblia Sacra*, p. 1285)
92. V. p. 59.
93. *Ibid.*
94. *Ibid.*
95. *Ibid.*
96. *Ibid. : N* I, 3.
97. Amann, 195.
98. James, p. 14.
99. Cf. p. 71.
100. Cf. *III*, p. 12.
101. James, pp. 4-7.
102. Otero, 190-9.
103. Cf. M.-Tr., pp. 22 ss.
104. V. p. 61.
105. Pour le mot mis en italique V. Corr.
106. V. pp. 63, 70.
107. pp. 295-6, n.
108. V. p. 61.
109. Cf. Bonnard, p. 45.
110. V. Chap. IV. 5.
111. V. § 4 : 17].
112. V. p. 63.
113. Amann, 296, 298, 300 ; Otero, 205-7. Cf. M.-Tr., pp. 29-31 : les éditeurs ne renvoient qu'à *N* VII.
114. Cf. James, pp. 22-5.
115. Cf. M.-Tr., pp. 29-31.
116. V. p. 65.
117. *Ibid.* Pour *P* VIII, 3, cf. Otero, 160-1.
118. Cf. M.-Tr., pp. 35 ss.
119. Les éditeurs de Wace ne mentionnent que *N*. Cf. M.-Tr., p. 35, n. 3.
120. *N* IX, 5. Cf. Otero, 273.
121. Cf. Amann, 228-9 ; Otero, 166.
122. V. pp. 66, 67.
123. V. p. 67.
124. V. p. 66.
125. V. p. 67.
126. Cf. Amann, pp. 228-9.
127. pp. 42-3.
128. Cf. Bossuat, *M.B.*, no. 3097 ; cf. aussi Bonnard, pp. 181-3.
129. V. *III*, p. 15. Pour le texte, V. Bonnard, p. 54.
130. Cf. Réau, II, 2, p. 87.
131. M.-Tr., p. 49.
132. Cf. James, p. 106 : 69.
133. § 2, p. 70, +n. 62.
134. J. A. Giles, *The complete works of Venerable Bede*, X, London, Whittaker and Co., 1844, pp. 290-1 : Expositio in Lucae Evang. Cap. 1.
135. vv. -3417 - 43. V. p. 66. Pour les vv. -3422,-3443, V. § 4, p. 81.
136. V. ci-dessus, n. 75.
137. Éd. M.-Tr., pp. 50 ss.
138. J. M. Canal, p. 58, n. 13.
139. V. p. 67.
140. V. Chap. II. 4.
141. Pour les vers mis en italique, V. corr.
142. Cf. p. 69 : 33], 36].
143. pp. 57-68.

144. Cf. par exemple l'hymne *Ave Maria Stella,* du poète Fortunat, composée au VIe s. V. Réau, II, 1, p. 78.
145. V. § 1.
146. V. n. 2.
147. pp. 22-25.
148. Pour les vv. mis en italique V. corr.
149. V. Chap. VI. 1 : C.
150. Ce rapport symbolique, établi par Justin Martyr (IIe a.), repose sur la typologie Adam-Jésus. (1 Co. 15:22) cf. H. Lausberg, *Quant li solleiz,* p. 121, § 36 et p. 92, § 3, n. 3.
151. Il ne faut pas confondre ce terme avec le titre qu'on a donné à un récit aprocryphe sur la naissance de la Vierge. V. § 2 de ce chap.
152. Cf. *B.d.J.*, p. 11, n. *e.*
153. V. p. 70, n. 75.
154. Ms. Charleville 14, fo 163ro, lectio IV. Cf. aussi l'offertoire de la messe du 15 août :
  Inimicitias ponam inter te et Mulierem, et semen tuum et Semen illius. (*Missel*, p. 1588).
155. La conversation entre Dieu et Satan (vv. -2718-21), est empruntée au livre de Job (Jb. 1:6;2:1) :
  Quadam die, cum venissent filii Dei ut assisterent coram Domino, affuit inter eos etiam Satan.
  Cui dixit Dominus : Unde venis ? Qui respondeus, ait :
  Circuivi terram, et perambulavi eam.
  Pour cet épisode nous n'avons pas trouvé de texte liturgique correspondant, ni d'ailleurs pour les vv. -2713-17.
156. Sur ces vv., qui ne se trouvent pas dans le Ms. que nous publions (N6). V. corr. aux vv.-2731-4.
157. Le texte latin, en entier ou en partie, est contenu dans les
  Mss. suivants : (cf. Chap. I. 2)
  Ms. Valenciennes 116,   fo 224ro : lectiones V, VI
  Ms. Amiens 115,   fo 345ro-vo : lectiones V, VI
  Ms. Charleville 14,   fo 162vo, lectio III, fo 163vo-164ro :
              lectiones VII, VIII.
  Nous le publions d'après l'édition critique de J. M. Canal, pp. 56-58.
158. J. M. Canal, p. 56.
159. *Ibid.*, p. 57, n. 8 : Nb. 17 : 8.
160. *Ibid.*, n. 9 : Is. 11:1 (+2).
161. *Ibid.*, n. 10 : Is. 7:14.
162. *Ibid.*, p. 58, n. 11 : Is. 9:6 (+7).
163. Mehne, p. 23, avait renvoyé directement au texte sacré. Pour les passages que nous avons indiqués ci-dessus, nn. 159-162, cf. Mehne, pp. 23, nn. 2, 3 : 24, n. 1, 2.
  Notre texte français contient également Is. 7:15:
    Butyrum et mel comedet ut sciat reprobare malum et bonum.
  (vv. [2703-4]V. p. 119). Ce verset constitue un capitule pour la fête de l'Annonciation. Cf. Ms. Amiens 115, fo 283ro.
164. Cf. aussi vv. -2952, -2991.
165. *PL*, 39, 2104 : *Adest nobis, dilectissimi, optatus dies.* On l'attribue en général à saint Augustin. En réalité, il est de Raban Maur. Cf. S. Corbin, p. 419, n. 27.
166. *AH*, 5, no. 12, p. 49. Les plus anciens Mss remontent au XIIe siècle. Cf. S. Corbin, p. 418, n. 5. Sur les offices rythmiques ou plutôt versifiés, V. Ritva Jonsson, *'Historia'. Etudes sur la genèse des offices versifiés,* thèse, Stockholm, 1968. V. aussi le C.-R. de S. Corbin, dans *CCM*, XII, 2, avr. -juin 1969, pp. 183-6.
167. p. 23, n. 1.
168. Ms. Rouen A 145 (211) fo 334 vo : Ct. 2:2.
169. *Ibid.* : Ct. 4:11.
170. *Ibid.* : Ct. 1:14 ; 4:1.
171. *Ibid,* fo 350ro. Les paroles et la musique de ce texte sont dues à Fulbert de Chartres. Cf. J. M. Canal, p. 86.
172. Cf. Ct. 4:2.
173. V. P. Dronke, I, p. 320. A l'avis de cet auteur, les *Carmina Burana* furent composés au XIIe siècle. (p. 317, +n. 1)
174. Cf. aussi § 3:17]. Pour le v. -2990, V. § 7:7].
175. Cf. Mehne, p. 23, n. 3. A son avis, Herman aurait inventé cette scène.
176. Ms. Amiens 115, fo 384vo.
177. Cf. aussi v. -3332.
178. S. Grégoire le Grand, *Liber Responsalis, PL*, 78, 802-3.
179. V. pp. 60, 63, 70, 73.

180. Pour les vv. mis en italique, V. corr.
181. V. § 1 : 7], 18].
182. V. Chap. II. 8.
183. pp. 77-79.
184. Bréviaire de Corbie, contenu dans le Ms. Amiens 115, fo 344ro. Le texte et la musique sont de Fulbert de Chartres. Cf. J. M. Canal, p. 86. V. aussi Chap. II. 8, p. 49 du présent ouvrage.
185. Ms. Amiens 115, fo 284ro. Cf. aussi Stroppel, pp. 139-140.
186. Pour les termes mis en italique, V. corr.
187. V. § 1, n. 51.
188. *PL*, 26, 24 : Quare non de simplici virgine, sed de desponsata concipitur ? ... secundo, ne lapidaretur a Judaeis ut adultera.
     Actuellement on trouve cette particularité dans l'office du 24 décembre. (V. *Br.*, P.H., p. 464)
     Au moyen âge, l'homélie de S. Jérôme dont il est question ici et qui est intitulée *In Isaia legimus...*, figure, du moins pour une autre partie, dans l'office de la Nativité de la Vierge.
     V., par exemple, Mss   Troyes 807, fo 190ro,   leçons IX-XII.
                            Amiens 115, fo 345ro,   mêmes leçons.
                            Rouen A145, fo 350ro, mêmes leçons.
                            Dijon 114, fo 85d,   mêmes leçons.
     Cf. aussi S. Corbin, p. 219, n. 27.
189. V. n. 188 : *PL*, 26 : 25 : Joseph, sciens illius castitatem, et admirans quod evenerat, celat in silentio, cuius mysterium nesciebat. Actuellement ce détail figure dans l'office du 24 décembre. (Cf. *Br.*, P. H., p. 465).
190. Pour cette analyse nous nous servons de la thèse de Strate, pp. VII-XVII : 2] -29]. Ce titre est emprunté à la rubrique qui, dans le Ms. N2, Ms. de base de Strate, annonce la dernière partie du poème. Sur ce Ms., V. Chap. VI. 1, no. 2.
191. Pour le texte de l'*Assumption Nostre Dame*, V. Chap. VII. 3.
192. On y trouvera aussi l'explication des abréviations que nous employons. V. aussi la Bibliographie.
193. Pour cette récapitulation, V. Chap. V. 2, 3.
194. Pour les vv. -A522 -530 et pour l'influence d'*Alexis*, V. J.-R. Smeets, dans *CCM*, VI, 3, 1963, pp. 319-20.
195. Sur toutes ces abréviations, V. § 6 et n. 363.
196. Tischendorf, *Apocalypses,* pp. 124-5 ; *PG*, 5, 1232-3. Pour le texte de *Col*, nous renvoyons à Dom Capelle, *Vestiges*, pp. 44-48.
197. C'est une variante qui se lit dans le Ms. d'Ivrée, qui est un fragment de légendaire, datant du XIe siècle, et dont le texte appartient à la famille de *Wil*. Cf. Wenger, p. 28, n. 3.
198. Wilmart, pp. 325-6.
199. *Ibid.*, p. 326.
200. Wenger, p. 211. Cf. T : le nom de l'ange est 'terrible à entendre'. Cf. *ibid.*, p. 34, §§ 3, 4.
201. V. n. 196.
202. *Ibid.*
203. Wilmart, p. 326.
204. *Ibid.*, p. 327.
205. Wenger, p. 215.
206. *Ibid.*, 246.
207. Wilmart, p. 327.
208. Wenger, p. 246.
209. Wilmart, p. 328.
210. *Ibid.*, p. 329.
211. *Ibid.*
212. *Ibid.*, pp. 329, 330.
213. *Ibid.*, pp. 330-1.
214. Wenger, p. 221, +n. 2.
215. Wilmart, p. 331.
216. Wenger, p. 223.
217. *Ibid.*, p. 249.
218. Wilmart, pp. 331-2.
219. *Ibid.*, p. 332.
220. *Ibid.*, pp. 334-5.
221. Otero, 690-2. cf. aussi *Pseudo-Jean* 13-14 (Wilmart, *Appendice*, pp. 358-9).
222. Wilmart, p. 336.
223. Otero, 691.

224. Wilmart, p. 337.
225. *Ibid.*
226. Dom Capelle, *Vestiges*, p. 46. Cf. Wilmart, p. 337.
227. Wenger, p. 251.
228. Wilmart, p. 338.
229. *Ibid.*, p. 339.
230. Wenger, p. 251.
231. *Ibid.*, pp. 239, 51.
232. *Ibid.*, pp. 256 ; 87.
233. Wilmart, p. 342.
234. *Ibid.*, pp. 342-3.
235. *Ibid.*, cf. aussi Dom Capelle, *Vestiges*, p. 46.
236. Wenger, p. 252 ; 82.
237. Wilmart, p. 343.
238. Wenger, pp. 253 ; 82-3.
239. Wilmart, pp. 343-4.
240. *Ibid.*
241. Wenger, p. 83, § 25.
242. *Ibid.*, p. 253.
243. Wilmart, *Appendice*, p. 361 : 52.
244. Tischendorf, *Apocalypses*, p. 129 (*PG*, 5, 1235).
245. Wilmart, p. 344.
246. Wenger, p. 233, + n. 1 ; p. 83, § 26.
247. Wilmart, p. 345.
248. *Ibid.*
249. Wenger, pp. 254 ; 48.
250. Wilmart, p. 346.
251. *Ibid.*, pp. 346-7.
252. Wenger, pp. 254 ; 85, § 31.
253. Wilmart, p. 347.
254. *Ibid.*
255. Ibid. ; *Appendice*, p. 361 : 57.
256. *Ibid.*, p. 348 : Quelques Mss donnent 'in exitu...'
257. *Ibid.*
258. *Ibid.*
259. *Ibid.*
260. *Ibid.*, p. 349.
261. Wenger, p. 266, § 36. Sur ce Ms., qui date du XIVe s. et qui renferme (fo 165vo-167) 'une traduction très fidèle de *Col*', V. Wenger, pp. 93-5.
262. Wilmart, pp. 349, 350.
263. *Ibid.*, pp. 350-1.
264. *Ibid.*
265. Wenger, p. 235.
266. Wilmart, pp. 352-3.
267. *Ibid.*
268. *Ibid.*, p. 354.
269. *Ibid.*, pp. 354-5.
270. Wenger, p. 261, n. 1 ; p. 63, n. 1.
271. On retrouve l'idée du Jugement dernier dans un récit grec sur l'Assomption de la Vierge :
... les apôtres transportaient le corps très saint... à l'endroit appelé Gethsémani, où sera établi le juge-gement : "Les livres seront ouverts et l'Ancien des jours s'assoiera et un fleuve de feu rassemblera les pécheurs pour leur confusion au lieu où seront jugés tous les peuples de la terre". V. Wenger, p. 281 : 18, + notes.
272. Tischendorf, *Apocalypses*, p. 134 (*PG*, 5, 1238).
273. *Ibid.*, pp. 135, 136 : *PG*, 5, 1238-40).
274. Wenger, p. 256.
275. Wilmart, p. 357.
276. V. § 6, + nn. 347, 348.
277. Pour le v. -A21A, V. corr.
278. V. *supra*, p. 83.

279. V. Jugie, p. 113, n. 1.
280. Cf. vv. -A75, -A103, -A141.
281. V. p. 83 : 4].
282. V. -LL398, 411, 412, Cf. § 1 : 20].
283. Otero, 265 : *N* IV, 1.
284. *Ibid.*, 267 : *N* VI, 3.
285. *Ibid.*, 205-7 : *Ps. -M* VI, 1-3. Les rapports sont assez vagues, bien entendu !
286. *Ibid.*, 267-8 : *N* VII, 1.
287. Ceci est conforme à la Bible (Lc. 1:26-7) et aux récits apocryphes. (cf. § 1:25]).
288. Cf. Réau, II, 2, p. 601.
289. V. H. Lausberg, *Transitus Mariae*, pp. 32-3, §§ 19-22 ; *Quant li solleiz*, pp. 91, 100, 102, 105.
290. *Ibid.* V. également J. -R. Smeets dans *CCM*, V, 2, avr. -juin 1962, pp. 203-4.
291. Cf. Chap. V. 3, 4 ; Chap. II. 2, 8. V. aussi H. Lausberg, *Quant li solleiz.* pp. 123-8.
292. G. Hamm, *Das altfr. Gedicht zu Mariae Himmelfahrt...*, thèse, München, 1938, p. VIII.
293. V. p. 83 : 2], 3].
294. Cf. Jugie, p. 113. (= *Mel* V, VI ; *Wil 11−13* ; *Col*=*Wil 11*. cf. *supra* : 10]).
295. V. p. 85.
296. V. p. 95.
297. V. pp. 85, 87
298. Pour les termes mis en italique, V. corr.
299. V. pp. 87, 89.
300. Cf. Wenger, pp. 68, 72-82 : §§ 19-21.
301. V. n. 297.
302. Wenger, p. 80.
303. Cf. vv. -A53, -A118-120, -A136-7.
304. V. p. 83.
305. V. Chap. II, V.
306. *PG*, 5, 1233.
307. Pour les termes mis en italique, V. corr.
308. Pour les fragments latins, V. pp.91,93.
309. V. Chap. IV.3,pp.121,122. Cf. v.-4097. V. *Historia Scholastica, PL,* 198,1574 : et pulvis ventilatus.
310. Sur le côté doctrinal de cette punition, V. H. Lausberg, *Transitus Mariae*, p. 41, § 45, n. 12.
311. V. Glossaire.
312. p. 12, n. 2.
313. V. les études de Jugie, de Lausberg (*Transitus Mariae*) et de Wenger.
314. Cf. Jugie, p. 109.
315. *Ibid.*, pp. 108, 110 : ces Mss datent des Ve-VIe siècles.
316. *Ibid.*, p. 109.
317. *Ibid.*, p. 117. Jugie le place dans la seconde moitié du VIe s.
318. Cf. Wenger, p. 92, n. 1 : le r.p. Wenger ne sait pas 'à quelle époque ni dans quels milieux cet apocryphe est apparu'. C'est le (seul) récit utilisé comme lecture liturgique par l'Église grecque. (p. 17).
319. *L'ancien récit latin de l'Assomption,* dans *Analecta Reginensia* (Studi e Testi 59), Città del Vaticano, 1933.
320. *Ibid.*, p. 325, n. 2 ; pp. 358 ss.
321. Cf. Jugie, p. 112 ; H. Lausberg, *Transitus Mariae*, §§ 11, 47, 56. Ce dernier opte pour le Ve s. Wenger, pp. 90-1, n. 3, hésite à admettre cette date.
322. H. Lausberg, *Transitus Mariae*, § 5.
323. *Ibid.*, §§ 5-7. Sur le *Decretum Gelasianum*, V. n. 69.
324. Jugie, p. 106, +n. 2 ; cf. aussi *GRLMA*, VI/1, p. 196, n. 47.
325. pp. 111-112.
326. *Transitus Mariae*, § 6.
327. *Apocalypses*, pp. 124-136 (*PG*, 5, 1232-40).
328. Cf. Jugie, p. 111, n. 1.
329. Tischendorf, *Apocalypses*, pp. 113-123 ; Otero, 687-700.
330. V. § 9.
331. *Transitus Mariae*, § 62, n. 57.
332. Cf. Dom B. Capelle, o.s.B., *Les anciens récits de l'Assomption et Jean de Thessalonique,* dans *Recherches de théologie ancienne et médiévale*, 12 (1940), p. 209.
333. Cf. H. Lausberg, *Transitus Mariae*, § 7.
334. Il s'agirait d'Ambroise Autpert, mort en 778, ou de Paschase Radbert. Cf. Jugie, pp. 277-8, + notes ;

Wenger, pp. 144, n. 2 ; Alb. Ripberger, *Paschasius Radbert* [*us*], *Der Pseudo-Hieronymus-Brief IX* "Cogitis me" ..., Freiburg, Schw., 1962. Sur Paschase Radbert, mort aux environs de 860, V. aussi n. 56.

335. Jugie, p. 279. Dans le Bréviaire de Cîteaux, contenu dans le Ms. Dijon 114, fo 81c-82a, la *Lettre à Paula* est répartie entre quelques leçons de l'office du 15 août. Cf. aussi Jugie, p. 361, n. 1.

336. Sur ce livre liturgique, V. Chap. I. 2.

337. Jugie, p. 208.

338. V. § 2.

339. V. n. 319.

340. Cf. Jugie, p. 110, n. 1. Le Ms. le plus ancien date du VIIIe siècle.

341. Il était archevêque de cette ville entre les années 610 et 649. Cf. Jugie, pp. 139-150.

342. Wenger, p. 20.

343. *Ibid.*, p. 21.

344. *Vestiges*, pp. 22, 31.

345. Wenger, p. 90.

346. Ms. Paris, B. N. lat. 13781, du XIIIe siècle.

347. Wenger, pp. 20-1, + nn. 1, 2.

348. Dom Capelle, *Vestiges*, pp. 22, 31.

349. Paris, B. N. latin 2672, datant des XIIe-XIIIe siècles, venu de la bibliothèque de Colbert. Cf. Dom Capelle, *Vestiges,* p. 36.

350. Ce n'est donc pas un Ms. de cet apocryphe, parce qu'il n'appartient pas à la même famille. Cf. Dom Capelle, *Vestiges,* p. 37, n. 1.

351. Wenger, p. 66.

352. *Ibid.*, p. 22.

353. V. Bibliographie.

354. Wenger, p. 22.

355. *Ibid.*

356. Cf. Mehne, p. 12, n. 2 ; Strate, p. VII.

357. V. § 3, p. 71.

358. Cf. Strate, p. XVII : 30].

359. Il n'existe pas encore d'édition critique de *Mel.* Nous avons consulté celle de Tischendorf (V.n. 327 et la Bibliographie) qui repose sur un choix arbitraire de Mss. Cf. Wenger, p. 90, n. 1 ; Dom Capelle, *Vestiges,* p. 21, n. 2.

360. Pour le poème de Wace, V. § 8.

361. Cf. aussi l'étude de M.-C. Piret, citée n. 491.

362. Wenger, pp. 92-3. Quant au vieil allemand, nous signalons le fragment sur la mort de Marie qui se trouve dans la *Mittelfränkische Reimbibel*, mentionnée par F. Maurer dans *Die religiösen Dichtungen des 11. und 12. Jahrhunderts*, Bd. I, Max Niemeyer Verlag, Tübingen, 1964, pp. 139-141 : il y est question de 'Miletus, ein biscof', et le reste du texte est en rapport étroit avec le début de *Mel.*

363. V. § 5 :
Wil est l'ensemble des Mss du Transitus latin publié par Dom Wilmart (V. n. 319). Quant à son texte, nous nous en sommes tenue à la répartition de la matière établie par cet auteur, qui l'avait divisé en sections et sous-sections, les premières numérotées en gras.

T	est la famille des Mss à la recension courte du discours de Jean de Thessalonique (cf. Wenger, p. 24).
T1	est la famille des Mss à la recension longue du même discours (cf. Wenger, p. 25).

Nous utilisons les sigles dont se servaient Dom Wilmart, le r.p. Wenger et Dom Capelle (*Vestiges*, p. 23), à l'exception de

R,	de *M* et de *A*, que nous avons mis entre crochets.

Ainsi on évite des confusions :

M	est le Ms. de la Bibliothèque bodléenne de l'Université d'Oxford (= Musaeo no. 62) qui renferme l'*Assumption Nostre Dame* d'Herman. (Sur ce Ms., V. Chap. VI. 1, no. 31.
A es	est le sigle traditionnel d'un Ms. français renfermant une partie du poème biblique d'Herman. (V. Chap. VI. 1, no. 12).
[*A*]	est le texte latin publié par Wenger, et contenu dans le Ms. Augiensis (Reichenau) CCXXIX, du début du IXe s. (V. p. 151) (cf. Wenger, p. 25).
[*R*]	(Romanus) est le texte grec publié et traduit en français par Wenger, et contenu dans le Ms. Vatic. gr. 1982, s. XI. (V. p. 151) (cf. Wenger, p. 24).
R	est un des Mss qui renferment le Transitus W (= *Wil*) : c'est le Reginensis Lat. no. 119, de la Bibliothèque Vaticane, qui appartenait à la Reine Christine de Suède. Il date du XIIe s. (Cf. Wilmart, pp. 7, 323, 324).
[*M*]	est le Ms. Paris, B. N. lat. 13781, du XIIIe s., mis à contribution par Wilmart (V. p. 150).

412

364. V. § 5.
365. Pour le mot mis en italique, V. corr.
366. V. § 6, pp. 101-2.
367. Ms. Amiens 115, fo 331, lectio VIII. cf. aussi S. Grégoire le Grand, *Liber Responsalis, PL*, 78, 738 : répons pour la fête de Jean, l'Évangéliste (27 décembre) : Valde honorandus est beatus Johannes qui supra pectus Domini in coena recubuit ; cui Christus in cruce matrem Virginem virgini commendabat. Cf. vv. -A40-42.
368. V. aussi v. -3331.
369. Ce texte figure aussi dans l'homélie XLV, anonyme, pour la fête du 15 août, qui est contenue dans l'Homiliaire de Paul Diacre. Elle est attribuée à S. Augustin (*PL*, 40, 1141 ss.) V. nn. 468, 470.)
370. Ms. Dijon 114, fo 82c. Il s'agit de la première leçon pour le dimanche dans l'octave de l'Assomption.
371. Ms. Amiens 115, fo 331vo. C'est une antienne pour la fête du 15 août.
372. Cf.·É. Mâle, *Le XIIIe siècle*, 2, p. 197.
373. *Ibid.*, pp. 206-7.
374. *Ibid.*, pp. 207-8. Cf. aussi du même auteur *Art et Artistes du Moyen Age,* Paris, Flammarion, 1968, pp. 146-7.
375. Sur ces Mss, V. Chap. VI. 1, nos. 6, 9.
376. *Ibid.*, no. 10.
377. V. *infra, ad* 13].
378. *Speculum Ecclesiae : De Nativitate sanctae Mariae, PL*, 172, 999-1000.
379. Ms. Amiens 115, fo 330 ro.
380. Cf. aussi les vv. -A20 et -3331. Pour le mot mis en italique, V. corr.
381. Ms. Amiens 115, fo 332 ro, lectio IX.
382. S. Grégoire le Grand, *Liber Responsalis, PL*, 78, 736.
383. Jugie, p. 205.
384. Cf. aussi v. -A179.
385. *Speculum Ecclesiae, PL*, 172, 903.
386. Ms. Amiens 115, fo 331 vo.
387. n. 369.
388. Jugie, p. 273.
389. Cf. É. Mâle, *Le XIIIe siècle*, 2, p. 177, +n. 123 : ce livre, qui est cité parmi les oeuvres de S. Bonaventure, daterait donc du XIIIe siècle. Nous n'avons pas trouvé de texte latin antérieur à cette date qui pourrait être la source de ce passage.
390. Ms. Amiens 115, fo 332 vo.
391. Cf. § 5, p. 95.·.
392. Jugie, p. 208.
393. Cf. Leroquais, *Bréviaires*, I, p. XXIX. V. Chap. I. 1, p.6.
394. Pour les termes mis en italique, V. corr.
395. V. n. 391.
396. *Br.*, P. Aest., p. (300).
397. Cf. Jugie, p. 686. V. aussi n. 271.
398. Cf. *Officium Defunctorum, Br.*, P. Aest., p. (261).
399. *Ibid.*, pp. (261-2).
400. Voici, par exemple, la version qu'en donne *Cour. Louis :*
    El ciel montas al jor d'Ascension,
    Dont vendra, sire, la grant redemption,
    Al jugement ou tuit assemblerons.
    La ne valdra pere al fill un boton... vv. 1005-8.
401. S. Cyprien (IIIe s.), *PL*, 4, 499. Cf. D. Scheludko, dans *ZFSL*, LV, 1931, pp. 450-1.
402. Éd. A. Mary, Paris, Garnier, 1962, p. 30.
403. Nous citons d'après un poème anonyme datant de la fin du XIIe ou du début du XIIIe siècle. (éd. Erik von Kraemer, p. 77) Sur ce sujet, V. *GRLMA*, VI/1, pp. 194-6 ; VI/2, pp. 236-9. Pour ce signe, l'éditeur renvoie à la Bible (Mt. 24:29 ; Mc. 13:25 ; Lc. 21:26) et aux commentaires (pp. 25, 33). V. aussi l'Office des Morts : ... in die illa tremenda quando caeli movendi sunt et terra Dum veneris judicare saeculum per ignem. (*Br.*, P. Aest., p. (271)).
404. Cf. aussi v. -A560.
405. *Missel*, p. 2016.
406. *Br.*, P. Aest., p. (291).
407. *Ibid.*, p. (227).
408. Ms. Amiens 115, fo 333 vo.

409. Pour les termes mis en italique, V. corr.

410. *Officium Defunctorum : Oratio pro patre et matre,* dans *Br.,* P. Aest., p. (279).

411. Pour les mots mis en italique, V. corr. Cf. aussi v. -A561.

412. *Br.,* P. Aest., p. (340).

413. Cf. *B.d.J.,* p. 1573, n. *b.*

414. 1Th. 5:12.

415. Poème moral à l'usage des chevaliers. Cf. *GRLMA,* VI/1, pp. 157-8 ; VI/2, p. 203, no. 4016.

416. Éd. K. Urwin, dans *RLR,* 68 (1937), (pp. 136-161) vv. 679 ss.

417. Cf. *DACL,* 1 : 1, Paris, 1907, col. 199 : *Absoute.*

418. *Br.,* P. Aest., p. (275). Cf. Cabrol, II, chap. XXXIII.

419. pp. VIII-XIII, nos. 6], 7], 12], 13], 15], 16], 17], 19], 20] ; pp. XVII, XVIII, no. 30].

420. V. *supra,* § 6, p. 101.

421. D'après le r. p. Wenger, p. 93, le poème de Wace se trouverait dans le Ms. ' Paris fr. 24.420, du XIVe siècle, 80vo'', et il aurait été "publié dans *Romania* XVI (1887), p. 54". Probablement il s'agit ici d'une coquille : c'est le Ms. 24.429 qui renferme l'*Assomption* de Wace ; d'autre part, aux pp. 55 et 56 du tome XVI de *Romania,* cité ci-dessus, on trouve le début et la fin du poème de Wace, pris dans le Ms. Arsenal 5210,f. 136b, qui est "celui de la rédaction abrégée" de l'oeuvre de cet auteur.

422. pp. VII-XVIII. Cf. aussi Jugie, pp. 112-116.

423. Dans le résumé du poème fr. nous avons mis en italique les éléments qui remontent à *Wil* ou à d'autres textes latins, sur lesquels nous reviendrons encore.

424. Tischendorf, *Apocalypses,* pp. 124-5.

425. *Ibid.,* p. 125.

426. *Ibid.*

427. *Ibid.,* p. 126.

428. Wilmart, pp. 328-9. Cf. *supra,* § 5, p. 83.

429. Pantel, p. 24.

430. Tischendorf, *Apocalypses,* p. 127.

431. *Ibid.*

432. Wilmart, pp. 330-1. Cf. *supra,* § 5, p. 85.

433. *Ibid.*

434. Tischendorf, *Apocalypses,* p. 127.

435. Otero, 691 : à l'exception de Thomas ! V. *infra,* § 9.

436. Wilmart, pp. 358-9. Sur ces deux *Transitus,* V. *supra,* § 6, p. 101.

437. Tischendorf, *Apocalypses,* pp. 127-8.

438. *Ibid.,* p. 128.

439. *Ibid.*

440. Pantel, p. 38.

441. *Ibid.,* p. 39.

442. Tischendorf, *Apocalypses,* pp. 129, 130.

443. Pantel, p. 42.

444. Tischendorf, *Apocalypses,* pp. 129, 130.

445. Wilmart, p. 349.

446. Pantel, p. 45-6.

447. Tischendorf, *Apocalypses,* pp. 130-1.

448. Wilmart, p. 348, variantes.

449. Tischendorf, *Apocalypses,* p. 131.

450. *Ibid.,* pp. 131-2.

451. Pantel, p. 53.

452. Wilmart, p. 349. Cf. *supra,* § 5, p. 93.

453. *Ibid.*

454. Tischendorf, *Apocalypses,* p. 132.

455. *Ibid.*

456. *Ibid.,* pp. 132-3.

457. *Ibid.,* pp. 133-4.

458. *Ibid.,* p. 134.

459. Tischendorf, *Apocalypses,* p. 136.

460. Pantel, pp. 61-2.

461. Pantel, pp. 64-5.

462. p. XVII.

463. V. *III,* p. 16 : 33]. Sur cette thèse de Greifswald (Burkowitz), V. Bibl.

464. Pantel, pp. 69-70.
465. *AH*, 5, p. 51 : 13.
466. *Ibid.*, p. 57 : 15.
467. Cf. aussi v. -A330.
468. Sur ce sermon, V. Jugie, pp. 290-1, n. 1 ; W. Delius, *Geschichte der Mariaverehrung,* München, Ernst Reinhardt Verlag, 1963, p. 153. Cf. *supra*, n. 369.
469. V. § 6, pp. 101-2.
470. *PL*, 40, 1148. Cf. Jugie, p. 288, n. 1.
471. Cf. J.M. Canal, p. 62, n. 28 ; p. 72, n. 59.
472. Dans un sermon pour la Nativité de la Vierge, Fulbert de Chartres dit ceci : ...delecta virgine, sponsa scilicet et matre domini... Dans un autre sermon pour la même fête nous trouvons : ... Virgo sancta, virgo gloriosa, mater domini simul et sponsa. (V. n. 471). Abélard, dans un sermon (latin) pour l'Assomption dit :
...aujourd'hui celui qui est à la fois l'époux et le fils de l'Ève nouvelle, élève celle-ci dans un paradis meilleur que le premier. (cf. Jugie, p. 384-5 (trad.))
473. Ms. Amiens 115, fo 331 vo. La dernière partie de ce répons est empruntée au *Carmen paschale* de Sedulius. (V. Otero, 265, n. 10).
474. *Ibid.*, fo 329 vo.
475. *Missel*, 1587.
476. S. Grégoire le Grand, *Liber Responsalis, PL*, 78, 799.
477. Jugie, p. 208. Cf. *supra*, § 7, p. 105.
478. Ms. Amiens 115, fo 330 vo, lectio IV.
479. Jugie, p. 287 ; *PL*, 40, 1145-6.
480. V. Chap. II. 9 du présent ouvrage.
481. Cf. Intemann, pp. 23-4, vv. 664-678.
482. *Ibid.*, p. 24, v. 676.
483. Ms. Amiens 115, fo 330 vo.
484. Jugie, p. 722, n. 1. (Pour sa fête, V. Chap. I. 1).
485. *Ibid.*, p. 203.
486. *Ibid.*, p. 206.
487. *Missel*, p. 1586 : c'est le début de la collecte.
488. Sur ce Ms., V. Chap. VI. 1, no. 2.
489. Strate, p. XXIII.
490. *Ibid.*, p. XXIV ; pp. 49-56, vv. 522-769.
491. Seulement, nous ne pensons pas (avec Strate) que ce remanieur ait été 'recht geschickt'. Cf. aussi M.-C. Piret, *Le thème de l'Assomption dans la littérature française médiévale au XIIe siècle,...* Louvain, 1957.
492. Au fond, il s'agit ici de deux reliques mariales différentes. Cf. Wenger, p. 112.
493. Cf. Strate, pp. XVI, XVIII.
494. Cap. XVII-XXI. V. n. 329.
495. § 6, p. 101. Il trouve son reflet dans l'art décoratif : au XIIe siècle, la scène de la ceinture jetée à Thomas a été sculptée au tympan de l'église de Cabestany, dans les Pyrénées orientales. (cf. É. Mâle, *Le XIIIe siècle*, 2, p. 236, n. 196).
496. Cf. Jugie, pp. 157-8.
497. fo 69c, 71a. On remarquera encore l'assonance commune en -*a* et le fait que le v. -A505 y figure deux fois (– vv. 518, 766) cf. Strate, pp. 49, 57.
498. Cf. J.-R. Smeets, dans *CCM*, VI, 3, juill.-sept. 1963, p. 322.
499. V. *supra*, n. 490.
500. *Ibid.*, n. 494.
501. Strate, p. 53.
502. Ce Ms. provient de la Bibliothèque Laurentienne à Florence. L'éditeur ne dit rien sur sa date. Cf. Tischendorf, *Apocalypses*, p. XLIII. Il contient aussi le *Pseudo-Matthieu*. Cf. Amann, pp. 73, 77. (V. *supra*, § 2, + n. 56).
503. Tischendorf, *Apocalypses*, pp. 120-1, n. 19.
504. vv. 542-3 (= vv. 688-9) ; vv. 553a-566a (= 699a-712a) ; cf. Strate, pp. 50-1.
505. Pour les thèmes, V. Chap. V. 3 de la présente étude ; dans la source latine (Cap. XVII. cf. Otero, 696) Thomas s'adresse à la Vierge : "O, mater sancta...".

IV. LA VIE ET LA MORT DE SAINT JEAN-BAPTISTE

1. Sur son rôle de prophète, V. Chap. II. 8.
2. Sur les termes liturgiques que nous utilisons dans ce chapitre, V. Chap. I.
3. Cf. le sermon de saint Augustin qu'on lit toujours à la fête du 24 juin (Sermo 20 *de Sanctis*) : Post illum sacrosanctum Domini natalis diem nullius hominum natiuitatem legimus celebrari, nisi solius beati Ioannis Baptiste. V. Ms. Dijon 114, fo 77d ; *PL*, 39, 2111-3 ; *Br.*, P. Aest., p. 753.
4. Cf. Réau, II, 1, p. 434.
5. Sur l'iconographie de saint Jean-Baptiste, V. Réau, II, 1, pp. 431-463 ; *Bibliotheca Sanctorum*, t. VI, 1965, 616-624.
6. Cf. P. Meyer, *Légendes hagiographiques en français,* dans *HLF,* t. XXXIII, 1906, pp. 354, 393, 409, 418, 420, 441, 452-3, 456.
7. Sur les liens de parenté qui existeraient entre tous ces personnages, V. Chap. II. 9 de la présente étude.
8. Cf. Mehne, pp. 24, 26. Pour le système que nous avons adopté, V. Chap. II. n. 2.
9. Cf. aussi vv. -3347-54.
10. Cf. aussi vv. -3915-24.
11. Cf. aussi vv. -4283-4310.
12. vv. -3185-6. En voici les autres : 23 juin : vigile de sa Nativité ; 29 août : Décollation.
13. Cf. Mehne, p. 44.
14. Ceci contre Mehne, *ibid.*
15. V. p. 118.
16. V. Chap. II. 5, p. 40.
17. V. Chap. I. 2, pp. 11, 13.
18. Mt. 14:1-12.
19. p. 43.
20. *Ibid. : Eccl. Hist.,* I, cap. XIX.
21. Pour les vers mis en italique, V. corr. aux vv. -4097-9.
22. V. Dom Quentin, p. 108.
23. *PL*, 67, 9 : Dionysius Exiguus, ... Cassiodori familiaris ejusque in dialectica addiscenda condiscipulus. Obiit ante annum 556. Cf. aussi H. de Lubac, I, 2, pp. 580-1, n. 1.
24. *PL*, 67, 419, 421 ; *AASS*, Junii Tomus IV, p. 716.
25. p. 120.
26. *Ibid.* Nous soulignons.
27. *PL*, 92, 192-3. Mehne, p. 43, ne cite pas cette partie du commentaire de Bède.
28. *PL*, 92, 190.
29. *PL*, 51, 928 : Joannes praecursor Domini et baptista, caput suum quod olim Herodias ... accepit, proculque a truncato ejus corpore sepelivit. La *Chronique* est du IVe siècle, postérieure à 556. Cf. *PL*, 51, 948.
30. Cf. *PL*, 21, 536-7. La traduction de Rufin date du IVe siècle.
31. Cf. *MGH*, t. XIII, *Chronica minora,* III, par. 237, 436, 490. Cf. aussi Dom Quentin, p. 631.
32. *PL*, 198, 1574-5. Pierre le Mangeur indique lui-même ses sources : une *Chronique* (sans doute s'agit-il de celle de Bède (V. n. 31) ; et l'*Histoire ecclésiastique* d'Eusèbe (V. n. 30).
    Il se peut aussi que ce récit (*a* manque) remonte simplement au commentaire de Bède (V. p. 121) qui, lui aussi, fait mention de 'Chronica' (= celles de Marcellinus. V. p. 121, n. 29) et de l'*Histoire ecclésiastique.*
33. V. p. 120-1. Cf. aussi *AASS*, Junii Tomus IV, p. 719.
34. V. pp. 121-2.
35. V. p. 120.
36. Sur ce livre liturgique, le seul qui n'est pas entré dans le bréviaire, V. Chap. I. 2, p. 13.
37. V. Dom Quentin, pp. 630-1.
38. V. corr. aux vv. -3732 ss.
39. V. Chap. III. 7, p. 105.
40. Cf. Dom Quentin, p. 631. Nous reproduisons le texte complet qui se lit *PL*, 123, 200-1 (nous soulignons).
41. Cf. Dom Quentin, p. 630. Pour le texte complet, V. *PL*, 123, 232 (nous soulignons).
42. Cf. *PL*, 124, 791-2 ; 411-2. Dans le Bréviaire de Cîteaux, contenu dans le Ms. Dijon 114, les particularités 'historiques' manquent tout à fait.
43. Cf. Dom Quentin, p. 687-8.
44. V. *supra*, p. 120, vv. -4086-7.

45. *PL*, 124, 411-2. Toute l'histoire de la décollation de saint Jean se lit dans la *Légende dorée* de Jacques de Voragine, y compris le détail sur la crainte d'Hérodiade. V. Éd. Garnier-Flammarion, 1967, II, pp. 153-162. Vu la date de composition de cet ouvrage célèbre (vers 1270), Herman n'a évidemment pas pu le connaître.
46. Cf. Mehne, p. 48.
47. Cf. É. Mâle, *Le XIIIe siècle*, 2, p. 65 : Mt. 1-17 ; Lc. 3:23-38.
48. Sur cette lignée, V. Chap. II. 9 de la présente étude.
49. Cf. *Br.*, P. Aest., p. 744 (nous soulignons).
50. *PL*, 39, 2113 : Sermo 21 *de Sanctis* (nous soulignons).
51. S. Grégoire le Grand, *Liber Responsalis, PL*, 78, 788.
52. V. *supra*, pp. 118, 119.
53. Pour les vers mis en italique, V. corr. Sur le second âge de l'homme, appelé 'pueritia', V. Isidore de Séville, *Etymologiae*, XI, II.
54. *AASS*, Junii Tomus IV, p. 689.
55. S. Grégoire le Grand, *Liber Responsalis, PL*, 78, 788.
56. p. 124.
57. *PL*, 78, 788.
58. Pour le v. mis en italique, V. corr.
59. Mehne, p. 26, n. 3. Sur l'Évangile de Nicodème, V. *GRLMA*, VI/1, p. 196, n. 47 ; Antoinette Saly, *a.c.*, pp. 57 ss.
60. V. C. Tischendorf, *Evangelia Apocrypha*, Leipzig, [2]1876, pp. 423, 426 (nous soulignons).
61. *AASS*, Junii Tomus IV, p. 707.
62. *Ibid.*, p. 720.
63. Pour les vv. -4080-4 nous renvoyons aussi au Chap. II. 9 du présent ouvrage.
64. Ms. Dijon 114, fo 136 vo ; *AASS*, Junii Tomus IV, p. 698.
65. *Ibid.*, p. 700.
66. *Ibid.*, p. 707.
67. *Missel*, p. 940. 'illi' = tous les saints, parmi lesquels saint Jean-Baptiste.
68. *AASS*, Junii Tomus IV, p. 699.
69. Bonnard, p. 43.
70. *Ibid.* Sur l'*Evangelium de Nativitate Mariae,* source d'Herman, V. Chap. III. 2 de la présente étude.
71. E. Krappe, *Christi Leben von seiner Geburt bis zur Geschichte der Samaritanerin.* Altfranz. Version in achtsilbigen Reimpaaren nach den Pariser Hss. Arsenal 5204, Bibl. nat. f. fr. 9588 (= PP1) und den entsprechenden Kapiteln der Bible von Geufroi de Paris, Diss. Greifswald, 1911.
72. Pour la thèse de Burkowitz, V. la Bibliographie.
73. Krappe, pp. XIV, XII.
74. *III*, p. 9.
75. Sont imprimés en italique les passages identiques.
76. Ms. Paris, B.N. f. fr. 1526, fo 39b, c. Sur ce Ms., cf. *GRLMA* VI/2, p. 84 : 1836. Sur Geufroi (Geffroi) de Paris, V. *GRLMA* VI/1, p. 54.
77. Ms. Paris, B.N.f.fr. 1526, fo 49d.
78. *Ibid.*, fo 51a, b. V. aussi Krappe, p. 17.
79. Pour les vv. -3204, -3209 ; -4097-9 ; -4064A, V. corr.
80. V. Chap. II. 3, p. 30.
81. V. Bonnard, pp. 43-4.
82. Cf. L. Borland, *a.c.*, p. 443.
   Mme Borland avait démontré d'ailleurs que l'auteur anglais, pour une très grande partie de sa traduction du Nouveau Testament, a eu recours à l'ouvrage du chanoine de Valenciennes.

V. LE *CREDO* ÉPIQUE

1. Nous avons emprunté ce terme à un article de M. E.-R. Labande, intitulé *Le "Credo" épique. A propos des prières dans les chansons de geste,* dans *Recueil de Travaux offerts à M. Clovis Brunel,* Société de l'École des Chartes, Paris, 1955, t. II, pp. 62-80.
2. V. Introduction, p. 1, + n. 6 de la présente étude.
3. V. J.-R. Smeets, dans *CCM*, VI, 3, 1963, p. 321, + n. 14.
4. V. par exemple, vv. -1894-7 ; -1982-5. Pour tous les vers de notre texte que nous citons dans ce chapitre, nous renvoyons au Chap. VII. 3.

5. D. Scheludko, *Ueber das altfr. epische Gebet,* dans *ZFSL*, LVIII, 1934, p. 85. L'auteur parle de *Credo-Gebete.* (*a.c.*, p. 67)
   Quant au prototype de la prière épique, pour une théorie nouvelle dans ce domaine nous renvoyons à l'étude de J. Garel, *La Prière du plus grand péril,* dans *Mélanges de Langue et de Littérature médiévales offerts à Pierre Le Gentil,* Paris, S.E.D.E.S., 1973, pp. 311-8.

6. Cf. Antoinette Saly, *Le thème de la descente aux enfers dans le Credo épique,* Travaux de linguistique et de littérature du Centre de philologie et de littérature romanes de l'Université de Strasbourg, VII, 2, Études littéraires, Strasbourg, Paris, Klincksieck, 1969, p. 47.

7. Cf. D. Scheludko, dans *ZFSL*, LVIII, 1934, pp. 181, 178.

8. Cf. E.-R. Labande, *a.c.*, p. 62. Pour Daniel et Jonas, cf. par exemple *Cour. Louis,* vv. 1016, 1018.

9. Cf. D. Scheludko. *Neues über das Couronement Louis,* dans *ZFSL*, LV, 1931, p. 453. Pour les termes liturgiques qui figurent dans ce chapitre, V. Chap. I.

10. Cf. E.-R. Labande, *a.c.*, p. 63, + note 1.

11. Cf. D. Scheludko dans *ZFSL*, LVIII, 1934, p. 171. M. Labande, *a.c.*, p. 64, n. 1, n'y voit pourtant pas une formule de 'conjuration presque magique'. Chez Herman, on chercherait en vain la première partie de la formule (v. 1022).

12. Cf. D. Scheludko, *a.c.*, pp. 176-7. Chez Herman nous trouvons trente- (trois) ans. V. *infra,* pp. 135, 142-3.

13. Cf. D. Scheludko, *a.c.,* pp.191, 184-5. V. *infra,* pp.135-6.

14. Cf. E.-R. Labande, *a-c.*, p. 67. V. Antoinette Saly, *a.c.*, pp. 58, 56, n. 53 ; 62, n. 69. L'auteur y a démontré que cet ordre est observé dans l'Évangile de Nicodème, version A, et dans l'*Elucidarium* d'Honorius. Herman observe l'ordre canonique. Cf. aussi vv.-4060-4.

15. vv. -A306-378. Pour le texte, V. *infra,* pp. 131-3.

16. Dans la *Vie de saint Gile,* de Guillaume de Berneville, composée vers 1170, le héros, à l'approche de la mort, prie Dieu de vouloir recevoir son âme au paradis. Lui aussi récite le *Credo* épique. Cf. l'éd. de G. Paris et A. Bos, SATF, Paris 1881, vv. 3590-3703.
   Même dans les documents théologiques on rencontre la prière épique : ainsi nous en avons signalé quelques formules dans le 'Psautier-livre d'heures latin délicatement enluminé' dit de Lambert le Bègue. Cf. *GRLMA*, VI/1, pp. 11, 12.
   V. aussi *La prière de Charlemagne* (Li orisons Charlemainne), contenue dans le Ms. 9391 (fo 149 vo-150vo) de la Bibl. Roy. de Bruxelles, et publiée par Mlle Édith Brayer, dans *Mélanges offerts à Rita Lejeune,* vol. II, Gembloux, 1969, pp. 1279-84.

17. vv. -1945 ss.

18. Pour cette partie du poème, V. Chap. VI : E.

19. Pour les vers mis en italique, V. corr.

20. Nous suivons le système de M. Labande, *a.c.* , pp. 70-78. Dans les notes nous renvoyons aux autres passages du poème qui traitent les mêmes sujets. Nous ferons aussi mention des thèmes qui manquent dans l'*Assumption,* mais qui se lisent à d'autres endroits du texte.

21. Cf. aussi vv. -2 ; -1084.

22. Cf. aussi vv. -3 ; -7-13. V. *infra,* p. 137 ss.

23. Cf. aussi vv. -4-8 ; -14-16. V. *infra,* p. 137 ss.

24. Cf. aussi vv. -1085-6 ; -1726-7 ; -1950-51.

25. Cf. aussi vv. -1087-8 ; -1725.

26. Cf. aussi v. -1089.

27. *Ibid.*

28. Cf. aussi vv. -1952-3 ; -2699-2701.

29. Cf. pourtant vv. -5565-7.

30. Cf. aussi vv. -1090 ; -1728 ; -1954-5 ; -2699-2706 ; -5568.

31. Cf. aussi vv. -1729-31 ; -1956-59 ; -2707-8 ; -5569-70.

32. Cf. aussi vv. -1732 ; -2708 ; -5570.

33. Cf. aussi v. -5570.

34. Cf. aussi vv. -2695-6 ; -5054-5 ; -5077-81 ; -5393-96 ; -5406-9 ; -5522-3.

35. Cf. aussi vv. -2709 ; -5057-9 ; -5397.

36. Cf. pourtant vv. -5038-42 ; -5341-7 ; -5350-3.

37. Cf. pourtant vv. -5046-8 ; -5356-61.

38. Cf. pourtant vv. -2184-2265. Sur ce passage, V. *infra,* pp. 140-141.

39. Cf. aussi vv. -5669-73. Pour le v. -A330, V. Chap. III. 8 : 12b], pp. 109, 110, 112-3 de la présente étude.

40. Cf. pourtant vv. -5063 ; -5410 ; -5683.

41. Cf. pourtant vv. -5411-2.

42. Cf. pourtant vv. -5065-6 ; -5428-32.

43. Cf. aussi vv. -5399-5403 ; -5414-6.

44. Cf. aussi vv. -5417-24.
45. Cf. pourtant v. -5687.
46. Cf. aussi vv. -5677-8 ; -5684-6.
47. Cf. aussi vv. -5067-8 ; 5072-6 ; -5090 ; -5331-2 ; 5334-5 ; -5442-4 ; -5688.
48. Cf. aussi vv. -5069-70.
49. Cf. aussi v. -5072.
50. Cf. aussi vv. -5689-92.
51. Cf. aussi v. -5679.
52. Cf. aussi v. -A87-89.
53. Nos références se feront à l'aide de quelques chansons de geste du XIIe siècle, mentionnées dans l'article de M. Labande, que nous avons cité plus haut, n. 1, y compris le *Couronnement Louis,* dont la prière serait à la base de toutes les autres. M. Labande, *a.c.*, p. 65, note 1, se demande pourtant pourquoi toutes les prières remonteraient au *Cour.* : d'une part 'tant de thèmes ne se trouvent pas en ce poème qui s'étalent ailleurs. 'D'autre part, '... des thèmes tels que ceux du Déluge, de Moïse devant le buisson ardent ... ne reparaissent ... dans aucun autre poème épique.'
54. Pour le mot mis en italique, V. corr.
55. Pour les mots mis en italique, V. corr.
56. Sur ce nombre, V. Chap. II. 6, p. 35 de la présente étude.
57. V. Chap. VII. 1.
58. V. Chap. III. 5 : 22].
59. V. Strate, v. 470, var.
60. Sur cette légende, V. Scheludko, dans *ZFSL*, LVIII (1934), pp. 73-86.
61. fo 73b, 25-37. Ce fragment se trouve dans la partie du poème que nous avons intitulée Fin du Nouveau Testament. V. Chap. VI. 1 : H. Sur le Ms. N 4, V. Chap. VI. 1 : no. 4.
    Il est peut-être intéressant de noter que les ll. 34-37 de ce texte ne sont pas sans présenter des rapports avec le passage final du *Pélican*, que nous trouvons dans le *Physiologus* grec (et latin). Nous le citons d'après la traduction allemande de O. Seel, *Der Physiologus*, Zürich, Stuttgart, Artemis Verlag, [2]1967 pp. 6, 7 : no. 4 :
    > Er aber kam zur Erhöhung des Kreuzes, und aus seiner geöffneten Seite troff Blut und Wasser, zu Heil und eigenem Leben : das Blut darum, dasz gesagt ist : Er nahm den Kelch und dankte : das Wasser aber um der Taufe willen zur Busze.
    Cf. aussi P. de Beauvais, *Bestiaire*, éd. Cahier-Martin, II, p. 121, no. VI. Il paraît que le même fragment se lit dans la *Glossa Ordinaria* (*PL*, 114, 914.)
62. Cf. Mehne, p. 39, note : Ce passage est certainement dû à un remanieur.
63. V. -LL 159, 243, 269, 270, 356, 357, 551-555, 580-588, 599, 607, -A33-39.
64. Pour les autres emprunts en langue française, V. Introduction p. 2, note 33.
65. Cf. E.-R. Labande, *a.c.*, p. 65, note 1.
66. Nos références se feront d'après l'inventaire que l'on lit pp. 133-134.
67. vv. -1587, -2024, -A245.
68. v. -5594.
69. *Simon de Pouille*, vv. 156, 628 ; *Anseïs de Carthage*, v. 1210.
70. V.E. Langlois, *Table des noms propres de toute nature compris dans les chansons de geste imprimées*, Paris, 1904, p. 504 : Orient.
71. Cf. aussi *Aquin*, vv. 583-4.
72. É. Mâle, *Le XIIIe siècle*, 1, p. 69, n. 55.
73. Lib. III, c. 10, *PL*, 105, 1116-7.
74. *Ibid.*, 1115.
75. E.-R. Labande, *a.c.*, p. 70. Sur la date de cette chanson, V. l'article d'Antoinette Saly, p. 53, n. 38, que nous avons cité ci-dessus, n. 6.
76. Éd. SATF, pp. 134-5, vv. 11717-20.
77. Pour les termes mis en italique, V. corr.
78. Pour le contexte de ces vers, V. ci-dessus, p. 131.
79. V. *DThC*, t. I, Paris, 1903, 1224 : l'autorité en question est saint Anselme, *De casu diaboli* (*PL*, 158, 325-360).
80. *Elucidarium*, lib. I, c. 7, *PL*, 172, 1113. Cf. aussi Isidore de Séville, *Etymologiae*, V, XXXIX, 1.
81. *Historia Scholastica, PL,* 198, 1058.
82. v. -A307. Cf. aussi v. -2.
83. *PL*, 172, 1114. On trouve le même ordre des noms dans l'hymne *Christe, sanctorum decus Angelorum* (*Br.*, P.V., pp. 1165-6).
84. S. Grégoire le Grand, *Liber Responsalis, PL*, 78, 805-6.

85. *PL*, 172, 1114.
86. *Ibid.*, 903 (nous soulignons).
87. XI, vv. 324-8, cités par E.-R. Labande, *a.c.*, p. 71. C'est un texte tardif du XIVe siècle. Cf. Antoinette Saly, *a.c.*, p. 52, n. 37.
88. Pour ce qui est de l'art décoratif, V. *infra*, n. 135.
89. J.-R. Smeets, dans *GRLMA*, VI/1, p. 56 : elle daterait des années 1139-45.
90. vv. 3500 ss.
91. Cf. E.-R. Labande, *a.c.*, p. 68, n. 3.
92. XI, vv. 329-31.
93. v. 334. Cf. E.-R. Labande, *a.c.*, p. 71.
94. V. *supra*, p. 138.
95. Au Chap. II. 2 nous avons démontré qu'Herman y a emprunté les mêmes éléments.
96. V. ci-dessus, p. 139 (*Chev. cygne Hippeau*). V. aussi *Baud. Seb*, XI, v. 334. Cf. ci-dessus, n. 93.
97. *Etymologiae*, V, XXXIX, 25.
98. v. 325. V. *supra*, p. 138.
99. V. l'éd. de J. M. Canal, pp. 72-83.
100. *Ibid.*, p. 79.
101. *Ibid.*
102. *Ibid.*, p. 80.
103. Cf. le Bréviaire de Cîteaux, (contenu dans le Ms. Dijon 114, fo 82a, b) Lectio X. V. aussi H. Lausberg, *Quant li solleiz*, p. 129, n. 29.
104. Cf. E.-R. Labande, *a.c.*, p. 71 : B 15.
105. Daniel (cf. Labande, p. 72 : B 23) et les trois enfants dans la fournaise (cf. Labande, p. 72 : B 24) symbolisent plutôt la Maternité virginale de Marie. V. aussi *infra*, p. 143.
106. *a.c.*, p. 71.
107. Pour les termes mis en italique, V. corr.
108. Cf. Mehne, p. 21, n. 4.
109. *B.d.J.*, p. 96.
110. V. ci-dessus, n. 108.
111. *PL*, 113, 287 (nous soulignons).
     L'explication symbolique se retrouve dans plusieurs commentaires : cf. Isidore de Séville, *Quaestiones in Vet. Test.*, cap. XXXVIII, *PL*, 83, 506 ; Bède le Vénérable, *Quaestiones super Exodum*, cap. XXXVIII, *PL*, 93, 377 ; Rupert von Deutz, *De Trinitate et operibus ejus*, libri XLII, *In Exod. Lib.* IV, cap. XXVI, *PL*, 167, 727.
112. Il se trouve que Rashi, suivant en cela le Talmud, ... explique que Ex. 32:20 est à rapprocher de l'ordalie imposée à la femme de Nb. 5:12-31. V. sur ce sujet H. Hailperin, *Rashi and the Christian scholars*, Pittburg, Penns., 1963, p. 83.
113. *a.c.*, p. 66.
114. V. ci-dessus, p. 140, v. 3528.
115. V. H.H. Beek, *De geestesgestoorde in de middeleeuwen, Beeld en bemoeienis*, Thèses, Leiden, 1969, chap. 9.
116. V. *supra*, p. 138.
117. S. Grégoire le Grand, *Liber Responsalis, PL*, 78, 731.
118. *Ibid.*, 734.
119. *Ibid.*, 730.
120. vv. 12127-9. Cette version date du XIVe siècle. Cf. E.-R. Labande, *a.c.*, pp. 74, 79.
121. V. § 2, *a, b*.
122. S. Grégoire le Grand, *Liber Responsalis, PL*, 78, 729.
123. Is. 26:19 ; 29:18 ss ; 35:5 ss ; 61:1. Cf. *B.d.J.*, p. 1303, n. *g*.
124. V. Chap. II. 5, p. 40 du présent ouvrage.
125. *DACL*, V, 1, Paris, 1922, 277.
126. V. Is. 35:5, 6.
127. V. E.-R. Labande, *a.c.*, p. 67.
128. Dans *ZFSL*, LVIII, 1934, pp. 176-7.
129. M. Labande, *a.c.*, p. 73, n. 9, a corrigé cette affirmation, en disant que le nombre varie : trente jusqu'à trente-trois. Cf. *supra*, § 1, p. 130.
130. *PL*, 198, 1554 : de Jesu Baptizato (nous soulignons).
131. *Ibid.*, 1558 : de variis opinibus historiae.
132. V. n. 131 (nous soulignons).
133 V. *supra*, pp. 130, 135.

134. Les sources ultimes auxquelles ont eu recours les auteurs sont l'Écriture sainte, et les écrits des Pères de l'Église, des théologiens et des liturgistes.

135. On retrouve ces thèmes dans l'iconographie : ils ont été sculptés sur les voussures du portail gauche de la façade occidentale de Notre-Dame de Laon. Le sculpteur les a empruntés au *Speculum Ecclesiae* d'Honorius. Cf. M.-L. Thérel, dans *CCM*, XV, 1, janv.-mars 1972, pp. 42-3 ; cf. aussi E. Mâle, *Le XIIIe siècle,* 2, pp. 35-7; Réau, II, 1, pp. 399, 401.

136. Cf. *Missel*, pp. 367, 377.

137. Cf. Réau, II, 1, 402.

138. La seule allusion au *Credo* canonique se trouve à la laisse 60 (vv. -398-405) : pour annoncer le sujet du poème, l'auteur met à contribution une partie du *Symbole des Apôtres.*
Voici le texte français avec, en regard, sa source latine (nous soulignons).

Signor, or entendez, .i. romanz vos dirom
Qui est faiz et estraiz de molt haute raison :
Je le faz de celui qui est et *Diex* et hom,
[Com](*Et*) an(z) terre fu nez, com *soffri passion,*
Com il *moru en croiz,* de *sa resurrexion,*
Dou jor de Pentecouste, de l'aparit ïon,
Signor, com nos venismes par lui a raançon,
Com au ju ïse avrons de noz *pechiez pardon.*

Credo in *Deum,* Patrem omnipotentem, Creatorem caeli et terrae, Et in Jesum Christum Filium ejus unicum, Dominum nostrum : Qui conceptus est de Spiritu Sancto, *natus ex Maria Virgine, passus* sub Pontio Pilato, *crucifixus, mortuus,* et sepultus : descendit ad inferos : tertia die *resurrexit a mortuis :* ascendit ad caelos : sedet ad dexteram Dei Patris omnipotentis : inde *venturus est judicare* vivos et mortuos.
Credo *in Spiritum Sanctum,* sanctam Ecclesiam catholicam, Sanctorum communionem, *remissionem peccatorum,* carnis resurrectionem, vitam aeternam. Amen.

Pour le texte latin, V. *DThC,* I, 2, Paris, 1931, 1661. Sur les deux formes du *Credo* canonique, V. Chap. I. 1 de la présente étude.

VI. LES MANUSCRITS

1. Cf. *GRLMA,* VI/1, pp. 52-3 ; VI/2, p. 89, 8a.
2. V. Chap. II.
3. V. Introduction.
4. V. Chap. II, III, IV.
5. V. Chap. II, IV.
6. V. Chap. II.
7. Pour F, G, V. Introduction.
8. Cf. *V,* vv. 6751-6909. V. Chap. II. 4.
9. Cf. *V,* vv. 6910-57. V. Chap. II. 4.
10. V. Chap. III.
11. V. aussi l'Index des noms propres.
12. V. Bibliographie : Thèses de Greifswald : Strate, *II, III, IV, V.*
13. Mlle Florence McCulloch a attiré notre attention sur ce Ms., ainsi que sur le no. 33. Nous la remercions bien de son obligeance.
14. Pour une réfutation de cette thèse, pour laquelle il n'avait pas apporté de preuves, V. Mehne, pp. 4, 6-10.
15. A l'exception du début = vv. -1-1251, que devait publier R. Müller. V. Chap. VII. 1, n. 10.
16. V. Tableau I.
17. Cf. les nos. 6, 9, 19 du Tableau I.
18. V. P. Meyer, dans *BSATF*, 15e ann., 1889, pp. 83, 90.
19. V. Bibliographie.
20. *Ibid.*
21. *Ibid.*
22. V. pp. 242-3 de son article, que nous avons cité aux nos. 24 et 33 du Tableau I.

VII. LE MS. PARIS, B.N.f.fr. 20039, fo 1—123b

1. Depuis plus d'un siècle on l'a considéré comme une bonne copie de l'ouvrage d'Herman de Valenciennes. A plusieurs reprises les critiques l'ont cité. V. Bonnard, *passim* ; *II-V, passim* ; P. Meyer, *Not. et extr.,* XXXIV, 1, 1891, p. 204 ; A. Henry, *Chrestomathie de la Littérature en ancien français,* Berne, Francke, [3]1965, pp. 5, 6 ; W. H. Lyons, dans *Essays in Memory of G.T. Clapton,* Oxford, Blackwell, 1965 (New York, 1966) pp. 26 ss ; J.-R. Smeets, dans *CCM,* VI, 3, 1963, pp. 315-8 ; *GRLMA,* VI/2, p. 87.
2. fo 123b.
3. Cf. *GRLMA,* VI/2, p. 86.
4. *Ibid.,* VI/1, pp. 51-3 ; VI/2, p. 88, 5d.
5. Cf. aussi -L62.
6. -L1, etc., v. -1, etc. Les vv. de l'*Assumption* sont indiqués comme suit : -A1, etc.
7. Cf. J. Vielliard, *Conseils aux éditeurs de textes français du Moyen Age,* dans *Revue d'histoire de l'église de France,* t. 29, 1943, p. 276, n. 7.
8. Guerris m'escrist... .
9. V. Bibliographie : Thèses de Greifswald.
10. Cf. *II,* pp. 5, 26 et *IV,* p. 7. Cette publication n'a jamais vu le jour. V. *CCM,* VI, 3, 1963, p. 219, n. 6.
11. Sur ces Mss, V. Chap. VI. 1, 3, nos. 18, 9, 6, 2, 19.
12. Leipzig, [4]1880, col. 95-104.
13. V. Chap. VI, 1, nos. 18, 2, 8.
14. V. Chap. III. 5, 9. Cf. aussi Chap. VI.
15. Sur le système que nous avons adopté, V. § 1.
    Dans les vers que nous citons nous n'avons pas marqué les abréviations résolues.
16. Cf. E. Faral, *Les Arts poétiques du XIIe et du XIIIe siècle,* Paris, Champion, 1962, p. 58.
17. Ps. 111 (110) : 10 ; Pr. 1:7 ; Si. 1:16.
18. V. Chap. VI. 1, nos. 6, 8, 9, 13.
19. Cf. G. Raynaud de Lage, *Manuel pratique d'ancien français,* Paris, Picard, 1964, p. 213. L'auteur y voit une mélecture 'sans plus' de la part de P. Meyer, qui avait lu *fié* au lieu de *sié.*
20. V. Mehne, p. 16, note.
21. Cf. J.-R. Smeets, dans *CCM,* VI, 3, juill.-sept. 1963, p. 322.
22. Cf. Mehne, p. 16.
23. Cf. Gn. 18:2.
24. S. Grégoire le Grand, *Liber Responsalis, PL,* 78, 749.
    Pour les termes liturgiques nous renvoyons une fois pour toutes au Chap. I.
25. Cf. Réau. II, 1, p. 20.
26. Cf. Isidore de Séville, *Etymologiae,* lib. XI, II. Cf. aussi les vv. -741, -3202, -3260.
27. V. rem. au v. -239.
28. Dans le texte, nous avons ajouté la lettre a à leur numéro.
29. V. pourtant -LL562, 563.
30. V. Mehne, p. 16, note. L'auteur renvoie à Gn. 12:11 et à Gn. 20:2.
31. V. Strate, p. XXIII ; *II,* p. 26 ; *III,* p. 8 ; *IV,* p. 12.
32. Cf. Marie de France, *Le Freisne,* vv. 38-42 ; 52-56. (éd. J. Rychner, CFMA : 93) Cf. aussi Evrat, *Genèse,* Ms. Paris, B.N.f.fr. 12456, fo 78b, 15-17;
    > Rebecce, dunt li pueple sunt
    > N'est mie droiz qu'en la resunt,
    > Qu'il dui sunt d'uno conossance...
33. Cf. J. Dufournet, *Recherches sur le Testament de Fr. Villon.* Notes d'un cours professé à la faculté des Lettres de Montpellier. Paris, Centre de documentation universitaire, première série, 1967, p. 23, n. 4.
34. Cf. *B.d.J.,* p. 98, n *f.* Cette traduction 'fautive' à ce qu'on croyait, avait donné naissance au type du Moïse cornu, (cf. la statue de Moïse de Michel-Ange) dans l'iconographie chrétienne. V. R. Mellinkoff, *The Horned Moses,* p. 1, + n. 1. L'auteur (pp. 77-8) ne croit pourtant pas à une erreur. A son avis, saint Jérôme avait choisi intentionnellement le terme *cornutus,* qui, pour lui, avait le sens de *glorifié.*
35. Cf. Enlart, III, p. 340, fig. 335 ; p. 376 ; R. Mellinkoff, Chap. VIII, + ill. 98.
36. Ms. Den Haag, Kon. Bibl., 169B19, fo XXXIX.
37. Ms. Paris, B.N.f.fr. 903, fo 53d. Cette *Bible* sera éditée prochainement par M. J.-R. Smeets. V. son article *La "Bible" de Jehan et Ovide le Grant,* dans *Neophilologus,* LVIII, 1, jan. 1974, p. 31, n. 2.
38. *Br.,* P.H., p. 763.
39. *Macé* III, p. 77, vv. 14752-5.
40. S. Grégoire le Grand, *Liber Responsalis, PL,* 78, 732.

41. *Ibid.*, 733, 730.
42. *III*, vv. [2667-2762]. Cf. Mehne. p. 23, +note. Pour les vv. [2667-2733], V. Chap. III. 4, p. 77 ss de la présente étude.
43. Cf. Chap. III. 1, p. 59.
44. Sur ces Mss, V. Chap. VI. 1, nos. 17, 19.
45. V. Chap. III. 1, p. 59. Nous citons encore un répons emprunté à un office rythmique pour la fête de la Conception de la Vierge, qui rend la même idée :
    Sic per annos duodenos
    Peragebant et octenos
    Caelibe conjugium. cf. *AH,* 5, p. 110.
46. V. Chap. III. 1 : *N* III, 1.
47. *Ibid.*
48. V. n. 45.
49. V. Chap. III. 1 : *N* III, 2.
50. Pour -L388, V. Chap. III. 3:17].
51. Joël ainsi que Jonas (— 3000) figurent dans l'*Ordo Prophetarum* de Rouen. Cf. Young, *Ordo Proph.,* pp. 56-7.
52. V, Mehne, p. 41, n. ?
53. *Aye d'Avignon,* vv. 1531-35. éd. crit. de S. J. Borg, TLF : 134, Genève, Droz, 1967, p. 214.
54. Les *Enfances Guillaume,* vv. 2927-8, éd. P. Henry, SATF, Paris, 1935, p. 124.
55. *PL*, 42, 1126. Cf. É. Mâle, *Le XIIIe siècle,* 2, pp. 352-5.
56. V. Mehne, p. 41 : 2 : il s'agirait plutôt de saint Paul !
57. *Ibid.*
58. V. Chap. III. 1 : *N* VI, 1.
59. *Ibid.* : *N* VI, 2.
60. V. Chap. III. 1 : *N* VIII, 2 ; *Ps.-M* VIII, 5.
61. V. vv. -A292, 420. La source latine, en effet, mentionne trois jeunes filles, servantes de la Mère de Dieu, pendant les dernières journées de sa vie terrestre. V. Chap. III. 5 : *Col* (= *Wil* 23, 31).
62. Sur la légende et sur l'iconographie des Rois mages, V. Gabriel Beaudequin, *L'Adoration des Mages à l'époque romane,* dans *CCM,* III, 4, oct.-déc. 1960, pp. 479-89. V. aussi Chap. II. 7.
63. Éd. *Los Evangelios Apocrifos,* Madrid, 1956, p. 230. Sur le *Pseudo-Matthieu,* V. Chap. III. 2.
64. V. cependant Chap. II. 8, pp. 52-3.
65. V. Mehne, pp. 7, 26.
66. *Ibid.*, p. 42 : 4.
67. Ce passage figure déjà dans le Martyrologe de Bède (*PL*, 94, 1144). Cf. Young, *Drama,* II, pp. 194-5.
68. Dom Quentin, pp. 629-30.
69. Cf. *III,* vv. 3748-64.
70. Mehne, p. 42.
71. *PL*, 198, 1546.
72. vv. 2084-93, éd. E. Krappe, *Christi Leben...,* Diss., Greifswald, 1911.
73. fo 116a. cf. Bonnard, p. 230.
74. Cf. É. Mâle, *Le XIIIe siècle,* 2. p. 153.
75. *Speculum Ecclesiae, PL,* 172, 840. Cf. aussi Réau, II, 2, p. 170-1, n. 1.
76. Cf. E.-R. Labande, *Le "Credo" épique,* p. 66.
77. Cf. V.-H. Debidour, *Le Bestiaire sculpté du moyen âge en France,* Paris, B. Arthaud, 1961, ill. 445.
78. S. Grégoire le Grand, *Liber Responsalis, PL,* 78, 742 : répons et verset pour l'office du 13 janvier. Cf. Chap. II. 6, p. 43.
79. *PL*, 39, 2103-4. *De Annuntiatione Dominica* (Sermo CXCIII) : Fratres dilectissimi...
80. Éd. E. Walberg, Paris, Lund, 1900, p. 8. vv. 181-194.
    Sur ce *Bestiaire,* V. *GRLMA,* VI/2, p. 225, no. 4224.
81. Au chapiteau du cloître de Moissac 'l'époux, confondu avec l'Architriclin, présente une coupe à la mariée'. Cf. Réau, II, 2, p. 366.
82. Cf. Jn. 6:7 : Ducentorum denariorum panes non sufficiunt eis, ut unusquisque modicum quid accipiat. Il s'agit donc de 'pain de deux cents *de* deniers', selon l'expression latine. Cette construction se retrouve en a.fr. : p. ex. dans 'milsoldor = mille solidorum'. Cf. Anglade, p. 78-9, n. 1.
83. pp. 67-8. Sur cet ouvrage, V. *GRLMA,* VI/2, p. 59, no. 1440. Pour l'édition que nous avons utilisée, V. Bibliographie.
84. *a :* Jn. 9:24-34 ; *b : IV,* vv. 4542-59 ; *c : Domées,* pp. 67 : 21-68 : 5.
85. V. Chap. VI. 1 : D + nos. 2, 8, 13, 16.
86. *Ibid.*, E + nos. 5, 20, 22.

87. Cf. E. Gamillscheg, pp. 588 fin, 589 début. V. Glossaire.
88. *B.d.J.*, p. 1416, n. *a* : Litt. 'notre Lieu' : soit Jérusalem, soit tout le pays juif, soit plus probablement le Lieu Saint par excellence, le Temple.
   Cette dernière solution justifierait 'nostre loi', puisque c'est au Temple qu'on garde l'Arche d'alliance.
89. *Constitutiones apostolicae*, Lib. VIII, *PG*, 1, 1098. Sur cet ouvrage, V. *D.Th.C.*, 3:2, Paris, 1938. 1520 ss ; 1529 ss. Cf. aussi D. Scheludko, dans *ZFSL*, LVIII, 1934, pp. 71 ss.
90. Cf. aussi vv. -5798, -5815.
91. S. Grégoire le Grand, *Liber Responsalis, PL*, 78, 766. Cf. -LL613-618.
92. Dans d'autres Mss, le métre change à partir de -L528. V. Chap. II. 4.
93. A = alexandrins ; D = vers décasyllabiques.
94. Cf. Mehne, pp. 33, 34 + notes.
95. S. Grégoire le Grand, *Liber Responsalis, PL*, 78, 764.
96. V. Réau, II, 2, p. 438 ; É. Mâle, *Le XIIIe siècle*, 2, pp. 166-7.
97. V. *supra*, n. 94.
98. Cap. IV : 1. V. *Evangelios Apocrifos*, p. 438. Sur les *Acta Pilati*, V. *GRLMA*, VI/1, p. 196, n. 47.
99. Sur cette valeur de *facere* + inf., V. E. Gamillscheg, pp. 530-1.
100. Cf. S. Grégoire le Grand, *Liber Responsalis, PL*, 78, 768 : ce sont les termes *luge, plange, ululate, clamate* et *flete* qui soulignent le caractère douloureux de cette période.
101. -LL595-6.
102. vv. -5491 ; -5506 ; -6666.
103. V. Chap. VI. 1 : H.
104. V. *GRLMA*, VI/2, p. 88, 6a. Bien que ce passage figure dans l'ouvrage de Bonnard (pp. 27-9), il semble que, jusqu'ici, les études sur l'oeuvre de Robert de Boron aient négligé le fait que ce fragment est contenu dans le Ms. Paris, B.N.f.fr. 20039, fo 113 ro-114 vo.
   Sur la version en prose du 'Joseph d'Arimathie' de Robert de Boron, V. R. O'Gorman, dans *RPh*, XXIII, 4, May, 1970, pp. 449-461 ; et dans *Revue d'histoire des textes*, I, 1971, pp. 145-181.
105. Proefschrift, Tiel, 1942.
106. *Ibid,* p. 136.
107. *Ibid.*, pp. 134 ss : *Passion des Jongleurs*, vv. 1737 ss.
                     Passion du Palatinus, vv. 1459-62 ; 69-75 ; 76-91.
108. *Ibid.*, p. 136.
   Sur l'Évangile de Nicodème, V. *GRLMA*, VI/1, p. 196, n. 47. Cf. aussi Antoinette Saly, pp. 57 ss.
109. V. Hucher, pp.216-7. Cf. *supra*, p.389, ll. 11-26.
110. V. Fr. Michel, *Le Roman du Saint Graal*..., Bordeaux, 1841, vv. 439 ss.
111. Voici, par exemple, le passage en question dans *Huon de Bordeaux*, vv. 2011-16 :
         Iluec avoit un chevaliers membré,
         Josep ot non, moult fu bons eürés,
         Vij. ans servi Pilate en son ostel,
         Tous ses services li fu quites clamés
         Mais que fuissiés jus de le crois ostés ;
         Cil l'otria volentiers et de gré.
   V. E.-R. Labande, pp. 76-7, + n. 1. L'auteur mentionne encore : *Aquin*, 1958-61 : *Fierabras*, 1215-17.; *Chev. cygne Hippeau*, 3580-82 ; *God. Buill. Hippeau*, 1225.
112. Le terme est de M. P. Zumthor. V. son *Langue et techniques poétiques à l'époque romane*, (XIIe-XIIIe siècles), Paris, Klincksieck, 1963, pp. 129 ss.
113. Cf. *Les Poésies de Guillaume le Vinier*, publiées par Ph. Ménard, Genève, Droz, 1970, (TLF : 166) pp. 99 oo : la poésie X est intitulée ; *Qui merci crie, merci doit avoir.*
   Cf. aussi *Bataille Loquifer*, v. 3164, cité par le même éditeur (p. 102, n.) : *Qui merchi crie, bien doit avoir merchi.*
114. V. Chap. III. 5 : 26].
115. Cf. vv. -628 ; -1942 ; -3580 ; -6245 ; 6483 ; 6495.
116. V. Chap. VI. 1. no. 10 : fo 10a, 22.
117. Cf. Chap. III. 7, p. 105.

INDEX DES NOMS PROPRES

Nous citons les noms français des personnages bibliques d'après *La Sainte Bible, traduite en français sous la direction de l'École biblique de Jérusalem,* Paris, Éditions du Cerf, 1961. [*B.d.J.*]
L'italique indique que le nom ou le vers en question a été corrigé.
Nous avons distingué les homonymes à l'aide d'un chiffre arabe.

AARON : 2116, 2145, 2998, 3030, 5052. Aaron, compagnon de Moïse ; en tant que prophète, il annonça la naissance de la Vierge Marie et l'avènement de son Fils ; le rameau fleuri d'Aaron est le symbole de la Vierge Marie.

ABACCU : 3001. Habaquq, prophète qui a annoncé la naissance de la Vierge et l'avènement de son Fils.

ABIAUS : 115, 145, Abel, fils d'Adam et Ève, tué par Caïn.
Abel : 119, 131, 147, 158, 315, 5565.

ABREHANZ : 326, 330, 337, 339, 391, 508, 606, 2707. Abraham, patriarche, père d'Isaac.
Abreahans : 467.
Abreanz : 500.
Abreham : 356, 487, 543, 584, 598, 1729.
Abrehan : 363, 480, 493, 517, 527, 528, 544, 546, 631.
Abrehans : 331, 376, 534, 535, 541, 556, 558, 561, 564, 607, 1956, 3372, 5569, A320.

ACHAT DE MAL : *6583.* Haqueldama : champ du Sang (Mt. 27:8). Cf. 6593.

ADEN : 19, 28, 31. Adam, le premier homme.
Adam : 73, 1085, 2624, A311, A375.
Adan : 98, 1726.
Adans : 49, 83, 108/9, 164, 1950, 5563.
Adanz : 151, 153.
Adenz : 23, 26.

ALFEÜS : 3124. Alphée, époux de Marie Cléophas. V. Marie 3.

ANANIE : 3008. Ananias, Hébreu jeté dans la fournaise par ordre de Nabuchodonosor (Dn. 3:7, 88).

ANDREUS : 4322. André, l'Apôtre, frère de Simon Pierre.
Andrius : 4399.

ANGLETERRE : 5641. Royaume d'un roi Henri.

ANNA : 2747, 2768, 2835, 2836, 2837, 2846, 2913, 3103, 3105. Anne, épouse de Joachim, mère de la Vierge Marie.
Anne : 2787, 2904, 2922, 2923, 2954, 3019, 3061.

AOUST : 2757. Le mois d'août, où Joachim récolte son blé.
Aoust (Calandes d' —) : A513, A523. V. Calandes.

APOLIN : 3005. V. corr.

ARAN : 960, 1037. Harân, pays de Laban, oncle maternel de Jacob.

ARCHEDECLINS : 4234, 4259, 4266, 4270. Nom du marié des Noces de Cana. Au fond, c'est le maître du repas : 'architriclinus, qui praeerit triclinis, cuius erat convivium praeparare, vina praegustare' (Jn. 2:1-12).

Archedeclin : 4261, 4265, A352.
Archedeclinus : 5069.

ARCHELAUS : 3748, 3789, 3944. Archélaüs, fils du roi Hérode (Mt. 2:22). V. Herodes 1.
Archelax : 3793.

AUFRIQUE : 1788. L'Afrique.

AUGUSTUS : 3458. César Auguste, empereur romain (Lc. 2:1) de 30 av. J.-C. à 14 apr. J.-C.

AVRIL (Au secont jor d' —) : 4289. Date où Jésus inaugure sa prédication. Cf. Mt. 4:17.

AZARIE : 3008. Azarias, Hébreu jeté dans la fournaise par ordre de Nabuchodonosor (Dn. 3:7, 88).

BALTASAR : 3630. L'un des Rois mages.

BARRABAS : 6466, 6468, 6474, 6477, 6512. Barabbas, prisonnier relâché à la foule par Pilate en échange de Jésus (Mt. 27:15-21).

BARTHOLOMEZ : 4331. Barthélemy, l'Apôtre.

BATISTE : 3852, 3928. Saint Jean-Baptiste. V. Jehans 2.
Baptiste : 3962.
Batistes : 4057.

BAUDUÏNS : 5612. Baudouin, comte qui a assisté au baptême de l'auteur.

BENJAMINS : 1716, 1717, 1829. Benjamin, fils de Jacob et Rachel, frère de Joseph.
Benjamin : 1596, 1722, 1745, 1751, 1787, 1794, 1874.

BERSABEÉ : 593. Bersabée, où résida Abraham après le sacrifice d'Isaac.

BERSADÉ : 4589. Bézatha, nom hébreu de la piscine probatique à Jérusalem (Jn. 5:2 : Probatica piscina). (Var. : Bethesda, Bethsaïda, Belsetha., Cf. *B.d.J.,* p. 1403, n. *e*).

BETAINNE : 4732, 4738, 4841, 4909, 4919, 5576, A353. Béthanie, village où habitent Lazare et ses soeurs Marie et Marthe. V. Marie 4.
Bethanie : 4810.

BETHLEEM : 453, 2744, 2796, 3296, 3599, 3601. Bethléem, en Judée, ville natale de Joachim (V. ce nom), ville natale de Jésus. Territoire où furent massacrés les Innocents (V. ce nom).
Belleem : 3450, 3455, 3465, 3478, 3490, 3516, 3519, 3638, 3686, 3697, 3709, 3725.

BIBLE : 5036. L'Écriture sainte.

CAFARNAON : 4286. Capharnaüm, ville en Galilée (aux bords du Lac de Génésareth), région où Jésus inaugure sa prédication.

CAÏN : 123. Caïn, meutrier de son frère Abel. V. Kaÿns.

CALANDES (– d'Aoust) : A513. Date de la mise au tombeau et de l'Assomption de la Vierge Marie.

CALEF : 2277. Caleb, á qui Josué donne Hébron pour héritage (Jos. 14:13).

CALVAIRE : 6599, 6657. Montagne près de Jérusalem, où fut crucifié Jésus (Mt. 27:33).

CAŸFAS : 5112. Caïphe. V. Kaÿfas.

CENOFEE : 5131. Scénopégie, fête juive (Jn. 7:2 : Scenopegia).

CESARS : 6226. L'Empereur (romain) contre 'le roi' des Juifs, Jésus (Jn. 19:12, 15).
Cesar : 6448.

CLEOFAS : 3110, 3122. Troisième époux d'Anne, mère de la Vierge Marie.

CRIZ : 3880, *5278*, 5281, 5508, 5592. Jésus-Christ.
Cristus : 3894, 3901, 5080. V. aussi Jhesu.

CYRINUS : 3461. Quirinius, gouverneur de Syrie (Lc. 2:2 : a praeside Syriae Cyrino). V. Tyrions.

DAMEDIEX : 24. Dieu. V. aussi Dieu.
Damerdeu : 118, 124, 618, 1744, 2106, 2631, 2992, 3248, 3313, 4102, 4756, 4977, 5632.
Damerdex : 314, 2281, 3196, 4284.
Damerdiex : 127, 1674.

DANÏEL : 3002. Daniel, prophète qui annonça la naissance de la Vierge et l'avènement de son Fils.

DAVID : 2330, 2356, 2368, 2371, 2388, 2402, 2403, 2413, 2416, 2422, 2428, 2431, 2443, 2445, 2447, 2451, 2463, 2469, 2471, 2475, 2492, 2493, 2497, 2500, 2502, 2504, 2528, 2709, 2765, 2996, 3317, 3340, 3496, 5059, 5282, 5389, 5397, 5523, 5529, 5543, A323. David, fils de Jessé. En tant que prophète, il annonça la naissance de la Vierge et l'avènement de son Fils.
Davi : 2692, 2746, 3464, 5057, 5387, 5514.

DES FRERES : *5118, 5122.* V. Effrem.

DIDIMUS : 4904. Thomas, l'Apôtre, dit Didyme (Jn. 11:16).

DIEU : 1, 6, 8, 130, 158, 247, 318, 322, 410, 415, 466, 475, 539, 1043, 1345, 1659, 2409, 2649, 2935, 3198, 6378, A46, A240, A244, A279. Dieu.
Deo : 534.
Deu : 153, 155, 329, 339, 514, 520, 528, 614, 628, 692, 863, 923, 1007, 1587, 1640, 1790, 1802, 1949, 1967, 1971, 1973, 2096, 2146, 2170, 2199, 2207, 2241, 2247, 2389, 2392, 2497, 2512, 2568, 2629, 2664, 2689, 2701, 2710, 2754, 2758, 2785, 2794, 2804, 2850, 2900, 2905, 2943, 3077, 3080, 3129, 3208, 3212, 3235, 3238, 3244, 3256, 3263, 3303, 3323, 3334, 3344, 3356, 3373, 3376, 3387, 3676, 3944, 3976, 4074, 4118, 4121, 4126, 4132, 4156, 4425, 4441, 4481, 4505, 4517, 4529, 4621, 4635, 4684, 4723, 4908, 4934, 4937, 4947, 5109, 5169, 5172, 5201, 5206, 5288, 5301, 5405, 5593, 5601, 5608, 5628, 5680, 5738, 5981, 5993, 6249, 6418, 6428, 6498, 6603, A109, A196, A527.

Dex : 717, 4280.

Diex : 27, 61, 146, 205, 210, 228, 335, 386, 392, 400, 407, 413, 470, 472, 473, 474, 484, 487, 517, 532, 543, 576, 581, 631, 668, 683, 837, 900, 980, 1084, 1113, 1137, 1156, 1204, 1208, 1216, 1221, 1622, 1710, 1723, 1725, 1782, 1840, 1901, 1945, 1952, 1956, 1959, 1972, 2016, 2063, 2107, 2149, 2165, 2195, 2202, 2253, 2280, 2282, 2407, 2499, 2506, 2519, 2536, 2633, 2656, 2658, 2694, 2695, 2726, 2728, 2729, 2730, 2820, 2842, 2870, 2877, 2894, 2993, 3010, 3022, 3071, 3073, 3093, 3144, 3168, 3230, 3272, 3304, 3353, 3431, 3432, 3456, 3510, 3583, *3602*, 3663, 3855, 3912, 3913, 3926, 3930, 4060, 4083, 4085, 4107, 4143, 4309, 4509, 4513, 4596, 4719, 4756, 4924, 5039, 5187, 5207, 5208, 5210, 5215, 5596, 5598, 5646, 5681, 6250, 6682, A1, *A4*, A83, A220, A248, A271, A288, A409, A467, A508, A559.

DOREE (la porte –) : 2911, 2933, 2967. Porte à Jérusalem.

DOTAÏM : 1169, 1173. Dotan, région où Joseph trouve ses frères, qui cherchent à le perdre (Gn. 37:17). Cf. *Biblia Sacra iuxta Latinam Vulgatam versionem* ..., I, Genesis, Romae, 1926, p. 319.
Dotami : *1169, 1173.* V. Dotaïm.

DUDARS : 5615. Évêque qui fut confirmé le jour du baptême de l'auteur. Pour les var. V. Chap. VI. 1, nos. 9, 15, 19, 27, 28, 29.

EBRIEU : 2. L'hébreu, langue de l'Ancien Testament.
ebreu : 4589. V. Bersadé.

EBRON : 1948, 1996, 2007, 2085, 3099. Hébron, au pays de Canaan. Pays natal de Jacob. Champ et grotte où se trouvent les tombeaux d'Adam et Ève, de Jacob, de Joseph et de Joachim, père de la Vierge Marie. Cf. Gn. 23:2, 17, 19, 20.

EDRAS : A342. Esdras, ancêtre d'Aaron ; ancêtre de la Vierge (Esdr. 7:1-6).

EFFREM : 5118, 5122, 5127. Éphraïm, ville au nord de Jérusalem (lat. : Ephrem).

EGYPS : 1120. L'Égypte.
Egite : 1573, 1978, 2005, 2112, 2249, A342.
Egypte : 1122, 1184, 1253, 1258, 1265, 1434, 1478, 1483, 1516, 1827, 1844, 1857, 1874, 1893, 1917, 1929, 1937, 1998, 2008, 2062, 2111, 3694, 3699, 3714, 3715, 3791.

ELYAS : 3880, 3893, 3900, A321. Élie, le prophète, ancêtre de la Vierge Marie.

ELYSABETH : *3134.* Parente de la Vierge Marie ; épouse de Zacharie ; mère de saint Jean-Baptiste. Elle annonça la naissance de Jésus.
Elisabeth : 3181, 3375, 3873.
Elysabet : 3354.

ERAMBORS : 5618. Mère de l'auteur. Var. : Mss Paris, B.N.f.fr. 25439, fo 75b : Eranbors ; Orléans 445, fo 16a : Erenbourch ; London, B.M., Harley 222, fo 100a : Hereburs ; Cheltenham, Phillipps 4156, fo 47d : Heremborch ; Dublin, Trinity D IV.13, p. 190 : Herberge. Pour ces Mss, V. Chap. VI. 1, nos. 9, 15, 19, 27, 29.

ERMENIE : 253, 258, 259, 274. La montagne d'Ararat, où s'arrêta l'Arche de Noé (Gn. 8:4 : montes Armeniae). Cf. Réau, II, 1, p. 111.

ERODES 1 : 3532, 3700. V. Herodes 1.
    Erode 1 : 3668.

ERODES 2 : 3211, 6361. V. Herodes 2.

ESAÜ : 728, 733, 744, 751, 762, 769, 776, 787, 789, 791, 806, 817, 830, 850, 856, 900, 912, 927, 930, 966, 1075, 1093, 1108, 1732, 1965, A321. Esaü, fils aîné d'Isaac.
    Esaüs : 889.

ESCOCE : 5642. L'Écosse, qu'un roi Henri 'tint en sa baillie'.

EVEM : 25. Ève, la première femme.
    Eive : 37.
    Evain : 102.
    Eve : 51, 54, 58, 90, 1086, 1951.

FARAONS : 1264, 1337, 1366, 1616, 2112, 2153, 2160, 5352. Pharaon, 'roi' d'Égypte.
    Faraon : 1280, 1450, 1517, 2143, 2250, 5040, 5051, 5341, 5345, 5381. V. Pharaons.

FARISIUS : 4473. Les Pharisiens.
    Fariseu : 4479, 4518, 4544.
    Farisis : 5300.

FELIPE 1 : 3947, 3959. V. Phelipes 1.

FELIPPE 2 : 4390. Philippe, l'Apôtre.
    Felipe 2 : 4393.
    Felipes 2 : 4395.

FILISTIENS . 2375, 2441. Les Philistins.
    Filistien : 2421.

GABRIEL : 11. L'un des trois archanges. Il annonce à la Vierge Marie qu'elle enfantera un Fils qui sera appelé Jésus.
    Gabriaus : 3302.

GALE : 5642. Le pays de Galle, qu'un roi Henri 'tint en sa baillie'.

GALILEE : 2742, 2799, 3292, 3294, 4291, 5129, 5281, 5287, 5320, 5323, 5937, 5947, 6179, 6299, 6301. La Galilée, province de la Palestine. V. Nazareth.
    Galileüs : 6172. Homme de Galilée. Cf. 6179.

GÏUS : 479, 2162, 3014, 3031, 3451, 4178, 4196, 4205, 4285, *4885*, 4957, 4969, 5039, 5077, 5159, 5165, 5300, 5338, 5734, 5738, 5856, 5934, 6045, 6047, 6049, 6051, 6290, 6643, A156, Les Juifs.
    Gïu : A169, A268.
    Giu : 5554, A362.
    Gius : A473.
    gïue : 6276, 6674, juive.
    Guïs : 4220.

GOMORRE : 347. Gomorrhe (Gn. 18:20).

GOULIAS : 2377, 2406, 2410, 5058, 5376. Goliath, Philistin, vaincu par David.

GRINGOIRE : 3036. Saint Grégoire (?), qui aurait visité le tombeau de Virgile.

GUERRIS : N6, fo 123b. Guerric, le copiste.

HAINNAUT : 5610. Le Hainaut, pays natal de l'auteur.

HENRI : 5640. Un roi d'Angleterre.

HERMANS : 410, 510, A546. Herman, l'auteur du poème.
    Hermant : 2013.
    Pour les var., V. Chap. VI. 1, nos. 1, 2, 4, 5, 7, 8, 9, 10, 13, 14, 17, 18, 19, 21, 22, 23, 24, 26, 27, 28 (?), 29, 31, 33 (?).

HERODES 1 : 3549, 3550, 3555, 3558, 3591, 3604, 3633, 3676, 3695, 3702, 3717, 3722, 3726, 3734, 3761, 3789, 3793, 3933, 3942, 5417, 5422, A334, A338, A343. Hérode le Grand, roi de la Judée ; sous son règne naquit Jésus ; il fit mettre à mort les Innocents : il mourut dans un bain de poix, après avoir souffert de nombreuses maladies. V. aussi Erodes 1.
    Herode 1 : 3539, 3563, 3575, 3930. V. aussi Erode 1.

HERODES 2 : 3946, 3948, 3977, 3981, 4019, 4034, 4038, 4050, 6311, 6317, 6320, 6325, 6330, 6334, 6349, A346. Hérode Antipas, fils aîné d'Hérode le Grand ; il a mis à mort saint Jean-Baptiste. V. Erodes 2.
    Herode 2 : 3929, 3964, 4029, 6303, 6306, 6308, 6323, 6339.

HERODIAS : 3953, 3965, 3974, 3979, 3983, 4088, 4093. Hérodiade, femme de Philippe, mère de la nièce d'Hérode Antipas.

INNOCENS : 3723. Enfants massacrés en Judée, sur l'ordre d'Hérode le Grand (Mt. 2:16).

ISRAEL : 3370, 3603, 5573, 5521, A436. Nom du peuple choisi.

JACOB : 731, 734, 743, 746, 749, 763, 828, 832, 848, 852, 859, 861, 871, 896, 899, 904, 927, 932, 933, 935, 941, 946, 947, 949, 955, 958, 963, 974, 978, 983, 992, 1008, 1029, 1033, 1042, 1045, 1051, 1058, 1073, 1078, 1079, 1111, 1116, 1118, 1123, 1133, 1159, 1193, 1238, 1250, 1546, 1570, 1593, 1712, 1729, 1735, 1830, 1848, 1862, 1869, 1880, 1881, 1883, 1931, 1936, 1940, 1943, 1986, 2708, 5570, A321. Jacob, fils d'Isaac, frère d'Esaü.

JANION (fils a –) : *2278*. V. corr. à ce v.

JAQUE 1 : 3121, 4328, 5967. Jacques (le Majeur), l'Apôtre, fils de Marie Salomé et de Zébédée ; frère de Jean, l'Évangéliste. V. Marie 2.
    Jacques 1 : 4084.

JAQUES 2 : *3130*. Jacques (le Mineur), fils de Marie Cléophas et d'Alphée ; 'frère' de Jésus. V. Marie 3.

JASPAR : 3628 . L'un des Rois mages.

JEHAN 1 : 4328, 4373, 5967, A6, A10, A159, A370. Jean, l'Évangéliste, fils de Marie Salomé et de Zébédée ; frère de Jacques (le Majeur). V. Marie 2.
Jehans 1 : 4084, 4430, 4537, 4599, 4833, 4839, 5759, A33, A138, A141, A178, A187, A201, A202, A204, A206, A222, A422, A425.

JEHANS 2 : 3180, 3193, 3200, 3205, 3211, 3805, 3826, 3828, 3831, 3839, 3849, 3857, 3868, 3897, 3915, 3964, 3975, 3990, 3992, 3998, 4001, 4066, 4086, 4101, 4283, 4294, 4303, 4310, 5082, 5084, 5433. Saint Jean-Baptiste, fils d'Élisabeth et de Zacharie.
Jehan 2 : 3156, 3164, 3803, 3810, 3812, 3813, 3816, 3822, 3823, 3886, 3927, 3946, 3971, 3977, 3980, 4009, 4012, 4019, 4043, 4049, 4053.
Jehanz 2 : 3949.

JEREMIE : 2998. Jérémie, prophète qui annonça la naissance de la Vierge et l'avènement de son Fils.
Jeremias : A322.

JERUSALEM : 1584, 2529, 2616, 2910, 2956, 2966, 2971, 3026, 3047, 3184, 3526, 3529, 3890, 4130, 4168, 4189, 4618, 4913, 4923, 5136, 6677, A104, A432. Jérusalem. V. aussi Jursalem.

JESSE : 2314, 2322, 2326, 2339, 2342, 2345, 2351, 2765, 3270, 5523. Jessé, père de David ; ancêtre de la Vierge et de Jésus.

JHESU : 416, 3315, 3524, 3993, 3999, 4162, 4228, 4236, 4436, 4455, 4661, 4814, 4860, 4928, 5015, 5280, 6151, 6162, 6212, 6408, 6478, 6603, A483, Jésus. V. Criz.
Jhesucrit : 4173, 4176.
Jhesucriz : *3132*, 3827, 4110, 6391.
Jhesum : 5859, 6259, 6289.
Jhesus : 4010, 4154, 4256, 4262, 4277, 4313, 4316, 4433, 4466, 4572, 4603, 4648, 4664, 4695, 4700, 4747, 4773, 4792, 4879, 4908, 4912, 4917, 4928, 4931, 4943, 4947, 4968, 4970, 4973, 4980, 5001, 5038, 5085, 5108, 5113, 5155, 5161, 5229, 5274, 5530, 5561, 5582, 5730, 5804, 6057, 6099, 6100, 6110, 6160, 6207, 6231, 6321, 6380, 6397, 6412, 6426, 6475, 6484, 6501, A52, A260.

JOACHINS : 2745, 2751, 2753, 2767, 2786, 2794, 2806, 2849, 2873, 2877, 2933, 2968, 2975, 2992, 3060, 3077, 3094, 3098, 3257, A325. Joachim, père de la Vierge Marie.
Joachim : 2811, 2829, 2830, 2854, 2865, 2896, 2909, 2917, 3096.
Joachin : 2856, 2925, 2957.

JOHEL : 2999. Joël, prophète qui annonça la naissance de la Vierge Marie et l'avènement de son Fils.

JONAS : 3000. Jonas, prophète qui annonça la naissance de la Vierge Marie et l'avènement de son Fils.

JORDAN : 929, 1097, 3810, 5685. Le Jourdain.
Jordain : 3804.

JOSAFAS : A492, A534. Josaphat, vallée où se trouve le tombeau de la Vierge Marie ; vallée du Jugement dernier.
Josafaz : A515.

JOSEPH 1 : 1119, 1137, 1150, 1159, 1172, 1186, 1205, 1217, 1236, 1244, 1252, 1266, 1274, 1278, 1279, 1282, 1289, 1292, 1295, 1302, 1307, 1319, 1332, 1335, 1341, 1351, 1352, 1363, 1392, 1397, 1401, 1410, 1419, 1425, 1435, 1439, 1440, 1447, 1455, 1477, 1481, 1526, 1530, 1534, 1538, 1580, 1582, 1613, 1626, 1634, 1643, 1646, 1647, 1669, 1675, 1702, 1706, 1734, 1743, 1745, 1760, 1764, 1835, 1859, 1884, 1885, 1889, 1891, 1893, 1906, 1925, 1970, 1976, 1992, 1996, 1998, 2003, 2006, 2007, 2028, 2035, 5570. Joseph, fils de Jacob et Rachel.
Josep 1 : 1123, 1204, 1223, 1422, 1444, 1606, 1665, 1678, 1829, 1830, 1838, *2999,* A321.
Joses 1 : 2074.

JOSEPH 2 : 3277, 3287, 3401, 3409, 3411, 3415, 3417, 3426, 3428, 3430, 3434, 3442, 3445, 3454, 3462, 3470, 3521, 3659, 3689, 3691, 3694, 3713, 3715, 3795, 3800, 4171, 4184, 4210, 4219, 4223, A340. Joseph, époux de Marie, mère de Jésus.
Josef 2 : 5280.
Josep 2 : 3290, 3791, 4187.

JOSUE : 2276, *2278,* 5365. Josué, fils de Nûn ; successeur de Moïse.

JUDAS : 4338, 4365, 5734, 5842, 5851, 5857, 5861, 5865, 5867, 5869, 5871, 5872, 5874, 5878, 5889, 5898, 5901, 5902, 5916, 5942, 6044, 6052, 6055, 6058, 6059, 6063, 6068, 6069, 6126, 6133, 6222, 6514, 6526, 6554, 6560, 6562, 6569, 6573, A364, A461. Judas, disciple de Jésus ; celui qui l'a trahi.

JUDEE : 4866, 4882, 5130, 5133. La Judée, province de la Palestine.

JURSALEM : 4585, 5689. Jérusalem. V. Jerusalem.
Jurzalem : 6663.

KAŸFAS : 5101, 5556, 5560, 5855, 6128, 6132, 6139, 6211, 6216, 6218, 6223, 6229. Caïphe, le grand prêtre qui joua un rôle prépondérant dans le complot contre Jésus. V. Caÿfas. Cf. *B.d.J.*, p. 1356, n. *h.*

KAŸNS : 115, 125, 5565. Caïn, fils d'Adam et Ève, meutrier de son frère Abel. V. Caïn.
Kaïns : 133, 314.
Kaÿn : 116.

LABAN : 963, 967, 982, 993, 1005, 1009, 1019, 1023, 1032, 1038, 1072. Laban, frère de Rébecca ; oncle de Jacob ; père de Rachel.
Labam : 1054.
Labans : 1022.

LADRE : 4732, 4829, 4920, 4979. Lazare, de Béthanie, frère de Marthe et de Marie-Madeleine.
Ladres : 4738, 4870, 4892, 5013.
Lazare : 5007, A353.
Lazaron : 4812, 4831, 5006.
Lazarons : 4841.
Lazarus : 4905, 4909, 4918, 4981, 5072, 5532.

LATIN : 4, 458, 4728, 4837, 5602. Langue de la Bible, source ultime de l'auteur. Cf. pourtant 2688, 3215-6, 4091-2, 4289, A523.

LEVI : *4333*, 4336. Lévi, le publicain, dit Matthieu (Mc. 2:14), l'Apôtre. V. Matheu.

LÏAN : 988. Léa, fille aînée de Laban ; soeur de Rachel ; épouse de Jacob.
Lïe : 998.
Lÿa : 1020.
Lÿam : 995, 1015, 1017, 1025.

LONGIS : A465. Longinus, centurion aveugle, qui perça le flanc de Jésus en croix et obtint de Lui son pardon et la vue.

LOTH : 345, 355, 361, 372, 376, 383, 389, 391. Lot, 'parent' d'Abraham. Cf. 364.

LUCHAS : 4377. Luc, l'Évangéliste.

MANBRÉ : 336, 340. Mambré, où Jahvé apparut à Abraham.

MARCH : 4377. Marc, l'Évangéliste.

MARCUS : 6101. Malchus, serviteur du grand prêtre Caïphe.

MARIE 1 : 415, 441, 447, 2727, 2867, 2931, 2938, 2983, 2991, 2994, 3020, 3043, 3052, 3056, 3059, 3215, 3271, 3289, 3301, 3302, 3309, 3312, 3319, 3327, 3332, 3355, 3357, 3410, 3436, 3674, 3693, 4082, 4171, 4184, 4201, 4227, 4244, A6, A74, A148, A191, A259, A411, A441, Marie, fille d'Anne et Joachim ; mère de Jésus.

MARIE 2 : Marie, fille d'Anne et Salomas , épouse de Zébédée ; mère de Jean, l'Évangéliste et de Jacques (le Majeur) (Mt. 10:3).

MARIE 3 : 3126. Marie, fille d'Anne et Cléophas ; épouse d'Alphée ; mère de Jacques (le Mineur), 'frère' du Seigneur. Cf. Mt. 10:3.

MARIE : 3112. Les trois Maries.

MARIE 4 : 4734, 4741, 4760, 4791, 4804, 4813, 4853, 4876, 4915, 4921, 4925, 4954, 4962, 4970, 4975. Marie-Madeleine, soeur de Marthe et de Lazare. V. aussi Mazelainne.

MARTHE : 4736, 4813, 4816, 4852, 4915, 4921, 4929, 4940, 4943, 4949, 4963, 4985, 4988. Marthe, soeur de Marie-Madeleine et de Lazare.
Marthé : 4917(à l'assonance).

MATHEU : *4333*, 4336, V. Levi.

MATHIZ : 4377. Matthieu, l'Évangéliste.

MAZELAINNE (la –) : 4821 ; 4951 (Marie –). Marie-Madeleine. V. aussi Marie 4.

MELCHION : 3629. L'un des Rois mages.

MICAEL : 11. Michel, l'archange ; 'prevost' des anges ; 'maistre seneschal' de Dieu ; l'auteur demande son aide pour l'heure de sa mort ; Jésus lui confie l'âme de sa Mère.
Michiel : 12, 2716, 5630, A406.

MIDI : 3503. Le sud.

MISERELE : 2482. *Incipit* du Psaume 51(50) : *Miserere mei*, psaume de pénitence composé par David.

MISSAEL : 3008. Misaël, Hébreu jeté dans la fournaise par ordre de Nabuchodonosor (Dn. 3:7,88).

MOŸSES : 2063, 2073, 2083, 2090, 2097, 2108, 2130, 2144, 2148, 2156, 2161, 2166, 2169, 2170, 2175, 2192, 2196, 2200, 2206, 2214, 2219, 2225, 2243, 2267, 2271, 2583, 2997, 4555, 4673, 5043, 5046, 5343, 5356, 5360, 5364, 5382. Moïse.
Moÿsel : 2274, 2732, 4682.

NABUGODONOSOR : 3004. Nabuchodonosor, roi de Babylone (Dn. 1:1 ; Dn. 3:1,4). En tant que prophète, il annonça la naissance de la Vierge Marie et l'avènement de son Fils.

NAZARETH : 2743, 2795, 2974, 3079, 3463, 3799, 4224, 4286, 4295. Nazareth, ville en Galilée.
Nazaret : 3051.

NEPTALIN : 4287. Nephtali, pays de l'ancienne tribu de ce nom sous Josué (Mt. 4:12-17 : Nephtalim).

NICHOLAS : 5633. Saint Nicolas, évêque de Myre, en Asie-Mineure ; patron des écoliers. Culte général dans la France du Nord. L'auteur demande son 'bon conduit', à l'heure de sa mort.

NICODEMUS : 5310. Nicodème, Pharisien, ami de Jésus.
Nichodemus : 5313.

NOÉ : 174, 176, 184, 191, 202, 207, 214, 229, 236, 239, 240, 245, 246, 254, 261, 324, 509. Noé, le patriarche.
Noéil : 5569.
Noéis : 1729.
Noël : 201, 226, 321, 1090, 1954, 2702, 2705, 5568, A319.
Noés : 266, 281, 298.

NON : 5365. Nûn, père de Josué (Jos. 1:1). V. Janion.

NORMENDIE : 5641. La Normandie, duché d'un roi Henri d'Angleterre.

OCCIDANT : 3188, 3503, A246. L'ouest.
Occident : 2025.

OLIVETE (mont d' —) : 5450, 5963, 5970. Le Mont des Oliviers.

ORÏANT : 1587, 3500, 5399, 5594, A245. L'est.
Orïent : 2024.

PASQUES : 5455. La Pâques juive.
Pasque : 5703, 5718, 5933.

PATER NOSTER : 5622. *Incipit* de l'oraison domicicale (Mt. 6:9-13 ; Lc. 11:2-4).

PENTECOUSTE : 403 : La Pentecôte.

PERES : 4322, A205, A257, A286, A430, A459. Pierre, l'Apôtre. V. aussi Simon 1.
Pere : 4343, 5631, 5906, A409, A458.
Perron : 4399.
Petrus : 6173, 6189.

Pierre : 5794, 5835, 5920, 5968, 6204.
Pierres : 4349, 5802, 5831, 5924, 5940, 5954,
6074, 6077, 6079, 6083, 6085, 6089, 6102, 6136,
6142, 6161, 6163, 6187, 6191, 6206, A210, A237,
A410, A471, A474.
PHARAONS : 1935. V. Faraons.
Pharaon : 1944.
PHELIPES 1 : 3945. Philippe, deuxième fils d'Hérode
le Grand ; mari d'Hérodiade. V. Felipe 1.
PILATES : 6236, 6240, 6245, 6259, 6279, 6288,
6300, 6317, 6334, 6348, 6360, 6367, 6369, 6407,
6409, 6411, 6429, 6434, 6445, 6449, 6457, 6471,
6479, 6494, 6500. Ponce Pilate.
Pilas : 6220.
Pilate : 6225, 6228, 6233, 6294, 6329, 6347,
6413, 6441, 6467, 6476, 6487, 6498.
POL : 5631. Paul, l'Apôtre.
Pols : A239.
PUBLICANUS : *4334*. Le publicain Lévi Matthieu.
Mot pris fautivement pour un nom propre. V. corr.

RABI : 6056. Mot hébreu, signifiant : maître (Mt. 26:
49 : Rabbi).
RACHEL : 987, 990, 1006, 1011, 1020, 1024, 1033,
1065, 1118, 1227, 1237, 2901, 3706. Rachel, fille
cadette de Laban ; soeur de Léa ; épouse de Jacob.
RAPHAEL : 11. Raphaël, l'archange.
REGULUS : 5075. Le fonctionnaire royal de Jn. 4:46-
54. Mot pris fautivement pour un nom propre.
RESBESCA : 623. Rébecca, épouse d'Isaac ; mère de
Jacob et d'Ésaü.
Rebesca : 713.
ROBERS : 5617. Père de l'auteur. Var. : Mss Paris,
B.N.f.fr. 25439, fo 75b : Roubert ; Orléans 445,
fo 16a ; London, B.M. Harley 222, fo 100a ; Chel-
tenham Phillipps 4156, fo 47d ; Dublin Trinity
D IV. 13, p. 190 : Robert. V. Chap. VI. 1, nos. 9,
15, 19, 27, 29.
ROBOAN : 2690. Roboam, fils du roi Salomon, et
son successeur (1 R. 12:43).
ROMAIN : 5099. Les Romains.
ROMANZ : 458, 4583, 4728, 5602. Le français.
romanz : 398, 414. s.m., le poème de l'auteur, qui
est un récit en langue vulgaire sur Jésus et sur la
Vierge Marie, traduit du latin.
ROME : 3938, 3941. Rome.
ROUGE (la mer —) : 2115, 2138, 5042, 5346. La
mer Rouge.
Roge : 2121.
Rubrun (Mare —) : 5352.
RUBAN : 1176, 1187, 1563, 1690. Ruben, l'un des
douze fils de Jacob.
Rubant : 1855, 1891.
Ruben : 1666, 1688, 1715, 1718, 1724, 1740,
1744, 1787, 1853, 1870.
RUBI : *6056*. V. *Rabi*.

SABAT : 4481, 4639, 4683, 4685. Sabbat.
SALEMON : 2496, 2501, 2510, 2521, 2573, 2592,
2679, 5059, 5164, 5431, 6255. Salomon, fils de
David.
Salemons : 2500, 2525, 2532, 2595, 2618, 2630,
2654, 2659, 2682, 2686, 2766, 5258, 5264, 5365,
5270, 5291, A324.
Salomons : 5246.
SALOMAS : 3103, 3109, 3113. Deuxième époux
d'Anne, mère de la Vierge Marie.
Salomé : 3110.
SAMUEL : 2280, 2288, 2294, 2296, 2312, 2313,
2330, 2338, 2347, 2353, 2465, A322. Samuel, le
prophète.
SARRA : 483, 522, 535, 536, 2897. Sara, épouse
d'Abraham ; mère d'Isaac.
SARRASIN : 3187. Les Sarrasins.
SATANAS : 4155, 5856, 5945, 6222. Satan. Aussi
épithète de Judas.
Sathanas : 5852.
SAÜL : 2300, 2304, 2306, 2316, 2362, 2371, 2374,
2384, 2385, 2393, 2412, 2425, 2435, 2439, 2446,
2449, 2463, 5056, 5372, 5374, 5389. Saül, premier
roi d'Israël.
SEBASTE : 4073, 4090. Sébaste, ville où fut enterré
le corps de saint Jean-Baptiste.
SEBILE : 3024, 3027, 3034. La Sibylle. Elle annonça
la venue du Sauveur.
SEPTEMTRION : 3504. Le nord.
SESILE : 3026. La Sicile.
SICAN : 1163, 1165, 1906. Sichem (Gn. 37:12).
SILOÉ : 4451, 4468, 4628, 5073. La piscine de Siloé
(Jn. 9:6).
SIMEON : 5065. Syméon (Lc. 2:25).
Symeon : 5428.
SIMON 1 : 6009. Pierre, l'Apôtre. V. aussi Peres.
Simon Pierres : 5941.
Simons : 5950.
SODOME : 344, 346, 357. Sodome, ville détruite par
le feu du ciel.
SYMON 2 : 6600. Simon de Cyrène, qui porta la
croix pour Jésus.
SYMONS 3 : 4751, 4767. Simon, le lépreux (Mt. 26:
6 ; Lc. 7:40).
Simon 3 : 4775, 4798, 4801.
Simons 3 : 4788.
Symon 3 : 4759, 4773, 4793.
SYNAÏ : 2173, 2175, 5046, 5361. La montagne du
Sinaï (Ex. 19:18).

THADEÜS : 4331 : Thaddée, l'Apôtre.
TIEPHAINNE : 442. La fête de l'Épiphanie (le 6 jan-
vier).
TOIVRE : 819. Le Tibre, fleuve qui arrose Rome.
TOMAS : *4337*. Thomas, l'Apôtre. V. aussi Didimus.
Thomas : 4906, A215.
TYBERIADIS : 4383. La mer de Tibériade, ou de

Galilée (Jn. 6:1: Mare Galilaeae, quod est Tiberia-dis).
TYRIONS : *3461.* V. *Cyrinus.*

URIE : 2496. Urie, 'seneschal' de David. Cf. 2477.
   Urias : 2504 (2 S.11:7: Urias).
   Urie[r] : 2503 (à l'assonance).

VALENCIENES : 2013, 5611. Valenciennes, au Hainaut, ville natale de l'auteur.
VENREDI : A366. Vendredi saint.
VERGILE : 3029, 3035. Virgile. En tant que prophè-te, il annonça la naissance de la Vierge Marie et l'avènement de son Fils.

YOLANS : 5613 : Yolande, comtesse qui a assisté au baptême de l'auteur.
YSAAC 1 : 533, 535, 546, 597, 599, 610, 621, 662, 738, 740, 761, 764, 790, 858, 862, 871, 892, 926, 1959, 1962, 2708, 2899, 5570. Isaac, fils d'Abra-ham ; mari de Rébecca.

Ysaas 1 : A320.
YSAAC 2 : *2797, 2800, 2809.* V. *Yzachar.*
YSAAC 3 : *3012.* V. *Ysaïe.*
YSAÏE : *3012.* Isaïe, le prophète ; il annonça la nais-sance de la Vierge Marie et l'avènement de son Fils.
   Ysaïe : 2738, 2997, 3268.
   Ysaïes : 3014.
YSRAEL : 901. Israël, nom de Jacob (Gn. 32:29).
YZACHAR : *2797, 2800, 2809.* Isachar, patriarche de Jérusalem au temps de Joachim et d'Anne.

ZABULON : 4287. Zabulon, pays de l'ancienne tribu de ce nom sous Josué (Mt. 4:12-17).
ZACARIAS : 3135, 3142. Zacharie, mari d'Élisabeth ; père de saint Jean-Baptiste.
   Zacarie : 3169, 3348, 3915.
   Zacaries : 3158, 3194, 3199.
   Zaqaire : 5082.
ZEBEDEUS : 3117. Zébédée, époux de Marie Salomé; père de Jean, l'Évangéliste et de Jacques (le Ma-jeur). V. Marie 2.
   Zebedee : 5966.

GLOSSAIRE

L'italique indique que le mot ou le vers en question a été corrigé. Les termes précédés d'un astérisque manquent chez Godefroy et chez Tobler-Lommatzsch.

a : 816 (ne l'o[s] pas -), prép., je n'ose pas. Cf. T.-L.,
    I, 1337:2: oser a).
a : 2360 (- escouter), prép. Cf. God., 1, 5c : Idiotisme :
    a précédé de *por*, qui exprime le but. V. 219.
aaisement : 5152 (n'en ai -), s., libre usage ; cela ne
    dépend pas de moi. Cf. Jn.7:8:... meum tempus
    nondum impletum est.
absolucïon : 145, s., absolution.
    absolutïon : A551.
acesmé : 3634, p.p., pourvus de choses nécessaires.
achiers : 2405A, s.m., acier. V. *gant.*
achoison : 5741 (sans -), s., sans raison.
aconsuant : 1050, p. pr. (aconsure), atteignant.
acontee : 1886, p.p., racontée.
    aconter : 3355, 5978, 6142, inf.
    aconter : 1016, 3347, inf., compter.
acoveterai : 194, fut. 1, couvrirai.
    acovetez : 99, p.p., couverts de.
acraventer : 2400, inf., assommer.
adaviner : 6639, inf., prophétiser.
    adevine : 6634, impér., prévois (Mt. 26:67 : pro-
    phetiza).
adés : 2193, adv., sans interruption.
adjutoire : A527, s., aide.
adolee : 2929, p.p., affligée.
adolousa : 1523, parf. 3, s'abandonna à la tristesse.
    adolousez : 3418, adj., désolé.
adominer : 5447, inf., dominer.
adossa : 161, parf. 3, abandonna.
adrecement : 2021, s.m., sagesse.
aé : 332, 2053, s., âge.
afaire : 5464, s.m., besoin. Cf. Lc. 19:31,34.
afaitement : 1474, 3124, s., l'ensemble des qualités
    les plus honorables et les plus aimables.
afaitiez : 6362, adj., sage.
affublail : 5787, s.m., vêtement.
afiches : 5469. V. *ataches.*
afié : 1479, p.p., juré, promis.
    réfl. : 4498, *5110 (affiés)*, même sens que le précé-
    dent.
afiert : 4249, ind. pr. 3 (impers. : aferir), concerne.
afoïz : 2892, p.p., enfui.
afoler : 5376, inf., mettre à mort.
    afolez : 1763, p.p.
agait : 5635, s., embuscade.
    agaiz : 5893, plur.
agaita : 48, parf. 3, épia.
agrieve : 4857, ind. pr. 3, accable.
    agrèvez : 6001, p.p., plus lourds.
aïr : 374, 1053, 1082, 2418, 3543, A291, s.m.,
    violence.
aire : 5486, 6148, s.(f.), emplacement, salle.

aive : 4843, s., aïeul. V. tresaive.
alegement : 366, s., secours.
alemande : 3021, 5053, s., amande. V. amente.
alenee : 5491, 6666 (a une -), s.f., tout d'une haleine.
alieve : 1314, ind. pr. 3, tire d'une basse condition.
alosez : 4278, 4671, p.p., estimé.
*amente : 3018, s., amande. V. alemande.
ancontre : *2215*, 2447, 2960, prép., adv., vers, dans
    la direction de, à la rencontre de.
ancortinee : 1984, 3476, adj., garnie de tapisseries,
    de tentures.
ancroer : 1620, inf., pendre. V. encroez.
anculseor : 1273, s., calomniateur.
anfers : 4371, adj., malades.
anferté : 3732, s., maladie.
    anfertez : 5688, s., maladies.
anflee : 427, p.p., grossie de volume, gonflée de faim.
    anfler : 1555, inf.
    anflez : 432, 1521, 1523, p.p., gonflé(s).
anfoïr : A158, inf., enfouir. V. foïr.
angingna : 2634, parf. 3, enjôla. V. aussi engingna.
    angingnié : 138, p.p., enjôlé.
angingnex : 3729, adj., habile.
angoissex : 1209, 3732, adj., livré à l'angoisse.
    angoisseuse : A21, livrée à une affliction anxieuse.
anraisniez : 4641, adj., beau parleur.
ansaingniez : 6361, adj., bien élevé, instruit.
anseelé : A174, p.p., scellé. V. aussi seeler.
ansevelīe : A415, p.p., enveloppée dans un linceul.
    anseveliz : A421, p.p., enveloppé dans un linceul.
ansuz : 311, 1053, 3414, prép., adv., loin de, à
    l'écart de. V. aussi ensuz.
anterras : 180, fut. 2, tu entreras.
antier : 5713, adj., rempli.
antis : 4090, adj., ancien.
    antiz : 1121, anciens.
antor : 48 (tout -), adv., autour.
antremis : 6080 (s'en fust -), p.p. (s'entremetre), il
    aurait bien voulu s'y mêler. V. entremis.
    6377 (ne se sont -), p.p., ils ne se sont pas occupés
    de.
antresait : 1771, 6404, adv., sur-le-champ, sans condi-
    tion. V. aussi entresait.
anuia : 1155, parf. 3 (impers.), causa de l'ennui.
    anuit 1 : 3212, subj. pr. 3, que cela ne cause pas
    d'ennui.
    anuit 2 : 5821, adv., ce soir (qui approche). V. aussi
    ennuit.
anvers : 6061, adv., couché sur le dos.
anvirone : 48 (s' -), ind. pr. 3, il s'enroule autour (de
    l'arbre).

anvironé : 1933, p.p., entouré.

anvironner : 4389, 4391, 6617, inf.

anvironné : 2720, p.p., parcouru. Cf. Jb. 1:7 : circuivi terram et perambulavi eam.

anviz : 971, 6373 (a -), loc. adv., à contre-coeur.

aombree : 3328, p.p., couverte de l'ombre de.

aombrer : 5671, inf., s'incarner dans le sein de la Vierge.

apant : 3132, 3697, ind. pr. 3, dépend.

aparant : 255 (de colors -), p.pr., bien visible à cause des couleurs.

aparissant : 726, 1046, p. pr., visible.

aparmain : 549, 3897, 5285, 5581, A206, adv., dans peu de temps,
aussitôt.

apel : 3731 (molt ert de fol -), s.m., nom, accueil ;
* il se conduisait comme un fou, il traitait les gens comme un fou.

apresteement : 4204, adv., promptement.

aquiter : 4780, inf., payer sa dette.

armaille : 264, 1148, s., gros bétail. V. aumaille.

arpant : 2190, s., la mesure d'un arpent.

arrestal : 165, s., arrêt.

arrier : 942 (d' -), adv., par derrière.
arriers : 1810.

arsille : 4448, s., argile.

assasez : 1324, 4319, adj., rassasié(s) ; qui possède telle chose en abondance.

asseürez : 872, 3756, p.p., certain, rassuré.
réfl. : 1483, même sens que le précédent.

asseviz : 5259, p.p., achevé.

assist : 2538, parf. 3, établit.

assoubitez : 6542, p.p., enlevé par une mort subite.

ataches : 5469, cordons simples ou doubles passés dans deux oeillets pratiqués dans le bord du mantel et correspondant aux épaules. V. corr. Cf. Enlart, III, p. 537.

atant : 146, 658, 957, 3480, 4813, adv., alors.
1150 (il n'ira mie -) : cela ne se fera pas ainsi.

atempreement : 1854, 3083, adv., avec tempérance.

ator : 6607, s., parure, toilette.

atorna : A80, parf. 3 (réfl.), s'habilla.
atornez : 875, 3750, p.p., arrangé, disposé.

atot : 733, prép., avec.

atoucha : 4449, parf. 3, il en enduisit les yeux de l'aveugle (Jn. 9:6 : linivit). Cf. T.-L., I, 645 : 22-25.
atoucheras : 2491, fut. 2, tu toucheras.

augel : 2056, s.m., corbeille.

aumaille : 497, 504, 1413, 1417, 1430, 1491, 1507, 1520, s., gros bétail. V. armaille.
aumailles : 469, 612.

aumosnier : 1397, s., mendiant.

aumosniere : 2771, s.f., (femme) qui fait souvent l'aumône.

aünee : 1884, s.f., assemblée, compagnie.

auques : 3414, 4776, adv., un peu, quelque peu.

aut : 5133, subj. pr. 3 (aller), qu'il aille.

autretal : 164, 168, 2708, adv., autant, de même.
autretel : 353, 5263.

autrier : 5576, adv., l'autre jour.

avenanz : 1188, adj., convenable.

averé : 1213, p.p., réalisé, accompli.
averee : 3775, 6190.
averez : 1361, 1761.

averse : 367 (- gent), adj. f., population ennemie, méchante.

aversier : 995, 2194, s.m., adversaire, diable, Satan.
aversiers : 4128, 6372.

avisé : 6155, p.p., reconnu.
aviser : 6150, inf.

avision : 6281, s.f., songe.

avison : 555, s., vision (Gn. 22:2 : terra visionis).

avoiement : 5722, s., action de mettre dans le chemin, de guider.

avoutire : 4545, 4554, s., adultère, V. prise.

bailla : 571, 4055, A74, parf. 3, donna.

baillerai : 2812, fut. 1, j'accepterai.

bailli : 1637, p.p. (mal serions -), nous serions mal-traités.

baillie : 62, 3362, 3370, A8, s.f., puissance, protec-tion.
bailïe : 3311.

baillie : 3923, 5642, s.f., possession.

baler : 4028, 4036, inf., danser.

bandon : 3774, 4411 (a -), loc., avec impétuosité, avec excès.

*baraton : A89 (à l'assonance), s.m., enfer. S'agit-il d'un forme picarde ? Cf. Gossen, par. 55, 56.

barnage : 1146, s.m., corps des barons.

bel : 5464, 5467A (plus -), adv., de façon plus belle.

bele : 1443 (tel parole n'est -), adj., convenable.

berçués : 2546, s.m.(c.r.), *berceau.

bergier : 641, s.m., de grossiers personnages.

bergiers : 4348, s.m., pasteur.

berser : 773, inf., tirer de l'arc, à la chasse.
bersant : 800, p.pr.

besanz : 1186, s., besants (Gn. 37:28 : viginti argen-teis).

betumee : 4301, s., boue, fange.

betun : 186, s., bitume (Gn. 6:14 : bitumine).

bien : 176 (tu ies molt - de moi), adv., tu m'es bien cher.

bobanciers : 1344, adj., plein d'orgueil, arrogant.

bobans : 5592, s.m., exaltation de l'orgueil.

boiseor : 1132, 1272, 6562, s.m., trompeur(s), traître(s).

bon : 548, 2637, 2648, s.m., ce qu'on désire.

bons : 5219 (molt avra de ses -), s.m., il aura ce qu'il désire, son bonheur sera grand.

bon : 4029 (a Herode fu -), adj., cela plut à Hérode.

bouciax : 4263, s., jarres, petits tonneaux (Jn. 2:7 : hydrias).

boulent : 3768, ind. pr. 6, ils font bouillir.
boulïe : 3758, p.p., bouillie.

bous : 2224 (li - de veaus), s.m., bouc. V. rem. à ce v.

bouta : A141, parf. 3, il frappa (à la porte).
boutant : 2057, p.pr., poussant.

boute : 682, ind. pr. 3.

bouté : 4519, p.p.

boutent : 3780, ind. pr. 6.

boutillier(s) : 1323, 1343, 1355, 1362, 1386, 1394, s.m., échanson (Gn. 40:1 : pincerna)

    boutilliers : 4252, 4253, 4262, s.m., servants (Jn. 2:5 : ministris).

braire : 2257, inf., pousser des cris.

    brait : 684, 2562, 5654, ind. pr. 3.

briés : 1380, 2042, s.m., écrit, missive(s).

bruïz : *4098*, p.p., brûlés.

busche : 571, s.f., bûche.

çaindront : 2128, fut. 6 (réfl.), ils se ceindront.

ce : 3351, 5088 (por - que), conj., parce que. V. aussi qoi.

celeement : 5726, adv., en cachette.

chaciex : 3740, s., atteint de la chassie : une des maladies du roi Hérode 1.

chaele : 2741, ind. pr. 3, il conduit.

chaieres : 5239, s., sièges.

chaitiveté : 1451, s., captivité.

chaitivison : 1978, 5351, s.f., captivité.

chalangent : 703, ind. pr. 6, ils réclament.

    chalangier : 643, inf., appeler en duel.

chapel : 1932, s.m., chapeau.

    chapiaus : 1832.

chambres : 203, s., chambrettes.

    chambretes : 179.

charra : 899, *3200* (cist nons ne li -) (cheoir), fut. 3, il ne perdra pas ce nom. Cf. T.-L., II, 351 : 35-36.

chartre : 1325, 3980, s.f., prison.

chartre : 1938, s.f., charte.

chartrier, 3981, s.m., geôlier.

chasement : 689, s., fief, domaine.

chastioit : 4542, ind. imp. 3, enseignait.

chatez : 4325, s.m., possession, patrimoine.

choisit : 942, parf. 3, il vit.

ciment : A494, s., ciment, mélange de chaux et de briques pilées.

cius : *4495*, adj., aveugle.

clop : 5090, adj., boiteux.

    clos : A351 (plur.).

cloture : 5652, s., barrière qui clôt.

    clouture : 5649.

cointece : 4027, adj. f.(cointesse), jolie.

coitures : 3753, s. *matière purulente qui suppure d'une plaie, pus. Cf. *R*, 89 (1960), pp. 276-7.

colee : 6645, s., charge donnée sur le cou.

colomel : 3841 (= colombel), s., petit pigeon. Cf. T.-L., II, 572:35,40 : fourme coulombine. V. color.

colon : 4105, s., pigeon.

color : 3841 (en colomel -), s., sous la *forme d'une colombe. Cf. 4105 : en semblant de colon (Mt. 3:16 ; Lc. 3:22).

comens : *1*, s., commencement. V. corr.

commeniïoit : 507 (de son sacrefice - la gent). ind. imp. 3, il donnait son sacrifice en communion à son peuple.

comment : 2593, 4135, 6420, adv. interr., comment ?

commeüe : 5585, p.p., remuée fortement.

comparé : 1445, p.p., payé cher, expié, puni.

    comparras : 291, 3973, fut. 2, tu payeras cher.

    comperra : 2299, fut. 3, elle l'expiera ; elle sera punie.

compassee : 2476, 4586, p.p., construite.

    compassez : 5268.

compe : 1050 (comp[t]e), s.m., histoire, récit.

compe : 2051, 5394, s., nombre.

conclus : 5226, p.p., convaincus par raisonnement.

confermant : 6558 (cel laz va -), p.pr., *se serre.

confermez : 5615, p.p., confirmé.

confes : 429 (por moi faire -), adj., pour me confesser. 431 (- fui), je me suis confessé.

confundison : 1972, s., destruction, perte. Cf. *Te Deum laudamus :* In te Domine speraui non confundur in aeternum. (Young. *Drama*, I, pp. 63-4)

conraé : 1774, p.p., équipés, approvisionnés.

    conraer : 3153, inf., traiter bien.

    conraez : 1834, 3060 (réfl.), équipé(s).

    conrea : *1610*, 1789, 3079, parf. 3, équipa, soigna.

conroi : 107, s., subsistance.

conroiz : 4752, s.m., repas.

consaut : 1137 (or - Diex Jacob), subj. pr. 3 (consillier), que Dieu protège Jacob. (forme du Nord et de l'Est. Cf. Pope, N., par. XVII, p. 489 ; E., par. IX, p. 494).

conseil : 2611 (a -), s., *bien à propos.

contenement, 2618, 3413, 4201, s.m., contenance, conduite.

contenir : 5702, inf. (réfl.), se tenir.

contraire : 781, 1095, 2112, s.m., opposition, contrariété.

contraiz : 4749, 5019, 5443, s.m., paralytiques.

controvee : 4582, p.p., inventée.

controveüre : 408, s., invention, mensonge.

corant : 6537, 6557, adj., coulant. V. laz.

coronnez : 5616, p.p., tonsuré.

cors : 3587, s.m., cours, trajectoire.

cors : 6214, s.f., cour.

coste : 24, s.f., côte.

costivé : *3733A*, adj., souffrant de constipation : une des maladies du roi Hérode 1.

cote : 1189, 1200, 1202, 1230, 6651, s.f., cotte, manteau.

covenant : 81, 5873, s.m., accord, contrat.

    covenanz : 1019, plur., ce qui lui avait été promis.

covenant : 6588, s.m., trésor (Mt. 27:6 : in corbonam)

covent : 90 (ce ne m'a pas -), loc. : avoir covent : avoir promis.

covent : 1670 (mal nos en est -), *il nous en est arrivé du mal.

craventez : 5271, p.p., abattu, détruit.

creanta : 486, parf. 3, promit.

    creanter : 991, inf.

cremus : 3458, adj., redouté.

crieme : 1156, s., crime.

crolant : 1862, p.pr., hochant à cause de l'âge.

croler : 1850, inf., trembler, crouler.

cros : 3779, s., crocs.

crut : 2441, parf. 3, éclata. Cf. T.-L., II, 1084:11, 12.

cuerpous : 3738, s., asthme : une des maladies du roi Hérode 1.

dahaz : 3607 (- ait), s., maudit soit.

darrier : 3282, prép., derrière.

debatu : 6478, p.p., battu fortement.

deboutee : 4545, p.p., expulsée.

deceplinez : 2662, impér., châtiez !

decorpez : 2604, p.p., découpé.

deffaire : 2666, *détrôner.

deffaite : 2596, p.p., terminée.

defferïom : 2656, cond. 4, nous ne le déferions pas.

deffïez : *635,* p.p. (réfl.), provoqués.

deffiguree : A405, p.p., défigurée.

deffubla : 5787, parf. 3 (réfl.), il se dépouilla. V. aussi desafublee.

deffublerent : 5496, parf. 6, ils ôtèrent.

dehaitïe : 660, adj., malade.

delaia : 485, parf. 3, il différa.

delaiant : 559, p. pr., il ne tarde plus.

delitemenz : 3661 s.m., délectation, plaisir.

delivre(s) : 1724, 2045, adj., délivré, libre.

delivrer : 698, inf., livrer, *accorder.

demantres : 1015, adv., pendant ce temps, alors.

dementres : 5940.

demantres que : 25, 272, A338, pendant que, tant que.

demïa : *2757,* parf. 3, divisa. V. corr.

denier : 6315, s., denier. V. rem.

dent : 3740 (li - li vont cheant) s.m., dents, il perd ses dents : une des maladies du roi Hérode 1.

depanee : 260, p.p., rompue.

depart : 1859, ind. pr. 3, il distribue.

departent : 1818, ind. pr. 6.

departir : 669, 742, inf., séparer.

departir : A27, inf. (réfl.), se quitter.

departir : 429, inf. empl. comme subst., départ, mort.

departement : A540, s.m., la grande séparation qu'est le Jugement dernier. Cf. Mt. 25:31-46. V. Index des noms propres : Josafas.

depassé : *5225.* V. corr.

depeça : 1340, parf. 3, mit en pièces.

depri : A544 (par ton -), s.m., par ta prière.

dervee : 74, 2562, adj., folle.

dervez : 2365, A454, A481, fou.

desachié : 6072, p.p., tiré par secousses.

dessachïe : 5739, p.p., tirée violemment.

dessachier : 6200, inf.

desafublee : 4956, adj., sans guimple, tête découverte (ici signe de douleur extrême). V. aussi deffubla.

desafublez : 6044, adj., sans manteau ou autre vêtement extérieur ; ayant les vêtements en désordre (ici signe de trouble).

desbareté : 2725, p.p., vaincu.

desconfiz : A50, p.p., abattu.

desconfortez : 1765, impér., ne vous découragez pas !

desconsillïe : 663, 1243, 4701, adj., privée de protection.

desertez : 2310, p.p., abandonnés.

despans : *3659,* s., dépenses.

despensier(s) : 1256, 1312, s.m., administrateur.

desservi : 6115, parf. 1, je méritai.

desservirent : *5049,* parf. 6, ils méritèrent.

dessevrai : 2880 (mon lit ne -), parf. 1, je ne partageai pas mon lit.

dessi (a) : 638, 3478, loc., jusqu'à.

de ci a : A107.

dessi que : 631, 2174, conj., jusqu'à ce que.

de ci que : 3453.

dessi que a : *2883,* 4342, A54, loc., jusqu'à.

dessirec : 1189, *2677,* p.p., déchirée.

destorner : 3353, inf., empêcher.

detira : 295, parf. 3, il s'arracha les cheveux.

detrai[s]t : 1340, parf. 3, brisa.

detrait : 5342, 6478, p.p., torturé(s).

deveé : 44, 3177, adj., p.p., défendu.

deveez : 5269.

deveez : 3261, p.p., refusés.

devïez : *3758,* p.p., tué. V. corr.

devisa : 2151, parf. 3, les eaux (de la mer) se fendirent.

deviser : 760, inf., diviser.

devisé : 173, 575, p.p., désiré, voulu.

devisé, 576, ordonné.

devisé : 1384, p.p., raconté.

devisement : 502, s., aménagement, organisation.

diex : 3097, s.m., deuil (forme picarde. Cf. Gossen, par. 25, n.1). V. duel.

disma : 2757, parf. 3, *diviser en dix parties. Cf. *Ev. Apocr.,* p. 196, n. 10 : decimationem.

di va : 130, 880, 1820, interj., dis donc !

dites va : 1835, dites donc !

dolosa : 2849, parf. 3 (réfl.), se lamenta.

doloser : 915, inf., manifester sa douleur.

don : 6262, adv., donc.

droiture : 6196 (a -), loc., directement.

duel : 3141, s.m., deuil, douleur. V. aussi diex.

dués : 5919, c.s.

dux : 3602, s.m. (lat.), chef (Mt. 2:6). V. Greimas, p. 200.

effraez : 3065, adj., effrayés.

effreez : 3426, effrayé.

effremiz : 4973, adj., en panique, en désarroi.

el : 5989, 5992, adv., ailleurs, autrement.

empaingnent : 3774, ind. pr. 6, poussent, jettent.

empirïe : 736, p.p., rendue plus malade.

empirier : 642, inf., blesser.

encenser : 3348, inf. empl. comme subst., action d'encenser.

enchauça : 603, parf. 3, poursuivit (dans l'intention de séduire).

encroez : 1309, p.p., pendu, V. ancroer.

*enescriz : 4378, p.p., noté, écrit (lat. : inscriptos).

engingna : 887. V. angingna.

enhaïe : 3917, p.p., pris en haine.
   enhaïz : 113, p.p. (m.)
enjanee : 76, p.p., trompée.
   enjané : 2724, trompé.
   enjanez : 95, trompés.
ennercif : 15, adj., noircis.
ennuit : 990, 5907, adv., ce soir (qui approche). V. aussi anuit 2.
ennuit : 1347, adv., cette nuit (qui vient de s'écouler).
   enuit : 6159.
enpore : A528, subj. pr. 3, corrompe. V. aussi empirier.
enqui : 5038, adv., maintenant.
   d'enqui : 2396, adv., de là.
enrage : 3604, 3680 (a pou n' - vis), ind. pr. 3, loc., il est transporté de colère, il a presque la rage. V. aussi pou, vis.
ensela : 3797, parf. 3, sella.
ensinques : 5702, adv., de cette façon, ainsi.
ensivez : 395, ind. pr. 5, vous suivez.
ensuz : 1148, 5298, V. ansuz.
entablement : *3057,* s.m., entablement. V. corr.
entencïon : 2332, s.f., intention, but.
entendié : 4526, parf. 3, entendit. V. aussi randié.
entor : 5038, adv., environ.
entremet : 1858, ind. pr. 3 (réfl.). il s'occupe de.
   entremetrai : 1437, fut. 1 (réfl.).
   entremis : 4218, p.p. (réfl.) V. antremis.
entresait : 679, 6474, adv., sur-le-champ. V. antresait.
erraaillent : 5336 (les yex li -), ind. pr. 6, ils roulent les yeux, ils le regardent d'un air menaçant. V. aussi rueille.
erranz : 1184 (aloient tot lor chemin -), p. pr., ils cheminaient.
erré : 1152 (malement ont -), p.p., ils se sont conduits mal.
errer : 6299, inf., s'écarter de la vérité.
error : *3854,* 5780, s., incertitude, anxiété.
escacha : 4447, parf. 3, cracha.
escharni : 294, p.p., raillé.
   eschernissent : 6607, ind. pr. 6, ils se moquent.
eschars : 6435 (par -), s., par moquerie.
eschinent : 5336 (- lor denz), ind. pr. 6, montrent les dents, grognent.
escondirai : 1438, fut. 1 (réfl.), je me justifierai.
escondit : 2242 (trestuit l'ont -), p.p., dénié.
escondit : 4935, ind. pr. 3, il refuse.
   escondiz : 4938, p.p., refusé.
escritïon : 3460, s., enrôlement, recensement.
escrois : 375, 380, s., vacarme, bruit.
esgarde : 6556, ind. pr. 3, il fixe.
   esgarde : 6566, il décide. V. justise.
   esgardé : 4859, p.p., décidé.
   esgardee : 6095.
esjoïe : 3306, adj., réjouie.
esleecerom : 1784, fut. 4, nous mettrons en liesse.
esloingniez : 1351, p.p., enlevé.
esperist : 1376, parf. 3 (réfl., esperir), il s'éveilla.
   esperiz : 3442, 6009, p.p.
espiaut : 5211, ind. pr. 3 (espeldre), signifie.
espiz : 1369, etc., s.m., épis.

exploitier : 1134, inf., accomplir.
   6310 : inf. empl. comme subst., ils se hâtent de faire vite, d'agir avec énergie.
espoir : 6363, loc. adv., peut-être.
   g'espoir : 682, même sens que le précédent.
   espoir que : 5320, même sens que le précédent.
esponez : 1406, ind. pr. 5 (espondre), vous expliquez.
   espont : 4208, ind. pr. 3.
espris : 4097, p.p., allumé.
esprovee : 6181, p.p., vérifiée.
   esprover : 3516, inf.
   esproverez : 1408, fut. 5.
esproverai : 1684, fut. 1, je le mettrai à l'épreuve.
essaucié : 2864, p.p., élevés, exaltés.
   essauciez : 2692, élevé, exalté.
essiliez : 110, p.p., exilé, chassé.
esta : 1960, ind. pr. 3 (ester), il se tient debout.
estable : 5407, adj., ferme.
estordes : 4146, subj. pr. 2, tu t'échappes.
estordrai : 174, fut. 1, j'arracherai.
estormirent : 4479, parf. 6 (réfl.), s'agitèrent avec tumulte.
estors : 685, s.m., charge, bataille.
estraiz : 399, p.p., tiré de.
estraiz : 2767, p.p., desendant de, issu de.
*estras (à l'assonance) : A325, p.p.
estrous : 431, 436, 4609 (a -), loc. adv., aussitôt, absolument.
esturmenz : 2372, s.m., instruments de musique.
exemplaires : 2022, s.m., modèle à suivre.

fainc : 4406, s., foin.
fait : 435 (ne - a demander), ind. pr. 3 (impers.), inutile de demander.
   faites : 1873 (ne - a gaber), ind. pr. 5, vous ne méritez pas qu'on se moque de vous.
   font : 557 (li tien commendemant ne - a oublïer), ind. pr. 6, vos ordres ne sont pas à oublier.
famillos : 3820, adj., avide, affamé.
fanueil : 5234, s., cordage.
fauser : 2324, inf., se tromper.
felenessement : 4472, adv., perfidement, cruellement.
ferranz : 1544, s., vieux.
fievre : 3738 (la - quartainne), s.f., fièvre qui revient tous les quatre jours : une des maladies du roi Hérode 1.
finer : 436, inf., mourir.
fit : 5207 (- de), loc. adv., sûrement, certainement.
fiz : 5753, 6022, 6379, 6382, adj., sûr(s).
flaelez : 6501, p.p., fouetté.
flestre : 3737 (la goute -), s.f., fistule, ulcère : une des maladies du roi Hérode 1. V. aussi goute.
floel : 5234, s.m., fouet.
foï : 3203, parf. 3 (réfl) il s'enfuit.
   fuï : 2432.
foïr : 1487, inf., bêcher.
fonde : 2398, 2400, 2418, s.f., fronde.
   funde : 5388.
forches : 1360, 3771, s., gibet.

forches : 3780, s., fourches.
forniz : 2301, adj., bien bâti.
*fremiz : *4973.* V. corr. Cf. *effremiz.*
froissier : 2213, inf., briser.
fundez : 2231, p.p., fondu.
funs : 506, s.m., fumée.

gaitier : 996 (ne se puet -), inf. (réfl.), il ne peut
s'empêcher que.
2516 : inf. empl. comme impér., prends garde !
ganchiz : 3615, adj., évasifs, lâches.
4364 : (nus ne s'en est -), p.p. (réfl.), personne n'a
manqué à sa parole.
gant : 2405 (ne li vaut pas .i. -), s.m., gant. Renforce-
ment de la négation : absolument rien ne lui vaut.
V. *achiers.* Cf. corr. à ce v.
garde : 2900, impér., veille à ce que !
gardes : 2518, ind. pr. 2, empl. comme impér.
Cf. Gamillscheg, p. 524.
garïe : 3919, p.p., sauvée.
garis : 1091, impér., sauve, protège !
gariz : 6081, p.p., sauvé de.
garrons : 231, fut. 4, nous serons sauvés, nous
échapperons au danger.
garison : 3465, s.f., salut.
garniz : 3689, p.p., averti, prévenu.
gastee : 3467, adj., inhabitée.
gastez : 2376, 4275, p.p., dévasté, gaspillé.
gentes : 754, s., oies sauvages.
geu : 4971, s., jeu, plaisanterie.
glas : 6224 (a. 1. -), s.m., avec beaucoup de bruit.
goute : 3737 (la - flestre), s.f., nom de diverses maladies. V. flestre.
grainz : 2891, adj., affligé.
grevé : 6006, adj., accablés.
guivre : 783, s.f., flèche.
gygues : 5489, s., instruments à cordes et à archets.

haitïe : 3346, adj., joyeuse.
haitié : 3408, joyeux.
haitiez : 4034.
hardement : 4129, 6064, 6645, s., prouesse, audace.
henap, 4261, 4267, s.m., hanap.
henas : 4260, 4264, plur.
hui : 6662 (- mais plus en avant), loc., désormais,
dorénavant.

ice : 5919 (a -), loc. adv., alors.
idropiques : 3739, adj., atteint d'hydropisie : une des
maladies du roi Hérode 1.
iniquitez : 388, péchés.
iqui : 5948, 6271, adv., là.
irascuz : 2032, adj., irrité.
issi : 173, *passim,* adv., ainsi, de cette façon.
issis : 6422.
itant : 1690, 5097, adv., tant, autant.
258, 2355, 4128 : (a -), loc., alors, à cause de cela.

1693 : (par -), même sens que le précédent.
5695, 5977 : (- com), conj., tant que, autant que.

ja soit ce que : 1681, 4319, 6102 : conj., quoique.
jehir : 670, inf., avouer.
jehissans : 5436, p.pr., que je l'avoue.
joït : 4849, parf. 3, il accueillit bien.
joïz : 5125, p.p., bien accueilli, estimé.
joons : 6632, ind. pr. 4 (réfl.), nous nous amusons
(avec toi).
jor(z) : 3976, 5409 (ja - ne) jamais.
jor : 6564 (*venir a -), se montrer.
jugement : 6534 (le - de mon cors ferai), s.m., je me
condamnerai (à mort), je me donnerai la mort.
juis : 2531, s.m., le Jugement dernier.
jurent : 636, parf. 6 (réfl.), ils étaient couchés.
jut : *3448,* V. corr.
justise : 6566 (la pïor -), s.f., la pire punition, c'est-à-
dire le suicide.

laidangié : 4527, p.p., maltraité, insulté.
laidangier : A162, inf.
laidissant : 6635, p.pr. (laidir), insultant.
lait : 1768, 6401, 6409, s.m., mal, outrage.
lange : 3210, s., laine.
langoustes : 3209, s., sauterelles.
larriz : 1372, s.m., lande, terre inculte (Gn. 41:2 : in
locis palustribus).
laz : 6537, 6557, 6558, s.m., corde, noeud coulant.
V. corant.
legiere : 4742, adj., légère.
legiers : 751, 1808, adj., qui est peu stable dans
ses opinions, dans sa conduite.
lent : 5327, adj., lents, paresseux.
leus : 1192, s.m., loup.
levé : 2073, p.p., élu.
levez : 5550.
lever : 5678, inf., tenir sur les fonts baptismaux.
levez : 5611, p.p.
linge : 3210, s., lin.
litiere : 4619, s.f., grabat.
loé : 1389, p.p., conseillé.
los : 5143, s., gloire, louange.
lüee : 1887 (une grant -), s.f, longueur d'une lieue ;
le temps nécessaire pour parcourir la distance d'une
lieue.
luitier : 637, inf., lutter, combattre.

mainnent : 364, ind. pr. 6, demeurent, se trouvent.
maint : 1587, 5594, A245, ind. pr. 3.
mainz : 673, ind. pr. 2.
maisonceles : 179, 187, s., maisonnettes.
malvaistiez : 388, s., méchancetés.
mandement : 2573, s.m., demeure.
manifestee : 6180, p.p., fait connaître ; trahi (Mt. 26:
73 : nam et loquela tua manifestum te facit).
marrïe : 4926, adj., affligée.

mas : 6138, adj., affligé, abattu.
  maz : 6521.
maubre : 4984, s.m., marbre.
maus : 3740 (li chaus -), s.m., ergotisme, mal saint
  Antoine : une des maladies du roi Hérode 1. Cf.
  T.-L., V, 953 : 40-1.
  3733A : (li - del flanc), s.m., constipation ?
  Cf. T.-L., V, 952 : 10-1, pas de signification. V.
  costivé.
  3735 : (li gros -), s.m., lèpre (Cf. B. Smalley, *The
  Study of the Bible,* p. 154) ; petite vérole (Cf. T.-
  L., 954:45) ; épilepsie (Cf. God., V, 107b ;
  T.-L., V, 954:48) : une des maladies du roi Hérode
  1.
meffeïs : 969, parf. 2, tu fis du mal.
  meffera : 4006, fut. 3.
mehaingnerai : 950, fut. 1, blesserai.
  mehaingniez : 954, p.p.
menant : 1981, adj., riches, puissants.
menanz : 5224 (de sens -), *intelligent, sage.
menantie : 5640, 5645, s.f., domaine, possession.
menbree : 1943, 2928, 4245, adj., sage. V. remenbree.
  menbrez : 4317, avisés, instruits.
mendiz : 4369, adj., mendiants, pauvres.
menestrez : 2543, s.f., prostituées (1 R.3:16 : duae
  mulieres meretrices).
menu : 1195, 1987, adv., finement. V. recercelee.
  menuz : 1831.
menu : 1668 (et - et sovent), à nombreuse reprise.
mesdire : 4722, inf., dire des mensonges à propos de
  qn.
meserré : 2643, p.p., mal agi.
mespris : A550, p.p., fait des erreurs.
mi : A380, pron. pers. ton. 1 (dat.), me. Cf. Gossen,
  par. 65, 81.
miex : 5624, adv., mieux. : *que j'aille mieux.
molez : 1220, adj., bien faits, faits au moule, en par-
  lant du corps.
monnez : 6576, p.p., convertis en monnaie. Cf. God.,
  X, 169 b : épithète de remplissage, employée en
  vers.
mostree : *4690* (lor parole ont -), p.p., ils ont eu des
  discussions à son sujet (Jn. 7:12 : murmur multum erat in turba de eo).
  4693 : (sa parole -), p.p., il a expliqué sa doctrine
  (Jn. 7:14 : docebat).
muça : 1611, parf. 3, cacha.
  muçant : 6144, p.pr. (réfl.), se cachant.
  muciez : 6194, p.p. (réfl.), s'est caché.
mues : 196, adj., muettes.
muians : 5020, p.pr., muets.
muz : 6102, 6170, adj., muet.

natatoire : 4451, 4468, 4628, s.m., piscine (Jn. 9:7 :
  in natatoria).
ne : 1311, 2919, conj., et. Cf. Gamillscheg, pp. 576-7.
neïs : 4396, adv., même.
nesun : 5337, 5607, adj., aucun.
  nesune : 3276, aucune, même pas.

nez : 4800, adj., propres.
niers : 1052, s.m. (c.r.), neveu. Cf. God., V, 497c.
  A182 : c.s.
  niés : A151.
non : 496 (en mon -), s.m., en mon honneur, pour
  moi.
  3005 : (en son -), pour lui-même, en son honneur.
  V. ymage.
  A329 : (par -), loc., absolument.
  6560, 6562 (par - de), comme.
notonier : *4333.* V. *tolonier*

ocision : 2064, s.f., massacre.
oent : 4857, ind. pr. 6, entendent, apprennent.
  oiant : 797, 3556 (en -), p.pr., devant témoins.
  4030, *passim* (toz), en présence de toute l'assistance.
  oïsmes : 6473, parf. 4.
  oom : 5206, ind. pr. 4.
oir : 1819, s.m., héritiers.
  oirs : 1955.
oirre : 2965 (grant -), loc., en toute hâte.
  A219 : (en -), même sens que le précédent.
oquison : 1706, s.f., prétexte.
oquison : A91, occasion. V. aussi achoison.
oquison : 6291, faute (Lc. 23:4 : nihil invenio causae :
  rien de coupable).
orainz : 886, 1892, adv., tout à l'heure.
ort : 6174, s., jardin.
ort : A89, adj., sale, laid.
os : 816, ind. pr. 1, j'ose. V. aussi a.
oublïe : 4171, p.p. (réfl.), ils n'ont pas tardé.
  oublïee : 1227, 2980, p.p. (réfl.), elle n'a pas tardé.
  oublïer : 40, inf. (réfl.)
  oublïez : 634, 2157, 2806, p.p. (réfl.)
  oublïoient : 2360, ind. imp. 6 (réfl.), elles per-
  daient toute idée de la réalité extérieure.
outreement : 1858, adv., excessivement. (God., V,
  670b, cite H. de Val. d'après Dinaux, *Trouv. Brab.,*
  p. 362, mais ce texte n'est certainement pas de sa
  main : il s'agit de vers octosyllabiques).
ovrainne : 1501, s.f., ouvrage, travail.

paile : 1795, 1834, 3661, s.m., riche drap d'or ou de
  soie.
pailes 1 : 1788, 1799, 1817, s.m., habits, manteaux.
pailes 2 : 1984, s., tapisseries tentures.
painnent : 6624, ind. pr. 6 (réfl.), se peinent, se donnent de la peine pour.
  paint : 373, subj. pr. 3 (réfl.).
paire : 1775 (à l'assonance), s.m., père.
paire : 5081, subj. pr. 3, se manifeste, apparaisse.
  parant : 3646, p.pr., visibles.
palasinous : 3732A, adj., paralytique : une des maladies du roi Hérode 1.
palazins : A456, s., paralysie.
panderai : 1663, 1691, fut. 1, je les pendrai.
  pandra : 1341, fut. 3, il pendra.

panse : 4912, ind. pr. 3 (réfl.), il s'en occupe.

par : 179 (- soi), séparées.

parlement : 5607, s.m., discussion.

parole : 1443, s.f., affaire, histoire, doctrine.
4690, 4693, 4952, 5929 : (- mo(u)stre(e)). V. aussi mostree.

partir : 432 (que il me dut -), inf., que, probablement il se briserait. Cf. T.-L., VII, 391:2, 26 : se dit exclusivement du coeur.

partiz : 1732, p.p., séparé.

pas : 6140 (l'i fist antrer le -), s.m., loc., aussitôt.
5853 : (corant plus que le -), très vite précipitamment.
6131 : (l'en ont mené ne mie - por -), pas lentement, en hâte.

pasquerez : 4086, s., temps de Pâques, printemps.

passez : 2229, p.p., validé(s).

patriache : 473, etc., s.m., patriarche, ancêtre du peuple juif. Cf. Trénel, pp. 114-5.

patriache : 2640, 2641, 2671, s.m., le patriarche de Jérusalem au temps de Salomon. Cf. Mehne, pp. 40-1 ; Lyons, p. 25, n.25.

patriaches : 2781, 2801, 2802, 3226, etc., s.m., le patriarche de Jérusalem au temps de Joachim et d'Anne. V. Index des noms propres : *Yzachar*.

patriaches : 3136, 3148, 3152, s.m., dignitaire ecclésiastique. V. Index des noms propres : Zacarias.

pautenier : 2195, s.m., coquin.

pautonniers : 1812.

pautonnier : 1315, valet.

pavement : 3340, s.m., cour, salle pavée.

pelu : 855, adj., poilu. V. aussi veluz.

penee : 5935, p.p., tourmentée, malmenée.
pener : 5679, inf., faire souffrir, malmener.
penez : 5481, p.p.

penel : *5467*, s., tapis de selle.

penrai : 1687, fut. 1, je prendrai. Cf. 1686.
penre : 1491, *1620*. inf. Cf. pourtant 1528, 1540, 1552.

pensai : 1445 (ainc nel me -), parf. 1, je ne m'en avisai jamais.

pense : 2958 (- de + inf.), impér., hâte-toi de !
pensent : 6310 (- de + inf.), ind. pr. 6, ils se hâtent de.

penses : 884 (em -), s., absorbé dans ses réflexions.

pertrin : 1255, 1915, s.m., pétrin.
prestin : 1324.
pretrin : 1337.

pesanz : 751, 1808, adj., mélancolique, triste.

pesanz : *5432*, adj., puissant.

peuture : 5660, s.f., nourriture. V. pout.

pevree : 4241, s.f., sauce au poivre.

piautriz : 4616, s.m., grabat.

pïe : 2949, adj., pleine de miséricorde.

pié : 4629 (ne poi a moi - traire), s., je ne pouvais marcher, j'étais paralysé.
piez : 2045, 5243, s., homme, personne.

piece : 1224 (a -), loc. adv., de longtemps.
6205 : (grant -), même sens que le précédent.

pignon : 4131, s.m., faîte (Mt. 4:5 : super pinnaculum templi).

pimant : 862, 3081, s., boisson composée de miel et d'épices ; vin aromatisé.
pimanz : 5333.

pïor : 6117 (ne fustes vos -), adv., vous n'en étiez pas plus mal lotis.
6566, adj., pire.

piz : 4254, adj., miséricordieux.
piz : 6008.

piz : 6072, s., pics.

plaideor : 6565, s.m., avocat, défenseur.

plaidier : 998, inf., parler.
6316, inf. empl. comme subst., cause, procès, jugement, V. aussi plait.

plait : 683, s., assemblée réunie pour rendre la justice.

plait : 928, 6473, s.m., discours.

plait : 1424, 1625, 6403, 6565, s.m., procès.
plaiz : 5588, 6410.

pleges : 1870, s.m., celui qui se porte garant.

plevis : 972, ind. pr. 1 (plevir), je (te le) garantis.
plevist : 1920, subj. imp. 3, qui se portât garant pour moi.

plomé : 5713, s.m., pichet (Mt. 14:13 : laquena aquae).

plut : 2165, parf. 3 (plovoir), il fit descendre.

poacres : 3736, s.m., la goutte : une des maladies du roi Hérode 1.

poanz : 2443, adj., puissant.

poi, 4885 (por - que), conj., presque. V. pou.

poise : 4962, ind. pr. 3 (peser), ne tarde pas.

poiz : *3758*, 3768, s.f., poix.

ponee : 2471, s.f., arrogance, insolence.
posnee : 6675.

porchaça : A17, parf. 3, chercha.

porpans : 49, s., réflexion, méditation, projet.

porpansa : 21, parf. 3, il projeta.
porpansee : 792, p.p. (réfl.), elle s'est avisée de.

porparlé : 3353, p.p., tramé, projeté (Lc. 1:37 : quia non erit impossibile apud Deum omne verbum).

porprant : 5603, ind. pr. 3, il occupe.
porpris : 2008, p.p., envahi, occupé,

portendue: 1984, p.p., garnie de.

potier : 6590, s.m., potier (Mt. 27:7 : agrum figuli).

pou : 3604, 3680, 5196 (a -), loc. adv., presque. V. poi.

pout : 2287, 5045, parf. 3 (paistre), il nourrit. V. peuture.

praez : 2308, p.p. (praer, preer), faits prisonniers.

premiers : 4272, 5637 (a -), loc. adv., en premier lieu, d'abord.

pres : 5562 (bien - que), loc., il s'en faut de peu que. presque. V. *pruef.*

pres : 6014, adj., prêt.
prest : 615, 788, 809, 824, 976, A154.

pretisierres : 1360, s.m., grand panetier (Gn. 40:1 : pistor).
pristeor : 1353.

prince : 4021, s.m., chefs (Mt. 6:21 : principibus Galilaeae).

princes : 5644, hauts seigneurs.

prince : 5338, 6119, s.m., grand(s) prêtre(s) (Jn. 7:32 : principes et pharisaei).

princes : 4694, A453.

prise : 4545, 4554, p.p., surprise (Jn. 8:3 : mulierem in adulterio deprehensam). V. avoutire.

privé : 6350, adj., familier, ami intime.

privez : 6242, adj., apprivoisé.

privez : 6581, adj., privés, particuliers.

priveement : 5969, 6140, A79, adv., en secret. seul(s).

*processïon : 140, 267, s.f., lignage, progéniture. Cf. Trénel, pp. 201-2.

propicïatoire : 3266, s.m., propitiatoire (De Nativitate Mariae, VII : 3 : de propitiatorii loco vox facta est).

pruef : 5375 (bien -), adv., presque. V. pres.

publicanus : 4334, s.m. (lat.), publicain (Lc. 5:27). V. Index des noms propres.

puison : 3765, s., breuvage.

pullant : 45, adj., puant, dégoûtant, sale.

pullentes : 821, sales, dégoûtantes.

punais : 5889, adj., fétide.

puor : 3745, s., odeur fétide : une des maladies du roi Hérode 1.

putage : 513, s., prostitution.

q' : 3267 (por -), interr., pourquoi ? (q' = que, forme faible qu'on trouve parfois après la prép. cf. Foulet, par. 266).

q' : 5539 (por -), rel., c'est pour cela que. Cf. Gamill-scheg, pp. 660-1.

qoi : 3819 (por -), conj., parce que.

quoi : 4867 (por que), conj., parce que.

que : 2537, conj., lorsque, au moment que. Cf. God., VI, 495.

que que : 3526, 4146, quoi que ce soit que. Cf. Gamillscheg, p. 654.

que que : 5903, conj., pendant que. Cf. Gamillscheg, p. 671.

querroie : A468, cond. 1, je le prierais.

querront : 5559, fut. 6, ils croiront. Cf. Gossen, par. 56 : forme picarde.

racines : 3209. V. langoustes.

raiembre : 5605, 5679, inf., racheter.

raiens : A97, p.p., rachetés.

rains : 5498, s., rameaux.

ramenterez : 1837, ind. pr. 5, vous remémorez.

ramiers : 753, s., forêts, bois.

rancheoir : 4532, inf. empl. comme subst., rechute.

randié : 4529, parf. 3, rendit. V. aussi entendié.

recercelee : 1195, adj., bouclée, frisée.

recercelez : 1831, bouclés, frisés.

recreanz : 690, 5226, s.m., celui qui se déclare vaincu.

recroire : 411, inf. (réfl.), se lasser, renoncer à.

*redoissa : 2494, parf. 3, blessa (?) (hysteron-prote-ron ?). V. corr.

relief : 4416, 4421, s.m., reste.

remanant : 4423, s.m., même sens que le précédent.

remenbree : 4700, 4774, 4874, 5132, 6398, A276, A409 (parole -), adj., sage. V. menbree.

remissïon : 144, s., pardon.

reponez : 98, ind. pr. 5 (réfl.), vous cachez-vous ?

repondrom : 6680, fut. 4.

reponant : 5143, p.pr.

reponnant : 2844, p.pr.

repos : 99, p.p.

reposte : 2203, 2252, p.p.(f.).

repus : 6114, p.p.

reprovier : 1314, s., proverbe.

ressachent : 6108, ind. pr. 6, retirent. V. sacha.

retorneras : 5946 (qant tu -), fut. 2, quand tu feras un retour sur toi-même (Lc. 22:33 : aliquando conversus).

retraire : 4632, inf., raconter.

retraire : 1094, inf. (réfl.), se soustraire à, renoncer à.

retrait : 6475, ? V. rem. à ce vers.

revertiz : 6017, p.p., retourné, revenu.

riron : 3690, fut. 4 (raler), nous retournerons.

robeor : 4827, s., voleur.

roberes : 4850, c.s.

roi : 1967, parf. 1 (ravoir), je recouvrai.

roide : 1542, adj., rapide, impétueuse.

roiz : 4329, 4330, s., filets pour pêcher, rets.

rongnous : 3732B, adj., rogneux, atteint de la rogne : une des maladies du roi Hérode 1.

rosel : 6622, s.m., roseau.

rosiaus : 4301.

rost : 2127, s., rôti.

rostiz : 2128, p.p., rôti.

roter : 1285, inf., jouer de la rote, instrument de musique à cordes.

rousee : 923, s.f., rosée.

rova : 4468, parf. 3, il demanda. V. rueve.

rovas : 1730, parf. 2.

rueve : 5913, ind. pr. 3, il les prie, il leur demande.

ruevent : 6639, ind. pr. 6.

ruee : 3780, p.p., lancée violemment.

rueille : 3762, ind. pr. 3, il roule les yeux, il regarde d'un air menaçant. V. erraaillent.

ruilliez : 6370, p.p., il roule les yeux, il a la figure déformée par la colère.

ruistement : 5796, adv., rudement, vigoureusement (Jn. 13:6,8).

sacha : 1297, 5795, parf. 3, tira.

sachié : 4519, p.p., expulsé.

sachier : 640, inf., tirer.

saingnacle : 5731, s.m., salle à manger (Mc. 14:15 : coenaculum) ; grande pièce garnie de coussins. Cf. B.d.J., p. 1347.

saingniez : 5746, p.p., signé du signe de la croix.

saïns : 1375, s., graisse.

sairement : 4031, s.m., serment.

saisir : 6623, inf., s'asseoir.

saisiz : 948, p.p., mis en possession de.

saluatïon : 3396, s.f., salutation.

san : 21, s., sagesse.

    sen : 515.

sautier : 4135, s., psautier.

savement : A478, s., guérison.

savor : 5045 (par molt douce -), s.f., d'une saveur
    délicieuse.

*seducïon : 2168, A335, s.f., stratagème, tromperie.

seeler : A266, inf., sceller. V. aussi anseelé.

semondrai : 3629, fut. 1 (semondre), avertirai, ex-
    horterai.

sena : 5688, parf. 3, guérit.

senee : 2771, adj., sage, prudente.

sens : 5337 (en nesun -), s.m., en aucun sens.

seutis : 3811, adj., seul, solitaire. V. sostiz.

seüz : 5156, p.p., suivi(s).

sigle : 1709, s., voile de navire.

siglent : 1802, ind. pr. 6, ils font voile, ils cinglent.

signor : 6119, s.m., anciens (Lc. 22:52 : seniores).
    V. aussi prince.

signorie : 5643, s., autorité, train de seigneur.

    3221 : (li porta -), il l'estima.

    3358, s., mérite.

    4500, 4519, s.f., *synagogue.

sivant : 2117 (qui l'aloient -), p.pr., qui le suivaient.

soavet : 769, adv., doucement.

soéf : 747, adv., même sens que le précédent.

soffraite : 1327, s., misère, souffrance, disette, priva-
    tion.

    soffretes : 1364, plur.

soffraitose : A26, adj., sans ressources.

soffrance : 5588 (mis en -), s., suspendu.

soia : 1128, parf. 3, scia, coupa.

    soier : 1418, inf.

soignant : 1152, s.f., concubine.

    soignanz : 2495, plur.

solier : 1849, s.m., chambre haute.

sor : 1669, 5345, prép., contre, malgré.

sormontee : 5294, p.p., vaincue, surpassée.

    sormonter : 3599, inf.

sorquerez : 3238 (plus ne me -), impér., ne me de-
    mandez plus qu'il ne faut !

sors : 4748, A351, adj., sourds.

    sort : 4005.

    sorz : 5443.

sostiz : 1122, adj., solitaires. V. aussi seutis.

souduianz : 6065, adj., traître, séducteur.

    souduire : 3729, inf., séduire.

    souduite : 5289, p.p., séduite.

sougiz : 3847, p.p., soumis.

souplantere(s) : 899, 904, s.m., celui qui supplante
    (Gn. 27:36 : supplantavit enim me in altera vice).

soupris : 5279, 5306, 6013, p.p., séduits, surpris.

sovin : 2449, adj., couché sur le dos.

taillanz : 6078, s.m., tranchant (de l'épée).

tailloir : 4044, s.m., plat.

    taillor : 4055.

taisir : 5913, inf., se taire.

tans : 721, 6039 (par -), loc. adv., bientôt. V. aussi
tens.

tassel : *5469*, s.m., ferrets des cordons attachant le
    manteau.

tempres : 412, adv., de bonne heure, en son temps.

temtas : 1729, parf. 2, tu mis à l'épreuve la foi d'
    (Abraham).

tenant : 3532, s.m., tenancier.

tenant : 3648 (en .i. -), loc., de suite.

tendié : 225 (à l'assonance), p.p., tendu (l'arc).

tendra : 745, fut. 3, il tiendra.

tens : 2163 (lonc -), s.m., longtemps.

    3903 : (loinz -). V. corr.

tenser : 219, inf., défendre, sauver.

tent : 5771 (la -), ind. pr. 3, y est porté.

    5870 : (- la main), ind. pr. 3, tend.

tenta : 4113, parf. 3, tenta.

tert : 4764, ind. pr. 3, essuie, nettoie.

    ters : 4800, 5792, p.p., nettoyés, essuyés.

    ter[s]t : 4796, parf. 3.

tigne : *3732B*, s.f., la teigne : une des maladies du roi
    Hérode 1.

tirant : 2420, s.m., tyran.

toaille : 5788, s.f., serviette, linge (Jn. 13:4 : linteum).

tolonier : *4333*, s.m., publicain (Mt. 9:9 : vidit homi-
    nem sedentem in telonio). God., VII, 738a renvoie
    à tolonaire — mot qui manque pourtant)

torbes : 1096, s., bandes, groupes.

tortice : 6618, adj. f. (tortis), tordue, entortillée.

tost : 6316, parf. 3 (réfl.), il se tut. V. aussi taisir.

traire : 780, 4629, inf., tirer.

    traist : 1004, 3414, 3417, parf. 3, il se retira.

    trait : 854, ind. pr. 3 (réfl.), il s'approche.

traïtes : 5849, 5881, 6133, s.m. (c.s.), traître.

traiz : 5890, s.m., coup.

transi : A523, parf. 3., mourut.

travillïe : 734, p.p., prise des douleurs de l'enfante-
    ment.

trebucherent : 167, parf. 6, tombèrent.

    trebuchié : A310, p.p., tombés.

    tresbucha : 5, parf. 3, tomba.

    tresbuchié : 14, p.p., tombés.

trepasser : 1106, inf., passer.

tresaive : 4843, s., trisaïeul.

trespansee : 4960, adj., triste.

    trespansez : 5995, 6002, adj., triste(s).

trestorner : 4151, inf., tourner le dos à, s'éloigner.

tribler : 5922, inf., battre (le blé).

tripant : 2215, p.pr., sautant.

tumer : 4029, 4037, inf., danser.

vairole : 3733, s.f., la variole : une des maladies du
    roi Hérode 1.

valeton : 4400, s.m., jeune homme (Jn. 6:9 : puer).

vallez : 154, s.m., enfants mâles.

    1822 : jeune homme.

vea : 3951, parf. 3, refusa, interdit.

    veer : 775, 4051, inf.

veluz : 812, 893, adj., poilu. V. pelu.

venist : 5839, 5890 (molt li - or miex que), subj. imp. 3 (impers.), mieux aurait valu qu'il.

verais : 4705 (- hom), adj., véridique, vrai (Jn. 7:28 : sed est verus qui misit me).

vergenz : 5233 (a. i. -), s.m., avec une verge.

vergonda : 3448, 5795, parf. 3 (réfl.), avait honte.
vergondez : 2886, 3420, p.p., couvert de honte.

verrai : 5632, fut. 1 (venir), je viendrai. Cf. Gossen, par. 61.

vertiz : 5307, p.p., (s'est) tourné (vers).

viaire : *5078* (si com il m'est -), s., à mon avis.

vilté : A169 (nos tienent en -), s., ils nous méprisent.

vis : 3604, 3680, adj., vif, vivant. V. enrage.

vistement : *5796,* adv., vite. V. *ruistement.*

viviers : 754, s.m., étangs.

vodrent : 6, parf. 6, voulurent. Cf. Gossen, par. 61 : forme picarde,

voidie : 792, s.f., tromperie, fourberie.

voldra : 6343 (ne lor - noient), fut. 3, cela ne leur vaudra rien. Cf. Gossen, par. 61, p. 95 : forme picarde.
voldroit : 4402, cond. 3.

ydres : 2668, s.m., idoles, dieux païens.

ymage : 3005, s., ., statue.

BIBLIOGRAPHIE ET ABRÉVIATIONS BIBLIOGRAPHIQUES

[*A*]= Ms. Augiensis (Reichenau) CCXXIX (déb. IXe s.), contenant un récit sur l'Assomption de la Vierge ; ce texte latin, qui représente un état du texte grec (Π) antérieur à *Mel*, à *Wil*, à [*M*] et à *Col*, a été publié par Wenger ; V. aussi [*R*].

Acta Pilati = *Evangelium Nicodemi* I.

Acta Sanctorum, Junii Tomus IV, Antverpiae, Jacobs, 1707, pp. 688-806 : Acta S. Ioannis Baptistae prodromos et baptista D.N.I. Christi. [*AASS*]

Le Jeu d'Adam, V. Noomen, W.

Ado, Viennensis archiepiscopus, *Martyrologium*, *PL*, 123, 200-1, 232.

Aldama, J.A. dc, S.J., *Fragmentos de una versiòn del Protoevangelio de Santiago y una nueva adaptaciòn de sus primeros capitulos*, dans *Biblica*, t. 43 (1962), pp. 57-74.

Alfrink, B.J., *Over typologische exegese van het Oude Testament*, Nijmegen, Utrecht, 1945.

Amalarius, presbyter Metensis, *De ecclesiasticis officiis*, Lib. III, cap. 10, *PL*, 105, 1115-7.

Amann, E., *Le Protévangile de Jacques et ses remaniements latins*, Paris, 1910. [Amann]

Analecta hymnica medii aevi, I-LV, Leipzig, 1886-1922 (C. Blume, G.M.Dreves, H. Bannister) [*AH*]

Anglade, J., *Grammaire élémentaire de l'ancien français*, Paris, A. Colin, [14] 1963.

Anseïs de Carthage, V. E. Langlois, *Table...*

Le Roman d'Aquin, édition polycopiée [J.-R. Smeets, 'éditeur'] d'après l'édition de Joüon des Longrais, Leiden, cours universitaire 1962.

Archiv für Liturgie Wissenschaft, IX, Regensburg, 1965, p. 73.

Arundel, = Ms. du XIVe s., contenant un récit apocryphe sur la Nativité de la Vierge et sur l'Enfance du Seigneur ; texte (= version latine du Protévangile de Jacques = *P*) publié par James, M.R., *Latin Infancy Gospels*, Cambridge, 1927, pp. 3-95.

Auerbach, E., *Typologische Motive in der Mitteralterlichen Literatur*. Schriften und Vorträge des Petrarca-Instituts, Köln II, Scherpe Verlag, Krefeld, 1953.

S. Augustin, Sermo CXCIII : *De Annuntiatione Dominica :* Fratres dilectissimi..., *PL*, 39, 2103-4.

S. Augustin, Sermo CXCIV : *De Annuntiatione Dominica :* Adest nobis, dilectissimi, optatus dies..., *PL*, 39, 2104. (V. Fulbert de Chartres, *PL*, 141, 336)

S. Augustin, Sermo CXCV : *De Annuntiatione Dominica :* Castissimum Mariae Virginis uterum..., *PL*, 39, 2107-2109, 2110.

S. Augustin, Sermo CXCVI (Sermo 20 *de Sanctis*) : *In Natali Joannis Baptistae*, *PL*, 39, 2111-2113.

S. Augustin, Sermo CXCVII (Sermo 21 *de Sanctis*) : *In Natali Joannis Baptistae*, *PL*, 39, 2113-2115.

S. Augustin, Sermo CCXX (Sermo 10 *de Sanctis*) : *In Natali sanctorum Innocentium*, *PL*, 39, 2152.

S. Augustin, *De Assumptione Beatae Mariae Virginis*, *PL*, 40, 1141-48.

S. Augustin, *Contra Judaeos, Paganos et Arianos Sermo de Symbolo*, Cap. XI : Vos, inquam, convenio, o Judaei, *PL*, 42, 1123-27.

Aye d'Avignon, Chanson de geste anonyme, éd. critique. S.J. Borg, Univ. de Californie à Riverside, Genève, Droz, 1967. (Textes Littéraires Français : 134).

Barré, H., *L'apport marial de l'Orient à l'Occident de saint Ambroise à saint Anselme*, dans *Bulletin de la société d'Études mariales*, 19 (1962), p. 44 ss. [Barré]

Bäumer, Dom Guitbert, o.s.B., *Geschichte des Breviers*, Freiburg i/Breisgau, 1895. [Bäumer]

Bartsch, K., *Chrestomathie de l'ancien français*, Leipzig, Vogel, [4] 1880, col. 95-104 : Herman de Valenciennes, *Bible de Sapience*.

Baudouin de Sebourc, V.E.-R. Labande, *a.c.*

Beaudequin, G., *L'Adoration des Mages à l'époque romane*, dans *CCM*, III, 4, oct.-déc. 1960, pp. 479-89.

Bède le Vénérable (Beda Venerabilis), *Chronicon*, dans *MGH*, t. XIII, *Chronica minora*, III, § §237, 436, 490.

Bède le Vénérable, *In Marci Evangelium Expositio* Liber II, *PL*, 92, 190, 192-3.

Bède le Vénérable, *Martyrologium*, *PL*, 94, 1144.

Bède le Vénérable, *In Pentateuchum Commentarii Genesis*, cap. XXXVII, XXXVIII, *PL*, 91, 263.

Bède le Vénérable, *Quaestiones super Exodum*, cap. XXXVIII, *PL*, 93, 377.

Beek, H.H., *De Geestesgestoorde in de middeleeuwen. Beeld en bemoeienis*, Proefschrift, Leiden, 1969. Hfdst. 9 : Religieus exorcisme.

Benke, H., *Die alttestamentliche Bibeldichtung Jehan Malkaraumes, ihr Verhältnis zu Geffroi de Paris, Herman de Valenciennes und zur Vulgata, nebst einer Textprobe*, Diss., Greifswald, 1916.

La Sainte Bible traduite en français sous la direction de l'École biblique de Jérusalem, Paris, Les Éditions du Cerf, 1961. *[B.d.J.]*

Biblia sacra iuxta latinam vulgatam versionem ad codicum fidem iussu Pii Pp XII ... edita..., t. I : Genesis, Roma, 1926.

Biblia Sacra iuxta Vulgatam Clementinam, Matriti, Biblioteca de Autores Cristianos, ³1959. *[Biblia sacra,* Vulgate.]

Bibliotheca Sanctorum. Istituto Giovanni XXIII della Pontificia Università Lateranense, vol. VI, Roma 1965, col. 599-624 : *Iconografia :* col. 616-624.

Bibliothèque de l'École des Chartes, Paris, 1839-*[BEC*], t. LXIII (1902), pp. 58, 59 (sur les Mss nos. 17, 11).

Boeren, P.C., *Jocundus, biographe de saint Servais,* La Haye, Martinus Nijhoff, 1972.

Bonnard, J., *Les traductions de la Bible en vers français au Moyen Age,* Paris, Imprimerie nationale, 1884. [Bonnard]

Borland, Lois, *Herman's 'Bible' and the 'Cursor Mundi',* dans *SPh.,* XXX, 3, july 1933, pp. 427-444. [L. Borland, dans *SPh*]

Bossuat, R., *Manuel bibliographique de la littérature française du moyen âge,* Melun, Librairie d'Argences, 1951, no. 3097. [Bossuat, *M.B.*]

Brayer, Édith, *La prière de Charlemagne,* dans *Mélanges offerts à Rita Lejeune,* vol. II. Gembloux, 1969, pp. 1279-84.

Breviarium Romanum, ex decreto Sacrosancti Concilii Tridentini restitutum S. Pii V. Pontificis Maximi jussu editum aliorumque pontificum cura recognitum PII Papae X auctoritate reformatum, Mechliniae, H. Dessain, 1941 ; Pars hiemalis, Pars verna, Pars aestiva, Pars autumnalis [*Br.,* P. H ; *Br.,* P.V. ; *Br.,* P. Aest. ; *Br.,* P.A.]

Bühler, Ph., *The Cursor Mundi and Herman's Bible. Some additional Parallels,* dans *SPh,* LXI (1964), pp. 485-499

Burkowitz, H., *La Bible von Herman de Valenciennes,* Teil III (Von Marias Geburt bis zu Christi Berufung der Jünger), Thèse, Greifswald, 1914. *[III]*

Cabrol, Dom F., o.s.B., *Handboek der Liturgie,* 2 vol., Bussum, Paul Brand, 1912.

Cahiers de civilisation médiévale, Poitiers, Centre d'Études Supérieures de Civilisation Médiévale, I→, 1958→ [*CCM*].

Canal, J.M., C.M.F., *Sermones marianos de san Fulberto de Chartres* (Texto critico de algunos sermones marianos de san Fulberto de Chartres o a el atribuibles), dans *Recherches de théologie ancienne et médiévale,* t. 30, 1963, pp. 55-87. [J.M. Canal].

Capelle, Dom B., o.s.B., *Les anciens récits de l'Assomption et Jean de Thessalonique,* dans *Recherches de théologie ancienne et médiévale,* 12 (1940), pp. 209-235.

Capelle, Dom B., o.s.B., *Vestiges grecs et latins d'un ancien 'transitus' de la Vierge,* dans *Analecta Bollandiana,* LXVII (Mélanges Paul Peeters I) 1949, pp. 21-48. [Dom Capelle, *Vestiges*].

Catalogue des Mss de la Bibliothèque de l'Arsenal, t. III, Paris, 1887, pp. 395-405. (sur le Ms. no. 12).

Catalogue des Mss français de la Bibliothèque Impériale, Ancien Fonds français, t. I, Paris, 1868, pp. 87-8 ; 227 ; 320-1 ; 364-5 (sur les Mss nos. 1-4).

Catalogue général des Mss français de la Bibliothèque Nationale, Anciens Petits Fonds français, t. II, Paris, 1902, pp. 11, 12 ; 338 ; 596-7 (sur les Mss nos. 7, 8, 9).

Catalogue général des Mss français de la Bibliothèque Nationale, Ancien Saint-Germain fr., t. III, Paris, 1900, pp. 339-341 ; 467-8 (sur les Mss nos. 5, 6).

Catalogue général des Mss français de la Bibliothèque Nationale, Nouvelles Acquisitions françaises, t. II, Paris, 1900, p. 199 (sur le Ms. no. 10) ; t. IV, Paris, 1918, pp. 7, 8 (sur le Ms.no. 11).

Catalogue général des Mss des Bibliothèques publiques de France, t. LIII : *Manuscrits des bibliothèques sinistrées de 1940-1944,* Paris, Bibl. Nat., 1962, pp. 11, 33-4 (sur le Ms. no. 13).

Catalogue général des Mss des Bibliothèques publiques de France : Départements : t.XI, Paris, 1890, pp. XL, 272-3 (Ms. no. 13) ; t. XXVI, Paris, 1897, pp. 99, 101-2 (Ms. no. 14) ; t. XII, Paris, 1889, p. 217 (Ms. no. 15).

Catalogue of the Manuscripts in the Cottonian Library deposited in the British Museum, London, 1802, p. 574 (Ms. no. 23).

Catalogue of the Harleian Manuscripts in the British Museum, vol. I, London, 1808, p. 70 (sur le Ms. no. 19) ; vol. II, London, 1808, pp. 584-5 (sur le Ms. no. 20) ; vol. III, London, 1808, p. 253 (sur le Ms. no. 21).

Catalogue of romances in the department of manuscripts in the British Museum, vol. I, London, 1883, pp. 328, 447, 813 (sur le Ms. no. 20) (Ward, H.L.D.).

Catalogue of Western Manuscripts in the Old Royal and King's Collections in the British Museum, vol. II, London, 1921, pp. 86-7 (Ms. no. 24).

A Descriptive catalogue of the Manuscripts in the Library of Pembroke College Cambridge, Cambridge, Univ. Press, 1905, pp. XXXIII, 45-6. (Montague Rhodes *James*) (Ms. no. 26).

Catalogue of the Manuscripts in the Library of Trinity College, Dublin, London, 1900, pp. XIX, 37 (T.K. Abbott, Librarian) (Ms. no. 29).

Catalogue of the extraordinary collection of splendid manuscripts... formed by M. Guglielmo Libri..., London, 1859, p. 104, no. 484 (Sotheby and Wilkinson) (Ms. no. 13).

A Summary Catalogue of Western Manuscripts in the Bodleian Library at Oxford, vol. II, 1, Oxford, 1922, pp. 72-3 (Ms. no. 30) ; vol. II, 2, Oxford, 1922, pp. 718-9 (Ms. no. 31).

Census of medieval and renaissance Mss in the United States and Canada, New York, vol. II, 1937, pp. 1466-7 (sur le Ms. no. 17) (Seymour de Ricci, with the assistance of W. J. Wilson) ; vol. I, 1935, p. 589 (Ms. no. 33).

La Chanson du Chevalier au cygne et de Godefroid de Bouillon, éd. C. Hippeau, 2 vol., Paris, 1874-77. [*Chev. cygne Hippeau*].

Le Chevalier de Dieu, éd. K. Urwin, dans *RLR,* 68 (1937) pp. 136-161.

Chrétien de Troyes, *Le Roman de Perceval,* éd. revue, et augmentée par W. Roach, Genève, Droz, [2]1959 (Textes Littéraires Français : 71).

Classiques français du moyen âge [CFMA]

S. Clément I d'Alexandrie (S. Clemens I, Pontifex Romanus), *Opera Dubia : Constitutiones apostolicae,* Lib. VIII, *PG,* 1, 1098.

Cogitis me, o Paula ... . V. Paschasius Radbert[us].

Col, V. Transitus Colbertinus.

Corbin, Solange, *Miracula beatae Mariae semper virginis,* dans *CCM,* X, 3-4, juill.-déc. 1967, pp. 409-33. [S. Corbin, dans *CCM,* X].

Le Couronnement de Louis, Chanson de geste du XIIe siècle, éd. E. Langlois, CFMA : 22, Paris, Champion, 1920. [*Cour. Louis*].

Dagmisboek met Vesperale, samengesteld door de monniken van de Keizersberg, met medewerking van de Hoogeerwaarde Abt Bernard Capelle, Leuven, Uitgaven van de Keizersberg, 1959. [*Missel*].

Debidour, V.-H., *Le Bestiaire sculpté du moyen âge en France,* Paris, B. Arthaud, 1961, ill. 445.

Delisle, L., dans *BEC,* LXII, 1901, p. 557, n. 3 ; LXIII, 1902, p. 58 (sur le Ms. no. 17).

Delius, W., *Geschichte der Mariaverehrung,* München, Ernst Reinhardt, 1963.

Denys le Petit (Dionysius Exiguus), *De Inventione Capitis Ioannis Baptistae, PL,* 67, 419-454.

Descensus Christi ad Inferos = Evangelium Nicodemi II.

Dictionnaire d'Archéologie chrétienne et de Liturgie, publ. par F. Cabrol et H. Leclercq, 15 vol., Paris, 1907-1953. [*DACL*].

Dictionnaire des lettres françaises. Publié sous la direction de Georges Grente, Albert Pauphilet, Louis Pichard [...], I : Le moyen âge. Vol. prép. par Robert Bossuat, Louis Pichard et Guy Raynaud de Lage, Paris, Fayard, 1964. [*DLF*].

Dictionnaire de Spiritualité (Marcel Viller, S.J.), II, Paris, 1953.

Dictionnaire de Théologie Catholique (Vacant, Mangenot, Amann), t. 1-15, Paris 1930-1950, + 3 Tables générales (1951-1972). [*DThC*].

Dinaux, A., *Trouvères et Jongleurs du Nord de la France et du Midi de la Belgique,* IV, Paris, 1863, pp. 343-369 [343].

Les Évangiles des Domées, publiés par R. Bossuat et G. Raynaud de Lage, Paris, Librairie d'Argences, 1955. (Bibliothèque elzévirienne, Nouvelle série) [*Domées*].

Dronke, P., *Medieval Latin and the Rise of European Love Lyric,* 2 vol., Oxford, Clarendon Press, [2]1968.

Dufournet, J., *Recherches sur le Testament de François Villon.* Notes d'un cours professé à la faculté des Lettres de Montpellier. Paris, Centre de documentation universitaire, première série, 1967, p. 23, n. 4.

Early English Text Society, Original Series [EETS,OS], V. Foster, Fr. A.

Les Enfances Guillaume, chanson de geste du XIIIe siècle, éd. P. Henry, Paris, 1935 (SATF).

Enlart, Cam., *Manuel d'archéologie française depuis les temps mérovingiens jusqu'à la Renaissance,* 2 t., 3 vol., Paris, [3]1927-9. [*Enlart*].

L'Entree d'Espagne, chanson de geste franco-italienne, éd. A. Thomas, 2 vol., Paris, 1913 (SATF).

Eusebius (Rufinus). *Historia ecclesiastica,* XI, 28, *PL,* 21, 536-7.

Los Evangelios Apocrifos (éd. : Aurelio de Santos Otero), Matriti, Biblioteca de Autores Cristianos, 1956. [*Ev. apocr.*] V. aussi Otero.

Evangelium Nicodemi, V. Tischendorf, *Evangelia apocrypha ;* Otero, *Los Evangelios Apocrifos.*

Evans, J., *Life in Mediaeval France,* Oxford, University Press, 1925.

Fabre, P., *Le développement de l'histoire de Joseph dans la littérature et dans l'art au cours des douze premiers siècles,* dans *Mélanges d'Archéologie et d'Histoire,* 39e ann., 1921-2, pp. 193-211. (École française de Rome) [*Fabre*].

Faral, E., *L'art des jongleurs au moyen âge,* Paris, Champion, [2]1964.

445

Faral, E., *Les Arts poétiques du XIIe et du XIIIe siècle*, Paris, Champion, 1962, p. 58.

Faverty, F.E., *Joseph in Old and Middle English*, dans *PMLA*, XLIII (march 1928), pp. 79-104. [Faverty, dans *PMLA*,].

Festschrift für Friedrich Maurer, V. Max Wehrli.

Festschrift Jost Trier, V. H. Lausberg, *Quant li solleiz*.

Flavius Josephus, *Opera*, G. Dindorf, Paris, 1845, vol. I, pp. 1-792 : *Antiquitatum Judaicarum libri XX*.

Flint, Valerie I.J., *The Career of Honorius Augustodunensis, Some Fresh Evidence*, dans *Revue bénédictine*, LXXXII, 1972, 63-86.

Förster, Max, *Die Legende vom Trinubium der hl. Anna*, Heidelberg, 1925.

Foster, Fr. A., *The Northern Passion*, EETS, O.S. 147, London, 1916.

Foulet, L., *Petite Syntaxe de l'ancien français*, Paris, Champion, ³1966 (CFMA, 2e série : Manuels) [Foulet].

Frank, Grace, *The Medieval French Drama*, Oxford, 1967. [G. Frank, *Drama*].

Fulbert de Chartres (Fulbertus Carnotensis episcopus),

   PL, 141, 320-324 : Sermo IV : *De Nativitate beat. Mariae Virginis :* Approbatae consuetudinis est apud Christianos...

   PL, 141, 324-5 : Sermo V : *Item de Nativitate Mariae Virginis*.

   PL, 141, 325-331 : Sermo VI : *In Ortu almae Virginis Mariae inviolatae*.

   PL, 141, 336-340 : Sermo IX : *De Annuntiatione Dominica :* Adest nobis, dilectissimi, optatus dies... (V. S. Augustin, Sermo CXCIV)

   PL, 141, 345 : *Hymni et carmina ecclesiastica ; De beata Virgine :* 2 responsoria : 1. Stirps Iesse... (V. Chap. III. 4 : 18], 2. Ad nutum... (V. Chap. III. 4 : 7]).

Gallais, P., *Recherches sur la mentalité des romanciers français du moyen âge*, dans *CCM*, VII, 4, oct.-déc. 1964, pp. 479-93 [483, 485, 489, 490].

Gallais, P., *De la naissance du roman*. A propos d'un article récent, dans *CCM*, XIV, 1, janv.-mars 1971, pp. 69-75 [70-1].

Gamillscheg, E., *Historische franz. Syntax*, Tübingen, Max Niemeyer Verlag, 1957 (nouv. éd. 1969) [Gamillscheg].

Ganshof, F.L., *Qu'est-ce que la Féodalité ?* , Bruxelles, Office de Publicité, S.A., Éditeurs, ³1957, Index, p. 232.

Garel, J., *La Prière du plus grand péril*, dans *Mélanges de Langue et de Littérature médiévales offerts à Pierre Le Gentil*, Paris, S.E.D.E.S., 1973, pp. 311-318.

La *Vie de saint Gile*, de Guillaume de Berneville, éd. G. Paris et A. Bos, SATF, Paris, 1881.

Giles, J.A., *The complete works of Venerable Bede*, London, Whittaker and Co., 1844.

Ginzberg, L., *The legends of the Jews*, The Jewish Publication Society of America, Philadelphia, 1909-, 7 vol. [Ginzberg].

Glossa Ordinaria (Walafrid Strabo), *PL*, 113, 114.

Godefroy, Fr., *Dictionnaire de l'ancienne langue française*, Paris, Vieweg, 1937-38, 10 vol. [God.].

Gossen, C.-Th., *Petite Grammaire de l'ancien picard*, Paris, Klincksieck, 1951. [Gossen].

S. Grégoire le Grand (Sanctus Gregorius Magnus, Romanus Pontifex), *Liber Antiphonarius*, *PL*, 78, 641ss.

S. Grégoire le Grand, *Liber Responsalis*, *PL*, 78, 725ss.

Grégoire de Tours, *Histoire des Francs*. Texte des Mss de Corbie et de Bruxelles, éd. H. Omont et G. Collin, Paris, Picard, 1913.

Greifswald, V. Thèses de — —

Greimas, A.J., *Dictionnaire de l'ancien français jusqu'au milieu du XIVe siècle*, Paris, Larousse, éd. revue et corrigée, 1972.

Grundriss der romanischen Literaturen des Mittelalters, VI/1 ; VI/2, Heidelberg, Carl Winter Universitätsverlag, 1968, 1970. [GRLMA]

GRLMA, VI/1 : Partie historique : A : La Littérature didactique, allégorique et satirique.

   pp. 1-21 : Édith Brayer : La littérature religieuse (Liturgie et Bible) :
   I : Catalogue des textes liturgiques et des petits genres religieux.

   pp. 21-48 : Guy de Poerck : La littérature religieuse (Liturgie et Bible) :
   II : La Bible et l'activité traductrice dans les pays romans avant 1300.

   pp. 48-57 : Jean-Robert Smeets : La littérature religieuse (Liturgie et Bible) :
   III : Les traductions, adaptations et paraphrases de la Bible en vers.

GRLMA, VI/1 : B : Les formes et les traditions didactiques (pp. 58-145)
   I. Cesare Segre : Didattica morale, religiosa e liturgica, pp. 58-86.

GRLMA, VI/1
   C : Genèse et transformation des formes et styles allégoriques.
   Hans-Robert Jauss
   pp. 146-181 ; 215-244

446

pp. 146-151 : Entstehung und Strukturwandel der allegorischen Dichtung, Einleitung.
1. pp. 152-170 : Die Ablösung der volkssprachlichen Allegorie von der Bibelexegese.
2. pp. 170-181 : Rezeption und Poetisierung des Physiologus.
3. Uda Ebel
   pp. 181-215 : Die literarischen Formen der Jenseits-und Endzeitvisionen.
4. pp. 215-224 : Allegorische Dichtung in epischer Form.
   pp. 224-244 :
5. Die Minneallegorie als esoterische Form einer neuen ARS AMANDI
GRLMA, VI/2 : Partie documentaire :
   p. 59 : no. 1440 = *Les Évangiles des Domées* (an.)
   p. 60 : no. 1444 = *Genesis* en prose du Ms. Paris, B.N.f.fr. 6447 (an.)
   p. 81 : no. 1808 = *Bible* an. Mss Paris, B.N. f. fr. 898/902.
   p. 82 : no. 1812 = *Bible* an. Ms. Paris. B.N.f.fr. 763.
   p. 83 : no. 1824 = Evrat, *Genèse.*
   p. 84 : no. 1836 _ Geufroi de Paris, la *Bible des sept estats du monde.*
   pp. 86-9 : no. 1844 = Herman de Valenciennes.
   p. 90 : no. 1848 = Jehan Malkaraume, *Bible.*
   p. 116 : no. 2404 = Pierre de Peckham, la *Lumiere as Lais,*
   p. 225 : no. 4224 = Philippe de Thaon, *Bestiaire.*
   p. 227 : no. 4228 = Pierre de Beauvais, *Bestiaire.*
Guillaume de Berneville, V. *Vie de saint Gile.*
Guillaume Durand, *Rationale divinorum officiorum,* Ms. Den Haag, Kon. Bibl., 169 B 19, fo XXXIX.
Les Poésies de Guillaume le Vinier, publiées par Ph. Ménard, Genève, Droz, 1970 (Textes littéraires français : 166).

Hailperin, H., *Rashi and the Christian Scholars,* Pittsburgh, Penns., University of Pittsburgh Press, 1963.
Haimo de Halberstadt (Haymo episcopus Halberstadensis), *Historia sacrae Epitome, PL,* 118, 823-4.
Hamm, Gertr., *Das altfr. Gedicht zu Mariae Himmelfahrt in seinen geistes- und formgeschichtlichen Beziehungen,* Diss., München, 1938, p. VIII.
Heinisch, P., *Christus, der Erlöser im Alten Testament,* Graz, Wien, Verlag Styria, Köln, 1955. [Heinisch].
Henry, A., *Chrestomathie de la Littérature en ancien français,* Berne, Francke, [3]1965, pp. 5, 6.
Hereford, Ms. du XIIIe s., contenant un récit apocryphe sur la Nativité de la Vierge et sur l'Enfance du Seigneur. Ce texte (= version latine du Protévangile de Jacques = P) a été publié par James, M.R., *Latin Infancy Gospels,* Cambridge, 1927, pp. 3-95.
Histoire littéraire de la France ; ouvrage commencé par des religieux bénédictins de la congrégation de Saint-Maur et continué par des membres de l'Institut (Académie des Inscriptions et Belles-Lettres), Paris, 1733-1950. (t. XXXIII, 1906) [HLF].
Honorius (Augustodunensis), *Elucidarium sive Dialogus de summa totius christianae Theologiae, PL,* 172, 1109-1176.
Honorius, *Gemma Animae sive de divinis officiis et antiquo ritu missarum, deque horis canonicis et totius anni solemnitatibus, PL,* 172, 541-738.
Honorius, *Speculum Ecclesiae, PL,* 172, 807-1108.
Hrotswitha de Gandersheim (Hrotsuitha monialis Gandersheimensis), *Historia nativitatis laudabilisque conversationis Intactae Dei Genitricis..., PL,* 137, 1065-80 (1069).
Hucher, E., *Le Saint Graal ou le Joseph d'Arimathie,* t.I, Le Mans, Paris, 1875, pp. 216-220. [Hucher].
Hugues de Saint-Victor (Hugo de Sancto-Victore), *Exegetica* I, *In S. Scripturam Adnotationes Elucidatoriae in Pentateuchon* (Gn. IV), *PL,* 175, 44-5.

Intemann, F., *Das Verhältnis des "Nouveau Testament" von Geffroi de Paris zu der "Conception Notre-Dame" von Wace,* Diss., Greifswald, 1907.
Isidore de Séville, *Quaestiones in Vet. Test.,* cap. XXXVIII, *PL,* 83, 506.
Isidori Hispalensis Episcopi, *Etymologiarum sive originum Libri XX,* W.M. Lindsay, Oxonii Clarendoniano, 1911. [Isidore de Séville, *Etymologiae*].

Jacques de Voragine, *Légende dorée,* éd. Garnier-Flammarion, Paris, 1967, 2 vol.
James, M.R., *The apocryphal New Testament,* Oxford, [6]1955.
James, M.R., *Latin Infancy Gospels,* Cambridge, 1927 [James].
Jean, évêque d'Avranches (Joannes Abrincensis episcopus), *Liber de officiis ecclesiasticis, PL,* 147, 167-8.
S. Jérôme (Hieronymus, Eusebius), *Commentaria in Evangelium Matthaei,* I, 1 : In Isaia legimus..., *PL,* 26, 21-26.
Jodogne, O., *Recherches sur les débuts du théâtre religieux en France,* I, dans *CCM,* VIII, 1, janv.-mars 1965,

pp. 1-24 ; suite et fin dans *CCM,* VIII, 2, avril-juin 1965, pp. 179-189.

Jonsson, Ritva, *Historia. Études sur la genèse des offices versifiés,* thèse, Stockholm, 1968. (Acta Universitatis Stockholmiensis, *Studia Latina Stockholmiensia :* XV) [R. Jonsson].

Jugie, M., *La mort et l'assomption de la sainte Vierge. Étude critico-doctrinale* (Studi e Testi 114), Roma, 1944. [Jugie].

Karl der Grosse, Aachen 1965. Zehnte Ausstellung (vom 26. Juni bis zum 19. September 1965) unter den Auspizien des Europarates.

Kleinschmidt, B., O.F.M., *Die heilige Anna. Ihre Verehrung in Geschichte, Kunst und Volkstum,* Düsseldorf, L. Schwan, 1930.

Kleinschmidt, B., O.F.M., *Die Legende vom Trinubium der hl. Anna,* Heidelberg, 1925.

Kleinschmidt, B., O.F.M., *Das Trinubium (Dreiheirat) der hl. Anna in Legende, Liturgie und Geschichte,* dans *Theologie und Glaube,* XX, 1928, pp. 332-344.

Krappe, E., *Christi Leben von seiner Geburt bis zur Geschichte der Samaritanerin.* Version in achtsilbigen Reimpaaren nach den Pariser Hss. Arsenal 5204, Bibl. nat. f. fr. 9588 (= PP1) und den entsprechenden Kapiteln der Bible von Geufroi de Paris, Diss., Greifswald, 1911. [Krappe].

Kremers, E., *La Bible von Herman de Valenciennes,* Teil IV (Von der Speisung der Fünftausend bis zum Einzug in Jerusalem), Thèse, Greifswald, 1914 [*IV*].

Labande, E.-R., *Le "Credo" épique. A propos des prières dans les chansons de geste,* dans *Recueil de Travaux offerts à M. Clovis Brunel,* Société de l'École des Chartes, Paris, 1955, t. II, pp. 62-80. [E.-R. Labande, *a.c.*].

Langlois, E., *Table des noms propres de toute nature compris dans les chansons de geste imprimées,* Paris, 1904.

La Rue (abbé de), *Essais historiques sur les bardes, les jongleurs et les trouvères,* II, 1834, pp. 270-285 [270].

Lausberg, H., *Zum altfr. Assumptionstropus "Quant li solleiz",* dans *Festschrift für Jost Trier 60. Geb. 15 Dez. 1954,* Hain, Meisenheim, Glan, 1954, pp. 88-145. [H. Lausberg, *Quant li solleiz*].

Lausberg, H, *Zur literarischen Gestaltung des Transitus Mariae,* dans *Historisches Jahrbuch,* 72. Jhrg., 1952, München, Herder, pp. 25-49. [H. Lausberg, *Transitus Mariae*].

Lazar, Moshé, *Almerich. La Fazienda de ultra mar.* Biblia romanceada et itinéraire biblique en prose castillane du XIIe siècle, Universidad de Salamanca, 1965. (Acta Salmanticensia iussu senatus universitatis edita, Filosofía y letras Tomo XVIII, núm. 2).

Leclercq, Dom J., o.s.B., *L'Écriture sainte dans l'hagiographie,* dans *La Bibbia nell'alto medioevo,* Settimane di studio del Centro italiano di studi sull'alto medioevo, X, Spoleto, 1963, pp. 103-128.

Leclercq, Dom J., o.s.B., *Recueils d'études sur saint Bernard et ses écrits,* I, Roma, 1962.

Le Gentil, P., V. Garel, J.

Lejeune, Mme Rita, V. *Mélanges.*

Leroquais, V., *Les Bréviaires manuscrits des bibliothèques publiques de France,* 5 vol., +1 vol. planches, Paris, 1932-1936. [Leroquais, *Bréviaires*].

Leroquais, V., *Les Sacramentaires et les Missels manuscrits des bibliothèques publiques de France,* 3 vol., +1 vol. planches, Paris, 1924. [Leroquais, *Sacramentaires,* I...].

Lettre à Paula et à Eustochium. V. Paschasius Radbert[us].

Lubac, H. de, *Exégèse médiévale. Les quatre sens de l'Écriture,* 3 vol., Paris, Aubier, 1959-1964 (*Théologie :* 41, 42, 59) [H. de Lubac, I, 1 ; II, 1, I, 2 ; II, 2].

Lyons, W.H., *Doctrinal Logic and Poetic Justice in the Twelfth Century : the Case of Herman de Valenciennes, Solomon and Henry II,* dans *Essays in Memory of G.T. Clapton,* Oxford, B. Blackwell, 1965 (New York, 1966), pp. 21-32.

[*M*] = Ms. Paris, B.N. lat. 3781 (XIIIe s.), contenant le récit sur l'Assomption de la Vierge connu sous le sigle *Wil* ; ce texte a été mis à contribution par Wilmart.

Maas, P.M., *Étude sur les sources de la Passion du Palatinus,* Proefschrift, Tiel, 1942.

Macé I, V. Smeets, J.-R., *La Bible de Macé...*

Macé III, V. Prangsma-Hajenius, A.M.L.

Mâle, E., *Art et artistes du Moyen Age,* Paris, Flammarion, 1968.

Mâle, E., *L'Art religieux du XIIe siècle en France.* Étude sur les origines de l'iconographie du moyen âge, Paris, A. Colin, 1922. [E. Mâle, *Le XIIe siècle*].

Mâle, E., *L'Art religieux du XIIIe siècle en France.* 2 vol, Paris, A. Colin, nouv. éd., 1968, "Le Livre de Poche". [E. Mâle, *Le XIIIe siècle,* 1, 2].

Mancel, G., et Trébutien, G.-S., *Wace. L'établissement de la fête de la Conception Nostre Dame dite la fête aux Normands,* Caen, 1842. [M.-Tr.].

Manitius, M., *Geschichte der lateinischen Literatur des Mittelalters,* 3. Bd., München, C.H. Beck, 1931 [Manitius, III].

Marcellinus (Comes Illyricianus), *Chronicon, PL*, 51, 928.

Marichal, R., *Naissance du roman*, dans *Entretiens sur la Renaissance du 12e siècle*, Paris, den Haag, Mouton, 1968.

Marie de France. *Les lais*, publ. par Jean Rychner, Paris, 1966. (CFMA : 93).

Martin, Ern., *Le Besant de Dieu von Guillaume le Clerc de Normandie*, Halle, 1869.

Martin, E., *La Bible von Herman de Valenciennes*, Teil V (Von Christi Einzug in Jerusalem bis zur Himmelfahrt), Thèse, Greifswald, 1914. [*V*].

Maurer, F., *Die religiösen Dichtungen des 11. und 12. Jahrhunderts*, Bd. I, Tübingen, Max Niemeyer, 1964, pp. 139-141.

Mehne, F., *Inhalt und Quellen der Bibel des Herman de Valenciennes*, Diss., Halle a.S., 1900. [Mehne].

Mel = Pseudo-Méliton. V. Transitus B.

Mélanges...offerts à Pierre Le Gentil, Paris, 1973, V. Garel, J.

Mélanges offerts à Rita Lejeune, professeur à l'Université de Liège, Gembloux, Éditions J. Duculot, S.A., 1969, 2 vol., V. aussi Édith Brayer.

Mélanges Paul Peeters, V. Capelle.

Mellinkoff, Ruth, *The Horned Moses in Medieval Art and Thought*, Derkeley/Loo Angeles, Univ. of California Press, 1970 (Calif. Studies in the History of Art : 14)

Meyer, P., *Notice du Ms. Egerton 2710 du Mus. Brit.*, dans *BSATF*, 15e année, 1889, pp. 82ss. (= Ms. no. 22).

Meyer, P., dans *BSATF*, 20e ann., 1894, pp. 36-40 (sur le Ms. no. 13).

Meyer, P., dans *BSATF*, 25e ann., 1899, pp. 37-48 (sur le Ms. no. 9).

Meyer, P., *Légendes hagiographiques en français*, dans *HLF*, t. XXXIII, 1906, pp. 354, 393, 409, 418, 420, 441, 452-3, 456.

Meyer, P., dans *Not. et extr.*, 33e ann., 1e partie, Paris, 1890, p. 59. (sur le Ms. no. 10), p. 72 (sur le nombre des Innocents).

Meyer, P., dans *Not. et extr.*, 34e ann., 1e partie, Paris, 1891, pp. 197-209 (Mss nos. 27, 28).

Meyer, P., *Notice du Ms. B.N.fr. 6447*, dans *Not. et extr.*, XXXV, 2, 1897, pp. 449-452.

Meyer, P., C.-R. de E. Stengel, *Mittheilungen...*, dans *R*, III, 1874, pp. 109, 110. (V. E. Stengel).

Meyer, P., C.-R. de P. Vayra, *Inventari...*, dans *R*, XIII, 1884, pp. 473-4. (V. P. Vayra) (Ms. no. 34).

Meyer, P., dans *R*, VIII, 1879, p. 327.

Meyer, P., dans *R*, XV, 1886, pp. 283-340 [308] (Ms. no. 25).

Meyer, P., dans *R*, 17e ann., 1888, p. 143 (sur le Ms. no. 12).

Meyer, P., *Notice du Ms. Harley 3775 du Musée brit annique*, dans *R*, 36 (1907), pp. 200-202.

Michel, Fr., *Le Roman du Saint Graal...*, Bordeaux, 1841.

Migne, J.-P., *Patrologiae cursus completus. Series graeca*, Parisiis. [*PG*].

Migne, J.-P. *Patrologiae cursus completus. Series latina*, Parisiis. [*PL*].

Missel, V. *Dagmisboek*...

Mohrmann, Christine A.E.M., *Le latin médiéval*, dans *CCM*, I, 3, juill.-sept. 1958, pp. 265-294 [285] [Chr. Mohrmann, dans *CCM*, I, 3].

Moldenhauer, O., *La Bible von Herman de Valenciennes*, Teil II (Von Josephs Ankunft in Ägypten bis zum Schluss des Alten Testamentes). Thèse, Greifswald, 1914. [*II*].

Monumenta Germaniae Historica, t. XIII, *Chronica minora*, III, Par. 237, 436, 490 [*MGH*]

N– Liber *De Nativitate Mariae*, texte dans Amann, pp. 340-364 ; Otero, pp. 259-274.

Napier, A.S., *Iacob and Iosep, a Middle English poem of the thirteenth century*, Oxford, Clarendon Press, 1916. [Napier].

Neophilologus, I →, Groningen 1916→.

Noomen, W., *Le Jeu d'Adam. Etude descriptive et analytique*, dans *R*, 89 (1968), pp. 145-193.

Not. et extr., 33e ann., 2e partie, Paris, 1890, p. 341 : "devises" (Jean Nicot) (Ms. no. 6).

O'Gorman, Richard, *The Prose Version of Robert de Boron's 'Joseph d'Arimathie'*, dans *Romance Philology*, XXIII, no, 4, May 1970, pp. 449-461.

O'Gorman, Richard, *La tradition manuscrite du 'Joseph d'Arimathie' en prose de Robert de Boron*, dans *Revue d'histoire des textes*, I, 1971, pp. 145-181.

Ordo Prophetarum, V. Young, K.

Otero, Aurelio de Santos, *Los Evangelios Apocrifos*, Matriti, Biblioteca de Autores Cristianos, 1956. [Otero] V. aussi *Los Evangelios Apocrifos*.

P = *Protévangile de Jacques*, texte grec avec trad. fr. dans Amann, pp. 178-281 ; texte latin dans de Aldama, pp. 57-74.

Pantel, A., *Das Altfranzösische Gedicht über die Himmelfahrt Mariae·von Wace und dessen Ueberarbeitungen.* Diss., Greifswald, 1909.

Paschasius Radbert[us]. Der Pseudo-Hieronymus-Brief IX "Cogitis me". Ein erster marianischer Traktat des Mittelalters. [Hrsg. mit Einf. von]Albert Ripberger. Freiburg, Schweiz, 1962. (Spicilegium friburgense : 9).

Petrus Comestor, *Historia Scholastica, PL,* 198, 1054-1722.

Petrus Comestor, *Historia Scholastica,* De Jesu Baptizato, *PL,* 198, 1554 ; De variis opinibus historiae, *PL,* 198, 1558.

Petrus Comestor, *Historia Scholastica,* cap. XLVII, *De electione duodecim apostolorum, PL,* 198, 1563-4.

Petrus Comestor, *Historia Scholastica,* cap. LXXIII, *In Evangelia,.PL,* 198, 1574-5.

Petrus Lombardus, *Collectanea in Epist. D. Pauli - In Ep. ad Gal., PL,* 192, 101-2.

Philippe de Thaon, *Bestiaire,* éd. critique, E. Walberg, Paris, Lund. 1900.

Physiologus, V. Seel, O.

Pierre de Beauvais, *Bestiaire en prose,* dans *Mélanges d'Archéologie, d'histoire et de littérature rédigés et recueillis par les auteurs de la Monographie de la cathédrale de Bourges,* éd. Cahier-Martin, II, p. 85 : I (Lion), p. 121 : VI (Pélican).

Piret, M.-C., *Le thème de l'assomption corporelle de Notre Dame dans la littérature française du XIIe siècle,* Louvain, 1957 (Thèse de licence, exemplaire dactylographié).

Pope, M.K., *From Latin to modern French with especial consideration of Anglo-Norman,* Manchester, University Press, 1966 (reprint) [Pope].

Prangsma-Hajenius, A.M.L., *La Bible de Macé de La Charité,* III, *Rois,* Thèse, Leiden, 1970, Universitaire Pers. [*Macé* III].

Pseudo-Jean, V. Transitus D.

[*Ps.-M*] = Evangelium Pseudo-Matthaei = *Liber de ortu beatae Mariae et infantia salvatoris* a beato Matthaeo evangelista hebraice scriptus et a beato Hieronymo presbytero in latinum translatum ; texte dans Amann, pp. 272-339 ; Otero, pp. 191-230.

Publications of the Modern Language Association of America, Menasha, Wisconsin, New York, 1885→[*PMLA*].

Quentin, Dom H., o.s.B., *Les Martyrologes historiques du moyen âge. Étude sur la formation du Martyrologe romain,* Paris, 1918. [Dom Quentin].

Les quinze signes du jugement dernier. Poème anonyme de la fin du XIIe ou du début du XIIIe siècle, publié d'après tous les Mss connus..., par Erik von Kraemer, Helsinki, 1966.

[*R*] = Romanus = Ms. Vatic. gr. 1982 (XIe s.), contenant un récit sur l'Assomption de la Vierge ; ce texte grec, qui est considéré comme un représentant de Π (= la source de tous les *Transitus Mariae*) a été publié et traduit en français par Wenger.

Raoul de Cambrai, chanson de geste du XIIe siècle, éd. P. Meyer et A. Longnon, SATF, Paris, 1882.

Raynaud de Lage, G., *Manuel pratique d'ancien français,* Paris, Picard, 1964.

Réau, L., *Iconographie de l'Art chrétien,* t. II : *Iconographie de la Bible,* 1 : *Ancien Testament,* 2 : *Nouveau Testament,* Paris, P.U.F., 1956, 1957. [Réau, II, 1, 2].

Recherches de théologie ancienne et médiévale, Abbaye du Mont-César, Louvain, Belgique, V. Canal, Capelle, Willard.

Reimbibel (Mittelfrankische), V. Maurer, F.

Revue des Langues romanes, t. 1→, Montpellier, Paris, 1870→[*RLR*].

Ripberger, Albert, V. Paschasius Radbert[us].

Romance Philology [*RPh*], I→, University of California Press, Berkeley and Los Angeles, 1947→.

Romania, Paris, 1872→[*R*].

Rupert von Deutz (Rupertus abbas Tuitiensis), *De Trinitate et operibus ejus,* libri XLII, In Exod. Lib. IV cap. XXVI, *PL,* 167, 727.

Salmon, Dom P., o.s.B., *L'office divin.* Histoire de la formation du Bréviaire, Paris, Éditions du Cerf, 1959. [Salmon].

Saly, Antoinette, *Le thème de la descente aux enfers dans le "Credo" épique,* Travaux de linguistique et de littéraires du Centre de philologie et de littérature romances de l'Université de Strasbourg, VII, 2, Études littéraires, Strasbourg, Paris, Klincksieck, 1969, pp. 47-63. [Antoinette Saly, *a.c.*]

Saxer, V., *Le culte de Marie-Madeleine en Occident des origines à la fin du moyen âge,* Auxerre, Paris, 1959, 2 vol.

Scheludko, D., *Neues über das Couronnement Louis,* dans *ZFSL,* LV, 1931, pp. 425-474. [D. Scheludko, dans *ZFSL,* LV].

Scheludko, D., *Ueber das altfr. epische Gebet,* dans *ZFSL,* LVIII, 1934, pp. 67-86 ; 171-199. [D. Scheludko, dans *ZFSL,* LVIII].

450

Seel, O., *Der Physiologus*, Zürich, Stuttgart, Artemis Verlag, ²1967.

Simon de Pouille, chanson de geste..., éd. Jeanne Baroin, Genève, Droz, 1968 (Textes Littéraires Français : 149).

Smalley, B., *Les commentaires bibliques de l'époque romane : glose ordinaire et gloses périmées*, dans *CCM*, IV, 1, janv.-mars 1961, pp. 15-22. [B. Smalley, dans *CCM*].

Smalley, B., *L'exégèse biblique du 12e siècle*, dans *Entretiens sur la Renaissance du 12e siècle*, sous la direction de Maurice de Gandillac et Edouard Jeauneau, Paris, Mouton, la Haye 1968, pp. 273-283. [B. Smalley, dans *Entretiens sur la Renaissance du 12e siècle*].

Smalley, B., *The Study of the Bible in the Middle Ages*, Oxford, Basil Blackwell, 1952. [B. Smalley, *The Study of the Bible*].

Smeets, J.-R., *"Alexis" et la "Bible" de Herman de Valenciennes. Le problème de l'origine de la laisse*, dans *CCM*, VI, 3, juill.-sept. 1963, pp.315-25. [J.-R. Smeets, dans *CCM*, VI, 3, 1963]

Smeets, J.-R., *La "Bible" de Jehan et Ovide le Grant*, dans *Neophilologus*, LVIII, 1, jan. 1974, pp. 22-33.

Smeets, J.-R., *La Bible de Macé de La Charité* I, *Genèse, Exode*, Leiden, Universitaire Pers, 1967. [*Macé* I].

Smeets, J.-R., *Joden en Catharen-hun invloed op de Franse Rijmbijbels uit de twaalfde en dertiende eeuw*, Tilliburgis, Publikaties van de Katholieke Leergangen, no. 21, Malmberg, s'Hertogenbosch, 1966. [J.-R. Smeets, *Joden en Catharen*].

Smeets, J.-R., *Le nombre est Sept*, sur la structure de *Quant li solleiz*, dans *CCM*, V, 2, avr.-juin 1962, pp. 203-4. [J.-R. Smeets, dans *CCM*, V, 2, 1962].

Société des Anciens Textes Français. [SATF].

Stengel, Edm., *Codex manuscriptus Digby 86*, Halle, 1871 (Ms. no. 30).

Stengel, Edm., *Mittheilungen aus franz. Hss der Turiner Universitäts Bibliothek*, Halle, 1873. (sur le Ms. no. 32).

Steuer, W., *Die altfr. "Histoire de Joseph"*, dans *Romanische Forschungen*, Bd. XIV, 2. Abt., 1898, pp. 227-410.

Strate, C.A., *"De l'Assumption Nostre Dame" von Herman de Valenciennes*, Thèse, Greifswald, 1913. [Strate].

Stroppel, R., *Liturgie und geistliche Dichtung zwischen 1050 und 1300, mit besonderer Berücksichtigung der Mess - und Tageszeitenliturgie*, Frankfurt/Main, 1927.

Strycker, E. de, *Une ancienne version latine du Protévangile de Jacques*, dans *Analecta Bollandiana*, t. 83, 1965, pp. 365-402.

Studies in Philology, published quaterly by the University of North Carolina Press, Chapel Hill, 1904→[*SPh*]

Suchier, H., *Zu den altfr. Bibelübersetzungen*, dans *Z.r.Ph.*, 1884, p. 426 (sur le Ms. N 11)

Supplement to the Census of medieval and Renaissance Mss in the United States and Canada (origin. by C.U. Faye, contin. and ed. by W. H. Bond), New York, The Bibliographical Society of America, 1962, p. 349 (sur le texte et les miniatures du Ms. no. 17).

Szövérffy, J., *L'hymnologie médiévale : recherches et méthode*, dans *CCM*, IV, 4, oct.-déc. 1961, pp. 389-422 [396].

La technique littéraire des chansons de geste (actes du Colloque international tenu à Liège en septembre 1957), "Les Belles-Lettres", Paris, 1959.

Testament of Mary, V. *Transitus Mariae*.

Textes littéraires français. [TLF].

Thérel, M.-L. *Comment la patrologie peut éclairer l'archéologie*, dans *CCM*, VI, 2, avr.-juin 1963, pp. 145-158.

Thérel, M.-L., *Étude iconographique des voussures du portail de la Vierge-Mère à la cathédrale de Laon*, dans *CCM*, XV, 1, janv.-mars 1972, pp. 41-51.

Thèses de Greifswald : Strate, V. Strate. *II*, V. Moldenhauer ; *III*, V. Burkowitz ; *IV*, V. Kremers ; *V*, V. Martin, E.

Tischendorf, C., *Apocalypses apocryphae*, Leipzig, 1866.

Tischendorf, C., *Evangelia Apocrypha*, Leipzig, ²1876.

Tobler-Lommatzsch, *Altfranzösisches Wörterbuch*, Berlin, Franz Steiner, Wiesbaden, 1925→[T.-L.].

Transitus Mariae :

Transitus A : *Transitus b. Mariae virginis Narratio Ioseph de Arimathaea*, dans Tischendorf, C., *Apocalypses apocryphae*, Leipzig, 1866, pp. 113-123 ; et dans Otero, pp. 687-700.

Transitus B : Pseudo Melito Sardensis : *De Transitu Virginis Mariae*, dans Tischendorf, C., *Apocalypses apocryphae*, Leipzig, 1866, pp. 124-136, et dans *PG*, 5, 1231-40. = *Mel.*

Transitus C : *Assumptio sanctae Mariae*, édité par A. Wilmart, dans *Analecta Reginensia* (*Studi e Testi* 59), Roma, Città del Vaticano, 1933, pp. 323-357. = Transitus W ou *Wil.*

Transitus D : *Iohannis liber de dormitione Mariae*, dans Tischendorf, C., *Apocalypses apocryphae*, Leipzig, 1866, pp. 95-112 (texte grec), et dans A. Wilmart, *Studi e Testi* 59, (1933), pp. 357-62. (version latine du Pseudo Jean l'Évangéliste).

451

The Testament of Mary. The Irish account of the Death of the Virgin, dans *Recherches de théologie ancienne et médiévale*, Abbaye du Mont-César, Louvain, 9 (1937), pp. 341-364 (éd. R. Willard, Austin, Texas)

Transitus Colbertinus (*Col*), e cod. Parisino lat. 2672, fol. 7 vo-12, s. XII-XIII, édité par Dom Capelle, *Vestiges*, pp. 44-48.

Trénel, J., *L'Ancien Testament et la langue française du moyen âge* (VIIIe - XVe siècle), Thèse, Paris, Léopold Cerf, 1904.

Usuardus (monachus Sangermanensis), *Martyrologium, PL*, 124, 791-2 ; 411-2.

Vayra, P., *Inventari dei Castelli di Ciamberi, di Torino e di Ponte d'Ain, 1497-8* (= *1498-9*), dans *Miscellanea di Storia Italiana, edita per cura della Regia deputazione di Storia Patria* (Settimo della seconda serie), tomo XXII, Roma, 1884, pp. 9-245 [pp. 27, 70, 133] (Ms. no. 34).

Vielliard, J., *Conseils aux éditeurs de textes français du Moyen Age*, dans *Revue d'histoire de l'église de France*, t. 29, 1943, p. 276, n. 7.

Villon, *Oeuvres*, éd. de A. Mary, Classiques Garnier, Paris, 1962.

Volk, Dom P., o.s.B., *Breviarium Fontanellense*, dans *Revue bénédictine*, 40e année, 1928, Abbaye de Maredsous, Belgique, p. 244.

Vulgate, V. *Biblia sacra*.

Wehrli, Max, *Sacra Poesis*, dans *Festschrift für Friedrich Maurer zum 65. Geburtstag am 5. Januar 1963*. Die Wissenschaft von deutscher Sprache und Dichtung. Methoden. Probleme. Aufgaben., Ernst Klett Verlag, Stuttgart, 1963.

Wenger, A., *L'Assomption de la Vierge dans la tradition byzantine du VIe au Xe siècle*, Paris, 1955.

Wil _ Transitus W. V. Transitus C.

Willard, R., *The Testament of Mary. The Irish account of the Death of the Virgin*, dans *Recherches de théologie ancienne et médiévale*, 9 (1937), pp. 341-364. V. aussi *Transitus Mariae*.

Wilmart, A., *L'ancien récit latin de l'Assomption*, dans *Analecta Reginensia*, 1933 (Studi e Testi 59), Città del Vaticano, pp. 323-357-362.

Wright, Th., *Biographia britannica literaria* or *Biography of Literary Characters of Great Britain and Ireland*, Anglo-Norman Period, London, J.W. Parker, 1846, pp. 332-337.

Young, K., *The Drama of the medieval church*, Oxford, Clarendon Press, 1933, 2 vol. [Young, *Drama*, I, II].

Young, K., *Ordo Prophetarum*, dans *Transactions of the Wisconsin Academy of Sciences, Arts and Letters*, XX, 1921. [Young, *Ordo Proph.*].

Zeitschrift für französische Sprache und Literatur [*ZFSL*]. I→. Oppeln, Leipzig, 1897→.

Zeitschrift für romanische Philologie [*Z.r.Ph.*], I→ Halle, 1877→.

Zumthor, P., *Langue et techniques poétiques à l'époque romane* (XIIe-XIIIe siècles), Paris, Klincksieck, 1963, pp. 129ss.

454